U0906934

广视角·全方位·多品种

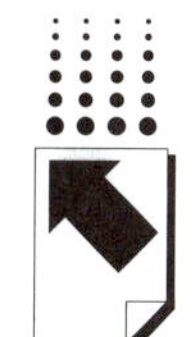

BLUE BOOK

权威·前沿·原创

中国经济发展和体制改革报告

No.3

金融危机考验中国模式

(2008~2010)

REPORT ON CHINA ECONOMIC DEVELOPMENT AND INSTITUTIONAL REFORM *No.3*

CHINA MODEL STOOD THE TEST OF GLOBAL FINANCIAL CRISIS (2008-2010)

主　编／邹东涛
副主编／欧阳日辉

社会科学文献出版社
SOCIAL SCIENCES ACADEMIC PRESS (CHINA)

法律声明

发展和改革蓝皮书编委会

中文摘要

金融危机席卷全球，中国经济稍受影响之后，成功实现“V”形反转。经受金融危机考验的中国模式，得到越来越多的人认同。

中国模式是在中国这片国土上，基于中国的历史、文化和现实国情，吸取国外的发展经验和优秀文化，反复地试验、修正和完善，逐步形成能够推进中国经济持续快速协调发展、综合国力不断增强、社会长期稳定和谐、人民普遍幸福的一整套改革开放发展的理论体系、制度构架和治理模式。在应对金融危机中，中国模式的优势表现在：政府与市场的有机结合、集中力量办大事的制度优势、民本主义的意识形态、充满活力的混合经济模式、与时俱进的发展模式。中国以改革开放30余年的成功经验与经济实力为基础，扩内需、调结构、重保障，在金融危机中进一步提升了国际地位。中国模式要实现可持续性，必须坚持中国模式的合理内核，成功实现经济发展方式转型，更加关注社会公平，更加关注民生领域，更加关注经济社会协调发展，警惕霸权主义。

全球金融危机是被美国楼市泡沫推倒的多米诺骨牌。在世界性金融危机冲击与中国周期性调整双重压力下，中国政府采取了迅速而有力的刺激性财政政策、结构性减税政策、宽松的货币政策、产业结构调整政策，鼓励和引导民间投资健康发展，加大民生投入，多举措扩大农村消费需求，培育新的经济增长地带，对遏制经济和信心的下滑发挥了重要作用。金融稳定性对经济发展是极其重要的，金融危机中各国所受影响以及救助的方式和成效存在很大差异。越南危机凸显了新兴经济体发展模式转型的紧迫性，冰岛危机说明了金融泡沫的产生与银行私有化后金融业盲目地走向国际市场以及政府放松对金融业的监管的危害性。后金融危机时代，改革国际货币体系、建立公平有效的国际货币新秩序是历史的必然选择。

Abstract

While the whole world is struggling in the global financial crisis, the Chinese economy posted a strong V shape recovery after a slight slump in its economic growth. More and more people recognize that China Model has withstood the financial crisis.

China Model is a set of theories and frameworks on reform, opening-up and development in the Chinese territory. Based on China's history, culture and current conditions, the model undergoes tests and revisions again and again. It has became the best model to keep Chinese economy growing continualy and rapidly; to increase national powers ; and to create a harmonious, stable social enviroment and people's general happiness for a long time. To cope with the financial crisis, the advantages of China Model show in the following aspects: organic combination of government regulation and market; institutional advantage of being able to concentrate our resources on a major task; people-oriented ideology; active mixed economy model and development model of keeping pace with the times. By taking advantages of the 30-years successful experiences of Reform and Opening-up, and the accumclation of economic strength, the goverment has pledged more effort in expanding domestic demands; economic restructuring and perfecting social welfare system. All these measures of coping with financal crisis has brought a rise in China's international status. If we want to achieve sustainability of China Model, we must stick to the rational core of China Model; successfully fulfill transformation of economic development mode; pay more attention to social equality and livelihood issues; coordinate social and economic development; and watch out for hegemony.

The global financial crisis is a result of the Domino Effect of American real estate bubble. Under the dual pressures of impacts from worldwide financial crisis and periodic adjustment of China's economy, Chinese government carries out immediate and powerful stimulatory fiscal policy, structural tax reduction, loose monetary policy and industrial structure adjustment policy. It also encourages and guides the healthy development of non-governmental investment; invests more in people's livelihood; expands the consumer demands in rural area through multiple ways and explores new sources of economic growth. All these solutions are very important to stop economy and confidence from decreasing. By reviewing the world's financial crisis, we find that financial stability is very essential to economic growth and development. The influences on different countries and their solutions and achievements in financial crisis are diverse from each other. The Vietnam's Crisis obviously shows the pressure of transformation of the emerging economy's development model. The Iceland's crisis illustrates the financial bubble is related to blind financial internationalization after the banking sector's privatization and the harm of loose financial regulations. It is inevitable to reform international monetary system and constitute a new fair and effective international financial order in Post-crisis era.

绪　论
沧海横流，方凸显中国模式

邹东涛*

当我夜间读完全部书稿，打开手机日历，定格在北京时间 2010 年 9 月 15 日，“雷曼兄弟公司”这个名字立即出现在我的脑海中。两年前的这个“黑色日子”，具有 158 年历史的雷曼兄弟公司被自己无限贪婪的榨油机“次级房贷”击垮而宣布破产。9 月 15 日，成为全球金融危机的周年纪念日。

雷曼兄弟公司并未静静地安乐死去，而是通过世界货币美元系统和日益向纵深发展的全球化浪潮将危机瘟疫扩散到全球，纽约华尔街金融蝴蝶翅膀的煽动，刹那间就不可遏制地在五洲四洋掀起狂飙，一个个国家、一个个金融机构立即在多米诺骨牌效应下纷纷倒下，一场比 20 世纪 20 年代末到 30 年代初大萧条规模大得多的超级金融和经济危机席卷全球，一个“单边主义”的世界头号强国美国把全世界人民拖下了灾难的深渊。当时我无限感慨地写道：

大西洋西海岸汹涌起污风浊浪，
把金融危机瘟疫传遍四面八方。
华尔街大鳄垂死也把全球捆绑，
世界各国都被迫买单为它陪葬。

一

20 世纪末曾爆发了亚洲金融危机，在那场危机中，中国基本上安然无恙。

---

* 邹东涛，经济学教授，博士生导师，国务院特殊津贴享受者，世界生产力科学院院士，中央人才工作局专家。现任社会科学文献出版社总编辑，特聘中央财经大学中国发展和改革研究院院长。主要研究领域：制度经济学、中国经济体制改革、西部经济。

究其原因，大多数人认为是由于中国金融没有开放，形成了一道厚厚的防火墙，危机之火烧不进来。如果说中国“金融尚未开放”是祸，“没有感染危机”是福，则是“因祸得福”了。本文限于篇幅对这个说法姑且不作评论。但有一点世界共识是，中国的稳定和持续发展是稳定亚洲经济的重要基石，中国为亚洲各国走出危机泥潭作出了极其重要的贡献而备受赞扬——中国模式，风景这边独好。

这次源发于美国的世界金融危机则不一样了，中国被动地陷入其中，也被动地蒙受了较大损失。其一，中国是对美国也是全球的出口大国，美国的金融危机使得美国国内购买力大幅度下降，接着为保护国内市场，这个历来倡导自由贸易、反对别国贸易保护的经济强国居然也不耻地干起了贸易保护的勾当；其他国家发生连锁金融危机同样会使需求下降。这些都大大冲击了中国的出口制造业，造成外贸颓势，使一大批出口制造企业产量锐减甚至关闭，进而造成大量失业。而大量企业关闭和大量失业又进一步强化国内需求不振。其二，中国是世界上第一大外汇储备国，大部分是美元，美元在金融危机中贬值使中国所持外汇实际价值大幅度缩水。其三，中国的金融机构和有关经济部门也持有大量外国特别是美国金融机构的金融资产，这些资产有的大幅度贬值，有的则血本无归。

但中国作为一个大国，自身有着较大的市场，而且历史传统从来都强调独立自主，不被他人、他国左右。中国在全球化浪潮中不像日本、韩国、欧洲等与美国金融和经济陷入的那么深，自然危机袭来对中国虽有影响但也没形成汹涌之浪，“多米诺骨牌”倒遍全球，而在中国却没有倒下，这是中国能够主动淡定、有条不紊应对危机的基本条件。许多国家联想十年前亚洲金融危机中中国的表现，予以瞩目和期盼：这次中国能够英雄救“美”吗？中国模式还能再显神威而拯救世界吗？

有着五千年文明和智慧的中国，自金融危机伊始就保持着高度的冷静，客观上形成了这样的战略思维：既要“力善其身”，又要“兼济天下”。《孟子·尽心上》言：“穷则独善其身，达则兼善天下。”当今世界，贸易的全球化、金融的全球化，把世界各国不仅仅是连接而是交织在一起，你中有我，我中有你，无论是由谁酿造的祸端，哪个都脱不开身。全球金融危机的到来，中国不可能在桃花源中“独善其身”，但可以“力善其身”，即首先尽最大努力把自己的事情做好。从“独善其身”到“力善其身”一字之改，是具有深厚文化传统及创造和创新活力的中国，继承自己的文化传统的极致，也是完善和发展的极致。

为此，金融危机发生不久，中国不去追究谁之过，首先制定清醒而有条理的战略：第一，中国不能当也当不了救世主，首先要把自己的事情做好。努力把占世界五分之一多“地球人”的事情办好，这本身就是对世界重要的贡献；第二，中国尽管还是发展中国家，但作为一个负责任的大国，不能对全球金融危机作“壁上观”，必须与世界各国携手共克时艰。

预则立，不预则废。还在雷曼兄弟公司破产之前，中国已经敏感地从美国的次贷危机中看到了“山雨欲来风满楼”之势，因此，当危机突然席卷全球时，中国就胸有成竹、及时果断推出了“以四万亿为核心”的巨大反危机、保增长决策，同时，一揽子配套措施呼啦啦紧跟而上：加快建设保障性安居工程；加快农村基础设施建设；加快铁路、公路和机场等重大基础设施建设；加快医疗卫生、文化教育事业发展；加快生态环境建设；加快自主创新和结构调整；加快地震灾区灾后重建各项工作；提高城乡居民收入；在全国所有地区、所有行业全面实施增值税转型改革，鼓励企业技术改造，减轻企业负担1200亿元；加大金融对经济增长的支持力度。另外，还跟上了家电下乡、以旧换新等一揽子惠民举措。

这么短时间，推出四万亿元救市的一揽子措施，环球惊诧，惊诧之后是赞扬，赞扬之后是怀疑：能成吗？权且听其言、观其行，拭目以待！

孔子说：“言必行，行必果。”中国宣布的救市战略计划很快落到实处。更让老外们想不到的是，在“四万亿”中，中央政府只出一万多亿元，其余由地方政府配套，结果一下子配套出了十多万亿元，这就是中国的“倍加效应”，或者说“乘数效应”。

这么大的力度，中国反危机能不成功吗？这么整齐划一的举国行动，全球恐怕唯有中国能够做到，其他任何国家都不敢想象，更无法效仿。结果怎么样呢？2009年，中国GDP增长率为9.1%，而全球GDP平均增长率为仅为1%；2010年上半年，中国GDP增长率为11.1%，GDP超越日本位居世界第二。中国经历了南方大面积雪冰冻灾、四川汶川大地震、青海玉树大地震、南北大水灾、甘肃舟曲县特大泥石流等自然灾害，平息了西藏“3·14”骚乱和新疆“7·5”骚乱，中国经济在防止全球经济“二次探底”的争论中成功实现“V”形反转。

金融危机考验了中国，考验了中国模式；中国模式经受了金融危机的考验，也赢得了考验，更赢得全世界越来越多的人的认同和赞扬。

二

在国内，中国模式之说20世纪80年代就有了，国外则兴起于90年代之初，但国内外讲中国模式，其内涵却大相径庭。

从国内来说，中国模式之说产生于两个因素。首先是一些地方的改革开放率先取得了巨大成就，被学术界冠名以“模式”之称，这主要发生在20世纪80年中期以后，如温州模式、苏南模式、珠江模式、长治模式、大邱庄模式、华西村模式、横店模式、南街村模式等。另一些则是国家某项改革在地方试点的成功典型，如海城模式、诸城模式、嘉兴模式等。上述模式一般被统称为“中国模式”或“模式中国”①。

其次是经济学界就世界经济模式的比较而提出的。1992年中共十四大正式提出“社会主义市场经济体制”的改革目标之后，学术界开始对“盎格鲁—撒克逊模式”、“莱茵模式”等进行比较分析，试图能够找到可供中国参阅和借鉴的内容以资学习②。

国外所称的中国模式，则是西方媒体对中国评头品足炒作出来的一个概念，在某种程度上是国外某些人对中国一开始带着贬义和亵渎的解读。

尽管中国与苏联、东欧有过分道扬镳的对立历史，但西方舆论把中国、苏联、东欧各社会主义国家都看做“同类”，这个同类模式的的基本内涵无非是：共产党、极权、独裁、公有制、计划经济、贫穷。这为西方“自由世界”所不容。当发生苏联解体和东欧剧变后，西方舆论认为这是历史的必然，是老天的惩罚。苏联、东欧先于中国改革，因此，苏联、东欧的剧变被西方舆论解读为改革的过程是共产党、社会主义自掘坟墓的过程；中国也在改革，改革也必定会自掘坟墓——中国共产党解散、中国解体。这个时期，一些西方媒体和人士把中国模式解读为“中国崩溃论”。

然而，他们等呀、盼呀，中国共产党没有解散，中国没有解体和崩溃，而且越来越强大，坚强地自立于地球的东方，坚强地自立于世界民族之林。一些西方

① 见余映丽、李振杰著《模式中国：经济突围与制度变迁的7个样板》（邹东涛作序《模式中国，七彩画卷》，新华出版社，2002）。

② 1993年，邹东涛主编出版了《世界市场经济模式丛书》（14卷，兰州大学出版社，1993～1994），并写了题为《世界市场经济一体化与市场经济模式多元化》的总序。

媒体和人士摇身一变，中国模式又成了“中国威胁论”。

为什么产生这些奇谈怪论，笔者分析，170多年来，西方列强习惯于侵略欺负中国这个“东亚病夫”。中国突然变得强大了，某些媒体和人士心里觉得酸溜溜的，挖空心思去杜撰什么“中国崩溃论”、“中国威胁论”等，这是这类媒体和人士的一种心理需求、心理满足和心理自恋。

中国对西方某些媒体和人士所有中国模式及其变种之说，不回应、不评价，管尔东南西北风，埋头坚持改革开放发展不动摇。中国的改革没有为自己掘墓，反而改革越来越深入，经济越来越发展，国力越来越增长，对外越来越开放，人民越来越富裕，走上了中华民族伟大复兴和崛起之路。一些心理上与中国不容的人，从瞧不起和贬损中国跳到另一个极端——恐惧中国，制造“中国威胁论”的恐怖气氛。

“华盛顿共识”的失败，使广大发展中国家更加关注“中国模式”。20世纪末亚洲金融危机，是西方媒体对中国模式正面认识和评价的重要转折点，许多外国人开始认真地、实事求是地思考和探索一个真实的、现实的、不断走向强大的中国，力图从客观上了解和解读中国模式。2004年，在中国学习和研究了七年的美国学者雷默，根据自己的亲身感受提出了“北京共识”之说，对西方媒体从客观上理解和阐述中国模式起了积极的促进作用。

经历此次金融危机之后，人们惊呼，金融危机卜破产的何止华尔街，这次金融危机，是市场万能论或者市场是硬道理的经济原教旨主义的危机。面对金融危机的肆虐，英美模式显得力不从心，既融入国际社会又自主发展的中国模式给解决世界经济问题特别是发展中国家的自身发展问题提供了一种新的话语和范式，中国经济成为世界经济强大的发动机。

三

经过近几年国内外事件水与火的洗礼和喜与悲的交织，中国模式赢得了考验，得到世界上越来越多人的理解和赞扬。但中国模式到底应该叫什么还存在争议，如中国道路、中国案例、中国经验、中国特色或者中华体系等。一些政界和学界人士心里一直不踏实，主张慎言甚至不提“中国模式”，其主要依据：一是认为这种模式还没有定型；二是认为“中国模式”存在不少问题；三是觉得中国人自己讲“中国模式”有自我夸张或固步自封之嫌。

为此，我们认为客观上需要对中国模式论恒，论恒的基本任务首先回答中国模式的基本问题。

基本问题之一：中国模式存在吗？

经过中华人民共和国六十多年的曲折探索，特别是经过改革开放三十多年的成功实践，已经初步形成了与世界上其他国家和地区不同的中国模式。作为中国模式发祥地和实践者的中国人民，不应该也没有必要讳谈中国模式，而应该坦坦荡荡、理直气壮地承认它，踏踏实实地研究、观察、分析它的优缺点，然后对它进行改进和完善。如果国人以“局外人”心态，对中国模式或者躲躲闪闪，或者不予承认，或者评头论足横挑鼻子竖挑眼，那至少是不明智的态度。

基本问题之二：中国模式是什么？

中国模式是在中国这片国土上，基于中国的历史、文化和现实国情，汲取国外的发展经验和优秀文化，反复地试验、修正和完善，逐步形成能够推进中国经济持续快速协调发展、综合国力不断增强、社会长期稳定和谐、人民普遍幸福的一整套改革开放发展的理论体系、制度构架和治理模式。

基本问题之三：中国模式的理论基础是什么？

“论恒”的思想理论基础是“民本社会主义”，即“民本”基础上的“社会”，“社会”保护和服务下的“民本”。“民本”包含着三个主要内容：民生、民权和民主。民生是民本的基础，“民生是纲，纲举目张”。民权、民主则深深构筑在民生的基础上。“民生、民权、民主”是民本社会主义的理论基石。民本社会主义是人民普遍幸福的社会主义，是马克思主义中国化的重要成果。民本社会主义是中国模式的灵魂和纲领，中国模式必然在民本社会主义的道路上不断迈进和完善。

基本问题之四：中国模式的合理内核是什么？

在民本社会主义的意识形态下，坚持政府与市场有机结合的调控模式，坚持集中力量办大事的制度模式，坚持充满活力的混合经济模式，坚持经济、社会、文化、环境相协调的科学发展模式。中国模式奠基于中国，同时又以博大的胸怀包容、吸纳全世界的思想文化精华，广泛借鉴着各国各地区积累的丰富成功经验。中国不向世界上任何国家和地区输出中国模式，主张各国都创造符合本国国情的模式。中国甘与各国朋友共襄和共享和谐世界。中国模式要实现可持续性，必须坚持和完善中国模式的合理内核。

基本问题之五：中国模式能够走多远？

这绝不能由智者的先验定位，而必须由人民的选择来定位，人民能够接受和支持它多久，它就能走多远。未来学家约翰·奈斯比特在《中国大趋势》中总结中国发展的大趋势：中国在创造一个崭新的社会、经济和政治体制，它的新型经济模式已经把中国提升到了世界经济的领导地位；而它的政治模式也许可以证明资本主义这一所谓的“历史之终结”只不过是人类历史道路的一个阶段而已。约翰·奈斯比特坚定地相信，“中国模式”将以令人难以置信的力量影响整个世界。

当前中国社会正处于黄金发展与矛盾凸显的并存期，诸如收入分配差距急剧拉大、社会阶层剧烈分化、环境污染、腐败等问题还比较严重，社会治理水平远远落后于经济增长速度。这必然会使使一些人对中国模式产生怀疑或者缺乏信心。毛泽东在《七律·和柳亚子先生》中有一句诗：“牢骚太盛防肠断，风物长宜放眼量。”世界上永远没有尽善尽美的事物，对于中国模式，也有一个由不完善到逐步完善的发展过程，其实践还任重道远。我们要以开阔的胸襟、远大的眼光来对待它。中国模式来源于中国实践，实践丰富、发展和提升了中国模式，同时中国模式又反过来来指导中国实践。中国实践—中国模式—中国实践—中国模式……这个过程永远不会完结。中国实践之树常青，中国道路坚定不移，中国模式必将不断完善和升华。

2010 年国庆假日

目　录

主　报　告

专 题 报 告

国际经验借鉴

CONTENTS

Main Report

Thematic Report

Experience from International Practices

主 报 告

MAIN REPORT

第一章
中国模式在金融危机中经受考验

中央财经大学中国发展和改革研究院课题组 *

摘　要： 中国模式是由政治模式、经济模式和社会模式有机组成的系统。中国模式在金融危机中“显英雄本色”，主要是指中国的经济发展模式。尽管中国特有的经济结构具有外生风险，却天然具备抵御金融危机的优势。面对金融危机的严峻挑战，中国政府审时度势、果断决策、从容应对，在挑战中奋勇前行，奋力实现了“V”形反转，率先实现经济复苏。在应对金融危机中，中国模式的优势凸显，并积累了丰富的反危机经验，铺垫了中国模式的修正之路。

关键词： 中国模式　金融危机　发展模式　经济转型

* 中国发展和改革研究院（China Institute for Development and Reform, CUFE）成立于2006年7月，是集科研、教学、咨询、培训于一体的学术机构，直属中央财经大学。课题组负责人：邹东涛、欧阳日辉；主笔：邹东涛、欧阳日辉；课题组成员：王惠、李连芬、王成仁、吴云。

沧海横流方显英雄本色。在全球金融危机中，中国政府沉着应对，中国经济率先复苏，平稳走过处于危机阴影笼罩的2009年，为世界经济增长作出重要贡献，引起了世界各国对中国模式更加密集的关注和讨论。可以说，全球金融危机考验了中国模式，而中国在应付这次危机中的表现又提升了中国模式的影响力。

第一节 金融危机中备受瞩目的中国模式

发源于美国的次级房屋信贷危机（简称“次贷危机”）引发了全球金融危机，2009年世界经济陷入第二次世界大战以来的首次负增长，世界贸易出现了60年来的最大降幅。受金融危机的影响，2009年是我国进入21世纪以来经济发展最困难的一年，全球金融危机的持续蔓延与艰难复苏给中国经济发展带来了巨大挑战。在如此严峻的形势下，我国经济社会发展经受住了考验，中国模式再次经受金融危机的洗礼。

一 中国经济的外生风险

从封闭到开放，是中国经济改革的一个重要特点。融入世界经济，可以使中国提升技术水平和经济水平。同时，中国经济也越来越容易受到外来经济波动的影响。然而，中国经济的外生风险是由其特殊的经济结构决定的，中国并不是对所有的金融危机或者经济危机都有明显反应，当外国的危机影响到中国的贸易出口时，才会影响到中国的经济发展。20世纪90年代以来，中国经济受到外来冲击较大的两次是1997～1998年的亚洲金融危机和2008年的全球金融危机。

表1－1 20世纪90年代以来的金融危机或经济危机

时 间	危 机	是否影响中国出口贸易
1994～1995年	墨西哥金融危机	几乎没有
1997～1998年	东南亚金融危机	严重影响(中国在国际商品市场的竞争对手货币贬值)
2000年	纳斯达克互联网泡沫	几乎没有
2008～	次贷危机	严重影响(欧美市场萎缩)

（一）中国对国际商品市场严重依赖是中国经济首要的风险来源

改革开放以来，中国的国际贸易大幅度增加，截至1994年，中国的“外贸依存度”（进出口占GDP比重）已经达到42%，其中“出口贸易依存度”（出口占 GDP 比重）达到22%，这说明中国已经成为外向型的开放性经济。到2006 年左右，中国外贸依存度已经接近 70%，出口贸易依存度已经接近 40%，中国经济的发展和稳定已经严重依赖于国际市场的变化。由于出口贸易比例占 GDP 总量很高，所以，世界市场对于中国的经济稳定非常重要，中国对于国际市场的变化也是非常敏感的。

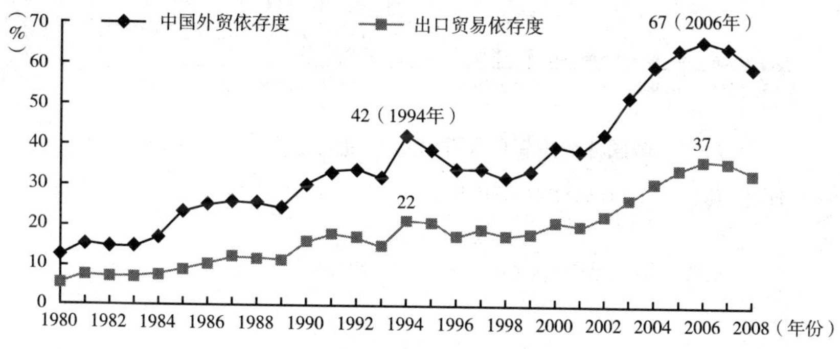

图 1－1　中国贸易依存度（1980～2008 年）

资料来源：国家统计局网络数据资料库。

但是，中国的资本市场结构对于国外资本是有限开放的。所以，外国资本对中国金融业的直接影响是有限度的。从 2002 年底开始，中国实行了“合格的境外机构投资者”（Qualified Foreign Institutional Investors，简称 QFII）制度，只有符合一定条件的外国投资者，才能通过审批获得中国境内的投资者资格，买卖中国的证券。这样，外国资本要进入中国的证券市场，需要符合一定的审批手续，数额也有限制，并且其用途也受到监管。图 1－2 显示，2001 年以来，在外商投资增加的同时，非直接投资比重一直稳定在 5% 左右，至 2006 年外商非直接投资额为 41 亿美元左右。

通过对贸易结构和资本结构的简单分析，我们看出，中国经济在增长过程中，首要的风险来源是与国际贸易有关的因素，外国金融资本对中国的直接作用是非常小的。外国的金融危机往往是通过影响国际贸易来影响中国的经济发展的。

在东南亚金融危机和次贷危机中，地区和全球的金融危机通过影响中国的国际商品市场从而影响了中国经济。1997 年东南亚金融危机爆发，这些国家本币大幅度贬值，由于在经济结构上和中国非常类似，它们本币的贬值严重影响了中国的商品出口，进而也严重影响中国的经济增长。

从图 1－3 我们可以看出，1998 年我国外贸出口没有增加，1999 年增幅也只

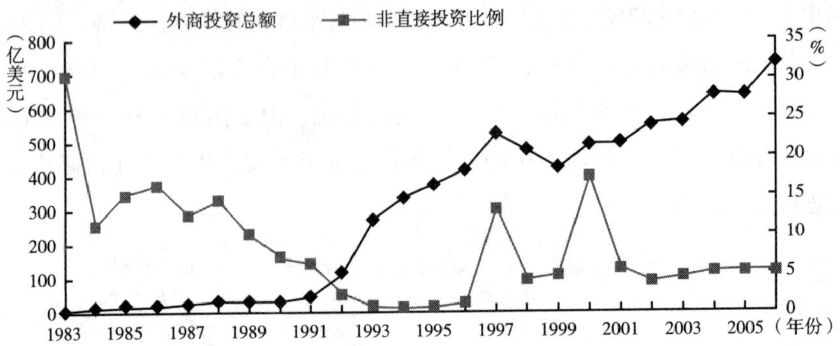

图 1-2　中国外商投资以及非直接投资的比重（1983～2006 年）

资料来源：国家统计局网络数据资料库。

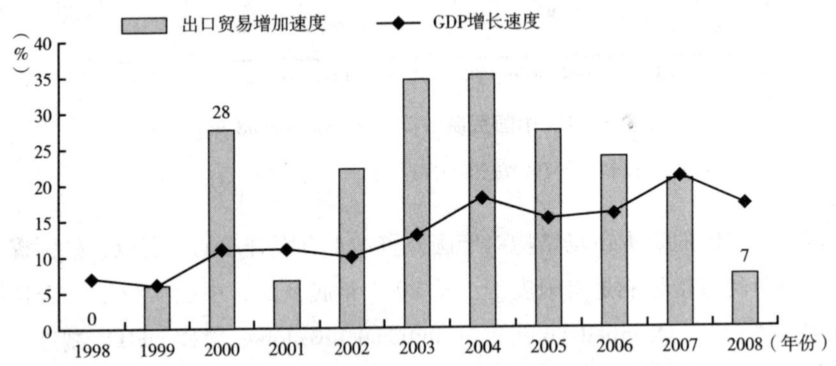

图 1-3　中国出口增速和 GDP 增速对比（1998～2008 年）

资料来源：国家统计局网络数据资料库。

有 6% 左右，所以，连续两年 GDP 增速放缓，是改革开放 30 年来的历史最低点。直到 2000 年，出口猛增 28%，这次强劲的出口拉动才让经济从低谷中走出。同样，我们发现，2008 年由于美国的次贷危机影响到实体经济，使得美国消费市场萎缩，所以，当年中国出口增幅回落到 7%，当年经济增长速度也回落。

我国出口贸易结构使我国主要停留在低附加值的产品，处于产业链的底端。尽管中国的高技术产品在出口中有所增加，但仍然是以低技术和低附加值产品为主。按照 2005 年数据的计算，中国是世界上最大的低技术产品提供国。[①] 按照

① 齐俊妍：《出口品技术含量和附加值视角：中国贸易比较优势与竞争力重新考察》，《现代财经》2009 年第 7 期。

最近的估计，机电业（占中国出口60%）的利润率为2%～3%，纺织业为3%～4%，其他劳动密集型企业利润率为3%～5%。①

中国的企业利润已经非常低，所以，出口企业对汇率十分敏感。人民币如果升值3%，就意味着很多出口企业将无利可图。从1997年亚洲金融危机爆发以来，人民币汇率一直是关系国家经济发展的重大战略问题。1997年，中国稳定了人民币汇率，对缓解亚洲金融危机作出了重要贡献和牺牲。2008年次贷危机以后，人民币汇率问题是中美关系的焦点问题之一，美国试图逼迫中国人民币升值来缓解中国对美国的巨大贸易顺差。②

中国的加工工业过度依赖国际市场，产生了两个问题。第一，中国对于汇率和国际商品市场极其敏感，外界的经济和金融危机很容易通过外贸出口传导到中国经济。第二，中国将资源、廉价劳动力和环境以外贸产品的方式低价出口到欧美市场，但是，本国人民却没有享受到“世界工厂”的实惠。

（二）庞大的外汇储备对中国财富安全构成严峻的考验

发展中国家在发展过程中遇到的问题往往是资本和外汇的不足，中国在改革开放初期，“出口创汇”一直是重要的目标。20世纪90年代以来，中国的外汇储备几乎经历了爆炸式的增长。1990年中国外汇储备是110亿美元左右，到1993年已经增长到210亿美元左右，在四年时间里，外汇储备几乎翻了一番。从图1－4我们可以看出，此后的中国外汇储备呈现加速增长的趋势。1994年，中国外汇储备一年之内由210亿美元猛增并超过500亿美元。经过两年时间，外汇储备在1996年已经超过千亿美元。而用了十年时间，中国的外汇储备在2006年已经达到万亿美元，并于2008年超过日本成为世界上第一大外汇储备国。

由于人民币本身还不是可以自由流通的货币，所以一定量的外汇储备资产本身对于国家的金融安全和独立非常重要。按照一般的理论模型估计，一个谨慎的外汇储备水平，需要满足一个国家进口额（3～6个月）、偿付外债、外汇汇出和调控外汇市场的支付额。按照这个估计方法，中国的外汇储备应当在3000亿～6000亿美元。但是，从2006年起，中国的外汇储备突破万亿美元，而且增加速度很快。按照外界的估计，中国的外汇储备中，70%左右是美元。中国过于庞大的美元资产，其自身的安全性对于中国的财富安全是一个巨大的考验。

---

① 丁玲、杨江：《中国工业的“汇率红线”》，《中国经济与信息化》2010年第7期。

② 《美国汇率霸权可以休矣》，2010年3月23日《人民日报（海外版）》。

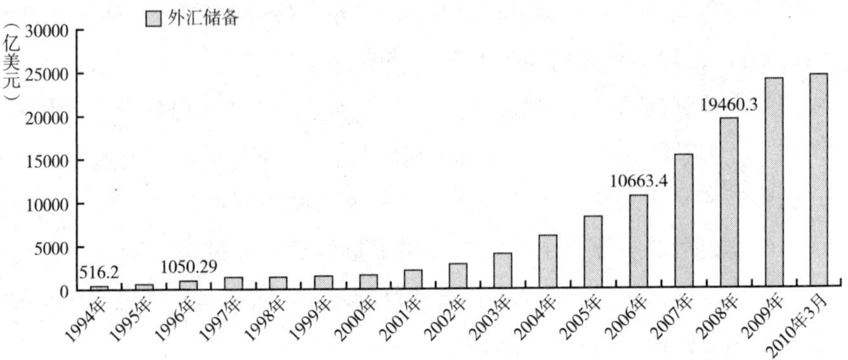

图1-4　中国外汇储备（1994~2010年）

资料来源：国家统计局网络数据资料库。

中国出口商品换来外汇（主要是美元），这样，美国利用美元霸权向中国征收了“发行铸币税”和“通货膨胀铸币税”。美国是中国最大的贸易盈余来源国，这也意味着，中国是通过实物换取“美元”纸币规模最大的国家。由于美元成为世界货币，美国作为货币的发行者，攫取货币发行过程中的“铸币税”。1990~2004年，美国向世界其他国家每年征收156亿美元“发行铸币税”，其中向中国征收25亿美元。① 另外，美国可以将本国的通货膨胀输出到国外。按照2007年中国外汇储备1.5万亿美元计算，当年美国通货膨胀率年均为2.85%，这样，由于通货膨胀我国至少损失了400亿美元。

另外，中国将外汇通过资本账户流入美国，美国再将这些资本投资到中国和其他国家，美国等于向中国征收了“收益铸币税”。中国通过国际贸易换取了大量美元，又将美元存入美国的银行或者购买美国的国债，这只能获得较低的收益率。但是，美国则用这些回流的美元到国外投资，获得更高的收益。这种收益之间的差额，实际上是广义上的“铸币税”，也就是美元作为国际货币的收益。② 按照美国经济分析局（BEA）的统计，1983~1991年，美国在海外投资平均收益率为8.7%，但是，海外在美国的平均投资收益率仅为2.6%。按照1996~2006年中国的美元外汇储备计算，中国的美元铸币税损失要达到年均700亿美元。

① 郑建明、桑百川、张军生：《全球外汇储备、金融控制与我国的金融安全》，《开放导报》2007年第3期。

② 宋芳秀、李庆云：《国际铸币税为美国带来的收益和风险分析》，《国际经济评论》2006年第4期。

中国的最高决策者对于金融领域始终保持高度的谨慎，实践证明，这种谨慎对于中国防范历次金融风险都起到了很好的作用。在世界格局中，具有国际货币发行权的美国可以利用这种垄断权盘剥中国。对于一个正在兴起的国家，缺乏货币主权将是经济发展中的最大风险。人民币区域化和国际化是金融自主最具战略意义的步骤。1997 年亚洲金融危机时，人民币坚持不贬值而获得了良好的信用，人民币在中国周边的国家，如越南、泰国、缅甸、朝鲜、蒙古、俄罗斯、巴基斯坦、尼泊尔等，作为支付货币和结算货币被普遍接受。亚洲金融危机以后，东南亚很多国家的居民把人民币作为贮存手段。可以说，人民币作为一种区域性货币，在实际上已经初见雏形。① 2008 年底以来，中国政府开始逐渐通过各种途径来增强和推广人民币的计价单位职能。2009 年中国人民银行分别与韩国、阿根廷、中国香港特别行政区等 6 个国家和地区签订总值达 6500 亿元的货币互换协议。2009 年 7 月初，又开展了跨境贸易人民币结算试点。②

二 金融危机使我国经济增长的势头减弱

（一）金融危机背景下经济增长的总体情况

受美国金融危机波及以及国内因素的影响，2008 年下半年以来，我国经济发展经历了进入 21 世纪以来最困难的一段时期。在世界经济深度衰退、国内结构性政策调整以及经济内在周期三重压力下，我国经济急转直下，深度下滑。

如图 1－5 所示，金融危机之前，我国经济保持高速增长的态势，2003～2007 年平均增长率为 11%，其中 2007 年高达 13.0%。随着国际金融危机的不断扩散蔓延，我国经济受到严重冲击。金融危机以来，我国经济增速经历了从急转直下到低速徘徊再到快速反弹三个阶段：第一阶段为 2008 年第三季度到 2009 年第一季度。期间，我国宏观经济增速迅猛下跌。2008 年下半年，金融危机开始波及中国，我国经济迅速下滑，2008 年第三季度的 GDP 增长率降至 9.0%，这是中国经济增长速度近年来首次降至一位数，中国经济受次贷危机影响初步显露；第四季度比第三季度陡然下降了 2.2 个百分点，跌至 6.8%，最终，2008 年全年的 GDP 增速比 2007 年的 13.0% 回落了 4 个百分点。随着金融危机效应的进

① 黄达：《人民币的风云际会：挑战与机遇》，《经济研究》2004 年第 7 期。

② 巴曙松、吴博：《金融危机中人民币国际化在高期望下平稳起步》，2009 年 11 月 26 日《中国社会科学报》。

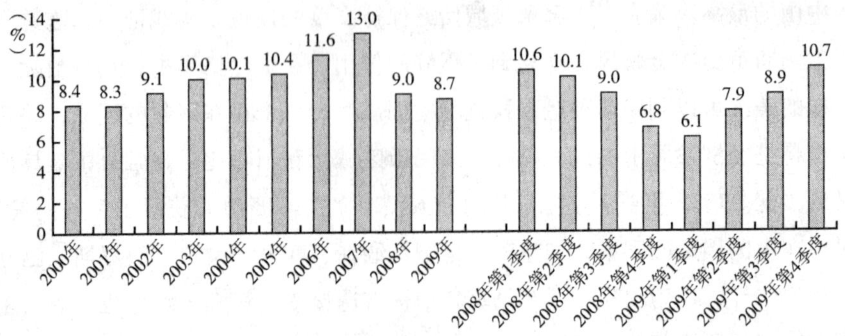

图1－5　2000～2009年各年及其2008～2009年各季度GDP增长率

一步显现，2009年第一季度跌入低谷到6.1%，这是21世纪以来的最低值。第二阶段为2009年第二季度和第三季度，我国经济增长速度处于低速徘徊状态。2009年第二季度，随着各项政策力度逐步显现，经济开始好转，GDP增长率比第一季度上涨了1.8个百分点，上升到7.9%，第三季度进一步提速，相比第二季度上升了1个百分点，达到8.9%。第三阶段从2009年第四季度开始，我国经济呈现快速增长的态势，2009年第四季度我国GDP增长率达到10.7%，接近于2003～2007年快速增长时期的平均增长率，并有进一步上升的势头。2009年全年增长8.7%，“超额”完成了年初“保八”的目标。

我国还处于工业化的中期，工业特别是重工业是上一轮经济周期的领导力量。从工业增加值增长率的情况看，金融危机也使我国的工业增加值增速经历了大起大落。

如图1－6显示，我国的工业增加值从2008年6月的16%回落到2009年2月的3.8%，在国家宏观调控政策的作用下，2009年3月以来开始触底反弹。在

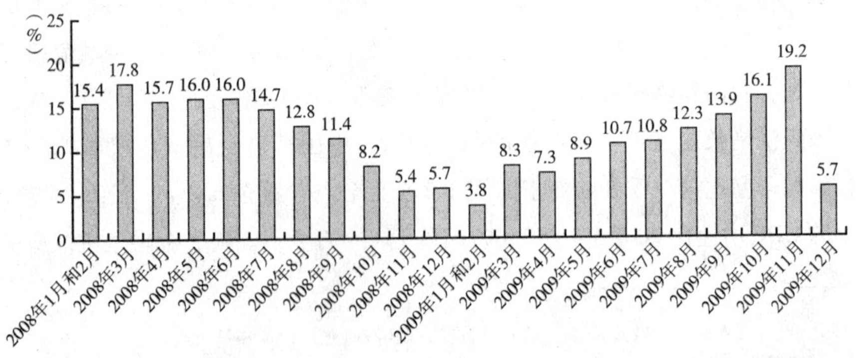

图1－6　中国工业增加值月度同比增长率

内需继续快速增长和外需降幅收窄的影响下，2009 年第四季度继续呈现回升的态势。2009 年全年实现工业增加值 134625 亿元，比上年增长 8.3%。

从财政收入增长率的情况看，金融危机后，我国财政收入增长的形势由大幅增长转化为大幅减少。从图 1－7 可以看出，在金融危机的冲击下，从 2008 年 6 月开始，我国财政收入增速迅速回落，10 月首次出现负增长，为－0.3%，直到 2009 年 4 月，除 2008 年 12 月为正增长 3.3% 外，一直延续负增长的态势，尤其是 2009 年 1 月，下降到最低点－17.1%。从 2009 年 2 月开始，财政收入增速转负为正，并不断震荡上浮，到 2009 年 8 月，财政收入增速达 36.1%，已超过危机前的水平，2009 年 12 月达到 56.5%，远远高于近年来中国财政收入增幅最高 2007 年 32.4% 的水平。2008 年中国财政收入增速为 19.5%，2009 年比上年回落了 7.8 个百分点，为 11.7%，均低于 2003～2007 年的年均增速 22.1%。

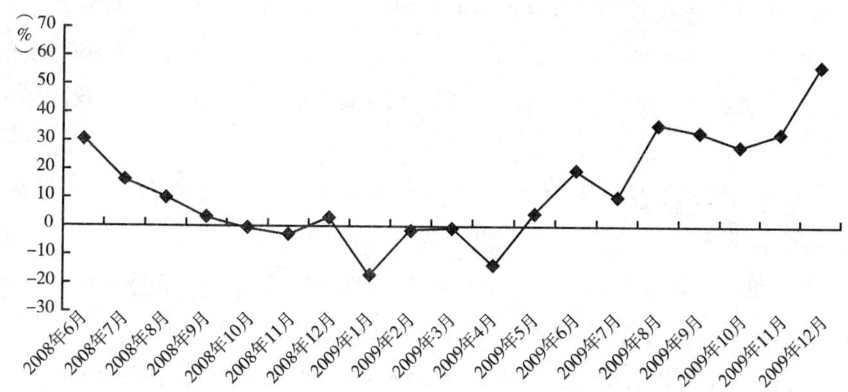

图 1－7　2008～2009 中国财政收入月度同比增长率

整体而言，金融危机对我国经济增长产生了一定的冲击。但随着政府宏观调控措施逐步发挥作用，我国 GDP 增长率、工业增加值增长率、财政收入增长率都已开始“触底反弹”，实现“V”形反转，2008 年下半年以来经济持续下滑趋势得到初步遏制，中国经济企稳回升、逐渐向好。

（二）金融危机使我国出现外贸颓势

出口、投资、消费是拉动经济增长的“三驾马车”。金融危机正是通过减少出口、撤离外资、抑制消费三条渠道，对我国经济产生巨大冲击，使中国经济面临着严峻的考验。

改革开放以来，我国的外贸依存度呈明显增长态势，外需对中国经济增长的

重要性不断加大，我国经济发展受国际市场波动影响的程度不断加深，敏感度不断提高。2007 年我国的外贸依存度高达 67%，远高于美国 23% 和日本 30% 的水平。并且，我国的进出口主要集中于少数国家及地区，其中，对美、日、欧盟三大贸易伙伴的进出口占我国进出口总额的一半左右，这些贸易大国的经济增长直接影响到我国的外贸形势。

作为中国第二大出口贸易国的美国，与中国贸易关系密切。据测算，美国经济增长放慢 1 个百分点，会导致中国出口下降 6 个百分点（何宜强，2008）。有数据显示，受此次金融危机的影响，2008 年全年中美双边贸易总额比 2007 年增长 10.5%，增速为“入世”7 年来最低点，其中，我国对美出口增长 8.4%，增速 7 年来首次降至个位数。由于欧盟、日本等国对美国经济的依赖性较强，金融危机引发的欧盟、日本乃至全球经济不景气也导致了各国消费需求萎缩，也间接地影响了我国对其他国家的出口。与此同时，各国政府为了缓解全球经济衰退导致的国内压力，国际贸易保护主义进一步加剧，使“中国制造”面临更多的反倾销和反补贴诉讼，这进一步削弱了我国出口商品的国际竞争力，对我国经济增长产生显著冲击。

受金融危机的影响，2008 年我国对外贸易进出口总值达 25616.3 亿美元，较上年回落 5.7 个百分点，“入世”7 年来增长速度首次低于 20%，出口 14285.5 亿美元，较上年回落 8.5 个百分点。2009 年我国对外贸易进出口总额为 22072 亿美元，比上年下降 13.9%，出口 10056 亿美元，下降 11.2%。

从图 1-8 中可以看出，我国出口从 2008 年中期一路下滑，并从 2008 年 11 月开始，进、出口连续 12 个月增速下降，中国外贸形势依然不容乐观。其中，2009

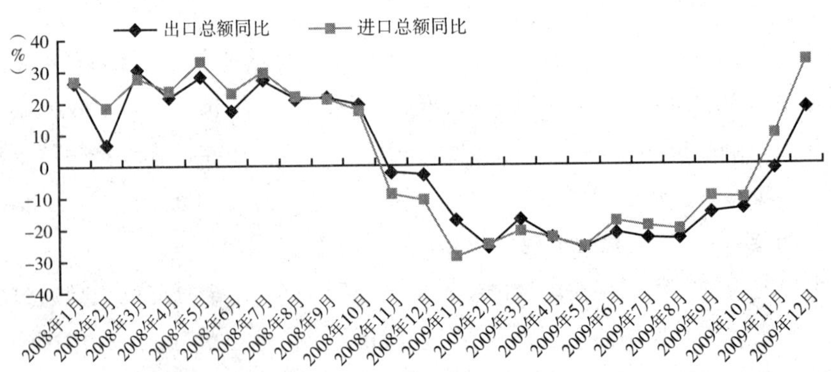

图 1-8　2008~2009 年我国外贸进出口额增长率

年一季度我国出口下降约20%，在各类指标中是降幅最大的。随着中国政府在危机深化的关键时刻果断出手，从2009年2月开始，外贸形势开始企稳回升，出现复苏曙光。到5月，回升势头日益明朗，12月，进、出口增速同比上升，并有不断上扬的趋势。但与经济增长速度、投资增长速度和消费增速相比，出口反弹的速度相对缓慢。

（三）金融危机使我国投资增速明显下滑

固定资产投资是拉动经济增长的“三驾马车”之一，在我国表现尤其突出，是长期以来拉动我国经济快速增长的主要动力。我国外需直接或间接地带动了65%的国内投资。在次贷危机发生前，以美国为首的发达国家消费支出的强势增长与随之产生的消费品需求，极大地刺激了中国的投资增长。然而，随着次贷危机的全面爆发，国际市场的消费需求锐减，严重影响中国的对外出口，中国投资局势出现了明显的变化。

首先，受次贷危机和国际经济形势不断恶化的影响，企业投资热情下降。次贷危机存在的诸多不确定因素和潜在风险，使得人们对风险的厌恶普遍上涨、对经济增长的信心普遍下滑。目前无论是国外经济研究机构还是国内经济研究机构，对世界经济增长和中国经济增长的预期都在下调，这无疑会影响企业的投资决策。

其次，由于对外贸易形势恶化，部分中国企业的投资能力受到影响。受金融危机的影响，我国出口迅速下滑。由于目前我国许多产品对国际市场的依赖程度较高，出口的下降明显地影响到企业的销售和赢利状况，销售和赢利状况的恶化必然会影响我国企业特别是中小企业的投资能力。

最后，外资通过加大全社会的固定资产投资推动经济增长，外资已逐渐成为我国发展经济的重要因素。随着次贷危机不断深化，西方金融巨头为求自保，不但大量抛售在华资产，其近期在华投资也出现减少的趋势。2008年，全国新批设立外商投资企业27514家，同比下降27.35%。同时，自2008年7月开始，我国外商直接投资金额出现了连续4个月下降，10月同比下降2.02%，为2008年以来首次单月负增长。FDI大幅下降，表明外资进入中国势头大幅放缓。

以上因素共同对我国投资造成不利影响。如图1－9所示，2008年以来，我国城镇固定资产投资增长波动幅度较大。2008年上半年，我国固定资产投资仍然保持了较高的增幅，下半年，随着金融危机作用的不断显现，影响固定资产投资扩张。不过鉴于目前我国的发展阶段，在促进经济发展、缓解就业压力的驱动

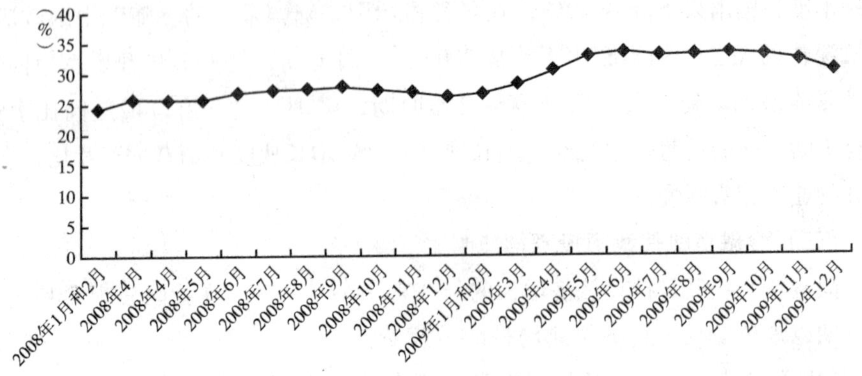

图1-9　中国城镇固定资产投资月度累计名义增长率

下地方投资热情不会明显减弱，以及灾后重建会产生一定的带动作用，固定资产投资名义增长率仍然保持了较高水平。因此，尽管有金融危机的冲击，2008年投资继续保持较快增长，达172291亿元，实现了25.6%的增速。综观2008年全年各月固定资产投资增长情况，可以看出，各月的投资增幅基本保持了一个平稳的态势，波动幅度不大。4月最低，为24.3%，9月最高，为27.6%，二者仅相差3.3个百分点。从2009年的情况看，2009年上半年表现出强劲的回升势头，下半年也基本保持了稳步增长的态势。2009年，全社会固定资产投资达224846亿元，比上年增长30.1%，增速比上年加快4.6个百分点。投资快速增长有效弥补了外需下降的缺口，加强了薄弱环节，为经济社会长远发展奠定了坚实的基础。

（四）金融危机使我国消费增长速度明显放缓

消费是拉动我国经济增长的另一驾马车。在金融危机的冲击下，我国的消费也受到一定程度的影响。

首先，受金融危机影响，全球经济出现衰退趋势，宏观经济存在众多的不确定性，使人们对收入前景预期持不乐观的态度。国家统计局公布的数据显示，消费者预期指数、消费者满意指数、消费者信心指数三大指数齐齐下挫，2008年10月消费者信心指数为92.4，创12个月来的新低。而这种普遍悲观的态度使居民推迟消费，特别是大宗商品的购买。

其次，经济增速放缓导致居民实际收入增长放缓。我国居民的传统消费观念与欧美国家的超前消费、借贷消费行为有所不同。在消费能力有限而且市场走势不明朗时，居民会选择对较大笔支出的商品持币观望。而这必然影响中国的国内消费水平，给本来就消费需求不足的国内市场造成更大的压力。

受国家着力扩大居民消费、鼓励消费的政策领域之宽、力度之大、受惠面之广的影响，2008 年 1 ~ 8 月，我国消费一直保持较快增长，累计比上年同期增长 21.9%，扣除价格因素后的实际增长也达到了近年来的新高。2008 年全年全国累计社会消费品零售总额为 1084877 亿元，同比增长 21.6%。

但随着金融危机影响的不断渗透，2008 年 10 月到 2009 年 1 月一直处于下降的态势（图 1 - 10），尤其是 2009 年 1 月，与 2008 年 12 月相比，下降了 6.9 个百分点，跌至 11.6%。凭借多年的政策积累和危机之后灵活、强力的应对措施作用的不断显现，2009 年中国消费需求非但没有崩溃，反而呈现可喜变化。2009 年 2 月，增速开始企稳回升，在小幅震荡中回升，其中 2 月增速达 15.9%。到 2009 年 12 月，消费品零售总额增速为 17.5%，并有进一步上扬的趋势。2009 年全年社会消费品零售总额为 125343 亿元，比上年增长 15.5%。

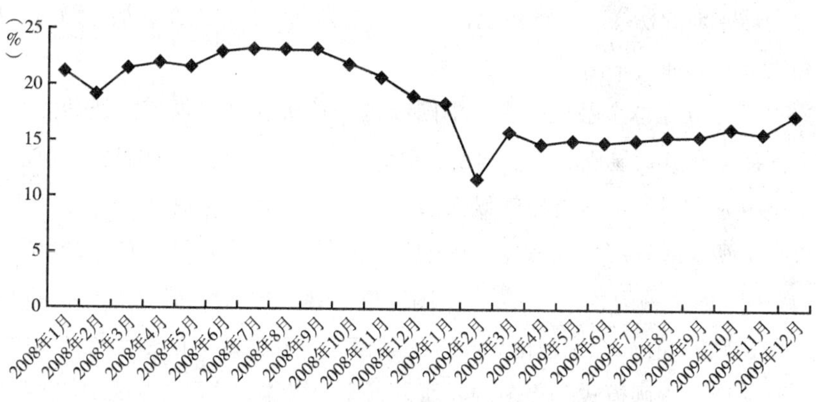

图 1 - 10　中国社会消费品零售总额月度同比名义增长率

综上所述，美国金融危机对中国经济增长的影响主要来自出口部门，对投资和消费虽有一定影响，但影响程度较小或较为间接。在外部环境面临较大不确定性、世界经济复苏仍然较为疲弱的情况下，中国经济回升的动力主要来自内需。投资的强劲增长不仅弥补了外需的下降，而且提振了人们的信心，是推动中国经济率先回升的主动力；消费的较快增长也助推经济复苏。

三　金融危机提升了中国模式的影响力

从亚洲金融危机到这次全球性金融危机，中国模式应付危机的能力和有效

性，已经使得越来越多的人认同中国模式。2009 年 10 月 18 日，《当中国统治世界》（*When China Rules the World*）一书作者英国伦敦经济学院亚洲研究中心客座研究员马丁·雅克（Martin Jacques）接受《环球时报》记者采访时说，西方议论“中国模式”可以分为三个阶段：第一个阶段是从 1978 年中国开始经济改革开始的，中国当时刚起步，所以关注有限；第二阶段是 20 世纪 80 年代末 90 年代初，当时的大背景是东欧社会主义国家动荡；第三阶段从 20 世纪 90 年代中期开始，对“中国模式”的关注和议论几乎与经济的迅猛发展同比例增长。①

2008 年以来，汶川特大地震的救灾重建、北京奥运会、世界金融危机加上 2009 年新中国成立 60 周年使这个话题达到关注沸点。2008 年 1 月 28 日，法国《回声报》发表题为《“中国模式”年》的文章提出，中国的政治经济模式取得了一些胜利，并成为一种替代资本主义自由民主制度的令人感兴趣的选择。中国模式不仅对该国的沿海新精英有吸引力，还成为从莫斯科到迪拜、从伊斯兰堡到喀土穆全球各地的榜样。文章还说，中国的吸引力在西方也在增加，商人、媒体大亨和设计师都涌向中国。②

2009 年，在全球金融危机中，中国以抵御危机和迅速复苏的强劲能力让世界高度关注，充分彰显成熟、有远见、负责任的大国形象。无论是达沃斯论坛，匹兹堡金融峰会还是哥本哈根气候大会，中国都成为世界瞩目的绝对“主角”，作为世界上最大的发展中国家，中国的发展及其经验受到世界各国的关注。从“中国奇迹”到“中国经验”，从“中国现象”到“中国精神”，从“中国模式”到“中国道路”，在媒介和理论界与“中国模式”相关的讨论热度与日俱增。

公开谈论“中国模式”更多的是西方国家的媒体。法国一家媒体 2009 年 10 月 16 日的文章称，中国在摆脱全球性经济衰退中所发挥的排头兵作用让许多国家对中国模式产生了一定兴趣，但中国可能会以一如既往的低姿态，对有关中国模式的讨论不置可否，以规避可能招致的“树大招风”的消极影响。2009 年 2 月，美国《华尔街日报》的一篇文章说到：“美国经济模式遭受重创，为中国模式走向世界铺平了道路。”法国国际广播电台 2009 年 11 月 10 日美国动向专栏播发题为《美国人热议中国模式》的报道。

西方媒体热议中国模式的关键点，是中国模式的影响力，中国模式很可能还

---

① 《“中国模式”再被热议》，2009 年 10 月 22 日《环球时报》。

② http://www.china.com.cn/international/txt/2008-01/31/content_9621019.htm.

会成为许多国家效法的榜样。2009 年《纽约时报》发表长文，对中国模式作了深入的探讨。该文称，随着中国经济的不断攀升，中国模式的话题几乎同比例地增长，而自 2008 年以来，世界金融危机更使这个话题达到被关注的高峰。《华盛顿邮报》也刊文表示，20 世纪 80 年代末，西方专家曾预测中国政府已穷途末路，以后判断互联网将不可避免地解放中国，再后来又希望经济的发展和人民的富裕改变中国的政治体制。遗憾的是，这些预测、判断和希望到目前都没有发生，相反中国模式的影响力却越来越大。国际金融危机中，当美国在世界各地遭遇困难和打击之时，中国却获得了丰收，这是因为自冷战结束以来，世界上首次出现了不同于美国自由市场和民主政治的发展模式，而这个中国模式不仅让中国增添光彩，更让美国模式褪色。①

在国际金融危机爆发后，日本野村市场研究所高级教授关志雄就认为："美国爆发的金融危机将成为中国从地区大国向全球性大国崛起的标志性事件。"新美国基金会的资深研究员迈克尔·林德认为，华盛顿倡导的自由市场和不受限制的资本主义模式的终结，"明显地损害了我们一直倡导的英美模式的声誉，中国模式现在可能更多地会被认为是未来的潮流"。② 2009 年 4 月 3 日，《联合早报》发表评论员文章《世界的新秩序从伦敦峰会开始》提出，任何一个发展模式都并非无懈可击，它所取得的成功也不意味着永远的成功，更不能证明适用于全世界。由于美国金融体系引发了全球性金融灾难，把世界各国都变成了受害者，因而曾被视为楷模的美国发展模式，至今备受世界的指责，而中国模式尽管还存在不足，需要校正和改良，但其成功却是任何人都不该否认和蔑视的。"假如没有中国模式，当前的全球经济就更加死气沉沉，其复苏前景就必定少了一个希望，少了一个动力"③。

美国的未来学专家约翰·奈斯比特以撰写《大趋势》誉满全球。2009 年，奈斯比特在新著《中国大趋势》中提出了"中国新社会的八大支柱"理论：解放思想；"自上而下"与"自下而上"的结合；规划"森林"，让"树木"自由生长；摸着石头过河；艺术与学术的萌动；融入世界；自由与公平；从奥运金牌到诺贝尔奖。通过描述和总结中国发展的大趋势，奈斯比特指出，中国正在创造

---

① http：//news. ifeng. com/opinion/world/200911/1126_ 6440_ 1452281. shtml.

② 徐崇温：《国外有关中国模式的评论》，《红旗文稿》2009 年第 8 期。

③ 杜平：《世界的新秩序从伦敦峰会开始》，http：//www. zaobao. com/special/forum/pages7/forum_ zp090403. shtml。

一个崭新的社会、经济和政治体制，它的新型经济模式已经把中国提升到了世界经济的领导地位。《江泽民传》的作者罗伯特·库恩在解读“北京共识”的时候指出，中国发展壮大的两个法宝是“超稳定的政策”和“超强大的中央政府”；中国所有的战略企业，比如中石油、中石化、中海油，是中国经济发展的龙头，中国还有生机勃勃的民营企业和自由发展的市场。

2008 年 7 月英国《金融时报》曾刊登一篇题为《中国模式背后的真相》的文章给“中国模式”泼冷水。文章说，30 年前，中国与世隔绝，举步维艰，贫困率与马拉维不相上下。如今，从委内瑞拉到越南，所谓的“中国模式”，吸引力随处可见。但是，是否过去 30 年中的战略决策和非决策累加起来便形成了成熟的发展模式？这值得怀疑。“中国模式”至少有三重含义：成功、可复制性和周密计划，这三个方面都还有待商榷。① 雅克斯说，从目前来看，美国模式是“全球性的”，中国模式是“地区性的”，包括欧洲、俄罗斯等在内的多数国家可能不会真正学习中国模式经验，因为在它们眼中，中国还是一个发展中国家，而它们已经步入发达国家行列。②

中国模式的成功和崛起，颇让美国人惊讶和困惑，也让全世界充满好奇。较之前几年国际社会上的“中国威胁”和“和平崛起”，“中国模式”给人的感觉更中性，而且学术厚重感更强③。中国学者和官员对于“中国模式”的看法存在分歧。中国政府本身在这方面一直做得非常小心翼翼，并没有公开接受或者反对这个概念，不愿公开表示存在其他国家可以效仿的任何发展模式。国内争论的焦点主要在于：是否存在“中国模式”（赞不绝口的“存在论”、模棱两可的“未定论”和坚决反对的“不存在论”）；如果存在，那这个模式是指什么；谈论“中国模式”是否明智④。

在近几年涉及“中国模式”的讨论中，从形式到内容上否定“中国模式”

---

① 里奥·霍恩：《中国模式背后的真相》，http://www.ftchinese.com/story/001020863?page=1。

② 《“中国模式”再被热议》，2009 年 10 月 22 日《环球时报》。

③ 潘启雯：《风靡全球的中国故事：解读中国模式相关图书》，2010 年 3 月 26 日《工人日报》。

④ 中共中央党校主办的《学习时报》2009 年 12 月 7 日发表了《慎提“中国模式”》（李君如）、《中国无意输出“模式”》（赵启正）、《提“中国模式”为时尚早》（施雪华）、《当务之急是注重科学发展》（邱耕田）等 4 篇集中探讨“中国模式”的文章，均对这一提法表示不同看法，显示出官方竭力在保持清醒态度。国务院新闻办公室前主任赵启正在文中表示，“中国案例”的提法更正确。中央党校前副校长李君如则表示“中国模式”的说法“很危险”，因为可能导致自我满足、盲目乐观，从而削弱继续深化改革的动力。

提法的至少有以下八种情况：第一，通过否定中国“渐进改革模式”和肯定东欧“休克疗法”的政治后续力来质疑“中国模式”。第二，通过质疑中国“投资增长模式”的可持续性来否定“中国模式”的存在。第三，通过批评中国贫富差距的“拉美化”来否定“中国模式”的独特性和可持续性。第四，主张用“中国特色”、“中国经验”或“中国道路”来取代“中国模式”的提法。第五，认为“中国模式是披着羊皮的狼”、鼓吹“中国模式”的人“是张开嘴巴给主子当痰盂的中国知识分子”。第六，认为“中国模式”是一个大杂烩，包含了东亚的新权威主义、拉美的社团主义、欧洲的民主社会主义、苏联的列宁主义和中国传统的儒家思想。第七，认为“如果中国模式成功了，那我们美国代表所有的理念和价值是不会成功的”。第八，直截了当地宣布“中国模式”是伪命题和低级问题。把什么概念都当成“伪问题”恰恰说明一种浮躁，它不能给具体的实质讨论增加任何信息量。常识性的学术规则是，概念和提法本身是根本不重要的，重要的是通过一个新的概念和提法，大家能够把话题集中起来，从而能够深入讨论一个新概念背后的问题和逻辑。从概念上支持或反对“中国模式”十分次要，“中国模式”存不存在也毫不重要，重要的是借助“中国模式”这个概念，大家能够进一步认识中国对世界的影响和这种影响的真实性和持续性。①

模式有两种：成功的模式和失败的模式。现在中国模式已经得到全球的认可，特别是全球经济危机，中国一枝独秀，不仅率先摆脱危机，而且还带领全球走出危机。中国模式本身仍处于发展过程之中，尽管经受了两次金融危机的考验，这种模式最终是否成功，还有待检验。中国模式仍然面临巨大的挑战，如腐败、贫富差距、环境污染、层出不穷的矿难以及食品、药品卫生问题。有学者认为，中国模式的优势，在于源源不断地外资投入和开放自由的外部市场，但现在这两个条件都受到了重大的制约；更为严重的是，政府的高度干预虽然对抵御经济危机有利，但却对经济发展造成了阻碍和桎梏；此外，中国的发展正面临财富分配不均的重大瓶颈，解决不好必将出现严重问题。所以，他们认为，说中国模式已经成功，还为时尚早，但这都不能成为否定中国模式的理由。

“中国模式”既然已经存在，那么重要的是要回答“我是谁”的问题，就是回答“中国模式”到底是什么的问题。这个任务已经变得很重要。如果不能

---

① 方绍伟：《“中国模式”是伪命题吗?》，http：//2fww225w. chinaelections. org/NewsInfo. asp? NewsID = 175889。

回答“我是谁”的问题，中国在国际社会的软力量将无从谈起。不承认“中国模式”的存在，只能导致对这个模式所包含的缺陷的忽视或者漠视。只有承认了“中国模式”的客观存在，才能对这个模式加以认真地研究，找到其不足的地方，加以改进。而事实上，如何改进“中国模式”，是中国目前所面临的最大问题。①

第二节　中国模式在危机中的突围路线图

次贷危机迅速从美国向世界各国扩散，从虚拟经济向实体经济蔓延，造成了20世纪30年代以来最大的一次金融危机甚至是经济危机。2008年下半年以来，面对国际金融危机的严重冲击，中国政府果断决策、从容应对，迅速出台扩大内需、促进经济增长的十项措施，及时制定完善了一系列保增长、扩内需、调结构的政策，形成了系统完整的促进经济平稳较快增长的一揽子计划。到2009年第三季度经济增速当季已达到8.9%，中国经济的航船逐步走出国际金融危机冲击的惊涛骇浪，奋力实现了“V”形反转。

一　金融危机对我国经济的影响比较有限

从整体上看，受金融危机和国内因素的影响，我国经济受到了一定程度的冲击。但是，由于我国抗御金融危机冲击的基础和实力，受到的影响比发达国家相对小一些，影响比较有限，我国经济社会发展的基本面和长期向好趋势没有改变。

第一，金融危机对我国的直接影响比较有限。金融危机对我国的直接影响，主要是指对银行、保险公司、中投公司等金融机构因所持有的美国问题债券而遭受的损失。本次危机源头在金融领域，银行业受到的冲击最直接，也最大。我国央行和商业银行持有部分美国问题债券。从商业银行已公布的情况看，截至2008年9月，工商银行、中国银行、招商银行、兴业银行、中信银行等7家与雷曼相关的风险敞口折合约5亿美元。这在一定程度上给中国金融机构造成一定的经济损失。但是，由于我国的金融开放相对较晚，且存在一定的资本管制，客观上起到了阻滞金融危机向我国全面蔓延的作用；我国金融工具创新不足，金融业尤其是投资银行业还不发达，衍生金融产品所占份额不高，风险也相对较小；而

① 郑永年：《为什么要提“中国模式”?》，2010年5月4日《联合早报》。

且中国金融系统是在政府强有力的支持之下，监管部门对国内金融机构买卖境外金融衍生品的管制也一直较为严格。因此，尽管国内一些银行购买了部分涉及次贷的金融产品，但投资规模都不算大，涉及次贷的资金占总资产的比例较低，其带来的直接损失尚在银行可承受范围之内，对企业整体运营的影响甚微。据来自银监会的数据，受此次国际金融动荡影响的中国银行业海外机构资产仅占总资产的3.7%左右，其中中信银行母公司中信集团所持雷曼兄弟债券头寸不到其2007年净利润的1%，而交行共持有雷曼兄弟控股公司及其子公司发行的债券7002万美元，仅占交行截至2008年6月30日总资产的0.02%，净资产的0.35%。因此，面对金融危机的冲击，中国银行业虽然不能独善其身，但做到了在全球独树一帜，金融危机通过金融渠道对中国经济的直接影响比较有限，并未对我国银行业的基本面带来直接的大规模冲击，这为国民经济抵御国际金融危机、维持健康平稳运行奠定了扎实的基础。

第二，保持我国经济继续快速增长态势的基本因素没有变。中国现阶段的高速经济增长是建立在改革开放的基础上的，而不仅仅受益于世界的经济繁荣。改革开放30年来经济快速发展积累的牢固物质基础，日趋完善的社会主义市场经济体制给经济发展带来较强的内在动力；随着工业化和城市化进程的加快使投资需求旺盛、消费需求也有强有力的支持；产业结构优化升级、科技进步和创新、生态环境保护、社会事业等方面的巨大发展空间；此外，从总需求结构看，中国正在从主要依靠投资、出口拉动转变为消费、投资、出口均衡拉动。

第三，近些年来，中国外向型经济发展快速，中国的出口产品满足更多的是中低端消费者的需求，商品的性价比能够更好地满足各国的市场需求，因而能替代别的国家的产品占有更大的市场份额。受金融危机的影响，中国的主要贸易伙伴虽然都出现了一定的经济衰退，但对中国商品的需求依然存在。从某种意义上说，各国经济衰退所导致的居民家庭购买力的降低反而更加有可能增加对这些商品的需求。

第四，巨额外汇储备成为我国抵御金融危机的重要力量。截至2009年末，国家外汇储备余额为23992亿美元，巨额的外汇储备，固然如前所述会因美元贬值而遭受损失，但作为一种国际购买力，外汇储备是综合国力和政府经济调控能力的重要体现，毫无疑问是一种抗御金融危机冲击的重要物质力量。美国金融家索罗斯甚至认为：中国是金融危机最大的赢家，将拥有更多的世界财富，因为其美元金融资产可转化为真实资产。

第五，中国政府还掌控着巨大的经济资源和拥有较强的组织能力，在调控经

济运行方面有一定的回旋余地。

因此，虽然中国在此次金融动荡中不可能独善其身，但与美欧诸国相比，中国受到的影响不会很大。金融危机没有从根本上逆转我国经济增长的局面。随着促进经济平稳较快增长的一揽子计划的出台与实施，因受外需下降影响出现下滑的现象得到了有效遏制，中国经济依靠国内需求实现了企稳回升。中国宏观经济正在加速复苏，我们有条件、有能力比其他国家更早走出金融危机的阴影，并在较长时期内继续保持经济平稳较快发展。

此次金融危机给中国经济带来了前所未有的困难和挑战。但也应当看到，这其中也酝酿着许多新的机遇。综观国际国内形势，我国仍处于重要战略机遇期，挑战与机遇并存，困难与希望同在。

首先，有利于加快我国的经济结构调整。外部需求大量减少，客观上为我们扩大内需、调整结构、加快发展方式转变等提供了巨大的倒逼机制压力，加快包括产业结构、产品结构、企业组织结构等在内的结构调整的步伐；对高耗能、高污染、高浪费但低附加值的产业结构加以调整，向高新技术、环保产业升级。

其次，在金融危机的冲击下，全球经济不景气导致需求大幅度下降，我国的出口企业面临着很大的挑战与冲击，因此，这有利于我国出口企业增强创新意识，加快建立具有创新能力的研发体系，充分利用国家的相关政策，适时调整自身产品结构，研究出具有高附加值的科研产品，大力提高自身的竞争能力，生产出在世界上有民族品牌竞争力的产品，实现战略升级。

再次，此次金融危机极大地削弱了发达资本主义国家的实力，至少在一个相对较长的时期，它们的主要精力集中于本国经济的调整与恢复。这将有利于中国在东亚地区建立以中国为中心的制造业产业链，以资本输出带动产品输出，把自己的过剩产能向亚洲地区释放，缓解中国内需不足的矛盾。

最后，此次金融危机的爆发，为提高中国在世界事务中的地位和作用提供了良好的机遇。历史经验表明，任何一次大的经济危机（金融危机）都是各国经济实力此消彼长的过程。此次金融危机的爆发，使我国遭受了很大的冲击和困难，但相比较而言，我国经济是金融危机期间世界经济中亮丽的风景线。危机过后，中国经济在世界上的地位必然会进一步上升，而且上升的幅度可能超过许多人的预期。面对金融危机的冲击，我们可以在做好自身事情的基础上，在维护和争取本国权益的前提下，采取合作的态度，为稳定局势作出相应的努力，提升我国在国际事务中的话语权。

二　应对金融危机的“中国模式”：一揽子计划

面对国际金融危机的严峻挑战，中国政府及时调整宏观经济政策方向。回顾中国经济走出阴霾的一年，我们可以看到一张清晰的刺激经济路线图：相继出台了包括4万亿元投资计划①、十大产业调整与振兴规划、结构性减税、消费补贴等应对危机措施，并提出了加强国际合作、坚决反对贸易保护主义等主张。②

（一）扩内需、促外需，稳定经济发展的大局

面对外部需求的急剧萎缩，全面扩大国内需求成为政策的着力点。2008年11月9日，中国政府公布了4万亿元投资计划，以扩大内需。自2008年第四季度我国实施积极财政政策和适度宽松的货币政策以来，中央加大了政府公共投资力度。在2008年末增加安排中央政府公共投资1040亿元的基础上，2009年中央政府的公共投资安排9080亿元，增加4857亿元，用于加快保障性住房建设、农村“水电路气房”等民生工程、重大基础设施建设、卫生教育等社会事业建设、节能减排和生态环境建设、自主创新和结构调整、汶川大地震灾后恢复重建等方面。截至2009年4月30日，2009年中央政府公共投资已累计安排下达5189亿元，执行进度为57%。

消费需求是最终需求，以投资促消费是一揽子计划的重要支点。从拿出巨额财政补贴鼓励家电下乡、农机下乡，到进一步减轻企业和个人税费负担，从积极扩大住房、汽车、农村消费信贷市场，到推进医药卫生体制改革减轻居民医疗负担，从增加农民收入、改善中小学教师待遇，到提高退休人员基本养老金和城乡低保水平，中央政府扩大财政支出促进消费增长，成为中国应对国际金融危机、促进经济平稳较快发展的利器。例如，2008年10月下旬，财政部和商务部决定将“家电下乡”试点范围从山东、河南、四川三省进一步扩大至12个省份，直接补贴农民消费者。为了支持家电、汽车摩托车下乡工作，2009年中央财政预算安排250亿元补贴资金。国家又出台鼓励汽车家电“以旧换新”政策措施，

① “有人把一揽子计划简单说成是4万亿投资，这是一种误解。”温家宝总理在2009年达沃斯论坛开幕式上重新阐述了中国的经济刺激政策是一系列的措施：“我们实施的一揽子计划，是以扩大内需为主、消费与投资拉动相结合的计划。”

② 本部分参考了新华社记者车玉明、周英峰、韩洁、杜宇、齐中熙：《在挑战中奋勇前行——我国应对国际金融危机一揽子计划实施评述》，新华社北京2009年5月24日电，载《大经贸》2009年第6期；新华社记者李斌、赵超、贾楠：《果断决策、从容应对——中国应对金融危机启示录》，新华社北京2010年2月21日电，http：//www. gov. cn/jrzg/2010－02/21/content_ 1538059. htm。

图1－11　2008年11月国务院出台扩大内需十项措施

中央财政用于将老旧汽车报废更新补贴资金增加到50亿元，同时安排20亿元用于家电“以旧换新”。受政府出台的小排量车购置税减半、汽车振兴规划等扩大汽车消费政策推动，2009年我国汽车销售创历史新高。

在扩大内需的同时，努力保住外部需求也是政府一直努力的方向。2009年中央政府出台了进一步稳定外需的6项政策措施：完善出口信用保险政策，提高出口信用保险覆盖率，2009年安排短期出口信用保险承保规模840亿美元，降低保险费率，建立和完善出口信用保险财政风险补偿机制；完善出口税收政策，继续支持具有优势的产品、劳动密集型产品、高科技产品出口，严控“两高一资”产品出口；大力解决外贸企业融资难问题，中央安排资金支持担保机构扩大中小企业贸易融资担保；进一步减轻外贸企业负担，全面清理出口环节各项收费，严厉查处乱收费行为；完善加工贸易政策，完善征税和通关政策措施，便利加工贸易产品内销；支持各类所有制企业“走出去”以带动出口，2009 年安排优惠出口买方信贷规模 100 亿美元，简化优买、优贷项目和资金审批程序。

为了应对国际金融危机，我国在税收方面采取了一系列的重大措施。一方面，继续推进税制改革，实施了增值税转型和成品油税费改革等重大改革。我国从 2009 年起全面实施增值税转型改革，企业因此一年可减负 1200 亿元。另一方面，根据国家宏观经济政策的需要，采取了多方面的、大规模的减税措施。据测算，大规模的结构性减税政策，一年可减轻企业和居民负担约 5500 亿元。

（二）调结构、重创新，培育经济发展的持续动力

加快结构调整，优化产业布局，推进自主创新，是中国反危机一揽子计划的主攻方向。国际金融危机对我国工业的冲击，表面上是对工业增速的冲击，实质上是对发展方式的冲击。在发展中促转变，在转变中谋发展。在 4 万亿元的投资计划中，投向自主创新和结构调整的资金约为 3700 亿元，投向节能减排和生态工程的资金约为 2100 亿元，两项合计占了总投资的近 15%。2009 年，我国推广节能环保技术及装备，启动了水泥、有色等行业能效对标达标。炼钢、炼铁、水泥、平板玻璃、电解铝等行业分别淘汰落后产能 1690 万吨、2110 万吨、7400 万吨、600 万箱、80 万吨。

一揽子计划中，十项重点产业调整和振兴规划令人瞩目。推进产业结构调整和优化升级，成为关系中国经济全局紧迫而重大的战略任务。2009 年伊始，从 1 月 14 日至 2 月 25 日的 40 天内，国务院连续召开 6 次常务会议，相继审议通过了汽车、钢铁、纺织、装备制造、船舶、电子信息、轻工、石化、有色金属、物流十项重点产业调整和振兴规划。十大产业调整和振兴规划的实施时间为 2009 ~ 2011 年。这十项规划涉及范围之广、政策力度之大、决策效率之高，前所未有。“调整”和“振兴”并重是十项产业规划的突出特点，在于加强技术改造，提高自主创新能力；推进产业重组，支持企业兼并重组；解决我国一些行业产能过剩的矛盾，淘汰落后产能。

应对国际金融危机，为区域经济发展提供了契机。协调区域发展，优化生产力布局，也是国务院常务会议优先决策的重点领域之一。珠江三角洲地区改革发展，重庆市统筹城乡改革和发展，上海加快发展现代服务业和先进制造业、建设国际金融中心和国际航运中心，加快建设海峡西岸经济区等区域振兴重要举措的推出，不但有利于进一步发挥比较优势，培育新的经济增长地带，而且也有利于国家的长远发展。2009 年 12 月 12 日，国务院正式批复《鄱阳湖生态经济区规划》，建设鄱阳湖生态经济区上升为国家战略。至此，2009 年国务院先后批复了《关中—天水经济区发展规划》、《横琴总体发展规划》、《促进中部地区崛起规划》、《中国图们江区域合作开发规划纲要》、《黄河三角洲高效生态经济区发展规划》等 10 个区域性规划和文件。

应对国际金融危机同样是深化改革的契机。酝酿多年的成品油税费改革开始实施，医药卫生体制改革启动，国家还取消和停征了 100 项行政事业性收费。国务院部署了 2009 年重点推进的改革任务，包括转变政府经济管理职能，深化国有企业改革和农村综合改革，推进资源性产品价格改革和服务业体制改革，加快就业和收入分配制度改革，推进科技体制改革，深化金融体制改革和涉外经济体制改革，等等。这些改革举措，着眼于解决经济社会发展中的突出矛盾和问题，对提振市场信心和扩大内需发挥了积极作用，充分显示出国家力促结构调整、实现可持续发展的坚定信心。

（三）重保障、解民忧，强化经济发展的基础支撑

回首应对国际金融危机的历程，从医药卫生体制改革到文化体制改革，一项项改革攻坚克难，保增长和重保障、惠民生挂钩，催生了新的活力和生产力。

国家强化保障、改善民生的投入力度不断加大。2009 年中央财政预算安排了 7285 亿元的民生支出，其中，安排就业资金增长 66.7%；保障性安居工程增长 171%；医疗卫生支出增长近四成；教育支出增长 23.9%。

国家出台多项措施，加快完善社会保障体系，扩大社会保障覆盖范围，努力提高社会保障水平。2009 年 1 月 1 日起，调整企业退休人员基本养老金的政策已兑现到企业退休人员；关闭破产国有企业的退休人员将全部纳入城镇职工医疗保险；2009 年还将开展新型农村社会养老保险试点，试点面达到 10% 的县区。2009 年末，国务院常务会议决定，2010 年起再次提高企业退休人员基本养老金水平，这已是国家连续六年提高企业退休人员基本养老金。2009 年，从新型农村养老保险开展试点到企业基本养老保险将实现跨省转移接续。陕西神木推出全民免费医疗，广东推出居住证制度力促流动人口享受同城待遇，宁夏首创高龄老人津贴……2009 年，各个地方在民生方面的社会政策创新让人眼前一亮。

改善广大农民工的工作和生活条件。面对金融危机给农民工就业和生活上带来的困难，国家高度重视，采取了一系列政策措施：加强农民工培训，吸收更多农民工就业；建立包括工伤、医疗、养老在内的比较完善的保障体系，养老保险及转移接续制度正在制定。

深化医药卫生体制改革，将全体城乡居民纳入基本医疗保障。这是党中央、国务院从经济社会发展全局出发作出的重大决策，也是加快完善保障体系，改善民生、扩大内需、完善社会主义市场经济体制的一项重要任务。根据规划，今后三年，各级财政将新增投入8500亿元，以缓解群众看病难、看病贵的问题为重点，着力推进五项改革。包括基本医疗保障制度建设，国家基本药物制度的建立等在内，减轻群众基本用药费用负担，方便群众看病就医，提高医疗卫生服务的质量和水平。

保障性住房建设明显提速。2008年中央财政安排保障性安居工程补助资金184亿元，2009年增加到493亿元，增长1.7倍。3年内，约750万户城市低收入家庭、240万户林区垦区煤矿等棚户区居民的住房困难将提前得到解决。

面对企融危机带来的就业困难，国家千方百计保障和扩大就业，国务院办公厅专门就加强高校毕业生就业和农民工工作发出通知，通过一系列的政策杠杆，努力帮助高校毕业生实现就业，支持农民工返乡创业和再就业。

国家大幅度增加教育投入，加强基础教育，发展职业教育，提高高等教育，特别是对义务教育阶段教师实行绩效工资制度，提高1200万中小学教师待遇；出台《国家中长期教育改革和发展规划纲要》。公共文化服务体系加快完善。

政府支农力度进一步加大，全年安排的粮食直补、农资综合补贴、良种补贴、农机具购置补贴合计1230.8亿元。其中90%已于2009年第一季度下拨完毕，力度之大为历年之最……

（四）反贸保、促合作，敦促构建国际经济新秩序

面对国际金融危机的冲击，作为发展中大国，中国坚持走和平发展、和谐发展之路，在办好自己的事情、不把麻烦留给别人的同时，大力倡导国际社会携手应对，共克时艰，并且积极参与应对国际金融危机的国际合作，积极推动世界经济健康复苏。

在国际金融危机的惊涛骇浪中，中国积极推进国际金融体系改革，推动完善国际金融机构现行的决策程序和机制，着力提高发展中国家的代表性和发言权。2009年初，当贸易保护主义抬头之际，中国派出大型采购团赴海外采购，为遏制贸易保护主义、维护全球贸易体系作出了表率。在自身发展面临巨大困难的情况下，中国保持了人民币汇率基本稳定；积极参与国际金融公司贸易融资计划，参与东亚区域外汇储备库建设；尽最大努力向有关国家提供支持和帮助，同有关国家和地区签署了总额达6500亿元人民币的双边货币互换协议；明确宣布将采取8项新举措推进中国同非洲的合作。2010年1月1日，中国—东盟自由贸易区正式启动。这个拥有19亿人口、近6万亿美元GDP、经济互补性强的自由贸易区，在应对国际金融危机中将成为拉动区域经济复苏的新兴动力。据联合国有关报告估计，2009年中国对全球经济增长贡献的比重更是达到了50%。

（五）我国应对金融危机一揽子计划初见成效

2008年11月以来，中国政府果断决策，迅速出台扩大内需、促进经济增长的十项措施，及时制定完善了一系列保增长、扩内需、调结构的政策，形成了系统完整的促进经济平稳较快增长的一揽子计划。这是扩大内需和稳定外需相结合的一揽子计划，是调整振兴产业和加强科技支撑的一揽子计划，是改革创新和实现新发展的一揽子计划，是改善民生和加强社会保障的一揽子计划。实践表明，这一揽子计划已初见成效，不但使经济运行出现积极变化，而且进一步提高了经济发展的质量。

2010年7月27日，国际货币基金组织（IMF）发布报告说，中国政府在金融危机中采取的“迅速、果断、有效”的政策措施减轻了危机对中国经济的冲击，并确保中国引领全球经济复苏。这份报告认为，全球金融危机对中国经济造成重击，但中国政府采取了迅速而有力的财政和货币政策，对遏制经济和信心的下滑发挥了重要作用。报告指出，财政政策方面，中国政府增加了在基础设施建设、养老、医疗、教育等方面的支出力度，调低税率，并推出旨在促进耐用品消费的鼓励性政策。货币政策方面，中国央行下调了基准利率和存款准备金率，取消了对信贷增幅的限制，促使银行信贷大幅增加。

报告说，在多重政策的作用下，中国经济2009年第二季度开始加速回升，2009年全年平均增幅达到9.1%。报告指出，中国经济有望继续保持强劲增长势头，同时，中国经济复苏对本地区及全球经济将产生“显著且积极的”溢出效应。这种溢出效应主要通过两大途径体现：一方面，中国经济复苏刺激其对大宗商品的需求，推动国际商品市场价格反弹；另一方面，中国经济复苏刺激其进口需求，随着出口增长放缓而进口大幅增加，中国经常项目顺差迅速回落。

三　金融危机凸显中国模式的优势

在美国次贷危机于2008年引发国际金融危机以后，中国模式应对危机的方式能否奏效，在国际上曾经被打上过问号。当美国的自由资本主义和欧洲的福利资本主义在危机面前显得“力不从心”时，过去30年取得成功的“中国模式”的优势便被凸显出来。

（一）政府与市场的有机结合

中国模式的核心是国家对经济的干预。与美国以自由市场为核心的经济体制不同的是，中国非常重视国家在经济发展中的作用。在渐进主义改革的基础上，中国政府通过“纲领性”的发展规划来促进经济发展，发挥政府对市场经济的宏观调控作用，从而取得相对于西方国家以及其他一些发展中国家的“政府比较优势”，形成了独特的发展道路。在这次经济危机中，中国最关键的优势，恰恰是政府对经济强有力的干预，这是其他西方国家所没有的。

经济自由主义不是“万灵药”，经济国家主义也不是“灵丹妙药”。重要的是如何在两者之间取舍、平衡、整合各自的优势，趋利除弊，不断创新。中国选择了社会主义市场经济，在充分发挥市场在资源配置中的基础性作用的同时，加强和改善宏观调控，正是改革开放以来发源于实践并被实践所证明的正确方向。在外部环境风云突变、经济急剧起伏的紧急关头，凸显政府主导力量，用好政策操作空间，是稳定经济社会大局最直接、最重要、最有效的手段。

国际金融危机百年一遇，留给世人的警示沉重而深刻：市场并非万能，市场和国家有各自不可替代的重要作用。真正的市场化改革，绝不会把“看不见的手”与“看得见的手”对立。国际金融危机并没改变市场在资源配置中的基础性作用。基于这个判断，中央一方面加强和改善宏观调控，提高科学性、预见性，灵活把握政府出手的时机、节奏、重点，一方面坚持推进改革，从制度上更好地发挥市场之手的神妙，激发民间的创造力。

中国模式之所以能够得到国际社会的认可，很大程度上是因为中国政府处理各种复杂问题的能力有了很大的提高。俄罗斯经济学家弗拉基米尔·波波夫在他最近的文章《中国特色的资本主义是独一无二的品种吗?》中写道，中西方模式最大的不同是国家行政能力的差异。国家行政能力又称国家制度能力，指的是政府实施政策与执法的能力。尽管从人均GDP看，中国是一个发展中国家，但是，从国家行政能力看，中国更像一个发达国家。① 受全球金融危机影响，特别是就业形势的恶化，2008年度和2009年度有30多个国家和地区发生了不同程度的骚乱和抗议活动，包括发达国家和发展中国家。中国却在危机中保持

① 李希光、顾小琛：《重庆梦与中国模式》，《中国社会科学（内部文稿）》2010年第4期。

了稳定。

与西方发达国家相比，中国政府具有较强的宏观或区域性经济调控能力。一是中国国有经济成分相对较高，政府可以调控国有企业在一定时期内承担更多的稳定国民经济发展的社会责任；二是中国政府在集中和分配全国性财力、协调区域性经济发展、促进产业结构调整、引导社会投资方向等方面具有很强的调控能力和优势；三是中国巨大的投资需求有赖政府发挥规划、引导、协调的作用。因此，一旦中国经济受国际金融危机影响较深而出现 GDP 增速下降较多时，中国政府可能会进一步加大投资的力度，采取更加积极的财政政策和宽松的金融政策，以确保经济的平稳增长。①

（二）集中力量办大事的制度优势

中国模式集中力量办大事的制度优势在危机中进一步展现。从中央到地方，从企业联合到“抱团取暖”，从区域规划到全面发展，从推出一揽子计划到实施产业调整振兴规划，从拉动经济增长到不断改善民生，从促进改革发展到维护社会和谐稳定，在全国范围内形成了保增长、保民生、保稳定的强大合力，全国一盘棋优势在危机中进一步展现，中国特色社会主义灵活高效的决策执行体系得到进一步展现。

在迎战危机冲击的一年多时间里，中央各相关部门加班加点，落实决策，出台政策：2008 年 11 月到 2009 年 5 月，国务院连续召开了 33 次常务会议，研究讨论了 74 项议题，其中，31 次会议、51 项议题与应对国际金融危机直接相关；国家发展与改革委员会与其他相关部门分工合作，制定促进家电、汽车、节能产品、住房消费的一系列政策，发挥了投资拉动的重要作用；工业和信息化部迅速出台了有关产业调整和振兴规划的实施细则和配套政策；人力资源和社会保障部推动“五缓四减三补贴”等一系列政策措施的实施，千方百计稳定和扩大就业；等等。

中国模式是在一个强有力的政府（简称“强政府”）的领导下，根据中国社会的具体情况和现实需要，走一条渐进的、自主的改革发展之路。中国模式之所以取得巨大的成功，其中一个重要的因素就是中国拥有了一个强有力的政府。所谓“强政府”，指的就是在矛盾极为尖锐复杂的社会转型时期，能够有效地维持社会秩序、应对国内外的各种挑战、动员和组织社会资源、促进社会转型和社会

① 肖立见：《中国应对金融危机六大有利条件》，2008 年 12 月 01 日《中国证券报》。

发展的、有较高治理能力的政府。① 中国政府在政治动员、力量整合、政策推进等方面所具有的强大力量，是世界上任何国家都无法与之相比的。

在金融危机中，中国模式本身的发展也面临着众多问题和挑战，但共产党领导下的"强政府"，可以组织和集中使用有限的国家和社会资源，用于最急需的领域，解决国家和社会急需解决的困难和问题，保证持久的宏观政治稳定，这与资本主义国家的政权体系相对比，具有明显的制度优势②。2010 年 6 月 15 日，海因茨·迪特里希在西班牙《起义报》上发表文章认为，中国的经济奇迹得益于中国共产党的领导。他说：中国之所以创造奇迹，"就是由于中国共产党的统治及其干部培养制。"中国现有 3000 多所县级以上党校"以中国共产党的方针政策为依据，使他们对国家重大问题具有统一的思想认识和道德觉悟"。"中国高效发展的秘诀并不是'计划模式'，而在于中国共产党和政府在西方大资本家面前牢牢掌握自主权"。③ 英国《金融时报》前驻北京记者里查德·麦格雷戈则在其近作《中国共产主义统治者的秘密世界》一书中说："在现代中国，共产主义体系主要依靠诱导而非镇压来运作，它旨在拉拢而非强迫。""在每次灾难之后，中国共产党都站起来重振盔甲并加强它的势力，不知怎地它经受住了批评家的指责，从智力或行动上超越他们，或简单地宣布他们的行为为非法，从而让在无数危急关头预言其消亡的专家学者窘迫无措。"④

（三）民本主义的意识形态

民本社会主义是中国模式的灵魂，中国模式必然在民本社会主义的道路上不断迈进和完善。民本社会主义的核心有三个层次：第一是民生，第二是民权，第三是民主。民本的基石是民生，"民生是纲，纲举目张"。民本主义思想源自中华的上古时代，《尚书·夏书·五子之歌》说："皇祖有训，民可近，不可下；民为邦本，本固邦宁。"民国时期，民本主义称为"民生主义"；新中国成立后，民本主义称为"为人民服务"；在今天，民本主义被具化成"权为民所用，情为民所系，利为民所谋"的"新三民主义"。民本社会主义是人民普遍幸福的社会

---

① 马德普：《渐进性、自主性与强政府——分析中国改革模式的政治视角》，《当代世界与社会主义》2005 年第 5 期。

② 孙忠良：《谈金融危机下中国模式"强政府"的政治优势》，《衡水学院学报》2010 年第 2 期。

③ 海因茨·迪特里希：《中国经济奇迹和党的教育》（西班牙《起义报》2010 年 6 月 15 日文章），http：//www. china. com. cn/international/txt/2010 - 06/17/content_ 20284483. htm。

④ 约翰·加诺特：《中国执政党的适应力非同寻常》（澳大利亚《悉尼先驱晨报》网站 2010 年 6 月 1 日文章），《参考消息》2010 年 6 月 2 日编发。

主义，是马克思主义中国化的重要成果。

发展经济的目的是保障和改善民生。中国政府现在唯一的意识形态就是民本主义，努力把政府的作为和人民的利益结合在一起。中国政府也努力提高政府过程的透明性，并建立各种机制使官员对人民负责。中国的政治体制在危机期间表现出高效率，无论是处理汶川地震还是应付本次金融危机，相对于其他政治体系，都显现出了优越性。①

在遭遇危机冲击之时，党和政府摆正了国计与民生的天平。中国的一揽子计划，重点锁定民生领域，大批安居工程、惠民工程、扶贫工程开足马力。在有限的财力下，政策做好“民生加减法”，增收减负，藏富于民，创造“饭碗”，逐步解除了国民养老、看病、上学等后顾之忧，让人们“有活干，有钱花，有奔头”。一年多来，改善民生始终被放在宏观调控的主位。民生连民心，民心汇民力，千门万户迸发无穷智慧，形成强大合力，对经济企稳回升发挥了重要作用。

（四）充满活力的混合经济模式

中国经济模式是独特的。它不是苏联式的“产品经济”，因为不依靠“全民所有制”；它也不是英美式的强调自由竞争市场经济的“盎格鲁—撒克逊模式”，或者称为“自由资本主义模式”，因为不以私有产权为基础；它也不同于西北欧的强调政府作用和福利社会的“莱茵模式”，或者称为“民主社会主义模式”，因为不支持高税率、高福利；它也不是以日本、韩国等为代表，强调政府主导市场经济的“东亚模式”，因为没有被少数大型私有企业主导，大型私有企业也不是中国劳动力的主要雇主；它更不是以墨西哥、阿根廷等为代表，强调践行经济“私有化、非调控化、自由化”为特征的“华盛顿共识”的“拉美模式”。中国经济是“国”与“民”相互支撑的“社会主义市场经济”。中国混合的“国民”经济模式解决计划经济缺乏动力、市场经济缺乏情义、福利经济缺乏效率的问题，空前地调动了全国工商业劳动者的积极性，刺激了企业的激烈竞争，带来了物质生产的极大丰富②。

国家保留了被称为“经济稳定器”的主要银行与大型国有企业。中国的金融业主要是国有的，至少是国家控股的。国家通过拥有的各种大型金融机构调控金融市场。国家还拥有一些控制经济命脉和关系国计民生的行业，如石油、铁

① 郑永年：《中国模式的机遇和挑战》，新加坡2009年9月1日《联合早报》。

② 潘维、玛雅：《潘维：共和国一甲子探讨中国模式》，《开放时代》2009年第5期。

路、电力、通信、道路、航空、自来水。中国还有国有的“事业单位”，主要指教育、科研、体育、医疗等机构。与资本和金融市场由少数金融寡头的私人控制相比，我们国家对银行的有效控制和核心资产的拥有对于危机时期迅速救市和促使经济迅速复苏有着较强的应对能力，并在主导国民经济发展大方向、集中有限资源解决关系国计民生的重点工程、解决社会需求和提供公共品等方面都有着明显的优势。如果我国的这些国有资产私有化了，我国的经济最终难免受到国际金融资本寡头和大的“金融黑客”控制和操纵，我们将无法抵挡全球金融危机的袭击和危害，并有可能像其他第三世界国家那样逐渐被西方金融寡头所肢解、吞并或成为其附庸。①

在现阶段的基本经济制度中，公有制为主体，既摒弃了过去的单一公有制结构，又坚持了公有经济的基础地位；所谓多种所有制经济的共同发展，强调了公有制经济与非公有制经济在社会主义市场经济中发挥各自优势的结合。中国企业的主体不是国有企业，而是非公有制企业（包括个体经济、私营经济、外资经济等）和社区集体企业。非公有制经济已成为数量最多、比例最大的企业群体，国民经济增长的主要推动力量，解决就业的主渠道，对外开放的生力军，支撑县域经济的主体，推动农村工业化、城镇化的重要力量。

早在2002年中国彻底走出亚洲金融危机时，高尚全就提出了“民本经济”的概念。所谓民本经济就是以民为本，民有、民营、民享（人民共享）的经济。具体包括四个方面：经济形式以民营为主；社会投资以民间资本为主；社区事业以民办为主；政府以营造和维护良好环境为主。面对全球金融危机的冲击，要实现“保增长、促发展”的目标，光靠政府唱独角戏显然无法实现，只有充分激发包括民间资本在内的各类经济力量，才能使得我国经济取得较快速的恢复和发展。从“保八”的资金来源看，在此次4万亿元投资中，中央只拿出了1.18万亿元，其余部分还需要由地方政府和社会资金来解决，各地地方政府随后提出了总计18万亿元的庞大投资计划，但地方政府的财力显然无力承担如此巨额的资金压力。要解决这个难题，还需要靠民间资本的参与。②

2009年3月，温家宝总理在政府工作报告中提出：“鼓励、支持和引导非公

① 郭苏建：《后金融危机时代：关于中国模式的理论思考》，http://news.fudan.edu.cn/2009/1116/22809.html。

② 王明明：《金融危机催生“民本经济”》，《中国金融家》2009年第8期。

有制经济发展。落实放宽市场准入的各项政策，积极支持民间资本参与国有企业改革，进入基础设施、公用事业、金融服务和社会事业等领域。”两个月后，国务院转发了国家发展和改革委员会关于《关于2009年深化经济体制改革工作的意见》，通知指出：“加快研究鼓励民间资本进入石油、铁路、电力、电信、市政公用设施等重要领域的相关政策，带动社会投资。”2010年5月，为了努力营造有利于民间投资健康发展的政策环境和舆论氛围，切实促进民间投资持续健康发展，国务院发布《鼓励和引导民间投资健康发展若干意见》，明确界定政府的投资范围，进一步调整国有经济布局和结构，鼓励和引导民间资本进入基础产业和基础设施、市政公用事业和政策性住房建设领域、社会事业、金融服务、商贸流通、商品批发零售和现代物流、国防科技工业领域，鼓励和引导民间资本重组联合和参与国有企业改革、积极参与国际竞争，推动民营企业加强自主创新和转型升级。

（五）与时俱进的发展模式

中国模式不断吸收了“欧美模式”、“日本模式”的有益经验和智慧，不断自我调整和与时俱进，具有较强的适应能力。

中国模式既有相对稳定的一般性的特点，同时，随着中国经济的持续发展，中国发展模式也在顺势调整与创新。从某种意义上说，中国模式是个统称概念。改革开放以来，中国在不同阶段经济发展具有不同的模式。早期，简单地把经济增长（主要是GDP的增长）作为最为重要的指标。尽管取得了快速的发展，但也导致了很多问题，例如收入分配、社会正义和环保压力等。如果这些问题得不到有效的解决，那么中国经济模式就很难持续。因此，21世纪初以来，中国政府努力寻求发展模式的转型，可持续性、环保和社会公平成为新模式的主题词。①

每一次大的冲击，都会演化为中国经济迈上新台阶的促动力，中国模式在反思中总结经验，在探索中寻求完善和提升。特别是在本次金融危机中，中国多措并举、多管齐下，辩证施治，成功应对危机，中国经济驶入稳健、快速的发展航道，可以说，这就是中国模式的生命力和合理内核。②

《参考消息》摘编了2010年5月23日西班牙《中国政策观察》网站发表的胡里奥·里奥斯的《从中国的角度看危机》文章。文章说：“危机证明了中国具

---

① 郑永年：《中国模式的机遇和挑战》，新加坡2009年9月1日《联合早报》。

② 张茉楠：《世界经济重塑下的中国模式思考》，2010年2月4日《上海商报》。

备足够的应对在不利的国际环境中进行发展模式转变的手段和能力。中国东南地区大批以出口加工为主的工厂原本会因为西方订单的持续下降而倒闭，但迄今这一现象并没有在这些地区转化为更大的震动。中小城市和乡村吸纳了因南方工厂倒闭而失业回乡的劳动力。而且随着有可能出现的人民币升值，在很快会到来的危机第二阶段中，农村地区就再次成为中国经济的缓冲垫。”“危机在证明了中国经济与外部环境息息相关的同时，也表明中国拥有强大的控制风险的能力。”“当然，这并不代表中国经济不存在缺陷，但中国显然已经意识到这些问题，并提高了警惕，中国也在利用危机改变着自己的发展模式。”①

第三节　中国模式的反危机经验

“疾风知劲草”，面临世界性金融危机冲击与中国周期性调整的双重压力，中国经济在“反危机”中以改革开放 30 年的成功经验与经济实力为基础，灵活施展宏观保总量与微观调结构的宏观调控政策，推行立足于安邦惠民的投资理念，将金融危机化作深入改革经济体制的“逼迫机制”，而国际化视野的发展思路进一步提升了中国的国际地位。这不仅是中国加入 WTO 后成功应对的首次考验，更是中国在复兴道路上所迈出的坚实一步。

一　改革开放 30 年的丰硕成果是中国在危机困局中决胜的基石

改革开放 30 年高速发展所形成的强大经济实力、有效制度保障，以及有别于欧美国家的经济发展模式为中国在“反危机”战役中决胜奠定了坚实的基础。

第一，中国政府一直以来坚持维护金融稳定与安全，以及对虚拟经济与实体经济关系的恰当把握，有效抵御了金融危机对中国经济的直接冲击。这场源于美国的国际金融风暴，引发了全球性的多米诺骨牌效应，以惊人的速度蔓延并波及欧洲、亚洲等其他国家和地区，给全球金融机构和金融市场带来巨大冲击，对世界经济产生了巨大的负面影响。世界各国政府纷纷出台诸如濒临破产企业国有化、央行注资、财政干预、改变金融市场规则、剥离不良资产等不同政策，出“重拳”救市。美国政府先后出台了 7000 亿美元不良资产救助方案，9550 亿美元的减税政策，以及扩大公共支出的刺激方案；而欧洲央行、英国央行和瑞士央

① 徐崇温：《国外近期关于“中国模式”的研究动向》，《红旗文稿》2010 年第 17 期。

行向市场注入美元信贷资金，欧洲各国也通过财政措施增加政府投资、减税以及补贴弱势群体；法国、德国、西班牙、荷兰和奥地利政府则先后推出了银行拯救计划等。较之欧美各国将受到严重冲击的金融体系作为救市重点的措施不同，由于金融危机对我国金融体系的直接影响有限，受此次国际金融危机影响的中国银行业金融机构的海外机构资产，仅占总资产的3.7%左右①，我国的救市政策则主要着眼于实体经济层面。

这不单是由于中国金融开放度不高，“走出去”的步伐不大，还得益于1997年亚洲金融危机后我国政府一直以来对保持金融稳定、维护金融安全、防范经济全球化潜在风险的高度关注。始于1997年每五年召开一次的全国金融工作会议更是将强化金融监管、深化金融改革、防范金融风险和保证金融安全、完善金融市场体系置于最重要的位置；十六大以来对于世界经济形势的总特征以及全球化进程中我国发展潜在风险的全面认识，更是提升了我国的危机意识，在危机来临之前已作好充分的应对准备。一方面，在金融危机爆发前，我国金融业致力于降低不良资产率，保证金融体系流动性的充裕，同时，四大国有银行和农村信用社的改革也基本完成，金融体系的安全性得到有效提高。另一方面，2002年12月十六大报告中明确提出“正确处理虚拟经济和实体经济的关系”，2008年10月在第七届亚欧首脑会议上国务院总理温家宝进一步强调要“正确处理金融创新与金融监管的关系，根据需要和可能，稳步推进金融创新，同时加强金融监管”，还要正确处理虚拟经济与实体经济的关系，坚持虚拟经济与实体经济均衡协调发展。

第二，“双手并用”的政府与市场结合的方式让中国经济在克服危机中更有力量。改革开放30年来，中国模式在大力培育和发展市场经济这只“看不见的手”的同时，政府这只“看得见的手”既通过市场间接发挥作用，又在必要时直接进行干预，一直发挥着主导作用。在“无形之手”失效的时候，中国的“有形之手”显得更为重要。这一“双手并用”的政府与市场理性结合的方式，使政府手中的宏观经济调控杠杆在面对金融危机挑战时具有更大的力量。

现代经济发展的规律表明，无论是单纯依靠政府这只“看得见的手”直接配置资源还是完全听任市场这只“看不见的手”配置资源，都有其局限性。“看不见的手”具有盲目性，市场“失灵”表现为由于利益的驱动而导致的对社会

① 张承惠：《美国金融危机对中国的冲击有限》，《求是》2008年第23期。

公平正义秩序的干扰和破坏；而政府干预“失灵”，则主要表现为由于权力的驱动而导致的对市场竞争原则的干扰和破坏。这两种“失灵”都会走向极端，给经济社会发展造成危害。要保证经济持续健康发展，就必须将市场运作这只“看不见的手”同政府干预这只“看得见的手”有机结合。

作为强有力的政府主导下的社会主义市场经济，关系国民经济命脉的核心产业和资源能够得到政府的有效调配和控制，使我国的“有形之手”比其他国家的更强而有力。经济运作顺利的时候，政府干预未必是一件好事，但当“无形之手”失效的时候，“有形之手”则显得尤为重要。“看不见的手”具有相当的不确定性，但“看得见的手”是相对可把控的①。2008 年金融危机通过外需锐减等途径对我国实体经济的冲击开始显现后，我国政府坚持“双手并用”，注重保持经济体的充分弹性（即灵活的市场机制），实施以市场为基础的政府调控，在反亚洲金融危机经验的基础上，准确捕捉调控时机，及时地调整了宏观调控基本取向，运用经济手段为主辅以法律手段和行政手段，发挥财政、货币、税收、产业、消费、民生政策等方面的协同作用，成功实现“保八”目标。诺贝尔经济学奖得主彭斯认为，中国应对危机的力度最大、速度最快，应对危机的时间选择正确，延迟几个月就可能错失良机。而美国经济学家斯蒂芬·罗奇则评价，在经济困难时期，中国的指挥和控制体系比其他市场经济体系更有效。联合国一位经济学家指出，中国出台的刺激措施是世界各国应对国际金融危机的一个战略转折点。在强有力的国有经济支持下政府对市场进行有效的调控和监管，恰是使中国具备较强规避危机与应对危机能力的关键。

二　宏观保总量与微观结构调整显示政府主导下的“平衡术”

经济增长关心的重点是物质方面的进步、生活水准的提高，通常以国民生产总值来测定。经济发展不仅关心国民生产总值数量上的增长，更关心经济结构的合理化，注重经济质量的提高。经济发展的衡量既包括经济增长的速度、增长的平稳程度和结果，还包括国民的平均生活质量，如教育水平、健康卫生标准等，以及整个经济结构、社会结构等的总体进步。

危机中各国政府秉承凯恩斯主义理论，纷纷采取扩张性的经济政策，以货币和财政手段强力干预经济，通过增加总需求促进经济增长，熨平经济周期的波

① 包心鉴：《市场运作与政府干预的结合点》，2009 年 6 月 24 日《济南日报》。

动。我国政府也实行积极的财政政策和适度宽松的货币政策，及时为中国经济注入“强心剂”。回顾我国在金融危机中所采取的应对之举，政府主导下实施的经济调控在宏观总量调节的基础上注重微观结构调整，实现两者兼顾，是在理论上与凯恩斯方式最大的区别，正是最具中国特色的“反危机”经验。

归纳来看，中国的微观结构调整“平衡术”主要包括以下方面：

（1）外需与内需互补，“两条腿走路”。这是经济发展战略的调整，表现为中央果断将扩大内需作为主要着力点，立足提振内需，挖掘自身潜力，从外需拉动向内需拉动的战略转变，实现内源性增长。我国所处的工业化、城镇化加速发展时期，使与工业化相关的产业结构升级，以及与城市化相关的基础设施建设、汽车业、服务业等行业中存在大量的潜在内需。现阶段的发展水平和产业结构基础决定了内需与外需协调互补，“两条腿走路”，共同构成市场空间的局面。中国经济的开放性将更多表现为国内市场的竞争性，而不是对外部市场的依赖性。立足国内因素和国际因素，灵活妥善地处理“两个市场，两种资源”，最大限度地减少冲击的代价。

（2）自然与人的和谐共处。主要体现为经济发展方式的调整，克服粗放式增长方式所导致的产能过剩、高能耗、高污染、战略资源高度外部依赖等问题；通过以节能增效和生态环保为立足点，强化技术改造，淘汰落后产能，加快发展绿色经济、循环经济和节能环保产业，推广应用低碳技术，实现产业升级和结构优化。

（3）东、中、西部协调发展。这一“平衡术”涉及的是经济发展模式的调整，调整过去以东部沿海优先发展、城市工业为拉动力的不平衡增长模式。区域经济协调发展成为新的国家战略。2009 年划下的 9 个区域发展的“经济圈”成为我国经济全面复苏的助力器，中西部地区也成为经济发展新的发动机。而继 2005 年上海浦东新区之后国务院在 2009 年先后批准天津滨海新区、重庆市、成都市、武汉城市圈、长株潭城市群、深圳经济特区为综合配套改革试验区，形成 7 个综合配套改革试验区。区域发展呈现新的态势，而密集出台的区域经济新政，发挥着由点及面地带动各地经济发展的作用。在金融危机中，中西部与东北地区投资、工业生产增速高于东部地区，而东部地区主动适应国内外市场需求变化，在推进转型升级、自主创新和提升竞争力上取得了新的进展。目前，我国区域经济版图已形成东、中、西部并行，东部沿海地区较为集中的新区域经济版图。

（4）调整国民收入分配格局。收入分配关系的调整实质上是实现提高效率促进经济增长与兼顾公平之间的平衡。收入不平等、收入差距较大一直是我国市场化改革与构建和谐社会的瓶颈。应对危机促进经济平稳较快发展的关键在于刺激消费扩大内需，最重要的任务是平衡各社会群体的利益关系，维护社会稳定和国家长治久安。这就需要提高城乡居民的收入水平，缩小城乡之间、地区之间、行业之间的收入差距，调整收入分配关系，从根本上改变原有收入分配格局引发的居民“没钱花”、“有钱不敢花”的局面。而中国政府在应对金融危机中，在强调重视劳动报酬中初次分配比重的同时，推进税收与社会保障等国民收入再分配手段制度上的改革，不仅有助于增加居民收入扩大内需，还有效地提升危机中劳动者稳定的安全预期，对推动处于低谷中的中国经济复苏与社会和谐发挥了十分积极的作用。

三　投资锁定民生为转型发展奠定共享式增长基础

危机中世界上许多国家相继实施了大规模的财政刺激计划以及超常规、超宽松的货币政策，所不同的是投入的巨额资金主要用于弥补金融机构和私人资本理应承担的损失，只有较少的一部分资金被真正用于培育新的经济增长点和创造就业机会。由此所取得的实际效果是金融市场趋于稳定并很快走出低谷，但就业状况、企业投资和个人消费等民生方面却并未获得显著改善，经济增长的内生动力明显不足。在一定程度上，许多国家的救市货币政策仅仅是通过大量的货币注水，填补金融机构亏空，将危机转嫁到金融系统之外和其他国家，财政刺激计划则实际是将短期的金融危机转化为长期的财政风险①。中国没有简单地搬用“凯恩斯式刺激”，也没有“撒胡椒面”。应对金融危机的政策反应主要围绕扩大内需、促进就业与保障民生展开，经历了宏观政策取向调整、4 万亿元投资计划、调整振兴产业规划、强调科技创新及大幅提高社保水平等阶段，将一揽子计划重点锁定在民生领域。总体看来，中国的“反危机”政策主要着眼于改善民生、保障民生的大规模拉动内需计划，以最大限度地减少金融危机对我国民生的负面影响，使城乡居民收入实现平稳增长的同时，利用拉动内需的契机增加政府的公共事业投资，加快建立民生保障体系的进程。

“为政之要首在利民，为治之道重在安民”。发展经济根本目的在于保障和改善民生。扩大投资、充分发挥政府公共投资的作用，这虽是危机下的应急之举，但投资方向主要锁定基础设施及民生工程，为促进转型实现社会协调共享式

① 印久青：《从国际对比中总结“中国经验”》，2010 年 1 月 29 日《中国信息报》。

增长打下坚实的基础。安邦惠民是一个系统工程。在中国一揽子计划中所体现出来的民生关照，主要涉及就业和收入分配制度、建设保障性安居工程、户籍制度改革、医改和社保新政、教育等方面的社会改革。将民生作为我国经济发展的出发点与落脚点，实现国计与民生的内在统一，既是对党的执政理念与情怀的考验，更是对中国政府发展韬略的检验。

发展经济的目标是为了改善人民生活；民生的投入能直接带动经济增长，改善教育、医疗卫生、社会福利，有利于提振消费信心，扩大居民的消费；而消费的增加会改善经济增长的结构和质量。在金融危机背景下，改善民生同样也是对经济的一种促进。就中国目前的发展阶段而言，共享型增长是“促进就业扩大和收入平等的经济增长”，即由于就业和收入分配在经济增长中具有特殊重要的地位，就业的扩大和提升以及收入分配的改善已成为推动经济增长的重要因素，同时经济的增长又促使就业得到扩大和提升，使收入水平得到提高并平等分配。通过共享型增长，达到“高增长—高就业—高收入—高消费—高增长”的高位循环，实现社会主义科学发展。①

立足于安邦惠民的投资理念，在惠民生中实现增长目标，致力于实现和谐社会和以人为本的共享式经济发展，不仅是应对全球金融危机的短期举措，更是有助于推动经济结构转型、减少外贸依存度的长期发展战略，体现了政府从“救急”到“中长期考虑”再回归到“增长的本质”和科学发展的思路，成为中国“反危机”的一条重要成功经验。

四　金融危机成为“逼迫”经济体制深化改革的契机

这场金融危机给我国经济的影响是比较严重的，不仅威胁到我国购买的近7000亿美元美国政府债券的安全性，还使我国出口急剧下降，导致许多以产品出口为主的企业开工不足甚至关闭，新增就业困难，失业率上升。统计资料显示，2008年我国货物出口总额增长率由上年的29.1%下降到17.2%，全年GDP增长速度由上年的11.9%下降到9%，其中第四季度仅增长6.5%，2009年第一季度仅增长6.1%②。我国经济出现增速急剧下滑的趋势，既有国外大势

① 赖德胜：《扩内需有赖共享式增长》，《人民论坛》2009年第3期。

② 逄锦聚：《世界金融危机与我国的改革开放、经济发展》，《当代世界与社会主义》2009年第3期。

的影响，也有自身固有的因素，如过度依赖国外市场需求、经济结构不合理、自主创新能力不强等。中国经济发展的深层矛盾和经济体制内部的痼疾，长期被高速增长所掩盖。危机中，当增长速度的“水落”后，这些制度性问题的“顽石”显露了出来。在此次金融危机之前，中国经济有庞大的外部市场可以依赖，而启动内需所面对的诸多旧有制度又很难突破，因此导致了重外轻内的增长格局。危机深化后，严峻的形势对内部制度改革构成“逼迫”，从根本上形成利于内需启动的社会和经济环境。从这个角度看，“危机”中确实蕴涵了中国经济的“转机”①。

无论是个体还是组织，在面临危机和挑战时，往往能焕发斗志，激发出潜能，实现超越，从而战胜危机；而当处在顺境中时，则往往贪图安逸，鲜有作为。从经济社会发展的规律来看，“逼迫机制”的存在是取得社会进步的关键因素。而就我国改革开放所取得的成就而言，不是依据传统理论“推导”出来的，而是在改革实践中“逼”出来的，是对中国实践经验深刻总结的结果。改革开放30年的实践也证明，改革是经济发展的强大动力，是克服经济发展不利因素，战胜危机的一把“金钥匙”。应对金融海啸重要，体制改革更重要。危机中不减缓改革，更是化危机为经济体制改革的契机，认真总结改革开放的经验，发扬成绩，解决改革中遇到的诸如区域、城乡发展不平衡、收入分配差距过大、社会保障制度不健全等具有发展阶段特征的难题。只有解决机制和体制上的问题，才能保证各项措施的落实，为应对危机保持增长输送动力。

2009年我国在经济体制改革上实现“八箭齐发”，即国有企业改革和支持非公经济发展、金融体制改革、资源性产品价格改革、农村体制改革、财税体制改革、社会体制改革、涉外经济体制改革、全国综合配套改革试点。金融危机下中国的经济形势形成了一股“逼”的力量，“逼迫机制”所产生的激发效应，促使我国政府释放自己的巨大潜能。在“逼迫机制”下，金融危机为我国加快发展方式转变，形成利于内需启动的社会和经济环境，推动又好又快发展提供了难得的机遇。我们可以利用危机带来的压力，调整经济结构，加快企业技术改造，增强自主创新能力，推进节能减排，促进科学发展。同时，借助金融危机扩大内需之际，我们可以加快就业、社会保障、医疗卫生、住房等关系民众切身利益的改革。面对危机的“倒逼挑战”，强调推进各种阻碍经济发展的制度性障碍改革，

① 邹东涛：《探寻“逼”的表象下的变革力量》，《人民论坛》2009年第2期。

通过优化结构让中国经济逐步摆脱海外市场波动的掣肘，成为中国经济迈上新台阶的促动力，奠定未来中国经济增长更为扎实的基础。

五　国际地位增强为中国可持续发展赢得有利的外部环境

全球所经历的是第二次世界大战以来未曾有过的同步性经济周期。发达国家与新兴市场经济体都受到危机的严重冲击，能独善其身的绝无仅有。在国际金融危机蔓延之际，2009 年中国经济成功实现“V”形反转，对世界经济增长的贡献超过 50%，成为带动全球经济复苏的重要引擎。中国的表现让世界看到了“中国模式”的优点，赢得了国际社会的肯定和赞誉。联合国全球经济监测部主任洪平凡在接受专访时指出，“2009 年将作为非常特殊的一年载入世界经济史册，而中国经济在这一年的表现将成为其中突出的一章”；美国《新闻周刊》评论，中国是此次危机中“唯一没有出现信贷危机或信任危机的大国”，彰显出“中国模式”强大的适应性和竞争力；高盛公司则称赞中国是在当前危机中“凭借自身政策第一个创造经济转折的重要国家，为世界经济绘制了一种蓝图”；经合组织首席经济学家约尔延·埃尔梅斯科夫认为，中国经济的强劲反弹超出预期，为世界工业生产的复苏创造了条件；而德国《商报》的报道称，中国很好地抵御了全球经济严重下滑的冲击，这对其他亚洲经济体是利好，对全球经济也是一个有力提振。一些韩国媒体纷纷指出，韩国经济复苏是“搭上了中国经济便车”。

同时，“反危机”的“中国答卷”也在世界范围内赢得了高度评价。墨西哥国立自治大学教授韦利娅·埃尔南德斯指出，当前全球经济金融形势复杂多变，中国务实求是的态度令国际社会受益，而中国从本国实际出发，合理制订长期发展规划与具体发展措施的做法，值得全球各经济体借鉴，世界需要“中国经验”；哈萨克斯坦首任总统基金会执行总裁穆罕默德·扎诺夫认为，中国面对全球金融危机采取的措施积极有效，中国应对金融危机的经验值得认真研究；而世界银行更是在中国举办“财政政策应对金融危机国际研讨会”，为来自中国、巴西、美国、韩国和马来西亚的高层决策者以及专家学者和国际发展实践者提供经验交流的平台，探讨如何以最佳方式设计和实施危机应对措施。

在全球各经济体相互锁定、相互影响的情形下，走出危机有赖于外部环境的积极变化和各国之间的协调配合。金融危机中中国不仅率先实现了经济复苏，而且主动承担相应的国际责任和义务，积极参与应对金融危机的国际合作，推进国际金融体系改革，加强宏观经济政策协调，同国际社会一道推动世界经济复苏。

在国际舆论纷纷感慨“中国方舟拯救了世界经济”的声音中，外国政要开始认为“中国缺席的谈判没有任何意义”。不断增强的经济实力、综合国力和国际影响力彰显出中国的“国家力量”，国际地位得到进一步提升。国际地位指一个国家在国际体系中所处的位置，是该国在与其他国际行为主体相互联系、相互作用而形成的国际力量对比结构中的状态。综合国力与外部世界是衡量与评估一国国际地位的主要因素。综合国力反映一个国家生存与发展的内在能力与在国际社会中发挥影响的外在能力的能力总和；而外部世界是影响该国国际地位的重要外部因素，包括一国所面临的国际环境以及一国与国际体系联系的性质和程度。在这场危机中，中国由于保持高增长，总体经济实力显著上升，与美国、日本等发达国家的力量对比发生重大变化，成为应对和处理世界经济危机或金融危机中最大的“稳定器”。在国际合作中，中国负责任地提供全球性公共产品，稳定全球经济与贸易增长，推动世界经济较快复苏，理性地推动国际金融体系改革，在解决全球发展不平衡进程中，实现全球经济全面、持续、平衡发展。此外，还带头发展绿色经济，推进绿色发展、循环发展和持续发展。金融危机考验了“中国模式”，提高了中国在国际事务中的话语权，也提升了“中国模式”的影响力。有专家甚至认为，“金融危机将成为中国从地区大国崛起为全球性大国的标志性事件”。

此次金融危机不但重塑了世界经济版图，其影响也远超出经济领域的范畴，主要国家经济、政治、外交政策和战略的深刻调整，以及国际关系的明显变化，也前所未有地激起了发展中国家要求变革国际秩序的愿望与决心。这对中国这样一个后起大国而言，蕴涵着巨大的机遇。金融危机促使中国进行经济结构调整和改革，确定了中国作为世界经济大国的地位以及相应的话语权，确定了中国经济在亚洲地区的领导者角色。从国际规则的接受者转变为制定者，从国际事务的被管理者到管理者，中国应该怎样准确定位国际责任，如何有效减少国际贸易中的摩擦、妥善解决国际争端、改革和完善国际收支调节机制，如何积极参与国际经济政策的协调与合作，稳步推进人民币区域化、逐步完善人民币汇率改革等都是需要深入探索的问题。这些都有赖于中国在重大问题上明确表示自己的秩序理念和原则立场，占据道义制高点；积极参与国际经济金融的对话与谈判，联合更多的新兴市场国家、发展中国家参与新游戏规则的制定，建立健全的国际经济治理体制，使国际制度更加符合应对全球威胁、加强全球治理的需要；推进国际金融、经济领域的有效改革，提高在国际经济领域的参与度、话语权和知情权，为

在国际货币体系中提升话语权谋求更大的空间。而中国在危机中不断增强的国际形象不单单为国际社会探索和平变迁机制，促进国际秩序平稳、有序的过渡创造必要的前提条件，也为中国自身立足于全球化视野实现经济的可持续发展赢得更为有利的外部环境。

第四节　金融危机后中国模式的修正之路

金融危机考验了中国模式，也对中国模式提出了极大挑战。挑战的核心就是中国模式的可持续问题。对可持续性的挑战来自内部和外部两个方面。外部方面的挑战来源于世界发达国家，其会把崛起的中国作为强劲的对手看待，从而给中国持续发展造成外部压力。内部挑战主要指的是中国经济发展模式的转型困难。[①] 中国模式要实现可持续性，必须坚持中国模式的合理内核，成功实现经济发展方式转型，更加关注社会公平，更加关注民生领域，更加关注经济社会协调发展，警惕霸权主义。

一　转危为机，继续坚持中国模式的合理内核

中国经济得以再度化解危机与强有力的政党及在这个党领导下的强有力的政府密切相关，富有权威的中央政府是中国模式得以顺利实践的政治前提。在此次危机中，中国政府判断准确、行动迅速、政策效果明显。在积极的财政政策和适度宽松的货币政策支撑下，中央政府迅速出台扩大内需、保增长的十项措施，制定“保增长、扩内需、调结构”的政策，推出 4 万亿元的一揽子计划，包括大规模的政府投入、产业调整与振兴、大力度的科技支撑和大幅度提高社会保障水平等政策。4 万亿元计划大大推动了投资增长，农村基础设施、民生工程建设投入增加，教育、卫生等社会事业建设得到大力支持，大规模投资也带来就业的相应增加。减税、“家电下乡”等改善民生的刺激政策使消费需求增长明显，全社会消费品零售总额得以在 2009 年 2 月份止住下滑势头。在宽松的货币政策推动下，市场流动性得到保证，2009 年上半年新增信贷高达 7.37 万亿元。[②] 特别是在金融危机中，中国经济借“机”调整结构，一是三产比例调整，促进粗放式

---

① 郑永年:《中国模式的机遇和挑战》，新加坡 2009 年 9 月 1 日《联合早报》。

② 郑新立:《中国经济分析与展望（2009 ~ 2010)》，社会科学文献出版社，2010，第 13 页。

增长向集约型增长的转变；二是十大产业振兴计划促进落后产能的淘汰，拉动了就业；三是对高科技产业和新兴战略性产业的支持促进了产业结构升级。但我们也不能过分强调或不恰当地夸大政府在经济中的干预和调节作用，崇尚经济国家主义、民族主义、贸易保护主义，背离经济改革的大方向。

在应对危机的过程中，充分体现了中国模式通过"摸索"积累经验的特征。在历次应对国际经济波动对国内经济造成影响的过程中，中国政府逐渐学会了快速确定问题、灵活运用政策工具、适时推出恰当政策的本领，应对危机更加熟练，反应速度快，且做到了对症下药，在最短的时间内解决关键问题。与此同时，中国模式的危机应对还体现了以人为本的核心思想，在解决民生方面加大了政策力度，提高农民收入，促进农民消费，解决农民工失业问题等；加大了农村基础设施和社会事业建设的投入，为农村经济发展打下基础。此外，中国政府的政治智慧在危机应对中得以体现。温总理一再强调"信心比黄金更重要"，抓住了经济主体预期对经济发展影响的实质，鼓励投资和消费，通过恢复信心给经济增长以动力。

中国模式是在不断的摸索中逐渐形成的，当前的金融危机亦促进其完善。虽然中国经济得到较快恢复，但过多、过急的政策的出台也给经济的长远发展埋下隐患。当前主要靠投资拉动经济增长，市场流动性不断膨胀，通货膨胀压力不断增加。特别是地方政府直接干预经济而带来巨额的信贷增加，这种"政府信用"支持下的信贷资金往往审查较松，贷款门槛低，规模庞大而难保安全。此外，部分信贷资金流向见效快但高耗能产业，低水平重复建设严重，产能过剩问题得不到很好的解决。中国经济从危机中复苏之势渐明显，但应对之中又产生新的问题，这并不是说要否定中国模式，而是要在此基础上进一步摸索和成长，延续中国模式的核心理念，寻求新的应对措施。

二　监管不力，中国模式需汲取危机教训

中国经济虽已率先踏上复苏之路，但金融危机余波尚存，必须系统地总结和吸取危机教训。从表面上看，此次金融危机源于美国次级房贷危机。次贷危机的首要环节就是大批超前消费的美国人的信用链条断裂，使层层包装并被世界投资者购买的金融衍生品变得一文不值，当然，这其中自然少不了信用评级公司的帮忙，才使得这些产品畅销全球。次贷危机借美国在世界经济中的霸主地位，演变成影响巨大的全球金融危机。这与金融市场体制的不完善有直接关系，金融监管

不力成为众人所指，这也是我们要从中借鉴的头条经验。在崇尚自由主义的资本主义社会中，市场被看做万能的，任何外界干预都会降低市场效率。在巨大的利益吸引下，各方主体开始了集体制造泡沫的活动。一旦这种经济规模达到不可小视的程度，便可绑架整个国家的经济，甚至影响全球。20世纪的美国大萧条便是一例，华尔街的贪婪和毫无约束给大亨们带来了金钱，促进了国家经济规模的扩大，同时也积聚了大量风险。政治家们即便知晓这风险的可怕，也不敢轻易对这些"国家功臣"们施加管束，于是泡沫破裂，整个国家陷入困境。著名的马克思主义经济学家大卫·科茨教授认为，导致这次金融危机的深层次原因是新自由主义的资本主义。在允许市场自主作为时，市场内部的监管机制并没有起到约束作用，相反成为推波助澜的帮手。而资本主义政府对自由市场的监督远远不够，而"没有管制的市场非常容易发生危机，在新自由主义条件下金融危机会变得更加严重"①。这就要求我们在大力发展金融业的同时，注重金融市场内部监管机制的完善，并在此基础上处理好政府与市场的关系，更好地定位政府监管角色，保障市场安全和国家经济平稳发展。

从深层次看，次贷危机之所以可以影响全球，与美国在世界上举足轻重的作用是分不开的。自布雷顿森林体系以来，美元的世界霸权地位难以撼动，而在以美国为中心的经济全球化背景下，美国人的超前消费成了世界经济发展的重要引擎，于是美国人有了资金保障，美国的金融产品成了抢手货，以美元为中心的国际货币体系给了美国绑架世界经济的资本。在当前的国际分工中，美国凭借高科技、雄厚的人力资本占据了有利地位，交易过程中美元成为无可替代的结算货币，虚拟经济成为美国一本万利的"吸金机"。当经济受到外部冲击时，美国则可利用美元的霸权地位转嫁风险，延缓危机的爆发。在这种背景下，必然会加剧世界发展的不平衡，拉大国际南北之间、国内贫富之间经济水平的差距，从而加剧资本主义固有矛盾及其派生的生产过剩和消费需求不足的矛盾，最终演化为金融危机和经济衰退。要改变这种境况，必须推进国际货币体系和国际分工的改变，弱化美国及美元在国际经济舞台上的霸主地位，争取更加平等、均衡、可反映新兴经济利益和落后国家利益的货币体系和分工格局，在这一过程中，中国需要发挥应有作用。

① 大卫·科茨：《美国此次金融危机的根本原因是新自由主义的资本主义》，《红旗文稿》2008年第13期。

三　由外到内，促进经济增长方式平稳转变

“逼迫机制”逼出了中国道路，逼出了中国模式。改革开放是由农民的贫穷逼出来的，安徽小岗18户农民冒着杀头的危险签下“死亡之约”搞起了“分田包产到户”；国企经济效益每况愈下逼迫领导人“穷则思变”，于是打破铁饭碗，转换经营机制。“知识青年”的就业问题逼迫管理者对非公有制经济发展网开一面，逐渐形成多种所有制经济共同发展的社会主义基本经济制度；宏观调控逼迫产业结构不断升级和调整，要素制约逼迫经济增长方式的改变。当前的金融危机更是逼迫中国经济加快推进改革，转变经济发展方式。经济发展方式的转变需要从三个方面来体现，一是在需求结构上，促进经济增长由主要靠投资、出口拉动向依靠消费、投资、出口协调拉动转变；二是在产业结构上，促进经济增长由主要依靠第二产业带动向依靠第一、第二、第三产业协同带动转变；三是在要素投入上，促进经济增长由主要依靠增加物质资源消耗向主要依靠科技进步、劳动者素质提高和管理创新转变。① 这种经济增长方式的转变是由不可持续性向可持续性转变，由粗放型向集约型转变，由高碳经济型向低碳经济型转变，由结构失衡型向结构均衡型转变，由忽略环境型向环境友好型转变，由“少数人”先富型向“共同富裕”转变。

金融危机形成的“逼迫机制”，为我国加快发展方式转变形成利于内需启动的社会和经济环境，推动又好又快发展提供了难得机遇。中国有庞大的外部市场，启动内需面临诸多难以突破的旧有制度，长期以来外重内轻。危机来临，外需大幅缩水。据海关统计，2009年我国对外贸易累计进出口总值为22072.7亿美元，比2008年下降13.9%，略高于2007年的贸易总值。其中出口12016.7亿美元，下降16%；进口10056亿美元，下降11.2%。全年贸易顺差1960.7亿美元，减少34.2%。其中12月份，我国外贸进出口呈现恢复性强劲反弹，进出口总值2430.2亿美元，同比增长32.7%，环比增长16.7%。② 虽然外贸形势有所好转，但国际金融危机对主要经济体的影响仍然不小，美国、欧盟、日本等经济体仍未摆脱危机影响。国际市场融资困难，全球贸易仍处低迷状态，中国经济过分偏重外贸经济的发展方式亟待转变。从2009年起，我国政府出台多项政策，

---

① 郑新立：《中国经济分析与展望（2009～2010）》，社会科学文献出版社，2010，第494页。

② 中国海关：http：//www.customs.gov.cn/publish/portal0/tab2453/module72494/info208790.htm。

促进“家电下乡”，重点推进县及县以下农村消费品零售额的增长。提高企业退休工人养老金标准和城乡低保水平，改善中小学教师待遇，增加农民收入，扩大补贴范围。在这些政策推动下，国内消费大幅增加，2009 年 1～12 月，我国社会消费品零售总额累计 125342.7 亿元，比上年同期增长 15.5%，其中 12 月份 12610 亿元，较上年同期增长 17.5%。[①]

消费、投资和外贸是拉动经济增长的三驾马车，长期以来，我国经济以投资和出口拉动为主，当前的危机给中国经济创造了“转机”。继续扩大内需是实现中国经济长期平稳发展的首要任务，与此同时，还要稳定外部需求，主动创造出口需求，提高国内产品的国际竞争力和科技含量，以资本输出带动商品和劳务输出，促进中国由世界工厂向国际分工高端地位转变。

四　科学发展，自主创新焕发中国模式新活力

中国模式得以保持其强大的生命力与其不断更新、寻求改进是分不开的。在 60 年的经济发展和改革实践中，中国创造了适合自己国情的政治经济发展模式，找到了正确的发展道路，并在不断的摸索中成长。此次危机同样给中国经济带来巨大挑战，原本粗放的发展方式亟须转变，这种方式的转变不仅停留在由外到内的层面，还要在提高要素利用率方面多下工夫。特别是在当前低碳经济背景下，全球气候变化给各国经济发展带来硬性限制，降低碳排放，提高能源效率成为世界课题。

转变经济增长方式离不开产业结构的调整与升级，离不开科技水平的提升以提高要素利用效率。根据科学发展观，要转变经济增长方式，推进经济增长方式向集约型转变，要以提高质量效益为中心，以节约资源、保护环境为目标，实施可持续发展战略，发展循环经济，形成有利于低投入、高产出、少排污、可循环的政策环境和发展机制，全面建设节约型社会，以科技进步为支撑，促进自主创新，使中国经济拥有可持续的发展活力。一方面，要升级产业结构，实现国家竞争优势由传统比较优势向技术优势的转变。与发展中国家相比，我国拥有一定的技术创新优势，必须努力形成以技术创新为核心能力的竞争优势。与发达国家相比，我国具有成本优势，要想方设法长期保持。另一方面，要抓住低碳经济快车，大力发展新能源产业，鼓励自主创新，提高能源技术水平，提高能源使用效

① 国家统计局网站。

率。既节约能源，保护环境，又增加单位能耗的产出。改革开放以来，我国第二产业全要素生产率远远低于发达国家水平，以重化工业为主的工业化发展模式难以可持续发展，技术落后、效率低下等问题严重，迫切要求提高产业技术创新能力。

金融危机以来，在政策支持下，各地纷纷上马多种大型项目，过多的政府直接干预和地方政府竞争，使产业趋同之势不减反增，低水平重复建设和产能过剩问题趋于严重。为此，必须抓紧淘汰、停止高能耗、高污染的落后生产能力，要促进技术创新，利用高新技术改造传统工业。要选择对经济增长拉动效果明显，对技术创新帮助大的产业优先发展，形成可持续的战略性新兴产业布局，并以此作为新经济增长点，延续中国经济活力。当前，新能源产业逐渐被各国重视，欧盟率先提出 3 个 20% 的发展目标，日本政府也推出了绿色能源新政，美国提出新能源计划，以实现刺激经济，减少温室气体排放，提高能源安全的三重目标。我国政府也将发展新能源应对气候变化作为重要抓手，以此作为发展绿色经济、循环经济的动力源。在新能源产业发展中，也同样存在低水平重复建设和结构性产能过剩的情况，必须谨慎处理，既不要扼杀新能源发展冲劲，又要避免无序发展，资源浪费。

五　深化民生建设，使中国模式成果惠及天下

邓小平同志说："社会主义财富属于人民，社会主义的致富是全民共同致富。"构建和谐社会，就是要把民生问题作为重中之重。首先，经济发展的最终目标就是提高人民生活水平，让人们过上好日子；其次，发展民生是在全国范围内实现小康的直接要求，是社会长期、稳定、健康发展的基础，"水能载舟，亦能覆舟"，人民安居乐业是社会向前发展的根本保障；最后，民生建设是党的宗旨的集中体现，提高农民收入，解决"三农"问题，改善农民生活环境一直是党和国家的重要工作。

金融危机爆发后，我国外贸规模极度缩水，受其直接影响最大的就是大批外贸中小企业倒闭，这些靠低劳动成本存活的企业是广大农民工兄弟的衣食来源。一时间，庞大的农民工群体成了失业人口，不得不返乡，面临生活难以维计的境地。据 2009 年 3 月 25 日国家统计局发布的抽样调查结果显示：截至 2009 年春节前，返乡农民工为 7000 万人左右，约占外出农民工总量（14041 万人）的 50%；春节后，在返乡的 7000 万农民工中，大约 80% 以上已经进城务工，其中，

有4500万人已经找到工作，1100万人仍处于寻找工作状态；近20%就地就业或创业或寻找工作①。就业是人民生存和生活的根本，解决农民工就业问题也是应对金融危机的重要环节，同时也是民生建设的主要问题之一。

为应对危机，我国采取了多项改善民生的政策来刺激消费需求，这些政策虽然对提高农民生活质量有所帮助，但还远远不够。解决民生问题的根本是要提高农民收入水平，而当前的城乡收入差距巨大，收入分配不均问题早已成为社会关注的焦点。为此，刺激农民消费不应只成为应对危机的救命稻草，应更系统地提高农民收入，提高农民的生活保障水平，让农民没有后顾之忧，从而自愿消费。要提高农村基础设施水平，实现村村通路、通电、通水，降低农民生活成本；要扩大信息通信设施的覆盖面，让人们用上现代科技产品，提高生产效率；要加强文化设施投入，建设图书馆、博物馆、文化公共设施、健身设施等，丰富人们的生活；要加强医疗卫生设施投入，保证先进仪器和设备的使用，保障生命安全；要加大农村教育投入力度，确保农民子弟有良好的学习环境。改革开放以来，我国经济快速发展，但经济发展成果还远没有为所有国人享有，东西差距、城乡差距亟待缩小。此次危机展示了国内消费需求的巨大拉动力，要将这种内需动力转化为持久动力，就需要从根本上改善民生，提高居民收入水平，让改革成果惠及全民。

六　宏观调控，政策调整保驾中国模式成长

宏观调控是社会主义市场经济的题中应有之义，是政府与市场在经济发展中的互动，也是中央政府与地方政府相互博弈的过程，其目的就是要实现各方利益的共赢。新中国60年发展，特别是改革开放以来，进行了大量的宏观调控实践，这是中国模式的重要内容和成功经验。第一，把治理性调控和预防性调控有机结合起来；第二，实施宏观调控“组合拳”，即经济手段、行政手段和法律手段相结合，紧缩和扩张相结合，供给管理和需求管理相结合，总量调控和结构调控相结合，不搞“一刀切”；第三，把宏观调控政策的战略转型和发展政策的战略转变结合起来；第四，把加强和改善宏观调控与深化经济体制改革结合起来。中国宏观调控体系不断臻于完善和成熟，是中国经济持续快速健康发展的重要条件。②

---

① 国际统计局网站：http：//www. stats. gov. cn/tjfx/fxbg/t20090325_ 402547406. htm。

② 参见邹东涛主编《中国经济发展和体制改革报告：中国道路与中国模式（1949～2009）》，社会科学文献出版社，2009，第44页。

金融危机来临，中国政府果断采取“对急症下猛药”的做法，积极财政政策与宽松货币政策的“组合拳”收到良好效果，经济下滑之势得以逆转。但是，这剂猛药在治病救人的同时也带来不小的风险。4 万亿元投资大大增加了市场的流动性，信贷资金规模大幅上升，而这些信贷资金大都流入大型国企和政府关联企业，相比之下，中小企业贷款更难，微型企业、个体工商户和农户等更是严重融资不足。这首先增加了市场流动性膨胀的风险，加大市场通胀预期。深究起来，信贷资金流向地方政府融资平台，地方政府直接参与市场竞争，靠“政府信用”获得资金，又缺乏相应的约束机制，投资效率低，缺少可行性分析，这类资金面临极大的坏账风险。然而，面对不稳定的经济发展形势，政策性资金的撤出同样会产生不好结果。市场信心刚刚恢复，物价微涨是市场形势向好的信号，如果在这时撤出政策性资金，中国经济将再度面临危机。

为此，宏观调控的重心应力求政策适度，要将有限的资金用到刀刃上。既要保证宏观调整的连续性和稳定性，让市场有稳定的预期，又要形成适度有效的政策退出机制，在重塑市场活力的同时，减少市场对政府行为的依赖。要继续以扩大内需为促进经济增长的重点，形成内外共同拉动经济增长的格局；要引导资金流向高技术、自主创新和新兴产业，促进产业结构优化升级，尽快培养新经济增长点；要继续落实保障和改善民生的政策措施，使人民群众得到实惠。

七　警惕霸权主义，中国模式难以独善其身

一直以来，西方社会对中国的前途和命运有着各种猜测。随着中国经济总量的增加，人民生活水平不断提高，西方资本主义又捡起了“中国威胁论”的陈词滥调。西方感觉到“威胁”不仅是因为中国模式和平崛起，更重要的是西方模式步履维艰，而中国模式在世界上的影响日益增加，中国国际大国的地位逐渐确立，西方世界担心中国模式成为世界通行模式，这种论调便应运而生。特别是以美国为首的发达国家，生怕中国动摇自己在世界上的霸主地位，时而发表人权言论，时而干预中国内政，时而做出违背两国友好宣言的行为。此次金融危机，使美国国际形象大打折扣，美国经济的问题外化为世界问题，其内部的丑陋本质暴露无遗。美国霸权主义对国际分工格局和国际货币体系的胁迫引起多方猜忌。有人对美国消费、世界买单嗤之以鼻，更有人提出放弃美国的论点。然而，以美元为中心的国际货币体系难以在一时改变，放弃美国更难应对危机。在这种情形下，中国经济很难独善其身，该持有的美国国债还要持有，该购买的美国产品还

要购买，只有稳定了美国经济才能换来世界经济的稳定。

面对西方世界的无礼指责，我们“不争论”，要通过自己的行为向世界表明，中国不仅没有威胁世界和平，反而成为世界和平的最主要维护者。我们认可世界文明的多样性，提倡国际关系民主化，尊重世界各国发展模式的多样性，贯彻和平共处五项原则，对发展中国家做到“授之以渔”，对发达国家采取合作共赢策略。危机以来，中国模式对世界的影响空前放大，许多国家开始力举“中国年”、“中国文化周”，不少国家掀起“汉语风”。中国在世界经济格局中的地位不断上升，参加上合组织、东盟 10 + 3，参与 G20 国家合作，组织六方会谈，参加气候变化大会并成为争取发展中国家权益的主角，中国经济正稳步崛起。

然而，中国模式的崛起之途才刚刚开始。一方面，中国要履行大国责任，要为第三世界国家争取应有权益，推进国际分工格局和国际货币体系的改革，要为发展中国家、新兴经济体争取必要的碳排放指标，以保证后发国家的经济发展空间；另一方面，中国还要面对发达国家的贸易保护、不合理待遇和附加条件，同时还要与其保持良好的合作关系，共同谋求世界经济的稳定发展。在不断的合作与交流过程中，中国模式需要发挥其与时俱进的特点，兼收并蓄，适时调整，不断成长，积累中国经济持续发展的资本。

八　总结经验，坚持与完善中国模式任重道远

当前，中国经济虽然逐渐好转，但金融危机对世界主要经济体的影响仍很严重，危机警报并未完全解除。从长期来看，中国模式还需继续坚持与完善。一方面，要谨防发达国家的二次衰退。目前，在世界各国的政策支持下，金融危机影响逐渐减小，各国经济开始好转，国际市场信心刚刚恢复。此时，如果政策撤出，或是出现其他可引发危机的事件，将使发达国家再度陷入困境，而市场信心将会迅速跌入低谷，世界经济将再度低迷。此前，迪拜世界集团遭遇金融危机，导致一系列的金融机构和投资者的财富蒸发和破产，给金融危机带来巨大负面影响，使国际市场信心波动。这给世界经济提出警告，可以看到，在表面的繁荣背后，过度开发和投资带来的经济泡沫将是经济难以稳定增长的一大隐患。同样的问题也存在于其他发展中国家和新兴国家。金融危机爆发以来，新兴国家以其良好的投资机会吸引大量资金流入，其直接影响便是通胀压力。进一步分析，这类资金的流向将决定其经济发展的稳定程度，一旦形成泡沫，就积聚了爆发危机的

隐忧。新兴国家若不及时调整产业结构，促进产业升级，提升技术水平，将会大大增加新一轮危机的可能。

对于中国经济而言，需要总结危机应对经验，在坚持中国模式的同时，做出必要的调整，在不断的摸索中完善自身。当前的地方政府债务、国内通胀预期逐渐增加、低水平重复建设和产能过剩等问题需要得到很好的解决。一是要坚持党的领导，保持政府的权威地位，这是确保国家长久统一、社会长期稳定、经济长远发展的政治前提；二是要继续坚持市场化改革方向，充分发挥市场的资源配置功能，有效限制地方政府对市场的干预，规范市场竞争，但又要警惕和反对市场原教旨主义；三是要坚持和完善社会主义经济制度，促进多种所有制共同发展，促进收入分配更加合理和平等，在推进经济体制改革的同时加快政治体制改革步伐；四是要不断总结宏观调控经验，完善调控措施和手段，逐渐形成以市场手段为核心的调节机制，弱化政治色彩，促进政府与市场的和谐共赢。

China Model Stood the Test in the Financial Crisis

Abstract: China Model is an organic system that contains political model, economic model and social model. China Model gave a splendid performance mainly on China's economic development model in financial crisis. Although there is an exogenous risk in China's special economic structure, it also has a natural ability to resist the financial crisis. Facing with the severe challenges of financial crisis, Chinese government sized up the situation, made a resolute policy, responded confidently, marched forward bravely in the challenges and strived to realize the V-shaped reversal and economic recovery. Dealing with the financial crisis, China Model has showed its advantages obviously, gained rich experience of anti-crisis, paved the way for the revision of China Model.

Key Words: China Model; Financial Crisis; Development Model; Economic Transition

专题报告

THEMATIC REPORT

第二章

全球金融危机：被美国楼市泡沫推倒的多米诺骨牌

邹东涛　吴　云*

摘　要：2007 年 7 月开始，美国房地产领域的“次级按揭贷款”泡沫开始破灭，2008 年起危机蔓延到整个金融系统，由此引发了自 1929 年以来最大规模的金融危机。由于这次危机是由房地产市场的“次级抵押贷款”市场崩溃引起的，所以这次危机也被称为“次贷危机”。美国次贷危机经过各种证券产品传导到世界各国，美国金融的任何波动在全世界产生了蝴蝶效应，欧元区陷入了严重的经济衰退。

关键词：次贷危机　传导机制　金融危机

---

* 邹东涛，中央财经大学中国发展和改革研究院院长、教授、博士生导师；吴云，法学博士，中央财经大学中国发展和改革研究院博士后。

从2001年开始，美联储连续降低基准利率，美国房地产市场出现了史无前例的火爆场面，房价上涨，房地产领域的“次级抵押贷款”也开始迅速增加。美国金融界通过把“次级抵押贷款”证券化的手法，创造了MBS、CDO和CDS等金融手段，将“次级抵押贷款”几十倍扩大。但是这些债券的基础是非常脆弱的，2005年起美联储连续增加基准利率，房价停滞、次级按揭贷款违约率大幅度上升，这些证券基础逐渐消失，由此引发了美国金融界的连锁反应。银行、投资银行、保险机构等深陷其中。

第一节　次贷危机的背景和机制

一　从互联网泡沫到房地产泡沫：次贷危机的背景

2000年4月14日，美国纳斯达克股市的互联网泡沫开始破灭，一年之内，纳斯达克指数从最高的5300点重挫下跌至最低的1600点。与此同时，亚洲经济在经历了1998年金融危机之后开始复苏，而欧洲的经济在科索沃战争以后也恢复平静。所以，资金开始向亚洲和欧洲回流，美国对投资者的吸引力在减弱。而“9·11”事件产生的恐慌又一次打击了投资者对美国的信心。“9·11”事件以后，华尔街股市被迫关闭长达4天，这是20世纪30年代大萧条以来，股市停止交易的最长纪录。此后，安然丑闻、伊拉克战争等一系列事件连续打击了美国经济。

据统计，1999年流入美国的资金为7000亿美元，2000年为3000亿美元，而2001年仅为1000亿美元。①

在这种背景下，美联储不断通过降息刺激经济，希望通过降息刺激美国的制造业和消费。仅在2001年一年之内，美联储就降息11次之多，联邦基准利率从6.0%降至1.75%，达到了20年来的最低水平。另外，布什政府还推出了减税计划。但是，这些经济刺激措施并没有带来显著的效果。美国经济增长仍然缓慢。

从图2-1可以看出，美国经济从2000年第二季度开始，增长速度明显减慢，2001年第三季度，由于受到“9·11”事件的冲击，经济增长仅为0.04%，达到了历史新的低点。

---

① 韩秀云：《金融危机与我何干》，中信出版社，2009，第64页。

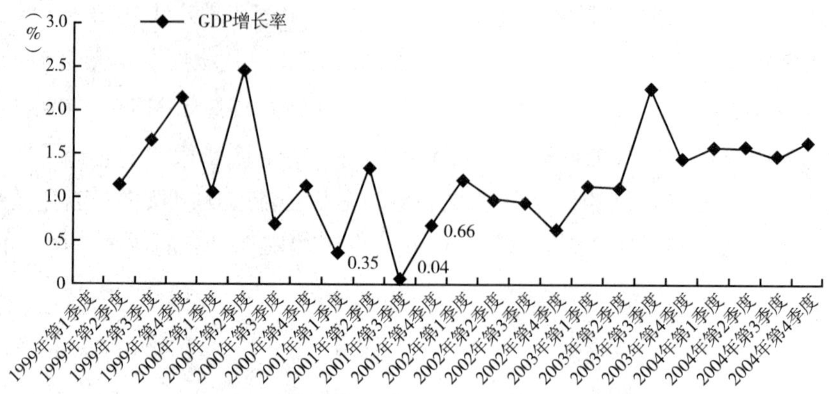

图 2－1　互联网泡沫前后美国 GDP 季度增长率

资料来源：Bureau of Economic Analysis。

这个时候，房地产成为新的亮点。2002 年 6 月，布什总统提出一项计划，要在 2010 年前帮助 550 万个少数民族家庭购买房屋。而“房地美”和“房利美”则提出要帮助政府实现让 1000 万个家庭拥有自己的首套住房的计划。

在这种背景下，投资者开始把眼光放到了房地产市场。但是，美国的房屋自有率已经达到了 64% 以上。也就是说，美国房地产市场的新增购买力已经很小。用一句通俗的话来解释，美国买得起房的人差不多都已经有房了。

于是，投资者把眼光投向了那些买不起房的穷人，来开发这些“新”的市场。那些针对穷人或者信用等级较低人群的“次级抵押贷款”开始兴盛起来。

美国房地产市场的按揭贷款，按照贷款人的信用程度，分为优质贷款（prime）、次优贷款（alternative-A）和次级贷款（subprime）。优质贷款的贷款者一般收入稳定，违约率比较低，申请者必须提供全套收入证明并且信用评级得分在 660 分以上。第二类贷款，次优贷款（简称 alter-A，或者 near-A），贷款申请要求稍微低于前者，信用评级在 620 ~ 660 分，或者满足了优质贷款者信用等级条件，但是不能提供全套收入证明。第三类，也就是次级贷款，贷款者的信用评级最低（低于 620 分），申请贷款是不需要收入证明文件的。由于对于次级贷款的风险最大，因此，这类贷款合同的利息也是最高的。

一方面，相对于优质贷款和次优贷款，次级贷款在美国还有很大的市场空间。另一方面，次级贷款由于其违约风险高，其收益率也明显高于其他两种贷款，见表 2－1。

表 2－1　美国房地产抵押贷款的种类和利率

房地产抵押贷款类别	信用等级得分	年利率(%)	房地产抵押贷款类别	信用等级得分	年利率(%)
优质贷款	760～850	6.19	次优贷款	620～659	7.50
	700～759	6.41	次级贷款	580～619	9.12
	660～699	6.69		500～579	10.11

注：年利率为 30 年固定利率住房抵押贷款。
资料来源：MyFIFCO。

所以，此时将眼光放到了次级贷款市场的投资者，瞄准的是将近 600 万贫困人口、信誉不好的穷人和新移民。①

二　美联储的降息政策和美国房地产市场的扩张

2000 年，美联储进行了 3 次降息，但是，仍然不能阻止经济增长的持续放缓。2001 年起，美联储为了继续刺激经济，一年内连续 11 次降息。"9·11"事件后，美联储在两个月内五次降息，联邦基准利率从 3.0% 降至 1.75%。此后，美联储又于 2002 年和 2003 年两次降息，联邦基准利率已经降至 1% 的历史性的低点。

联邦基准利率的降低，使得房屋贷款利率也伴随降低，这意味着房地产购买成本的降低。金融机构抓住了利息下降的机会，开始鼓励通过次级贷款买房，刺激房地产需求。美联储的降息政策将会直接促使市场的流动性提高，从 2001 年末开始，房地产市场开始对降息政策有了明显的反应。随着利息的降低，房地产价格一直升高，至 2005 年达到历史性最高点，见图 2－2。

这样，房地产价格随着利息的降低，逐渐攀升。房地产价格上升的预期进一步刺激了房地产市场的投机，而按揭贷款利息的一再下降，使得套利空间出现了。由于新贷款的利率更低，很多人将原有房屋出售，用出售获得的资金再次购买房屋，并获得了利率更低的按揭贷款。

从图 2－3 我们可以看出，自 2001 年起，美国次贷规模开始急剧增加，2001 年美国次贷规模为 1730 亿美元左右，但是，到了最高的 2005 年，次贷规模达到了 6650 亿美元，是 2001 年的 3.8 倍。

美国在短时间内次贷规模急剧增加，其中一个重要原因是美国贷款审核机制

① 王俊峰、钟震、蔡晓谦：《危机透视》，清华大学出版社，2010，第 113 页。

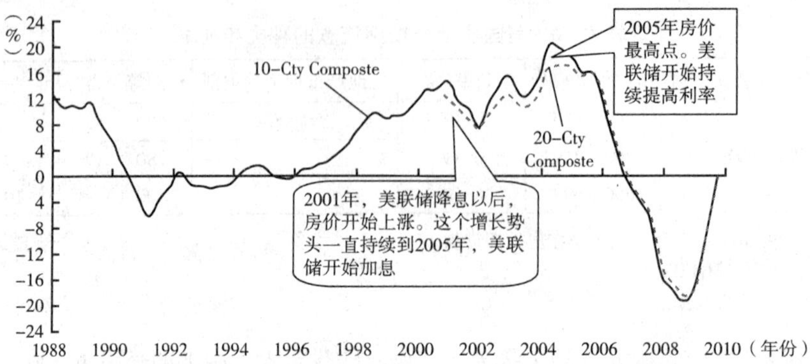

图 2-2 美国房价指数变化

资料来源：标准普尔。

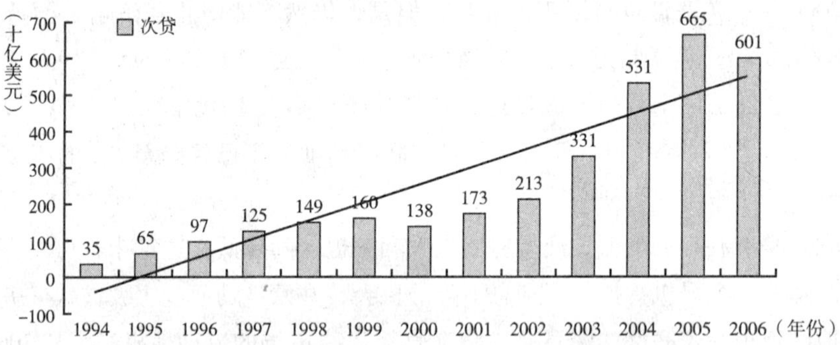

图 2-3 美国次贷规模的急剧增加

资料来源：2007 年抵押信贷市场统计数据，转引自〔美〕杰姆斯·巴茨、李童、特瑞风·法米万沙拉、格伦·亚戈：《美国次贷危机简顾》，蔡宏志、鞠安深译，《银行家》2009 年第 2 期。

中的漏洞，使得房地产贷款审查形同虚设。在美国，审核次贷的不是银行自己，而是房地产经纪人。房地产经纪人为了开拓自己的业务，根本不顾房屋贷款者的还款能力。① 在这个过程中，金融机构为了扩大自己在房地产市场的业务，放松了对于贷款人资格的审查，出现了零首付、计算机审查申请贷款人资信、一分钟内批准等千奇百怪的竞争招数。发展到最后，那些没有绿卡的人竟然也可以获得房屋贷款。

① 〔美〕杨卫隆：《大崩盘：次贷扭曲的世界》，汕头大学出版社，2008，第 15~17 页。

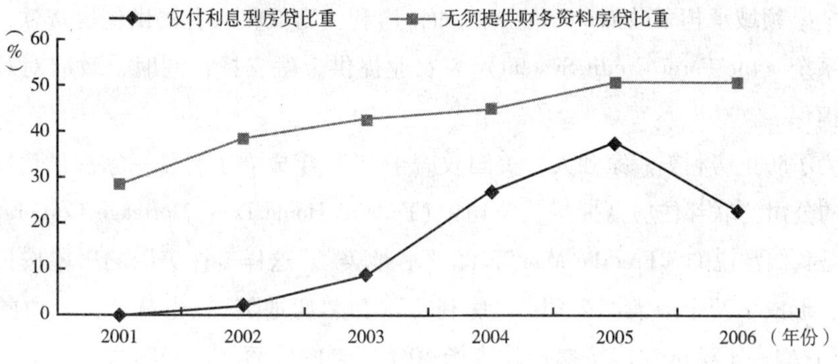

图 2-4　次贷在美国按揭贷款中比例的提高

资料来源：Freddie Mac。

通过图 2-4 我们可以看出，2001 年以后，次贷占按揭贷款的比例逐渐提高。到 2005 年，无首付的房贷比例将近 30%，无须提供财务证明的房贷占了将近 50%，此时的美国房地产抵押贷款市场中，这些具有不良潜质的贷款占了相当大的比重，可以说是一个危险的信号。

三　两房与次级贷款的证券化

（一）"两房"

1929～1993 年大危机期间，美国房地产市场严重受挫，罗斯福政府推出了各项措施来稳定房地产市场，同时给普通人购房提供贷款便利。1933 年，美国国会成立了"住房房主贷款公司"（Home Owners' Loan Corporation，简称 HOLC），对住房提供按揭贷款。1938 年，美国国会成立了"联邦全国按揭贷款协会"（Federal National Mortgage Association），被称为"房利美"（Fannie Mae），专门进行房屋按揭贷款服务。① 此后 30 年，房利美作为一个政府机构，为低收入者提供房屋按揭贷款，为美国普通家庭购买房屋作出了很大的贡献。

1968 年，为了减轻财政压力，政府将房利美改组为政府资助公司（a government-sponsored enterprise，简称 GSE），在保持原有职能的同时，将房利美变成一个私人持股的公司。"政府资助公司"是美国的一个巨大创造：一方面，这些公司是私人持股公司，政府不需要背负巨大的经济包袱；另一方面，这些公

① 〔美〕希勒：《终结次贷危机：直击全球金融市场的非理性繁荣》，何正云译，中信出版社，2008。

司在金融领域承担了政府的职能，比如，房利美为低收入者提供住房贷款，农业现代系统（the Farm Credit System）为农业提供金融支持，同时，政府对其提供信用担保。

为了防止房利美一家独大，美国政府于1970年成立了另外一家提供房屋按揭贷款的公司“联邦住房抵押贷款公司”（Federal Home Loan Mortgage Corporation），也就是我们常说的“Freddie Mac”，即“房地美”。这样，在美国的房屋按揭贷款市场，形成了两个最大的公司，“房利美”和“房地美”，也就是我们说的“两房”，它们占了美国住房按揭贷款市场40%以上的份额。

（二）住房贷款的证券化

“两房”并不直接向市场提供住房按揭贷款，而是通过买卖证券化的按揭资产来增进资本市场的流动性并实现赢利。“两房”是住房抵押贷款证券化的主要推动者。当资本市场信贷紧张时，它们购买（证券化的）按揭资产，这样直接发放贷款的金融机构获得了流动性；当市场好转时，它们会卖出手头的资产，并获得收益。它们调控按揭市场流动性的方式，非常类似美联储通过公开市场操作调控美元的流动性。

具体而言，借款人从贷款公司借款。只有贷款公司，或者房地产贷款经纪人，是与借款人进行直接的交易的。而贷款公司将这些贷款进行证券化处理，并打包出售。“两房”或者投资银行来购买这些证券化的抵押贷款资产，它们把这些资产在美国和国际市场进行销售。通过这个过程，实现了从住房抵押贷款到MBS（Mortgage-backed securities，住房按揭贷款支持债券）的转变，住房抵押贷款的证券化过程得以实现，具体见图2-5。

尽管在2001年以后，房地产经纪人对于次贷的审核形同虚设，但是，由于“房利美”和“房地美”的特殊地位，它们的次贷债券仍然受到投资者的追捧。它们虽然不是政府机构，也不是国有企业，但是，它们是政府资助公司，拥有政府信用担保（尽管这种信用不是法律规定的，但是却是公众相信的）。所以，“房利美”和“房地美”所持有的MBS被认为与美国财政部所发的债券具有同等的零风险。

投资银行在金融市场上，将MBS进一步衍生为CDO（collateral debt obligations，有抵押债务支持证券，简称CDO），这使得次贷发展成了“毒瘤”。投资银行将MBS分类打包，然后，评级机构对不同类别的MBS进行评级，再卖给投资者。

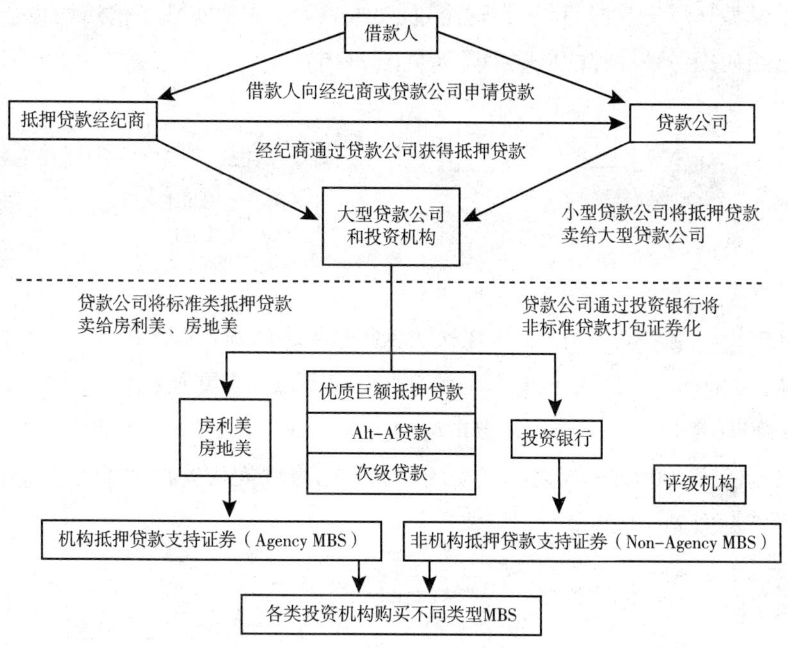

图2－5　次贷证券化的过程

资料来源：理查德·比特纳：《贪婪、欺诈和无知：美国次贷危机真相》，中信出版社，2008。

CDO的本质是将不同风险类型的资产进行组合，然后给其评定风险级别，再将这些不同级别的资产组合卖给不同偏好的投资者。这原本是利用资产组合抵消风险的创新手段，但是，却被不正当利用了。尤其是在评级过程中评级机构充当了不光彩的角色，它们利用“历史数据”和“数学模型”等，将这些资产组合进行不恰当的评级。它们对大量垃圾债券给予了与国债同等级别的AAA最高评级。

由于债券化的链条在不断延伸，作为广大投资者而言，他们已经无法知晓其所购买证券背后的房地产贷款人是否具有还款能力以及信用如何等，他们只能根据评级机构的评级来购买这些证券。这样，大量次贷经过“包装”成为优质资产。

而一个CDO产品可以经过再次切割包装，形成新的产品，如此反复，形成CDO1、CDO2、CDO3、CDO4……CDOs等。在这个过程中，每一次的重新切割和包装都要重新评级，由于多次评级，标准越来越模糊不清，判断越来越基于一些数学模型、历史数据等。① 在这个过程中，CDO 成功实现了信用增级，所以，评级已经成为一种纯粹的欺骗手段（见图 2 -6）。

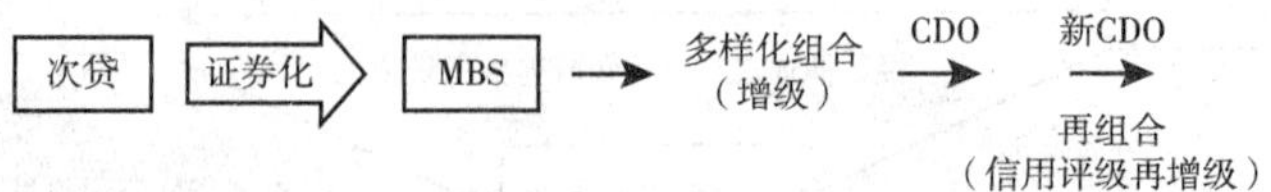

图 2 -6　从次贷到优质 MBS 和 CDO 的过程

这样，原本是 1 万美元的房屋次级抵押贷款，每通过一次证券化，在金融市场上就扩大一倍，到最后可能衍生成为十万或者几十万美元的次贷债券了。

在 2001 年以后，随着房地产市场的火爆，证券化的速度也越来越快。在危机露出端倪的 2006 年，证券化的次级债券产品占贷款总额的比例已经达到 80% 左右了（见图 2 -7）。

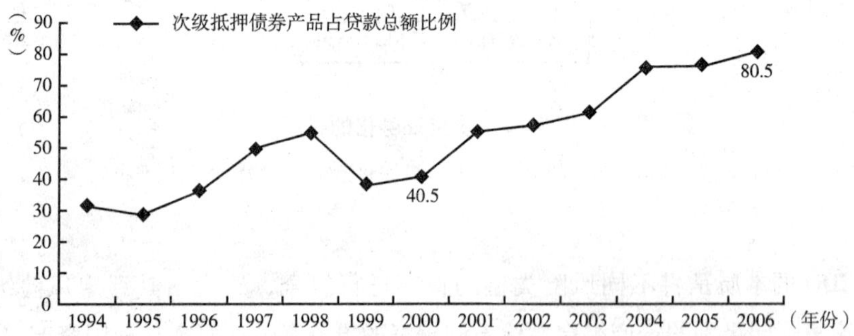

图 2 -7　次级抵押债券产品占贷款总额的比例

资料来源：转引自〔美〕杰姆斯·巴茨、李童、特瑞风·法米万沙拉、格伦·亚戈《美国次贷危机简顾》，蔡宏志、鞠安深译，《银行家》2009 年第 2 期。

也就是说，通过资产证券化，美国的金融机构将缺乏信用支持的贷款向全世界进行了推销。这样，次贷的潜在风险已经由房地产和信贷领域扩展到整个金融领域，并通过美国的投资银行扩展到全世界。

四　CDS 高风险赌博

在次贷证券化的过程中，除了将次贷变成 MBS 和 CDO 等债券化资产以外，

① 朱小平：《金融危机中的美国、中国和世界》，新星出版社，2009，第 25 ~26 页。

还出现了一种“信用违约互换”（或者也翻译成“信用违约掉期”，简称 CDS）的金融产品。单凭这个名称本身很难看出这个衍生产品究竟是什么，这也恰恰是创造这种产品的人所追求的目的之一：规避金融监管。

这个产品实际上类似于信用风险担保，买方（protection buyer）为了支付给卖方（protection seller）一笔费用就某个资产的履约情况进行承保，一旦违约事件发生，卖方将支付给买方一笔价款来弥补买方的损失。

但是，CDS 和一般的保险在性质上又是有区别的。因为一般的保险需要“保险利益”的存在，而 CDS 可以就任何他人的违约事件进行承保。换言之，虽然和违约没有任何利益可言，但是 CDS 购买者完全可以就他人的债权进行承保，并因为违约的发生而获得好处。CDS 的出现让次贷成为赤裸的赌博，已经完全脱离任何实体成为纯粹的赌博游戏。

2000～2007 年，CDS 增长了 100 倍，达到了 60 多万亿美元[①]，而其承保的次贷债券金额是次贷本身金额的 48 倍[②]。美国的 GDP 也不过 14 万亿美元左右，CDS 已经是美国 GDP 的将近 5 倍了。

由于 CDS 是新型的金融衍生产品，并不受保险监管部门的监管，所以也没有类似保险公司准备金的要求，市场的透明度很差。另外，CDS 风险很高，一天之内价格变化 100% 也很正常，而美国一般股市变化 5% 就属于很大的变化了。所以，当次贷危机开始爆发以后，CDS 根本无力承担应有的保障功能。CDS 是导致雷曼兄弟倒闭的重要原因之一。

五 总结：经济的高度杠杆化

通过 MBS、CDO 和 CDS 这些金融手段，次贷被几十倍地放大。实际上，次贷只是美国金融寻找到的一个新的支点。这个支点将 2000 亿美元左右的次贷几十倍地扩大了。从图 2－8 可以看出，美国投资银行的杠杆率在一直提高，到 2007 年时，已经接近 40 倍的杠杆率了。这种过高的杠杆率意味着巨大的金融风险。

美国金融业杠杆率在急剧升高。当次贷这个支点出现问题时，被次贷翘起的

---

① 林汶奎：《美国金融危机的幕后元凶：揭秘华尔街金融危机的真相》，中国工商出版社，2009，第 31 页。

② 林汶奎：《华尔街金融危机》，中国工商出版社，2008，第 27 页。

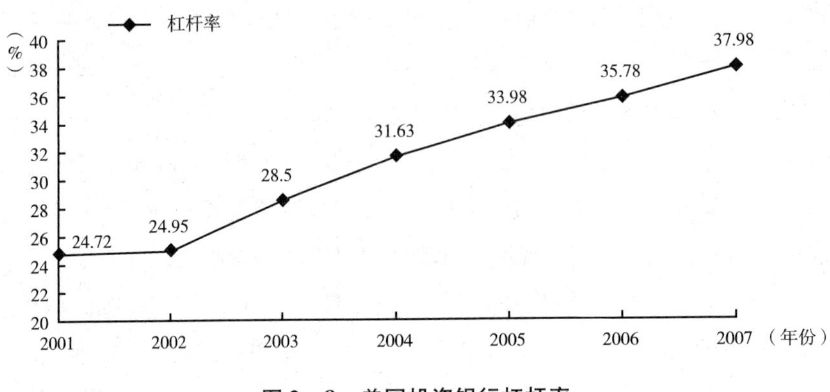

图 2-8　美国投资银行杠杆率

资料来源：SIFMA。

整个金融业都将趋于崩溃。

2005 年开始，随着美联储利息政策的急剧转变，突然由降息改为持续加息，次贷翘起的金融帝国开始轰然倒塌。

第二节　次贷危机的爆发和传导

一　次贷违约率上升：证券资产的基础消失

从 2001 年以后，由于美联储连续 11 次降息，使得美国房地产市场突然火爆起来，但是，2005 年以后，美联储利率政策的突变立刻改变了房地产市场的价格走势。我们可以通过图 2-9 并结合对比图 2-2 发现这种关系。

通过图 2-10 我们明显看出，就在美联储 2001 ~ 2004 年连续降息的同时，次贷的总额在 2001 ~ 2005 年急剧上升。

但是，美联储在 2005 年开始大幅度提高基准利率的同时（如图 2-9），也恰恰遭遇还款高峰期。这样，原有的通过新贷款换旧贷款已经不可能。更为雪上加霜的是，利率的调整直接降低了市场流动性，使得原来就缺乏还款能力的次贷贷款人更加无力还款。从 2006 年开始，次贷还款的违约率大幅度上升。

而且，由于大部分房屋贷款是可调整利率贷款，从图 2-11 中可以看出，2003 年的房屋按揭贷款中，浮动利率的抵押贷款占到了 80% 以上的比例。所以，整个房地产市场对于利率的调整是非常敏感的。

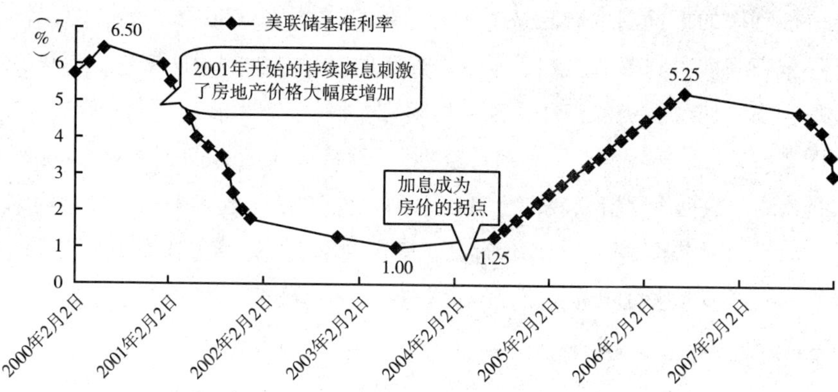

图 2-9 美联储的利率变化对房价的影响

资料来源：美联储。

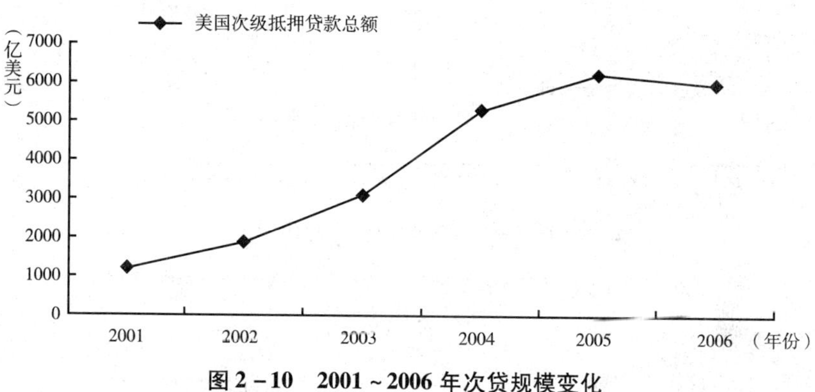

图 2-10 2001～2006 年次贷规模变化

资料来源：转引自杰姆斯·巴茨、李童、特瑞风·法米万沙拉、格伦·亚戈《美国次贷危机简顾》，蔡宏志、鞠安深译，《银行家》2009 年第 2 期。

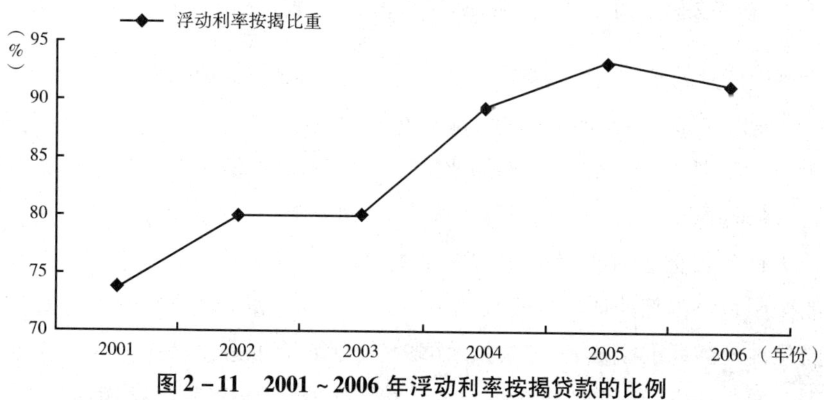

图 2-11 2001～2006 年浮动利率按揭贷款的比例

资料来源：Freddie Mac。

一般利率的重置期也恰恰是3年。也就是说，从2006年开始，美国次贷进入了还款高峰期和利率调整期，所以，美联储对于基准利率的调整，直接影响了次贷的利率，使得次贷的正常还款更加困难。

图2-12是“美国房屋抵押银行家协会”（Mortgage Bankers Association）发布的次贷违约率数据。从资料我们也可以看到，自2005年起，美国次贷违约率开始上升。而浮动利率的次贷违约率远远高于固定利率次贷。由于次贷衍生产品市场上几十倍的杠杆率，这意味着一美元的次贷违约，会给金融市场造成几十美元的影响。

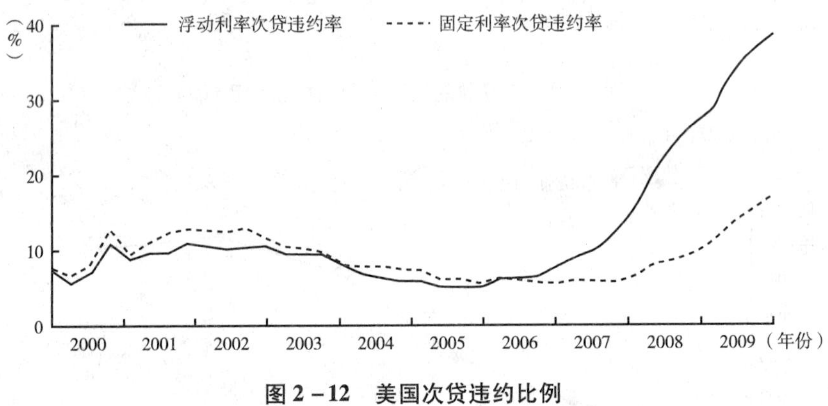

图2-12　美国次贷违约比例

资料来源：Mortgage Bankers Association，National Delinquency Survey，2009，June 30，2009。

次贷作为其衍生产品MBS和CDO的基础，已经开始动摇。次贷危机逐渐扩展到了次贷形成的衍生债券，进而影响到整个金融领域。

二　新会计准则：对市场信心的最后摧毁

当次贷债券的基础发生动摇时，美联储却在2006年继续加息。而2006年9月新会计准则的颁布，则是向世人展示这种市场的危机，结果，直接催化了这次危机。

2006年9月，美国财务会计准则委员会（FASB）发布第157号财务会计准则公告（FAS157）《公允价值计量》（Fair Value Measurements）。按照这个会计准则，所有金融企业对于自己持有的证券资产要按照“公允价值”进行评估，而不能按照企业内部的评估方式来评估。而且，这个准则要求将这些证券资产的价格变化计入当期的损益表。这样，次贷债券的问题被暴露于公众了。例如，按照这个新的会计准则，AIG当年不得不计提了110亿美元的巨额损失。

虽然从2007年7、8月开始，已经有金融机构因为次贷债券开始倒闭。但

是，真正让市场恐慌的，是按照新的会计准则出炉的财务报告。2007 年底至 2008 年初，全球著名金融机构在新的记账方式下暴露出的巨额亏损直接打击了投资者的信心和对市场未来的预期，因此，对于次贷债券进行了恐慌性抛售。

次贷和次贷债券危机被新会计准则引爆了！

三　混业经营和系统性危机：次贷债券在金融机构间的交叉泛滥

在次贷到次贷债券的衍生过程中，银行和保险原本是金融体系中的稳定器，但是，混业经营使得银行和保险公司也卷入了次贷的链条之中。20 世纪 80 年代以来，在美国金融自由化浪潮中，美国逐渐拆除了金融市场和银行之间的防火墙，银行的信贷业务和投行的证券业务相互交叉。

在这次的次贷危机中，银行除了发放信贷以外，也购买了大量的 CDO，如表 2－2 所示，银行购买的 CDO 占到了市场总额的 25% 左右。类似的，保险公司除了对这些债券的支付能力承保以外，自己也购置了将近 3000 亿美元的 CDO。

表 2－2　各类金融机构持有的 CDO 数量和比例

金融机构	保险公司	对冲基金	银　行	资产管理公司
总金额（十亿美元）	295	1396	746	564
比例（%）	9.8	46.5	24.9	18.8

资料来源：private sector investment bank estimates。

所以，当次贷危机爆发后，出现的不是简单的信贷危机，而是整个金融系统相互关联和交叉的危机。保险公司既要支付信贷违约的保险金，自己同时也受到了不良资产本身的打击。以 AIG 为例，从 20 世纪 90 年代开始，AIG 进行了业务多元化，将业务扩张到证券、商业银行、投资管理、融资租赁等领域。AIG 不仅购买了大量的次贷债券，而且也为次贷债券承保，同时 AIG 还是 CDS 的主营承保商之一①。AIG 的 CDS 承保业务的利润占到了其 2005 年全部利润的 17.5% 左右。这样，AIG 作为保险公司的风险被全部集中到了次贷债券上，一旦出现违约问题，它自身的次贷债券资产会减值，同时它还要为这个市场支付保险金。

在银行方面情况也是类似的。当次贷危机出现后，市场出现流动性困难。这

① 陈华、张倩：《美国国际集团被政府接管的教训及启示》，《亚太经济》2009 年第 1 期。

个时候，良好的银行系统是可以帮助减轻这种危机的。例如，在 1987 年 10 月的"黑色星期五"股灾中，资本市场遭受重创，但是由于"防火墙"的存在，银行系统运行稳健，信贷渠道畅通，所以，遭受损失的企业仍然可以通过银行拿到贷款渡过难关①。

但是，在这次次贷危机中，银行也深陷其中。以花旗银行为例，花旗银行拥有的 2 万亿美元资产中，资产负债表内的资产只有 6000 亿美元，其余的 1.4 万亿美元都是表外的 CDO 等金融衍生资产。随着次贷违约率的上升，花旗银行发行的 CDO 大幅度贬值。据估计，花旗银行的账面损失至少达到 1000 亿美元②。

所以，这次的次贷危机是整个金融业的系统性危机，从投资银行到银行、到保险业全部陷于危机之中，银行和保险作为一种稳定的力量在系统性危机中失灵了。

四　次贷危机：从美国到世界

美国的各种证券产品流入世界其他国家，意味着，美国将自己的金融输出到了其他国家。

图 2－13 显示了 2008 年世界主要国家持有的美国证券数量，其中持有数量最多的是中国和日本，都超过了 1 万亿美元。所以，当美国的金融业出现问题时，这些国家也会受到不同程度的冲击。

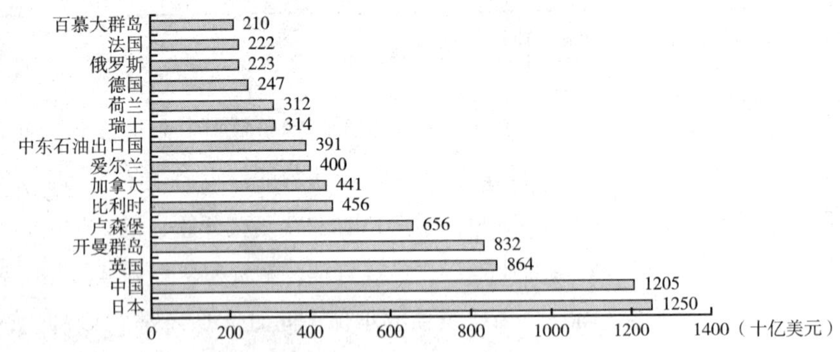

图 2－13　外国持有美国证券总金额

资料来源：美国财政部 2009 年公报。

---

① 赵峰：《解读金融危机》，河南大学出版社，2009，第 43 页。

② 朱小平：《金融危机中的美国、中国和世界》，新星出版社，2009，第 31 ~ 32 页。

就这样，次贷潜在危机的传导机制已经形成。美国金融的任何波动都会在全世界产生蝴蝶效应。

第三节　金融危机的过程、影响和原因

一　金融危机过程回顾

从2005年美联储持续提高利率以来，次贷违约率从2006年开始逐渐上升，次贷危机开始显现。随着新会计准则FAS157于2006年颁布，2007年初，各大金融公司的财务报表暴露了次贷市场价值的极大缩水，公众开始恐慌性抛售次贷债券，危机爆发。

（一）第一阶段：次贷及其证券化产品危机，2007年初至2007年8月

在这个阶段，大批与次贷有关的贷款机构倒闭，危机于2007年7～8月集中显现。这些包括：

2007年4月2日，美国最大的次贷贷款公司New Century Financials破产；

2007年5月，UBS关闭旗下的次贷贷款业务机构Dillon Read Capital Management；

2007年7月，贝尔斯登停止客户赎回旗下管理的两只次级贷款对冲基金；

2007年8月，美国另一大的按揭贷款机构American Home Mortgage破产。

这个阶段的危机仍然是局部的，主要限于那些直接从事次贷业务的贷款机构。此时，美联储和欧洲中央银行联手救市并降息。

（二）第二阶段：次贷危机引发流动性危机，2007年底至2008年3月

在这个阶段，危机由次贷延伸到次贷相关的衍生产品，经营次贷衍生产品的银行、投行受到冲击。2007年底至2008年初，花旗、美林、瑞银等著名金融机构因次贷引发巨额亏损。市场出现抛售次贷债券的风潮，金融机构也在市场进行重新融资。这导致了市场流动性危机。美联储注资2000亿美元并联合其他国家央行进行降息，一定程度上缓解了流动性压力。

（三）第三阶段：流动性危机合并信用危机，2008年3月至2008年9月

2008年3月14日美国第五大投行贝尔斯登向摩根大通和美联储寻求紧急融资；2008年3月17日贝尔斯登被摩根大通收购，美联储向摩根大通提供接管的融资。在这种情形下，投资者的担心迅速变成对于流动性和信用危机的双重担

心。金融机构纷纷收紧信用放贷，投资者开始抛售资产套现，市场剧烈震荡。

2008 年 7 月，出现了两个标志性事件，说明危机已经扩散并非常严重。

第一个是 2008 年 7 月，“两房”因为严重亏损陷入困境。“两房”是美国住房按揭贷款流动性的重要保障，它们持有美国抵押贷款债权中的 45% 左右。它们的危机意味着整个美国次贷市场的全面危机。美联储和财政部不得不宣布再次救市。

第二个是加州的地方银行 Indy Mac 破产倒闭。这个银行是专门经营次优贷款（Alt-A）业务的专业银行，并没有涉足次贷领域。它的倒闭意味着流动性风险和信用风险已经由次贷市场扩散到了非次贷市场。

（四）第四阶段：全球金融体系危机，2008 年 9 月至今

2008 年 9 月 15 日，美国第四大投资银行雷曼兄弟公司陷入严重财务危机并宣布申请破产保护；同日，美国银行宣布以接近 500 亿美元总价收购美国第三大投资银行美林公司；AIG 宣布计划改组企业业务并出售旗下资产以融资。这些巨型金融公司的危机，尤其是雷曼兄弟的破产，标志着金融危机的全面爆发，市场对于政府救市的信心彻底崩溃。

由于短期货币市场的瘫痪，危机由金融领域急速扩展到实体经济领域，亏损由专业投资者扩展到普通百姓，并引发了汽车、信用卡和商业贷款等领域的信用危机。金融危机迅速演变成为实体经济的衰退，失业人口迅速增加，消费锐减，美国的金融危机演变成为全面的经济危机。

二　金融危机原因简述

这次金融危机，从浅层原因上看，一般认为至少有三点：美联储错误的利率政策、缺乏有效监管的金融衍生品市场、金融文化仍有待提高。尤其以第一点为最重要原因。

首先，通过前面的分析我们可以发现，美联储不适当的利率政策实际上直接影响了危机的进程。2001 ~ 2005 年美联储连续降息，导致市场的流动性过剩，“泡沫”增大。从 2005 年开始，之前一个阶段的“泡沫”已经进入最为脆弱的阶段，房地产抵押正好进入还款高峰期和利率调整期，恰恰就在此时，美联储突然通过提高基准利率的方式来压制“泡沫”，结果不仅没有能够压制“泡沫”，反而催生了“泡沫”的破灭，房地产过热并没有很好地“软着陆”。

其次，美国的衍生品市场过度脱离实体经济。以次贷为例，次贷产生的 CDS 所承保的金额已经达到了 60 多万亿美元，相当于作为这个金融衍生产品基础的次贷本身的48倍，相当于美国GDP（14万亿美元）的5倍。

在这个疯狂的金融衍生品市场中，评级机构和投资银行缺乏基本的道德底线，将大量垃圾债券和有毒资产推销到全世界。华尔街的贪婪为世人所诟病。

但是，对如此庞大的金融市场却缺乏有效的监管。比如，对评级机构的责任缺乏规定；对于新型的金融产品CDS等，美国缺乏在金融创新和监管之间的平衡——当高风险的CDS在金融市场泛滥时，美国的监管机构竟然没有相应的警惕。

最后，美国的过度消费文化、高借贷率和低储蓄率也是引发金融危机的重要原因。

但是，这三个原因只是浅层次的原因。从本质上来说，此次金融危机是由布雷顿森林体系崩溃以后，世界金融格局中不合理的美元独大的格局造成的。美元虽然仍然充当了世界基准货币的角色，但是，美元本身却没有基准。世界主要出口大国通过经常项目获得美元后，都大量购买持有美元债券，使得美元又流入美国、反哺了美国的消费文化。世界其他国家通过购买美国的政府债券来进行保值，而美国的政府债券又成为发行新美元的基础，如此循环。这样，美元成为世界基准货币，但是自身又不受约束，这样，美国可以轻易将自身的危机转嫁到世界。

三　金融危机的影响和损失评估

（一）对美国损失评估

按照国际货币基金组织（The International Monetary Fund，IMF）的估计，这些有毒资产和坏账导致了美国和欧洲的银行业天文数字般的损失。美国银行系统大概损失了1万亿美元，而欧洲银行业损失了1.6万亿美元。

在这次危机中，美国的五大投行中垮掉了三家，仅剩下高盛和JP摩根。人们甚至质问传统投行作为一个行业是否有必要继续存在。

美国借贷系统中大约三分之一的资金被困在次贷或者次贷债券中，由于这些资产大部分将成为呆坏账，美国的借贷系统需要很多年才能消化这些呆坏账①。

截至2008年底，相对于最高点，美国的股市下跌了45%，房价下跌了20%。这两个市场的行情也影响了美国居民几种主要资产的价格变化。为危机最后买单的是普通的美国民众，表2-3是美国民众几种主要财产的损失。

---

① 具体分析和估计参见Nicole Gelin，“Can the Feds Uncrunch Credit?”，*City Journal*，Winter 2009，Vol. 19，No. 1，http：//www.city-journal.org/2009/19_1_credit.html。

表 2-3　美国财富的变化（2008 年 11 月相对于最高点）

	变化幅度	变化金额(万亿美元)
股指	-45%	—
房价	-20%	—
房屋总价值	-30%	-4.2
退休资产投资(retirement assets)	-36%	-2.8
储蓄和投资资产(不含退休资产投资)	—	1.2
退休金(pension)	—	1.3

资料来源：Roger C. Altman，"The Great Crash，2008 "，*Foreign Affairs*，Retrieved 2009-02-27。

按照保守的估计，截至 2009 年初，美国普通家庭最少有 14 万亿美元的财富蒸发了①。

（二）对世界经济的影响

美国实体经济在金融危机中遭受了重大打击，从 2008 年第三季度开始，这种连锁反应开始显现。同时，欧洲的实体经济也陷入严重的衰退。

从表 2-4 可以看出，住宅投资大幅度萎缩，美国国内的私人消费首先开始下滑。这说明，次贷首先导致了房地产的崩溃，而次贷危机爆发的后果由美国大众首先承担。

表 2-4　美国经济主要指标

单位：%

季　度	2007Q1	2007Q2	2007Q3	2007Q4	2008Q1	2008Q2	2008Q3
GDP 增长率(年率)	0.1	4.8	4.8	-0.2	0.9	2.8	-0.5
私人消费	3.9	2.0	2.0	1.0	0.9	1.2	-3.7
国内投资	-9.6	6.2	3.5	-11.9	-5.8	-11.5	0.4
住宅投资	-16.2	-11.5	-20.6	-27.0	-25.1	-13.3	-17.6
政府支出	0.9	3.9	3.8	0.8	1.9	3.9	5.4
净出口	-1.20	1.66	2.03	0.94	0.77	2.93	1.07
出口	0.6	8.8	23.0	4.4	5.1	12.3	3.4
进口	7.7	-3.7	3.0	-2.3	-0.8	-7.3	-3.2

资料来源：转引自孙杰《全球金融危机对欧洲经济的影响》，《欧洲研究》2009 年第 1 期。

① 来源于 CNN 的报道，http：//money.cnn.com/2009/06/11/news/economy/Americans_ wealth_ drops/？postversion=2009061113。

虽然金融危机源于美国，但是，欧洲却是重灾区，整个欧元区陷入了严重的经济衰退。从表2－5中我们发现，实际上，欧元区的经济衰退从2008年第二季度就已经显现，比美国的经济衰退还要早。欧元区经济衰退的首要表现是消费信心受到打击，造成了消费拉动不足。从表2－5中我们可以发现，从第二季度开始，欧元区的环比消费和投资已经下降。

表2－5　欧元区经济增长和需求贡献

单位：%

季　度	2007Q3	2007Q4	2008Q1	2008Q2	2008Q3
总增长	2.6(0.6)	2.1(0.3)	2.1(0.7)	1.4(－0.2)	0.6(－0.2)
消　费	1.0(0.2)	0.7(0.1)	0.7(0.0)	0.2(－0.1)	0.0(0.0)
投　资	0.8(0.2)	0.7(0.2)	0.8(0.3)	0.6(－0.2)	0.2(－0.1)
政府支出	0.5(0.1)	0.4(0.1)	0.3(0.2)	0.4(0.2)	0.5(0.2)
存货变化	－0.1(0.2)	0.2(－0.3)	－0.2(0.2)	－0.1(－0.1)	0.0(0.3)
净出口	0.4(－0.1)	0.1(0.3)	0.5(0.1)	0.4(0.1)	0.0(－0.5)

资料来源：转引自孙杰《全球金融危机对欧洲经济的影响》，《欧洲研究》2009年第1期。括号内为环比增长率。

根据布鲁金斯学会对2009年第一季度数据的分析，从总体上看欧元区陷入了比美国更加严重的经济衰退（见表2－6）。欧洲的冰岛，整个国家陷入了破产境地。

表2－6　GDP增长率（2009年第一季度数据，折合成年化数据）

单位：%

国家/地区	增长率	国家/地区	增长率
美　国	－6.0	拉脱维亚	－18.0
德　国	－14.4	墨西哥	－21.5
日　本	－15.2	欧元区	－9.8
英　国	－7.4		

资料来源：布鲁金斯学会。

另外，金融危机也波及了世界各个主要国家。值得一提的是，金融危机对中东欧转型国家的经济影响很大，甚至有人对中东欧国家的转型模式提出了质疑。中东欧国家在转型初期，大多采取了银行私有化，而银行私有化的结果是本国商业银行很快被西方控制，目前这些国家的商业银行外资的比例为54%～97.4%①。

① 余南平、李享、吴皓伟、梁菁均：《金融危机下中东欧转型模式再评估》，《俄罗斯研究》2009年第3期。

参考文献

[1] 韩秀云:《金融危机与我何干》,中信出版社,2009。

[2] 王俊峰、钟震、蔡晓谦:《危机透视》,清华大学出版社,2010。

[3]〔美〕杰姆斯·巴茨、李童、特瑞风·法米万沙拉、格伦·亚戈:《美国次贷危机简顾》,蔡宏志、鞠安深译,《银行家》2009 年第 2 期。

[4]〔美〕杨卫隆:《大崩盘:次贷扭曲的世界》,汕头大学出版社,2008。

[5]〔美〕希勒著《终结次贷危机:直击全球金融市场的非理性繁荣》,何正云译,中信出版社,2008。

[6] 朱小平:《金融危机中的美国、中国和世界》,新星出版社,2009。

[7] 林汶奎:《美国金融危机的幕后元凶:揭秘华尔街金融危机的真相》,中国工商出版社,2009。

[8] 林汶奎:《华尔街金融危机》,中国工商出版社,2008。

[9] 陈华、张倩:《美国国际集团被政府接管的教训及启示》,《亚太经济》2009 年第 1 期。

[10] 余南平、李享、吴皓伟、梁菁均:《金融危机下中东欧转型模式再评估》,《俄罗斯研究》2009 年第 3 期。

Global Financial Crisis: the Domino Effect of American Real Estate Bubble

Abstract: Since July, 2007, the "Subprime Mortgage" bubble of American real estate began to burst, and then led to the whole crisis of financial system in 2008, which triggered the largest financial crisis since 1929. As this crisis is caused by the collapse in "Subprime Mortgage" market of American real estate market, it is also named "Subprime Crisis". The U. S. "Subprime Crisis" spread to the world through a variety of securities, so any financial fluctuations in the U. S. produced butterfly effect in the world. The euro zone plunged into severe economic depression.

Key Words: Subprime Crisis; Transmission Mechanism; Financial Crisis

第三章
金融危机考验我国宏观调控模式

欧阳日辉　王 慧*

摘　要：金融危机是对国家执政者决策能力以及国家政策执行体系应变能力的检验，而应对金融危机考验的中国宏观调控则彰显出中国模式下的"中国智慧"。本章对金融危机下中国宏观调控政策进行了梳理，总结了宏观调控所取得的成绩，在对此次危机中我国宏观调控政策与亚洲金融危机的应对举措比较分析后，从调控时机的捕捉、调控力度的把握、调控政策的搭配以及调控手段的选择方面归纳了应对此次金融危机的经验，最后结合我国宏观经济"调结构"实现"再平衡"的核心目标，从"经济周期"的角度展望宏观调控未来，进一步充实有中国特色的宏观调控理论体系。

关键词：金融危机　宏观调控　经济周期

2007 年爆发的美国次贷危机在多米诺骨牌效应推动下，在 2008 年 9 月中旬迅速升级演变成为一场全球金融危机。这场危机从发达国家蔓延到新兴市场国家和发展中国家，从金融领域扩散到实体经济领域，世界经济被拉入下行周期，世界经济发展进入"弯道"时期。在经济全球化的背景下，中国经济也无法独善其身。这场前所未有的金融危机，是对中国决策层驾驭经济社会发展复杂局面能力的严峻考验。

第一节　金融危机下中国宏观调控政策回眸

为抵御此次金融危机对中国宏观经济产生的不利影响，宏观调控政策基调及

* 欧阳日辉，国民经济学博士，中央财经大学中国发展和改革研究院副研究员，研究方向为宏观调控、制度经济学；王慧，管理学博士，中央财经大学国民经济学博士后研究人员。

时调整，经历了从2008年初“防通胀、防过热”，到7月份“保增长、控物价”，再到将11月份以扩大内需为重点的“保增长”最终明确为“保增长、扩内需、调结构、惠民生”等多个阶段。

一 “双防”的宏观调控阶段（2008年1月~2008年6月）

（一）宏观经济形势变化的特征

2007年我国国内生产总值（GDP）249530亿元，增速高达11.9%①；全社会固定资产投资137239亿元，同比增长24.8%；居民消费价格指数上涨4.8%，工业品出厂价格同比上涨3.1%，商品零售价格同比上涨3.8%；年末中国外汇储备余额达1.53万亿美元，同比增长43.3%，广义货币余额40.3万亿元，比2006年末增长16.7%，狭义货币余额15.3万亿元，比2006年末增长21%。

2007年是中国经济连续保持两位数增长的第5年，也是自1995年以来GDP增长速度最快的一年，中国GDP增长速度创下了近13年来的历史最高纪录，CPI涨幅也创下近11年来的历史最高纪录。CPI、PPI分别由1月单月涨幅2.2%、3.3%攀升到12月单月涨幅6.5%、5.4%，见图3-1。

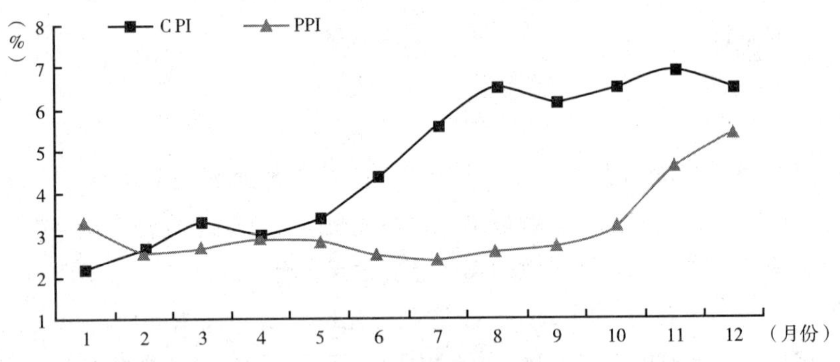

图3-1 2007年中国CPI与PPI增幅走势

资料来源：2007年度1~12月的数据来源于国家统计数据库。

在高增长下，持续高涨的物价水平，预示着中国经济存在着由偏快转为过热的风险。通货膨胀压力持续抬头、货币和信贷增长速度偏快、固定资产投资和外

① 此数据为经初步核实2008年4月所公布的2007年GDP修正后数据。经最终核实后，2009年1月公布我国2007年GDP现价为257306亿元，比初步核实数据增加了7776亿元，GDP增速13.0%，较初步核实数据提高了1.1个百分点。

贸顺差增长规模偏大、经济增长的效益和质量仍有待提升、流动性过剩和资产价格攀升过快等问题依然制约着经济可持续发展。

（二）宏观经济政策的基本取向与措施操作

针对国内经济运行的基本状况，在分析国内外形势的基础上，中央坚持将保持经济平稳较快发展的好势头放在首位，继续实施稳健的财政政策和从紧的货币政策，重点是防止经济增长由偏快转为过热、防止价格由结构性上涨演变为明显通货膨胀，即“双防”。同时，密切关注危机的发展态势，特别是可能对我国经济发展造成的风险和冲击。

（1）实行稳健的财政政策。重点在于控总量、稳物价、调结构和促平衡。主要包括适当减少财政赤字和国债资金规模，积极促进经济结构调整优化，大力保障和改善民生，发挥财税政策稳定物价的作用，大力推进依法理财、抓好增收节支等五项措施。

（2）实施从紧的货币政策。针对2007年经济出现过热苗头、物价上涨压力加大的状况，加强流动性管理，引导货币信贷管理，维护总量平衡。具体包括灵活开展公开市场操作，提高金融机构存款准备金率，发挥利率杠杆的调控作用，加强“窗口指导”和信贷政策引导，稳步推进金融企业改革，完善人民币汇率形成机制、加快外汇管理体制改革、促进国际收支基本平衡等六项措施。

二 “一保一控”的宏观调控阶段（2008年7月~9月）

（一）宏观经济形势变化的特征

2008年上半年，危机对我国经济的影响开始显现，国内外经济局势不确定性风险增大。沿海地区出口和经济增速下滑，尽管物价有所回落，国家从紧的货币政策防止经济过热的势头已见效，但通胀仍未得到有效控制。中国宏观经济运行呈现出“四落两升”的特点。“四落”即GDP、工业、净出口、投资（实际投资增长率）增幅均明显回落；“两升”即消费增幅上升和物价明显攀升①。

（1）经济增长逐季惯性下滑趋势较明显。2008年上半年，国内生产总值同比增长10.4%，增速比2007年同期回落1.8个百分点。第一季度GDP增长10.6%，较2007年第四季度回落0.7个百分点，同比回落1.1个百分点；第二季度GDP增长10.1%，比第一季度回落0.5个百分点，同比大幅回落2.5个百分点，见表3-1。

---

① 樊彩：《2008年宏观经济形势及2009年展望》，2008年10月14日《中国证券报》。

表 3-1　2008 年中国 GDP 季度数据*

季　度	单季 GDP(亿元)	同比增长(%)	季　度	单季 GDP(亿元)	同比增长(%)
第一季度	61491	10.6	第三季度	71012	9.0
第二季度	69128	10.1	第四季度	99039	6.8

*刘尚希、邢丽、施文泼：《2008：财政政策调整与财政改革》，《经济研究参考》2009 年第 48 期。

(2) 工业生产增速减缓。2008 年上半年，全国规模以上工业企业增加值同比增长 16.3%（6 月份增长 16.0%），比 2007 年同期回落 2.2 个百分点。其中，第一季度增长 16.4%，第二季度增长 15.9%。

(3) 出口增速有所回落。2008 年上半年，进出口总额 12342 亿美元，同比增长 25.7%，比上年同期提高 2.4 个百分点。其中，出口 6666 亿美元，增长 21.9%，回落 5.7 个百分点；进口 5676 亿美元，增长 30.6%，提高 12.4 个百分点。累计贸易顺差为 990 亿美元，较 2007 年同期下降 11.8%，净减少 132.1 亿美元。

(4) 固定资产实际投资增长率放缓。2008 年上半年，全社会固定资产投资 68402 亿元，全社会固定资产投资名义增长 26.3%，但考虑固定资产投资价格的加速上涨因素后，实际投资增长从 2007 年同期的 22% 回落到 15% 左右。

(5) 国内市场销售增长较快。2008 年上半年，社会消费品零售总额 51043 亿元，同比增长 21.4%（6 月份增长 23.0%），比上年同期提高 6.0 个百分点。

(6) 物价明显攀升。物价水平自 5 月份开始有所回落，但尚未得到有效控制。2008 年上半年，居民消费价格指数（CPI）同比涨幅仍达到 7.9%，通货膨胀的压力仍然较大，特别是工业品出厂价格指数（PPI）在不断上涨，8 月份 PPI 涨幅更是高达 10.1%，上游产品价格上涨对下游的传导压力不容忽视，见图 3-2。

（二）宏观经济政策的基本取向与措施操作

依据对国内外经济形势的综合分析判断，中央及时调整宏观政策取向，由“双防”调整为保持经济平稳较快发展、控制物价过快上涨，将其作为 2008 年下半年宏观调控的首要任务，即“一保一控”，并将抑制通货膨胀放在突出位置。而实现“保增长”和“控物价”两个目标需要发挥多种政策工具的组合效力。

在财政政策方面，继续实行稳健的财政政策，根据经济形势适时进行微调，出台了一系列有利于经济发展的政策，包括迅速启动 700 亿元灾后恢复重建基金，出台支持灾后重建的一系列税收优惠政策，促进就业的财政优惠措施，提高

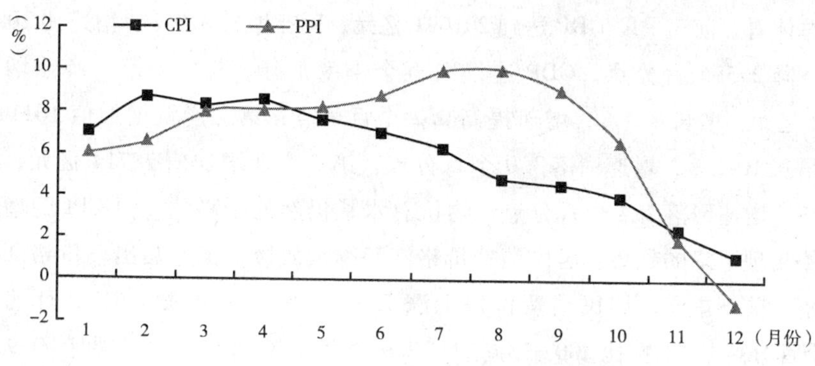

图3-2 2008年中国CPI与PPI增幅走势

资料来源：2008年度1~12月的数据来源于国家统计数据库。

部分纺织品的出口退税率，增值税转型改革试点范围扩大至内蒙古东部五个盟市和汶川地震受灾严重地区，减少小排量乘用车的消费税，停止征收个体工商户的管理费和集贸市场管理费，调整一些产品的资源税，对储蓄存款利息所得暂免征收个人所得税，减免房地产交易环节、税收等。

在货币政策方面，则在采用从紧政策以控制物价上涨的同时，按照“区别对待、有保有压”原则为农业和企业的发展提供有利条件。通过有限的信贷扩张推动农业发展，促使农业增产和农民增收的同时实现，并降低民营中小企业的融资门槛，拓宽民营中小企业的融资渠道。8月初，央行调增了全国商业银行信贷规模，以缓解中小企业融资难和担保难问题。随后，央行又决定从9月16日起下调人民币贷款基准利率和中小金融机构人民币存款准备金率，以解决中小企业流动资金短缺问题。在保持必要的货币总量调控力度的同时，引导货币信贷合理增长，确保新增信贷资源向“三农”、小企业、灾后重建倾斜，通过货币政策的差别实现局部调整。

三 “保增长”的宏观调控阶段（2008年10月~2009年）

（一）宏观经济形势变化的特征

2008年第三季度我国经济增速仍处于正常区间，经济增长保持了相对稳定，但经济增速进入下降通道的态势明显。2008年第三季度国内生产总值的规模为71011.7亿元，同比增幅从2008年第二季度的10.1%进一步回落至9.0%，比上半年的平均增速10.4%下降了1.4个百分点，为2003年第二季度以来的最低增幅。总体看，前三季度 GDP 达到 201631 亿元，同比增长 9.9%，增速比 2007 年同期下降 2.3 个百分点，GDP 连续第五个季度下降。其中，第一产业增加值 21800 亿元，增长 4.5%，增速提高 0.2 个百分点；第二产业增加值 101117 亿元，增长 10.5%，增速回落 3.0 个百分点；第三产业增加值 78714 亿元，增长 10.3%，增速回落 2.4 个百分点。物价总水平仍然处于高位，但 CPI 的增速已经开始出现下降的趋势，居民消费价格涨幅继续放缓，工业品出厂价格涨幅出现回落。前三季度，居民消费价格上涨 7.0%（9 月份上涨 4.6%，环比回落 0.3 个百分点），涨幅比 2007 年同期高 2.9 个百分点，但比上半年回落 0.9 个百分点①。

金融危机对我国经济的不利影响和冲击明显加重，特别是 9 月份以后，我国经济发展遇到的困难日益显现，经济运行态势出现大的变化。据国家统计局公布的数据，我国宏观经济景气指数 10 月比 9 月下降了 10.6 点，近年来首次低于 100 点；当月工业生产增长率降至近年来少有的个位数，亮起了“偏冷”的蓝灯。而进入 10 月，国际金融危机的影响迅速从中小企业蔓延到大中型企业，从出口部门蔓延到其他部门，从东部沿海地区蔓延到内陆地区。10 月 ~11 月，年中时居高不下的 CPI 增幅连续两个月低于 4%，通货膨胀压力明显减弱，而 PPI 增幅则分别为 3.2%、2%。实体经济尤其是工业面临巨大压力，企业效益下滑。11 月份的工业企业利润率只有 4.9%。部分中小型加工企业倒闭，失业人员增多、农民工返乡问题加剧。中国面临着经济增长趋缓和就业形势严峻的双重压力。

（二）宏观经济政策的基本取向与措施操作

2008 年 11 月 14 日，中国人民银行表示通胀威胁已基本消除，而实际上，从 9 月份开始，中国宏观经济总基调开始由“一保一控”向“全力保经济增长”转移，“控制通货膨胀”逐渐淡出。为抵御国际经济环境对我国的不利影响，保持经济平稳较快发展，防止出现大的起落，2008 年 11 月 28 日中共中央政治局会议确定了“保增长、扩内需”宏观调控的取向，对财政政策和货币政策作出重大调整，实行积极的财政政策和适度宽松的货币政策，并及时为中国经济注入“强心剂”。2008 年 12 月 10 日中央经济工作会议为宏观调控大转向定下最后的“基调”，将“保增长”作为 2009 年宏观调控的首要任务，进一步明确把扩大内需作为“保增长”的根本途径，把加快发展方式转变和结构调整作为“保增长”

---

① 2008 年第三季度经济数据源自 http://finance.jrj.com.cn/focus/2008g3cpi/。

的主攻方向，把深化重点领域和关键环节改革、提高对外开放水平作为“保增长”的强大动力，把改善民生作为“保增长”的出发点和落脚点，即“保增长、扩内需、调结构、惠民生”。

2008 年第四季度以来中国政府出台扩大国内需求总投资约 4 万亿元的十项措施，以及陆续制定和实施的一系列政策，形成了系统完整地促进经济平稳较快发展的一揽子计划。应对金融危机一揽子计划，包括大规模的政府投入、大范围的产业调整和振兴、大力度的科技支撑和大幅度提高社会保障水平四方面。这四方面是互相联系、不可分割的整体，体现了计划的远近结合和标本兼治。

（1）实行积极的财政政策增加投资与消费拉动经济增长。主要通过增加中央财政赤字和国债发行规模，减轻企业和居民税费负担，增强投资和消费对经济增长的拉动作用。

在投资方面，大规模增加政府投资，积极调动社会投资。在两年内中央通过 1.18 万亿元的投资，带动社会投资约 4 万亿元的规模。这 4 万亿元财政支出主要用于加快建设保障性安居工程、农村民生工程、重大基础设施和城市电网改造、社会事业发展、环境保护、自主创新和结构调整以及灾后恢复重建等方面。同时，发挥政府投资“四两拨千斤”的作用，进一步拓宽民间投资渠道和领域，吸引更多社会资金参与政府鼓励项目的建设。

在消费方面，着力增强消费能力、发展消费热点、完善消费政策、改善消费预期等方面，提高企业退休职工基本养老金、城乡居民最低生活保障标准和优抚对象的待遇水平，较大幅度增加各项涉农补贴。开展家电下乡、农机具下乡和汽车摩托车下乡、建材下乡，积极拓展农村市场，挖掘农村消费潜力，完善汽车等消费政策，促进房地产市场稳定发展。努力消除制约消费的政策障碍，稳定和增强居民的消费预期。

（2）启动适度宽松的货币政策，适当增加货币供给量和适当降低利率刺激经济。主要运用市场化手段、灵活的货币政策工具，保持货币信贷供应量合理增长，优化信贷结构，满足促进经济回升、保持经济平稳较快发展的需要，为落实经济刺激和提供配套金融服务支持。

一年期存款基准利率从 2008 年 10 月开始下调，到 12 月降至 2.25%；2008 年 11 月 26 日，下调一年期存贷款基准利率 1.08 个百分点，是 11 年来利率的最大降幅；2008 年 12 月 5 日，又下调大型存款类金融机构人民币存款准备金率 1 个百分点，下调中小型银行存款准备金率 2 个百分点。加大对国家支持行业的信贷倾斜力度，扩大商业性个人住房贷款利率下浮幅度、支持居民首次购买个人住房和改善型普通自住房；引导商业银行扩大贷款总量。同时，加强信贷投向的检测与指导，鼓励和引导金融机构在保持信贷总量合理均衡增长的基础上，优化信贷资金结构，重点为中央投资项目、“三农”、中小企业、就业、助学、灾后重建、扩大消费、自住创新等领域提供信贷支持。

2009 年央行通过公开市场操作，针对信贷增长过快，适时地对货币政策进行了动态微调。第一季度时，央行保持短期正回购操作力度，及时恢复 3 个月期央行票据按周发行，熨平了季节性因素引发的银行体系流动性供求波动。随后，为配合一揽子经济刺激计划，从 4 月份开始，央行在公开市场曾连续 5 个月净投放资金，资金投放量达到了 6465 亿元。7 月份，又重启 1 年期央行票据发行。而 2009 年第四季度，随着通胀预期的增强，央行加速回笼货币。数据显示，自 2009 年 10 月 12 日至 12 月 27 日，央行公开市场操作连续 11 周实现净回笼。

（3）实施产业振兴规划，加大科技政策扶持力度培育战略性新兴产业。国务院针对汽车业、钢铁业、装备制造业、纺织业、船舶业、电信信息业、有色金属业、物流业、石化业、轻工业等十大产业出台振兴规划，对加快培育包括航空航天、信息、生物医药和生物育种、新材料、新能源、海洋、节能环保和新能源汽车业在内的七大战略性新兴产业做出总体部署。

一方面，通过加大信贷支持，调整税收政策，实施重要产品的收储，稳定生产与市场，支持企业渡难关。同时，调整产业结构，促进技术进步，淘汰落后产能，培育新的产业增长点。加快改革创新，鼓励兼并重组，形成具有较强竞争力的大型企业集团和产业集群。

另一方面，加大科技政策扶持力度，支持和引导各类要素向加强自主创新集聚，围绕扩大内需和产业振兴加强科技攻关，培育战略性新兴产业，促进形成新的经济增长点。对此，中国政府专门部署了依靠科技应对金融危机的六项任务，即抓紧实施重大科技专项；依靠科技进步支撑重点产业振兴；启动技术创新工程，提高企业自主创新能力；加快发展高新技术产业集群；动员科技力量服务基层、服务企业；加强科技人力资源建设。同时，还在加大产业振兴力度、加大自主创新产品推广应用、加大金融支持和激励科技人员服务企业等方面制定了具体的保障政策措施。

（4）关注社会改革，实施一系列改善民生的惠民政策。积极促进就业，健全各类社会保障制度，着力解决涉及群众切身利益的医疗和教育等方面的问题。

实施更加积极的就业政策。在安排投资和确定重大建设项目时，注重发挥对就业的带动作用；大力支持自主创业、自谋职业，促进以创业带动就业；通过灵活的就业机制缓解高校毕业生就业压力，重点做好就业困难群众、零就业家庭和受灾地区劳动力就业援助工作，积极扶持农民工返乡创业。

加快完善社会保险体系。进一步提高各类社会保险统筹层次，抓紧出台全国统一的养老保险关系转移接续办法，做好农民工、非公有制经济组织就业人员、城镇灵活就业人员参加社会保险工作，启动实施农村新型养老保险试点。加大扶贫开发力度，实施新的扶贫标准，对农村低收入人口全面实行扶贫政策。

提高全民医疗卫生保障水平。重点抓紧落实医药卫生体制改革实施方案，用三年时间基本建成覆盖全国城乡的基本医疗卫生制度，保证医疗卫生体制改革的顺利推进。同时，全面推行城镇居民医疗保险制度，进一步提高新型农村合作医疗保险参保率，加大城乡医疗救助力度。

第二节　金融危机下中国宏观调控取得的成就

我国经济发展态势从2008年下半年开始发生明显变化，国际金融危机的外部冲击和国内经济周期性、结构性调整的相互叠加，使我国面临亚洲金融危机以来最严峻的挑战。2009年成为中国经济“最为困难”的一年。

党中央、国务院统筹国内国际两个大局，准确把握世界和中国经济变化趋势，灵活、及时、果断出手。中国经济在四万亿元、十大产业振兴规划、汽车家电下乡等一揽子计划的刺激下，激发投资和消费两大内需潜力，弥补出口急速收缩造成的明显外需缺口，在应对国际金融危机冲击、保持经济平稳较快发展方面取得明显成效，成为我国及时有效调整宏观经济政策的成功范例。

一　中国经济成功走出“V”形反转

2009年实现国内生产总值33.5万亿元，比上年增长8.7%，中国经济走出“V”形反转（如图3－3、图3－4）。这不仅超过预定的8%的目标，而且大大高于全球经济增幅。中国成功实现“保增长”，对世界经济增长的贡献超过了50%，成为带动全球经济复苏的重要引擎。

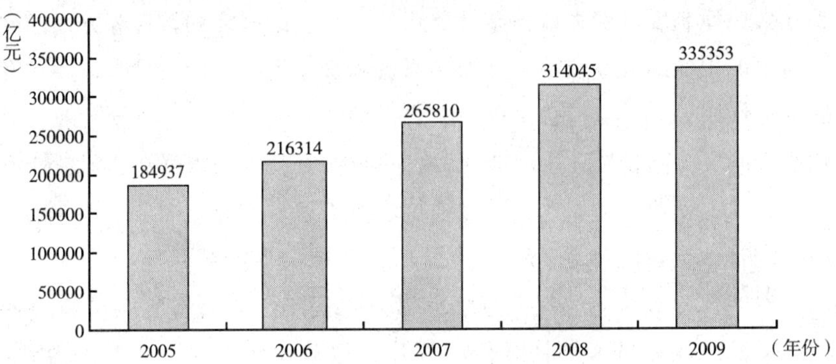

图 3－3　2005～2009 年中国国内生产总值

资料来源：2005～2009 年各年度数据来源于国家统计数据库。

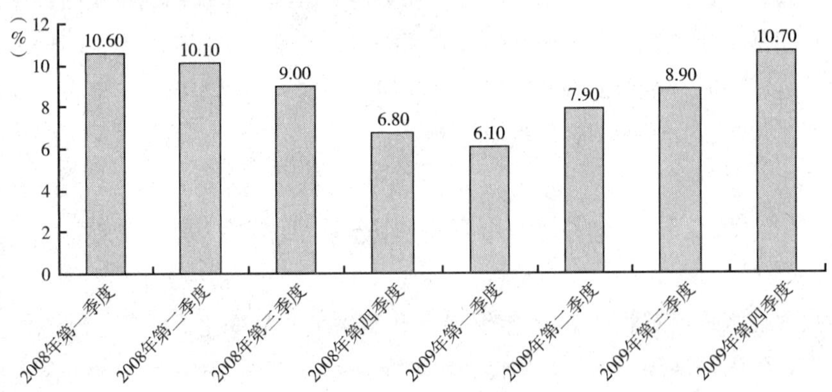

图 3－4　2008～2009 年中国国内生产总值增幅各季度走势

资料来源：2008～2009 年各季度数据来源于国家统计数据库。

从产业来看，2009 年第一产业增加值 35477 亿元，增长 4.2%，占国内生产总值的比重为 10.6%，比 2008 年下降 0.1 个百分点；第二产业增加值 156958 亿元，增长 9.5%，占国内生产总值的比重为 46.8%，下降 0.7 个百分点；第三产业增加值 142918 亿元，增长 8.9%，占国内生产总值的比重为 42.6%，上升 0.8 个百分点。

二　投资消费高位增长，国内需求拉动成效显著

全社会固定资产投资 224846 亿元，比 2008 年增长 30.1%，增速比 2008 年提高 4.6 个百分点，投资结构进一步优化，见图 3－5。2009 年中央政府公共投

资9243亿元，比2008年预算增加5038亿元，其中，保障性住房、农村民生工程、社会事业投资占44%，自主创新、结构调整、节能减排和生态建设占16%，重大基础设施建设占23%，灾后恢复重建占14%。

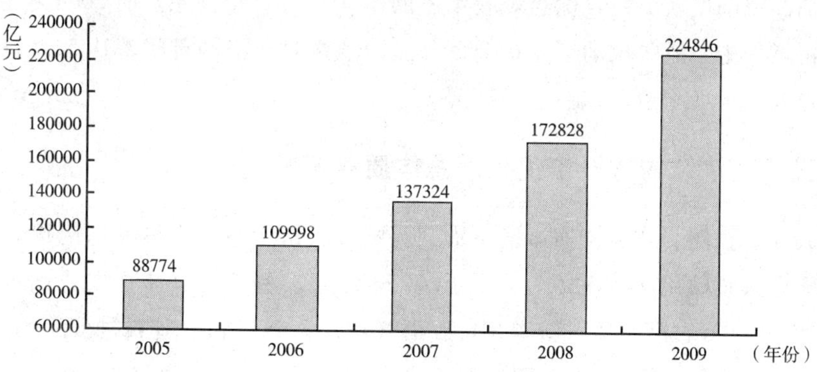

图3-5　2005~2009年全社会固定资产投资总额

资料来源：2005~2009年各年度数据来源于国家统计数据库。

城镇固定资产投资194139亿元，增长30.5%，提高4.4个百分点；农村固定资产投资30707亿元，增长27.5%，提高6.0个百分点。在城镇投资中，第一产业投资增长49.9%，第二产业投资增长26.8%，第三产业投资增长33.0%。分地区看，东部地区投资增长23.9%，中部地区增长36.0%，西部地区增长35.0%。

涉及民生领域的投资大幅增长。全年基础设施（扣除电力）投资41913亿元，增长44.3%。其中，铁路运输业增长67.5%，道路运输业增长40.1%，城市公共交通业增长59.7%。居民服务和其他服务业增长61.8%，教育增长37.2%，卫生、社会保障和社会福利业增长58.5%。全年房地产开发投资36232亿元，增长16.1%，增速比2008年回落4.8个百分点。

全年社会消费品零售总额125343亿元，实际增长16.9%，实际增速比2008年同期提高2.1个百分点，创1986年以来最高实际增速。城市消费品零售额85133亿元，增长15.5%；县及县以下消费品零售额40210亿元，增长15.7%。分行业看，批发和零售业消费品零售额105413亿元，增长15.6%；住宿和餐饮业消费品零售额17998亿元，增长16.8%。在限额以上批发和零售贸易业商品零售中，除通信器材类外，其他20类商品零售均实现较大幅度增长。全年汽车销

售1364万辆，增长46.2%；商品房销售9.37亿平方米，增长42.1%；9个“以旧换新”试点省市共销售五大类新家电360.2万台，销售额达140.9亿元，占五类家电品种销售额的近1/3，占全部家电总销售额的1/5左右。这与家电下乡、部分商品以旧换新、税收优惠等政策不断落实有着直接关系。而2009年8.7%的经济增长中，消费拉动了4.6个百分点，消费对经济的贡献率达52.5%，比2008年提高6.8个百分点。

三　经济结构进一步优化，总体质量不断提升

农业、铁路、道路交通运输、水利等国民经济中急需发展的部门得到较大发展。中央财政用于“三农”的支出7253亿元，增长21.8%；农村饮水安全工程使6069万农民受益，新增510万沼气用户，新建和改造农村公路38万公里、农村电网线路26.6万公里，又有80万户农村危房得到改造，9.2万户游牧民实现了定居；大力加强基础设施建设，新建铁路投入运营5557公里，高速公路新建通车4719公里，城市轨道交通建设加快，新建、改扩建民用机场35个。

在进一步加强基础设施和基础产业的同时，产业结构调整有所进展，钢铁、汽车、船舶、有色、纺织等行业技术改造步伐加快，装备制造业和新一代移动通信、软件、生物医药等新兴产业加快发展，增长幅度明显超过工业平均增速。一批优质能源重大项目开工，单位GDP能耗和主要污染物排放量保持下降趋势。文化产业逆势上扬、快速发展，一批具有重大示范作用和产业拉动作用的文化产业项目加快实施，成为新的经济增长点。东、中、西部区域协调发展呈现新态势，中西部与东北地区投资、工业生产增速高于东部地区，而东部地区主动适应国内外市场需求变化，在推进转型升级、自主创新和提升竞争力上取得新的进展。

2009年财政收入大幅度提高，全国财政收入达到68477亿元，超收2247亿多元，增幅达到11.7%。其中中央财政收入35896亿元，占全国总收入的53%，增幅9.8%，而地方财政收入32581亿元，增幅13.7%。赤字也在年初预算之内。

工业生产企稳回升。全年全部工业增加值134625亿元，比2008年增长8.3%，如图3－6所示。规模以上工业增加值增长11.0%，其中国有及国有控股企业增长6.9%；集体企业增长10.2%，股份制企业增长13.3%，外商及港澳台

商投资企业增长6.2%；私营企业增长18.7%。分轻重工业看，轻工业增长9.7%，重工业增长11.5%。

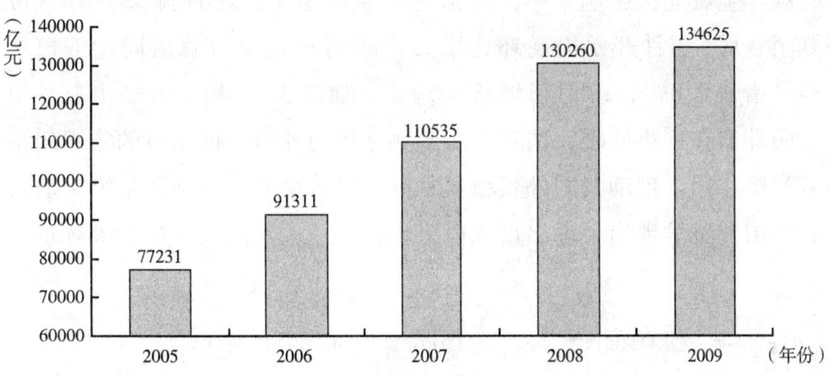

图3-6　2005~2009年工业增加值

资料来源：2005~2009年各年度数据来源于国家统计数据库。

四　民生保障持续改善，社会大局保持稳定

各项惠民措施取得成效，民生保障持续改善。2009年城镇居民人均可支配收入17175元，农村居民人均纯收入5153元，实际增长9.8%和8.5%。

农民工、高校毕业生就业取得积极进展，就业形势保持总体平稳。城镇新增就业1102万人；年末农村外出务工劳动力1.49亿人，比第一季度末增加170万人；高校毕业生就业率达到87%；下岗失业人员再就业达到514万人；就业困难人员就业人数达到164万人；城镇登记失业率控制在4.3%。

社会保障得到加强，中央财政安排社会保障资金2906亿元，比2008年增长16.6%。企业退休人员基本养老金连续5年增加，人均提高10%。农村五保户供养水平、优抚对象抚恤补助标准、城乡低保对象保障水平都有新的提高。

基层医疗卫生服务机构建设、甲型流感疫情防控等取得显著成效。中央财政医疗卫生支出1277亿元，比2008年增长49.5%。城镇职工和城镇居民基本医疗保险参保4.01亿人，新型农村合作医疗制度覆盖8.3亿人。

五　外贸稳步复苏，外需回暖

2009年全国进出口总值为22072.7亿美元，同比下降13.9%，其中出口

12016.7 亿美元，下降 16%；进口 10056 亿美元，下降 11.2%。进出口相抵，贸易顺差 1960.7 亿美元，比 2008 年减少 994 亿美元。

受国际金融危机影响，中国外需空间急剧缩小，2009 年 2 月外贸进出口总值跌至谷底，3 月开始出现环比增长，11 月份进出口总值同比涨幅由负转正，当月增长 9.8%，12 月份增长 32.7%，如图 3－7 所示。进出口总值由负转正表明外需在逐步回暖，国家应对金融危机稳外需、促进口的宏观经济政策发挥着积极作用，推动我国外贸稳步复苏。随着稳外需各项政策措施取得明显成效，中国外贸呈现出了进出口规模逐步扩大、大宗商品进口量继续增加的趋势。

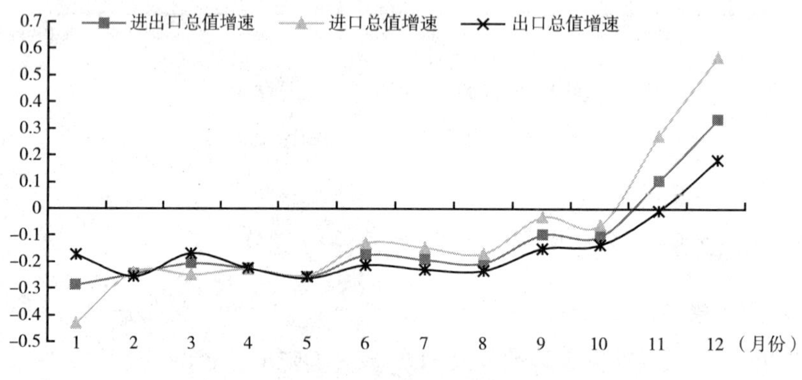

图 3－7　2009 年逐月进出口增幅

资料来源：2009 年各季度数据来源于商务部进出口统计快报。

六　市场预期向好，市场信心明显提升

2009 年居民消费价格比 2008 年下降 0.7%，原材料、燃料、动力购进价格下降 7.9%；商品零售价格下降 1.2%。前三季度居民消费价格同比下降 1.1%、工业品出厂价格同比下降 6.5%，但居民消费价格 11 月份同比涨幅由负转正，当月上涨 0.6%，12 月份上涨 1.9%；全年工业品出厂价格下降 5.4%，12 月份由负转正，当月上涨 1.7%，如图 3－8 所示。

从信心指数看，企业景气指数、企业家信心指数于 2008 年第四季度落入底谷。在 2009 年的宏观调控政策作用下，企业综合生产经营状况明显好转，企业景气指数、企业家信心指数逐季连续攀升，市场信心明显提升，如图 3－9 所示。

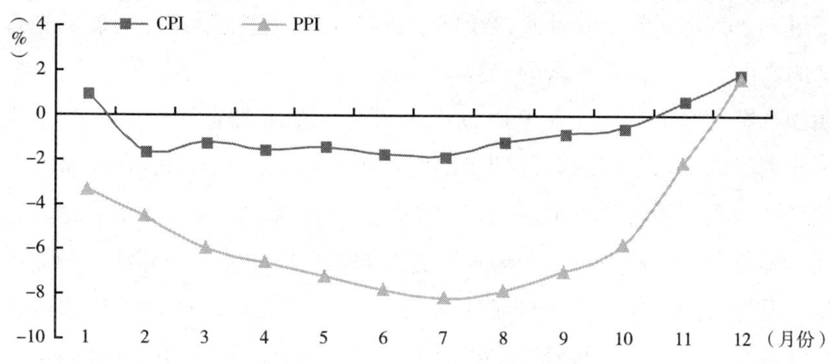

图 3-8 2009 年中国 CPI 与 PPI 增幅走势

资料来源：2009 年度 1~12 月的数据来源于国家统计数据库。

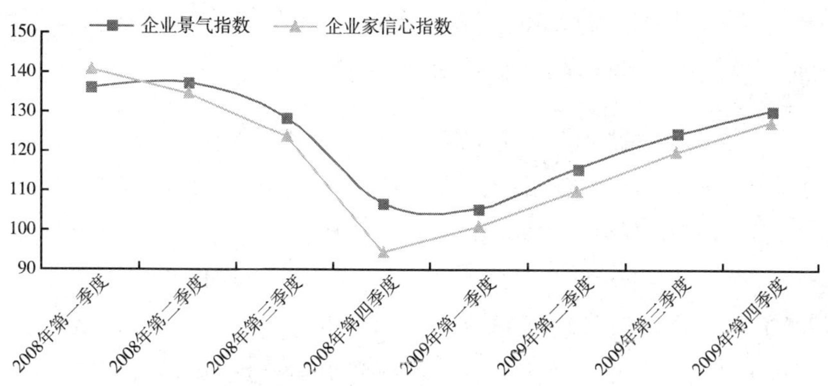

图 3-9 2008~2009 年各季度企业景气指数与企业家信心指数

资料来源：2008~2009 年各季度数据来源于国家统计数据库。

第三节 应对金融危机中国宏观调控的基本经验

宏观调控作为国家经济调节的一种基本方式，是国家为克服市场缺陷中的盲目性、被动性和滞后性，实现社会经济的协调、稳定和发展而通过制定和实施社会经济计划、经济政策和具体经济调节手段来影响社会经济的“宏观结构和运行”，减缓经济波动，减少由波动带来的经济损失，从而引导和促进其按照国家所希望的方向和途径运行的一种国家经济职能活动。经济运行的平稳性在很大程度上取决于宏观调控水平及其科学性。而宏观调控是一个包含着决策与执行行为的动态过程，其水平与科学性直接反映于调控时机的捕捉、调控力度的把握、调控政策的搭配，以及调控手段的选择等方面。

我国政府并非第一次面对金融危机。1997 年的亚洲金融危机也曾令我国就业、工业生产和国内生产总值（GDP）增长遭受冲击。为应对这两次金融危机所造成的经济大幅下滑，我国政府均采取了扩大内需的宏观调控政策。尽管这两次宏观调控都是在控制经济过热与通货膨胀并取得成效时针对外部冲击所作出的相机抉择，但与 10 年前应对亚洲金融危机的宏观调控相比，此轮宏观调控有着显著的特点。因此，以历史的角度比较分析应对国际金融危机的系列举措与应对亚洲金融危机之策，从发展的观点审视我国宏观经济调控模式，有助于客观而准确地总结此次应对金融危机中宏观调控的宝贵经验。

一　拓展全球视野，密切跟踪宏观经济形势，迅速捕捉准确的调控时机，强化宏观调控的前瞻性与及时性

1997 年源自泰国的亚洲金融危机爆发后，迅速向菲律宾、印尼和马来西亚等周边国家蔓延。这场危机对我国经济的冲击主要表现为两个宏观经济指标的下滑：①外贸出口增速陡降。1998 年第一季度我国出口增长 12.8%，4 月份只增长 7.8%，5 月份则出现 22 个月来的负增长，6 月份仅增长 1.6%，上半年仅仅增长 7.6%，大大低于 1997 年同期的 26.2% 和全年的 20.9%。②经济增速下滑。1997 年第一季度 GDP 增速为 11.1%，1997 年上半年为 11.5%，1997 年前三个季度为 11.5%，1997 年第四季度则下降到 1 位数，只有 8.6%，比第三季度下降大约 3 个百分点；1998 年 GDP 增长速度进一步下降，第一季度为 7.2%，第二季度为 6.8%，上半年为 7%，同比回落 2.5 个百分点。

在经济“过热”转变为经济“过冷”的经济形势下，1998 年 3 月 5 日九届全国人大一次会议的《政府工作报告》中指出继续实行 1993 年 6 月以来的“双紧搭配”的宏观调控，即“继续实行适度从紧的财政政策。严肃财经纪律，努力增收节支，控制债务规模，继续压缩财政赤字”，“继续实行适度从紧的货币政策，改善金融调控方式，注意适时适度微调”。直到 1998 年 7 月，为应对亚洲金融危机、扩大总需求，我国政府转向实施积极的财政政策。1998 年 8 月 29 日，九届全国人大常委会第四次会议审议通过了中央财政预算调整方案，将中央财政赤字调整为 960 亿元，比上年增加 400 亿元，增发 1000 亿元长期建设国债，同时配套 1000 亿元银行贷款，全部用于基础设施建设。宏观调控政策由适度从紧

的财政货币政策全面转向旨在扩大内需、拉动经济的积极的财政政策和稳健的货币政策。

在应对亚洲金融时，中国政府低估了危机对宏观经济的潜在影响，在认识亚洲金融危机威胁方面表现较迟缓，从 1997 年第四季度我国经济增长大幅下滑到宏观经济政策调整时滞大约为 10 个月。宏观调控政策缺乏灵活性和预见性，未能及时地调整政策的调控方向，由此导致我国经济受到较大的冲击，1998 年 GDP 增长率仅为 7.8%。

而在此次由美国次贷危机引发的金融危机中，中国政府“见事早”，密切关注国际形势与国内经济的重大变化，及时果断地调整了宏观调控的方向和政策，由 2008 年初的“双防”转向年中的“一保一控”，到第四季度又调整为“保增长、控物价”，再到“保增长、扩内需、调结构、惠民生”。在 2007 年出现全球性通货膨胀的情况下，财政政策延续了稳健基调，货币政策则从“适度从紧”转变为“从紧”。在 2008 年全球金融危机逐渐向实体经济蔓延时，为应对危机给经济造成的影响，对宏观调控政策作出重大调整，财政政策从“稳健”转向“积极”，货币政策从“从紧”转向“适度宽松”。11 月 5 日召开的国务院常务会议，确定了进一步扩大内需、促进经济增长的十条措施。正是由于有了应对亚洲金融危机时积累的经验，加之经过若干年的宏观调控，中央在宏观调控上与 1998 年“摸着石头过河”的状态不同，对政策制定与执行的时机判断更为成熟，从而迅速地对外部冲击做出反应，及时调整已经确立的各项宏观调控政策。

经济全球化趋势下，中国经济与世界经济的“共振性”日益加深，中国经济的稳定性不完全取决于我们自身，还会受世界经济波动的影响。宏观调控政策的制定和执行需要有更广阔的国际视野，正确判断世界经济的走势，密切关注月度、季度、年度宏观经济数据，跟踪观察宏观经济形势的最新进展，充分认识国内经济与复杂而多变的外部经济环境的紧密联动性。在制定和执行政策时不单分析经济运行的过去轨迹，更要着眼于未来，着眼于经济发展与变化趋势，准确把握宏观经济运行中的苗头和动向，充分估计政策的时滞，审时度势，准确捕捉调控时机，熨平经济周期带来的经济波动，减少由波动带来的经济损失，实现经济的平稳运行，增强宏观调控的前瞻性与灵活性。可以说，将宏观调控置于全球视野下，密切关注宏观经济走势，准确捕捉调控时机，是我国宏观调控应对金融危机的一条重要成功经验。

二 宏观调控措施力度把握精准适度

1998 年我国政府为抵御亚洲金融危机对经济产生的不利影响，采取“积极的财政政策与稳健的货币政策”。积极的财政政策体现为从 1998 年到 2002 年连续 5 年发行共 6600 亿元的长期建设国债（1998 年发行 1000 亿元，1999 年发行 1100 亿，2000 年、2001 年和 2002 年各发行 1500 亿元），用于基础设施建设以有效启动内需；向国有独资商业银行发行 2700 亿元期限为 30 年的特别国债，提升独资商业银行风险防御能力。积极的财政政策还涉及税收政策的调整，例如停征固定资产投资方向调节税，提高出口退税率促进外贸出口等。而稳健的货币政策则与积极的财政政策配套，为国债项目提供配套贷款。1998 ~ 2002 年，银行共发放国债项目配套贷款 1.32 万亿元，长期建设国债带动银行配套贷款以及其他社会资金形成了 3.28 万亿元的投资规模。中国人民银行 1998 年制定了一系列以拉动消费需求为目的的消费信贷政策，于 1998 年 3 月 25 日、7 月 1 日和 12 月 7 日连续三次下调人民币存贷款利率。

此次金融危机中，政府及时研究部署进一步扩大内需、促进经济平稳较快增长的措施，实行积极的财政政策和适度宽松的货币政策。与亚洲金融危机应对之策类似，政府在两年内通过 1.18 万亿元的投资，带动社会投资约 4 万亿元的规模，启动投资拉动内需。然而，资金除了投向基础设施，还向民生工程、生态环境建设和灾后重建等方面倾斜，如国家计划在 3 年内投资 9000 亿元用于保障性住房建设。从适度宽松的货币政策来看，中国人民银行分别于 2008 年 9 月 25 日、10 月 15 日、12 月 5 日和 12 月 25 日四次下调金融机构人民币存款准备金率，于 2008 年 9 月 16 日、10 月 9 日、10 月 30 日、11 月 27 日和 12 月 23 日连续五次下调金融机构存贷款基准利率，其中 11 月 27 日一年期人民币存贷款基准利率下调 1.08 个百分点，为近年货币政策调控历史上所罕有。此外，取消了实行将近一年的商业银行信贷额度控制。

宏观调控措施力度的掌握，是决定宏观调控成败的关键。精准地把握好宏观经济调控，就是调控力度要拿捏适度，恰到好处。宏观经济调控力度过小，低于经济发展惯性的冲力，将延缓经济趋于过热或过冷的时间，而不能及时加以制止；而调控力度过大，则会矫枉过正。因此，在调控政策的力度上，要根据形势变化有针对性的灵活调整政策，不可简单地“模仿”与“复制”，既要保证调控政策对经济刺激的有效性，又要避免“超调”现象。1998 年亚洲金融危机是区域性危机，且仅限于金融领域的冲击；而此次危机引发世界范围内经济下行，从西方发达国家向新兴市场国家及发展中国家蔓延，从金融领域扩散到实体经济。与1998年亚洲金融危机时相比，由于更大的资本流动规模、更多的外汇储备及更高的对外依存度，本轮危机对我国经济的冲击更大，只有实施坚决有力的调控措施，才能从根本上扭转经济增速过快下滑趋势。

对比来看，此次拉动内需的投资不仅规模远大于应对亚洲金融危机时的每年投资上千亿元规模，而且明确提出“出手要快，出拳要重，措施要准，工作要实”的投资实施要求，保证资金到位率。另外，此次宏观调控还调整了税收政策，进行更大范围与程度的减税，先后多次调整部分行业出口退税率，2008年以来累计调高了半数以上出口产品的出口退税率，并在全国所有地区、所有行业全面实施增值税转型改革，鼓励企业技术改造，减轻企业负担约1200亿元。而与亚洲金融危机时采取的稳健的货币政策相比，此次适度宽松的货币政策中调整利率和存款准备金率更为频繁，而且调整的力度更大。

宏观调控措施力度把握精准适度还表现为调控政策采取“渐进方式”，用连续“加油”、“精耕细作”的调控取代“一刀切式”的粗放调控措施。这样的调控节奏把握既保持了政策调整中的前后继起性，又有助于市场主体适应新的政策变化，实现宏观经济平稳运行。西方国家政府依靠多次微调积累成“重调”制止经济过热或过冷，但往往由于力度把握失当，导致经济增长率偏离潜在经济增长率的程度较大，造成经济波动偏大。然而，我国从2008年开始实施扩张性财政政策与货币政策相搭配的宏观调控，并辅以必要的行政手段，使GDP增长速度由2008年第四季度的6.8%提高到2009年第四季度的10.7%，CPI增幅由2008年12月的1.2%回落到2009年年中持续近9个月的负增长后，上升为2009年12月的1.9%，逐步将我国经济拉回常态发展轨迹。因此，此次金融危机中我国宏观经济调控取得良好的效果，得益于宏观经济调控政策精准适度的力度与节奏把握。

三 明确宏观调控的关键目标，突出总量平衡与结构调整相结合，协调搭配调控政策，充分发挥多种政策的组合优势

宏观调控政策体系由财政政策、货币政策、产业政策、收入分配政策、消费政策、国际收支政策、土地政策等共同构成。各项宏观调控政策的特点、调控的具体对象、作用途径以及具体的操作等各有长短。例如，财政政策与货币政策是

宏观调控实现总量平衡的主要工具。财政政策对于促进经济发展方面的作用较大，货币政策的优势则在抑制经济过热方面更有优势。宏观调控过程中，明确宏观调控的关键目标，从国民经济运行的实际和调控总体要求出发，综合运用并合理选择各项调控政策，形成相互协调配合的整体合力，发挥组合优势，才能达到最佳宏观调控效果。

应对亚洲金融危机时，我国所实施的积极财政政策与稳健货币政策互相呼应，基本达到当时“适度扩张”的调控要求。积极的财政政策内部的各个组成部分，如增发国债、扩大财政支出、调整税收、减轻税负等，应当有着统一的姿态与取向。当时，中国实行的积极财政政策侧重于增发国债与增加支出，在税收方面执行的实际上是一种增税政策，对经济具有潜在的长期慢性紧缩影响，与扩大内需的目标相矛盾。从宏观调控的实践来看，内部各政策之间缺乏协调的搭配，减弱了政策的整体合力，在一定程度上阻碍了我国宏观调控目标的实现。

在国际金融危机下，中国宏观经济既面临出口需求下降的冲击，也需要面对中国经济自身长期累积的问题。宏观调控模式不仅要实现由外需向内需的需求管理模式转变，还要关注内生性的经济结构问题，实现短期总量平衡与长期结构调整目标的统一。从总体上看，此次宏观调控政策由短期应急方案与中长期发展措施组成，政策工具的搭配在充分运用财政政策和货币政策等传统需求管理政策的同时，注重运用产业政策、贸易政策等供求兼顾的政策工具。短期应急方案主要任务是危机管理，运用以财政政策为主的需求管理政策阻止经济下滑，稳定就业，恢复总量平衡。中长期政策措施则应着眼于“化危为机”，运用供求互动政策推动调整经济结构和发展方式转变。

从调控政策的内容上看，政策出台时关于兼顾经济增长和结构调整、短期增长和长期后劲、扩大投资和扩大消费、经济发展和深化改革已有通盘考虑。调控措施从财政、货币、税收、产业、收入、外贸、民生等多方面入手，既关注 GDP 增长速度、价格指数、固定资产投资增速、收入差距等数量性指标，又考虑与国际收支、就业、经济安全、节能减排等相关质量性指标的改善，力图全面统筹考虑保持经济平稳较快增长的各个着力点，不断跟进更为详细的后续措施，表现出较强的系统性。特别是与 1998 年宏观调控实践中以政府投资为主的积极财政政策不同，此次调控中积极的财政政策在总体规划时非常注重多种政策的组合优势的发挥，预算、税收、贴息、减费、增支、投资等工具一开始就被组合使用，使放大了政策效应的财政政策更为积极。宏观调控的实践证明，一套完整、综合且多种工具与手段协调运用的政策体系不仅能够促进经济在短期内增长，而且能够优化经济结构，统筹当前与长远。而调控中注重宏观调控与结构调整相结合、与转变经济发展方式相结合、与体制改革相结合、与改善民生相结合的“四结合”，充分展示了中国政府驾驭复杂经济形势的智慧和艺术，折射出辩证法的思想和科学发展观的理念。

四　坚持市场机制和宏观调控并用，采取经济手段为主、法律手段和行政手段为辅，进一步提升宏观调控的科学性

市场在资源配置中起基础性作用，但市场调节由于存在自发性、盲目性和滞后性等弱点，需要建立在发挥市场机制作用基础之上的国家宏观调控，以弥补市场调节的不足。现代经济发展规律表明，无论是单纯依靠行政力量直接配置资源还是完全听任市场配置资源，都有其局限性。要保证社会主义市场经济持续健康的发展，就要坚持市场机制与宏观调控有机结合。

在 1998 年开始的“扩大内需”的宏观调控中，政府开始减少直接的行政干预手段的运用，逐步强化经济手段和法律手段对经济的调节作用，更多地运用利率、税率以及其他财政货币政策工具来间接影响经济主体行为，保证了宏观调控的客观性和科学性。例如，在金融调控手段方面，从贷款规模限额管理转变为利用其他货币政策工具控制货币供应量，中国人民银行取消对国有商业银行贷款限额的控制，在推行资产负债管理和风险管理的基础上，实行“计划指导、自求平衡、比例管理、间接调控”的管理体制，同时，主要运用存款准备金、中央银行再贷款、利率、公开市场操作、外汇操作、再贴现等间接金融政策工具来调节货币供应量。

我国市场体系还不健全，资源价格形成机制还不完善，价格、利率、汇率等经济调节工具还没有完全市场化，地方财政体制与市场经济还不相适应。在国际金融危机对我国经济带来巨大冲击的紧急情况下，为尽快扭转局面，本轮宏观调控采取“五管齐下”（即管住信贷、管住土地、管住项目、管住环保、管住能耗）的措施，除信贷与项目分属货币政策和产业政策，其他三项都是通过宏观调控，解决因要素和资源性产品定价过低所导致的要素和资源被滥用。在控制投资过度扩张、土地滥用以及环境保护等方面，必要的行政手段发挥了对宏观调控的协助和配合作用，并取得立竿见影的效果。在正确认识到行政手段对加快市场化改革、发挥市场机制在资源配置中的基础性作用不利影响后，政府致力于继续

深化财政、金融、外汇管理、收入分配体制以及能源等资源要素价格改革，加快完善市场准入标准体系、行业准入制度，规范重点行业的环保标准、安全标准、能耗水耗标准和产品技术质量标准等并且通过法律手段保障这些标准的实施，促进市场有序竞争，推进增长方式的转变和结构的改善。宏观调控已越来越多地运用经济和法律手段，运用市场参数调节经济。在应对国际金融危机冲击这场考验中，以市场为基础的政府调控保证了经济平稳较快发展，便是坚持市场机制与宏观调控有机结合，采取经济手段为主、法律手段和行政手段为辅，提升宏观调控的科学性的最好证明。

第四节　中国宏观调控的未来展望

1998 年，中国政府高瞻远瞩的改革措施不仅战胜了亚洲金融危机的短期挑战，还奠定了接下来 10 年经济快速增长的基础。在 2008 年的全球金融危机中，中国实现在全球主要经济体中的率先复苏，国际地位进一步提升，开始参与、主导国际政治、经济秩序的规则制定。而此次危机之后的 10 年，是否能超过上一个 10 年，成为中国经济发展新黄金时期的关键在于突破传统的发展模式，调整经济结构。经历金融危机洗礼的宏观调控，在时机捕捉、力度把握、政策搭配、手段选择上日趋成熟，表现出较强的专业性和预见性。2009 年宏观调控体系逐步健全，部门间的协调机制逐步形成，计划规划、财政、金融、产业政策等方面的协同作用明显增强，调控方式实现了由直接调控向间接调控的转变，调控手段也实现了由主要依靠行政手段向主要依靠经济和法律手段的转变。

然而，由于全球经济正处于调整期，而中国经济自身也进入结构性和周期性的调整阶段，金融危机后逐渐复苏的中国经济面临更多考验。“三过”问题、“节能减排”等深层次问题仍未得到根本解决，而产能过剩与潜在的通胀风险已成为宏观经济运行中需要解决的新问题。面对外部世界的不确定性，宏观经济政策需要就如何调整内部经济结构、应对潜在的通胀风险进而完成经济增长方式转变进行冷静而深入的思考，更需要从解决现实问题入手，在应对金融危机宏观调控经验的基础上，从“经济周期”的角度展望宏观调控未来，进一步充实有中国特色的宏观调控理论体系，提升熨平经济周期波动的宏观调控艺术水平。

一 深刻理解中国经济与世界经济的“共振性”，确定宏观调控“内外并重，双重平衡”的指导思想，构建全球视野下的宏观调控体系

随着经济全球化进程加快，世界经济体间的关联日益紧密。一个国家的经济冲击或经济波动会通过国际传播途径，迅速传递到其他国家，使各国经济日渐呈现出同步的扩张与收缩的趋势，最终逐渐融合成区域的经济周期甚至世界经济周期。我国作为一个大经济体，经济的高涨或低落在引起世界经济波动的同时，也不可避免地受到世界性经济危机或波动的冲击。在经济全球化背景下，由于中国经济与世界经济“共振性”的存在，发达国家和我国周边地区不论发生经济衰退（或金融危机），还是经济走向复苏、繁荣，都对我国经济发展产生消极的或积极的重大影响。因此，我们需要从经济周期协动性的角度出发，深入研究中国经济与世界经济的关系以及这两个经济“共振”的途径与传导机制。

在经济全球化下，宏观调控不仅要在总需求方面进行经济调控以实现经济的内外均衡，还要有效地运用供给政策调控开放经济的总供给；不仅要关注产业结构的优化，进行制度创新，还要有效控制国家经济的安全，进而我国宏观调控应确定“内外并重，双重平衡”的指导思想，构建全球视野下的宏观经济调控体系，妥善应对市场开放和在更高层次上参与经济全球化，防范各种冲击，维持经济稳定。这主要包括改革和完善国际收支调节机制，实现外部经济均衡；在加强货币政策操作上的立法监督、改善金融调控与金融监管的同时，充分发挥财政政策实现内部平衡中的作用；积极参与国际经济政策的协调与合作。例如，对通货膨胀预期的管理要有国际化眼光，加强国际货币政策协调合作，共同应对通货膨胀。

二 深入研究中国经济周期的运行规律与特征，准确判断和预测我国经济周期波动的现状和发展趋势，采取与我国经济周期波动所处阶段相匹配的宏观调控政策

经济周期是市场经济条件下一种固有的现象，是经济变量对于其增长过程中一般趋势的偏离，表现为经济总体较长时间的波动。经济发展从扩张的高峰到收缩的低谷，再从低谷到扩张的高峰，依次出现繁荣、衰退、萧条、恢复等阶段。

经济周期通过市场的自我完善功能实现对经济的调节，从而达到经济活动

的均衡。然而，调节过程中对资源的重新配置有可能对经济增长造成负面影响。宏观调控则需要对经济波动“因势利导”，降低经济周期对经济增长的负面影响，减缓波动剧烈程度，采取“顺周期”政策措施或“逆周期”的政策措施。

“顺周期”的宏观调控是在经济周期处于恢复和高涨阶段时，顺应周期波动的变动趋势，采取扩张性的宏观经济政策，推动经济进一步扩张。而“逆周期”的宏观调控是在经济周期处于恢复和高涨阶段时，逆周期波动的变动趋势而动，主动采取紧缩性宏观经济政策，防止经济过度扩张。在经济周期波动的不同阶段，政府应该选用不同的应对政策。一般而言，在经济扩张初期，政府应及时采取“顺周期”的适度扩张政策，以推动经济尽快地进入上升阶段，尽快消除经济衰退阶段的大量失业和需求萎缩状况。在经济收缩初期，政府应及时采取“顺周期”的适度紧缩政策，以尽快消除经济高涨阶段的通货膨胀、资源供给短缺状况。在经济扩张的后期，政府应及时采取“逆周期”的紧缩政策，以防止经济扩张超过现实潜在总供给而引发过度需求、通货膨胀或结构失衡。在经济收缩后期，政府应及时采取“逆周期”的松动政策，以防止经济继续收缩引起的需求萎缩、生产能力闲置、失业增加、社会动荡或经济崩溃。

从改革开放以来我国对经济周期波动进行宏观调控的经验教训看，确定调控政策措施方向的关键在于对经济周期波动的现状和发展趋势作出准确的判断和预测。认识周期波动规律，不仅能够为经济未来发展的各种可能轨迹进行理论论证，为市场经济主体提供决策信息，也有助于通过对市场经济运行的预测，加强国家宏观调控。因此，认真研究和总结我国发展进程中的经济周期或者危机变化中的规律与特征，将有助于政府制定扩张性或收缩性的经济政策以及及时地进行政策转换，准确采取与我国经济周期波动所处阶段相匹配的宏观调控政策。

三　把握中国经济周期波动的关键因素，实现宏观政策平稳“转弯”，审慎把握政策力度与节奏，注重宏观调控的灵活性

经济周期波动是经济运行中内在矛盾的产物，也是经济发展中结构调整和升级的必然过程。国际金融危机下中国宏观经济形势的急剧变化，尽管是国际金融危机波及的结果，但是国内因素不可忽视。依靠“投资驱动，出口拉动”的粗放式经济增长方式至今未能转变，经济结构扭曲，内需长期不振，才是国内经济增长急剧下滑的根本原因所在。

在金融危机中成功“保八”后，中国政府清醒地认识到单纯着眼于总需求管理的宏观经济政策只能救一时之急，而无法治疗中国宏观经济的根本症结，并将宏观调控基调由“保增长”调整为“稳增长”。“保增长”是一种政府强力干预的经济发展思路，增长的背后是政府这只强有力的推手给予经济一种非市场的作用力，体现着政府对经济的直接作用；而“稳增长”则是一种自然的经济发展思路，是保持住已然呈现的增长态势，力求“有质量的增长”和“可持续的协调发展”，政府对经济的干预更为隐性，是一种市场主导、政府维持稳定的正常轨道，目标是实现平衡协调且不具有通胀风险的增长。可见，危机后的宏观政策调整，并不是退出与否的选择，而是从反危机的非常态政策转为常态的着眼于长远的宏观调控政策。对于宏观政策的转变不是“急刹车”，也不是一味“加油”，而是平稳的“转弯”。

十年前中国走出亚洲金融危机后出现了严重的产能过剩和通货膨胀。而今，复苏中的中国经济面临的挑战依然是产能过剩与潜在的通胀预期。宏观调控在继续实施积极的财政政策和适度宽松的货币政策过程中，要科学合理地安排投资计划，对产能过剩行业的投资要从严控制，坚决抑制重复建设等盲目投资，有保有压、优化贷款结构、确保贷款投向实体经济，控制信贷规模、防范信贷风险，做好通胀的预期管理。解决制约中国经济可持续发展的痼疾——结构失衡（包括产业结构、城乡结构、区域结构、分配结构和消费结构等），实现“再平衡”的同时，处理好保持经济平稳较快发展、调整经济结构和管理好通胀预期三者间的关系是一个复杂的系统工程，需要灵活的宏观调控。这也有赖于经济手段、法律手段、行政手段的组合运用，以及财政、货币、产业、贸易、收入分配、土地、区域发展、消费、节能、环保和其他政策的协调配合，调控影响市场参数的各种因素，恰当掌控各种政策措施的调控力度与节奏，采取预调与适度微调的方式，“在发展中促转变，在转变中谋发展”，保证经济增长的可持续性。

四　理顺中央与地方政府之间的事权、财权关系，疏通宏观调控中观层面的传导，完善中央全面主导、地方配合执行的双层调控模式

充分发挥中观层面（即省级地方政府）在宏观调控中“上传下达”的传导作用是确保宏观经济政策有效执行的关键。中央政府通过制定市场法律法规，明确长期战略及短期调控的指导思想和目标任务，制定和实施经济政策，实行对宏

观调控的全面主导。地方政府以配合中央宏观调控政策执行为原则，根据自身具体情况创造性地贯彻落实宏观调控政策。

分税制下中央政府与地方政府之间事权与财权的不对等，使地方政府在配合宏观政策执行时存在有悖于调控初衷之举。地方政府倾向于通过各种方式控制信贷、土地、劳动力等要素价格，推动本地区的经济增长、提高地方财政收入、扩大就业保障，盲目实行经济扩张，片面追求政绩，仅从地区自身利益出发选择发展方式、发展规模、发展速度，片面强调地方经济发展和本地利益。这在一定程度上影响了国家宏观调控的效果和预期目标。

从宏观经济调控的实践来看，当中央政府实行扩张性的宏观调控政策有利于地区经济发展时，地方政府会积极配合；当中央政府实行紧缩性政策时，地方政府就不愿配合，甚至消极对待，步调和中央不一致，出现“上有政策，下有对策”的“诸侯经济”现象。在接下来进一步熨平中国经济波动的宏观调控中，中央政府将宏观调控转移到经济的可持续性和平衡性，“促转型”（即从投资主导向消费主导转型、从工业化主导向城市化主导转型、从私人产品供给向公共产品供给转型、低碳经济转型）成为下一步调控工作的重心。然而，部分地方政府依然抱着“以地生财大搞城市建设”的观念，与中央在宏观政策执行尺度上暂时存在一定分歧，存在着宏观调控中观层面传导不畅的问题。因此，要实现“稳增长、调结构、促转型”等宏观调控目标任务，确保调控政策的有效执行，就需要理顺中央与地方政府之间的事权与财权关系，明确中央与地方政府之间的职责，疏通宏观调控中观层面的传导，不断完善中央全面主导、地方配合执行的双层调控模式。

参考文献

[1] 刘尚希、邢丽、施文泼：《2008：财政政策调整与财政改革》，《经济研究参考》2009 年第 48 期。

[2]《货币的数字扩张：2009 年货币政策回顾》，2010 年 3 月 9 日《证券日报》。

[3] Tom Orlik：《两次应对金融危机之比较》，2009 年 8 月 6 日《第一财经日报》。

[4] 孔令峰：《两次金融危机时期中国经济格局的比较分析与政策启示》，《当代财经》2009 年第 12 期。

[5] 谭旭东：《两次金融危机下中国宏观调控比较分析及其启示》，《经济学动态》

2009 年第 5 期。
[6] 张玉玲:《2009 年: 中国经济增长世界瞩目》, 2010 年 1 月 22 日《光明日报》。
[7] 欧阳日辉:《我国宏观调控 30 年的经验和问题》,《中央财经大学学报》2009 年第 4 期。
[8] 冯蕾:《2009: 彰显宏观调控智慧与艺术》, 2010 年 1 月 3 日《光明日报》。
[9] 王丛标:《危机下的宏观调控决策 700 天》,《协商论坛》2009 年第 6 期。
[10] 樊彩跃:《宏观调控须处理好四大关系》, 2009 年 10 月 27 日《中国财经报》。
[11] 封文丽:《从亚洲金融危机到国际金融危机》, 冶金工业出版社, 2009。
[12] 林兆木:《经济周期与宏观调控》, 中国计划出版社, 2008。
[13] 吴晓灵:《国际金融危机下的中国经济》,《金融发展研究》2009 年第 2 期。
[14] 郭晶、姚宇静:《世界经济周期研究述评》,《经济纵横》2009 年第 6 期。
[15] 邹东涛、宋立:《应对危机的国家战略》, 西南师范大学出版社、人民出版社, 2009。
[16] 张连城:《经济周期的制度特征与中国经济的复苏》,《经济与管理研究》2009 年第 7 期。
[17] 陈乐一:《当前我国经济周期阶段与对策分析》,《中国流动经济》2009 年第 2 期。
[18] 夏斌:《从全球通胀到美国金融危机——本轮世界经济周期的发展逻辑及中国对策》,《新金融》2009 年第 4 期。
[19] 张宪强:《后经济危机时代中国宏观调控政策的走向》,《中南财经政法大学研究生学报》2009 年第 5 期。
[20] 陈共、昌忠泽:《全球经济调整中的宏观调控体系研究》, 中国人民大学出版社, 2008。
[21] 吴亚卓:《宏观经济调控研究》, 北京邮电大学出版社, 2005。
[22] 李文博:《中国宏观经济分析与预测 (2008 年)》, 经济科学出版社, 2008。
[23] 刘伟、蔡志洲:《经济周期与宏观调控》,《北京大学学报 (哲学社会科学版)》2005 年第 3 期。

Financial Crisis Tests China's Macro-control Model

Abstract: Financial crisis is a test to politicians on their decision-making skills and the strain capacity of policy implementation systems. And it also shows the Chinese Wisdom in China Model after Chinese macro-control tackling the financial crisis successfully. This chapter reviews a series of macro-control policies and measures of China under financial crisis. After representing the achievements of macro-control in crisis and comparatively analyzing the coping measures between the international financial crisis and Asian financial crisis, Chinese "anti-crisis" experience in macro-control is summarized from timing, power control, collocation, and choice of regulation methods. At last, based on the core objective of "adjusting structure" for "re-balance" in macro economy, macro-control in future is viewed from economic cycle prospect, and the theoretical system of macroeconomic regulation with Chinese characteristics is also further enriched.

Key Words: Financial Crisis; Macro-Control; Business Cycle

第四章

金融危机考验我国财政政策

贾康 刘薇*

摘　要：虽然世界金融危机的冲击力和负面影响是巨大的，但中国政策当局及时地作出了应对举措，财政政策在一揽子经济刺激方案中发挥了举足轻重的作用，刺激方案取得了明显的成效。总结回顾中国财政政策的实践并探讨“后危机时代”财政政策的目标与相关重点问题，是很有必要的。当然，全球化时代的国际协调在财政政策领域内不可或缺，中国在这方面会更为积极进取，承担好大国责任。

关键词：积极财政政策　优化要领　退出时机　政策目标

2008 年不期而至的世界金融危机的巨大冲击，向各国宏观调控当局提出了严峻的挑战，财政政策的运用成为重要的应对措施。中国在 2008 年 11 月明确宣布宏观政策转型为适度宽松的货币政策和积极的（即扩张性的）财政政策之后，已经取得明显成效，经济运行态势在 2009 年比较顺利地从“前低”转入“后高”，年度 GDP 增速为 8.7%，其中第四季度的增速达 10.7%。一般预计，2010 年中国经济有望实现较快的增长，并将在优化结构方面有所进展。在世界各方不约而同使用“后危机时代”这一用语的新阶段，总结回顾中国财政政策的实践并探讨“后危机时代”财政政策的目标与相关重点问题，是很有必要的。

* 贾康，经济学博士，全国政协委员，全国政协经济委员会委员，现任财政部财政科学研究所所长、研究员、博士研究生导师，中国财政学会副会长兼秘书长等职；刘薇，经济学博士，财政部财政科学研究所金融研究室。

第一节　金融危机下的中国财政政策

2007年后，由美国次贷危机引发的全球金融危机迅速由发达国家扩散至发展中国家，由金融层面扩散至实体经济层面。这场金融危机是在经济全球化深入发展、国与国相互依存关系日益紧密的大背景下发生的，任何国家都不可能独善其身。为应对金融危机带来的负面冲击，2008年11月，中国政府审时度势、果断决策，实施宏观政策转型，启动了适度宽松的货币政策和扩张性的积极财政政策，出台扩内需、保增长的多项措施，做出了“4万亿元投资”安排和促进经济平稳较快增长的一揽子经济刺激计划。

本轮积极财政政策将应对世界金融危机和解决国内突出的矛盾及困难很好地结合起来，政策措施彰显中国特色。概言之，扩内需、保增长、促就业、维稳定是本轮积极财政政策的首要内容；调整结构、支持创新、深化改革是本轮积极财政政策的重要特征；强化保障、改善民生是本轮政策调控的基础支撑（详见表4－1）。经历2009年又进入2010年，积极财政政策措施成效日益显现，对经济企稳回升发挥了重要作用。

表4－1　一揽子经济刺激计划重点和数据

四个重点	大规模增加政府投资，实施总额4万亿元人民币的两年投资计划，其中中央政府拟新增1.18万亿元，实行结构性减税，扩大国内需求
	大范围实施调整振兴产业规划，提高国民经济整体竞争力
	大力推进自主创新，加强科技支撑，增强发展后劲
	大幅度提高社会保障水平，扩大城乡就业，促进社会事业发展
七个方面	加强和改善宏观调控，要坚持灵活审慎的调控方针，实施积极的财政政策和适度宽松的货币政策
	积极扩大国内需求特别是消费需求，增强内需对经济增长的拉动作用
	巩固和加强农业基础地位，促进农业稳定发展和农民持续增收
	加快转变发展方式，大力推进经济结构战略性调整
	继续深化改革开放，进一步完善有利于科学发展的体制机制
	大力发展社会事业，着力保障和改善民生
	推进政府自身建设，提高驾驭经济社会发展全局的能力

续表 4－1

十四个年度经济目标数　据	8%：GDP 增长 8% 左右
	900 万：城镇新增就业 900 万人以上
	4.6%：城镇登记失业率控制在 4.6% 以内
	4%：居民消费价格总体水平涨幅 4% 左右
	9500 亿：全国财政赤字 9500 亿元，其中包括地方债券 2000 亿元
	5 万亿：新增贷款 5 万亿元以上
	5500 亿：企业、居民税负减轻约 5500 亿元
	9080 亿：中央政府投资总额 9080 亿元
	420 亿：中央财政拟投入 420 亿元促进就业
	3318 亿：今后三年各级政府拟向医改新增投入 8500 亿元，其中中央财政投入 3318 亿元
	7161 亿：中央财政拟安排“三农”投入 7161 亿元，比上年增加 1206 亿元
	1461 亿：中央财政科技投入 1461 亿元，增长 25.6%
	2930 亿：中央财政拟投入社会保障资金 2930 亿元，比上年预计增加 439 亿元
	1300 亿：中央财政再安排 1300 亿元地震灾后重建资金

一　积极财政政策的主要内容与相关举措

（一）扩大国内需求，保证一定水平的经济增长，进而促进就业、维护稳定与和谐，是中国本轮积极财政政策的首要内容

1. 扩大公共投资

面对外部需求的急剧下滑，努力扩大国内需求便成为政策的着力点，扩大公共投资被设定为首选。2008 年第四季度实施积极财政政策以来，党中央、国务院推出了总规模达 4 万亿元的扩大内需项目投资计划，其中新增中央政府公共投资 1.18 万亿元（包括 2008 年第四季度增加安排 1040 亿元，2009 年安排 4875 亿元，2010 年预计安排 5885 亿元），其余主要为地方政府和银行信贷的配套资金（4 万亿元公共投资在结构上分为七大方面，详见图 4－1）。

2009 年中央财政预算安排公共投资共为 9080 亿元，增加了 4875 亿元，用于加快保障性住房建设、农村“水电路气房”等民生工程、重大基础设施建设、卫生教育等社会事业建设、节能减排和生态环境建设、自主创新和结构调整、汶川大地震灾后恢复重建等方面。截至 2009 年 11 月底，2009 年中央政府公共投资已累计下达了投资预算的 8626 亿元，预算执行进度为 95%。

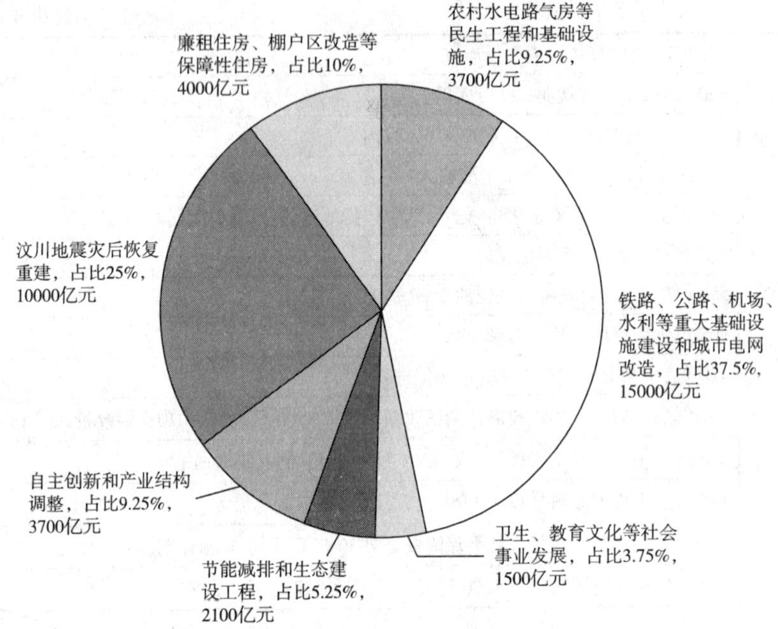

图 4－1　4 万亿元投资投向构成

2. 促进消费

消费需求是最终需求，以多种手段促进消费也是一揽子计划的重要着力点。具体措施包括进一步减轻企业和个人税费负担；以财政补贴鼓励家电下乡、农机下乡、汽车摩托车下乡，2010 年又将新增建材下乡；积极扩大住房、汽车、耐用消费品和农村的消费信贷市场；推进医药卫生体制改革减轻居民医疗负担，并积极改进、健全社会保障体系，试行农村基本养老制度，提高城乡最低生活保障标准等，以解除城乡居民“后顾之忧”，提高边际消费倾向；改善中小学教师待遇；提高退休人员基本养老金。这些成为中国应对国际金融危机、扩大内需的重要方面。为支持家电、汽车摩托车下乡工作，2009 年中央财政预算安排了 250 亿元补贴资金。

3. 支持出口

在扩大内需的同时，支持出口、争取外部需求仍是政府一直努力的重要方面，提高出口退税率，在区别不同产业、产品确定不同退税水平的同时，总的导向是尽可能支持外向型企业在金融危机冲击下“抗寒过冬”。中国海关总署 2009 年 11 月发布的统计结果显示，11 月中国外贸进出口总值 2082 亿美元，比 2008

年同期增长9.8%，环比增长5.4%，实现了年内首次月度同比正增长。其中出口1136亿美元，实现连续5个月超千亿美元，同比下降1.2%，环比增长2.6%。外贸形势明显好转。通过着力调整内需和外需结构，中国将加快形成以内需为主、积极利用外需共同拉动经济增长的格局，力求使经济向更加均衡的发展方式转变。

4. 实行结构性减税和税费改革

继2008年内外资企业所得税“两法合一”和调低证券交易印花税税负等举措之后，2009年国家又陆续出台了一系列旨在减轻企业和居民负担的税费改革措施，实行结构性减税。比如，以增值税由生产型向消费型的全面转型促进企业扩大投资；适当从低调整房地产税费政策；暂时减征小排量乘用车车辆购置税。仅全面实施增值税转型改革一项，企业因此一年可减负约1200亿元。据测算，大规模的结构性减税和减少行政事业收费政策，总计可在2009年减轻企业和居民负担约5000亿元。实施适度的减税政策，虽然在短期内会加大财政增收的压力，但从中长期来看，能够促进经济平稳较快发展，在服务于“反周期调控”大局的同时，也为财政增收奠定长远基础。

5. 大幅增加财政赤字和举债的规模

面对国际金融危机带来的经济下行压力，扩大财政赤字规模以求刺激经济增长，可以说是世界通行做法，中国也不例外。为弥补财政减收增支形成的缺口，2009年中国安排了中央财政赤字7500亿元，比2008年增加5700亿元，同时国务院首次同意地方发行2000亿元债券，由财政部代理发行，列入省级预算管理。全国财政赤字合计9500亿元，绝对规模为新中国成立以来之最，这体现了为反周期调控大局服务的“积极”特点。同时，虽然年度赤字增加较多，但由于前几年连续减少赤字，发债空间较大，从国际上为人们所关注的欧盟设定的两个指标即财政赤字占GDP的比重和国债余额占GDP的比重来看，仍然分别控制在3%以下和20%左右（后一指标如加上地方的隐性负债，一般估计也仅在40%上下），所以9500亿元的赤字相对我国综合国力来说，总体上是安全的，年度赤字安排，在“积极”的同时也体现了“稳妥”的特点。

（二）加快结构调整、优化产业布局、推进自主创新和深化改革是本轮政策调控的主要特征

1. 调整产业结构

在一揽子计划中，十项重点产业调整和振兴规划令人瞩目。外部危机压力客观上使中国一些行业产能过剩的矛盾进一步凸显，不失时机地发力推进产业结构调整和优化升级，成为关系经济全局的战略任务。基于此，2009年1月14日至2月25日的40天内，国务院连续召开6次常务会议，相继审议通过了汽车、钢铁、纺织、装备制造、船舶、电子信息、轻工、石化、有色金属、物流等十项重点产业调整和振兴规划，涉及范围之广、决策效率之高，前所未见。其后，受益于投资、消费拉动和调整振兴规划，一些主要产业很快出现积极变化。比如，主要化工产品价格稳步上涨。在石化协会重点跟踪的168种产品中，3月份平均价格比2月份上升的有81种。节能减排工作也得到了进一步的加强，国家发改委8月2日发布的数据显示，2009年上半年，全国单位GDP能耗累计下降3.35%，为“十一五”以来同期最大降幅，同比提高0.47个百分点。2009年六大高耗能行业规模以上企业，工业增加值同比增长4.2%，增幅同比回落10.3个百分点，低于规模以上工业企业增幅2.8个百分点，节能占上半年节能量的三分之一左右。

2. 加大财政支农力度

政府支农力度显著加大，中央财政2009年全年安排的“三农”支出7161.4亿元，比上年增长20.2%；粮食直补、农资综合补贴、良种补贴、农机具购置补贴等4项与农民生产生活直接相关的补贴合计1230.8亿元（详见表4-2），比

表4-2　中央财政“三农”支出2009年预算草案与2008年执行情况比较

	2008年	2009年	
	执行数(亿元)	预算数(亿元)	增长率(%)
农林水事务	2702.20	3446.59	27.5
良种补贴	123.45	154.80	25.4
农资综合补贴	715.91	756.00	5.6
农机具购置补贴	39.95	130.00	225.0
粮食直补	151.09	190.00	25.8
农业保险保费补贴	60.50	79.80	31.9
农业基础设施	1137.60	1295.10	13.8
农业综合开发	127.00	147.00	15.7
扶贫开发	167.30	197.30	17.9
现代农业生产	53.99	65.00	20.4
“三农”支出合计	5955.50	7161.40	20.2
农业生产	2260.10	2642.20	16.9

注：2008年农林水事务执行数数据在《2009年财政预算草案》附表中提供了两组数，其中一组为1821.74亿。

资料来源：财政部《2009年预算报告》。

2008 年增长了 19.4%。在 4 批扩大内需投资中，安排农村沼气、优粮工程、标准粮田等农业投资 200.5 亿元。这些预算支出 90% 已于 2009 年第一季度下拨完毕，力度之大为历年之最，彰显了政府努力提高农民收入、改善农民生活、优化国民经济结构的决心与工作的进展。

3. 优化产业布局和加强区域发展指导

协调区域发展，优化生产力布局，也是中国决策层高度重视的调控重点之一。继前两年已部署的打造北方经济中心——天津滨海新区、加快建设广西北部湾经济区等重大举措，过去一段时间里，综合配套推进珠江三角洲地区改革发展，在重庆市实行统筹城乡改革和发展，在上海加快发展现代服务业和先进制造业、建设国际金融中心和国际航运中心，以及加快建设福建的海峡西岸经济区、关中—天水经济区等区域振兴的重要部署相继推出，旨在进一步培育新的经济增长极、发挥比较优势和提升区域间协调发展水平，这些将对国家的长远发展产生重要影响。

4. 支持科技创新

历史经验表明，危机往往会刺激新一轮科技革命，科技革命又会成为新一轮经济增长和繁荣的重要引擎。在前面几年实施加快走创新型国家道路的中长期科技发展规划的基础上，结合应对金融危机，国务院部署近两年中央和地方财政集中投入 1000 亿元，加快一批能够支撑经济增长的重大科技专项的实施，并以贴息等方式支持企业发展和科技创新（工业和信息化部不久前公布的统计结果显示，2009 年国务院常务会议明确用于加强技改的 200 亿元贴息资金作用明显，启动技改项目共 4441 项，带动社会资金 6326 亿元），加快推广应用先进技术，加强重点产业振兴的科技支撑，并强化科技人力资源建设。

5. 继续深化改革

应对国际金融危机，也是中国深化改革的契机。决策层要求加大改革力度，以继续深化改革，破解发展难题，赢得发展机遇，增强发展的动力和活力。酝酿多年的成品油价、税、费改革从 2009 年初开始实施，医药卫生体制改革业已启动，国家还取消和停征了 100 项行政事业性收费，进一步清理整顿的“小金库”。2009 年 4 月，国务院常务会议部署重点推进的改革任务，包括转变政府经济管理职能，深化国有企业改革和农村综合改革，推进资源性产品价格改革和服务业体制改革，加快就业和收入分配制度改革，推进科技体制改革，深化财政、税收、金融体制改革和涉外经济体制改革等。这些改革举措，着眼于解决经济社

会发展中的突出矛盾和问题，对提振市场信心和扩大内需发挥了积极作用，并把短期调控与中长期化解深层矛盾的制度创新与建设结合起来，旨在促进中长期的机制转换、实现可持续发展。

（三）完善社会保障体系、改善民生是本次政策调控的基础支撑

1. 加大民生投入力度

2009 年中央财政预算安排的民生支出中，促进就业资金增长 66.7%，保障性安居工程资金增长 171%，医疗卫生支出增长近四成，教育支出增长 23.9%。上半年，又有一批批保障性安居工程开工建设，一个个农村沼气、饮水安全工程启动，一座座基层医疗卫生服务设施和中西部农村中小学校舍得到改造，一项项地震灾区灾后重建工作正在加快，城镇污水、垃圾处理设施建设明显加快，低收入群体的福利待遇水平进一步提高。

2. 加强社会保障体系

加快完善社会保障体系，扩大社会保障覆盖范围，努力提高社会保障水平。2009 年 1 月 1 日起，调整企业退休人员基本养老金的政策已向全体企业退休人员兑现；破产关闭的国有企业的退休人员将全部纳入城镇职工医疗保险；进一步开展新型农村社会养老保险试点，覆盖面达到 10% 的县区。近两年，保障性安居工程被摆在更加突出的位置，廉租房等保障性住房建设明显提速。2008 年中央财政安排保障性安居工程补助资金 184 亿元，2009 年增加到 493 亿元，增长 1.7 倍。3 年内，约 750 万户城市低收入家庭，林区、垦区、煤矿区等地 240 万户棚户区居民的住房困难将得到解决。

3. 促进和扩大就业

就业是民生之本，面对金融危机带来的就业困难，国家千方百计保障和扩大就业。国务院办公厅专门就加强高校毕业生就业和农民工就业工作发出通知，通过一系列的政策杠杆，努力帮助高校毕业生实现就业，支持农民工返乡创业和再就业。人力资源和社会保障部公布的数据显示，2009 年 1 月至 11 月，全国城镇新增就业 1013 万人，月均 92 万人，已超额完成全年 900 万人的目标任务，基本恢复到正常水平，稳定就业取得初步成效。面对金融危机给农民工就业和生活带来的困难，国家采取了一系列政策措施加强农民工培训，加快建立包括农民工工伤、医疗、养老在内的比较全面的保障体系，养老保险及转移接续制度正在试行。2009 年 12 月中央经济工作会议强调加强农民工培训和推进户籍制度改革，2010 年初中央一号文件又鲜明地强调了对新生代农民工有针对性地解决其培训

与引导等问题。这些将明显改善广大进城务工人员的工作和生活条件。

4. 深化医药卫生体制改革

2009 年 4 月 6 日，国务院正式公布《中共中央国务院关于深化医药卫生体制改革的意见》，拉开了新医改的帷幕。将全体城乡居民纳入基本医疗保障，成为党中央、国务院在应对金融危机冲击阶段上从经济社会发展全局出发作出的重大决策，也是加快完善社会保障体系和完善社会主义市场经济体制、改善民生的一项重要举措。根据规划，今后三年，将着力推进包括基本医疗保障制度、国家基本药物制度等在内的五项改革，目标是到 2011 年，基本医疗保障制度全面覆盖城乡居民，基本医疗卫生的可及性和服务水平明显提高，居民就医费用负担明显减轻，“看病难、看病贵”问题明显缓解。为此，各级财政将新增投入 8500 亿元左右。

二　财政政策的实施效果

自 2008 年秋季以来，不断出台的调控与改革举措，已勾勒出中国新一轮宏观调控的路径和格局。财政政策是这种调控中的主力手段之一，它在配合货币政策扩张总量以提升经济景气的同时，还特别着重优化结构增加经济、社会中的有效供给。一揽子经济刺激计划注重短期保增长、保就业和长期调结构的通盘考虑，是扩大内需和稳定外需相结合、振兴产业和加强科技支撑相结合、改善民生和加强社会保障体系建设相结合、加大信贷投放与扩张财政支出及优化支出结构相结合、深化改革与转变发展方式相结合的一揽子计划。

一年多来的经济运行和社会生活表明，这种一揽子计划已初见成效，使经济形势出现积极变化，并有利于进一步提高经济发展质量。主要表现在以下方面。

一是较快扭转了经济增速明显下滑的局面，实现了国民经济总体回升向好。2009 年中国经济增长“保八”成功。全年国内生产总值（GDP）实现 33.54 万亿元，按可比价格计算比 2008 年增长 8.7%，增速比 2008 年回落 0.9 个百分点。分季度看，第一季度增长 6.2%，第二季度增长 7.9%，第三季度增长 9.1%，第四季度增长 10.7%。

二是政府投资对经济的拉动效果明显，随着投资持续快速增长，涉及民生领域的投资增长明显加快。全年全社会固定资产投资 22.48 万亿元，比 2008 年增长 30.1%，增速比 2008 年加快 4.6 个百分点。其中，城镇固定资产投资增长 30.5%，加快 4.4 个百分点；农村固定资产投资增长 27.5%，加快 6.0 个百分

点。特别是涉及民生领域的项目投资规模大幅增长，全年基础设施（扣除电力）投资增长44.3%，其中，卫生、社会保障和社会福利方面增长58.5%，有利于为经济的后续稳定上升与社会的和谐夯实基础。

三是工业生产逐季回升，实现利润由大幅下降转为增长。全年规模以上工业企业工业增加值比2008年增长11.0%，增速比2008年回落1.9个百分点。其中，第一季度增长5.1%，第二季度增长9.1%，第三季度增长12.4%，第四季度增长18.0%。分行业看，39个大类行业全部实现同比增长。工业产销衔接状况良好，全年规模以上工业企业产销率达到97.67%。

四是国内消费稳步增长。全年社会消费品零售总额12.53万亿元，比上年增长15.5%；扣除价格因素，实际增长16.9%，实际增速比2008年同期加快2.1个百分点。居民消费能力稳步增强。2009年，全国商品房销售面积9.37亿平方米，比2008年增长42.1%。

五是居民收入持续增加，大量的民生投入、一系列民生政策正在变为人民群众看得见摸得着的实惠。2009年，城镇居民人均可支配收入比2008年增长8.8%，扣除价格因素，实际增长9.8%。农村居民人均纯收入比2008年增长8.2%，扣除价格因素，实际增长8.5%。

三　实施财政政策的经验与反思

（一）中国财政政策实践的基本经验

本轮积极财政政策注重处理好扩张总量与调整结构、应对当前困难和实现经济长期平稳较快发展的关系。政策措施更加注重经济发展方式转变和结构调整，提高经济增长质量和水平。基本经验的要点，一是把应对金融危机冲击放在“反周期”的操作框架内，充分认识其近乎“百年一遇”的严重性，及时、坚决、有力度地实施总量扩张。二是结合中国的国情与发展阶段，特别注重“供给管理”角度的区别对待、优化结构，着力增加有效供给、促进升级换代和方式转变。三是在“积极”的同时也注重防范风险、加强制度建设。总体上看，本轮积极财政政策的实施，无论是增支规模还是减税规模，无论是对经济增长速度的推动还是对经济增长质量的关注，都体现了贯彻以人为本、全面协调可持续科学发展观、为经济社会发展大局服务的理念，也体现了财政宏观调控日趋成熟的思路和技巧，这将为应对后危机时代复杂多变的外部环境，促进经济平稳较快发展提供更为坚实的保障。

（二）中国财政政策实践的几点反思与优化要领

任何政策设计与实践都不可能是十全十美的。从对还需在2010年继续实行的积极财政政策有必要力求优化的视角来看，可提出三个方面的反思与优化的取向性要领。

1. 在实施总量扩张、安排政府投资时，更加注重抓好结构调整和项目质量

政府实施的“一揽子”经济刺激计划中，扩大内需的首要事项，如前所述是以政府投资实施总量扩张，“4万亿元”投资陆续具体化到各个建设项目上，其中以1.18万亿元中央财政资金拉动银行、地方、企业等的配套资金。在这种总量扩张的同时，极为需要精心把握结构优化调整的导向，把基础设施、灾后重建、农村建设、安居工程、生态保护、自主创新和科教文卫七大方向上的各个项目选择好，其中突出的要点，在保民生、培育新的经济增长点（如新能源）和努力拉动社会、民间投资之外，还要把调结构、促方式转变放在更突出位置并贯穿于各个项目，直到落实于对施工质量的保证。

这方面相关的应抓住不放的制度保证因素，一是要实行十分严格、尽可能充分的可行性论证（而非“可批性论证”），切实体现结构优化原则；二是要实行从头到尾的严密的全程监督和内部、外部的多重审计，防止资金挪用等不良现象；三是要实行规范、到位的工程监理，保证项目质量，防止出现“豆腐渣”工程。根据中国上一轮积极财政政策实施中的经验和教训，应通过检查巡视工作等方式对各地已开工和拟开工的政府投资，以及拉动社会资金的“拼盘”投资项目，做审计检查和必要指导，及时发现可能发生的偏差，防患于未然。

2. 在加大财政公共支出和补助力度时，更加注重抓好机制转换

政策扩张期，对于“三农”、社会保障、社会事业、研发创新等方面的公共财政支出和补助，是重要的政策工具，加大其力度是客观要求。但加大力度并非是相关工作中的唯一要领，另一个相伴随的、不可忽视的要领，就是努力实行支出、补贴中的机制转换，以力求提高资金使用效益和提升政策的绩效。

实践证明，机制不同，政策的效应与绩效会大相径庭。比如，中国政府有关“三农”的各种支持项目和支持资金，名目甚多，使用中还带有“撒胡椒面”的特征，所以应当鼓励地方积极探索统筹协调、适当整合使用这些资金的新机制——在一些地方的实践中，这已表现出较好的效果，值得进一步总结经验。

又如，在不同的地方政府辖区，亟须根据安居住房和房地产市场的实际情况，制定在本地区现有发展阶段，落实“住有所居”的政策目标。是应以“补

砖头”还是以“补人头”为侧重点使用政府资金，或两者如何结合，如何运用有限财力首先托好“廉租房”这个基本住房保障的“底”，如何注重引导和支持“适租房”供给的增加以适应收入“夹心层”和年轻就职者的现实需要，等等，都需要形成可操作的合理化的具体方案，以提高政府实现“安居工程”的资金绩效（这方面已有一些较成功的经验）。

再如，财政针对猪肉市场价格波动的调控措施，十分有必要在总结经验的基础上，探讨不再补贴生产环节而是直补城乡低保人群的新机制，以及实行逆市场周期的库存吞吐“平准”方案；在基础研发环节的财政支持方面，也应加大促进实验室、大型实验设备实行资源共享、整合运用的机制建设。这些是推进公共财政建设、优化宏观调控的内在的要求，也是中国经济社会转轨中不可回避的制度、机制建设问题。

3. 在提升债务规模、用好债务资金时，更加注重抓好改革创新和风险防范

政策扩张期带来了国债和地方债规模的明显上升，除较规范的长期建设国债和2000亿元地方债之外，近期还出现了媒体所称的“地方政府融资的狂欢节”，各种融资平台“遍地开花”、不少新的融资工具（规范程度往往并不高）也被创造出来。地方举债融资的规模正在迅速扩大，并引起了各有关方面的高度重视，也引起了不同意见的争论。

中国地方政府融资的发展，在市场经济和分税分级财政体制模式下，有其必然性，2009年又加上了“4万亿元”项目配套资金的强大需求，对其做出简单禁止是行不通的，所以大思路上应回归大禹治水“堵不如疏”的古老智慧，疏堵结合，重堵更重疏，关键是因势利导，寻求以制度建设实现规范发展。

在这个方面需要“治存量，开前门，关后门，修围墙”，打造一套可控风险和可持续的地方“阳光融资”的制度和法纪。政策扩张期，对此既是挑战，又是机遇。按照公共财政建设和“依法理财、民主理财、科学理财”的要求，地方政府融资应当是有透明度的、受法纪约束的、依托于制度规范和受公众监督的。相关制度、法纪的打造，当然在中国需要渐进，而当务之急，一是应强化国家综合部门自上而下对各地融资规模的监督、指导、协调；二是应强化地方各级人大、政协对政府融资的审批与制约；三是应强化金融市场监管部门、审计部门对于政府融资活动的监控、审计；四是应提倡、鼓励地方政府融资主体内部的自律和加强管理，总结经验教训，在开拓创新中防患于未然。相关的制度内容，可先形成一些粗线条的文本，再于动态中不断完善、细化。地方政府融资如无制

度、纪律的有效约束，必然会在分散状态和不透明状态下积累公共风险，一旦积累到被触发的局面，就会出现危机，“救火”的代价将是巨大的。唯一的正确方向，应是走向透明化、法纪化的“阳光融资”。这方面我们还有大量的工作要做，还需坚持不懈地推进相关的制度创新和管理创新。

第二节　经济刺激性财政政策的退出

得力于一揽子经济刺激方案的实施，国内经济已呈现“双升一稳”（投资大幅回升、工业强劲反弹回升、消费稳定增长）的良好势头。国家统计局的数据显示，居民消费价格指数（CPI）自 2009 年 11 月份同比涨幅由负转正之后，12 月上涨 1.9%，较 11 月 0.6% 的涨幅明显加快。工业品出厂价格（PPI）2009 年 12 月在各方预期之内如期转正，上涨 1.7%。这一方面意味着经济触底之后已经过反弹走向全面回升，另一方面需要我们要高度关注通胀预期。从外部环境看，2010 年全球经济复苏力度似比一般预期更为强劲，国际货币基金组织（IMF）预测，世界经济 2010 年和 2011 年增幅将分别达到 3.9% 和 4.3%，中国增幅为 10% 和 9.7%。经济复苏和通胀预期的加强，使得积极财政政策的退出问题开始成为关注的焦点。退出策略不仅涉及退出时机、节奏的把握，而且涉及退出机制、工具的选择，更涉及我国与世界其他主要经济体之间政策的协调与博弈。在全球经济复苏还存在不确定性，经济内生增长乏力之时，财政刺激政策退出面临诸多复杂问题，需要审慎处理、全面把握。

一　退出机制的选择

选择适当的“退出机制”，不仅事关本轮经济刺激政策“功成身退”的必要归宿，也密切联系着解决国内结构性问题和加快发展方式转变。所谓的退出机制，一般是指对由政府主导的、旨在专门抵御金融危机和缓解其不良后果的特殊经济刺激政策的放弃。一般来说，各国政府宏观调控的“三大法宝”，无非是财政政策、货币政策和道义劝说（政府首脑、央行行长等或劝说或威胁或暗示以求引导）。特殊的刺激政策则主要表现为三种形式：大规模财政投资、支出；减税；向银行注资。就中国而言，与此框架无大异。特殊的经济刺激政策势必要具体化为积极财政政策和宽松货币政策配合使用中，在未来作合理的动态调整、适时退出。

当前，中国货币政策在2010年内的优化调整，可认为是大框架不变前提下向“适当从紧”单一方向的适当回调，而财政政策在本年度内至少不会在总量上简单比照货币政策，可看做扩张框架不变前提下突出重点、优化结构、追求绩效等方面的努力。而再往后的“退出”调整，很可能是与1998年后应对亚洲金融危机成功之后相仿的“淡出”方式，即低调处理，扩张力度渐降，使社会各方在“不经意”间经历政府政策“退出”的过程。

中国积极财政政策的退出机制可着重考虑三个方面：相对于GDP的增长速度控制国债规模和逐步缩小财政赤字；引导和鼓励民间投资，促进经济恢复自主增长；合理掌握对不同产业、产能和不同政策工具区别对待的取向。

（一）比照GDP规模与增速，控制国债发行相对规模和赤字率，优化国债发行结构和资金使用结构

2010年在继续执行积极的财政政策的同时，国债发行规模不可能按急速刹车方式处理，比照GDP规模与增速，国债发行规模要配合赤字率继续控制在3%以下的要求，并注重国债结构优化。从相对数看，2010年赤字率仍将维持与2009年相仿的水平，绝对数则将超过1万亿元，预计中央代发的地方债券也仍和2009年一样，在2000亿元左右。从结构看，对于长期建设国债可按实际需要适当减发，而对于流动性较强的中短期国债要重点发展，并要按市场的要求，适时调整利率、期限、结构以及付息方式，完善国债对财政政策的支撑功能。国债所筹资金的投资方向和重点，2010年是首先支持已开工项目的续建，严格控制新项目建设，并做好监理工作。

（二）积极引导和鼓励民间投资与居民消费，促进经济恢复内生性、自主性增长

目前看，中国经济还主要表现为政策推动的经济回升。要使经济进一步顺利、稳定发展，只有政府扩大公共投资是远远不够的，还应出台多种措施力求“四两拨千斤”地扩大社会投资，拉动民间资本跟进，引导和鼓励企业投资，以及居民消费。如果民间投资迟迟不能跟进，公众消费疲弱不振，那么就会严重影响未来经济发展的可持续性。财政政策的退出操作，应当是在民间投资和居民消费可支撑经济运行基本态势曲线形成稳定的“拐点”之后。

中央经济工作会议明确提出，增强非公有制经济和小企业的活力和竞争力，放宽市场准入，保护民间投资合法权益。财政政策应在以下几方面做出努力：一是进一步拓宽社会投资的领域和渠道，充分利用应对金融危机的时机对社会资本投资给予国民待遇，除法律特别规定的之外，应允许社会资本以参股等方式进入金融、铁路、公路、航空、电信、电力以及城市供水等多个行业。二是通过税收、财政贴息、政府采购、信用担保等政策扶持中小企业。对规模较小的企业，做好所得税征收按优惠方案处理的贯彻落实。清理行政事业性收费，切实减轻企业负担。加大中小企业发展专项资金规模和支持范围，向受国际金融危机影响比较大的轻纺等行业的出口企业、科技企业和地震灾区的中小企业倾斜。政府采购也应适当向中小企业倾斜。三是支持发展专为中小企业服务的金融机构，为中小企业融资提供便利快捷的政策性金融服务。此外，应考虑通过发展规范的地方融资平台，以市场化方式融资，吸引银行放贷和民间资本跟进，把短期政策调控与构建利用社会资金和民间资本的长期机制两方面的要求较好结合。

在消费方面，提高居民收入、扶助低收入阶层、发展社会保障体系和以消除居民“后顾之忧”、减少“预防性储蓄”等方面的一系列措施，都应切实贯彻，细化优化相关方案和加强相关管理。

（三）合理掌握对不同产业、产能和不同政策工具区别对待的取向

一般理解的“退出”，在政府刺激力度上是单向调减的，但考虑到中国经济运行中显著存在的结构问题，在退出中有必要适当加入针对不同产业、不同性质产能的区别对待的处理，比如对一般传统产业的刺激力度，可以顺向调减，乃至多减，而对有优化结构作用的新兴产业、事关全局增长后劲有必要加强的支柱产业，以及那些具有强烈技术改造、升级换代需要与空间的门类和领域，则可以实施不减的处理，甚至适当给予更多资金与优惠政策以帮助其扩张的处理。这有益于加快结构调整与发展方式转变。

再者，与中国正处于体制转轨、深化改革过程之中有关，不同政策工具的制度相关性以及对不同政策工具的区别对待，也值得注意。比较直接、行政色彩较重的政府干预政策工具，可随总体刺激力度的调低而顺向调减，乃至多减一些，比如，那些一般性扩大政府支出的投资安排，应比较坚决地调减；而那些有条件、有必要更多运用，有助于经济结构走向健全的经济杠杆手段，却可考虑让其发挥更多刺激作用，比如结构性减税的安排。这有助于推进制度安排与调控方式的合理化。

二　退出时机的选择

积极财政政策的退出时机把握，既要考虑到全球主要经济体国家退出政策的操作对我们的联动效应，更要考虑国内经济企稳回升后，何时出现、是否稳定形

成经济周期中阶段转换的拐点。从中国过去的经验，特别是20世纪90年代以来的经验看，经济由高涨阶段进入低迷阶段再重回高涨阶段的转换，一般都要间隔数年，是一个由经济下跌和宏观扩张政策启动开始，经历触底—企稳回升—巩固回升态势—企业预期再次普遍向好和自主投资强有力回升而完成的过程，关键是何时市场的内生动力已可以不再依靠扩张性政策而把经济运行稳定在潜在经济增长率的区间。从中国的相关宏观、微观数据看，至少2010年，扩张性的积极财政政策还未到退出的时机。

世界银行预测局局长汉斯·蒂莫指出，假如刺激措施退出过快，经济复苏就可能陷于停滞，虽然出现二次衰退的可能性并不大，但有些国家可能出现一个季度以上的负增长；假如刺激措施撤出得不够快，在财政政策方面将对私营部门投资产生挤出效应并导致通胀，全球失衡的重现将会迫使各国央行突然收紧政策，从而导致二次衰退。可以说目前全球经济正处于敏感而脆弱的关键时期，如何既能维护当前来之不易的复苏基础，又不至于因政策滞后延误退出时机使通胀局面难以挽回，这将是各国决策者面临的考验。

从目前情况看，发达国家的经济自主性增长仍然乏力，主要经济体国家的企业生产和个人消费支出短时间内很难有效恢复，特别是美国、欧盟、日本失业率连创十几年来的新高，这将使得私人需求的复苏持续低迷，因此发达经济体很可能在2010年仅仅回归低增长，这意味着不排除“双底衰退”的风险。这也是各国对宽松政策不能轻易退出的顾虑所在。甚至前量子基金合伙人、著名投资人吉姆·罗杰斯于2010年2月间预测，缘于各国政府此前的刺激政策，全球经济的恶化状况在“表象反弹”短暂停歇之后，将出现更为严重的“二次衰退”，其时间可能在2010年晚些时候或2011年，届时情况将比2008年爆发金融危机时更为严重。

最近一段时间，欧元区的主权债务危机有愈演愈烈之势，引起广泛关注，在其暴露了欧元区各国之间利益取向协调机制的脆弱和欧元、欧盟发展前景方面的潜在风险的同时，也对中国未来一段时间宏观经济政策的走向带来了更多的审慎要求。中国经济虽目前已进入全面回升，但结构性问题依然严重；通货膨胀虽总体仍只是预期，尚未成为现实，但CPI的年度上涨大局已定，如2010年还属柔和，更具“杀伤力”的上涨压力则不排除可能出现于2011年；但万一欧元区出现较大的下滑型动荡并严重影响世界经济，中国也不可能独善其身，通胀压力也不是不可能像2008年下半年那样陡然转为通缩压力的。

因此，综合权衡各种预测和各主要相关要素，动态跟踪并及时判断经济上升曲线何时将进入一个新的高涨阶段，以全球视野把握中国经济达到经济内生稳步向上状态的拐点，便是政策退出时机选择的关键所在。

三　财政刺激政策退出的国际协调

金融危机后，各国政府都将利率降至历史低点并斥巨资救助银行系统，导致大量流动性释放。后危机时代，各货币当局开始考虑回收流动性。但在全球流动性过剩风险初现和全球经济复苏前景仍然堪忧的双重不确定之间，要恰当把握“退出”的方式、时机和做好国际协调，显然并不容易。联合国、世界银行、国际货币基金组织等已经不断发出警告，如果各国政府不能合理掌握退出的时机、退出的方式、退出的规模，并不排除二次衰退的可能。索罗斯在达沃斯论坛上直言反对各国政府过早采取“退出政策”，认为当前开始削减政府开支还为时尚早，有可能导致一次“双底衰退”，指出“由于经济衰退的调整过程尚未结束，当前仍有必要增加额外的刺激政策”，虽然会面临政治压力，但提高政府赤字还有“足够的空间”。

在应对国际金融危机、实施经济刺激政策过程中，中国与欧美等主要经济体加强了交流沟通与协作，在刺激政策退出问题上，必然也要充分考虑国际协调机制。从国际环境看，与主要经济体的政府实施救市计划具有较高的溢出效果相仿，如果政策退出在时间或节奏上各国间大相径庭，就难免在一定程度上影响其他国家的如愿复苏，增加额外的退出成本；如果一国选择率先退出，而他国仍将维持或加大刺激力度，那么该国的退出计划也很难获得理想成效。因此，需要加强全球多边的协同合作和政策的协调一致，相互协调的退出政策有助于保证各国公共财政的稳定性和持续性，能够更好地防范各国之间由于政策博弈产生被扭曲的、负面的连锁式反应。

第三节　后危机时代财政政策的目标与挑战

面对复杂多变的国际环境以及国内经济与社会发展的诸多矛盾，2009 年 12 月 7 日闭幕的中央经济工作会议为 2010 年中国经济发展定下基调：在中国经济企稳向好之际，保持宏观政策的连续性和稳定性，并强化政策的针对性、灵活性和有效性，2010 年将在“促进发展方式转变上下工夫”，并着重保障和改善民生，促进经济结构优化，增强经济发展内在动力。相应的财政政策在目标与措施上，要做出前瞻性的调整。因此，今后一段时期，在继续贯彻落实科学发展观，实施反周期、抵御危机冲击的宏观政策，扩内需、保增长的同时，需要处理好保持经济平稳较快发展、调整经济结构和管理好通胀预期的关系。财政政策应在“相机抉择”的同时，大力促进结构优化，保持扩张形态必要的连续性，并注意优化微调。在抓紧落实已出台的各项政策的基础上，要提升结构调整、科技支撑和改善民生的力度，培育和带动新一轮经济发展的增长点。为应对依然存在的不确定性，还应研究应对预案。

一　财政政策目标与原则

（一）积极财政政策目标

未来一段时间内，积极财政政策存续期内的基本目标，应定位为：配合货币政策寻求总量平衡的同时，大力促进结构优化、方式转变，实现经济又好又快发展和增进社会和谐。

财政政策的着力点有必要更为鲜明地放到充分发挥作用以促进结构优化和加快经济方式转变上。中国经济在顺利地于 2009 年从“前低”转入“后高”之后，宏观调控中矛盾的主要方面已从“内需不足”更多地转向“结构制约”，而且现实生活中以产能过剩、粗放型发展、低水平重复建设、消费率偏低等为基本特征的结构问题，是中国中长期建设全面小康社会和推进可持续现代化进程的深层拖累，并且其负面效应将随经济社会的发展日趋凸显，亟须利用当前通货紧缩压力已经消退，而通胀压力还在预期状态、尚未在现实生活中真正到来或有一定力度地到来的有利时机，以更多的精力，更大的决心，采取更积极的措施，加大调结构、转方式、促改革的力度，把短期调控政策和中长期目标更好地结合起来。

未来一段时间内，财政政策需要在与货币政策配合而继续保持一定的扩张力度的同时，精心把握结构优化导向，把政府“4 万亿元”投资计划中基础设施、灾后重建、新农村建设、安居住房、生态保护、自主创新和文教科卫硬件设施等七大方向上的各个具体项目选择好、落实好，并在其他支出安排、收入分配、政策导向等方面，强化改进民生、促进消费、鼓励自主创新、节能减排、产业振兴、升级换代等方面相关的政策工具、操作与效应。

（二）积极财政政策原则

未来一段时间，政策措施的优化调整除需要审时度势、相机抉择外，应当以经济手段为主，与深化改革紧密结合。

在促进结构优化、方式转变的过程中，非常重要的一个要领，是应当更加强调和注重通过经济手段来调节。如果只用行政手段，在市场经济环境下作用会比较有限，其副作用或实效难到位的情况也是比较明显的。法律手段需要强化，但法律的健全和细化是一种“慢变量”，而且其作用也是框架性的和比较“原则”式的。实践已反复证明，很多具体项目政府不一定能看得很准，往往政府只知道一个方向，比如说要节能降耗，但在千千万万家企业中，到底什么样的企业、什么样的技术路线能在节能降耗中有竞争力，能够站住脚，这要通过竞争才能知道。所以行政手段对此往往无法操作，法律的作用也主要在于维护、保障企业公平竞争的规则与环境。实际上，推进大量的结构优化事项，政府通常只需要给一个正确导向，法律只需要给一个公平竞争框架，再加上经济手段（经济杠杆）的规范化设计和运用，比如有一系列有针对性、体现产业政策和技术经济政策的税收或者支持补助的优惠措施，而后让企业自己在竞争中通过市场来优胜劣汰，形成优化配置，就可以收到很好的效果。

此外，政策措施的调整要与深化改革紧密结合。深化改革、转换机制在中国经济社会转轨整个历史时期，必须与宏观调控紧密结合，与重要创新和重大事项配合呼应。财政政策措施要有助于投资体制、财税金融体制、收入分配制度等方面改革的深化。

二 财政政策调控的重点领域

（一）淘汰落后产能，促进升级换代

加快淘汰落后产能是转变经济发展方式、提高经济增长质量和效益、有效应对国际金融危机冲击的迫切要求，也是推进节能减排、积极应对全球气候变化的需要。可以肯定，淘汰落后产能工作在部分领域已经取得积极进展，但一些行业落后产能比较大的问题仍然存在。政府必须采取更加有力的措施，综合运用经济、法律、技术及必要的行政手段，加快淘汰落后产能，特别要注重通过经济手段促进落后产能的淘汰和结构优化调整，通过发挥市场作用，努力营造有利于落后产能退出的竞争环境。

这其中，值得特别强调的是税收。税收是经济手段中的一种重要的、基于法

制的规范形式和工具。在税制方面，要达到淘汰落后产能、优化结构的目的，需要充分利用资源税、消费税、环境税的区别对待措施。为推动经济发展方式转变，无论是生产领域，还是消费领域，资源要素的税负和相对价格都应该上调，从而使各方面更加珍惜而不是挥霍资源，节约使用初级产品而不是粗放地耗费初级产品，刺激各种主体千方百计地开发节能降耗的工艺、产品和技术，促使消费者更趋向于有利节能、环保的消费方式。不论从长远来看，还是从当下的迫切需要来看，这种经济杠杆不但要用，而且要用好、用充分。

（二）健全社会保障体系，促进收入分配合理调整和增加消费

增强消费对经济增长的拉动作用是扩大内需和中国经济实现长远可持续发展的根本要求。在出口没有明显回升的前提下，扩大内需特别是扩大居民消费需求对保持经济的持续稳定增长和解决产能过剩、经济结构不合理等问题都有重要作用。当前，国民收入分配格局不合理和社会保障体系不健全是影响我国居民消费增长、经济平稳发展的重要原因。2010 年，应在总结经验的基础上，适当加大力度并加强针对性，特别应注重结合城市化进程和户籍制度改革，加强农村进城务工人员的培训和以城乡一体化为导向的社会保障体系建设。

财政政策要切实增强城乡居民的消费能力，一是要加大国民收入分配调整力度，增加财政对农民及城乡低收入群体的补助力度，提高其收入水平进而改变低收入者消费不足状况。二是要继续实施并完善已经出台的一系列刺激消费的措施，扩大家电下乡、汽车摩托车下乡、汽车以旧换新、建材下乡的试点范围，保持政策的连续性和稳定性，充分发挥其直接刺激消费的作用。三是要加快全民社会保障体系建设，增加社会保障财政投入，消除城乡居民消费的“后顾之忧”、减少其“预防性储蓄”，为提高城乡居民的持续消费能力创造有利条件。四是要优化、强化税收等实行收入再分配调节的政策工具的作用，抑制不合理的收入分配悬殊。

（三）促进区域协调和减贫

加大对中西部地区转移支付力度，缩小地区间收入分配差距，在中国具有特别重大的意义。转移支付制度的改进要在增加一般性转移支付比重、优化专项转移支付的同时，结合国家与各地主体功能区规划和区域振兴规划方案，细致改进“因素法”的设计方案与计算公式，发展制度化的“生态补偿”转移支付机制，使在优化开发区、重点开发区和工商业发展维度上所言的限制开发区（农牧区域为主）和禁止开发区（即自然生态保护区）的居民，都能享受改革开放的成果与基本公共服务均等化的福祉。在减贫事项方面，除加大财力支持之外，特别重要的是培育有“造血”功能的新机制，追求绩效提升。

三　财政政策的国际和区域协调

中国在后危机时代将充分运用业已建立的与各主要经济体如美、日、欧盟、东盟等的双边与多边对话、协作框架，促进信息交流、观点沟通、矛盾缓和、争端解决，寻求各国、各经济区政策协调、共同发展。贸易保护和财政政策上的以邻为壑都是不符合人类社会的发展潮流的，中国政府在一系列国际事务中，已反复表明立场，即倡导协调、共赢，中国的发展在全球化时代也内在地要求加强国际与区域的协调。在这方面，诚意和利益是一致的：后危机时代某一经济体的贸易保护和不协调态度，最终不仅损人，也不会利己，所以中国应当与各有关经济体共同努力，在财政政策的国际协调方面更多更好地发挥一个负责任大国的作用。

四　下一阶段面临的主要挑战

（一）地方融资机制的正确引导与风险防范

政策扩张期带来了中国国债和地方债规模的明显上升，除较规范的长期建设国债和2000亿元地方债之外，还出现了媒体所称的“地方政府融资的狂欢节”，早已有之的各种地方融资平台“遍地开花”，不少新的融资工具（规范程度往往并不高）也被创造出来。地方举债融资的规模迅速扩大，已引起了各有关方面的高度重视，也出现了不同意见的争论，有关部门已在相关指导文件的制定上加紧工作。前已提及地方政府融资的发展，在市场经济和分税分级财政体制模式下，有其必然性，关键是应当因势利导引导其规范发展。

在这方面需要“治存量，开前门，关后门，修围墙”，打造一套可控风险和可持续运行的地方“阳光融资”的制度和法纪。政策扩张期内，这既是挑战，又是机遇。按照公共财政建设和“依法理财、民主理财、科学理财”的要求，地方政府融资应当是有透明度的、受法纪约束的、依托于制度规范和受公众监督的。相关制度、法纪的打造，当然在我国需要渐进，可先形成一些粗线条的文本，再于动态中不断完善、细化。比如以财政部代理发行方式发行的地方债，实际上中央政府提供了对于年度发行2000亿元地方债的隐性担保，但明确地列入地方省级预算，意味着接受全套预算程序的约束，由省级政府牵头承担还本付息职责。这是地方债制度在我国“登堂入室”的重大进展，比之1998年应对亚洲金融危机时中央发行长期建设国债的“转贷”地方使用，规范程度已明显提高，今后还应继续探讨其规范性和操作方案有效性的进一步提高。

另外，在地方融资平台的发展方面，可以探索使用长期建设国债资金的方式。这一设想的要点是：借鉴一些地区已有的经验，将地方可用的专项资金，选择（或组建）合适的企业集团等法人实体作为资本金投入，进而可形成该法人实体获得银行贷款等筹集社会资金的再融资平台，既完成国债专项资金的建设任务，并承担国债资金的还本付息，又在现阶段构建了有一定规范性、功能较强大、适应投融资制度改革和长期发展需要的地方融资平台。

这一方式的好处是，通过使用国债资金注资入股地方性企业集团，形成或增加其资本金，能够进而吸引银行贷款或者是发行债券融资，发挥财政政策追求的“乘数效应”，利用我国储蓄率明显偏高而形成的银行巨量“存差”和社会可用财力，建立较为顺畅的融通资金机制和较规范的长期性地方融资平台，获得持续不断的建设资金。同时，由于财政资金的使用都有明确的监督办法，财政部门和国资管理部门可以及时对所注资地方企业使用资金的状况进行审查、监督，防止地方企业的内部人控制，督促国债资金的还本付息。这一建议所存在的局限性，主要是启动资金的获得和使用完全是政府行为，对项目选择、法人实体与融资平台构建的决策科学性要求较高，如果作为地方政府融资平台的法人公司出现较大问题，将会面临日益发展的公共财政绩效考评框架下的问责压力。但这在另一个角度上，正是加强规范性的压力，应是一种积极、健康的压力。

远景上，应是在中国形成中央与地方的公债、各类政策性融资、商业性融资完全为法制所覆盖的透明、规范的全套融资制度体系，依靠法制、制度的力量和公众的监督，有效防范地方融资风险。

（二）减税与增支的合理把握

继续实施积极财政政策要注重处理好减税与增支之间的关系。首先，减税与增加支出应该依据各自的结构优化要求而综合考虑。运用减税手段刺激经济增长，是扩大需求，但在中国现阶段，主体上是结合税制改革和结构优化导向的“结构性减税”，意在扩张需求时努力增加有效供给和推进结构调整。减税和增支并用，意在使政府扩张需求的财政功能最大化，同时增支也一定是有选择的、带有鲜明结构特征的增支安排。其次，要妥善处理减税与增支之间的数量关系。为了刺激经济增长而两者并用，必然显著增大财政运行压力，如处理不当，可能导致公共风险失控的局面，因此要求稳妥考虑财政承受能力，在数量安全区内设计好减税与增支的最佳组合方案。

五 主要的对策建议

（一）加强预警，合理控制赤字水平

实施积极财政政策，增加财政赤字和国债发行规模，是我国主动应对国际金融危机的一项重大特殊举措，完全必要。2009 年财政赤字合计 9500 亿元，虽然创出新中国 60 年来全国财政预算安排的赤字规模的最高纪录，但是相对我国经济基础和财政实力而言，赤字率并未达到 3%，风险完全在可控范围之内。

但预警仍然是必要的，持续的赤字财政也会带来问题，弥补赤字意味着扩大政府举债规模和后期要增加税收。应对策略可以考虑，一方面，进一步提高中国公债结构的合理性，降低政府债务的融资成本。另一方面，不断优化财政支出结构，将公债资金用于加强重点领域基础设施建设、优化和改善民生、推进科技创新与节能减排等，着力于提升资金使用绩效，增强经济发展后劲。此外，需要在宏观综合管理部门建立有效的财政风险预警系统，主动地将财政赤字的规模控制在预警线内。

（二）把握时机，实施结构性增税

我国财政在外部危机冲击下，已进入“过几年紧日子”的新阶段，减税措施加上财政支出的显著扩张，造成很大的财政入不敷出压力。如能利用经济企稳向好的有利时机实行资源、能源税收的向上调整，将在一定程度上带来“结构性增税”效果，对冲财政减收压力，提高财政困难期的承受力，并使减税、增税两个方向上的事情做得更为到位。结构性增税的重点在于调整、优化结构，这样的适当增税应当与结构性减税并行不悖，同样都服务于调控大局。

现在是充分利用资源税经济杠杆的时机。从宏观环境来看，经济生活中的通货紧缩压力已经不复存在，通货膨胀虽有预期，但还没有现实形成较大压力；经济回升后，企业抗压能力有所增强。应该不失时机地推出资源税税负向上调整的改革。资源税负合理调整的设计方案，应该聚焦于以运行机制的力量达到把一些过剩产能和落后企业淘汰出去的效果，同时使得大部分企业经过努力顺应节能降耗的新机制而继续发展。

如放到短期、中期视野上，可考虑：首先，能源开发环节的资源税负应向上调整，具体措施可考虑提高化石能源（不可再生能源）、矿山资源税的从量定额

征税标准（在有条件的地方，还应考虑实行与探明储量适当挂钩的征税方案），同时加入有力度的从价定率征收。其次，能源消费环节的消费税，应在我国已出台燃油消费税的基础上，重点考虑择机把煤炭等其他化石能源使用者的税负向上调整，其方案设计可适当借鉴欧洲国家“碳税”概念下的实践经验。而对于可再生能源、清洁能源、循环经济型能源的开发、生产、使用推广，应当制定一套税收减免优惠和适当补助支持的鼓励政策。这包括风能、太阳能、生物质能、地热能、潮汐能、余热收集利用，等等。对支持这些项目的政策性金融机构和融资支持主体，也应配以优惠、激励的支持政策措施。在调高化石能源税负的同时，要考虑两个配套方案：首先需要考虑开发企业增负的其他必要举措，如建立权利金制度、矿业权制度、生态补偿与修复基金制度、安全生产保证金制度等，作出合理的通盘协调设计。其次还要配套考虑对低收入人群的影响。由于这类能源在我国现行能源结构中占绝大比重，其价格的上升和传导效应对低收入人群支出负担的冲击和影响会比较大，在出台时，需要特别考虑对这部分人群进行适当的直接补贴，这可结合城乡低保体系操作。中国的资源、能源税收调整不可能单独设计，而应该作为一揽子环境和能源政策及税制“绿色”优化方案的组成部分。

六　结束语

虽然世界金融危机的冲击力和负面影响是巨大的，但中国政策当局及时地作出了应对举措，财政政策在一揽子经济刺激计划方案中发挥了举足轻重的作用，刺激方案取得了明显的成效。

中国在危机挑战前的应对举措和财政政策措施安排，当然是吸取了各市场经济体发展道路上的国际经验，但特别是得到了中国自己于1998年后应对亚洲金融危机冲击时那一轮扩张实践中调控经验的支持。因此，当人们讨论“后危机时代”概念下扩张性财政政策在中国的退出问题时，显然要注意中国的政策当局也会援引上一轮扩张之后顺利“淡出”的自身经验。

在承认复杂的国际、国内不确定性与条件制约的情况下，综合考虑各种相关因素，我们认为2010年中国积极财政政策有理由维持其“继续执行”的框架而不转型，但政策的优化是十分必要的。真正的退出，其机制很可能仍取“淡出”形式，其时机有待民间投资和居民消费的支撑合力，强大到足以内生、自主地维持一个稳定拐点形成后的经济高涨阶段。

不论是当下的“继续”执行还是以后的“退出”，中国财政政策在配合货币政策实施总量调控的同时，一个重大的、足以贡献全局的功能和关键性的着力点，是努力优化结构、增加有效供给、促进发展方式的加快转变和增进社会和谐，这是把短期调控与中长期化解深层矛盾、实现可持续又好又快发展紧密结合起来的一个基本要求与思路。其中，促进节能降耗、淘汰过剩落后产能的经济杠杆（财税政策工具）的运用和制度改革至关重要；“有堵有疏”地适应市场经济长远要求，防范地方融资风险、预警财政赤字风险的一整套法制、制度建设，是中国“后危机时代”乃至更长远的现代化进程中积极回应现实挑战的必然选择。

当然，全球化时代的国际协调在财政政策领域内不可或缺，中国在这方面会更为积极进取，承担好大国责任。

参考文献

［1］贾康：《进一步优化积极财政政策，服务大局防范风险》，《财政部财政科学研究所财政研究简报》2009 年第 22 期。

［2］贾康、程瑜：《2010 年财政政策要点的前瞻性探讨》，《经济纵横》2010 年第 3 期。

［3］贾康：《2010 年财政政策展望》，《上海国资》2010 年第 1 期。

［4］贾康、刘薇：《积极财政政策的理论与实践》，《中共中央党校学报》2009 年第 1 期。

［5］贾康：《把地方融资平台引向“阳光融资”制度建设轨道》，《经济界》2010 年第 1 期。

［6］贾康：《促进结构优化调整，应充分运用经济手段》，《财政部财政科学研究所财政研究简报》2010 年第 10 期。

［7］贾康、刘军民：《政策性金融与中国的现代化赶超战略》，《财政部财政科学研究所研究报告》2010 年第 11 期。

［8］贾康、刘薇：《“后危机时代”的中国财政政策》，《财政部财政科学研究所研究报告》2010 年第 25 期。

Financial Crisis Tests China's Fiscal Policy

Abstract: Although the strike and negative impact of the international financial crisis is enormous, Chinese policy authorities have taken effective measures against the crisis. Among the stimulus package, fiscal policy played a critical role and produced significant results. It is necessary to review and conclude the fiscal policy practices in China; explore the goals of the fiscal policy in "Post-crisis Era" and discuss the related important issues. Of course, the international coordination of the fiscal policy in globalization is essential, and China will also make active efforts and take its responsibility as a big power.

Key Words: Positive Fiscal Policy; Essentials Optimization; Withdrawal Opportunity; Policy Goals

第五章
金融危机考验我国税收政策

刘 佐*

摘　要：为了应对国际金融危机，我国在税收方面采取了一系列的重大措施：一方面，继续推进税制改革，实施了增值税转型和成品油税费改革等重大改革；另一方面，根据国家宏观经济政策的需要，采取了多方面的、大规模的减税措施。我国应对金融危机的税收政策包括：支持金融业、保险业和证券业发展，调节进出口贸易，配合资源、能源和环境保护政策，促进企业发展、改革和技术进步，支持农业发展，配合就业和社会保障政策，调节房地产市场，等等。这些措施的顺利实施产生了较好的经济和社会效应，同时支持了财政收入的稳定增长。

关键词：金融危机　税收政策　税制改革

自2008年下半年至2009年底，为了应对突发的国际金融危机，保持中国经济发展和社会稳定，继续推进改革开放，中国在税收方面采取了一系列的重大措施：一方面，按照中国共产党第十六届中央委员会第三次全体会议通过的《中共中央关于完善社会主义市场经济体制若干问题的决定》和第十届全国人民代表大会第四次会议批准的《中华人民共和国国民经济和社会发展第十一个五年规划纲要》的要求，继续推进税制改革；另一方面，采取了大量的减税措施。

第一节　继续推进税制改革

按照中共十六届三中全会决定和“十一五”规划纲要的要求，这一时期税

* 刘佐，现任中国国家税务总局税收科学研究所所长、研究员，享受国务院颁发的政府特殊津贴，中国财政学会、中国税务学会常务理事，并在中国多所著名大学担任客座教授。

制改革取得的重大进展有三项：增值税转型；成品油税费改革；房产税内外统一。

一　增值税转型

2008 年 11 月 10 日，国务院公布修订以后的《中华人民共和国增值税暂行条例》，自 2009 年 1 月 1 日起施行。2008 年 12 月 15 日，财政部、国家税务总局据此公布修订以后的《中华人民共和国增值税暂行条例实施细则》。从此，增值税一般纳税人购进和自制固定资产（不包括不动产）发生的增值税进项税额，可以依法凭增值税专用发票、海关进口增值税专用缴款书和运输费用结算单据从增值税销项税额中抵扣，初步实现了从生产型增值税向消费型增值税的转变。

增值税转型可以减少重复征税，减轻企业特别是资本密集型企业的增值税负担，有利于更新设备、改进技术和促进出口，从而有利于经济增长方式和经济结构的转变，也有利于财政收入的持续、稳定增长。

二　成品油税费改革

2008 年 12 月 18 日，国务院发出《关于实施成品油价格和税费改革的通知》。通知中规定：自 2009 年 1 月 1 日起实施成品油税费改革，汽油消费税单位税额每升提高 0.8 元，柴油消费税单位税额每升提高 0.7 元，其他成品油单位税额相应提高。加上现行单位税额，提高以后的汽油、石脑油、溶剂油、润滑油消费税单位税额为每升 1 元，柴油、燃料油、航空煤油消费税单位税额为每升 0.8 元。

成品油消费税属于中央税，由国家税务总局统一征收（进口环节继续委托海关代征）。纳税人为在中国境内生产、委托加工、进口成品油的单位和个人。纳税环节为生产环节、委托加工和进口环节。计征方式为从量定额计征，价内征收。

利用国际市场油价持续回落的有利时机实施成品油价格和税费改革，对建立完善的成品油价格形成机制和规范的交通税费制度，公平负担，促进节能减排和结构调整，依法筹措交通基础设施维护和建设资金，促进交通事业稳定健康发展，都具有重要的意义。

三　房产税内外统一

2008 年 12 月 31 日，国务院发布第 546 号令，决定自 2009 年 1 月 1 日起废止1951年政务院公布的《城市房地产税暂行条例》，同时按照《中华人民共和国房产税暂行条例》对外商投资企业、外国企业和外国人征收房产税。2009年1月12日，财政部、国家税务总局据此发出《关于对外资企业及外籍个人征收房产税有关问题的通知》。房产税的内外统一有利于简化税制和公平税负。

第二节 支持金融业、保险业和证券业发展

为了支持金融业、保险业和证券业发展，防范经营风险，对于上述行业的有关准备金、股票交易和储蓄存款利息等采取了一系列的重要税收措施，主要涉及企业所得税、个人所得税和印花税等税种。

一 2008年出台的有关政策

2008年9月18日，经国务院批准，财政部、国家税务总局发出《关于调整证券（股票）交易印花税征收方式的通知》。通知中规定：自2008年9月19日起调整证券（股票）交易印花税的纳税人，将对出让方和受让方双方征税改为仅对出让方征税。

2008年10月9日，经国务院批准，财政部、国家税务总局发出《关于储蓄存款利息所得有关个人所得税政策的通知》，规定即日起储蓄存款利息所得暂免征收个人所得税。

2008年10月12日，中国共产党第十七届中央委员会第三次全体会议通过《中共中央关于推进农村改革发展若干重大问题的决定》。决定中提出：要采取包括税收在内的多种措施，引导更多信贷资金和社会资金投向农村。

2008年10月26日，经国务院批准，财政部、国家税务总局发出《关于证券市场个人投资者证券交易结算资金利息所得有关个人所得税政策的通知》。通知中规定：自2008年10月9日起，证券市场个人投资者取得的证券交易结算资金利息所得，暂免征收个人所得税。

2008年12月8日，经国务院批准，国务院办公厅发布《关于当前金融促进经济发展的若干意见》，其中提出了下列税收措施。

（1）对符合条件的中小企业信用担保机构免征营业税。

（2）积极发展个人、团体养老等保险业务，鼓励和支持有条件企业通过商业保险建立多层次养老保障计划，研究对养老保险投保人给予延迟纳税等税收优惠。

（3）研究完善企业并购税收政策，积极推动企业兼并重组。

（4）出台股权投资基金管理办法，完善工商登记、机构投资者投资、证券登记和税收等相关政策，促进股权投资基金行业规范健康发展。按照《中小企业促进法》关于鼓励创业投资机构增加对中小企业投资的规定，落实和完善促进创业投资企业发展的税收优惠政策。

（5）优化进出口产品退税的国库业务流程，提高退税资金到账速度。

（6）简化税务部门审核金融机构呆账核销手续和程序，加快审核进度，提高审核效率，促进金融机构及时化解不良资产，防止信贷收缩。涉农贷款和中小企业贷款税前全额拨备损失准备金。研究金融机构抵债资产处置税收政策。结合增值税转型完善融资租赁税收政策。

二　2009 年出台的有关政策

2009 年 4 月 9 日，根据《企业所得税法》及其实施条例，财政部、国家税务总局发出《关于证券行业准备金支出企业所得税税前扣除有关问题的通知》，执行期限为 2008～2010 年。

（一）证券类准备金

1. 证券交易所风险基金

上海、深圳证券交易所依据《证券交易所风险基金管理暂行办法》，按照证券交易所交易经手费的 20%、会员年费的 10% 提取的证券交易所风险基金，在各基金净资产不超过 10 亿元的额度以内，准予在企业所得税税前扣除。

2. 证券结算风险基金

（1）中国证券登记结算公司所属上海分公司、深圳分公司依据《证券结算风险基金管理办法》，按照证券登记结算公司业务收入的 20% 提取的证券结算风险基金，在各基金净资产不超过 30 亿元的额度以内，准予在企业所得税税前扣除。

（2）证券公司依据《证券结算风险基金管理办法》，作为结算会员按照人民币普通股和基金成交金额的十万分之三、国债现货成交金额的十万分之一、1 天期国债回购成交额的千万分之五、2 天期国债回购成交额的千万分之十、3 天期国债回购成交额的千万分之十五、4 天期国债回购成交额的千万分之二十、7 天期国债回购成交额的千万分之五十、14 天期国债回购成交额的十万分之一、28 天期国债回购成交额的十万分之二、91 天期国债回购成交额的十万分之六、182

天期国债回购成交额的十万分之十二逐日交纳的证券结算风险基金，准予在企业所得税税前扣除。

3. 证券投资者保护基金

（1）上海、深圳证券交易所依据《证券投资者保护基金管理办法》，在风险基金分别达到规定的上限以后按照交易经手费的20%交纳的证券投资者保护基金，准予在企业所得税税前扣除。

（2）证券公司依据《证券投资者保护基金管理办法》，按照其营业收入的0.5%～5%交纳的证券投资者保护基金，准予在企业所得税税前扣除。

（二）期货类准备金

1. 期货交易所风险准备金

上海期货交易所、大连商品交易所、郑州商品交易所和中国金融期货交易所依据《期货交易管理条例》、《期货交易所管理办法》和《商品期货交易财务管理暂行规定》，分别按照向会员收取手续费收入的20%计提的风险准备金，在规定的额度以内，准予在企业所得税税前扣除。

2. 期货公司风险准备金

期货公司依据《期货公司管理办法》和《商品期货交易财务管理暂行规定》，从其收取的交易手续费收入减去应付期货交易所手续费以后的净收入中按5%提取的期货公司风险准备金，准予在企业所得税税前扣除。

3. 期货投资者保障基金

（1）上海期货交易所、大连商品交易所、郑州商品交易所和中国金融期货交易所依据《期货投资者保障基金管理暂行办法》，按照其向期货公司会员收取的交易手续费的3%提取的期货投资者保障基金，在规定的额度以内，准予在企业所得税税前扣除。

（2）期货公司依据《期货投资者保障基金管理暂行办法》，从其收取的交易手续费中按照代理交易额的千万分之五至千万分之十提取的期货投资者保障基金，在规定的额度以内，准予在企业所得税税前扣除。

上述准备金如果发生清算、退还，应当按照规定补征企业所得税。

2009年4月17日，根据《企业所得税法》及其实施条例，财政部、国家税务总局发出《关于保险公司准备金支出企业所得税税前扣除有关问题的通知》，执行期限为2008～2010年。

（1）保险公司按照下列规定交纳的保险保障基金，准予在企业所得税税前扣除。

①非投资型财产保险业务，不得超过保费收入的0.8%；投资型财产保险业务，有保证收益的，不得超过业务收入的0.08%，无保证收益的，不得超过业务收入的0.05%。

②有保证收益的人寿保险业务，不得超过业务收入的0.15%；无保证收益的人寿保险业务，不得超过业务收入的0.05%。

③短期健康保险业务，不得超过保费收入的0.8%；长期健康保险业务，不得超过保费收入的0.15%。

④非投资型意外伤害保险业务，不得超过保费收入的0.8%；投资型意外伤害保险业务，有保证收益的，不得超过业务收入的0.08%，无保证收益的，不得超过业务收入的0.05%。

（2）保险公司有下列情形之一的，其交纳的保险保障基金不得在税前扣除：

①财产保险公司的保险保障基金余额达到公司总资产6%的；

②人身保险公司的保险保障基金余额达到公司总资产1%的。

（3）保险公司按照规定提取的未到期责任准备金、寿险责任准备金、长期健康险责任准备金和未决赔款准备金，准予在企业所得税税前扣除。

（4）保险公司发生的各种保险赔款、给付，应当首先冲抵按照规定提取的准备金，不足冲抵部分准予在企业所得税税前扣除。

2009年4月30日，根据《企业所得税法》及其实施条例，财政部、国家税务总局发出《关于金融企业贷款损失准备金企业所得税税前扣除有关问题的通知》，执行期限为2008~2010年，其中规定金融企业准予提取贷款损失准备的贷款资产范围包括：贷款，银行卡透支、贴现、信用垫款、进出口押汇、同业拆出等各项具有贷款特征的风险资产，由金融企业转贷并承担对外还款责任的国外贷款。准予在企业所得税税前扣除的贷款损失准备计算公式如下：

准予当年税前扣除的贷款损失准备 = 当年末准予提取贷款损失准备的贷款资产余额 ×1% − 截至上年末已经在税前扣除的贷款损失准备余额

金融企业发生的符合条件的贷款损失，按照规定报经税务机关审批以后，应当先冲减已经在税前扣除的贷款损失准备，不足冲减部分可以在企业所得税税前扣除。

2009年6月1日，根据《企业所得税法》及其实施条例，财政部、国家税务总局发出《关于中小企业信用担保机构有关准备金税前扣除问题的通知》，执行期限为2008~2010年，其中规定：中小企业信用担保机构可以按照不超过当年年末担保责任余额1%的比例计提担保赔偿准备，在企业所得税税前扣除。中小企业信用担保机构可以按照不超过当年担保费收入50%的比例计提未到期责任准备，允许在企业所得税税前扣除，同时将上年度计提的未到期责任准备余额转为当期收入。中小企业信用担保机构实际发生的代偿损失，应当依次冲减已经在企业所得税税前扣除的担保赔偿准备和在税后利润中提取的一般风险准备，不足冲减部分可以在企业所得税税前扣除。

2009年8月21日，根据《企业所得税法》及其实施条例，财政部、国家税务总局发出《关于保险公司提取农业巨灾风险准备金企业所得税税前扣除问题的通知》。通知中规定：2008~2010年，保险公司经营中央财政和地方财政保费补贴的种植业险种（简称补贴险种）的，按照不超过补贴险种当年保费收入的25%计提的巨灾风险准备金，可以在企业所得税税前扣除。具体计算公式如下：

准予当年税前扣除的巨灾风险准备金=当年保费收入×25%－上年税前扣除的巨灾风险准备金结存余额

2009年8月21日，财政部、国家税务总局根据国务院办公厅发布的《关于当前金融促进经济发展的若干意见》，发出《关于金融企业涉农贷款和中小企业贷款损失准备金税前扣除政策的通知》。通知中规定：2008~2010年，金融企业根据《贷款风险分类指导原则》对其涉农贷款和中小企业贷款进行风险分类以后按照下列比例计提的贷款损失专项准备金，准予在企业所得税税前扣除：关注类贷款2%、次级类贷款25%、可疑类贷款50%、损失类贷款100%。上述涉农贷款包括农户贷款、农村企业及各类组织贷款，中小企业贷款包括金融企业对年销售额和资产总额均不超过2亿元的企业的贷款。金融企业发生的符合条件的涉农贷款和中小企业贷款损失，应当先冲减已经在企业所得税税前扣除的贷款损失准备金，不足冲减部分可以在企业所得税税前扣除。

同年8月31日，经国务院批准，财政部、国家税务总局发出《关于期货投资者保障基金有关税收问题的通知》，执行期限为2008~2010年，其中规定如下。

（1）中国期货保证金监控中心有限责任公司（以下简称期货保障基金公司）根据中国证券监督管理委员会（以下简称证监会）发布的《期货投资者保障基金管理暂行办法》（以下简称《暂行办法》）取得的下列收入，不计入其应征企业所得税收入：期货交易所按照风险准备金账户总额的15%和交易手续费的3%

上缴的期货保障基金、期货公司按照代理交易额的千万分之五至十上缴的期货保障基金、依法向有关责任方追偿所得、期货公司破产清算所得、捐赠所得。

（2）期货保障基金公司取得的银行存款利息收入，购买国债、中央银行和中央级金融机构债券的利息收入，证监会和财政部批准的其他资金运用取得的收入，暂免征收企业所得税。

（3）期货保障基金公司根据暂行办法取得的下列收入暂免征收营业税：期货交易所按照风险准备金账户总额的15%和交易手续费的3%上缴的期货保障基金收入、期货公司按照代理交易额的千万分之五至十上缴的期货保障基金收入、依法向有关责任方追偿所得收入、期货公司破产清算受偿收入、按照规定从期货交易所取得的运营收入。

（4）期货交易所和期货公司根据暂行办法上缴的期货保障基金中属于营业税征税范围的部分，允许从其营业税计税营业额中扣除。

（5）期货保障基金公司新设立的资金账簿、期货保障基金参加被处置期货公司的财产清算签订的产权转移书据、期货保障基金以自有财产和接受的受偿资产与保险公司签订的财产保险合同等，免征印花税。对上述应税合同和产权转移书据的其他当事人照章征收印花税。

同年12月31日，经国务院批准，财政部、国家税务总局和中国证券监督管理委员会发出《关于个人转让上市公司限售股所得征收个人所得税有关问题的通知》，规定：自2010年起，个人转让限售股取得的所得，按照财产转让所得和20%的税率征收个人所得税。个人在上海证券交易所、深圳证券交易所转让从上市公司公开发行和转让市场取得的上市公司股票的所得，继续免征个人所得税。

第三节　调节进出口贸易

为了促进进出口贸易的发展，满足国内需求，限制“两高一资”产品（即高耗能、高污染和资源性产品）出口，并兼顾各方面利益，我国在出口退税和出口关税等方面采取了一系列重要措施。

一　2008年出台的有关政策

2008年7月30日，经国务院批准，财政部、国家税务总局发出《关于调整纺织品服装等部分商品出口退税率的通知》，规定：自同年8月1日起，将部分纺织品、服装的增值税出口退税率从 11% 提高到 13%；将部分竹制品的增值税出口退税率提高到 11%；取消红松子仁、部分农药产品、部分有机胂产品、紫杉醇及其制品、松香、白银、零号锌、部分涂料产品、部分电池产品、碳素阳极的出口退税。

同年 8 月 15 日，经国务院批准，国务院关税税则委员会发出《关于调整铝合金、焦炭和煤炭出口关税的通知》，规定：自同年 8 月 20 日至 12 月 31 日，对一般贸易项下出口的铝合金征收出口暂定关税，暂定税率为 15%；将焦炭的出口暂定税率由 25% 提高至 40%；将炼焦煤出口暂定税率由 5% 提高至 10%；对其他烟煤等征收出口暂定关税，暂定税率为 10%。

同年 8 月 29 日，经国务院批准，国务院关税税则委员会发出《关于调整化肥类产品特别出口关税的通知》和《关于对动植物肥料征收出口暂定关税的通知》。第一个通知中规定：自同年 9 月 1 日至 12 月 31 日，将氮肥和合成氨的特别出口关税税率上调至 150%；自同年 10 月 1 日至 12 月 31 日，对上述两种产品以外的其他化肥和化肥原料继续征收 100% 特别出口关税。第二个通知中规定：自同年 9 月 1 日至 12 月 31 日，对鸟粪以外的动物、植物肥料征收每吨 460 元的出口暂定关税。

同年 10 月 21 日，经国务院批准，财政部、国家税务总局发出《关于提高部分商品出口退税率的通知》，规定：自同年 11 月 1 日起，将部分纺织品、服装、玩具的增值税出口退税率提高到 14%，将日用和艺术陶瓷的增值税出口退税率提高到 11%，将部分塑料制品的增值税出口退税率提高到 9%，将部分家具的增值税出口退税率提高到 11% 和 13%，将艾滋病药物、基因重组人胰岛素冻干粉、黄胶原、钢化安全玻璃、电容器用钽丝、船用锚链、缝纫机、风扇、数控机床硬质合金刀、部分书籍、笔记本等商品的增值税出口退税率分别提高到 9%、11% 和 13%。

同年 11 月 13 日，根据国务院决定，国务院关税税则委员会发出《关于调整出口关税的通知》，规定：自同年 12 月 1 日起，调整征收出口关税的产品范围和税率，具体如下。

（1）取消部分产品的出口关税或者特别出口关税，主要包括冷热轧板材、带材、钢丝、大型型钢、合金钢材、焊管等钢材产品；硝酸铵、硫酸铵等化工产品；玉米、杂粮及其制粉等粮食产品，共计 102 项产品。

（2）降低部分产品的出口关税，主要包括部分化肥及其原料、部分铝材和小麦、大米及其制粉等，共计 23 项产品。降低氮肥、磷肥等及其部分原料的特别出口关税，共计 31 项产品。

（3）调整尿素、磷酸一铵、磷酸二铵等化肥产品的淡季出口关税征收方式，调整粉末状天然石墨等 3 项产品的应税产品范围。

（4）提高磷灰石和硅等 5 项产品的出口关税。

（5）新增对部分产品征收出口关税，主要包括天然硫酸钡、非纯氧化镁、滑石、棕刚玉、四氧化三钴和氟化物等，共计 15 项产品。

对出口至中国香港、澳门和台湾地区自用的原粮及其制粉，继续不征收出口关税。对中国对外无偿援助的粮食，免征出口关税。

同年 11 月 17 日，经国务院批准，财政部、国家税务总局发出《关于提高劳动密集型产品等商品增值税出口退税率的通知》，规定：自同年 12 月 1 日起，将部分橡胶制品、林产品的增值税出口退税率从 5% 提高到 9%；将部分模具、玻璃器皿的增值税出口退税率从 5% 提高到 11%；将部分水产品的增值税出口退税率从 5% 提高到 13%；将箱包、鞋、帽、伞、家具、寝具、灯具、钟表等商品的增值税出口退税率从 11% 提高到 13%；将部分化工产品、石材、有色金属加工材等商品的增值税出口退税率分别从 5%、9% 提高到 11%、13%；将部分机电产品的增值税出口退税率分别从 9% 提高到 11%，从 11% 提高到 13%，从 13% 提高到 14%。

同年 12 月 29 日，经国务院批准，财政部、国家税务总局发出《关于提高部分机电产品出口退税率的通知》，规定：自 2009 年 1 月 1 日起，将航空惯性导航仪、陀螺仪、离子射线检测仪、核反应堆、工业机器人等产品的增值税出口退税率从 13%、14% 提高到 17%，将摩托车、缝纫机、电导体等产品的增值税出口退税率从 11%、13% 提高到 14%。

二　2009 年出台的有关政策

2009 年 2 月 5 日，经国务院批准，财政部、国家税务总局发出《关于提高纺织品、服装出口退税率的通知》，规定：自同年 2 月 1 日起，纺织品、服装的增值税出口退税率提高到 15%。

同年 3 月 27 日，经国务院批准，财政部、国家税务总局发出《关于提高轻纺、电子信息等商品出口退税率的通知》，规定：自同年 4 月 1 日起，将 CRT 彩电、部分电视机零件、光缆、不间断供电电源、有衬背的精炼铜制印刷电路用覆铜板等货物的增值税出口退税率提高到17%，将纺织品、服装的增值税出口退税率提高到16%，将六氟铝酸钠等化工制品、香水等香化洗涤、聚氯乙烯等塑料、部分橡胶及其制品、毛皮衣服等皮革制品、信封等纸制品、日用陶瓷、显像管玻壳等玻璃制品、精密焊钢管等钢材、单晶硅片、直径大于等于30厘米的单晶硅棒、铝型材等有色金属材、部分凿岩工具、金属家具等货物的增值税出口退税率提高到13%，将甲醇、部分塑料及其制品、木制相框等木制品、车辆后视镜等玻璃制品等货物的增值税出口退税率提高到11%，将碳酸钠等化工制品、建筑陶瓷、卫生陶瓷、锁具等小五金、铜板带材、部分搪瓷制品、部分钢铁制品、仿真首饰等货物的增值税出口退税率提高到9%，将商品次氯酸钙及其他钙的次氯酸盐、硫酸锌的增值税出口退税率提高到5%。

同年6月3日，经国务院批准，财政部、国家税务总局发出《关于进一步提高部分商品出口退税率的通知》，规定：自同年6月1日起，电视用发送设备、缝纫机等商品的增值税出口退税率提高到17%；罐头、果汁和桑丝等农业深加工产品，电动齿轮泵、半挂车等机电产品，光学元件等仪器仪表，胰岛素制剂等药品，箱包，鞋帽，伞，毛发制品，玩具，家具等商品的增值税出口退税率提高到15%；部分塑料、陶瓷、玻璃制品，部分水产品，车削工具等商品的增值税出口退税率提高到13%；合金钢异性材等钢材、钢铁结构体等钢铁制品、剪刀等商品的增值税出口退税率提高到9%；玉米淀粉、酒精的增值税出口退税率提高到5%。

同年6月19日，国务院批准，国务院关税税则委员会发出《关于调整部分产品出口关税的通知》，自同年7月1日起执行，其中规定如下。

（1）取消部分产品的出口暂定关税，主要包括小麦、大米、大豆及其制粉，硫酸，钢丝等，共计31项产品。

（2）取消部分化肥和化肥原料的特别出口关税，主要包括黄磷、磷矿石、合成氨、磷酸、氯化铵、重过磷酸钙、二元复合肥等，共计27项产品。同时，对黄磷继续征收20%的出口关税，对其他磷、磷矿石继续征收10%～35%的出口暂定关税，对合成氨、磷酸、氯化铵、重过磷酸钙、二元复合肥等化肥产品统一征收10%的出口暂定关税。

（3）调整尿素、磷酸一铵、磷酸二铵3项化肥产品征收出口关税的淡季、旺季时段，将尿素的淡季出口税率适用时间延长1个月，将磷酸一铵、磷酸二铵的淡季出口税率适用时间延长1个半月。

（4）降低部分产品的出口暂定关税，主要包括微细目滑石粉，中小型型钢，氟化工品，钨、钼、铟等有色金属及其中间品，共计29项产品。

同年11月16日，经国务院批准，财政部、海关总署和国家税务总局发出《关于外国政府贷款和国际金融组织贷款项目进口设备增值税政策的通知》，规定：自同年1月1日起，外国政府和国际金融组织贷款项目进口的自用设备，除了《外商投资项目不予免税的进口商品目录》所列的商品以外，免征进口环节增值税。

第四节　配合资源、能源和环境保护政策

为了配合资源、能源和环境保护政策，促进节能、节水、减少和治理污染、资源综合利用，控制“两高一资”产品出口，采取了一系列的重要税收措施，主要涉及增值税、消费税、关税、车辆购置税、企业所得税和资源税等税种。

一　2008年出台的有关政策

2008年8月1日，国务院发出《关于进一步加强节油节电工作的通知》，规定：降低小排量乘用车的消费税税率，提高大排量乘用车的消费税税率，进一步扩大不同排量汽车消费税税率的差距。企业购置使用高效节能中小型三相异步电动机、高压电动机、交直流永磁电动机、通风机、水泵、空气压缩机等产品，符合《节能节水专用设备企业所得税优惠目录》规定的，其投资额按照税法规定享受抵免所得税优惠。实行鼓励消费者购买高效节能空调的财税政策。研究采取税收政策抑制白炽灯等低效照明产品的生产和消费。同日，经国务院批准，财政部、国家税务总局据此发出《关于调整乘用车消费税政策的通知》，规定：自同年9月1日起，气缸容量（排气量，下同）不超过1.0升的乘用车，税率从3%下调至1%；气缸容量超过3.0升至4.0升的乘用车，税率从15%上调至25%；气缸容量超过4.0升的乘用车，税率从20%上调至40%。

同日，国务院公布《民用建筑节能条例》，规定：民用建筑节能项目依法享受税收优惠。

同年8月15日，经国务院批准，国务院关税税则委员会发出《关于调整铝合、金焦炭和煤炭出口关税的通知》。

同年8月20日，经国务院批准，财政部、国家税务总局、国家发展和改革

委员会分别联合公布《节能节水专用设备企业所得税优惠目录（2008年版）》、《环境保护专用设备企业所得税优惠目录（2008年版）》和《资源综合利用企业所得税优惠目录（2008年版）》，上述企业所得税优惠目录均自同年1月1日起执行。

同年8月29日，第十一届全国人民代表大会常务委员会第四次会议通过《中华人民共和国循环经济促进法》，规定：国家对促进循环经济发展的产业活动给予税收优惠，并运用税收等措施鼓励进口先进的节能、节水、节材等技术、设备和产品，限制在生产过程中耗能高、污染重的产品的出口。企业使用或者生产列入国家清洁生产、资源综合利用等鼓励名录的技术、工艺、设备或者产品的，按照国家有关规定享受税收优惠。

同日，经国务院批准，国务院关税税则委员会发出《关于调整化肥类产品特别出口关税的通知》和《关于对动植物肥料征收出口暂定关税的通知》。

同年9月16日，财政部、国家税务总局发出《关于调整硅藻土、珍珠岩、磷矿石和玉石等资源税税额标准的通知》，规定：自同年10月1日起，将玉石、硅藻土的资源税税额标准提高到每吨20元，将磷矿石的资源税税额标准提高到每吨15元，将膨润土、沸石、珍珠岩的资源税税额标准提高到每吨10元。

同年10月6日，国务院批准并印发国土资源部会同有关部门编制的《全国土地利用总体规划纲要（2006～2020）》提出：要逐步形成促进节约集约用地的税费调节机制。实行以利于有效保护耕地、合理利用土地资源、最大限度利用城市现有土地的税收政策。加大闲置和低效用地的税费调节力度，引导建设用地整合，提高用地效益；加大建设用地保有环节税收调节力度，提高土地保有成本，促进土地向集约高效方向流转；加大对土地深度开发等的税收支持力度，鼓励挖掘存量建设用地潜力，鼓励工业企业在符合规划、不改变用途的前提下提高土地利用率，促进节约集约用地。

同年11月13日，国务院关税税则委员会根据国务院的决定发出《关于调整出口关税的通知》，规定：自同年12月1日起调整征收出口关税的产品范围和税率。

同年12月9日，经国务院批准，财政部、国家税务总局分别联合发出《关于资源综合利用及其他产品增值税政策的通知》和《关于再生资源增值税政策的通知》。

《关于资源综合利用及其他产品增值税政策的通知》规定如下。

（1）对销售下列自产货物实行免征增值税政策：再生水、以废旧轮胎为全部生产原料生产的胶粉、翻新轮胎和生产原料中掺兑废渣比例不低于 30% 的特定建材产品。

（2）污水处理劳务免征增值税。

（3）对销售下列自产货物实行增值税即征即退：以工业废气为原料生产的高纯度二氧化碳产品、以垃圾为燃料生产的电力和热力、以煤炭开采过程中伴生的舍弃物油母页岩为原料生产的页岩油、以废旧沥青混凝土为原料生产的再生沥青混凝土、采用旋窑法工艺生产并且生产原料中掺兑废渣比例不低于 30% 的水泥。

（4）销售下列自产货物实现的增值税实行即征即退 50%：以退役军用发射药为原料生产的涂料硝化棉粉，对燃煤发电厂和各类工业企业产生的烟气、高硫天然气进行脱硫生产的副产品，以废弃酒糟和酿酒底锅水为原料生产的蒸汽、活性炭、白炭黑、乳酸、乳酸钙、沼气，以煤矸石、煤泥、石煤、油母页岩为燃料生产的电力和热力，利用风力生产的电力，部分新型墙体材料产品。

（5）对销售自产的综合利用生物柴油实行增值税先征后退。

（6）对增值税一般纳税人生产的黏土实心砖、瓦，一律按照适用税率征收增值税，不得采取简易办法征收增值税。自 2008 年 7 月 1 日起，以立窑法工艺生产的水泥（包括水泥熟料），一律不得执行上述增值税即征即退的规定。

《关于再生资源增值税政策的通知》规定如下。

（1）取消以下规定：第一，废旧物资回收经营单位销售其收购的废旧物资免征增值税。第二，生产企业增值税一般纳税人购入废旧物资回收经营单位销售的废旧物资，可以按照废旧物资回收经营单位开具的由税务机关监制的普通发票上注明的金额和 10% 的比例计算抵扣进项税额。

（2）单位和个人销售再生资源，应当按照增值税暂行条例及其实施细则和财政部、国家税务总局的有关规定缴纳增值税。但是个人（不包括个体工商户）销售自己使用过的废旧物品免征增值税。增值税一般纳税人购进再生资源，应当凭取得的规定的扣税凭证抵扣进项税额。

（3）在 2010 年底以前，对符合条件的增值税一般纳税人销售再生资源缴纳的增值税实行先征后退。其中，2009 年的退还比例为 70%，2010 年的退还比例为 50%。

（4）报废船舶拆解和报废机动车拆解企业，适用本通知的各项规定。

上述规定自2009年1月1日起执行。

同年12月18日，国务院发出《关于实施成品油价格和税费改革的通知》。同年12月19日，财政部、国家税务总局据此分别联合发出《关于提高成品油消费税税率的通知》和《关于提高成品油消费税税率后相关成品油消费税政策的通知》。

同日，根据国务院的决定，财政部、国家税务总局发出《关于金属矿、非金属矿采选产品增值税税率的通知》，规定：自2009年1月1日起，金属矿采选产品、非金属矿采选产品的增值税税率从13%恢复到17%，食用盐仍然适用13%的税率。

同年12月29日，经国务院批准，财政部、国家税务总局发出《关于航空公司燃油附加费免征营业税的通知》，规定：2008～2010年，航空公司经批准收取的燃油附加费免征营业税。

二　2009年出台的有关政策

2009年1月16日，经国务院批准，财政部、国家税务总局发出《关于减征1.6升及以下排量乘用车车辆购置税的通知》，规定：自同年1月20日至12月31日购置1.6升以下排量乘用车，暂减按5%的税率征收车辆购置税。

同年3月23日，经国务院批准，财政部、国家税务总局发出《关于中国清洁发展机制基金及清洁发展机制项目实施企业有关企业所得税政策问题的通知》，自2007年起执行，其中规定如下。

（1）中国清洁发展机制基金（以下简称清洁基金）取得的下列收入免征企业所得税：清洁发展机制项目（以下简称CDM项目）温室气体减排量转让收入上缴国家的部分，国际金融组织赠款收入，清洁基金资金存款利息收入、购买国债利息收入，国内外机构、组织和个人的捐赠收入。

（2）CDM项目实施企业按照国家发展和改革委员会等部门制定的《清洁发展机制项目运行管理办法》将温室气体减排量的转让收入按照以下比例上缴国家的部分，可以在计算应纳税所得额的时候扣除：氢氟碳化物（HFC）和全氟碳化物（PFC）类项目，为温室气体减排量转让收入的65%；氧化亚氮（N_2O）类项目，为温室气体减排量转让收入的30%；《清洁发展机制项目运行管理办法》第四条规定的重点领域和植树造林项目等类清洁发展机制项目，为温室气体减排量转让收入的2%。

（3）企业实施的将温室气体减排量转让收入的65%上缴国家的HFC和PFC类CDM项目，将温室气体减排量转让收入的30%上缴国家的N_2O类CDM项目，其实施该类CDM项目的所得，自项目取得第一笔减排量转让收入所属纳税年度起，第一年至第三年免征企业所得税，第四年至第六年减半征收企业所得税。

同年6月19日，经国务院批准，国务院关税税则委员会发出《关于调整部分产品出口关税的通知》，自同年7月1日起执行，其中规定取消部分产品的出口暂定关税，取消部分化肥和化肥原料的特别出口关税，调整部分化肥产品征收出口关税的淡季、旺季时段，降低部分产品的出口暂定关税。

同年7月19日，经国务院批准，国务院办公厅印发《2009年节能减排工作安排》，提出：落实成品油价格和税费改革方案，研究调整车辆购置税政策。同年12月22日，经国务院批准，财政部、国家税务总局发出《关于减征1.6升及以下排量乘用车车辆购置税的通知》，规定：在2010年期间，购置1.6升以下排量乘用车，暂减按7.5%的税率征收车辆购置税。

同年12月7日，经国务院批准，财政部、国家税务总局发出《关于以农林剩余物为原料的综合利用产品增值税政策的通知》，规定：2009~2010年，纳税人销售以“三剩物”、“次小薪材”、农作物秸秆和蔗渣4类农林剩余物为原料自产的规定范围的综合利用产品，由税务机关实行增值税即征即退，退税比例2009年为100%，2010年为80%。

上述“三剩物”，包括采伐剩余物、造材剩余物和加工剩余物。“次小薪材”，包括次加工材、小径材和薪材。农作物秸秆，包括农业生产过程中收获粮食作物、油料作物、棉花、麻类、糖料、烟叶、药材、蔬菜和水果等以后残留的茎秆。蔗渣，指以甘蔗为原料的制糖生产过程中产生的含纤维50%左右的固体废弃物。

同年12月31日，经国务院批准，财政部、国家税务总局、国家发展和改革委员会发出《关于公布环境保护节能节水项目企业所得税优惠目录（试行）的通知》，自2008年起施行。

第五节　促进企业发展、改革和技术进步

为促进企业发展、改革和技术进步而采取的税收措施主要涉及增值税、营业税、关税、企业所得税、契税和房产税等税种。

一　2008 年出台的有关政策

2008 年 8 月 26 日，财政部发出《关于调整大型石化设备及其关键零部件原材料进口税收政策的通知》、《关于调整大型煤化工设备及其关键零部件原材料进口税收政策的通知》和《关于调整超特高压输变电设备及其关键零部件进口税收政策的通知》，规定：自同年 1 月 1 日起，对国内企业为开发、制造大型石化设备进口的关键零部件、原材料，为开发、制造大型煤化工设备进口的关键零部件、原材料，为开发制造超、特高压输变电设备进口的关键零部件所缴纳的关税和进口环节增值税实行先征后退，所退税款作为国家投资处理，转为国家资本金，主要用于企业新产品的研制生产以及自主创新能力建设。自同年 9 月 15 日起，对新批准的内、外资投资项目进口列入不予免税清单的设备，分别自同年 9 月 1 日、9 月 15 日起停止执行进口免税政策。

同年 10 月 12 日，经国务院批准，国务院办公厅印发中共中央宣传部会同国家税务总局等 10 个部门和单位拟订的《文化体制改革中经营性文化事业单位转制为企业的规定》和《文化体制改革中支持文化企业发展的规定》。

《文化体制改革中经营性文化事业单位转制为企业的规定》的主要内容如下。

（1）经营性文化事业单位在转制过程当中清查出来的资产损失，按照规定报经批准以后核销，转制以后执行《企业财务通则》。

（2）转制为企业的出版、发行单位，在转制的时候可以通过资产清查对库存积压待报废的出版物作一次性处理，损失允许在净资产中扣除；库存呆滞出版物超过一定期限的，可以作为财产损失在税前据实扣除。转制企业已经作为财产损失税前扣除的呆滞出版物，以后年度处置的，处置收入应当纳入处置当年的应税收入。

（3）经营性文化事业单位转制为企业以后，免征企业所得税。

（4）由财政部门拨付事业经费的经营性文化事业单位转制为企业，自用房产免征房产税。

（5）对于经营性文化事业单位转制中资产评估增值涉及的企业所得税，资产划转或者转让涉及的增值税、营业税、城市维护建设税等给予适当的优惠政策，具体政策由财政部、国家税务总局根据转制方案确定。

（6）党报、党刊将其发行、印刷业务和相应的经营性资产剥离组建的文化企业，取得的党报、党刊发行收入和印刷收入免征增值税。

《文化体制改革中支持文化企业发展的规定》的主要内容如下。

（1）电影制片企业销售电影拷贝、转让版权的收入，电影发行企业的电影发行收入，电影放映企业在农村的电影放映收入，免征增值税和营业税。

（2）在2010年底以前，广播电视运营服务企业收取的有线数字电视基本收视维护费，经省级人民政府同意，报财政部、国家税务总局批准，免征营业税，期限不超过3年。

（3）图书、报纸、期刊、音像制品、电子出版物、电影和电视完成片等按照规定享受出口退税政策，境外演出取得的境外收入不征营业税；为生产重点文化产品而进口国内不能生产的自用设备和配套件、备件等，按照现行规定免征关税和进口环节增值税。

（4）在文化产业支撑技术等领域内，国家需要重点扶持的高新技术企业，减按15%的税率征收企业所得税；文化企业开发新技术、新产品和新工艺发生的研究开发费用，允许按照税法规定在计算应纳税所得的时候加计扣除。

（5）出版、发行企业库存呆滞出版物超过一定期限的，可以作为财产损失在税前据实扣除。已经作为财产损失税前扣除的呆滞出版物，以后年度处置的，处置收入应当纳入处置当年的应税收入。

同年12月8日，经国务院批准，国务院办公厅发布《关于当前金融促进经济发展的若干意见》，其中提出了鼓励中小企业发展的税收措施。此后，财政部、国家税务总局据此发出了配套文件。

2008年12月15日，经国务院批准，国务院办公厅转发国家发展和改革委员会、国家税务总局等6个单位报送的《关于促进自主创新成果产业化的若干政策》中提出：切实落实促进自主创新成果产业化的税收扶持政策。鼓励企业加大对自主创新成果产业化的研发投入，对新技术、新产品、新工艺等研发费用，按照规定在计算应纳税所得额时加计扣除。企业按照《当前优先发展的高技术产业化重点领域指南》实施的自主创新成果产业化项目，符合《产业结构调整指导目录》鼓励类条件的，按照规定享受进口税收优惠。高等院校和科研机构技术转让所得，按照规定享受企业所得税优惠。

同年12月29日，财政部、国家税务总局发出《关于企业改制重组若干契税政策的通知》，具体规定如下。

（1）非公司制企业按照公司法整体改建为有限责任公司（包括国有独资公

司）或者股份有限公司，有限责任公司整体改建为股份有限公司的，改建以后的公司承受原企业土地、房屋权属，免征契税。

非公司制国有独资企业和国有独资有限责任公司，以其部分资产与他人组建新公司，且该国有独资企业（公司）在新设公司中所占股份超过50%的，新设公司承受该国有独资企业（公司）的土地、房屋权属，免征契税。

国有控股公司以部分资产投资组建新公司，且该国有控股公司占新公司股份85%以上的，新公司承受该国有控股公司土地、房屋权属，免征契税。

（2）在股权转让中，单位、个人承受企业股权，企业土地、房屋权属不发生转移，不征收契税。

（3）2个以上的企业按照法律规定、合同约定合并改建为一个企业，且原投资主体存续的，合并以后的企业承受原合并各方的土地、房屋权属，免征契税。

（4）企业按照法律规定、合同约定分设为2个以上投资主体相同的企业，派生方、新设方承受原企业土地、房屋权属，不征收契税。

（5）国有企业、集体企业出售，被出售企业法人注销，并且买受人按照劳动法有关法律、法规妥善安置原企业全部职工，其中与原企业30%以上职工签订服务年限不少于3年的劳动用工合同的，其承受所购企业的土地、房屋权属，减半征收契税；与原企业全部职工签订服务年限不少于3年的劳动用工合同的，免征契税。

（6）企业按照有关法律、法规注销、破产以后，债权人（包括注销、破产企业职工）承受注销、破产企业土地、房屋权属抵偿债务的，免征契税。非债权人承受注销、破产企业土地、房屋权属，凡按照劳动法等有关法律、法规妥善安置原企业全部职工，其中与原企业30%以上职工签订服务年限不少于3年的劳动用工合同的，其承受所购企业的土地、房屋权属，减半征收契税；与原企业全部职工签订服务年限不少于3年的劳动用工合同的，免征契税。

（7）经国务院批准实施债权转股权的企业，债权转股权以后新设立的公司承受原企业的土地、房屋权属，免征契税。

政府主管部门对国有资产进行行政性调整和划转过程中发生的土地、房屋权属转移，不征收契税。

企业改制重组过程中，同一投资主体内部所属企业之间土地、房屋权属的无偿划转，包括母公司与其全资子公司之间，同一公司所属全资子公司之间，同一自然人与其设立的个人独资企业、一人有限公司之间土地、房屋权属的无偿划转，不征收契税。

上述规定的执行期限为2009年1月1日至2011年12月31日。

二 2009年出台的有关政策

2009年2月9日，国务院印发《汽车产业调整和振兴规划》和《钢铁产业调整和振兴规划》。《汽车产业调整和振兴规划》提出：坚持扩大内需，注重财税政策激励与消费环境改善相结合；建立完整的汽车消费政策法规框架体系、科学合理的汽车税费制度、现代化的汽车服务体系和智能交通管理系统，建立电动汽车基础设施配套体系，为汽车市场稳定发展提供保障；通过税收等经济手段引导增加小排量汽车消费；制定支持汽车企业重组的政策措施，妥善解决富余人员安置、企业资产划转、债务核定与处置、财税利益分配等问题。

《钢铁产业调整和振兴规划》提出：通过体制创新，努力消除影响企业重组的财税利益分配、资产划拨、债务核定和处置等体制性障碍，落实好鼓励钢铁企业重组的税收政策；改善钢铁产品进出口环境，实施适度灵活的出口税收政策；落实提高部分钢铁产品出口退税率的措施，适时适当提高技术含量高、附加值高的钢材产品出口退税率；继续对生铁、铁合金、钢坯、钢锭和附加价值比较低的线材、螺纹钢征收10%至25%的出口关税；落实好已经出台的取消67个税号钢铁产品出口关税的措施；加快出口退税进度，确保及时足额退税；研究国产钢材和进口钢材公平税负政策，制订具体措施，对于国内能够生产、质量能够满足下游加工企业需要的进口钢材逐步恢复征收关税和进口环节增值税；积极实施“走出去”战略，完善信贷、外汇、财税、人员出入境等政策措施。

同年3月5日，国务院印发《电子信息产业调整和振兴规划》，提出：继续实施国务院2000年6月24日发出的《关于鼓励软件产业和集成电路产业发展若干政策的通知》明确的政策，抓紧研究进一步支持软件产业和集成电路产业发展的政策措施；进一步完善并适当延长液晶等新型显示器件优惠政策，落实数字电视产业政策，研究出台光伏发电和半导体照明推广应用的鼓励政策和扶持信息安全产业发展的政策措施。

同年3月10日，国务院印发《物流业调整和振兴规划》，提出：加大政策支持力度，抓紧解决影响当前物流业发展的土地、税收、收费、融资和交通管理等方面的问题。

同年3月13日，国务院发布《关于发挥科技支撑作用促进经济平稳较快发展的意见》，提出：落实企业研发费用加计扣除、高新技术企业认定等促进自主创新的政策，鼓励自主创新技术和产品的研发。

同年3月14日，国务院印发《纺织工业调整和振兴规划》和《装备制造业调整和振兴规划》。《纺织工业调整和振兴规划》提出：将纺织品服装出口退税率从14%提高到15%，加快出口退税进度，确保及时足额退税。《装备制造业调整和振兴规划》提出：发挥增值税转型对企业技术进步的促进作用；适当提高部分高技术、高附加价值装备产品的出口退税率；生产国家支持发展的重点技术装备和产品，确有必要进口的关键部件和原材料，免征关税和进口环节增值税；对铸件、锻件、模具和数控机床增值税实行先征后返的规定执行到期以后，研究制定新的税收扶持政策。

同年3月25日，国务院印发《有色金属产业调整和振兴规划》，提出：完善出口税收政策，在继续控制“两高一资”产品出口的同时，进一步调整有色金属产品出口退税率结构，研究适当提高技术含量高、高附加值产品的出口退税率；加大节能技术改造财政奖励支持力度，鼓励、引导企业积极推进节能技术改造；进一步完善政策措施，妥善解决人员安置、企业资产划转、债务核定与处置、财税利益分配等问题，推进企业重组，完善公司治理结构，提高企业管理水平；支持企业“走出去”，完善信贷、外汇、保险、财税、人员出入境等政策措施。

同年3月27日，国务院印发《轻工业调整和振兴规划》和《石化产业调整和振兴规划》。《轻工业调整和振兴规划》提出：进一步提高部分不属于“两高一资”的轻工产品的出口退税率，加快出口退税进度，确保及时足额退税；简化税务部门审核金融机构呆账核销手续和程序，对中小企业贷款实行税前全额拨备损失准备金；落实有关兼并重组的税收政策，在流动资金、债务核定、职工安置等方面给予优惠。《石化产业调整和振兴规划》提出：统筹兼顾石化产业与下游加工贸易发展，科学制定石化产品出口退税政策和加工贸易政策，实行国产石化产品与加工贸易进口石化产品公平税负；落实和完善企业兼并重组的政策措施，妥善解决富余人员安置、企业资产划转、债务核定与处置、财税利益分配等问题。

2009年3月26日，为了贯彻落实《国务院办公厅关于印发文化体制改革中经营性文化事业单位转制为企业和支持文化企业发展两个规定的通知》，财政部、国家税务总局，财政部、海关总署和国家税务总局先后联合发出《关于文化体制改革中经营性文化事业单位转制为企业的若干税收优惠政策的通知》和《关于支持文化企业发展若干税收政策问题的通知》。

《关于文化体制改革中经营性文化事业单位转制为企业的若干税收优惠政策的通知》规定如下。

（1）经营性文化事业单位转制为企业，从转制注册之日起免征企业所得税。

（2）由财政部门拨付事业经费的文化单位转制为企业，从转制注册之日起自用房产免征房产税。

（3）党报、党刊将其发行、印刷业务和相应的经营性资产剥离组建的文化企业，从注册之日起取得的党报、党刊发行、印刷收入免征增值税。

（4）对经营性文化事业单位转制中资产评估增值涉及的企业所得税，资产划转、转让涉及的增值税、营业税和城市维护建设税等给予适当的优惠政策，具体优惠政策由财政部、国家税务总局根据转制方案确定。

上述经营性文化事业单位指从事新闻出版、广播影视和文化艺术的事业单位，转制包括文化事业单位整体转为企业和文化事业单位中经营部分剥离转为企业。上述规定适用于文化体制改革地区的所有转制文化单位和不在文化体制改革地区的转制企业，执行期限为2009～2013年。

《关于支持文化企业发展若干税收政策问题的通知》规定如下。

（1）各级广播电影电视行政主管部门按照权限批准从事电影制片、发行、放映的电影集团公司（包括成员企业）、电影制片厂和其他电影企业取得的销售电影拷贝收入、转让电影版权收入、电影发行收入和在农村取得的电影放映收入，免征增值税和营业税。

（2）2010年底以前，广播电视运营服务企业按照规定收取的有线数字电视基本收视维护费，经省级人民政府同意，并报财政部、国家税务总局批准，免征营业税，期限不超过3年。

（3）出口图书、报刊、音像制品、电子出版物、电影和电视完成片，按照规定办理增值税出口退税。

（4）文化企业在中国境外演出，从中国境外取得的收入免征营业税。

（5）在文化产业支撑技术等领域内符合规定的高新技术企业，减按15%的税率征收企业所得税；文化企业开发新技术、新产品和新工艺发生的研究开发费用，可以依法在计算应纳税所得额的时候加计扣除。文化产业支撑技术等领域的具体范围由科学技术部、财政部、国家税务总局和中共中央宣传部另行发文明确。

(6) 出版、发行企业库存呆滞出版物，纸质图书超过5年（包括出版当年，下同）；音像制品、电子出版物和投影片（包括缩微制品）超过2年；纸质期刊和挂历年画等超过1年的，可以作为财产损失在企业所得税前据实扣除。已经作为财产损失税前扣除的呆滞出版物，以后年度处置的，其处置收入应当纳入处置当年的应税收入。

(7) 为生产重点文化产品进口国内不能生产的自用设备和配套件、备件等，可以按照规定免征关税。

上述文化企业指从事新闻出版、广播影视和文化艺术的企业。除了上述规定中另有规定者外，其他税收的执行期限为2009～2013年。

同年4月21日，国务院印发《船舶工业调整和振兴规划》，提出：研究制定税收优惠政策，鼓励金融租赁企业购买中国船舶工业集团公司和中国船舶重工集团公司建造的出口船舶的弃船；制定鼓励企业兼并重组的政策措施，妥善解决富余人员安置、企业资产划转、债务核定与处置、财税利益分配等问题。

同年4月24日，经国务院批准，财政部、国家税务总局发出《关于技术先进型服务企业有关税收政策问题的通知》，规定：将苏州工业园区技术先进型服务企业税收试点政策推广到北京、天津、上海、重庆、大连、深圳、广州、武汉、哈尔滨、成都、南京、西安、济南、杭州、合肥、南昌、长沙、大庆、苏州、无锡20个中国服务外包示范城市（以下简称服务外包示范城市），即2009～2013年，在上述20个服务外包示范城市实行下列税收优惠。经过认定的技术先进型服务企业，减按15%的税率征收企业所得税；企业发生的职工教育经费按照不超过企业工资总额8%的比例在企业所得税税前扣除，超过8%的部分准予在以后纳税年度结转扣除；企业的离岸服务外包业务收入免征营业税。

同年5月19日，经国务院批准，财政部发出《关于扶持新型显示器件产业发展有关进口税收优惠政策的通知》，规定：2009～2011年，薄膜晶体管液晶显示器件、等离子显示面板和有机发光二极管显示面板的生产企业进口国内不能生产的净化室专用建筑材料、配套系统和国内不能生产的生产设备零配件，免征关税和进口环节增值税；进口国内不能生产的自用生产性（含研发用）原材料和消耗品，免征关税。

同年6月2日，经国务院批准，国务院办公厅印发《促进生物产业加快发展的若干政策》，提出：实施税收优惠政策。生物企业为开发新技术、新工艺、新产品发生的研发费用，未形成无形资产计入当期损益的，在按照规定据实扣除的基础上，再按照研发费用的50%加计扣除；形成无形资产的，按照无形资产成本的150%摊销。对被认定为高新技术企业的生物企业，按照税法规定减按15%的税率征收企业所得税。对国家需要重点扶持和鼓励发展的生物农业、生物医药、生物能源、生物基材料等生产企业，进一步完善相关税收政策。

同年7月17日，根据2006年4月25日国务院办公厅转发的财政部、国家税务总局等10个部门报送的《关于推动我国动漫产业发展的若干意见》，财政部、国家税务总局发出《关于扶持动漫产业发展有关税收政策问题的通知》，自同年1月1日起执行，规定如下。

（1）在2010年底以前，属于增值税一般纳税人的动漫企业销售其自主开发生产的动漫软件，按照17%的税率征收增值税以后，对其增值税实际税负超过3%的部分实行即征即退。动漫软件出口免征增值税。

（2）动漫企业为开发动漫产品提供的动漫脚本编撰、形象设计、背景设计、动画设计、分镜、动画制作、摄制、描线、上色、画面合成、配音、配乐、音效合成、剪辑、字幕制作、压缩转码（面向网络动漫、手机动漫格式适配）劳务，在2010年底以前暂减按3%税率征收营业税。

（3）经过认定的动漫企业自主开发、生产动漫直接产品，确实需要进口的商品可以免征关税和进口环节增值税。具体免税商品范围和管理办法由财政部会同有关部门制定。

（4）经过认定的动漫企业自主开发、生产动漫产品，可以申请享受国家现行鼓励软件产业发展的所得税优惠。

同年8月17日，国务院印发《文化产业振兴规划》，提出：落实2008年10月12日国务院办公厅发出的《关于印发文化体制改革中经营性文化事业单位转制为企业和支持文化企业发展两个规定的通知》中的税收优惠政策，研究确定文化产业支撑技术的具体范围，加大税收扶持力度，支持文化产业发展。

同年8月20日，根据国务院关于装备制造业振兴规划和加快振兴装备制造业有关调整进口税收优惠政策的决定，财政部、国家税务总局等6个部门发出《关于调整重大技术装备进口税收政策的通知》，自同年7月1日起执行，其中规定如下。

（1）国内企业为生产国家支持发展的重大技术装备和产品确有必要进口的关键零部件和原材料，免征关税和进口环节增值税。同时，取消相应整机和成套设备的进口免税规定。国产装备尚不能完全满足需求，仍然需要进口的，作为过渡措施，经过严格审核，以逐步降低优惠幅度、缩小免税范围的方式，在一定期限以内继续给予进口优惠政策。

（2）国内企业为开发、制造重大技术装备进口部分关键零部件、原材料所缴纳关税和进口环节增值税先征后退的规定停止执行。

同年 9 月 19 日，国务院发布《关于进一步促进中小企业发展的若干意见》，其中提出了有关税收的措施。

（1）组织开展对中小企业相关法律和政策特别是金融、财税政策贯彻落实情况的监督检查，发挥新闻舆论和社会监督的作用，加强政策效果评价。

（2）落实好对符合条件的中小企业信用担保机构免征营业税、准备金提取和代偿损失税前扣除的政策。

（3）国家运用税收政策促进中小企业发展，具体政策由财政部、税务总局会同有关部门研究制定。为有效应对国际金融危机，扶持中小企业发展，2010 年应纳税所得额不超过 3 万元的小型微利企业，其所得减按 50% 计入应纳税所得额，按照 20% 的税率缴纳企业所得税。中小企业投资国家鼓励类项目，除了《国内投资项目不予免税的进口商品目录》所列的商品以外，所需的进口自用设备和按照合同随设备进口的技术及配套件、备件，免征关税。中小企业缴纳城镇土地使用税确有困难的，可以按照规定向省级财税部门或者省级人民政府提出减税、免税申请。中小企业由于特殊困难不能按期纳税的，可以依法申请在 3 个月以内延期缴纳。严格执行税收征收管理法律、法规，不得违规向中小企业提前征税或者摊派税款。

（4）中小企业的固定资产由于技术进步原因需要加速折旧的，可以按照规定缩短折旧年限或者采取加速折旧的方法。

（5）对纳入环境保护、节能节水企业所得税优惠目录的投资项目，按照规定给予企业所得税优惠。

（6）进一步落实出口退税等支持政策，研究完善稳定外需、促进外贸发展的措施，稳定和开拓国际市场。

（7）投资、工商、税务、质检、环保等部门要简化程序，缩短时限，提高效率，为中小企业设立、生产经营等提供便捷服务。

同年 9 月 26 日，国务院批转国家发展和改革委员会等 10 个单位报送的《关于抑制部分行业产能过剩和重复建设引导产业健康发展的若干意见》，提出：要着眼于推进产业结构调整和解决长期困扰中国产业良性发展的深层次矛盾，进一步深化财税体制、投融资体制、价格体制、社会保障体制等方面的改革，完善干部考核制度，形成有力促进经济结构战略性调整，推动中国工业实现由大到强转变的体制环境。

同年10月10日，经国务院批准，财政部、海关总署和国家税务总局发出《关于研发机构采购设备税收政策的通知》，规定：自2009年7月1日至2010年12月31日，外资研发中心进口科技开发用品免征进口税收，内资、外资研发机构采购国产设备全额退还增值税。

同年11月25日，经国务院批准，财政部、国家税务总局发出《关于股改及合资铁路运输企业房产税、城镇土地使用税有关政策的通知》，规定：对股改铁路运输企业及合资铁路运输公司自用的房产、土地暂免征收房产税和城镇土地使用税。其中股改铁路运输企业是指铁路运输企业经国务院批准进行股份制改革成立的企业；合资铁路运输公司是指由铁道部及其所属铁路运输企业与地方政府、企业或其他投资者共同出资成立的铁路运输企业。

第六节　支持农业发展

为了支持农产品加工、农村金融、农民工返乡创业和农村公益事业，在企业所得税等方面采取了一些措施。

一　2008年出台的有关政策

2008年8月6日，国务院印发国家发展和改革委员会报送的《国家粮食安全中长期规划纲要（2008～2020）》，提出：国家在信贷、资金、税收等方面对企业实施农业“走出去”项目给予政策支持。

同年10月12日中共十七届三中全会通过的《中共中央关于推进农村改革发展若干重大问题的决定》中提出：加大对农村金融政策支持力度，拓宽融资渠道，综合运用财税杠杆和货币政策工具，定向实行税收减免和费用补贴，引导更多信贷资金和社会资金投向农村，完善农产品加工业发展税收支持政策。

同年11月20日，根据企业所得税法及其实施条例，财政部、国家税务总局发布《享受企业所得税优惠政策的农产品初加工范围（试行）》。

同年12月8日，经国务院批准，国务院办公厅发布《关于当前金融促进经济发展的若干意见》，其中提出涉农贷款税前全额拨备损失准备金。2009年8月21日，财政部、国家税务总局据此发出《关于金融企业涉农贷款和中小企业贷款损失准备金税前扣除政策的通知》。

2008年12月20日，经国务院批准，国务院办公厅发出《关于切实做好当前农民工工作的通知》，规定：地方人民政府要在用地、收费、信息、工商登记、纳税服务等方面，降低创业门槛，给予农民工返乡创业更大的支持。

同年12月31日，中共中央、国务院发布《关于2009年促进农业稳定发展农民持续增收的若干意见》，提出：抓紧出台对涉农贷款定向实行税收减免的具体办法。将农民专业合作社纳入税务登记系统，免收税务登记工本费。落实农民工返乡创业扶持政策，在贷款发放、税费减免、工商登记和信息咨询等方面提供支持。

二 2009年出台的有关政策

2009年5月10日，国务院发出《关于当前稳定农业发展促进农民增收的意见》，提出：完善农产品加工财税政策。财政部和税务总局要会同有关部门抓紧研究扶持政策，提高玉米深加工企业开工率；尽快研究并完善现行农产品增值税及酒精消费税征收有关政策，促进农业生产发展和农产品流通。

同年12月31日，中共中央、国务院发布《关于加大统筹城乡发展力度进一步夯实农业农村发展基础的若干意见》，提出：耕地占用税税率提高以后，新增的收入全部用于农业。加强财税政策与农村金融政策的有效衔接，引导更多信贷资金投向“三农”，切实解决农村融资难问题。落实和完善涉农贷款税收优惠、定向费用补贴、增量奖励等政策。企业通过公益性社会团体、县级以上人民政府及其部门或者设立专项的农村公益基金会，用于建设农村公益事业项目的捐赠支出，不超过年利润12%的部分准予在计算企业所得税前扣除。完善加快小城镇发展的财税、投融资等配套政策。充分利用海关特殊监管区域和保税加工物流等措施，发展农产品加工贸易。

第七节 配合就业和社会保障政策

配合就业和社会保障政策的税收措施主要涉及营业税、企业所得税和个人所得税等税种。

一 2008年出台的有关政策

2008年9月26日，经国务院批准，国务院办公厅转发人力资源和社会保障部、国家税务总局等11个部门报送的《关于促进以创业带动就业工作的指导意见》，提出：全面落实有利于劳动者创业的税收优惠、小额担保贷款、资金补贴、场地安排等扶持政策，促进中小企业和个体私营等非公有制经济发展，扶持劳动者创业。各地区要发挥促进就业工作协调机制的作用，建立人力资源社会保障、发改委、中小企业管理、教育、建设、国土资源、财政、商务、银行、税务和工商等部门共同参与、分工负责、协调配合的工作小组，共同研究制定和实施促进以创业带动就业的政策措施和工作计划。

同年11月21日，经国务院批准，财政部、国家税务总局发出《关于全国社会保障基金有关企业所得税问题的通知》，规定：自2008年1月1日起，全国社会保障基金理事会、社会保障基金投资管理人管理的社会保障基金银行存款利息收入和社会保障基金从证券市场取得的收入，包括买卖证券投资基金、股票、债券的差价收入，证券投资基金红利收入，股票的股息、红利收入，债券的利息收入和产业投资基金收益、信托投资收益等其他投资收入，作为企业所得税不征税收入。社会保障基金投资管理人和社会保障基金托管人从事社会保障基金管理活动取得的收入，依法征收企业所得税。

二 2009年出台的有关政策

2009年2月3日，国务院发出《关于做好当前经济形势下就业工作的通知》，规定：完善鼓励发展轻工、纺织、建筑等劳动密集型产业的财税、金融等扶持政策。落实国务院办公厅2008年9月26日转发的人力资源和社会保障部、国家税务总局等11个部门报送的《关于促进以创业带动就业工作的指导意见》，完善落实市场准入、场地安排、税费减免、小额担保贷款、免费就业服务和职业培训补贴等扶持政策。延续鼓励下岗失业人员创业的税收扶持政策，持"再就业优惠证"人员从事个体经营的，按照规定在限额以内依次减免营业税、城市维护建设税、教育费附加和个人所得税，审批期限延长到2009年底。延续鼓励企业吸纳下岗失业人员的税收扶持政策，符合条件的企业在新增加的岗位中，当年新招用持"再就业优惠证"人员，与其签订1年以上期限劳动合同并缴纳社会保险费的，按照规定在相应期限以内定额依次减免营业税、城市维护建设税、教育费附加和企业所得税，审批期限延长到2009年底。同年3月3日，财政部、国家税务总局据此发出《关于延长下岗失业人员再就业有关税收政策的通知》。

同年3月17日，中共中央、国务院发布《关于深化医疗卫生体制改革的意见》，提出：完善医疗机构分类管理政策和税收优惠政策；制定相关优惠政策，鼓励社会力量兴办慈善医疗机构，或者向医疗救助、医疗机构等慈善捐助。次日，国务院印发《医药卫生体制改革近期重点实施方案（2009～2011年）》，提出：落实非营利性医院税收优惠政策，完善营利性医院税收政策。

同年6月2日，根据企业所得税法及其实施条例，财政部、国家税务总局发出《关于补充养老保险费补充医疗保险费有关企业所得税政策问题的通知》，规定：自2008年起，企业根据国家的规定为本企业全体员工支付的补充养老保险费、补充医疗保险费，分别不超过职工工资总额5%的部分，可以在计算企业所得税应纳税所得额的时候扣除。

第八节　调节房地产市场

为了调节房地产市场，在营业税、契税、印花税、土地增值税等方面采取了一些措施，其中个人住房转让营业税政策变化比较大。

一　2008年出台的有关政策

2008年10月22日，经国务院批准，财政部、国家税务总局发出《关于调整房地产交易环节税收政策的通知》，规定：自同年11月1日起，个人首次购买90平方米以下普通住房的，契税税率暂统一下调到1%；个人销售、购买住房暂免征收印花税；个人销售住房暂免征收土地增值税。

同年12月20日，经国务院批准，国务院办公厅发出《关于促进房地产市场健康发展的若干意见》，提出：将现行个人购买普通住房5年以上转让时免征营业税的时间限制改为2年以上；将个人购买普通住房不足2年转让的，按照转让收入全额征收营业税，改为按照转让收入减除购买该房原价以后的差额征收营业税。将现行个人购买非普通住房5年以上转让时按照转让收入减除购买该房原价以后的差额征收营业税的时间限制改为2年以上；个人购买非普通住房不足2年转让的，仍然按照转让收入全额征收营业税。以上措施暂定执行至2009年12月31日。此外，为了进一步公平税负，完善房地产税收制度，按照法定程序取消城市房地产税，各类企业和个人统一适用《中华人民共和国房产税暂行条例》。同年12月29日，财政部、国家税务总局据此发出《关于个人住房转让营业税政策的通知》，规定：自2009年1月1日至12月31日，个人销售购买不足2年的非普通住房的，全额征收营业税；销售购买2年以上的非普通住房和购买不足2年的普通住房的，按照销售收入减去购房价款以后的差额征收营业税；销售购买2年以上的普通住房的，免征营业税。

二 2009年出台的有关政策

2009年5月22日，住房和城乡建设部、国家发展和改革委员会、财政部发布《2009~2011年廉租住房保障规划》，提出：落实支持廉租住房建设的各项税费优惠政策。

同年12月22日，经国务院批准，财政部、国家税务总局发出《关于调整个人住房转让营业税政策的通知》，规定：自2010年起，个人销售购买不足5年的非普通住房的，按照其销售收入征收营业税；个人销售购买5年以上的非普通住房或者购买不足5年的普通住房的，按照其销售收入减除购房价款以后的差额征收营业税；个人销售购买5年以上的普通住房的，免征营业税。

同年12月24日，根据2007年8月7日国务院发布的《关于解决城市低收入家庭住房困难的若干意见》和2008年12月20日国务院办公厅发布的《关于促进房地产市场健康发展的若干意见》，经国务院批准，住房和城乡建设部、财政部等5个部门发出《关于推进城市和国有工矿棚户区改造工作的指导意见》，提出：城市和国有工矿棚户区改造安置住房建设和通过收购筹集安置房源的，执行经济适用住房的税收优惠政策。

据财政部、国家税务总局统计，2009年减税总规模约5000亿元，对于保持中国经济发展、社会稳定和推进改革开放产生了重要的促进作用。同时，由于经济总量的增长和税费改革等原因，全国税收收入达到59521.6亿元，比上年增长9.8%。其中，国内增值税18481.2亿元，同比增长2.7%；国内消费税4761.2亿元，同比增长85.4%（剔除成品油税费改革和卷烟消费税政策调整的增收因素以后同比增长7%左右）；营业税9014.0亿元，同比增长18.2%；企业所得税11536.8亿元，同比增长3.2%；个人所得税3949.4亿元，同比增长6.1%；进口货物增值税、消费税7729.8亿元，同比增长4.6%；关税1483.8亿元，同比下降16.2%；证券交易印花税510.4亿元，同比下降47.9%；车辆购置税

1163.9亿元，同比增长17.6%。另外，出口退税6486.6亿元，比上年增长10.6%，相应减少了财政收入。税收收入占国内生产总值的比重达到17.5%，比上年提高0.2个百分点；税收收入占财政收入的比重为86.9%，比上年降低1.5个百分点。

Financial Crisis Tests China's Tax Policy

Abstract: China has implemented a series of important measures in tax policy to respond the international financial crisis. On one hand, China continued to promote the tax reform, for example, carrying out the VAT transformation and the tax reform on processed oil, and so on; On the other hand, the Chinese government adopted multiple and large-scale tax cuts according to the need of macroeconomic policies in China. These tax policies to cope with the financial crisis include: supporting the development of finance, insurance and securities, adjusting the import and export trade, coordinating the resources, energy and environmental policy, promoting the development, reform and technical progress of enterprises, supporting agricultural development, coordinating employment and social security policy, regulating the real estate market, and so on. The success of these measures achieved better economic and social effects, and maintained the steady growth of financial revenue at the same time.

Key Words: Financial Crisis; Tax Policy; Tax Reform

第六章
金融危机考验我国金融体制

逄金玉*

摘　要：为抵御金融危机，中国政府实行适度宽松的货币政策，加大金融对经济发展的支持力度，多次降息并出台了金融促进经济发展的九项政策措施，较好地发挥了金融支持经济增长和促进结构调整的作用。经过金融危机的考验，中国金融体制还将继续深化改革和发展，适应金融改革国际化要求的同时，应积极防范现实和今后可能出现的不同形式的金融风险，在改革中求创新，在稳健中求发展，扩大中国在国际金融领域的话语权，必将使中国的金融体制取得更大的开放、进步与成功。

关键词：金融危机；金融体制；金融风险

2008 年金融危机爆发后，对中国经济产生了很大的冲击，相对于实体经济而言，中国金融市场及金融企业受影响较小，这得益于中国金融体制自身的稳定性，这是与近年来中国不断推进的金融体制改革分不开的，中国通过多次整顿金融秩序、降低金融风险等政策措施，为金融体制系统性风险的降低打下了较坚实的基础。同时，也要看到，中国的金融体制还不发达，除金融管制的差别外，金融开放程度不高，金融产品与服务特别是衍生产品开发上与发达国家有很大差距，这也使中国金融体系在一定程度上避免了金融危机的传导冲击。

第一节　金融危机对中国的冲击及政府的应对措施

2008 年，随着美国次贷危机的不断恶化并演变为国际金融危机，受全球经

---

* 逄金玉，经济学博士，北京邮电大学产业与区域发展研究中心副主任，曾在中国社会科学院当代中国研究所、北京证券及联合证券工作，研究领域为宏观经济、金融学及证券投资等。

济发展减速、主要发达国家经济走向衰退的影响，中国外部需求明显收缩，出口订单减少，部分行业产能过剩，企业生产经营困难，城镇失业人员增多，经济增长的下行压力明显加大。为应对国际金融危机冲击、保持经济平稳较快发展，中国及时调整宏观经济政策，果断实施积极的财政政策和适度宽松的货币政策，形成了进一步扩大内需、促进经济增长的一揽子计划。

一　金融危机对中国金融领域的冲击

国际金融危机爆发以来，全球主要股市不断走低，石油、有色金属等大宗商品价格大幅波动，国际市场动荡部分地传导到中国金融市场。中国金融机构的海外投资遭受一定的直接损失，主要包括：一是次贷相关产品的投资损失，由于总体规模有限，其对各银行的资产负债状况和赢利能力影响不大（见表6－1）；二是部分海外金融机构股权投资出现账面亏损；三是合格境内投资者的海外投资亏损。此外，国际金融危机也对国内消费者及投资者的信心造成一定程度的负面冲击。

表6－1　美国金融机构香港公司对6家中资银行次级债投资损失的估计值

银　　行	投资美国证券规模（百万元）	按揭抵押债券占比（%）	按揭抵押债券规模估计值（百万元）	次级债估计值（百万元）	次级债占　比（%）	次级债亏损估计值（百万元）	与2007年税前利润预测值比（%）
中国银行	590766	37.40	221202	29641	0.51	3853	4.50
中国建设银行	306685	10.80	33080	4433	0.07	576	0.70
中国工商银行	199870	3.50	6940	930	0.01	120	0.10
交通银行	27583	52.50	14488	1941	0.10	252	1.20
招商银行	34272	17.30	5924	794	0.07	103	0.70
中信银行	24052	4.80	1146	154	0.02	19	0.20

资料来源：2007年8月11日《证券市场周刊》。

从股票市场来看，在金融危机影响比较严重的2008年，中国上证指数以65.39%的跌幅居第13位。2008年全球73个股市中，仅加纳和图尼西亚股市上涨，涨幅分别为58.71%和10.65%，其余股市皆为下跌，算术平均跌幅高达46%。全球共有32个股市跌幅超过50%，有17个股市跌掉5年的升幅，东欧和北欧股市损失惨重，冰岛股市跌幅高达94.41%，高居全球第一；保加利亚股市跌幅达79.71%，赛普勒斯股市跌幅达77.74%。此外，乌克兰、俄罗斯、罗马尼亚等国股票市场的跌幅也在70%以上。发达市场的跌幅相对靠后，日经指数全年下跌42.12%，排在跌幅榜第46位；美国道琼斯指数下跌33.84%，排在跌幅榜第59位；英国金融时报指数下跌31.33%，排在跌幅榜第63位①。

从期货市场来看，以沪铜连续合约为例，2008年3月4日，期货铜合约最高价达每吨70550元，到2008年12月24日，合约价下降为每吨23650元，跌幅达66.5%。其他有色金属品种及燃油期货等都出现了较大幅度的下跌②。

二 中国政府在金融领域的应对措施

2008~2009年，为了应对金融危机，中国政府出台了进一步扩大内需、促进经济增长的十项措施，相应配套或单独出台了十大产业振兴计划，包括提高部分商品出口退税，支持房地产开发企业、提供个人购房优惠，扩大地方政府债券发行，家电下乡及以旧换新等政策。上述措施对摆脱国际金融危机的影响起到了显著成效。在金融领域主要有以下政策措施。

1. 中国人民银行2008年连续五次降息

为应对国际金融危机加剧对我国经济增长产生的负面影响，落实适度宽松的货币政策，扩大内需，保持国民经济持续平稳较快发展，在2008年9月16日至2008年12月22日这一较短时间段间，中国人民银行先后五次下调金融机构存贷款基准利率，四次下调存款准备金率，明确取消对金融机构信贷规划的硬约束，保持银行体系流动性充分供应，促进货币信贷合理平稳增长，积极配合国家扩大内需等一系列刺激经济的政策措施，加大了金融支持经济发展的力度。

其他有关利率政策包括：2008年10月9日，对储蓄存款利息所得暂免征收个人所得税。2008年10月22日，财政部宣布对个人首次购买90平方米及以下普通住房的契税税率暂统一下调到1%；对个人销售或购买住房暂免征收印花税；对个人销售住房暂免征收土地增值税；金融机构对居民首次购买普通自住房和改善型普通自住房提供贷款，其贷款利率的下限可扩大为贷款基准利率的0.7倍，最低首付款比例调整为20%；下调个人住房公积金贷款利率，各档次利率分别下调0.27个百分点。2008年10月27日起，将商业性个人住房贷款利率的下限扩大为贷款基准利率的0.7倍；最低首付款比例调整为20%；下调个人住房公积金贷款利率。其中，五年期以下（含）由4.32%调整为4.05%，五年期

① 2009年1月5日《中国证券报》。

② 招商证券行情网站。

以上由 4.86% 调整为 4.59%，分别下调 0.27 个百分点。

2. 提出和确定金融促进经济发展的九项政策措施

2008 年 12 月 3 日，国务院总理温家宝主持召开国务院常务会议，研究部署金融促进经济发展的政策措施，提出应对国际金融危机，保持经济平稳较快发展，必须认真实行积极的财政政策和适度宽松的货币政策，进一步加大金融对经济发展的支持力度。通过完善配套政策措施和创新体制机制，调动商业银行增加信贷投放的积极性，增强金融机构抵御风险能力，形成银行、证券、保险等多方面扩大融资、分散风险的合力，更好地发挥金融支持经济增长和促进结构调整的作用。

会议确定的金融促进经济发展的政策措施如下：

（1）落实适度宽松的货币政策，促进货币信贷稳定增长。综合运用存款准备金率、利率、汇率等多种手段，保持银行体系流动性充分供应，追加政策性银行 2008 年度贷款规模 1000 亿元。

（2）加强和改进信贷服务，满足资金合理需求。鼓励地方政府通过资本注入、风险补偿等多种方式增加对信用担保公司的支持；设立多层次中小企业贷款担保基金和担保机构，提高对中小企业贷款比重；对符合条件的中小企业信用担保机构免征营业税；建立农村信贷担保机制，扩大农村有效担保物范围，积极探索发展农村多种形式担保的信贷产品；积极扩大住房、汽车和农村消费信贷市场。

（3）加快建设多层次资本市场体系，发挥市场的资源配置功能。稳定股票市场运行，推动期货市场稳步发展，扩大债券发行规模，优先安排与基础设施、民生工程、生态环境建设和灾后重建等相关的债券发行。

（4）发挥保险的保障和融资功能，促进经济社会稳定运行。积极发展“三农”、住房和汽车消费、健康、养老等保险业务，引导保险公司以债权等方式投资交通、通信、能源等基础设施和农村基础设施项目。

（5）创新融资方式，通过并购贷款、房地产信托投资基金、股权投资基金和规范发展民间融资等多种形式，拓宽企业融资渠道。

（6）改进外汇管理，大力推动贸易投资便利化。适当提高企业预收货款结汇比例，方便企业特别是中小企业贸易融资，提高外汇资金使用效率，支持外贸发展。

（7）加快金融服务现代化，全面提高金融服务水平。进一步丰富支付工具体系，扩大国库直接支付涉农、救灾补贴等政府性补助基金范围，优化出口退税流程，继续推动中小企业和农村信用体系建设。

（8）加大财税政策支持力度，发挥财政资金的杠杆作用，增强金融业化解不良资产和促进经济增长的能力。

（9）深化金融改革，完善金融监管体系，强化风险监测和管理，切实维护金融安全稳定①。

3. 出台“金融三十条”

2008年12月13日，为进一步落实上述金融促进经济发展的九项政策，国务院办公厅发布了《关于当前金融促进经济发展的若干意见》，明确提出了九个方面的三十条细化措施，以确保积极的财政政策和适度宽松的货币政策的顺利实施，促进经济平稳较快发展，应对国际金融危机的冲击（见表6-2）。

表6-2 “金融三十条”内容一览

总量	货币供应量指标	创造适度宽松的货币信贷环境，争取全年广义货币供应量增长17%左右。调减央行公开市场操作密度和强度。停发3年期央行票据。
	追加信贷规模	追加政策性银行2008年度贷款规模1000亿元，鼓励商业银行发放中央投资项目配套贷款，力争2008年金融机构人民币贷款增加4万亿元以上。
	利率、汇率	增强贷款利率下浮弹性。增强汇率弹性。
结构	金融机构	鼓励银行对符合国家产业政策的产业进行信贷支持。加大产业转移的信贷支持力度。
		鼓励金融机构开展出口信贷。
		进一步丰富支付工具体系，提高支付清算效率，加快资金周转速度。
		放宽金融机构对中小企业贷款和涉农贷款呆账核销条件。
		创新信用风险管理工具。
	企业、居民融资	改进贸易收结汇与贸易活动真实性、一致性审核，便利企业特别是中小企业贸易融资。
		允许商业银行对境内外企业发放并购贷款。
		开展房地产信托投资基金试点。
		拓宽民间投资领域，吸引更多社会资金参与政府鼓励项目。出台股权投资基金管理办法。
		加大对农村金融政策支持力度，引导更多信贷资金投向农村。
		充分发挥农村信用社等金融机构支农主力军作用，扩大村镇银行等新型农村金融机构试点，扩大小额贷款公司试点，规范发展民间融资。
		支持汽车消费信贷业务发展。
		支持居民首次购买普通自住房和改善型普通自住房，加强保障性住房的信贷支持。

① 参见2008年12月4日第1版《人民日报》。

续表 6－2

资本市场	股票市场	稳定股票市场运行，适时推出创业板，发挥资源配置功能。
	期货市场	推动期货市场稳步发展，尽快推出钢材、稻谷等期货新品种。
	债　券	扩大债券发行规模，积极发展企业债、公司债、短期融资券和中期票据等债务融资工具。
其他		积极发展"三农"及其他保险，发挥保险的保障和投融资功能。
		发挥财政资金的杠杆作用，调动银行信贷资金支持经济增长。
		深化金融改革，加强风险管理。

资料来源：根据"金融三十条"内容整理。

第二节　中国金融体制抵制金融危机的传导

国际金融危机对中国金融体制的冲击并不大，一方面得益于中国金融体制所固有的内在稳定性，这不仅表现在中国有着较严格的金融管制制度，更主要在于，经过多年的金融改革，中国不断强化金融体制的抗风险能力，通过多次整顿市场、加强监管、企业治理等措施，不断规范与完善金融市场，提高了金融企业的素质，为抵御金融危机打下了良好的基础。另一方面，也应看到，与发达国家相比，中国的金融体制有其独特性，如外资对金融领域介入程度不高，金融机构对外投资规模小，以及金融衍生产品不发达等，为较少受国际金融危机的传导及直接冲击创造了一定的条件。中国金融体制有效抵御国际金融危机的主要因素如下。

一　较严格的金融管制

1. 市场主体及管制机构

新中国成立初期，中国建立的是一个高度集中的国家银行体系，即"大一统"的银行体系模式，并于 1953 年开始建立了集中统一的综合信贷计划管理体制，实行"统存统贷"的管理方法。改革开放以来，1979～1993 年，突破了过去那种高度集中型的金融机构体系，金融体制逐步向多类型、多层次的格局演变。1994 年以后，适应建立社会主义市场经济体制的目标要求，中国金融业在已有的基础上继续发展，并初步建立起社会主义市场金融体制的基本框架，即建立适应社会主义市场经济发展需要的以中央银行为领导、政策性金融和商业性金融相分离、以国有独资商业银行为主体、多种金融机构并存的现代金融体系。

1983 年 9 月，国务院发布《关于中国人民银行专门行使中央银行职能的决定》，确立了中国人民银行的性质与地位。2003 年 4 月，中国银行业监督管理委员会挂牌成立，标志着中国人民银行宏观调控和银行监管“大一统”的管理模式正式结束，同时也表明我国金融业由中国银行业监督管理委员会（以下简称银监会）、中国证券监督管理委员会（以下简称证监会）、中国保险业监督管理委员会（以下简称保监会）“三驾马车”共同监管的格局正式形成。在这种格局下，银监会负责统一监管全国银行、金融资产管理公司、信托投资公司及其他存款类金融机构；证监会对全国证券、期货市场实行集中统一监管；保监会则统一监管全国的保险市场。中国人民银行作为中央银行履行一定的金融监管职责，并负责协调三家监管委员会的工作，充当最后贷款人，在防范金融系统性风险方面发挥着重要作用。

2008 年，中国银行业金融机构包括：政策性银行 3 家，大型商业银行 5 家，股份制商业银行 12 家，城市商业银行 136 家，农村商业银行 22 家，农村合作银行 163 家，城市信用社 22 家，农村信用社 4965 家，邮政储蓄银行 1 家，金融资产管理公司 4 家，外资法人金融机构 32 家，信托公司 54 家，企业集团财务公司 84 家，金融租赁公司 12 家，货币经纪公司 3 家，汽车金融公司 9 家，村镇银行 91 家，贷款公司 6 家以及农村资金互助社 10 家。中国银行业金融机构共有法人机构 5634 家，营业网点 19.3 万个，从业人员 271.9 万人①。

截至 2008 年底，中国共有证券公司 107 家，从事投资银行、资产管理、经纪、自营及其他业务。与发达国家投资银行相比，不仅中国独立的投资银行极少，而且业务范围也受到很大限制。截至 2008 年底，中国共有期货公司 171 家；保险法人机构 130 家，保险专业中介机构 2445 家。2007 年，中国共有基金管理公司 59 家，管理的基金总数为 346 只②。

2. 市场结构的管制

在中国金融市场监管方面，以“分业经营、分业管理”为原则，基本建立起以国有商业银行为主体的多层次的金融机构体系。在金融市场结构方面，已形

---

① 参见《中国银行业监督管理委员会 2008 年报》。

② 中国证券业协会：《2007 年中国证券投资基金业年报》。

成由银行同业拆借市场、票据市场、国债回购市场、黄金市场、外汇市场、股票市场、债券市场、保险市场、期货市场等组成的较完备的多层次金融市场体系。

在货币市场方面，1996 年，全国统一的同业拆借市场开始形成。1994 年以后，商业票据贴现和再贴现市场得到了较快的发展。1997 年后，银行间债券回购业务正式展开，为中央银行开展以债券买卖为主的公开市场业务，以及商业银行充分运用证券资产，灵活调节资金头寸，减少金融风险都创造了条件。

在资本市场方面，多层次资本市场体系初步形成，在股票市场、债券市场、基金市场、期货市场发展的基础上，2009 年建立了创业板市场。同时，正积极探索国际板的创设。

中国金融市场结构存在的一个问题是，股票市场分为 A 股市场、B 股市场、香港红筹股和 H 股市场；债券市场则分为银行间债券市场、交易所债券市场和银行柜台交易市场。这种市场分割降低了金融市场的有效性。

3. 金融产品及交易的管制

2001 年 6 月，中国人民银行颁布《商业银行中间业务暂行规定》，划分了商业银行 9 类中间业务品种，其中代理类、咨询顾问类、交易类等新型业务范围得以明确。2003 年 6 月，银监会颁布《商业银行服务价格管理暂行办法》，规范了中间业务收费环境，从制度上鼓励银行对增值性业务合理收费。2003 年 12 月修订的《商业银行法》规定：商业银行在中华人民共和国境内不得从事信托投资和证券经营业务，不得向非自用不动产投资或者向非银行金融机构和企业投资，国家另有规定的除外。与此相关，2004 年，中国商业银行开始推出理财产品，其后，信托公司、证券公司、基金管理公司、保险公司先后推出相关产品。其中，商业银行的人民币理财产品可以直接投资货币市场，还可通过投资信托计划间接投资股票、基金、债券、非上市股权等；外汇理财产品主要投资外汇市场、国际金融衍生品、短期外币债券、国际资金拆借等。对理财产品的监管方面，银监会、证监会、保监会分别制定本行业的理财产品监管规则，对产品审批、发行、份额、保底承诺、资金托管、业务隔离、风险控制、信息披露和业务推广等进行监管。

在资本市场产品方面，以证券交易所交易产品为例，目前可供交易的有本国股票、国债、可转换债券、公司债券、资产抵押债券、证券投资基金、交易所交易基金（ETF）、权证、商品期货。2010 年新推出的有“沪深 300 股指期货”、融资融券交易方式。

在资产证券化方面，截至2008年底，中国累计发行规模达667.8亿元，规模不大。参与信贷资产支持证券发行的各银行业金融机构，必须严格按照银监会2008年初印发的《关于进一步加强信贷资产证券化业务管理工作的通知》要求，有效防止房地产贷款风险通过资产证券化业务放大。

在交易的管制方面，以交易所交易机制为例，在2010年以前，与美国相比，中国缺少股票借贷与卖空机制，也无“日内回转交易”机制，同时没有做市商交易制度，但中国有涨跌幅制度，同时场外交易（OTC）不发达，交易成本较高。

4. 利率管制及市场化

中国在1993年明确了利率市场化改革的基本设想，1995年初步提出利率市场化改革的基本思路。从“九五”计划的第一年起，利率市场化改革稳步推进，国家开始将一些资金置于货币市场中，通过市场机制来确定其价格，实现资金定价的市场化，其中二级市场先于一级市场；存款利率改革先放开大额、长期，对一般存款利率是实行严格管制的；贷款利率改革走的是逐渐扩大浮动幅度的路子；在本币、外币利率改革次序上，外币利率改革先于本币利率改革。

在货币市场上，从1996年6月放开银行间同业拆借市场利率开始，央行又逐渐放开债券市场债券回购和现券交易利率、再贴现和转贴现利率、政策性银行金融债券利率，并于1999年9月成功实现国债在银行间债券市场利率招标发行。货币市场上的利率市场化取得了较大的进展。

2003年，央行稳步推进利率市场化进程，扩大金融机构贷款利率浮动区间，利率期限、种类不断丰富，金融机构定价自主权不断扩大。2003年11月，放开小额外币存款利率下限，赋予商业银行小额外币存款利率的下浮权。2004年11月，中国人民银行在调整境内小额外币存款利率的同时，放开1年期以上小额外币存款利率，商业银行拥有了更大的外币利率决定权。2004年10月29日，中国人民银行经国务院批准，不再设定金融机构（不含城乡信用社）人民币贷款利率上限，即逐渐放开了外币存款和贷款利率，取消了贷款利率上限。

5. 汇率管制及改革

从1994年开始，我国进行了新的外汇管理体制改革，进一步发挥市场机制的作用，为我国加入世界贸易组织和实现人民币可兑换奠定了基础。一是实现汇率并轨，实行以市场供求为基础的、单一的、有管理的浮动汇率制度。二是实行银行结售汇制度，1996年底我国实现了人民币经常项目可兑换。三是建立银行间外汇市场，改进汇率形成机制，保持合理及相对稳定的人民币汇率。2005年开始实行以市场供求为基础、参考一篮子货币进行调节、有管理的浮动汇率制度，是我国汇率形成机制迈向市场化的又一重大改革。

二　金融体制抗风险能力的加强

中国金融改革的内在逻辑遵循“机构改革→市场改革→制度改革”的路径。首先是国企改革推动了金融机构改革，其次是金融机构改革推动了金融市场改革，金融市场改革又推动了金融法制与监管的完善，而国际化的要求同时又推动了机构、市场与制度的改革①。在改革的探索和实践中，中国金融体制的不完善与矛盾成为必然，针对不同时期出现的问题，政府及主管部门通过整顿金融秩序、金融机构重组、完善市场机制等措施，有效地降低了金融体制的系统性风险。

1. 整顿金融秩序

1993年，中国经济出现了宏观经济过热、通货膨胀严重的现象，金融领域多年积累的风险逐步暴露，金融秩序较为混乱。国有商业银行资产质量差，乱拆借、乱放款、乱投资、乱办经济实体、高息揽储、账外经营等违法违规问题严重，银行信贷资金违规进入证券和房地产市场，非法设立金融机构和非法从事金融业务的现象也时有发生。为此，国家采取了一系列措施，加强宏观调控，抑制物价总水平过快上涨，严格控制货币发行和信贷规模，强化对房地产的宏观管理，严禁金融机构擅自或变相提高存贷款利率，制止各种乱集资行为；确立分业经营体制，禁止商业银行向信托公司、证券公司和其他非银行金融机构投资。同时，加快和深化金融体制改革，强化中央银行职能，建立以国有商业银行为主体、多种金融机构并存的金融组织体系，推进货币市场、资本市场和外汇市场等金融市场改革。不仅使中国经济成功实现了“软着陆”，也使金融秩序得到整顿，消除了系统性金融风险的隐患。

2. 处置中小金融机构风险

1997年亚洲金融危机爆发后，针对银行类金融机构不良资产比重上升，赢利水平较低，个别城市商业银行和许多城乡信用合作社出现流动性困难，以及非银行金融机构公司治理缺失，风险管理和内部控制薄弱，出现经营亏损等问题，

---

① 丁骋骋：《30年金融改革的内在逻辑与演绎式特征》，2010年3月12日《经济学消息报》。

1997年12月召开了全国金融工作会议，下发了《中共中央国务院关于深化金融改革，整顿金融秩序，防范金融风险的通知》，采取多种举措防范和化解金融风险；加强金融监管，完善监管规则，改进监管手段；通过接管、并购、债务重组、增资扩股、行政关闭、破产等方式对问题金融机构进行处置；全面整顿信托业，对非法集资、变相存款和贷款业务等各种非法金融业务进行清理和查处。其结果是，大部分金融机构的历史包袱和风险隐患及时得到化解，各种金融违法犯罪活动受到严厉打击，金融生态环境得到改善①。

3. 深化国有商业银行改革

20世纪90年代后期，国有商业银行的不良资产率偏高，资本金不足；经营机制落后，赢利能力较低；公司治理不健全，风险管理和内控机制不完善。1997年后中国开始全面推进国有商业银行的综合改革。1998年，发行2700亿元特别国债补充四家国有独资商业银行资本金；1999年，成立四家金融资产管理公司，负责处置从国有商业银行剥离出来的不良资产近1.4万亿元。信达、东方、长城、华融四家金融资产管理公司利用其专业优势和特殊的法律地位，通过债务重组、上市、拍卖等市场化手段，最大限度地实现了四大国有商业银行不良资产的价值回收，以改善国有商业银行的资产负债状况。中国工商银行、中国农业银行、中国银行、中国建设银行的不良资产率呈现不断下降的趋势，到2006年第一季度末，金融资产管理公司累计处置各种不良贷款8663.4亿元，资产回报率达24.20%，现金回报率为20.84%。这在一定程度上减轻了商业银行的历史包袱，为进一步改革和发展创造了有利条件，也为之后的上市工作打下了良好的基础。

4. 全面推行贷款五级分类制度，实行审慎的金融会计准则

2003年，按照“建立规范的公司治理结构，转换经营机制，成为产权清晰、资产充足、内控严密、运营安全、服务与效益良好、具有国际竞争力的现代商业银行”的目标，对国有商业银行实施股份制改革。国家通过汇金公司先后向中国建设银行、中国银行和中国工商银行等银行注资，这些银行相继完成了股份制改革并在境内外成功上市。经过改革，国有商业银行不良资产比率大幅下降，不良贷款拨备覆盖率快速提升，资本充足率达到国际标准，基本建立了现代化的公司治理结构和内控机制，风险管理水平大幅提高，大大提升了国有商业银行的国际竞争力，显著改善了中国金融稳定状况。其成果体现在：首先，目前大多数银

---

① 参见中国人民银行金融稳定分析小组《中国金融稳定报告（2008）》，第92~93页。

行业金融机构均建立了资产负债表比例控制和风险管理制度、贷款质量五级分类制度、审慎会计制度，普遍建立了相对独立的、统一管理的内部稽核体系。其次，不良贷款量和比例持续下降。1999～2002 年，四家国有商业银行按四级分类口径测算的不良贷款比例平均下降了 13 个百分点，年均下降 4 个百分点。截至 2007 年 12 月末，主要商业银行不良贷款率从 2002 年末的 23.6% 下降到 6.7%。风险拨备缺口从 2002 年末的 1.34 万亿元压缩到 5353 亿元；资本充足率达标银行从 2003 年末的 8 家增加到 2007 年 9 月末的 136 家，达标银行资产占比相应从 0.6% 上升到 78.9%。银行业风险集中度明显下降，风险状况得到很大改善。

5. 资本市场改革和证券公司综合治理

受早期制度设计的局限及改革措施不配套等因素影响，2002 年以来，市场存在的问题开始暴露，主要表现为：股权分置问题的不利影响日益突出，证券公司挪用客户证券交易结算资金和客户证券资产现象较为严重，上市公司法人治理结构不完善，市场约束不力，信息披露制度不完善，存在内幕交易和市场操纵等违法违规行为。此外，机构投资者少、投资品种缺乏、证券监管法律制度不完善、监管不到位等问题也制约了证券市场的进一步发展。为了促进资本市场健康发展，2004 年，国务院出台了《关于推进资本市场改革开放和稳定发展的若干意见》，对资本市场改革和发展做出重要部署：积极推动股权分置改革，全面开展证券公司综合治理工作；稳步推进证券公司重组，建立证券投资者保护基金制度，构建风险处置的长效机制；加强行业基础性制度建设，强化监管，完善以净资本为核心的风险监控和预警制度；进一步完善证券业法律体系，健全资本市场运行机制。经过一系列改革，初步化解了证券业积累的风险，违法违规行为基本得到遏制，监管手段和方法进一步完善，行业基础性制度建设取得长足进展，为促进资本市场和证券业健康发展奠定了坚实的基础。

总之，中国在防范和化解金融风险方面积累了丰富的经验。从针对单个机构和单一行业进行风险处置，到全面开展金融体制改革；从被动处置历史遗留问题，到主动改革现有体制；从以应对性措施为主，到灵活运用预防性手段，中国基本构建了系统性金融风险的管理框架，也为有效抵御国际金融危机的传导和冲击奠定了坚实的基础。

三　外资对中国金融领域的有限介入

加入 WTO 以来，中国金融对外开放步伐明显加快，成效显著。“入世”后按照渐进、有序的开放步骤，“银行、证券、保险”三大领域中外资机构身影频现。近年来，外资介入的主要特征并不是地域和数量上的扩张，而是更多地表现在合资、参股及收购上，虽然外资参股并没有突破上限，但在某些金融机构已取得了控制权。

1. 外资对银行业的介入

2006年11月16日《中华人民共和国外资银行管理条例》公布，12月11日起实施，中国银行业向外资全面开放。外资的介入，给中国金融业带来了竞争活力，也形成了外资进入中国金融服务贸易领域的新格局。

截至2009年底，获准经营人民币业务的外国银行分行达49家、外资法人银行达32家，获准从事金融衍生产品交易业务的外资银行机构数量为54家。

2009年底，共有13个国家和地区的银行在华设立了33家外商独资银行、2家合资银行、2家外商独资财务公司，有24个国家和地区的银行在华设立了71家分行，有46个国家和地区的194家银行在华设立了229家代表处。

著名的战略投资案例包括：汇丰银行对交通银行的投资，美洲银行与淡马锡对中国建设银行的投资，苏格兰皇家银行对中国银行的投资，以及高盛、德国安联、美国运通对中国工商银行的投资。而新桥公司和花旗银行通过其对于深圳发展银行与广东发展银行的投资分别获得了实际控制权①。

2. 外资对保险业的介入

中国加入WTO以来，保险业在金融业中率先开放，除了寿险外资股比不得超过50%外，保险市场已基本实现全面对外开放，并初步呈现国际化特征，主要跨国保险金融集团和保险发达国家的保险公司均已进入我国。截至2009年末，共有15个国家和地区的53家境外保险公司在华设立了990余家营业性机构，另有8家境外保险中介机构也已在华开展业务。

就保险市场而言，在寿险方面，允许合资公司，但外资比例不得超过50%。2004年12月11日，取消地域限制，允许合资寿险公司向外国人和中国公民提供健康险、团体险和养老金/年金险服务。在非寿险方面，加入时允许外国非寿险公司设立分公司或合资公司，外资比例可以达到51%，2003年12月11日，允许设立外资独资子公司。2004年12月11日，取消地域限制。

就保险经纪而言，加入时允许设立合资公司，外资比例可以达到50%。可

① 胡祖六：《WTO与中国银行业改革》，2006年12月10日《经济观察报》。

以从事大型商业险经纪，再保险经纪，国际海运、空运和运输保险及其再保险经纪业务；同时允许其在国民待遇的基础上提供“统括保单”经纪业务。2004 年 12 月 11 日，取消地域限制，外资比例不超过 51%。2006 年 12 月 11 日，允许设立外资独资子公司。

2009 年，外资保险公司原保险保费收入 458.02 亿元，所占市场份额为 4.11%。其中，外资财产险公司原保险保费收入为 31.75 亿元，所占市场份额为 1.06%。外资寿险公司原保险保费收入为 426.27 亿元，所占市场份额为 5.23%。在北京、上海、深圳、广东外资保险公司相对集中的地域保险市场上，外资保险公司的市场份额分别为 14.47%、16.97%、8.46% 和 8.2%①。

3. 外资对证券业的介入

中国加入 WTO 时，外国证券机构可以直接从事 B 股交易；外国证券机构驻华代表处可以成为所有中国证券交易所的特别会员；允许设立合资公司，从事国内证券投资基金管理业务，外资比例可以达到 33%，2004 年 12 月 11 日，外资比例可以提高到 49%，并允许外国证券公司设立合资公司，外资比例不超过 1/3。到 2006 年 11 月底，我国已经批准设立 8 家中外合资证券公司（包括“入世”前获准设立的中金、中银国际及光大 3 家中外合资证券公司）②，截至 2009 年底，合资证券公司达到 9 家。

在人民币资本项目未实现自由兑换的情况下，从 2002 年 12 月开始，我国试行合格境外机构投资者 QFII（Qualified Foreign Institutional Investor）制度。QFII 制度超出了“入世”承诺范围，属于自主开放措施。截至 2009 年底，中国证券监督管理委员会共批准了 94 家外资机构的 QFII 资格，QFII 总资产规模达 2899 亿元，其中证券资产 2370 亿元，约占总资产的 82%，QFII 持股市值约占中国 A 股流通市值的 1.4%。

4. 外资对投资基金业的介入

基金业是中国金融业中开放度较高的一个子行业。2002 年，《外资参股基金管理公司设立规则》施行，其中规定：外资持股比例或者在外资参股的基金管理公司中拥有的权益比例，累计（包括直接持有和间接持有）不超过 33%，在我国加入 WTO 后三年内，该比例不超过 49%。2004 年 11 月 11 日，按照“入

---

① 参见中国保险业监督管理委员会网站。

② 刘欣然：《三原则指导资本市场进一步开放》，2006 年 12 月 12 日《21 世纪经济报道》。

世”承诺，外资持有基金公司的股权比例上限从33%提高至49%。

2006年5月，诺德基金管理公司、中欧基金管理公司正式获批开业。诺德基金、中欧基金均以持有49%的股权成为公司的第一大股东。这也是首次有外资在股权的层面掌控国内基金公司。截至2009年底，先后有34家合资基金管理公司获准设立，其中16家合资基金公司的外资股权已达49%。

5. 外资的交易类型与交易规模

截至2009年底，银行间人民币外汇市场共有外资会员111家，占市场会员总数的40%。外币对现货市场共有外资会员43家，占市场会员总数的46%。银行间本币市场共有外资银行成员80家，27家外资银行通过人民币利率互换业务制度备案，16家外资银行通过人民币远期利率协议制度备案。

外资金融机构在黄金市场的交易量不大。2009年，四家外资商业银行会员在上海黄金交易所共交易黄金36.03吨，占上海黄金交易所黄金交易总量的0.76%。2009年，外资银行在银行间人民币外汇市场的交易量继续增长，但低于整个市场的增长速度；外资银行在外币对现货市场的交易规模和市场份额都明显下降，但在外币对衍生品市场的交易大幅增长。此外，外资金融机构在银行间货币和债券市场的市场份额有所下降（见表6－3）①。

表6－3　外资金融机构交易规模及变动

交易类型	2008年		2009年		2008～2009年交易规模变动（%）	2008～2009年市场份额变动（百分点）
	外资机构交易规模(亿元)	占比（%）	外资机构交易规模(亿元)	占比（%）		
信用拆借	51757.99	17.20	37469.19	9.68	－27.61	－7.52
质押式回购	43430.27	3.85	34286.71	2.53	－21.05	－1.32
买断式回购	778.84	2.24	558.84	1.08	－28.25	－1.16
现券买卖	77378.49	10.42	85345.8	9.03	10.3	－1.39
债券远期	266.43	2.66	21.34	0.16	－91.99	－2.5
远期利率协议	128	56.44	71	59.17	－44.53	2.73
利率互换	2966.21	36.89	4387.12	47.52	47.9	10.63

资料来源：参见中国人民银行上海总部国际金融市场分析小组《2009年国际金融市场报告》，2010年4月。

① 中国人民银行上海总部国际金融市场分析小组：《2009年国际金融市场报告》，2010年4月。

四 中国金融机构涉足较少的对外投资

1. 合格境内机构投资者（QDII）

截至2009年底，中国证券监督管理委员会共批准31家基金管理公司、9家证券公司的QDII（Qualified Domestic Institutional Investor）业务资格，已有10只QDII基金、1只证券公司设立的QDII资产管理计划成立，资产净值约738亿元。由于制度框架较为合理、技术准备比较充分、投资运作相对审慎，2009年，QDII产品经受了国际金融危机的考验，主要表现为：一是投资运作平稳；二是随着美国、中国香港等市场行情快速反弹，QDII产品净值快速增长；三是提高了风险防范意识和风险管理能力；四是增强了海外投资管理能力，提升了跨国运作水平。

截至2009年末，中国保险业监督管理委员会共批准23家保险机构的QDII资格，保险QDII的投资额度合计达155.05亿美元。根据有关投资规定，目前保险资金QDII可以通过自有外汇资金以及购汇形式投资香港H股、红筹股。

2. 中资银行的境外经营和投资

截至2009年底，中国5家大型银行共有84家一级境外营业性机构；这些境外机构分布在亚洲、欧洲、美洲、非洲、大洋洲，业务范围涵盖商业银行、投资银行、保险等多种金融服务领域。5家大型银行也开展了境外收购兼并活动，截至2009年底，大型商业银行共收购（或参股）了7家境外机构，涉及收购金额约合86.7亿美元。

3. 中资证券期货机构的境外经营和投资

截至2009年底，共有中金公司等14家证券公司经批准在中国香港设立证券子公司，实际注册资本总计44.95亿港元。已开展运营的内地证券机构香港子公司共12家。此外，经中国证券监督管理委员会同意，2009年11月，海通证券香港子公司收购了香港大福证券52.86%的股权。

截至2009年底，中国证监会先后批准易方达等7家境内基金管理公司在中国香港设立全资或合资子公司，其中2009年批准的有3家。在上述7家公司中，5家已获得香港证监会颁发的资产管理牌照。

自2006年以来，在CEPA补充协议II框架下，中国证监会先后批准浙江永安等6家期货公司在中国香港设立子公司。2009年，6家香港子公司业务量和赢利能力快速提高，而且运作较为稳健，均达到了香港证监会的监管要求。

4. 中资保险机构的境外经营和投资

截至2009年末，共有16个中资机构在境外设立了44家营业性机构，其中9家设在欧美国家、1家设在大洋洲、3家设在亚洲、31家设在港澳地区①。

五 审慎的金融创新与有限的衍生产品

1. 银行业的金融创新

在中国金融业对外开放的背景下，2006年12月6日银监会发布了《商业银行金融创新指引》（以下简称《指引》），目的是进一步推动商业银行的创新步伐。但是，与发达国家相比，中国商业银行的金融创新相对稳健，且管理严格（见表6－4）。

表6－4 中资银行的境外经营和投资统计

机构	时间	事件	方式	目的地
中国工商银行	2009年6月	收购加拿大东亚银行	股权收购	北美洲
	2009年9月	收购泰国ACL银行	股权收购	东南亚地区
	2009年11月	中国工商银行马来西亚有限公司经营牌照获批	设立境外子行	东南亚地区
	2009年12月	中国工商银行河内分行获准开业	设立境外分行	东南亚地区
	2009年12月	中国工商银行阿布扎比分行获在岸银行牌照	设立境外分行	中东地区
中国建设银行	2009年2月	建行纽约分行获颁营业执照	设立境外分行	北美洲
	2009年8月	收购美国国际集团下属的美国国际信贷（香港）有限公司（AIGF）	股权收购	中国香港
	2009年12月	建行胡志明市分行获颁营业执照	设立境外分行	东南亚地区
中国农业银行	2009年11月	法兰克福代表处开业	设立代表处	欧洲
	2009年12月	首尔代表处开业	设立代表处	东北亚地区
交通银行	2009年7月	悉尼代表处获批	设立代表处	南太平洋地区
招商银行	2009年7月	设立伦敦代表处	设立代表处	欧洲
中信银行	2009年10月	收购中信国际金融控股有限公司	股权收购	中国香港

资料来源：参见中国人民银行上海总部国际金融市场分析小组《2009年国际金融市场报告》，2010年4月。

《指引》界定了金融创新的范畴：是指商业银行为适应实体经济发展的要求，通过引入新技术、采用新方法、开辟新市场、构建新组织，在战略决策、制

① 中国人民银行上海总部国际金融市场分析小组：《2009年国际金融市场报告》，2010年4月。

度安排、机构设置、人员准备、管理模式、业务流程和金融产品等方面开展各项新活动，最终体现为银行风险管理能力的不断提高，以及为客户提供服务产品和服务方式的创造和更新。

《指引》规定的审批原则为：对于资本充足率达标、公司治理结构良好、内部制度严密、风险监管核心指标符合监管部门审慎要求，同时近三年没有发生重大违法行为的商业银行，银监会将对其开展金融创新业务持支持态度，从监管环节，简化审批的程序，并鼓励商业银行与监管部门进行事前沟通。

2005 年 2 月，银监会和证监会颁布《商业银行设立基金管理公司试点管理办法》，允许商业银行成立基金管理公司。

2005 年 5 月，中国人民银行发布《短期融资券管理办法》，批准商业银行承销企业短期融资券。

2005 年 9 月，银监会颁布《商业银行个人理财业务暂行管理办法》，规范了理财业务活动，允许商业银行开展理财顾问服务和综合理财服务，同时允许商业银行销售保证收益理财产品。

2005 年 11 月，中国人民银行和银监会制定了《信贷资产证券化试点管理办法》，允许商业银行进行信贷资产证券化，开展贷款发起、贷款服务、资金托管等业务。

2006 年 6 月，《商业银行代客境外理财业务管理暂行办法》，允许商业银行开展 QDII 业务，投资于海外与债券、汇率、股指、信贷衍生品等挂钩的固定收益率类产品。

2. 发展中的金融衍生产品市场

金融是现代经济的核心，而衍生品市场是金融市场的高端，以其他金融市场为基础，连通各金融子市场，投资与管理均需要复杂的理论与技术手段。

近年来，世界经济正在发生深刻变化，全球经济的一体化进程加快，促使生产要素和金融资本在全球范围内快速流动，商品和各类金融资产价格剧烈波动，经济、金融体系中的不确定因素明显增多，与经济发展密切相关的汇率、能源、金属和农产品等价格大幅波动。在全球流动性泛滥以及交易电子化与网络化的背景下，衍生品交易量迅猛增长。1997 年，场内衍生品交易量为 19.3 亿张，2007 年，达到 151.86 亿张，较上年增长 28.04%，较 1997 年增长 6.87 倍①。

---

① 黄运成、曹汝明等：《全球衍生品市场发展趋势及启示》，《证券市场导报》2008 年第 7 期。

从中国来看，目前只有商品期货交易所，而金融衍生品市场尚未形成。截至2007年底，全球已有数千个期货交易品种，而中国期货市场的交易品种只有农产品、金属和能源类16个产品。同时，中国交易所市场金融衍生产品仅有少量权证及可分离交易可转债，除2010年4月新推出股指期货外，利率期货、股票期权等主流金融衍生产品尚未推出。

从中国的商品期货看，与2002年底相比，2007年期货市场交易量增长4.2倍，成交达到7.3亿张（买卖双边计算），交易金额增长9.3倍，达到41万亿元（买卖双边计算）。商品期货市场的定价功能逐步显现，部分期货品种参与全球定价的影响力日益增强，交易价格已经成为现货贸易的重要参考。越来越多的行业和企业自觉运用期货市场的价格和信息，安排生产消费，规避价格风险，优化资产配置，提升市场竞争力。农产品期货在提供价格信息、保护农民利益、探索农业产业化发展新模式等方面的积极作用日益显现。

同时，相对于世界级的生产、消费与贸易大国地位，我国的期货交易品种少，而且交易量也不大，2006年全球期货、期权成交量为118.6亿手，其中美国45.7亿手，而中国3家期货交易所共成交2.2亿手，约占全球总成交量的1.9%（见表6－5）[①]。

表6－5　我国期货交易所衍生品交易量全球排名

单位：百万张（单边）

2007年排名	2006年排名	交易所	2005年	2006年	2007年
17	17	大连商品交易所(DCE)	99.2	117.7	186
24	30	郑州商品交易所(CZCE)	28.5	46.3	93
27	27	上海期货交易所(SHFE)	33.8	58.1	86
合　计			161.5	222.1	365

资料来源：根据聚源数据工作站整理。

同时，从全球新兴市场场内金融衍生产品交易的品种看，所有类型的衍生产品均已上市交易，而中国的金融衍生产品数量极少（见表6－6）。

① 中国证券监督管理委员会：《中国资本市场发展报告》，中国金融出版社，2008，第92页。

表 6－6　全球新兴市场场内金融衍生产品一览表

	股指期货	股票期货	利率期货	汇率期货	股指期权	股票期权	利率期权	汇率期权	商品期货	商品期权
中　国	※								※	
印　度	※	※			※	※			※	
巴　西	※		※	※	※	※	※	※	※	※
墨西哥	※		※	※		※		※		
韩　国	※	※	※		※	※	※		※	
南　非	※	※			※	※		※	※	※
中国台湾	※		※		※	※			※	※
马来西亚	※	※	※		※				※	
智　利	※				※					

注：※表示有该产品交易。

资料来源：参见 FIA 及各交易所网站。

第三节　中国金融体制改革不断深化

2009 年，主要经济体的危机救援活动取得成效，大型金融机构经营逐步趋于稳定，金融危机逐渐平息，金融市场信心逐步恢复，市场流动性紧张状况得到缓解，国际金融市场回暖。尽管全球经济金融形势趋于稳定，但其中仍蕴涵诸多风险，如全球经济增长的动力主要来自宏观政策刺激，实体经济的内生增长基础还需要进一步培育，个别国家和地区（如希腊和迪拜）又出现大规模债务违约风险，全球主要央行实施了包括量化宽松货币政策在内的超宽松货币政策，向全球金融市场注入了大量流动性。

一　金融改革的国际性要求

金融危机爆发以来，主要经济体和国际组织都在着力加强以宏观审慎监管为重要内容的金融监管改革。正如 G20 伦敦峰会公报所指出的，金融业和金融监管措施的重大失误，是导致金融危机的根本原因。2008 年 11 月，二十国集团领导人在美国首都华盛顿举行了金融市场和世界经济峰会，会上发表的宣言倡导五项行动。2009 年 4 月，二十国集团伦敦金融峰会的与会领导人就国际货币基金组织增资和加强金融监管等全球携手应对金融经济危机议题达成多项共识。

针对危机中暴露出来的有关金融监管以及国际监管合作方面的问题，美国和欧盟等经济体相继推出各自的金融监管改革方案。除政府组织外，金融稳定理事会等国际机构在改进金融监管方面提出建议并进行实践。

总体来看，加强宏观审慎监管对于防范系统性风险、维护金融稳定至关重要。中国作为金融稳定理事会的成员国，也应研究建立和完善宏观审慎监管框架，开发宏观审慎监管工具，研究推进逆风向的贷款损失拨备及资本要求等，并通过加强跨市场、跨行业的全面监管维护金融体系稳定，促进经济平稳和可持续发展。

二　防范和化解不同形式的金融风险

在经济复苏的同时，超宽松货币政策引发的资产泡沫风险和通胀风险不断增大。对中国而言，主要的任务应有以下几个方面：防范和应对资产价格的过度波动，以及保持通胀率的可接受性；降低和化解地方债务危机；坚持汇率的改革与稳定性，较好地运用外汇储备资产；严格监控和管理跨境短期资本流动。这对保持金融危机以来的金融稳定及政策效果有着普遍和特殊的意义。

1. 资产价格波动与通货膨胀

2009 年，4 万亿元经济刺激方案的出台和逐步落实，促使我国经济增长快速企稳回升，同时加上银行信贷激增、货币供应量快速上升，国内通货膨胀逐渐显现，资产价格特别是大中城市房地产价格迅速上涨，非理性泡沫化程度比较严重。

据张兴胜（2009）的研究，2009 年中国平均房价收入比超过 7.1 倍，是发达国家的 3 ~6 倍（而美国仅为 1.7 倍）；住房租售比超过 400 倍，尤其是深圳、北京、上海等地的租售比已达 800 ~ 1200 倍，而国际上公认的正常范围仅为 200 ~250 倍，美国则在 200 倍以内，新兴市场国家的平均水平也不足 300 倍。据国土资源部下属中国土地勘测规划院的研究报告——《2009 年全国主要城市地价状况分析报告》显示，2009 年全国住宅平均价格为 4474 元/平方米，涨幅达 25.1%，为 2001 年以来最高水平。

根据国家统计局的数据，2010 年第一季度中国居民消费价格总水平同比上涨 2.2%，工业品出厂价格同比上涨 5.2%。消费者物价指数（CPI）和工业品出厂价格指数（PPI）的上升表明通货膨胀压力在加大，在此背景下，如果继续实行适度宽松的货币政策将会进一步增强这种预期和通胀压力。另外，国际输入因素对我国通货膨胀的影响不可忽视，主要在大宗商品领域，国际资本对大宗商品的投机形成的价格上升极容易传导到国内。

因此，应把握好信贷投放节奏，尽量使贷款保持均衡，并灵活运用货币政策工具组合，保持货币的合理流动性。在保持货币信贷总量和结构满足经济平稳较快发展的需要的同时，控制资产价格波动和通货膨胀可能产生的风险。

2. 地方政府债务

1994年开始实施的《预算法》明确规定：除法律和国务院另有规定外，地方政府不得发行地方政府债券。于是，各地方政府进行了融资方式的“创新”。其通行的做法是，由政府行政主管部门通过划拨土地、股权、规费等资产，包装出一个资产负债指标可达融资标准的公司，即多被称为“城市发展投资公司”的空壳公司（UDIC，简称“城投”）并用政府信用给予隐性担保，地方政府将这类公司专门用于到商业银行获取信贷资金，一般称之为“融资平台”。

央行的调研结果显示，截至2009年5月末，全国共有政府投融资平台3800多家，总资产近9万亿元，负债升至5.26万亿元，平均资产负债率约为60%。其中，很多地方融资平台没有固定的收入来源。这5.26万亿元的负债相当于2009年全国GDP的15.7%，相当于2009年全国财政收入的76.8%、地方本级财政收入的161.35%。另据中金公司研究报告预计，2009年末，地方政府融资平台贷款余额（不含票据）约为7.2万亿元，其中2009年净新增约3万亿元。预计2010年和2011年后续贷款约为2万亿~3万亿元，2011年底达到约10万亿元。报告称，2009年底主要上市银行地方政府融资平台贷款约占贷款总额的10%，国家开发银行和地方性金融机构占比相对较高。10万亿元的地方政府负债约占中国2009年GDP的1/3，相当于中国外汇储备的70%①。

地方财政或有负债的超常规增长，对于地方财政来说也是不堪重负的，因为新增的负债已经远远超过了其一年的财政收入总和，有些城市甚至已经透支了未来十几年的财政收入。地方融资平台存在的风险在于：国家金融政策等金融环境的变化使融资平台面临环境影响风险；政府融资渠道单一，地方政府财力不足，使融资平台面临资金链断裂的风险；金融机构多头授信，政府信用额度膨胀，造成地方政府资金偿还难度增大的风险；融资平台管理不严密、资金监管不规范，使融资系统安全运行面临风险。

---

① 朱宇：《七万亿负债“排雷”，地方融资渠道“谋变”》，2010年3月17日《中国证券报》。

解决上述问题的途径是：财政部门与银行合作，将现有的城投贷款划分成多个级别，区分社会贷款与商业贷款。非商业贷款需要被圈定，并计入银行资产负债表。如果这些贷款要留在系统内，就应该得到当地政府的明确担保。同时，建立独立于各银行的专门机构，负责为地方项目策划合适的资金支持，理顺财政体制，建立规范化和市场化的地方政府融资渠道。

3. 汇率变动与外汇资产运用

进入2010年，人民币升值预期愈演愈烈。一方面，人民币升值有助于加快我国经济结构转型，增强居民的购买能力，有助于抑制通货膨胀，有利于减少贸易顺差而创造良好的对外经济关系。另一方面，人民币升值带来的经济和金融方面的不确定性将会增大，可能引发资产泡沫，增加短期跨境资本的投机，外汇储备出现价值较大缩水，对出口企业特别是加工贸易出口打击较大，一些中小企业可能面临倒闭。因此，汇率变动，特别是人民币升值可能带来的影响不可忽视。

在外汇资产及其运用上，我国外汇储备大多是通过贸易顺差实现，高额的储备增强了我国调节国际收支平衡和干预外汇市场的能力，提高了国家的信用等级，是我国经济持续健康发展的重要保障。但如何实现如此庞大规模的资产的保值和增值是一个重要课题。现实的情况是，多达2.4万亿元的外汇储备的很大一部分用以购买美国等发达国家的国债，其收益较低，但风险并不一定低。而通过中投公司和国家外管局境外投资也存在收益上的不确定性。

由于美元的国际储备货币地位，其在国际结算、定价和投资中被广泛运用，我国的外汇储备中美元占了绝大部分。美国经济发展前景的不明朗、帮助美出口企业增强竞争力和转嫁贸易风险的冲动都可能导致美元贬值，从而使我国不得不承受美元贬值带来的严重损失，而通过外汇多元储备以及人民币国际化战略，是我国防止外汇储备贬值、提高人民币国际地位的一种有效尝试。

4. 跨境资本流动

近年来，中国股市、房地产价格的快速飙升与境外逐利性短期资本的流入不无关系。股市和房地产价格的过度上涨，使得经济泡沫化程度日益加重，当泡沫累计到一定程度而破裂时，其后果必然是灾难性的，将导致社会财富的大量缩水，进而对投资和消费产生消极影响，影响社会稳定。

解决问题的途径包括：一是要对各项跨境业务进行监测。对各项跨境业务的监测关键在于以国际收支跨境申报体系为核心监测各类跨境资金流动，特别是要重点监测具有经常项目和资本项目双重性质的跨境资金流动以及资本项目外资外债跨境资金流动状况。二是应对短期资本流动风险情况进行评估，这种评估既包括对短期资本流动总体风险的定性评估，也包括对短期资本流动总体规模的定量评估。三是对短期资本流动的风险管理，要贯彻“先市场手段、后行政手段”的原则。利用间接的市场手段来调控短期资本流动具有对市场冲击较小、政策余地较大等优点，直接的行政管制措施对市场影响较大但具有效果明显的优点，一般应在面临短期资本大量流动、国家经济金融安全受到一定影响的情况下才使用。短期资本流动风险管理可以从减少短期资本获利空间，提高短期资本流动成本，抑制短期资本流动成本，加强资本项目管理，增强对资本流动渠道监管和控制等方面入手。

三　创新金融产品与服务

2008 年以来，中国金融市场借鉴国际经验，根据市场发展需要和现有条件，不断加快创新步伐，影响较大的金融产品与服务创新有以下几个方面。

1. 创业板

2009 年 10 月 17 日，经国务院同意，中国证券监督管理委员会批准，深圳证券交易所设立创业板。2009 年 10 月 30 日，深圳证券交易所创业板正式开市交易。创业板的设立，是中国多层次资本市场建设的里程碑。在借鉴国际经验并充分结合国情的基础上，中国逐步确立了由主板、中小板、创业板和场外转让市场构成并有机联系的多层次资本市场体系框架。

截至 2009 年 12 月 31 日收盘，共计 59 家企业申请创业板已过会，42 家确定了发行价，其中已上市的有 36 家，总市值达到 1610.08 亿元，流通市值为 298.97 亿元。42 家企业共募集资金 246.96 亿元，其中超募资金达 149.52 亿元，超募资金占原募集计划的 153.4%。36 家上市企业的上市首日平均涨幅达 93.2%，至 2009 年 12 月 31 日收盘，36 只个股平均涨幅为 91.5%[①]。

2. 股指期货

2010 年 3 月 26 日，中国证券监督管理委员会批复中国金融交易所上市沪深 300 股指期货合约。同日，中金所发布通知称，沪深 300 股指期货合约将于 2010 年 4 月 16 日上市交易。中国金融交易所已发布了一系列的“交易所规则”，为股指期货的稳步推出构筑了坚实的法律法规基础，以充分发挥股指期货的风险规避

---

① 清科研究中心 2010 年 1 月统计。

功能、价格发现功能、资产配置功能。

作为20世纪最成功的金融创新产品，股指期货的登陆是中国证券市场发展的必然，也是中国整个金融市场发展的必要选择。推出股指期货有助于改变“单边市”状况，实现市场的内在稳定，有助于提高股市流动性；股指期货能发挥价格发现功能，更快、更早、更远地反映市场信息。股指期货对机构投资者的意义在于提供避险功能、促使机构进行产品创新，改变金融机构赢利模式单一的状况，也有利于社保、保险等资金长期持股。

3. 融资融券

2010年1月8日，国务院同意融资融券业务正式试点，中国筹备了多年的融资融券业务将出台，2010年3月31日，市场期盼已久的融资融券业务成功登场。证券融资的实质是抵押贷款，融券业务是一种卖空交易。Bris、Goetzmann和Zhu（2007）研究了世界上46个市场的卖空限制、股票收益分布与价格有效性的关系，其研究表明，在无卖空限制的市场中，坏消息将会更迅速地融入股票价格之中，其价格有效性更高；卖空限制将会增加市场崩盘的可能性，而非减少市场崩盘。

融资融券是市场交易机制的重大创新举措，A股的“单边市”可能从此结束。中国的融券交易是一种借贷交易行为，属于信用交易。通过在股票市场引入做空机制，有利于股票价格趋于合理，降低股市的波动性；增强证券市场的流动性和连续性，增加市场的资金供给；为投资者提供新的赢利模式，规避投资风险；拓宽证券公司业务范围，优化了证券公司的业务结构。

4. 跨境贸易人民币结算

为了顺应国内外市场参与者的要求，促进中国与周边国家和地区的贸易正常发展，推动企业贸易投资便利化，国务院常务会议于2009年4月8日正式决定，在上海市和广东省的广州、深圳、珠海、东莞4城市开展跨境贸易人民币结算试点。同年7月6日，试点工作在上述地区正式启动。截至2009年末，银行累计为企业办理跨境贸易人民币结算业务409笔，金额为35.8亿元。

跨境贸易人民币结算试点在帮助企业渡过金融危机、保持外贸和经济稳定增长等方面发挥了重要作用，有利于中外资跨国公司优化汇率风险管理，节省了汇兑成本，以及企业外币衍生品交易费用。

目前，跨境贸易人民币结算规模与中国贸易结算总规模相比仍显偏小。因此，专家建议：有必要适时扩大试点范围，增加境内试点地区、试点企业以及境外试点区域；研究推动将试点项目由货物贸易扩大至服务贸易；探索境外人民币资金的流动和交易机制，积极拓展海外人民币投资渠道，发展人民币离岸市场①。

四　扩大在国际金融领域的话语权

随着中国金融业在全球崛起，必须在国际金融体系的各个方面发挥参与、推进作用，扩大中国在国际金融领域的话语权，承担中国金融在维护国际经济稳定中应有的责任。2008 年，面对国际金融危机带来的挑战，一方面，中国政府积极参与亚欧峰会、二十国集团金融峰会、APEC 会议等国际会议，与相关各方一起讨论与国际金融危机有关的各种议题，并提出自己的建议或政策主张。另一方面，中国政府不断根据金融危机的最新变化来调整国内的经济金融政策，同时也在力所能及的范围内对外提供各种形式的援助，参与国际及区域经济金融合作，中国的积极影响进一步扩大。

今后，中国增强金融国际影响力，扩大在国际金融领域的话语权，还有很长的路要走。首先，中国金融业的市场成熟度还很低。从达沃斯世界经济论坛公布的2009 年《世界金融发展报告》看，在对全球55 个国家和地区的金融系统稳定性等指标进行综合评估排名中，通过对金融监管、商业环境、稳定性等 7 个领域的 120 多个项目进行评分和比较，中国（内地）在 55 个国家和地区中仅排在第 26 位。其次，中国金融体制功能尚不完善，表现为：政府干预、行政管理的金融体系并未彻底变革，金融资源的垄断性过高；直接融资与间接融资结构不平衡，市场配置资源的能力较差；金融市场信息披露、信用评级等约束与激励机制尚未完全发挥作用；资本市场中的价格操纵、虚假陈述、内幕交易现象仍很突出；信贷市场的逆向选择和道德风险问题较严重。

总而言之，中国应继续完善金融制度和金融体系建设，更加均衡、有效地配置金融资源，努力减少由于政府干预对金融资源配置造成的扭曲；继续深化金融体制改革，完善公司治理机制，建立风险与利益相平衡的激励约束机制；推动政策性金融机构改革，稳步推进资产管理公司转型；深化农村信用社改革，推动中小金融机构规范发展；鼓励金融创新，推进跨境贸易人民币结算试点，逐步发展境外人民币金融业务；大力发展资本市场，有效拓展直接融资渠道；完善市场化

① 中国人民银行上海总部国际金融市场分析小组：《2009 年国际金融市场报告》，2010 年 4 月。

利率形成机制；健全面向市场、更具弹性的汇率制度；推进存款保险制度建设；规范和引导民间金融健康发展；正确处理监管与市场行为的关系；更加平衡、有效地处理监管与创新的关系；加速人才国际化建设。

中国金融体制经受住了国际金融危机的考验，但改革和发展之路依然漫长，只要巩固多年来金融改革的成果，认真吸取国际金融危机的经验教训，防范和化解可能出现的不同类型的金融风险，在改革中求创新，在稳健中求发展，就能扩大中国在国际金融领域的话语权，就能使中国金融真正崛起。

参考文献

[1] 中国人民银行金融稳定分析小组：《中国金融稳定报告（2008）》，中国人民银行网站。

[2] 中国人民银行金融稳定分析小组：《中国金融稳定报告（2009）》，中国人民银行网站。

[3] 中国人民银行上海总部国际金融市场分析小组：《2008年国际金融市场报告》，中国人民银行网站。

[4] 中国人民银行上海总部国际金融市场分析小组：《2009年国际金融市场报告》，中国人民银行网站。

[5] 中国证券监督管理委员会：《中国资本市场发展报告》，中国金融出版社，2008。

[6] 张汉林主编《WTO与中国经济》，中国商务出版社，2007。

[7] 辛乔利、孙兆东：《次贷危机》，中国经济出版社，2008。

[8] 李荣谦编著《国际货币与金融》，中国人民大学出版社，2006。

[9] 朱浩民：《衍生性金融商品》，中国人民大学出版社，2005。

[10]〔美〕彼得·S. 罗斯著《商业银行管理》，刘园等译，机械工业出版社，2001。

Financial Crisis Tests China's Financial Systems

Abstract: To resist the financial crisis, The Chinese government has implemented moderately loose monetary policy, increased the financial support to the economic development, carried out a series of cutting rate policies and the nine measures of finance supporting economic development, played a better role in supporting economic development and promoting structural adjustment. After the test of financial crisis, the financial system of China will keep on deepening the reform and development, and prevent the possible financial risks of different kinds in recent future as adapting to the requirements of international financial reform, We have to bring forth new ideas in reform and take a jump and development constantly, increase the right of China to speak in the international financial area, for the further openness and success of the Chinese financial system.

Key Words: Financial Crisis; Financial System; Financial Risks

第七章
金融危机考验我国基本经济制度

沈　越*

摘　要： 金融危机下的"国进民退"现象值得关注。造成这种现象的原因，从短期政策性因素来讲，与为救市而采取的大规模干预措施有关；从长期的制度因素来看，这与现行的基本经济制度有密切关系。在国有经济资本意识日益强化，竞争力有所提高，政府有更多财力支持国有企业、政府尤其地方政府行为企业化的今天，这种不平等就很难避免地导致"国进民退"现象。其深层次原因又与近年来重发展、轻改革，重政策调整、轻制度创新的倾向，经济宪法丧失了改革开放之初的"与时俱进"秉性有密切关系。尽管目前"国进民退"还只是局部现象，但是，如不在基本经济制度上与时俱进地创新，这种现象就有可能蔓延。

关键词： 国进民退　金融危机　基本经济制度　与时俱进

在席卷全球的金融危机冲击下，为防止中国经济发展速度大幅度下滑，政府及时采取了大规模的干预措施。随着刺激性的救市政策措施奏效，中国最先走出了危机的低谷，引领了世界经济的企稳回升。但是，伴随大规模救市措施的实施，也出现了一些负面现象，引发了经济（学）界、舆论界的争论。"国进民退"之争就是其中典型的一例。大规模干预是否引发了"国进民退"？"国进民退"是一种暂时的、局部的现象，还是一个带有规律性的趋势？它是否意味着改革开放以来"民进国退"的趋势的逆转，是否已经危及社会主义市场经济体

---

* 沈越，北京师范大学经济与工商管理学院教授，长期从事中国经济改革与发展方面研究，著有《德国社会市场经济评析》、《现代社会主义经济理论》等，曾在《经济研究》、《经济学动态》、《哲学研究》等重要学术刊物上发表文章。

制的基本经济制度？一时间，众说纷纭，莫衷一是。

“国进民退”是人们形象地描述我国所有制结构演进的一种说法。“国”指国有经济，它是公有制经济的主体；“民”则指非公有制经济，但通常不包括非公有制经济中的外资经济。“国进民退”的说法来自更早产生的“民进国退”。近年来，从“民进国退”转变为“国进民退”，意味着改革开放以来所有制结构演进趋势的逆转，它直接关系到中国特色社会主义市场经济制度的未来走向，因而引起了人们的高度关注。换句话说，围绕“国进民退”问题的争论，实际上是持不同观点的学者对中国未来制度演变走向的不同价值取向，也关系到不同利益集团之间的博弈，因为这涉及自身利益在中国未来利益结构中的定位。

第一节　围绕“国进民退”的争议

“国进民退”一般是指某领域国有资产进入而民营资本[①]被迫撤出。对于“国进民退”概念的理解，有狭义和广义之分。从狭义上讲，表现为国有经济在某些行业或产业领域市场份额的扩大，以及民营企业在该领域市场份额的缩小甚至退出。从广义上讲，表现为政府对经济干预力度的加强[②]。进入2010年以来，随着争论的深入，有人对“国进民退”做了更宽泛的解释[③]，认为其主要发生在三个方面：一是自20世纪90年代中期以来国家财政收入在国民收入中的份额加速增加；二是政府投资占全社会固定资产投资总额的比重越来越高；三是国有企业以及一些超大型国有控股集团凭借价格和其他资源占有上的垄断地位快速地进行资本积累和自我扩张。本章将不讨论这种更宽泛意义上的“国进民退”。

一　哪些领域引发“国进民退”之争

纵观2009年以来的争论，一些经济学家与部分舆论认为，“国进民退”已

① 也有人认为，“民营经济”不是一个科学的概念，其外延也并不清晰。如在明确民营经济主要指“私营经济”、国有经济指全民所有制经济的前提下，使用“民营经济”未尝不可。但是，在没有清楚界定这一概念下使用，则可能引发将属于私有制范畴的民营经济当作人民群众的代表，造成国家与人民、政府与群众之间的对立。参见张宇《警惕“国进民退论”的误导》，国务院国有资产监督管理委员会网站，http：//www. sasac. gov. cn/n1180/n6881559/n6987010/7234634. html。

② 参见 http：//baike. baidu. com/view/2522166. htm。

③ 韦森：《什么是真正的国进民退?》，财经网，http：//www. caijing. com. cn/2010 - 02 - 09/110375152. html。

经不是个别企业的个别行为，而是国有企业尤其是中央国有企业在具有强烈政府背景下的共同行动；它所涉及的也不是个别行业和领域，国有企业已跨出了原来对国有经济界定的占主导地位的关系到国计民生、国家安全、自然垄断的领域，而向更多行业扩张。这主要涉及以下 8 个领域。

1. 大多数救市资金进入国有经济领域

2008 年底出台的 4 万亿元的救市计划，以及随之而来实施的宽松的货币政策下的大量新增信贷资金，绝大多数为国有企业尤其是中央国有企业获得。“国进民退”的批评者认为，这种资金流向既是对民营经济的歧视，同时为国有经济的扩张、蚕食传统民营经济领地提供了廉价的资金支持，再加上长期以来国有企业事实上无需向所有者上缴利润①，这使国有企业在与民营企业的竞争中，在资金上具有极大优势，促成了国进民退。

2. 钢铁行业重组

钢铁行业的兼并重组是这轮“国进民退”争论的焦点之一。2009 年 7 月民营企业建龙钢铁公司重组金融危机中亏损的吉林通化钢铁集团，由于没有解决好职工安置问题，职工闹事打死了建龙钢铁公司派来的总经理。吉林省国资委宣布，建龙集团将永不参与通钢集团的重组。

备受争议的还应算山东钢铁集团有限公司兼并日照钢铁公司。2009 年 9 月初，两个公司持续近一年的并购案尘埃落定，前者以现金出资的方式，占 67% 的股权，后者以评估后的净资产入股，仅占 33% 的股份，完成了一家地方国有企业对民营企业的并购。这个案例颇受批评的是，日照钢铁是一家盈利的民营企业，2009 年上半年实现净利润约 18 亿元；而山东钢铁则是一家长期亏损的国有企业，2009 年上半年，作为山东钢铁主体的济南钢铁和莱芜钢铁就合计亏损 13.62 亿元。这起兼并最受争议的还在于，兼并是在政府凭借行政力量推动下实现的。

此外，钢铁行业的重组还有宝钢入主宁波钢铁事件。2009 年 3 月 1 日，宝钢以 20 多亿元接手原宁波钢铁三家民营企业的股份，取得宁波钢铁 56.15% 的控股权。在重组后，宁波钢铁原来的最大股东杭州钢铁公司虽然仍持有新公司

---

① 据盛洪估算，每年国有企业没有上交的土地租金达 1.4 万亿元，再加上没有上交的资源租金与企业利润，其数额更加可观。这既造成了国有企业与民营企业在负担上的不公平，也是导致国有企业高管与职工高收入，引发收入分配不公平的重要原因。参见张新华《本刊执行总编朱敏对话经济学家盛洪：用宪政改革制约“官进民退”》，《新经济导刊》2009 年第 12 期。

43.85%的股份，但这家地方国有企业将从原来的第一大股东下降为第二大股东。同时，按照宝钢入主时的条件，重组后宁波钢铁公司将增资扩股，杭钢的持股比例将进一步降至34%。

3. 山西煤炭行业重组

山西煤炭资源整合和企业重组是这次“国进民退”争论的一个焦点。据山西省政府提供的材料，截至2009年底，山西全省重组整合煤矿正式协议签订率达到98%，企业主体由原来的2200多家减少到130家。从办矿主体看，在保留的矿井中，国有企业占20%，民营企业占30%，股份制企业占50%，形成了以股份制为主，国有、民营并存的办矿体制。据山西省政府方面的解释，这次山西煤炭产业的重组整合做到了：整合主体以生产力水平作为最主要标准，坚持优进劣退、强进弱退、大进小退，而不是以所有制为标准，不存在歧视民营企业的问题。此外，国有企业也是有进有退，在小煤矿退出的同时，山西省太钢集团、焦炭集团、能源产业集团、国际电力集团等不以煤炭为主业的大型国有企业也失去了所办煤矿的控股权。

但是，批评者认为，占据山西省煤矿半壁江山的股份制煤矿大多数是国有控股企业，国有企业与国有控股企业在全省煤矿企业中的占比超过50%。在山西省11个地级市中，只有吕梁市民营矿井和产能占到60%，只有朔州市国有和民营矿井及产能各占50%，其余9个市在这轮调整中国有企业均占有优势。然而，山西煤炭行业的这一轮整合最受诟病的还有，重组不是采用市场经济的方式，而是通过行政手段强制实施的。

4. 国有房地产商高价拿地

为应对危机，政府在2008年底出台了4万亿元投资计划，2009年又新增贷款9.57万亿元。由于大部分救市资金被国有企业尤其是中央国有企业廉价所获，在市场需求萎缩、生产性项目投资预期收益普遍下降的背景下，大量资金涌向房地产市场，不仅催生房地产泡沫，造成“地王”频出，推高房价，而且排挤民营房地产企业。有资料显示，在信贷剧增的2009年上半年，60%的“地王”头衔被国有地产商获得。2010年初到3月15日，北京成交的22块非工业用地中，有12块为有中央所属国有企业背景的房地产商拍得，这些企业拿地项目首次超过五成。特别是在2010年“两会”后的第二天，只在3月15日1天内，中央国有企业便在北京市出售的6幅地块中连创3个“地王”，不仅创造了北京市的总价“地王”，而且两度刷新单价“地王”。这使一些原来十分活跃的民营房地产商甚至北京市的地方国有房地产商不得不考虑退出北京市场，转移到二线、三线城市。

据国务院国资委解释，2009 年中央企业房地产业务销售收入仅占全国商品房销售收入的 5% 左右，其房屋销售面积仅占全国商品房销售面积的 3% 左右。言外之意，中央国有企业在全国房地产市场中所占份额十分有限，对催生房地产泡沫责任不大。但在房地产泡沫迅速生成、“国进民退”讨论正酣之时，即使个别中央企业的个案行为，无疑也会助推公众对国有企业的指责。迫于强大的舆论压力，国务院国资委在 2010 年 3 月 18 日宣布，78 家中央国有企业逐步退出房地产市场，在房地产市场上仅保留 16 家主营房地产的企业。但是，批评者紧追不放，这 16 家企业占有中央企业在房地产板块上的绝大部分市场份额，2009 年这 16 家企业占全部中央企业房地产板块资产总额的 85%，销售收入的 86%，净利润的 94%。78 家企业的退出不会改变中央企业在房地产业中的强势地位，如果退出企业的资产是在央企内部重组，这将进一步强化中央企业在房地产市场上的地位。

5. 民航领域企业重组

民用航空是较早向民营企业开放的原来国有经济一统天下的领域。2005 年 8 月国家民航总局发布《国内投资民用航空业规定（试行）》，允许民营资本进入除空中管制以外的所有民用航空领域。随之而来，奥凯、春秋、鹰联、东星、吉祥等民营航空企业或多元化民航企业纷纷组建。但是，在这些民航企业进入民航领域时，面临着航线分配、飞行员短缺、资金困难等一系列问题，多数企业只能惨淡维持经营。这是因为这一行业已经运力过剩，国有企业之间的竞争本来就很激烈，利润已经被摊薄。在金融危机冲击下，民航业是最早感受到寒意的领域，组建不久的民营企业的经营更加困难，先后发生了东星航空破产、奥凯航空因不能及时支付燃油费而停航、鹰联航空被国有企业四川航空集团公司收编等案例。然而，尤其受到指责的是，国有航空企业在危机背景下可以得到政府的支持，如 2008 年底，东方航空和南方航空分别得到 70 亿元与 30 亿元的政府注资，并得到多家银行提供的数百亿元贷款授信额度，而民营企业却不可能得到这样的支持。

需要指出的是，与上述民营航空公司命运不同的是，同样是民营公司的春秋航空与吉祥航空却在金融危机中取得了不错的业绩。春秋航空 2008 年盈利 2000 万元、2009 年盈利 1.58 亿元；吉祥航空在这两年中分别盈利 1150 万元和 1.08 亿元。这表明，危机中民航业的变故，可能难以用“国进民退”来概括，正如春秋航空公司董事长王正华所说①，“当企业垮掉时，更多地要从自己身上找找原因”。

6. 邮政业务对民营企业的限制

2009年10月1日新《邮政法》正式实施，虽然从法律上第一次确立了民营快寄业的合法地位，但在关键条款“邮政专营权”问题上，新法仅作原则性表述：“国务院规定范围内的信件寄递业务，由邮政企业专营”，把权力授予了政府。所以，当9月《国务院关于邮政企业专营业务范围的规定》透露后，媒体和整个民营快寄行业就炸开了。因为该规定指出，同城50克以下、异地100克以下信件类快递，只能由中国邮政总公司一家专营。如果实施，近80%的民营快寄业务就被国有企业占有。这一案例表明：政府为减少对国有邮政的补贴，通过立法与行政性法规来强化垄断，抑制竞争，势必挤压民营企业的生存空间。

7. 民营企业与地方国有企业傍“央企”

近年来，一批地方国有企业与民营企业“投靠”中央国有企业，也是这一轮“国进民退”争论中的一个问题。湖南作为第一个与中央企业合作的省份，在2005年后的两年时间内与57个央企对接，引进资金1800亿元。在地方国资委的主持下，宝钢入主原来地方国有企业控股的宁波钢铁有限公司；中粮集团联手厚朴投资组建了一家新投资公司（分别持股70%和30%），共出资61亿港元入股蒙牛集团，中粮和厚朴基金联合成为蒙牛乳业最大单一股东。类似的案例很多，具体情况需进行具体分析，不能简单地一概而论。但是，批评者主要认为，无论这类兼并重组是自愿还是有政府背景，都意味着中央企业有雄厚的资金、有强大的市场优势与政策优势，因而意味着国有经济与民营经济、央企与地方国企享有不平等的地位。

8. 基础设施建设排斥民营企业

我国应对金融危机冲击的主要措施是通过增加投资来弥补出口下降，基础设施投资又是扩大投资的主要领域。引发争议的案例是，在长江三角洲，高速公路从原来的经营型公路改为还贷型公路。经营型公路民营资本还可以进入，而还贷型公路只能由政府来投资。此外，在应对危机冲击中，因政府融资突然变得容易，一些地方便把原来已规划给民营资本的基础设施项目转变为政府项目，以解决政府基础设施建设项目准备不足的问题，这也挤压了民营资本的投资空间。

---

① 王正华：《航空业不会出现“国进民退”!》，《中外管理》2009年第5期。

二　众说纷纭的评判

面对上述“国进民退”现象，舆论界与学术界可以说是众说纷纭，莫衷一是。概括说来，有三类不同的看法：一是对“国进民退”现象持批评态度，并对这一发展趋势深表担忧；二是程度不同地认可出现了“国进民退”现象，但认为这只是应对金融危机过程中难以避免的、局部的、暂时的现象；三是对第一类观点持批评态度，认为由此引发“国进民退”的讨论是无中生有。

1. 对“国进民退”的担忧

“国进民退”是一场新的国有化运动。张曙光认为，“国进民退”是国有企业特别是中央国企的共同行动；几乎涉及所有重要行业；不是单纯的企业行为和市场活动，而是有政府的大力支持、主导组织和公开介入，是政府意志和政策导向的结果①。这场国有化运动，既有国际和历史的大背景，也有国内政治和经济体制的内在原因。他还认为，“国进民退”潜藏着很大的风险和危机。首先，这是体制上的倒退，它强化了国有部门的行政性垄断，削弱了市场竞争的基础，是对以前实施的国有经济战略性重组的一种反动。在中国市场化改革尚未完成、市场基础尚未巩固的情况下，这一走向有可能使我们偏离市场经济轨道，葬送改革的成果。其次，“国进民退”的国有化运动将形成一个权钱结合的权力资本集团，操纵国家经济命脉，侵夺人民利益，造成普遍的大规模的社会腐败。最后，国有企业本身的制度缺陷将会进一步发展，其低效率和无效率的现象将会重新出现，并扩大蔓延，中国经济将会再一次地跌入低谷。

用宪政改革制约“官进民退”。盛洪与《新经济导刊》执行总编对话时认为，“国进民退”是不准确的，应该叫“官进民退”，“国”字会引起误解②。“官进民退”是由政府部门支持国有企业垄断造成的，垄断现在已经不仅仅是一个经济问题，而成为一种政治问题，甚至是宪政问题。宪政应该规定政府部门不能随便介入市场，否则市场就不能公平地竞争，在既有国企又有民企的时候，国企是所谓的“共和国长子”，这时政府部门怎么能公平对待国企和民企？更有甚者，去帮着国企兼并民企。他还主张用“国不以利为利，以义为利”来确立宪

---

① 参见 http：//business. sohu. com/20091028/n267789839. shtml。

② 张新华：《本刊执行总编朱敏对话经济学家盛洪：用宪政改革制约“官进民退”》，《新经济导刊》2009 年第 12 期。

政原则。

警惕历史上国进民退灾难的重演。章立凡从历史角度撰文，回顾了清末以来的三场“国进民退”：第一场引爆了辛亥革命，第二场拖垮了国民党政权，第三场将国民经济拖到了崩溃边缘[①]。三个后果都是灾难性的，其后又都出现“民进国退”并带来经济增长。历史已经证明：“国进民退”没有可持续性。针对当前的“国进民退”趋势，应从科学发展观出发，全面协调国企与民企的发展关系，对垄断型企业实施分割改造，逐步推行国有企业的民营化，重点扶持民营企业的发展，更符合中国社会的长治久安之道。胡泳回顾晚清的洋务运动，认为想使用国有制（官办）、合资企业（官商合办）、承包制（官督商办），通过模仿技术来实现工业化[②]。效果在短期内是可见的，然而这样做却留下了一个长久的后患：国家机会主义变得制度化，政府与民争利，既是游戏规则制定者，又是裁判加球员，私人经济的成长空间趋于萎缩。

国进民退的非经济的社会后果[③]。一些学者从更宽泛的角度对国进民退表示担忧。陈志武认为，国进民退的非经济后果是破坏政府权力跟民间权利之间的平衡点，让权力掌握更多可以支配的财富资源，继而毫无顾忌地扩张；老百姓伸张自己权利的经济基础越来越弱。“国进民退”从本质上是强化国富、弱化国民的收入，在政府富但民众生活却没有提升得那么快的情况下，老百姓只有更加依赖政府才能生存，只好更加有求于政府，民间权利就没有了经济基础。王则楚认为，经济基础决定上层建筑，假如经济基础是“国进民退”，国有企业绝对控股或者说绝对控制经济，那么由民营经济代表的各方面利益所要求的平等的、民主的社会就不可能存在。所以，要真正发展社会主义民主政治，就要发展社会主义市场经济。这就必须开放所有垄断的市场，土地要实行私有化，矿产允许个人开采，还有开放信息的自由流动，这样才可以让我们的市场经济健康完善地发展。杨恒均认为，经济自由是政治自由、伦理道德等诸种自由的前提和保障，而“国进”的结果不但使民营企业退步，更使得民众在经济上依附于国家，导致个人自由的大面积倒退。姚洋认为，“国进民退”主要表现在金融领域和一些关键

---

① 章立凡：《近代以来三场“国进民退”的历史教训》，《财经文摘》2010年第1期。

② 韩洪刚：《国进民退的非经济后果——问策中国十意见领袖》，《时代周报》2010年3月第68期。

③ 韩洪刚：《国进民退的非经济后果——问策中国十意见领袖》，《时代周报》2010年3月第68期。

性行业，而政府控制这些领域会产生严重的非经济后果，这会让政府变成和市场中其他参与者一样，只关心经济利益，忽视其公共功能。如果政府商业化，就可能变成一个巨大的利益所有者，同时也让其他强势集团有了利用和控制政府的可乘之机。笑蜀认为，"国进民退"最重要的影响是新的国家全能主义正在形成，它是国家用市场经济的方式重新回到了计划经济时代，它比过去的计划体制具有对社会资源、经济资源更高程度的控制和垄断。随之而来，国家对社会各个领域的干预和控制就会全面展开，这使中国的公民社会的形成将更加艰难。

2. "国进民退"是局部性、暂时性的现象

这种观点认为，在金融危机这一非常时期，应对危机不能仅靠市场力量和民间投资，而要靠政府的公共投资和国有企业的投资。2009 年政府的公共投资和国有企业的投资，起到了阻止经济增速急剧下滑的积极作用，"国进民退"只是局部与暂时的现象，同时这不过是为了救市而不得不付出的成本。随着刺激性政策的退出，这种现象也会逐步消退。

"国进民退"是一种被动选择。马骏认为，2009 年与出口相关的很多企业受到国际金融危机的冲击较大，但是与政府投资相关的企业受冲击则较小。这产生了一个引人关注的现象——国进民退，这种情况在 2010 年会有所好转。某种意义上，2009 年的"国进民退"是一种被动的选择，在国际金融危机与私营投资不旺的情况下，只能国家投资①。

"国进民退"是一地或一行业的个别现象。黄挺认为，在国际金融危机的冲击下，国内一些地方、行业出现了一股"国进民退"热，这不过是一地或一行业的个别现象，不能成为改革发展的主流。如果把这作为应对金融危机的手段，当然可以，也只是权宜之计，并不是长期国策②。

"国进民退"是选择性的局部现象。冯兴元认为，我国的"国进民退"现象确实存在，但发生在一些选择性的领域，并没有发生在全部行业。即便在这些选择性行业，也不是全面的"国进民退"。因此，可以将其称之为选择性的局部"国进民退"现象，而非"普遍性的全面'国进民退'"③。

"国进民退"是反周期政策的"副产品"。杨速炎认为，面对如此严重的经

---

① 马骏：《国进民退今年将自动逆转》，2010 年 1 月 7 日第 A03 版《中国城乡金融报》。

② 黄挺：《"国进民退"不是当前改革发展主流》，2009 年 11 月 4 日第 A13 版《南方日报》。

③ 冯兴元：《"国进民退"辨析》，2009 年 12 月 14 日第 17 版《北京日报》。

济危机，任何一个负责任的政府都不可能坐视不管，而政府采取的任何反危机措施，实际上都免不了扩张性的财政政策和货币政策，免不了政府干预市场①。这些政策实施的后果，都免不了出现“国进民退”现象，至少短期内会如此。这是可以理解的。

“国进民退”不是国策。辜胜阻在2010年“两会”期间接受人民网记者采访时表示：胡锦涛主席参加了民建工商联的联组讨论会议，表明了高层已经明确支持非公有制经济的发展，这也回应了过去一年来对“国进民退”这一问题的争论。冯兴元认为②，由于2009年“国进民退”现象明显增多，有些人开始怀疑“国进民退”是否已经成为一项中央的决策。根据我们的观察，没有迹象说明中央提出了一种“国进民退”的战略或者政策。现在发生的“国进民退”现象，往往是一些具体部门、地方政府和特定国企的行为，中央的改革开放大政方针并没有改变③。

后危机时代可以做到国民共进。辜胜阻认为，在后危机时代，公共投资必须靠民间投资来接力，2010年最为重要的任务是扩大民间投资，让民间投资来接力公共投资，只要在后危机时代民间投资能够跟进，居民消费能够扩大，政府花力气来调整经济结构，就能实现国民共进。④

3.“国进民退”是无中生有

这类观点否认中国当前出现了“国进民退”现象，认为这不过是“国进民退论”者抓住国有经济有进有退过程中的某些现象，刻意渲染的结果。

“国进民退”只是一种没有根据的“印象”。在2010年“两会”期间，政协新闻发言人赵启正在新闻发布会上用统计数据证明，即使在很特殊的2009年，也不存在“国进民退”。他认为，国进民退只是一些国内外媒体似是而非的“印象”，这个印象可能是在2009年中国在克服国际金融危机中出现的大量兼并、重组和关闭一些不符合安全规定的厂矿引起的。他认为，印象不是判断的可靠手段，可靠的手段是数据⑤。

国有经济在国民经济中的比重持续下降。季晓南认为，近几年来，国有经济

---

① 杨速炎：《“国进民退”是祸是福?》，《中国外资》2009年第12期。

② 冯兴元：《“国进民退”辨析》，2009年12月14日第17版《北京日报》。

③ 参见 http：//tv. people. com. cn/GB/61600/182354/11089207. html。

④ 参见凤凰财经网，http：//finance. ifeng. com/news/special/lianghui2010/20100303/1880835. shtml。

⑤ 参见 http：//paper. people. com. cn/jhsb/html/2010 - 03/03/content_ 458985. htm。

的总量在不断增加，但在整个国民经济中的比重是持续下降的，而且未来相当一段时间还将继续下降，总体上呈收缩趋势；从中央企业的数额和分布看，总体上也是呈收缩趋势。从地方国有企业的数额和分布看，一般竞争性领域的大多数中小国有企业已进行了改制，市（地）和县级政府所属国有企业的90%都进行了改制，其中绝大多数退出了国有经济行列；从个案来看，作为这次“国进民退”争论的一个中心案例——山西煤炭资源整合和企业重组，也并非全部是国有企业收购民营企业①。

“国进民退论”是一种误导。张宇认为，国进民退的言论渲染了“国”与“民”的对立，违背了我国所有制结构的客观实际，否定了我国的基本经济制度，歪曲了国有经济改革的方向，并影响非公有制经济的健康发展②。

此外，在这场争论中一些经济学家还从社会主义市场经济基本经济制度的所有制结构原则出发，强调国有经济的主导地位，以及国有经济与民营经济两个都不能少。其中，最具代表性的是秋石③与张宇④的文章。

三　统计数据目前尚难支持“国进民退”

较早根据统计数据来探讨“国进民退”的是《中国企业家》2009年第8期上发表的特稿。作者对2002年和2007年国有及国有控股企业工业产值在全国工业总产值中占的比重进行了计算，得出的结果是：2002年国有工业产值的比重为40%，2007年国有工业产值的比重为29.5%，下降了近10%，说明经济发展总体上仍是“国退民进”的态势。只是在“石油和天然气开采业”、“烟草制品业”和“有色金属冶炼及压延加工业”三个行业出现了国有经济比重上升的情况。由于统计数据截至2007年，并不反映金融危机下的情况，该刊物又通过向企业中高层发放问卷来弥补统计资料的不足。典型调查支持了统计结果：在113份有效问卷中，没有一份问卷认为大部分行业出现了“国进民退”。

国家统计局局长马建堂在2009年12月25日国务院新闻办举行的第二次全

① 季晓南：《正确分析和认识当前国进民退的讨论》，参见国务院国有资产监督管理委员会网站，http://www.sasac.gov.cn/n1180/n6881559/n6987010/7234618.html。

② 张宇：《警惕“国进民退论”的误导》，参见国务院国有资产监督管理委员会网站，http://www.sasac.gov.cn/n1180/n6881559/n6987010/7234634.html。

③ 秋石：《为什么必须坚持公有制为主体多种所有制经济共同发展的基本经济制度而不能搞私有化和“纯而又纯”的公有制》，《求是》2009年第10期。

④ 张宇：《当前关于国有经济的若干争议性问题》，《经济学动态》2010年第6期。

国经济普查（2008 年）结果发布会上表示，从第二次全国经济普查的一些数据来看，至少在企业单位数量上、企业资本的结构上，国有企业的比重是下降的，所以普查数据从总体上不支持“国进民退”的观点①。值得注意的是，他在总体上否认存在“国进民退”时也认为，大家对于“国进民退”的讨论是有积极意义的，警示我们要进一步推进中国垄断行业改革，警示我们要进一步推进国有经济战略性的调整和重组，警示我们要进一步推动民营企业、非公有制企业的改革发展。

在 2010 年“两会”期间，政协新闻发言人赵启正在新闻发布会上称，改革开放 30 年来，国有经济、非公有制经济比翼齐飞；即使在很特殊的 2009 年，也不存在“国进民退”。2009 年中国私营企业和国有或国有控股企业的同比为：私营企业工业增加值是 18.7%，国有企业是 6.9%；私营企业总资产增长 20.1%，国企增长 14%；私营企业的总利润增长 17.4%，而国有企业为负 4.5%。这表明至少在工业领域，非国有经济仍然存在明显优势②。

总之，由于应对危机措施实施后的全面统计数据尚未出来，人们很难根据以前的数据或近期局部数据来判断是否产生了整体意义上的国进民退。所以，无论是国进民退观的支持者还是反对者，都难以用更有说服力的统计分析来证明国进民退究竟是一种局部性、暂时性的印象，还是一种全局性、趋势性的现象。可能正是基于这一原因，一些经济学家主张对国进民退要“慎下结论”。周其仁表示，是否存在传统意义上的“国进民退”现象，要对具体的案例进行具体的研究剖析——到底这是双方自愿的市场化行为，还是由于政府的强迫。他认为，在市场竞争之下，任何市场主体都有进或退的可能性。

第二节　从“民进”到“国进”的逆转

关于“民进”还是“国进”的讨论，我们可以大致以 21 世纪为界，把改革开放 30 余年划分为两个时期。在前一个时期的 20 多年中，民营经济从无到有，并逐步壮大，国有经济的市场化改革却是一个缓慢的渐进过程，尤其是在 20 世纪 90 年代中期以前，国有经济改革没有取得实质性的进展，面对日益壮大的民

① 参见财经网，http：//www. caijing. com. cn/2009 - 12 - 25/110345033. html。

② 参见新华网，http：//news. xinhuanet. com/politics/2010 - 03/02/content_ 13082649. htm。

营经济，国有经济在国民经济中的相对地位呈下降趋势。所以，在这一时期，“民进国退”是一个总体发展趋势。

进入21世纪以来，前一时期的国有经济与民营经济的相对关系开始发生微妙的变化：一方面，始于20世纪90年代中期国有经济实质性改革的效果开始显现，国有经济的生存状况有较大改善。另一方面，民营经济发展开始遇到了困难，这些困难有些来自外部经济社会环境的变化，有些则来自国有经济的竞争或挤压。

一 “民”与“国”力量对比嬗变的考察

从“国退民进”之说到“国进民退”之争的转变，是近些年来国有经济与民营经济力量对比变化的结果，可以分别从国有经济与民营经济两个角度来考察。

1. 国有经济从弱到强的嬗变

中国的国有经济改革可以以20世纪90年代中期为界划分为两个时期：在前一个时期，国有经济改革是在计划经济的总体框架下进行的，改革以不冲破计划模式为边界，市场取向的改革局限在计划模式效率的改善。在这种背景下，国有企业事实上仍是政府主管部门的附属物，市场化的举措仅限于“放权让利”。与之相应，在改革指导思想上存在两个误区：一是企图通过一些市场化的措施搞活所有的国有企业。尽管人们在实践中渐渐意识到这是一项不可能完成的任务，但是，当遇到了国有企业“破产难”的难题时，措施也仅仅是将支持重点收缩到大中型企业，事实上已破产的国有企业仍在政府的援助下苟延残喘，成为中国经济发展与各级政府的沉重包袱。二是企图用一种统一模式来搞活千差万别的国有企业，无论是最初的扩大企业自主权、利改税，还是稍后的承包制、股份制试点，都没有跳出计划经济大一统的思维模式。这两方面的原因致使国有企业的亏损面越来越大、亏损额越来越多。反观这一时期的民营企业与“三资企业”在市场取向的改革中却取得了长足发展，在非公有制经济的挤压下，国有企业的经营状况越来越困难，国有经济在GDP、工业产值中所占份额逐年下降，表现为“民进国退”。

随着20世纪90年代初中国将改革目标明确定为建立社会主义市场经济体制，原来对国有经济的改革方针也相应发生变化。越来越多的人逐步认识到不可能搞活计划经济时代留下来的所有国有企业，需要对当时事实上已经空壳化的国有企业进行破产处理，卸下各级政府的沉重负担。与之同时，人们也认识到不可能用同一模式来规范千差万别的国有企业，需要对不同行业、承担不同任务的国有企业进行分类指导。这一指导思想的转变开启了20世纪90年代中期以来国有经济战略布局的调整，在“抓大放小”、“有所为、有所不为”的调整过程中，一方面，国有资产向资源性、垄断性行业转移，大批亏损或盈利前景不佳的中小企业被兼并、破产，国有企业数量大大减少，国有资产的总体质量明显改善；另一方面，通过“减员增效、下岗分流”，以及“主辅分离、辅业改制、分流安置富余人员”等一系列改革措施，国有企业职工数量从8000多万减少到不足4000万人，原来导致国有企业效率不高、亏损严重的一个沉重的社会包袱被甩掉了。

尤其是进入21世纪以后，隶属于各级政府的国有资产监督管理委员会的组建，强化了国有资产的“资本意识”，国资委的“保值增值”任务实际上确立了国有企业盈利最大化目标。以至于到了现在，除了一部分承担公共目标的国有企业外，其余大部分国有企业都是营利性企业。伴随国资委组建同时推进的政府机构改革，大部分原来以直接管理企业为己任的工业部门的裁撤与归并，政府机构对国有企业内部事务的行政性干预弱化，使企业自主权明显增强。与之同时，国有企业内部的改革也较20世纪90年代中期以前有很大进展，股份化改造既削弱了政府对企业的干预，又大大增强了国有企业的融资与扩张能力，公司治理结构与机制的建立和完善，使国有企业适应市场的能力明显提高。

国有经济的上述改革大多是在亚洲金融危机背景下推进的，危机成为助推改革的动力。一方面，在危机的压力下，各级政府与企业都有强烈的改革意识，以求通过改革摆脱困境；另一方面，危机使淘汰落后企业、进行资产重组的阻力大大削弱。进入21世纪后，当中国逐步走出亚洲金融危机的阴影时，国有经济的状况已有很大改观。伴随2002年中国加入WTO，原来其他国家可以封堵中国产品的许多贸易保护壁垒几乎是在一夜间失去效用，中国的对外贸易以超过20%的速度连续增长了6年，国有经济的外部生存条件也有很大改善。再加上为应对亚洲金融危机连续6年实施了积极的财政政策，一方面，大大改善了中国的基础设施；另一方面，大规模的财政投入壮大了国有经济的实力。在一系列有利条件下，中国经济迎来了改革开放以来最好的发展时期。在经济一片繁荣的背景下，经过战略调整的国有经济在各级政府的强力支持下，也获得了大发展，仅中央企业的资产就从2003年国资委组建时的约2万亿元上升到目前的6万亿元左右。

大量经验研究也证明，始于20世纪90年代中后期的国有经济战略布局调整与国有企业改制大大提高了国有经济的效率与竞争力。例如，刘小玄等人的研究发现，2000~2004年不同所有制企业之间效率的差异在不断缩小[①]；谢千里等人的研究发现，1998~2005年国有企业生产率水平的增长速度远高于其他所有制企业，尽管生产率总体水平仍然低于非国有企业[②]；刘小玄、朱克朋的研究则更进一步表明，企业的更替尤其是国有企业的重新配置，对企业本身以及整个行业的生产率水平提高有重大作用[③]。尽管这些研究大多集中在竞争性的制造业领域，没有涉及垄断性行业的情况，但仍然表明新世纪以来国有经济的效率与竞争力较过去有很大改善。

上述分析只涉及工商领域的国有经济（国资委管辖的领域），没有涉及金融领域的国有经济。对国有经济实力增强的考察，还不得不考虑国有经济在金融市场上的垄断地位。如果考虑到市场经济中执牛耳的金融业，国有经济的实力更加强大。综观30年来的改革历程，中国金融业的市场化进程同时也是国有金融机构的市场垄断地位形成的过程，政府及国有金融机构对金融市场有极大的控制力[④]。

2. 民营经济相对实力的下降

相对国有经济而言，民营经济的生存状况却没有那么风光。虽然民营企业也分享了中国经济高速增长的红利，但一系列不利因素也在不断扩大。早在2008年底金融危机冲击中国以前，民营企业尤其是中小企业就面临着许多困难。

一是劳动成本不断上升，使主要聚集在劳动密集产业中的民营经济压力增大。这与农村剩余劳动力减少、中央一系列惠农政策的出台、《劳动合同法》的通过与实施、落后地区经济发展诸因素有密切关系。一方面，经过20多年中国经济的高速增长，越来越多的农村剩余劳动力已经转移到非农产业中就业，再加

---

① 刘小玄、李双杰：《制造业企业相对效率的度量和比较及其外生决定因素（2000~2004）》，《经济学（季刊）》2008年第7卷第3期，第843~868页。

② 谢千里、罗斯基、张轶凡：《中国的工业生产力革命》，《经济学（季刊）》2008年第7卷第3期，第809~826页。

③ 刘小玄、朱克朋：《竞争、企业更替和生产率增长——中国部分制造业的经验证据》，中国社会科学院博士学位论文，2010。

④ 刘小玄注意到了金融市场结构对国进民退的影响，认为中国金融市场不放开，还是保持国有垄断的情况，那么商品市场再自由竞争也起不了决定性作用。参见《只要金融是国有垄断的，国进民退就没法避免》，《商务周刊》2009年第24期。

上20多年来计划生育政策的实施，新增劳动力的增长速率下降，中国经济增长的“人口红利”开始减少①。另一方面，进入21世纪后，社会对“三农”问题的关注，以及国家财政状况的改善，使政府有可能对农业、农民与农村进行补贴。从2000年农村税费制度改革开始，自2004年起中央连续7年下发一号文件支持“三农”。在惠农政策增加农民收入的同时，这些政策也改变着农业与非农产业的比较收益，抬高了农民工收益预期，增加了企业的用工成本。另外，于世纪之交正式启动的西部大开发战略以及随后中部崛起战略的实施，促进了中西部地区经济发展、就业增加。这既减少了流往东部地区的劳动力，也在整体上拉高了企业的用工成本。此外，社会保障制度的建立与完善以及《劳动合同法》的实施也进一步加重了民营企业的负担，增加了劳动成本，以劳动密集型为主的民营企业在技术升级、产品更新换代方面则相对滞后。近年来，东部发达地区频频发生的“民工荒”，不过是整个中国廉价劳动力供需缺口扩大、工资水平上升的真实写照。与国有企业的劳动成本受市场影响不大的状况相比，民营企业对劳动力市场价格极为敏感，劳动成本的快速提升使民营经济的经营环境不断恶化。

二是能源及原材料价格上涨，民营企业物质资源成本上升。伴随中国经济的高速增长，推高了中国能源及原材料价格，特别是中国加入WTO以后，中国资源性产品的价格逐步与国际市场接轨，与国际市场的价格落差逐步缩小，过去民营企业使用廉价资源性产品的美好时光一去不复返。与大部分垄断资源型行业的国有部门不同，主要集中在制造业领域的民营经济是价格上涨的主要承担者，而国有部门则是价格上涨的直接获益者。

三是土地供应的独家垄断与土地使用权“招拍挂”制度的实施，使用土地成本增大。从2002年起，国土资源部先后出台了一系列文件，要求所有经营性土地必须通过“招拍挂”形式转让使用权，尤其是2004年国土资源部等联合下发的《关于继续开展经营性土地使用权招标拍卖挂牌出让情况执法监察工作的通知》规定，2004年8月31日以后所有经营性用地出让全部实行“招拍挂”制度，即所谓的“831”大限之后土地使用成本大增。这对于处于高端产业的国有企业虽然也有影响，但对以劳动密集型产业为主、利润偏低的民营企业来说影响更大。此外，21世纪以来一系列生态资源保护与环境保护意识的加强，对原来

① 关于“人口红利”是否已经消失仍是一个有争议的问题。但这种红利较改革开放之初已大幅下降，却是不争的事实。

不太重视这方面工作的民营企业影响也较国有部门更大。

四是人民币升值与出口退税政策调整，给以出口为主的民营企业的产品销售造成巨大压力。加入 WTO 以来，中国的进出口贸易增速迅速提升，贸易顺差扩大，外汇储备急剧增加，人民币升值压力与日俱增。为缓解贸易摩擦升级、缓解人民币升值压力、抑制对外贸易快速增长引致的国内经济过热，从 2005 年 7 月 20 日起，人民币结束了自 1994 年以来对美元汇率基本稳定的格局，开始步入升值轨迹，截至 2008 年上半年，这一轮人民币对美元累计升值达 21%。与之相应，从 2004 年起，出口退税政策也改变了原来的上行轨迹而转向下调，尤其是 2007 年 7 月生效的出口退税的大幅下调，涉及 2831 项商品，约占海关税则中全部商品总数的 37%。这次调整后，部分产品实际上取消了出口退税，平均退税率大幅下降。汇率与对外贸易政策的大幅度快速调整，首先冲击的是以出口贸易为主的民营企业，使这部分民营经济的生产经营环境恶化。需要提醒注意的是，在金融危机冲击下，人民币升值进程出现暂时中断，出口退税下调进程也暂时逆转。但是，伴随世界经济的回暖与中国对外贸易增长的回升，上述暂时中断的进程不到两年就从 2010 年 7 月起，人民币再次步入升值轨迹，出口退税率再次下调，这将对更依赖进出口贸易的民营经济发展形成负面影响。

五是为抑制经济过热，偏紧的宏观经济政策不利于民营经济的发展。进入新世纪以来到金融危机爆发之前，为抑制经济过热，宏观经济政策曾两度收紧，第一次是 2003 ~ 2004 年的调控，第二次是 2007 年底防止经济过热与防止通货膨胀的“两防”措施。在偏紧的宏观政策下，民营企业资金普遍短缺，企业的生产经营活动面临困难。尤其是 2007 年底紧缩性措施的出台，使经营已经出现困难的民营企业雪上加霜，紧缩性政策成为压倒许多民营企业的最后一根稻草。当次贷危机的影响还没有传导到中国时，民营经济就已经感受到阵阵寒意。据国家发改委中小企业司一项统计，全国中小企业特别是出口密集型中小企业受其影响很大，仅 2008 年上半年全国就有 6.7 万家规模以上中小企业倒闭①。其中，作为劳动密集型产业代表的纺织行业中倒闭的中小企业就超过 1 万家，2/3 的纺织企业面临重组。

① 《上半年 6.7 万家中小企业倒闭，发改委研究建立“国家中小企业银行”》，《领导决策信息》2008 年第 33 期。

2008 年 9 月因雷曼兄弟投资银行倒下而触发的金融海啸，导致全球市场需求急剧下降，并很快传递到中国。尽管政府及时出台了大规模的救市措施，但这些措施的直接受益者主要是国有企业，民营企业在短期内难以感到政策的暖意。只有当这些措施通过市场传递机制提升了总需求后，民营企业才能逐步分享到扩张性措施的好处。这一轮国进民退之争在很大程度上与刺激性政策的这种传递机制有关。

二 应对危机措施催生国进民退之争

综观30年来中国的宏观调控历史，就不难发现，每当政府加强宏观调控的时候，有利于国有经济而相对不利于民营经济的现象就会出现，调控力度越大，这类现象就越是多发。无论是紧缩性宏观政策还是扩张性宏观政策，通常有利于国有经济，而不利于民营经济。这是因为紧缩性政策首先紧的是民营企业，扩张性政策首先获益的却是国有企业。①

换个角度看，可以从危机的冲击与应对措施两个方面来分析这次金融危机对民营经济与国有经济的不同效应。一方面，这次金融危机直接冲击的是因国外需求萎缩引致的中国出口锐减，与国有经济相比，民营经济对进出口贸易的依存度更大，所以危机对民营经济的冲击大于国有经济。另一方面，就应对危机的措施来说，我们主要是通过增加投资来弥补对外贸易的下滑，在现行的体制下，增加投资的绝大部分财政资金与信贷资金只能为国有经济所获，应对危机的措施又为国有经济扩张创造了条件。相反，在危机时期，由于市场前景不明朗，更多依据市场原则决策的民营企业即使有资金投资也可能萎缩。因为只有政府主导的投资才有可能较少考虑回报与风险，把拉动经济作为政治目标。如果宏观调控措施还伴以微观化的结构调整，这种情况会更加明显。例如，在这次应对全球性金融危机中，以“十大产业振兴与调整”为代表的结构性调整措施。因为这些措施通常带有很强的行政性，它势必有利于国有企业尤其是中央国有企业，而不利于民

① 这一轮“国进民退”之争最早可以追溯到多年前的宏观调控，当时的“铁本事件”给人以国进民退的印象。钟伟指出：“新一轮宏观调控的客观结果居然是民营企业尤其扩张速度比较好的民营集团，或多或少面临一场生存的危机；而国有企业和国有垄断企业，在这个过程当中地位得到了强化，利益得到了保障。‘国进民退’只能使中国建成权贵式的市场经济。”参见《经济调控 = 国进民退？——2004 年 1 ~ 6 月宏观经济调控述评》，《当代经理人》2004 年第 7 期。

营企业。如果调控措施还带有所有制歧视，调控对民营企业就更加不利，例如20世纪80年代末90年代初的那一轮紧缩性措施的后果①。

所以我们可以说，危机冲击首先冲击的是民营经济，应对危机的措施首先获益的是国有经济。在这种状况下产生国进民退之说，便在情理之中。

（一）救市规模过大，措施过急

在金融危机冲击下，政府及时出手大规模的救市措施是完全必要的。但是投资规模是否应该这么大，信贷增速是否应该这么快、增幅是否应该这么大，是值得总结经验的。即使不论大手笔的调控措施对中国经济的长期稳定发展、经济结构调整的负面效应，“国进民退”征兆的出现也是与宏观调控措施的“过度反应”有密切关系。

从根本上讲，这次发端于美国随后席卷全球的金融—经济危机，本质上是对20世纪90年代以来全球经济过度繁荣的一次大调整，是市场机制对过度繁荣衍生的泡沫的挤出。20世纪最后的10年，一方面，在科技创新、制度创新的作用下，美国出现了高增长低通胀的“新经济”，进而拉动了包括中国在内的全球经济繁荣；另一方面，在高新技术进步拉动的经济繁荣中也出现泡沫，即所谓的“网络泡沫”、“科技泡沫”。到了世纪之交，市场对泡沫发出了挤出信号，但是美国宏观调控当局却逆市而动，企图维持“格林斯潘神话”，大幅放松银根，向市场大量注资，以期继续维持美国经济的繁荣。宏观当局的这一举措，马上得到华尔街的积极响应，采用20世纪80年代以来金融自由化背景下的惯常做法，创造出更多、更复杂的金融衍生品，这直接催生了房地产泡沫、信用卡泡沫、消费泡沫……宽松宏观经济环境以及华尔街与公众在微观上的配合，表面上阻止了2000年美国经济的下滑，并再度维持了美国经济6~7年的繁荣，但实质上却是用一个新的、更大的泡沫替代了原来的“科技泡沫”、“网络泡沫”。当市场不得不再度进行调整时，巨大泡沫的破灭便以金融海啸方式席卷了全球。

已经融入经济全球化、与美国经济息息相关的中国经济也不可避免地受到这一轮经济繁荣与严重衰退的影响。2002年中国正式加入世界贸易组织（WTO），世界各国原来不受WTO约束的贸易保护措施几乎在一夜之间消除，改革开放20

① 刘迎秋指出，在1989~1991年的清理整顿期间，“‘民进’出现收缩，有些地方甚至出现了‘民退’现象。不仅出现了向民营经济算总账（清理拖欠税费）问题，而且出现了‘三资企业’不是民族经济的看法。”参见《大棋局：“国退民进”及其走向》，《广东社会科学》2003年第2期。

多年来积累起来的经济扩张潜能在瞬间被释放出来，在连续6年超过20%以上增速的对外贸易的拉动下，中国经济本来已不低的增长速度进一步加速，GDP连续5年以超过10%的速度增长，2007年更达13%。

现在回过头看，这一时期经济繁荣的局面虽然主要来自于中国自身的经济增长潜能，但也与美国制造的金融泡沫密切相关。美国虚拟经济的泡沫也在一定程度上带动了中国实体经济繁荣，美国人收入的增加造成进口需求的持续递增，在很大程度上拉动中国出口的井喷式增长，进而拉动中国经济的过度繁荣。在金融泡沫破灭以前，所有含有泡沫的虚假需求都表现为现实的需求，只有在泡沫破灭后，虚假需求才会显露出来。所以在美国经济泡沫生成阶段，在中国则表现为经济的过度繁荣，这种繁荣一方面表现为虚拟经济的资产泡沫，楼市、股市价格的急剧上扬，上证指数在2007年曾一度飙升到6124点，楼市价格在短短的两三年间就翻番；另一方面，这种过度繁荣还表现为实体经济泡沫，即产能大量过剩。①

随着美国及发达经济体的金融泡沫的破灭，需求急剧下降，也要求中国挤去资产价格泡沫与实体经济产能过剩的泡沫。在2009年9月金融海啸波及中国时，这一市场调整过程曾一度表现出来；股市价格一路下滑，上证指数曾触底1700多点；楼市泡沫的挤出稍缓慢一些，价格上扬趋势首先在2008年底被抑制，高价位上的有价无市持续一段时间后，随着开发商资金紧张加剧，在2009年初楼市价格开始下调；实体经济的产能过剩的调整更缓慢一些。但是，随着大规模救市措施的出台与奏效，市场的自我调整过程被规模过大的救市措施阻滞。

2008年底4万亿投入计划的实施，尤其是2009年9.57万亿的新增贷款，市场预期发生逆转，一段稍短时间的观望后，偏紧的资金迅速松动。由于在现有的制度结构下，宽松财政资金只能流入国有经济，通过信贷配给制新增的贷款也绝大多数为国有企业获得。在市场整体状况尚未回暖，特别是外需尚未恢复的情况下，大量资金涌入股市、楼市，楼市从2009年中便止跌转升，并一路上行。由于筹资成本低、预算软约束，国有房地产企业在2009~2010年的第一季度在房地产市场上扮演了主推泡沫的角色，并挤压民营房地产开发商。当房价泡沫危及

① 如果说美国的金融泡沫促成其私人消费泡沫，那么在欧洲这一泡沫则表现为公共消费泡沫。2010年初以来欧洲爆发的主权债务危机，不过是市场对这种公共消费泡沫的挤出。在中国经济已经融入经济全球化的今天，发达国家的公私消费泡沫共同拉动了中国的产能过剩泡沫。

经济与社会稳定时，调控当局又不得不出重手打压泡沫，如国务院于2010年4月17日出台的抑制房地产价格过快上涨的“国十条”，有可能使房价下降。房价呈“过山车式”的涨落。

调控反应过度影响更大的是市场机制对过剩产能的自行调整，这就造成在经济繁荣期，企业投资欲望强烈，形成产能过剩；经济收缩时期，产能过剩得不到调整。普遍产能过剩成为一种经济常态。当过剩产能积累到不得不调整时，就只有动用行政手段来压缩产能。在中国目前的制度安排下，国有企业与实施行政干预的政府有更亲密的关系，压缩产能首先就指向民营企业，从而引发“国进民退”的现象。

（二）行政手段调整过剩产能推动“国进民退”

大规模救市措施出台，虽然及时地阻止了中国经济的下滑，但也同时阻滞了市场对过剩产能自我调整的过程。因为大规模的投资计划给市场发出扭曲信息，造成产能过剩问题愈演愈烈。一方面，扭曲信息使相关生产企业错误预期市场前景向好，增大了投资欲望；另一方面，大量救市资金的投入，使企业扩张欲望成为现实。例如，目前我国钢铁产能已近7亿吨，即使在投资急剧膨胀的2009年，市场销量仅为5.3亿吨左右，过剩产能达1.7亿吨左右，近1/4的产能是多余的。在扭曲市场需求信息刺激下与宽松的资金环境下，2008年新型干法新增产能1.49亿吨，而落后产能仅淘汰不到6000万吨。2009年在大规模刺激措施的拉动下，新增水泥产能就近2亿吨。现在我国水泥行业产能已接近18亿吨，而市场需求量约为14亿~15亿吨，富余产能已超过3亿吨。

在这种背景下，市场自我调整机制不可避免地“失灵”。面对过剩产能的严峻局面，政府手中所能动用的调整工具只有行政性手段。在中国目前的制度安排框架下，动用行政手段的产业调整势必不利于民营企业，而有利于国有企业，“国进民退”的事例便屡屡发生。在国有经济内部，中央政府与地方政府也有不同的政策指向，各自有自己的利益取向。中央政府具有制定产业规划的权力，产业规划及政策自然倾向于央企，地方政府出于企业控制权与缴纳税率的利益考虑，也不会束手待毙，会动用自己的“地利优势”与中央政府博弈，形成“强龙与地头蛇”的争斗，少有政府背景的民营企业在这场“龙蛇”争夺中，往往是行政手段手下的牺牲者。

无论是救市的财政资金还是信贷资金绝大多数为国有企业得到，为了占据有利的市场地位，即使企业明知本行业存在产能过剩问题，也会作出扩大产能的决策。这既与国有企业资金成本低、国有企业预算软约束问题没有得到根本解决有密切关系，也与政府每每用产业规划并辅之以行政手段来调整过剩产能有密切关系，因为这种办法往往造成扭曲的预期，即企业只有尽快做大、做强，才能免遭行政性淘汰。在国有企业不断扩张的压力下，民营企业也不可避免地卷入这场扩张游戏之中，以求自保。所以越是产能过剩，越有可能有政府产业政策的强力介入，企业就越有扩张欲望，产能越调越大，过剩问题始终困扰中国经济。

（三）财政资金投向、信贷配给制促成“国进民退”

在中国现行体制下，救市的财政资金只有可能流向国有企业，这与发达国家救市的财政资金绝大部分注入私营企业有很大不同。首先，这与中国的所有制结构有关，在以公有制为主体的所有制结构下，公有经济的主体地位决定了这项资金的投向。其次，这也与中西方应对危机的措施方式有密切关系。西方国家尤其是大量资金直接救援濒临倒闭的私人银行与工商企业，避免这些私营机构倒下引发更大的市场震荡。在这次危机的第一阶段（次贷危机阶段）对中国经济没有影响，在危机第二阶段（金融危机阶段）对中国影响不大，只是当危机进入第三阶段即金融危机冲击到实体经济，危机演变为金融—经济危机时，危机才对中国产生了重大影响。因此中国应对危机的措施与西方国家有很大不同，它是在发达国家经济衰退引起中国进出口贸易锐减后，主要是用投资来弥补出口下降，且投资由主要投向国有经济占绝对优势的基础设施，这势必呈现“国进”现象。如果考虑到受危机冲击的出口部门，民营经济的比重很大，受冲击程度远远超过国有经济，“民退”之说也非空穴来风。最后，救市的财政资金投往私营部门不仅缺乏渠道与机制，而且有巨大的政治风险，它极有可能与“国有资产流失”、“权钱交易”等联系在一起，而资金投到国有企业，即便打了水漂，决策者也无须承担责任尤其是政治责任。在美国虽然大量公共资金注入华尔街也遭到公众与舆论的强烈批评，但这些批评都限于经济领域，与政治、腐败议题无关。

在中国现行体制下，除了扩张性财政资金流向有利于国有经济而不利于民营经济外，信贷资金的流向也有利于国有经济而不利于民营经济。这是因为在中国的货币政策中，通过信贷计划来收缩或扩张信用占有重要地位，而这种计划实际上是一种带有强烈中国特色的信贷配给制，即带有所有制倾向的配给制。这与西方发达国家主要通过一般的货币政策来放松银根或紧缩银根不同，在这种普惠制式的货币政策下，货币政策具有一松俱松、一紧俱紧的效应。这也与西方经济学中介绍的信贷配给制有很大不同，那种配给制是商业银行在信息不对称背景下基

于风险考虑而实行的，是一种单纯基于贷款者信誉高低而采取的配给制。在这种具有中国特色的信贷配给制度条件下，放松与紧缩信贷的政策对于国有企业与民营企业的效应是不对等的。在实施宽松的信贷政策时，首先受惠的是国有企业，然后才会通过市场渠道缓慢地传递给民营企业；实施紧缩性信贷政策时，首先感受到资金紧张的是民营企业，只有当信贷进一步收缩，国有企业才会逐步感到融资困难。

在这一轮经济周期中，当2007年底政府出台以“两防”为目标的紧缩信贷的措施时，首先感受到紧缩效应的是民营经济。于是便不难理解，这时出现“民退”呼声。据国家发改委中小企业司统计①，在紧缩性政策实施半年的时间里，停产倒闭的民营企业就达6700多家，短期内这么多民营企业停产倒闭，资金短缺是重要原因，至少是压倒这些中小企业的最后一根稻草。在金融海啸冲击中国后，2008年底出台的救市措施尤其是2009年9.57万亿元的新增贷款，大都被国有企业尤其是中央企业获得，大批低成本贷款使这些企业有了扩张的资金实力。相对于受危机冲击更大的民营经济的萎缩，“国进民退”的反差形成。

由于这种宽松配给制下宽松的资金传递到包括民营经济在内的整体经济需要时，这不仅有市场传递的时滞，更受包括世界经济复苏在内的整体经济回升程度与快慢的制约。这不能保证通过配给制突如其来的新增信贷资金的流向完全合理，一些通过“点贷”被迫接受的贷款由于没有前期准备好的投资项目，这些资金流入房地产市场就成了国有企业的“理性行为”。这造成一线城市地王频出，推高房价，进而催生房地产泡沫。这种背景下，“国进”呼声被进一步推高也不无道理。② 在这种信贷配给制下，很难避免宏观调控中政策效应对国有经济与民营经济的不对称问题，调控力度越大，有利于国有经济而不利于民营经济的倾向就越突出。其原因又在于中国的金融业中，国有经济的高度垄断。正如刘小玄③所说：只要金融是国有垄断的，“国进民退”就很难避免。

要解决宏观调控中政策效应对国有经济与民营经济的不对称性问题，就应减

① 《上半年6.7万家中小企业倒闭，发改委研究建立“国家中小企业银行”》，《领导决策信息》2008年第33期。

② 国资委以中央企业房地产业务销售收入仅占全国商品房销售收入的5%左右、房屋销售面积仅占全国商品房销售面积的3%左右为由的辩解没有多大说服力，在房地产泡沫生成阶段，一个“地王”就足以抬高周边房价进而推动整个城市的房价，一个一线城市的房价上涨就足以引导全国房地产价格走向。

③ 《商务周刊》2009年第20期。

少行政配给的信贷，更多采用调整存款储备金率与利率等一般货币政策，给市场主体提供公平的融资环境。但这种普惠式货币政策也有相当的局限性，一是市场传递的时滞，尤其是在中国金融市场不完善的条件下，政策传递需要更长时间，在经济遭到重大冲击时，其局限性更加突出；二是在危机来临时配合积极财政政策的“点贷式”的货币政策可以直接创造需求，以弥补市场需求的下滑，如在这次危机中扩大基础设施投资来弥补出口需求的急剧下滑，而普惠式的货币政策本身并不能制造需求，只有在自发的市场需求恢复后它才有助推经济增长的效应。更重要的是，仅靠技术层面的政策调整远远不够，因为由信贷配置制造成的效应不对称还有深层次的制度性问题。

第三节　“国进民退”现象的制度分析

一　与时俱进的基本经济制度的秉性

回顾改革开放30多年的历史，与中国渐进式改革方式相适应，社会主义市场经济基本经济制度的形成、发展是渐进的过程。在改革之初，无论是经济学者还是决策者对改革的目标的认识并不一致，也没有在改革事先设计出社会主义市场经济的总体框架。改革日标与制度框架是通过实践、认识、政治决策，再实践、再认识、再政治决策……的渐进过程而逐步确立起来的。与时俱进便是对这一渐进过程的较好概括。

在这一制度形成与发展的过程中，关于“实践是检验真理的唯一标准”的讨论，以及“三个有利于”标准的确立具有改革开放的启蒙意义。当这两个标准为大多数人接受后，政府便开始在一些领域中放松计划模式对经济活动的限制，民营经济在计划经济的夹缝中生长起来，传统的“一大二公”的制度发生松动，非公有制经济在中国经济中有了一席之地，成为公有经济的“补充”。随着民营经济的进一步发展，其在激活经济、安排就业、填补国有经济产业空白、缓解短缺、方便人民生活方面显示不可替代的优势时，民营经济在中国经济中的地位也随之提高，变成了加上价值判断的“有益补充”。随之而来，在政策上对民营经济的限制进一步放松，中国迎来了民营经济的大发展。经济宪法中对非公企业的评价也随之提高，从公有经济的“补充”上升为“重要补充”，再上升到“重要组成部分”。社会主义市场经济的所有制结构表述从20世纪80年代的

“公有制经济为主体，多种所有制经济并存”，发展为20世纪90年代的“公有制为主体，多种所有制经济共同发展”。这两种表述从形式上看，只有“并存”与“共同发展”之差，却折射出不同的内涵。“并存”只意味着承认放开市场后自发成长起来的非公经济的合理性与合法性，不一定意味着“鼓励”发展的含义；而“共同发展”则意味着在鼓励公有经济发展的同时，也要“鼓励”非公经济的发展。按照党的十五大精神①，不仅要鼓励公有制经济的发展，也要鼓励、引导非公有制经济的发展。

纵观社会主义市场经济基本经济制度的这一演进过程，有三个基本特点。一是实践性。从实践出发而不是从传统的经典理论出发，不是由既往的社会主义经济宪政来约束经济实践，而是反过来，先通过实践，然后再把实践中已经证明的、符合“三个有利于”的经济制度写进社会主义经济宪政。这与先有设计蓝图然后凭借行政力量人为建立的计划秩序不同，社会主义第一次从“理想的天国”回到了“人间尘世”。二是渐进式。与市场的形成与发展是一个渐进过程相一致，人们对社会主义市场经济基本经济制度的认识也是一个渐进过程。三是与时俱进的秉性。在渐进式的市场化进程中，社会主义经济宪政不再是凝固不变的教条，它随时代演进与实践推进而常换常新，不断剔除一些过时的旧东西，同时又不断补充一些新内容。从否定非公经济到承认其合法地位，从把非公经济的存在视为权宜之计到鼓励非公经济发展。

正是在这种基于实践又不断推陈出新的社会主义经济宪法下，中国经济获得了举世瞩目的成就，民营经济从无到有、逐步壮大，公有经济也在民营经济的竞争与挤压下不得不进行实质性改革，使国有经济从不关心效率逐步走上重视效率的轨道。毋庸讳言，国有经济如果与历史比较，效率已有很大提高；但是，如果与非公经济相比，在效率上仍然存在较大差距，在效率上仍然需要向民营经济学习，需要接受民营经济给其施加的竞争压力，但这应该是一个渐进过程。一方面，国有经济改革与效率的提高不可能一蹴而就，也不应该一退了之，即使是竞争性领域，也不应急速退出。另一方面，民营经济发展也不应揠苗助长，其制度建设与演进是一个过程。那种主张国有经济一退了之，认为只要在“一夜间”放开所有管制，民营经济便会在一夜间成长起来的新古典式激进式转型思维，已

① 江泽民在中国共产党第十五次全国代表大会上的报告：《高举邓小平理论伟大旗帜，把建设有中国特色社会主义事业全面推向二十一世纪》，人民出版社，1997。

被转型国家正反两方面实践证明并不可取。①

按照上述渐进式转型思维，在国有经济尚不能适应市场竞争时，设置一定门槛，给国有经济适当保护，是有相当道理的。但是，正如我们在本章第二节中分析的那样，在国有经济资本意识增强、适应市场竞争的能力已经增强时，这样的“吃偏饭”的状况就应该进行调整，否则民营企业即使有效率上的优势，也难以与国有企业开展公平竞争。所以只要国有经济与民营经济处于制度上的不平等地位，基本经济制度仍需要与时俱进地进行调整，直到二者趋于真正的公平地位。这涉及两个方面：一方面，逐步放开国有经济垄断的领域，消除对民营经济的制度性歧视。关于这点已为大家熟知，不再做更多阐释。另一方面，逐步割断国有经济与政府之间的天然联系。这是一个看起来的悖论，但又是一个不能不解决的悖论。否则，就不可能为国有经济与民营经济创造真正平等的市场地位。如果我们在实践中探索不到一条能割断政府与国有经济之间天然联系的有效途径，从逻辑上讲，国有经济就应逐步从赢利性领域中退出，而退守公共服务领域。因为只有这样，才能真正为民营企业提供公平的市场环境，才能避免资本与政治权力的结合，才能避免权贵市场经济制度的生成。

然而，自20世纪后期以来，中国的基本经济制度的演进进入了停滞阶段，经济宪政似乎丧失改革开放最初20年的与时俱进的品格。例如，按照1997年党的十五大规定的“公有制为主体，多种所有制经济共同发展”的制度在实践中早已发生嬗变，但我们的宪政规定仍然没有作相应调整。且不论社会主义市场经济的经济制度有指导改革与发展的任务，现在就连证实实践结果的勇气都在逐步消退。② 在基本经济制与时俱进品格消失背景下，伴随国有经济适应市场能力加

① 这是中国经济在向市场经济转型中仍能保持高速增长的最重要原因。渐进式转型方式暗含着国有经济可能与市场经济相容的基本假设，也暗含着国有经济需要一个市场学习过程的假设，在国有企业尚不能适应市场竞争时在改革策略上给予其适当保护，以期让它逐步适应市场环境。在这样的转型过程中，既有民营经济的增长，又有效率尽管不那么高的国有经济的增长，二者的增长共同推动整个国民经济的长期高速增长。与之不同，激进式转型则以国有经济不能与市场兼容的假设为前提，私有化就是其必然选择。然而，私有化不能替代计划经济背景下生产企业的市场“学习过程”，故国有经济的休克就在所难免。如果转型中民营经济再成长缓慢，经济长期负增长就是必然结果。

② 按照13年前的规定与解释，公有制主体地位，包括国有与集体资产在社会总资产的数量上占优势。伴随着工商领域中集体经济的改制与民营经济摘掉集体的“红帽子”，除了在农村土地制度上外，集体经济的存量十分有限。公有制主体地位已经没有数量的优势，“公有制为主”的表述早应根据实践中所有制结构的演进相应调整为“国有经济主导”。

强，国有企业的社会负担减轻与资本意识的强化，原来基本经济制度中赋予国有经济的特殊地位已不再符合今天的国情，原来保护弱者的措施开始蜕变为强者的扩张手段。在这种背景下，“国进民退”现象的出现就不难理解了。

在政府主导下的市场化改革的现实下，要避免“国进民退”现象的出现，并防止其蔓延，就应恢复基本经济制度与时俱进的秉性，从基本经济宪政的推进入手，主动推进制度创新与各项改革，这又需要高层决策者的勇气与智慧。

二 基本经济制度创新需要大智慧

20 世纪最后几年以来，过去 20 多年不断推进的经济改革似乎处于停顿状态。总体上出现了重发展、轻改革的倾向；面对问题，重政策层面调整、轻制度层面创新，尤其是基本经济制度层面的制度创新；在处理经济体制改革、发展与社会改革、发展方面，存在重社会、轻经济的问题；在处理政府与市场的关系方面，更关注政府对经济社会的干预，忽视市场经济体制的基础性作用。造成这种状况的原因是多方面的。

第一，对社会主义市场经济的基本经济制度的“与时俱进”秉性缺乏深刻认识。纵观 100 多年来的社会主义历史，一部社会主义的经济制度史实际上就是一部不断改革的历史。从马克思追求“个人自由全面发展”为目标的计划模式，到斯大林将马克思的人本主义的计划模式改造成经济社会落后国家，为富国强兵而依靠政府力量强制性动员资源的计划经济。从马克思预言的完全排斥商品、货币的共产主义第一阶段，到苏联实践中的社会主义不得不保留有限的商品关系。从 20 世纪 50 年代起中东欧国家到 20 世纪 70、80 年代亚洲社会主义国家开始市场取向的改革，再到 20 世纪 90 年代这些国家先后放弃修补计划模式，而转向市场经济。这些变革无一不是通过实践中的挫折与失败，转向新的制度探索，然后再按照实践证明正确的东西来修正社会主义经济宪政。所以，与时俱进品格是社会主义经济制度的基本秉性。同样道理，我们现在的社会主义宪政也只具有阶段性意义，它仍然需要在实践中继续探索，通过中国实践不断完善与发展。

为什么社会主义的基本经济制度具有这样的基本秉性？这与社会主义经济制度的形成、演进方式有密切关系。这也是社会主义与资本主义的历史形成有本质不同之处。按照马克思①的说法，资本主义制度的产生发展是“一个自然历

① 马克思：《资本论》第一卷，人民出版社，1975，第 12 页。

史过程”，亦即哈耶克[1]、布坎南[2]等人崇尚的“自生自发的”秩序。而社会主义的经济秩序的形成与发展却表现为一个“人为过程”，即哈耶克所谓的“人为设置的秩序”。它是由少数精英首先在头脑中勾勒出所追求社会的理想蓝图，然后再通过革命取得政治权力，再按照事先设计好的蓝图，凭借政府的行政力量建立起来。由于理论先于实践，除非是“神”，这个事前的设计不可避免地会有脱离实际的空想成分，这就要求社会主义的经济制度要在实践中不断修正原来不切合实际的东西。所以，思想僵化、故步自封、教条主义、本本主义就成为社会主义之大忌，根据实践要求不断修正调整原来的社会主义制度便成为社会主义生存、发展之关键。但凡根据实践而不是固守先人的信条，与时俱进地推进改革的国家，社会主义就能保持生命力，否则，就会葬送社会主义制度[3]。

第二，中国经济的高速增长使人们忽视了经济改革。改革与发展是中国改革开放30年来经济领域中的两大主题。在改革开放最初的10～20年，尤其是最初10年，是一个以改革为主旋律的时期。由于“文化大革命”的破坏与长期实施计划经济模式，国民经济面临崩溃边缘，计划体制不仅不能解决中国经济的问题，甚至连人民的基本温饱都不能解决。在经济极度困难的强大压力下，人们除了在体制上改弦更张，已无路可走。农村生产责任制的实验与推行、国有经济改革措施一一推出。尽管在当时人们关于改革的目标尚未达成一致，但市场取向改革的种种尝试却不断推陈出新，为后来建立社会主义市场经济体制奠定了良好基础。当1992年社会主义市场经济的改革目标明确后，一系列重大改革措施推出，尤其是20世纪90年代中期以后国有经济实质性改革的推进，使中国经济的运行机制从计划转到以市场为基础的轨道上。新体制为中国经济发展提供了内生的动力机制，有可能将发展中大国的增长潜能调动出来，加上亚洲金融危机后实施6年的积极的财政政策大大改善了中国的基础设施，经过16年的艰苦谈判中国终于在2002年加入WTO。在金融危机到来前，中国迎来了改革开放30年来经济发展的最好时期。GDP增速连续6年超过10%，且在2007年上半年以前一直伴随着低通货膨胀，外贸连续6年增速超过

① 哈耶克：《哈耶克论文集》，首都经贸大学出版社，2001，第74页。

② 布坎南：《自由、市场和国家》，北京经济学院出版社，1988，第362页。

③ 苏联东欧国家在向市场经济转型过程中社会主义制度的解体，与这些国家忽视了社会主义制度须与时俱进地及时改革有密切关系。

20%，财政收入连续5年增速超30%。[①] 面对经济发展的大好局面，人们似乎以为中国经济仅仅有一个发展主题，面对经济问题只需在政策上调整，尤其注重短期政策调整，缺乏进一步推进经济改革的动力与行动，尤其是基本经济制度方面的改革创新[②]。

第三，国有企业解困弱化了国有经济亟待进一步改革的意识。20世纪90年代中期进行以"抓大放小"、"有所为、有所不为"为标志的国有经济布局的战略调整。在这一战略性调整过程中，解决了多年来困扰国有企业改革"破产难"问题，伴随着"减员增效、下岗分流"，"主辅分离、辅业改制"等一系列措施的实施，国有企业人浮于事，企业办社会等问题得以缓解。为国有企业在重组基础上的公司制改造，建立规范的现代企业制度创造了条件。国有经济从整体上摆脱了过去亏损的困境。但是，这一进展只是阶段性的，因为国有企业解困主要来自战略调整使国有经济卸下了大量亏损的中小企业包袱，并将资产收缩到可以设置壁垒保护的领域，而非实质性的效率提高。相反，国有企业赢利状况的改善还阻滞了改革，由于垄断阻止了竞争，无论是政府还是企业领导与职工都缺乏改革动力。许多当年战略调整中提出的改革方案束之高阁，甚至出现倒退。例如，中石油、中石化当年提出并开始实施的"主辅分离、辅业改制、安置富余人员"的措施现在已倒退回主辅业再度合并，已分离出去的富余人员再度回流。中石油在1998年组建之初有职工150多万人，21世纪初曾一度通过改革缩减到110多万人，现在又再度膨胀到近190万人，如果算上以"返聘"方式回流的富余人员，其职工人数已超200万人。而在资产规模与赢利总量均超过中石油的埃克森美孚石油公司，职工人数不到8万人。[③] 再如，电力行业早在20世纪末就提出并开始试点的"厂网分开、竞价上网"改革，2002年国务院曾下发文件进行改革部署（《国务院关于印发电力体制改革方案的通知〔国发（2002）5号〕》），但是这项改革至今没有取得实质性进展。一些与这项改革的利益相关者曾以"电荒"为由，解释这一改革措施的延缓。事实上在电力供应充裕时，这一改革措施也被束之高阁。

---

① 尽管这一高速增长过程中，含有发达国家金融泡沫拉动的因素，但主要还是来自中国在过去20多年不断改革所形成的新的增长机制。

② 虽然2003年党的十六届三中全会提出了"完善社会主义市场经济体制"的任务，但在实践中很难看到具有影响的实质性推进。

③ 据美国《石油情报周刊》（PIW）公布的2008年度数据，中石油职工总数为167万，埃克森美孚为7.99万人。

第四，鼓励民营经济发展的政策因缺乏基本经济制度的支撑与实施政策的抓手而难以取得实效。早在2003～2004年那一轮宏观调控中，为应对“国进民退”的批评，国务院在2005年2月就颁布了《国务院关于鼓励支持和引导个体私营等非公有制经济发展的若干意见》（“非公经济36条”）。尽管文件出台很及时，但因缺乏基本经济制度层面上的制度支撑，5年多来取得的实际成效并不大。在这次应对金融危机的冲击中，面对“国进民退”的批评，国务院于2010年5月下发《关于鼓励和引导民间投资健康发展的若干意见》（“新36条”），如果没有制度层面重大改革支持与具体措施上的支撑，其结果将会与“旧36条”差不太多。

中央鼓励民营经济发展的政策难以取得预期的效果，除了缺乏基本经济制度的支撑外，与缺少专门的政府机构来贯彻落实这些政策也有一定关系。在部门与地方利益结构已经形成，再加上国有企业与政府机构之间存在一种天然的“父子关系”，鼓励民营经济的发展势必会冲击这些利益集团的权力与既得利益，它们会通过或明或暗的方式来抵制改革，使推进国有经济改革的措施与鼓励、支持和引导民营经济的政策落空。尤其是在中国社会主义市场经济体制中，政府机构在经济社会生活中发挥西方国家政府机构无法比拟的重要作用，如果它们出于自身权力与利益考虑不支持改革甚至反对改革，制度创新就很难实现，不仅政府主导的强制性制度创新不可能，而且来自民间的诱致性制度创新也会受到抑制。总结过去的经验，通过组建专司改革职能的政府机构（国家经济体制改革委员会①）来打破传统的利益结构，推进改革与制度创新，不失一项成功经验。遗憾的是，这一专司改革职能的政府机构在后来权力被逐步削弱，直至裁撤。近年来垄断性国有企业改革停滞，鼓励民营经济发展的政策落空，与此不无关系。现在看来，在中国特色的社会主义制度下，恢复类似的专司改革与制度创新职能的政府机构十分必要，在职能上可以从原来单纯的经济领域扩大到社会领域甚至政治领域。那种以为在已经初步建立起社会主义市场经济体制之后，就可以单纯依靠诱致性制度创新与政策层面的决策调整来“自行完善”社会主义市场经济体制的看法，并不符合中国国情。

---

① 1980年国务院组建“国务院体制改革办公室”，主任由国务院秘书长兼任。1982年“体改办”升格为“国家经济体制改革委员会”，在此后的8年间，“体改委”除1988年由国务院副总理兼任主任外，一直由国务院总理兼任主任，当时界定其职能是：“理论创新、设计总体方案；协调各方利益；组织试点。”1990年由总理兼任主任的先例被打破，由副总理兼任主任，但“体改委”的地位未变，仍与国家计委、国家经委一样，处于政府机构的最高序列。在1998年的政府机构改革中，“体改委”降格为“体改办”，职能与权力大大萎缩；在2003年的机构改革中，已名存实亡的“体改办”被裁撤。

三　对策性结论

近10年前，笔者曾在一篇关于国有经济布局调整的论文①中，把改革开放20年来国有经济“进退”标准概括为与时俱进的三个阶段。第一阶段：初始状况的“所有制标准”，即传统体制下的“一大二公”原则；第二阶段：改革起步后的“大小标准”，即当时“搞活国有大中型企业”的说法；第三阶段：指导国有经济布局调整的“经济领域重要性标准”，即党的十五届四中全会决议划定的国有经济需要控制的领域。在充分肯定这一标准确立的积极意义基础上，笔者认为这仍然不是指导国有经济进退的最终标准，主张尽快过渡到第四个阶段，即按照“效率原则”来决定国有经济的进退，来处理“国”与“民”的关系，并明确反对那种国有经济从竞争性领域“一退了之”的主张②。现在看来，这一看法仍有现实价值。本文提供新的对策性建议仅仅在于，应在中国社会主义基本经济制度层面与时俱进的创新，真正确立国有经济与民营经济的市场在经济宪法上平等地位，一方面，用以指导国有垄断行业渐进式的重组与改革；另一方面，将鼓励、支持和引导民营经济发展的政策落到实处。

参考文献

[1] 布坎南：《自由、市场和国家》，北京经济学院出版社，1988。

[2] 冯兴元：《“国进民退”辨析》，2009年12月14日《北京日报》。

[3] 哈耶克：《哈耶克论文集》，首都经贸大学出版社，2001。

[4] 韩洪刚：《国进民退的非经济后果问策中国十意见领袖》，《时代周报》2010年第68期。

[5] 季晓南：《正确分析和认识当前国进民退的讨论》，国务院国有资产监督管理委员会网页，http://www.sasac.gov.cn/n1180/n6881559/n6987010/7234618.html。

[6] 刘小玄、李双杰：《制造业企业相对效率的度量和比较及其外生决定因素（2000～2004）》，《经济学（季刊）》2008年第7卷第3期。

[7] 刘小玄、朱克朋：《竞争、企业更替和生产率增长——中国部分制造业的经验证据》，中国社会科学院博士学位论文，2010。

① 沈越：《论国有经济布局结构调整》，《经济学动态》2001年第3期。

② 对于国有经济应在公共服务领域发挥不可替代的主导作用，当无太大争议。

[8] 刘迎秋：《大棋局："国退民进"及其走向》，《广东社会科学》2003 年第 2 期。
[9] 马克思：《资本论》第一卷，人民出版社，1975。
[10] 秋石：《为什么必须坚持公有制为主体多种所有制经济共同发展的基本经济制度而不能搞私有化和"纯而又纯"的公有制》，《求是》2009 年第 10 期。
[11] 沈越：《论国有经济布局结构调整》，《经济学动态》2001 年第 3 期。
[12] 谢千里、罗斯基、张轶凡：《中国的工业生产力革命》，《经济学（季刊）》2008 年第 7 卷第 3 期。
[13] 章立凡：《近代以来三场"国进民退"的历史教训》，《财经文摘》2010 年第 1 期。
[14] 张宇：《当前关于国有经济的若干争议性问题》，《经济学动态》2010 年第 6 期。

Financial Crisis Tests China's Basic Economic System

Abstract: Under the influence of financial crisis, the phenomenon of "the state-owned economy advances as the private enterprises withdraw" deserves our attention. The reason for this kind of impression, in terms of short-term policy factor, is related to the extensive intervention measures taken for rescuing the market. From the perspective of long-term system factor, this is closely linked to current basic economic system. But nowadays, when the capital consciousness of the state-owned economy strengthens day by day, the competitiveness raises to some extent, government lays more financial support for the state-owned enterprises and the behavior of government especially the local government tends to be enterprise-like, this kind of inequality can not avoid the phenomenon of "the state-owned economy advances as the private enterprises withdraw". The profound reason for it is closely in respect of the inclination of emphasizing development while depreciating reform, emphasizing policy adjustment while depreciating system innovation, and of the lost nature of "keep pace with the times" at the beginning of reform and opening-up in economic constitution in recent years. Though the phenomenon of "the state-owned economy advances as the private enterprises withdraw" is merely a partial phenomenon at present, it may spread if the basic economic system can not keep pace with the times to innovate.

Key Words: The State-Owned Economy Advances as the Private Enterprises Withdraw; Financial Crisis; Basic Economic System; Keep Pace With the Times

第八章
金融危机考验我国产业结构调整

刘德伟　李连芬*

摘　要： 产业结构调整一直都是我国经济政策的重要内容之一。国际金融危机进一步凸显我国产业结构不合理问题，与此同时，危机也为我国提供了淘汰落后产能、企业优胜劣汰、产业优化升级的契机，后金融危机时期是产业结构调整的重大阶段。随着十大产业调整和振兴规划、七大战略性新兴产业等相关政策相继出台，我国政府把调整产业结构提升到重要的位置，并积极探索通往低碳经济之路，从而为我国未来产业结构调整指明了方向。

关键词： 金融危机　产业结构　产业振兴规划　战略性新兴产业　低碳产业

产业结构的演变是在经济发展过程中实现的，而产业结构的不同情况又是经济发展处于不同历史时期的重要表现。为了在金融危机之后培育新的经济增长点，许多国家和地区纷纷采取措施复苏经济，将新能源、新材料、节能、环保、生物制药等产业作为新一轮发展的重点，掀起一场以低能耗、低排放为核心的产业革命。我国在金融危机推动各国产业结构调整与优化升级的过程中，既要盯住发达国家产业变动的趋势，发掘机会以实现传统产业的调整与振兴，又要关注发达国家产业结构调整的最新动态，力争在产业发展和科技创新上同步前进或缩小差距。为了应对金融危机，我国政府制定了保增长、扩内需、调结构、惠民生的政策。从4万亿元经济刺激计划的实施到十大产业调整和振兴规划的出台，再到七大战略性新兴产业的部署，我国加快了产业结构调整与优化

* 刘德伟，中国社会科学院研究生院亚太系博士研究生，世界经济专业；李连芬，中国社会科学院研究生院政府政策与公共管理系博士研究生，国民经济学专业。

升级的步伐，力图铸就通往低碳经济之路，为我国经济社会可持续发展注入新的活力。

第一节　金融危机中产业结构调整的“危”与“机”

在一定的技术条件下，经济在发展的过程中通过专业化和社会分工会形成一定的产业结构，而产业结构在一定意义上又决定了经济的增长方式。[①] 一个国家在不同的发展阶段，需要选择不同的产业作为经济增长的发力点，即一个国家的产业结构将一直处在调整的过程中。“一五”计划以来，我国一直很重视产业结构调整，然而产业结构调整不可能一蹴而就。金融危机爆发之后，我国经济遭受了严峻的冲击和挑战，这一方面暴露我国产业结构的脆弱，另一方面要求我国必须加快产业结构调整的速度，在传统产业调整与振兴的基础上，大力发展战略性新兴产业，精心培育低碳产业，从而实现经济可持续发展。

一　产业结构调整是我国经济政策的重要内容

中国产业结构政策始于第一个五年计划时期。新中国成立后基本上遵循了苏联模式，选择了重工业优先发展的战略。但是，重工业的超前发展造成了产业结构的严重失衡，制约了经济增长的速度和质量。为了矫正畸形的产业结构，政府对不合理的产业结构进行“补贴”或“平衡”的一种适应性调整。经过一系列的改革和调整，到1982年，产业结构失衡状况有了一定程度的缓解，国家在继续坚持执行“促短限长”的结构调整政策的同时，开始重视产业结构升级问题。

20世纪80年代，新兴产业的建立和传统产业技术改造的进展十分缓慢，产业政策目标基本没有达到。在“七五”计划中，我国政府明确提出了“有重点地开发知识密集和技术密集产品，努力开拓新的生产领域，有计划地促进新兴产业的形成和发展”及“运用新技术改造传统产业”。从“七五”计划执行的结果看，尽管国家鼓励向基础设施和基础产业投资，但基础设施和基础产业的发展始终滞后于国民经济的发展，其“瓶颈”状况并没有得到根本扭转；相反，国家限制发展的生产能力过剩的加工业却不断以惊人的速度增长。

20世纪90年代初期，受邓小平南方谈话的鼓舞，全国掀起了新一轮的投

① 刘伟、李绍荣：《产业结构与经济增长》，《中国工业经济》2002年第5期。

资热潮，加工业因其经济技术特性成为主要的投资领域，但规模小、技术含量低的中小加工企业迅速大量涌现，“八五”产业发展规划不仅没有得到执行，而且加重了业已存在的产业结构失衡、产业低度化和分散化等问题。“九五”期间，我国在成功实现国家经济“软着陆”的同时，产业结构的调整和升级也取得了一定的进展。但是，由于受到体制性和政策性因素的约束，三次产业的结构性偏差没有得到有效调整，第三产业因受到政策性进入的限制，发展仍然相对滞后。

“十五”期间，坚持把结构调整作为主线，要把调整产业结构与调整所有制结构、地区结构、城乡结构结合起来，坚持在发展中推进经济结构调整，在经济结构调整中保持快速发展。但是，在快速发展中也出现了一些突出问题，投资和消费关系不协调，部分行业盲目扩张、产能过剩，经济增长方式转变缓慢，能源资源消耗过大，环境污染加剧，城乡、区域发展差距和部分社会成员之间收入差距继续扩大，社会事业发展仍然滞后，影响社会稳定的因素还较多。

现实情况要求“十一五”规划中经济社会发展的主要目标之一就是产业结构要优化升级。党的十六大以来，国家发改委发布了《产业结构调整指导目录(2005年本)》等文件，实施了相关的产业政策，以及针对产能过剩，出台了钢铁、电解铝、水泥、铁合金、焦化行业、煤炭、电石、电力、纺织等行业结构调整的若干意见，把调整优化产业结构作为经济发展的主线，并把增强自主创新能力作为科学技术发展的战略基点，作为调整产业结构、转变增长方式的中心环节，以增强重大装备研发能力为重点，加快装备工业升级，有效推动高新技术产业生产基地的建设，推进高新技术产业的集聚，以此推进产业结构优化升级，促进第一、二、三产业健康协调发展。

经过多次调整，我国产业结构日趋合理。在经济总量中，第一产业的产值比重和就业比重持续下降，第二产业和第三产业相继成为增长的主导产业；传统产业的技术改造步伐加快，一些高速增长行业相继出现，带动经济持续较快增长；资金技术密集、高附加值的行业在工业中的比重持续上升，使整个经济向着资源节约和技术、知识密集的方向推进，产业效益逐步提高；产业结构不断优化升级，中国经济在整体上正朝着资源节约型的方向转变；我国的产业结构调整符合产业发展的一般规律，推动了我国经济的发展。①

---

① 金碚：《中国工业化60年的经验与启示》，《求是》2009年第18期。

二　现实国情要求我国必须调整产业结构

一国经济增长和发展的前途归根到底取决于其产业竞争力的强弱。我国产业结构经历了多次调整，取得了长足的进步，但另一方面，在较长时期的快速发展过程中积累下来的问题和矛盾逐渐凸显出来，如经济增长方式粗放、资源环境约束增强、自主创新能力薄弱、产业结构的高度化水平较低、劳动力就业压力加剧。现实的国情要求我们不能有丝毫松懈，产业结构调整依然任重而道远。

（一）三次产业之间结构失衡

改革开放以来，我国三次产业结构经历了多次调整并取得了长足的进步，符合世界经济发展的一般规律，但是总体而言（如表 8－1 所示），我国三次产业结构失衡问题未能得到根本解决，第一产业比重偏高，高于同等收入水平国家；第二产业比重明显偏高，不仅高于同等收入水平国家，而且高于工业发达国家；第三产业的比重则大大低于同等收入国家和发达国家。

表 8－1　2008 年世界主要地区三次产业占 GDP 的比重

单位：%

	中国	低收入国家	中低收入国家	中等收入国家	高收入国家	世界平均
第一产业	11.3	24.8**	10.5	10.1	1.4*	3.0*
第二产业	48.6	27.7**	36.6	36.9	26.1*	28.0*
第三产业	40.1	47.5**	52.9	53.0	72.5*	69.0*

注：带＊号的为 2006 年的数据；带＊＊为 2007 年的数据。

资料来源：世界银行 WDI 数据库。（World Bank WDI Database）

三个产业间的比例关系失衡，产业结构仍需改善，见表 8－2。首先，“三农”问题一直是困扰着我国现代化进程的重要问题。其次，我国的经济增长过度依赖以投资和数量扩张推动的第二产业，导致我国第二产业（主要是工业）比重过高。最后，第三产业在国民生产总值中的比重过低依然是中国产业结构中的一个突出问题。

（二）地区产业结构失衡

自 20 世纪 80 年代以来，受传统财政、金融和计划投资体制的影响，地区产业结构趋同问题一直困扰着我国的改革和发展，其突出表现为“大而全”、“小而全”，区域结构差异趋于缩小，产业的地域特点不明显，各地区产业门类齐全

表 8-2 1999~2008 年我国三次产业的结构

单位：%

年份	第一产业	第二产业	第三产业	年份	第一产业	第二产业	第三产业
1999	16.50	45.80	37.70	2004	13.40	46.20	40.40
2000	15.10	45.90	39.00	2005	12.20	47.70	40.10
2001	14.40	45.10	40.50	2006	11.30	48.70	40.00
2002	13.70	44.80	41.50	2007	11.10	48.50	40.40
2003	12.80	46.00	41.20	2008	11.30	48.60	40.10

资料来源：《中国统计年鉴》，2009。

并逐步形成完整的体系，主要行业和产品生产的空间分布均匀化，集中度下降，相互间缺乏应有的分工与合作，导致整个社会资源配置效率低下，资源浪费严重，企业规模经济效益差。经过一系列的调整，20 世纪 90 年代以来产业结构的趋同有所好转，但仍妨碍着经济结构的调整和优化，成为制约我国经济发展的“瓶颈”。

目前，我国各地区之间重复生产、重复建设问题仍然突出，特别是工业结构的趋同化严重。不仅传统产业结构出现了趋同，随着经济的发展，新兴产业也出现了结构趋同现象。这导致各地区的经济难以形成特色，优势不能充分发挥，低水平重复建设和分散投资现象不断加剧。这种趋同化的产业结构，既不利于全国的完整工业体系和国民经济体系的建立和完善，也不利于规模经济效益、分工效益和产业的结构效益的有效发挥，阻碍了地区优势发挥，降低了资源配置的效率，从而影响了全国范围内生产力的合理布局。

（三）部分产业盲目扩张导致产能过剩

随着消费结构不断升级和工业化、城镇化进程加快，带动了钢铁、水泥、电解铝、汽车等产业的快速增长，而国内居民消费需求相对不断减弱，使得中国经济过早进入“过剩经济”时期。自 2004 年开始，抑制产能过剩就成为宏观部门调控的关键词之一。国家及时采取控制投资规模、企业兼并重组、关闭破产、淘汰落后生产能力等宏观调控措施，初步遏制了部分行业盲目扩张的势头。但从总体上看，过度投资导致部分行业产能过剩的问题仍然没有得到根本解决。

在国际金融危机的冲击和影响下，产能严重过剩表现得更为突出。一方面，我国出口下降，导致部分产业出现产能过剩；另一方面，我国经济增速下滑对国内市场产生了严重的负面影响。在投资、基础设施和内需的拉动下，一部分产能得到了释放，以钢铁行业为例，2008 年底，产能已经达到 6.6 亿吨，而国内的有效需求只有 4.7 亿吨，过剩产能接近 2 亿吨。产能过剩正在加剧，如果任其发展下去，资源环境约束的矛盾就会更加突出，结构不协调的问题就会更加严重，企业关闭破产和职工失业就会显著增加，必须下决心抓紧解决。

（四）三次产业的经济绩效偏低

从中长期趋势看，我国产业结构调整所要解决的核心问题，不仅是三次产业结构调整，更是产业结构升级问题。我国三次产业绩效偏低是制约我国经济发展的重要障碍。就第一产业而言，我国传统农业仍然占较大比重，农业生产技术没有显著改进，优质高效农业未能快速发展，农业生产结构不适应现代农业发展和农业生产率提高的要求，农业产品结构不能满足城乡消费结构升级的需要。就第二产业而言，工业结构不能实现由高加工度向技术集约的转变，高能耗、低技术含量、低附加值的加工业务对我国经济进一步快速发展提出了严峻的考验。就第三产业而言，技术和知识密集程度较高的现代服务业所占比重较低，服务业的产品结构和质量不能满足工、农业结构升级的要求。

三　应对金融危机产业结构调整势在必行

在世界金融危机中，中国难以独善其身。随着国际金融危机对实体经济的影响进一步加深，我国产业结构不合理所带来的负面影响不断加剧，这要求我国必须加快产业结构调整的节奏，改变原有的经济增长方式。

（一）经济增长过度依赖出口

由于我国越来越依赖国外市场拉动 GDP 的高速增长，我国的外贸依存度（外贸占 GDP 比重）逐年大幅上升，由 1978 年的 9.7% 上升到 2000 年的 30.6%；2005 年猛增为 63.8%（此为世贸组织数据，按当年汇率测算为 62.9%）；到 2006 年进一步增至 66.9%，已超过所有 8 个工业发达国家和 2 个发展中大国的水平。以 2005 年为例，外贸依存度美国为 21.2%、日本为 24.7%、澳大利亚为 33%、英国为 40.1%、西班牙为 41.3%、意大利为 43.3%、法国为 45.3%、俄罗斯为 48.5%、加拿大为 60.9%、德国为 62.7%，以及巴西为 24.7%、印度为 28.2%，中国 63.8% 的外贸依存度比它们要高出 1.1（德国）至 42.6（美国）个百分点。①

① 孙学文：《中国 30 年来创办外商企业反思研究报告（上）》，《求索》2009 年第 2 期。

经济增长过度依赖于出口，将会降低我国经济增长的稳定性与可持续性。首先，经济增长过度依赖出口，就会形成资源的承载率过高，引发内外经济的失衡以及贸易摩擦的加剧。其次，中国经济的发展遇到能源和自然资源的硬约束，也遇到市场需求的硬约束，一旦外国需求萎靡，我国的出口就会受限，整个经济的增长将会大幅度放慢。最后，因原材料、能源价格上涨，出口收益降低，也必然影响整个经济的效益，从而形成高产出、低效益，加剧中国的数量型增长的弊端。金融危机以来，中国的出口增长受到了来自国外的巨大阻力。①

（二）出口产品附加值较低

改革开放以来，中国对外贸易结构发生了很大变化，由一般贸易转向加工贸易，奉行“两头在外”（原料、市场）的发展道路，利用“三来一补”，加工出口，进行“滚雪球”似的扩大发展。但在加工贸易中，我国的产品附加值很低，严重制约了工人收入水平的提高。随着中国出口的增长和贸易顺差的持续扩大，中国出口产品附加值一直在低端徘徊，并不断遭到美欧等发达国家反倾销、反补贴的制裁。尤其是2008年底国际金融危机以来，欧美消费市场萎缩，贸易保护主义有所抬头，欧美等国对我国出口产品的反倾销、反补贴的制裁与日俱增，给我国的出口行业带来巨大的冲击。

（三）自主创新能力严重不足

在大量利用国外技术资源的同时，工业自主技术开发、自主经营能力仍然低下，自主创新能力没有能够同步提升，缺乏具有自主知识产权的关键性技术和技术装备，多数行业的核心技术和关键设备，基本上依赖进口，影响产业结构的升级和经济增长质量的提高。中国科技创新能力在49个主要国家中，位居第28位，处于中等偏下水平。中国在关键技术上自给率低，对外技术依存度在50%以上，而发达国家的对外技术依存度都在30%以下，其中美国和日本在5%左右。在我国设备投资中，60%以上要靠进口来满足，高科技含量的关键装备基本上依赖进口。② 中国的发明专利累计授予量不仅远远低于发达国家水平，甚至落后于中国台湾地区和韩国等新兴工业化国家和地区。从总体上看，我国的产业技术开发能力、国际竞争力不足，难以适应一个更加开放的市

① 张蕴岭：《坚定不移地走对外开放与和平发展的道路》，《世界经济与政治》2009年第11期。

② 江小娟：《产业结构优化升级：新阶段和新任务》，《财贸经济》2005年第4期。

场竞争环境。

（四）居民消费占 GDP 的比重偏低

随着全球贸易的平衡和美国消费模式的转变，我国不得不降低当前的贸易顺差，这意味着经济发展模式更多依赖于内需，特别是居民消费。改革开放以来，我国投资占 GDP 的比重较高，而最终消费特别是居民消费占的比重偏低。居民消费支出占 GDP 的比重在"六五"和"七五"占 50% 以上，到了 2008 年占到 35.3%，只有一般国家的 60% ~70% 水平的一半。① 我国对外经济战略面临从"充分利用国内资源而占领国际市场"向"全球配置资源而开发国内市场"调整②。

第二节　十大产业调整和振兴规划的出台

国际金融危机爆发以后，世界各国纷纷采取了一系列救助计划，通过宏观调控政策来拉动总需求，刺激经济增长。我国政府推出了以 4 万亿元经济刺激计划为代表的一系列政策措施，拉动了经济的平稳较快增长，为我国产业结构调整创造了相对宽松的环境。随着"十大产业调整和振兴规划"的出台，我国政府把产业结构调整纳入经济政策的重要内容，从而形成了以转变经济增长方式推动产业结构调整、以产业结构调整促进经济增长的格局。

一　十大产业调整和振兴规划出台的背景

在 4 万亿元经济刺激计划中，15000 亿元用于铁路、公路、机场、水利等重大基础设施建设和城市电网改造，10000 亿元用于汶川地震灾后恢复重建，4000 亿元将投向廉租住房、棚户区改造等保障性住房，用于农村水电路气房等民生工程和基础设施的投资以及用于自主创新和产业结构调整的投资分别为 3700 亿元、4700 亿元。另外，2100 亿元投资将投向节能减排和生态建设工程，1500 亿元用于医疗卫生、教育文化等社会事业发展。③

以 4 万亿元经济刺激计划为代表的一系列政策措施，在我国经济增长和

① 熊剑锋：《进入危机下半场　中国寻找增长新发动机》，2009 年 6 月 22 日《第一财经日报》。

② 魏杰：《改革开放三十年来中国对外开放战略的变革》，《中国金融》2008 年第 6 期。

③ 江国成：《"4 万亿"都要花在哪里？发改委公布详情》，2009 年 5 月 22 日《新华每日电讯》。

产业结构调整的过程中发挥了重要的引导和带动作用，具体体现在以下几个方面①。

第一，按照中央“快重准实”的总体要求，各地各部门迅速完善落实中央投资项目组织、政策、监管三大保障体系，加快推进项目建设，从而在拉动全社会投资和稳定经济增长方面发挥了重要作用。

第二，加强农村民生工程和农业基础设施建设，大力支持农村饮水安全、农村电网改善、农村公路、农村沼气、农村危房改造等工程，不断改善农村生产生活条件，建成了一大批关系人民群众切身利益的惠民工程，从而为解决“三农”问题和改善民生打下了坚实的基础。

第三，中央投资采取“四两拨千斤”的方式，为重点产业调整振兴和促进中小企业发展创造良好的环境，加快企业技术改造与升级的步伐，推进重大装备本地化，加强自主创新能力建设，开工建设了一批高技术产业化项目，坚持把节能减排作为扩内需保增长的重要抓手，支持十大重点节能工程、城市污水垃圾设施及配套管网、重点流域水污染防治等建设，从而在经济结构战略性调整和发展方式转变等方面发挥的积极的促进作用。

第四，推进我国的重大基础设施建设，加快了汶川地震灾后恢复重建，从而为我国长远发展打下了坚实的基础。

随着包括4万亿元投资计划在内的一揽子计划的有效实施，经济运行中的积极因素不断增多，企稳向好势头日趋明显，在世界经济增长速度全面放缓甚至开始衰退的背景下，我国经济依然保持了较快的发展，从而为世界经济的复苏作出了重要的贡献。统计资料显示，2008 年我国国内生产总值达到 300670 亿元，比上年增长 9. 0%。其中，第一产业产值 34000 亿元，增长 5. 5%；第二产业产值 146183 亿元，增长 9. 3%；第三产业产值 120487 亿元，增长 9. 5%。②

尽管我国逆风而上，实现了经济的平稳较快增长，但是产业结构失衡等方面问题再次摆在我们面前。为了应对金融危机对我国经济增长的不利影响，个别时期甚至在产业结构调整方面开了“倒车”，即相对第一、二产业而言，第三产业增长速度较慢。统计资料显示，2008 年我国第一产业产值占国内生产总值的比

① 中华人民共和国国家发展和改革委员会：《发改委就 4 万亿投资计划执行情况答记者问》，发改委网站，2009 年 10 月 27 日。

② 中华人民共和国国家统计局：《中华人民共和国 2008 年国民经济和社会发展统计公报》，2009 年 2 月 26 日。

重为11.3%，比上年上升0.2个百分点；第二产业产值比重为48.6%，上升0.1个百分点；第三产业产值比重为40.1%，下降0.3个百分点。

面对全球金融危机的巨大浪潮，全球经济在系列救助政策的刺激下止跌回暖，走上了艰难的复苏之路。在此基础之上，推进经济增长和产业结构调整的速度提上日程。从2009年1月14日到2月25日，国务院在短短的43天内连续出台的钢铁、汽车、船舶、石化、纺织、轻工、有色金属、装备制造、电子信息、物流产业十大产业振兴规划，再次为我国保增长注入了一剂强心针。“十大产业调整和振兴规划”是在国际金融危机冲击和国内经济长期存在结构失衡的背景下提出的，是包括4万亿元投资计划在内的一揽子计划的延续。

从十大产业的构成来看，钢铁、汽车、船舶、石化、纺织、轻工、有色金属、装备制造、电子信息九大产业都是工业行业。对此，中国社会科学院工业经济研究所所长金碚指出，这种选择蕴涵两层含义：第一，中国的工业化进程远未结束，工业在国民经济中仍占有举足轻重的地位；第二，应对金融危机要从实体经济发力。① 而把物流业作为十大振兴产业之一，这种选择也蕴涵两层含义：第一，物流业是拉动内需的重要依托；第二，物流业属于第三产业，其快速发展是我国产业结构调整的重要内容之一。

二　十大产业调整和振兴的主要内容

纵览国务院出台的十大产业调整和振兴规划，政府着重强调的主要有四个方面：一是财税方面，通过调整税费为产业“减压”；二是金融方面，通过扩大融资渠道和信贷规模来为产业“松绑”；三是鼓励自主创新，除发放专项研发资金外，在融资方面也将给予倾斜；四是进行产业结构调整和升级，鼓励兼并重组。

十大产业调整和振兴规划涉及的内容非常广泛，从鼓励消费到产品结构调整，几乎涵盖了这丨人产业从制造到销售的整个“市场链”。从短期来看，十大产业调整和振兴规划有利于解决相关企业目前遇到的实际问题，缓冲世界金融危机对中国的影响；从长期来看，十大产业调整和振兴规划立足于产业的长远发展，调整我国原来不够合理的产业布局，建立起符合中国国情的产业结构，并对于中国产业技术升级改造以及产业结构优化调整产生深远影响，见表8-3。

① 何欣荣：《十大产业振兴规划成“保增长”主要推手》，2009年12月1日《中华工商时报》。

表 8-3　十大产业调整与振兴规划主要内容

	规划目标	重点任务	政策措施
钢铁产业	①总量恢复到合理水平;②淘汰落后产能有新突破;③联合重组取得重大进展;④技术进步得到较大提升;⑤自主创新能力进一步增强;⑥节能减排取得明显成效	①保持国内市场稳定,改善出口环境;②严格控制钢铁总量,加快淘汰落后产能;③促进企业重组,提高产业集中度;④加大技术改造力度,推动技术进步;⑤优化钢铁产业布局,统筹协调发展;⑥调整钢材品种结构,提高产品质量;⑦保持进口铁矿石资源稳定,整顿市场秩序;⑧开发国内外两种资源,保障产业安全	①调整部分产品的进出口税率;②实施公平贸易政策;③加大技术进步及技术改造投入;④完善落后产能退出机制;⑤完善企业重组政策;⑥适时修订钢铁产业政策;⑦提高建筑工程用钢标准;⑧实现钢铁与相关产业协调发展;⑨继续实施有保有压的融资政策;⑩积极实施"走出去"战略;⑪建立产业信息披露制度;⑫发挥行业协(商)会作用
汽车产业	①汽车产销实现稳定增长;②汽车消费环境明显改善;③市场需求结构得到优化;④兼并重组取得重大进展;⑤自主品牌汽车市场比例扩大;⑥电动汽车产销形成规模;⑦整车研发水平大幅提高;⑧关键零部件技术实现自主化	①培育汽车消费市场;②推进汽车产业重组;③支持企业自主创新;④实施技术改造专项;⑤实施新能源汽车战略;⑥实施自主品牌战略;⑦实施汽车产品出口战略;⑧发展现代汽车服务业	①减征乘用车购置税;②开展"汽车下乡";③加快老旧汽车报废更新;④清理取消限购汽车的不合理规定;⑤促进和规范汽车消费信贷;⑥规范和促进二手车市场发展;⑦加快城市道路交通体系建设;⑧完善汽车企业重组政策;⑨加大技术进步和技术改造投资力度;⑩推广使用节能和新能源汽车;⑪落实和完善《汽车产业发展政策》
纺织工业	①总量保持稳定增长;②产业结构明显优化;③科技支撑力显著提高;④节能减排取得明显成效;⑤淘汰落后产能取得实质性进展	①稳定国内外市场;②提高自主创新能力;③加快实施技术改造;④淘汰落后产能;⑤优化区域布局;⑥完善公共服务体系;⑦加快自主品牌建设;⑧提升企业竞争实力	①继续提高纺织品服装出口退税率;②加大棉花、厂丝收购力度;③加大技术进步和技术改造投资力度;④进一步扩大国内消费;⑤鼓励企业实施兼并重组;⑥加大对纺织企业的金融支持;⑦减轻纺织企业负担;⑧加大对中小纺织企业扶持力度;⑨加强产业政策引导;⑩发挥行业协(商)会作用
装备制造业	①产业实现平稳增长;②市场份额逐步扩大;③重大装备研制取得突破;④基础配套水平提高;⑤组织结构优化升级;⑥增长方式明显转变	①依托十大领域重点工程,振兴装备制造业;②抓住九大产业重点项目,实施装备自主化;③提升四大配套产品制造水平,夯实产业发展基础;④推进七项重点工作,转变产业发展方式	①发挥增值税转型政策的作用;②加强投资项目的设备采购管理;③鼓励使用国产首台(套)装备;④加大技术进步和技术改造投资力度;⑤支持装备产品出口;⑥调整税收优惠政策;⑦推进企业兼并重组;⑧落实节能产品补贴和农机具购置补贴政策;⑨建立产业信息披露制度;⑩支持产品检验检测和认证机构建设

续表 8-3

	规划目标	重点任务	政策措施
船舶产业	①船舶生产稳定增长;②市场份额逐步扩大;③配套能力明显增强;④结构调整取得进展;⑤研发水平显著提高;⑥发展质量明显改善	①稳定船舶企业生产;②扩大船舶市场需求;③发展海洋工程装备;④支持企业兼并重组;⑤提高自主创新能力;⑥加强企业技术改造;⑦积极发展修船业务;⑧努力开拓国际市场;⑨加强船舶企业管理	①加大生产经营信贷融资支持;②增加船舶出口买方信贷投放;③鼓励购买弃船;④努力扩大国内船舶市场需求;⑤加快淘汰老旧船舶和单壳油轮;⑥严格控制新增产能;⑦完善企业兼并重组政策措施;⑧加大科研开发和技术改造投入
电子信息产业	①促增长、保稳定取得显著成效;②调结构、谋转型取得明显进展	①确保计算机、电子元器件、视听产品等骨干产业稳定增长;②突破集成电路、新型显示器件、软件等核心产业的关键技术;③在通信设备、信息服务、信息技术应用等领域培育新的增长点	①落实扩大内需措施;②加大国家投入;③加强政策扶持;④完善投融资环境;⑤支持优势企业并购重组;⑥进一步开拓国际市场;⑦强化自主创新能力建设
轻工业	①生产保持平稳增长;②自主创新取得成效;③产业结构得到优化;④污染物排放明显下降;⑤淘汰落后取得实效;⑥安全质量全面提高	①稳定国内外市场;②增强自主创新能力;③加快实施技术改造;④实施食品加工安全专项;⑤加强自主品牌建设;⑥推动产业有序转移;⑦提高产品质量水平;⑧加强企业自身管理;⑨切实淘汰落后产能	①进一步扩大"家电下乡"补贴品种;②提高部分轻工产品出口退税率;③调整加工贸易目录;④解决涉农产品收储问题;⑤加强技术创新和技术改造;⑥加大金融支持力度;⑦大力扶持中小企业;⑧加强产业政策引导;⑨鼓励兼并重组和淘汰落后产能;⑩发挥行业协会作用
石化产业	①产量保持稳步增长;②农资保障能力增强;③产业布局趋于合理;④产品结构显著改善;⑤技术进步明显加快;⑥节能减排取得成效	①保持产业平稳运行;②提高农资保障能力;③稳步开展煤化工示范;④抓紧实施重大项目;⑥统筹重大项目布局;⑥大力推动技术改造;⑦加快淘汰落后产能;⑧加强生态环境保护;⑨支持企业联合重组;⑩增强资源保障能力;⑪提高企业管理水平	①完善化肥储备机制;②抓紧落实油品储备;③加强信贷政策支持;④完善成品油价格形成机制;⑤加大技术改造投入;⑥支持境外资源开发;⑦实施公平税负政策;⑧推进企业兼并重组;⑨完善产业发展政策;⑩依法做好反倾销和反走私等工作
有色金属产业	①生产恢复正常水平;②按期淘汰落后产能;③节能减排取得积极成效;④企业重组取得进展;⑤创新能力明显增强;⑥资源保障能力进一步提高	①稳定国内市场,改善出口环境;②严格控制总量,加快淘汰落后产能;③加强技术改造,推动技术进步;④促进企业重组,调整产业布局;⑤开发境内外资源,增强资源保障能力;⑥发展循环经济,搞好再生利用;⑦加强企业管理和安全监管,注重人才培养	①完善出口税收政策;②抓紧建立国家收储机制;③加大技术进步及技术改造投入;④推进直购电试点;⑤完善企业重组政策;⑥支持企业"走出去";⑦修订完善产业政策;⑧合理配置资源;⑨继续实施有保有压的融资政策;⑩严格执行节能减排淘汰落后产能问责制;⑪建立产业信息的交流和披露制度;⑫发挥行业协会(商会)作用

续表 8－3

	规划目标	重点任务	政策措施
物流业	力争在2009年改善物流企业经营困难的状况,保持产业的稳定发展。到2011年,培育一批具有国际竞争力的大型综合物流企业集团,初步建立起布局合理、技术先进、节能环保、便捷高效、安全有序并具有一定国际竞争力的现代物流服务体系	①积极扩大物流市场需求;②大力推进物流服务的社会化和专业化;③加快物流企业兼并重组;④推动重点领域物流发展;⑤加快国际物流和保税物流发展;⑥优化物流业发展的区域布局;⑦加强物流基础设施建设的衔接与协调;⑧提高物流信息化水平;⑨完善物流标准化体系;⑩加强物流新技术的开发和应用	①加强组织和协调;②改革物流管理体制;③完善物流政策法规体系;④制订落实专项规划;⑤多渠道增加对物流业的投入;⑥完善物流统计指标体系;⑦继续推进物流业对外开放和国际合作;⑧加快物流人才培养;⑨发挥行业社团组织的作用

资料来源：根据“十大产业调整和振兴规划”整理，详细资料参见中华人民共和国政府网站。

与第一轮把重点放在固定资产投资和扩大消费的方案不同，第二轮经济振兴方案主要侧重于产业整合与振兴。十大产业调整与振兴规划涉及的都是对国民经济有重大影响的产业，它们是工业产值和国家税收的主要贡献力量、吸纳就业人群的主要渠道，是拉动 GDP 增长的主要行业。十大产业中，其中九个产业工业增加值占全部工业增加值的比重接近 80%，占 GDP 的比重达到 1/3，规模以上企业上缴税金约占全国税收收入的 40%，直接从业人员约占全国城镇单位就业人数的 30%，仅纺织和轻工业就吸纳进城务工人员近 6000 万人。①

总的来说，与“十一五”规划中所制定的长期产业发展目标不同的是，“十大产业调整和振兴规划”更多的是应对当前急剧下降的外需冲击以及内需的结构性调整，其鲜明特点是力图和 4 万亿基础设施建设与扩大内需的政策形成组合效应。十大产业振兴规划的政策目标，从短期来看，主要是为了缓解金融危机中受到的较大冲击，确保生产力、经济增长、出口、就业和社会稳定。从目前十大产业的发展质量来看，普遍存在着重复建设、自主创新能力弱、产业集中度低、产业竞争力不强、过分依赖出口、低端产品供给过剩、高端产品供给不足等问题，产业发展质量问题亟须解决。因此，其长远目标应该还是希望通过淘汰落后产能、鼓励科技创新、兼并重组来最终实现产业升级和优化布局。

① 《十大产业振兴与金融》，《金融管理与研究》2009 年第 6 期。

三 十大产业调整和振兴规划的实施效果评价

十大产业调整和振兴规划的出台及随后出台并落实的165项实施细则与配套政策取得了积极的成效。其中，汽车、家电、电子信息、装备制造等产业，特别是汽车产业收效较为明显，而纺织、船舶制造、物流等产业虽然总体回升增长的态势并不稳定，但在十大产业调整和振兴规划的刺激下，也出现一定程度的业务回升和增长。十大产业的发展和振兴，为我国的经济发展注入强劲的活力。

十大产业调整和振兴规划实施的总体效果良好。据工信部相关资料显示，2009年全年全部工业增加值134625亿元，比上年增长8.3%。具体而言，全年规模以上工业中，煤炭开采和洗选业增加值比上年增长8.3%；石油和天然气开采业增长4.8%；农副食品加工业增长15.9%；纺织业增长8.5%；通用设备制造业增长11.0%；专用设备制造业增长13.0%；交通运输设备制造业增长18.4%，其中汽车制造增长20.3%，船舶制造增长20.7%；通信设备、计算机及其他电子设备制造业增长5.3%；电气机械及器材制造业增长12.0%。6大高载能行业比上年增长10.6%，其中，非金属矿物制品业增长14.7%，化学原料及化学制品制造业增长14.6%，有色金属冶炼及压延加工业增长12.8%，黑色金属冶炼及压延加工业增长9.9%，电力、热力的生产和供应业增长6.0%，石油加工、炼焦及核燃料加工业增长5.2%。高技术制造业增加值比上年增长7.7%。①

2010年上半年，在中国政府继续应对国际金融危机、加快推进经济发展方式转变、保持经济平稳较快发展的一系列政策措施作用下，工业经济总体延续了2009年下半年回升向好的运行态势，继续朝着宏观调控的预期方向发展。在2009年较低基数上，工业生产保持较快增长，企业效益大幅提升，从业人数明显增加，外贸出口继续改善。具体而言，十大产业的运行情况主要表现在以下几个方面。

钢铁产量保持了旺盛的增长态势。2010年上半年，全国粗钢产量32317万吨，同比增长21.1%，增速同比加快19.9个百分点；钢材产量39868万吨，增长26.1%，增速同比加快20.4个百分点。钢材出口2358万吨，增长1.5倍；进口844万吨，增长3.8%。前5个月，钢铁行业实现利润1075亿元，同比增长

① 本小节中，如果未作特殊说明，相关数据来源于国家工业与信息化部网站、国家发改委网站。

5.3 倍，去年同期为下降 87.3%。

汽车产销市场增速自 2010 年 3 月以来呈逐月回落态势，但总体保持较高增长势头；汽车行业整体经济效益保持良好的发展态势。2010 年上半年，汽车生产 892.73 万辆，同比增长 49%，同比增幅提高 34 个百分点；汽车销售 901.62 万辆，同比增长 48%，同比增幅提高了 30 个百分点。截至 6 月底，企业汽车库存 50.47 万辆，较 2009 年底减少 8.23 万辆。

2010 年上半年，纺织行业增加值增长 12.2%，同比加快 4 个百分点，比一季度回落 1.2 个百分点；出口交货值同比增长 16.3%，比一季度加快 2.4 个百分点，比 2008 年同期增长 7.1%；主要产品中，纱、布、服装产量同比分别增长 16.9%、16.4% 和 17.7%，化纤增长 13.4%。

装备制造业出口持续回升，工业增加值增速明显。2010 上半年，装备工业增加值同比增长 23.4%，增速同比加快 14.2 个百分点。其中，交通运输设备、通用设备制造业分别增长 29.1% 和 21.4%，专用设备、仪器仪表及文化办公设备和电气机械及器材制造业分别增长 20.6%、18.8% 和 18.4%。

电子信息产业延续 2009 年下半年以来的回升向好态势，生产呈现较快增长，但增速略有回调。2010 年上半年，规模以上电子信息制造业增加值增长 20.4%，比同期工业水平高 2.8 个百分点。其中，6 月份增长 15.1%，比 5 月下降 2.7 个百分点。实现销售产值 28622.6 亿元，同比增长 29.5%，比 2008 年同期增长 23.8%。

船舶工业生产持续增长。2010 年上半年，全国造船完工量 2963 万载重吨，同比增长 86.7%；新承接船舶订单量 2378 万载重吨，是 2009 年同期新接订单量的 4 倍；截至 6 月底，手持船舶订单量 18427 万载重吨，比 2009 年底手持订单下降 2.1%。全国造船完工量、新接订单量、手持订单量分别占世界市场份额的 41.1%、46.2%、37.7%。

轻工业产品出口增加，行业利润获得大幅度提升。2010 年上半年，轻工行业增加值增长 16.4%，同比加快 7 个百分点，出口交货值同比增长 23.9%，比 2008 年同期增长 10.1%。其中，2010 年 1 ~ 5 月，轻工行业实现利润 2521 亿元，同比增长 44.8%。

石油供应充足，化工行业发展较快。2010 年上半年，原油产量 9848 万吨，同比增长 5.3%，进口 11797 万吨，同比增长 30.2%，原油加工量 20586 万吨，同比增长 17.9%；化工行业增加值增长 18.9%，同比加快 10.4 个百分点。

有色金属产业增速加快，规模以上企业得到了较高发展。2010 年上半年，有色行业增加值同比增长 18.6%，同比加快 11.7 个百分点。其中，规模以上有色金属企业工业增加值按可比价格计算，同比增长 18.7%。

物流业呈现回升向好的态势。2010 年上半年，全国社会物流总额为 58 万亿元，按可比价格计算，同比增长 18.4%，比上年同期加快 12.4 个百分点；社会物流总费用为 30901 亿元，同比增长 17.8%，比上年同期加快 13 个百分点；物流业增加值完成 12267 亿元，按可比价格计算，同比增长 15.6%，比 GDP 增速快 3.7 个百分点，比第三产业增加值增速快 6 个百分点。①

第三节　七大战略性新兴产业的部署

从长远来看，传统产业很难担负起经济增长的重任，这要求我国必须未雨绸缪，寻找新的主要产业作为未来经济增长的发力点。在“4 万亿”经济刺激计划和十大产业振兴规划的共同拉动下，中国经济的复苏势头已经确立，我国的经济中心也逐步向“调结构”转移。七大战略性新兴产业的提出，一方面符合我国可持续发展的需要，另一方面为我国缩小与西方发达国家之间的差距提供了契机。

一　七大战略性新兴产业提出的背景

经济危机往往孕育着新的科技革命，“国际金融危机将推动全球进入一个创新密集和新兴产业快速发展的时代”②。在后危机时代，为了尽快走出危机和培育新的经济增长点，世界主要发达国家和经济体纷纷对科技和产业发展进行新的部署，并纷纷把目光转向对未来经济社会发展能够产生重大影响和重大带动作用的战略性新兴产业，力争通过发展新兴战略产业创造新的经济增长点，抢占新一轮国际竞争的战略制高点。

美国将研发的投入提高到 GDP 的 3%，达到历史最高水平，力图在新能源、基础科学、干细胞研究和航天等领域取得突破，其中，投入到替代能源、电动汽车等的研究和推广费用达到 700 多亿美元；欧盟宣布到 2013 年以前，将投资

① 相关数据来源于中国物流信息中心网站。
② 温家宝：《关于发展社会事业和改善民生的几个问题》，《求是》2007 年第 7 期。

1050 亿欧元发展绿色经济，保持在绿色技术领域的世界领先地位；日本重点开发能源和环境技术，其中，对新能源研发和利用的预算由原先的 882 亿日元增加到 1156 亿日元；英国从高新科技特别是生物制药等方面，加强产业竞争的优势；俄罗斯提出开发纳米和核能技术，等等。① 可以预见，新能源、新材料、生物医药、信息网络等战略性新兴产业的迅速发展，将大大改变人类社会的生产方式和生活方式，成为推动全球经济发展的新的主导力量。

从发达国家的发展历程来看，从一个经济大国到一个经济强国，中国必须要给出新的产业方向定位。当前，我国已经进入经济结构战略性调整的关键期，工业化也将随之进入一个新的历史机遇期。工业化就是产业结构不断优化升级和支柱产业不断变迁的过程。研究表明，我国工业化正处于重化工业阶段，② 工业化之路面临新的选择。我国工业化新阶段的经济增长，迫切需要选择带动效应较大的新兴主导产业。③

为了应对金融危机给我国带来的不利影响，一方面，我国必须正视自己的不足，把大力加强科技支撑作为应对国际金融危机冲击一揽子计划的重要组成部分和战略考虑；另一方面，我国必须紧紧把握世界科技革命和产业革命的大趋势，紧紧抓住这个历史性机遇，努力实现跨越式发展，缩小与发达国家在经济和科技等方面的差距。为保增长而出台的十大振兴产业多属于我国的传统产业，我国的经济社会发展受资源环境的制约越来越突出，国际经济和科技竞争的压力越来越大，经济发展迫切需要寻找新的增长点。此时，利用高新技术改造和提升传统产业走向现代化强国是我国的必然选择。

新兴产业发展的速度和规模从根本上决定了一国在国际市场上的地位和总体竞争能力。近年来，随着资源环境问题的突出，我国原有的粗放型发展方式已走到尽头。只有通过产业结构调整，我们才能引导流动性投向最具成长性和市场潜力、最具投资拉动作用的新兴产业，诸如新能源、节能环保业、旅游业、文化产业、有机农业、现代服务业等产业，着重培育新的经济增长点。

在这种国际和国内大背景下，发展战略性新兴产业被寄予厚望。

第一，加快培育战略性新兴产业有利于我国在后危机时代占据未来科技制高

---

① 万钢：《把握全球产业调整机遇　培育发展战略性新兴产业》，《中国科技投资》2010 年第 2 期。

② 李佐军：《中国经济 60 年：在转型中加快崛起》，《现代审计与经济》2009 年第 6 期。

③ 郭克莎：《改革开放以来我国工业产业结构战略的演变》，《新视野》2003 年第 5 期。

点。目前战略性新兴产业多处于发展的起步阶段，由于市场潜力巨大，已成为各国角逐的重点。谁掌握了核心关键技术，谁就会在竞争中处于主动。因此，加快培育战略性新兴产业对我国未来发展意义重大。

第二，加快培育战略性新兴产业有利于增强我国的综合国力。战略性新兴产业的发展，关系到国民经济和社会发展的全局和国家安全，它能引领产业结构优化升级，带动经济社会进步，提升综合国力。从目前我国经济社会所处的条件看，培育壮大战略性新兴产业，不仅是立足当前、应对危机、调整结构、转变发展方式的有力手段，更是面向未来、着眼长远、支撑和引领我国经济社会全面协调可持续发展的重大战略选择。

第三，发展战略性新兴产业，是改善人民生活水平、提高生产力的重要选择。市场需求是战略性新兴产业发展的方向。发展战略性新兴产业，将对满足人民群众日益增长的物质文化需求带来明显的促进作用，并显著提高生产力。例如，物联网在环境监测、电网、地震监测、安防、动物溯源、生产监控、物流、交通、教育、医疗等领域的应用，对于提高生产效率、降低成本、改善生活水平等方面都具有重要作用。

第四，战略性新兴产业是拉动经济增长、扩大就业的重要引擎。根据国务院发展研究中心“重点产业调整转型升级”课题组2009年测算，未来三年新能源产业产值可望达到4000亿元；2015年环保产业产值可达2万亿元，信息网络及应用市场规模至少达到数万亿元，数字电视终端和服务未来六年累计可带动近2万亿元的产值；2020年广义生物产业市场规模约为6万亿元。在拉动经济增长方面，课题组认为，2010年核电投资可以拉动GDP增长0.3个百分点。从增加就业看，据IBM和中国有关部门的联合分析，如果中国在智能电网、宽带、智慧医疗上投资1000亿元，将带动就业人数超过150万。①

第五，发展战略性新兴产业，是转变经济发展方式、实现内生增长的重要途径。战略性新兴产业属于技术密集、知识密集、人才密集的高科技产业。发展战略性新兴产业，将对提升我国产业产品附加值，发展绿色低碳经济，提高经济增长的质量发挥重要的促进作用。研究表明，到2020年新能源利用量如果占到能源消耗的20%，每年会减少二氧化碳排放量24亿吨。

---

① 王忠宏、石光：《发展战略性新兴产业 推进产业结构调整》，《中国发展观察》2010年第1期。

总而言之，发展战略性新兴产业，不仅是我们立足当前、应对危机的权宜之计，更是面向未来、着眼长远的重大战略抉择。如果能够在世界经济格局大变革、大调整中抢占发展战略性新兴产业的先机，不仅可以巩固扩大应对金融危机的成果，为经济发展方式转变找到最合适的突破口，而且有利于我国抢占新一轮国际竞争的制高点。

二 七大战略性新兴产业的选取思路

我国政府高瞻远瞩，审时度势，积极探索适合我国国情的战略性新兴产业。2009 年 9 月 21 日和 22 日，国务院总理温家宝先后主持了三次座谈会，47 位经济、科技专家围绕新能源、节能环保、电动汽车、新材料、新医药、生物育种和信息工程等产业的发展进行了讨论，提出了意见和建议。2009 年 11 月 3 日，温家宝总理发表了题为《让科技引领中国可持续发展》的重要讲话强调，“科学选择战略性新兴产业非常关键。选对了就能跨越发展，选错了将会贻误时机。战略性新兴产业必须掌握关键核心技术，具有市场需求前景，具备资源能耗低、带动系数大、就业机会多、综合效益好的特征。目前我国经济运行中的最大困难，就是外部需求急剧减少，而且将来在相当长的时间也很难恢复到危机之前的水平。在这种情况下，一部分产业就暴露出产能过剩问题，而且其中一些产业又没有掌握核心和关键技术。面对这种情况，我们必须重视发展战略性新兴产业，同时要在最有基础、最有条件的领域突破核心和关键技术。选择战略性新兴产业的科学依据是什么？最重要的有三条：一是产品要有稳定并有发展前景的市场需求；二是要有良好的经济技术效益；三是要能带动一批产业的兴起。”①

经过系统的研究与论证，2009 年 12 月 5 ~ 7 日，中央经济工作会议明确指出，2010 年经济工作的重点是促进发展方式转变，真正把保持经济平稳较快发展和加快经济发展方式转变有机统一起来，在发展中促转变，在转变中谋发展。该会议进一步指出，要抓紧研究提出培育我国战略性新兴产业的总体思路，强化政策支持，加大财政投入，培育新的经济增长点。至此，我国大力发展七大战略性新兴产业的帷幕正式拉开。

具体而言，七大战略性新兴产业的特点主要表现在以下几个方面。

---

① 温家宝：《让科技引领中国可持续发展》，中央政府门户网站，www. gov. cn，2009 年 11 月 23 日。

新能源，包括水电、核电、风力发电、太阳能发电、沼气发电，以及地热利用、煤的洁净利用等，其发展要突出清洁能源和可再生能源。

节能环保产业，是一个跨产业、跨领域、跨地域，与其他经济部门相互交叉、相互渗透的综合性新兴产业，主要是通过关键技术的突破，提高能源利用效率和优化能源消费结构。因此，有专家提出应列为继“知识产业”之后的“第五产业”。目前全球节能环保技术主要掌控在日、美等发达国家手中，中国必须在节能环保上有自己的突破。

电动汽车产业，主要是指以新能源带动的发动机运行新型汽车产业，目前，我国已跻身世界上较先进的行列，我国将通过技术经济、市场需求与经济效益三个方面的充分论证，尽快确定中国新能源汽车发展的技术路线和市场推进措施。

新材料，主要包括微电子和光电子材料和器件、新型功能材料、高性能结构材料、纳米材料和器件。目前，中国许多基础原材料以及工业产品的产量位居世界前列，但是高性能的材料、核心部件和重大装备严重依赖于进口，关键技术受制于人。必须加快微电子和光电子材料和器件、新型功能材料、高性能结构材料、纳米材料和器件等领域的科技攻关，尽快形成具有世界先进水平的新材料与智能绿色制造体系。

新医药产业，主要是把生命科学前沿、高新技术手段与传统医学优势结合起来，研发适应多发性疾病和新发传染病防治要求的创新药物，突破应用面广、需求量大的基本医疗器械关键核心技术，形成以创新药物研发和先进医疗设备制造为龙头的医药研发产业链，大幅度提升生物医药产业的国际竞争力，力争在干细胞研究领域取得领先地位。

生物育种，是我国自己解决 13 亿人口吃饭问题的突破口。转基因育种技术的发展，将提高农业产量和改善产品质量，实现小麦、水稻等主要农作物和猪、牛、羊等主要牲畜的优良品种的显著改良。

信息工程产业，是推动产业升级、迈向信息社会的“发动机”。“智慧地球”简单说来就是物联网与互联网的结合，就是传感网在基础设施和服务领域的广泛应用。我们要着力突破传感网、物联网的关键技术，及早部署后 IP 时代相关技术研发，使信息工程产业成为推动产业升级、迈向信息社会的“发动机”。

总的来说，战略性新兴产业是新兴科技和新兴产业的深度融合，既代表着科技创新的方向，也代表着产业发展的方向，完全可能推动新一轮产业革命。

三 七大战略性新兴产业的规划编制

温家宝总理在2010年的《政府工作报告》中指出：发展战略性新兴产业，抢占经济科技制高点，决定国家的未来，必须抓住机遇，明确重点，有所作为。这既代表着科技创新的方向，也代表着产业发展的方向，要求我们更加深入地理解发展战略性新兴产业的实质和内涵，抓住机遇，厘清思路，突出特色，遵循规律，充分发挥战略性新兴产业新的经济增长极作用。

七大战略性新兴产业提出之后，各产业中的具体规划已经开始相继启动，国家发改委正在加快制定《战略性新兴产业发展规划》。从中央到地方，陆续出台支持战略性新兴产业发展的文件和政策，积极推进战略性新兴产业的部署。

中央政府积极推进战略性新兴产业的发展。2009年底，国资委、工信部等七部委纷纷制定支持政策，从财政、税收、金融等多方面支持战略性新兴产业发展。为加快推动战略性新兴产业的发展，提升自主创新能力，国家发改委、财政部决定启动实施新兴产业创投计划，首批将与北京、吉林、上海、安徽、湖南、重庆、深圳等7个省市合作，吸引社会投资参与，结合地方产业发展特点和区域优势；发起设立20只创业投资基金，基金主要投向电子信息、生物医药、新能源、节能环保等国家鼓励发展的高新技术产业，重点扶持处于初创期、成长期的创新型企业和高成长性企业。[①] 2010年2月，国务院成立了加快培育战略性新兴产业研究部际协调小组，正式启动加快培育战略性新兴产业发展思路的研究工作，编制战略性新兴产业发展“十二五”规划。

地方政府纷纷拉开战略性新兴产业发展大幕。2009年9月27日，武汉出台“武汉方案”，这是首个系统性地方战略性新兴产业规划方案，包括了集成电路、节能环保、新能源等15个新兴产业。2009年11月13日，河北省副省长主持召开了战略性新兴产业发展座谈会。同一时间，安徽省通过了《安徽省战略性新兴产业调研报告》，报告指出，拟重点培育壮大“节能环保”、“文化创意”等十大新兴产业。2009年12月9日，山东省出台“42条”意见全力扶持350户重点工业企业；其中，150户企业分别来自13大战略性新兴产业和40个特色产业，战略性新兴产业中的企业户数历史性地超过了1/5。据资料显示，截至2010年1月，已有22个省市正着手或已经完成了战略性新兴产业调研、规划，以培育新

---

① 张翼：《发改委财政部启动新兴产业创投计划》，2009年11月2日《光明日报》。

兴产业为重点的新一轮区域发展已经拉开了帷幕。而且，战略性新兴企业也动作频频。①

2010 年是我国“十一五”规划的收关之年，也是迎来“十二五”规划的开局之年。可以预见，战略性新兴产业的发展，对于巩固扩大应对金融危机的成果，保持经济平稳较快发展，加快经济发展方式转变抢占新一轮国际竞争的制高点，具有重大而深远的意义。未来几年，中国的七大战略性新兴产业将成为国家的主导产业、支柱产业，有助于实现我国产业和技术的跨越式发展，是支撑和引领经济社会走上创新驱动、内生增长的发展轨道。

第四节　通往低碳经济之路

从十大产业调整和振兴规划的出台到七大战略性新兴产业的部署，足见我国政府转变经济增长方式的思路是一贯的、连续的，即十大产业调整和振兴意味着传统产业要努力实现低碳化，而七大战略性新兴产业意味着经济增长的重心要向低碳产业转移。两者的紧密结合，共同铸就了我国通往低碳经济之路。

一　低碳经济是一种更具有广阔空间的可持续发展模式

“低碳经济”一词最早出现于 2003 年的英国能源白皮书——《我们能源的未来：创建低碳经济》，是指以低能耗、低污染、低排放为基础的生态经济，其实质是对碳基能源（煤、石油、天然气）的低消耗，对碳中和、碳封存和碳捕获技术的密集使用，以及对新兴清洁绿色循环能源及原材料的充分利用为基础的可持续发展模式。② 低碳经济是继循环经济和生态经济之后的新一轮绿色发展模式，其最终目标是实现人与自然可持续的和谐发展。

（一）发展低碳经济是应对全球气候变暖的必然趋势

由于人为排放的二氧化碳等温室气体，引起了全球气候变暖。全球气候变暖已给人类社会带来深刻影响，成为各国当前面临的难以回避的重大课题之一。缓解全球气候变暖的主要途径是减少温室气体的排放。但由于当今世界经济发展模

① 吴丽华、杨仕省：《中央高调支持　七大战略性新兴产业图越来越清晰》，2010 年 1 月 4 日《华夏时报》。

② 庄贵阳：《中国经济低碳发展的途径与潜力分析》，《太平洋学报》2005 年第 11 期。

式是经济增长和碳排放密不可分。从持续发展的角度看，人类社会亟须在现有发展模式的基础上探索一种新路径，既能满足经济高速增长的要求，又可减少碳排放，实现经济发展与气候、环境的“兼容”。以低能耗、高能效、低排放为核心的低碳经济成为人类应对气候变化的首要选择。

（二）发展低碳经济是应对能源安全问题的内在要求

从能源储量看，目前世界一些能源还可以开采利用较长时间。如在现有技术经济水平和开采强度下，煤炭可以用200多年，石油可以用40多年；海水中的氢能则是取之不尽用之不竭的未来资源。但是，人类使用化石等能源资源的经济成本越来越高。而且，从全球范围看，世界能源资源特别是石油资源地理分布相对集中，供求平衡关系脆弱，全球能源供给和价格波动的风险大大增加。可以说，在全球能源资源供应趋紧、争夺日益激烈的今天，任何一个需要依赖能源资源的国家都难以独善其身。低碳经济符合世界能源低碳化的发展趋势，将能源使用的重点放在节能、开发利用可再生能源的基础之上，是应对能源安全问题的内在要求。

低碳经济作为一种发展模式，和其他经济发展模式一样，产业是其发展的重要支撑。所以，发展低碳经济的支撑就是发展低碳产业，低碳产业也理应成为低碳经济的重要组成部分和支柱。低碳产业就是以低能耗、低污染为基础的产业。低碳经济的出现，意味着低碳经济发展模式的产业基础必然转向以低碳的新兴产业或产业簇群，从而降低人均“碳足迹”，极大缓解人类生产、生活对自然生态环境的破坏状况，使人类社会彻底摆脱经济增长极限理论对人类现有经济发展模式前景的“诅咒”。

二　世界主要发达国家低碳经济的发展进程

随着低碳经济的提出，世界主要发达国家和地区纷纷把发展低碳经济作为发展战略，借此培育新的经济增长点，争夺新一轮国际竞争的战略制高点。

英国政府于2006年发布了《能源回顾——与能源挑战》，在进一步确认2003年白皮书四大目标的同时，进一步指出了两大挑战：一是与其他国家一起应对气候变化的国际行动；二是保证安全、清洁和合理的国内能源供应。2007年，英国出台了能源白皮书——《迎接能源挑战》，该报告论调基本上与2006年一致，其中用了大量篇幅描述国际能源需求和温室气体大幅度增长对气候变化的影响，强调国际行动的必要性。

欧盟在平衡与协调各成员国的基础上，于2007年通过了欧盟战略能源技术计划，其目的在于促进新的低碳技术研究与开发，以达成欧盟确定的气候变化目标。

日本是一个资源稀缺的国家，历来重视节能减碳。2004年，日本环境省发起“面向2050年的日本低碳社会情境”研究计划，其目标是为2050年实现低碳社会目标而提出的具体的对策。2008年5月，该研究小组发布了《面向低碳社会的12大行动》，对住宅、工业、交通、能源转换、交叉部门等都提出了预期减排目标，并提出相应的技术与制度支撑。2008年6月，日本首相福田康夫以政府的名义提出日本新的防止全球气候变暖的对策，即著名的“福田蓝图”，这是日本低碳战略形成的正式标志，它包括应对低碳发展的技术创新、制度变革及生活方式的转变。

美国虽然没有加入《京都协定书》，但最近20年来，美国十分重视节能减碳。如美国早在1990年实施了《清洁空气法》，2005年通过了《能源政策法》，2007年7月美国参议院提出了《低碳经济法案》。①

金融危机将人类经济发展和自然环境、自然资源之间的约束进一步激化，促使全球经济进入了深层次结构调整的重要时期。为了既能从根本上调和人类经济发展和全球气候变化、能源危机之间的矛盾，又能促进实体经济实现结构转型，解决金融危机带来的萧条，世界经济需要一场不同以往的大革命。自国际金融危机爆发以来，为尽快走出金融危机困局和培育新的经济增长点，美国等世界发达国家进一步明确和提升了低碳产业的战略地位，纷纷将低碳产业纳入国家发展战略，将发展低碳产业作为近期最重要的经济增长点来鼓励扶持，以期通过将低碳产业作为调整经济结构的发展刺激经济复苏，抢占下一轮经济增长制高点的支柱产业。低碳产业作为重振经济的战略选择。

2009年2月，美国正式出台了投资总额达7870亿美元的《美国复苏与再投资法案》，主要用于新能源的开发和利用，包括发展高效电池、智能电网、碳储存和碳捕获、可再生能源（风能和太阳能等）。欧盟将低碳经济视为“新的工业革命”。2009年3月，欧盟制订的“环保型经济中期计划”宣布，预计在2013年前出资1050亿欧元打造支持“绿色经济”，促进就业和经济增长，

① 赛迪研究中心：《我国低碳经济发展思路与若干政策建议》，《工业和信息化研究》（内部资料）2010年第1期。

保持欧盟在“绿色技术”领域的世界领先地位。日本将低碳社会作为发展方向。2009 年 4 月，日本政府公布了财政支出达 15.4 万亿日元的《经济危机对策》计划，提出要扩大绿色经济市场，创造绿色产业就业机会。英国将低碳产业作为新的经济增长点。2009 年 4 月，布朗政府宣布将“碳预算”纳入政府预算框架，实施“绿色产业振兴计划”，对与低碳经济相关的产业追加 104 亿英镑的投资，并于 2009 年 7 月 15 日，英国政府公布了发展低碳经济的国家战略蓝图，包括大力发展新能源、推广新的节能生活方式和向全球推广低碳经济的新模式三项内容。① 世界主要发达国家和地区掀起了一场以高能效、低排放为核心的低碳经济革命。

三　我国低碳经济的发展进程

低碳经济既符合世界能源低碳化的发展趋势，也可以为我国工业化进程谋求更多的发展空间，还与我国节能减排和实现可持续发展的目标具有一致性。在此背景下，我国在保持经济持续发展的同时，明确提出低碳经济的发展战略，逐步建立了低碳经济的政策框架，加强低碳产业的发展。

2007 年 9 月 8 日，中国国家主席胡锦涛在亚太经合组织（APEC）第 15 次领导人会议上，本着对人类、对未来的高度负责态度，对事关中国人民、亚太地区人民乃至全世界人民福祉的大事，明确主张“发展低碳经济”。2007 年 12 月 26 日，国务院新闻办发表《中国的能源状况与政策》白皮书，着重提出能源多元化发展，并将可再生能源发展正式列为国家能源发展战略的重要组成部分。2008 年 10 月 1 日，我国开始施行《民用建筑节能条例》，2008 年底科技部、财政部启动“十城万盏”示范工作。通过不懈的努力，我国低碳经济取得了初步的成效，但是高能耗、高污染的矛盾仍然没有从根本上解决。

为了应对全球金融危机造成的不利影响，我国紧紧抓住低碳产业发展的契机，加大对低碳产业的支持力度，培育后危机时代新的经济增长点。2009 年 3 月，国家公布的汽车产业调整和振兴规划中推出了新能源汽车示范工程，对采购新能源汽车实行优惠政策，加速了新能源汽车的产业化步伐。2009 年 9 月，在联合国气候变化峰会上，胡锦涛同志发表了题为《携手应对气候变化挑战》的演讲，提出中国争取到 2020 年单位国内生产总值二氧化碳排放比 2005 年有显著

① 王小康：《发展低碳经济　践行科学发展》，《求是》2009 年第 22 期。

下降，同时大力发展可再生能源和核能，争取到2020年非化石能源占一次能源消费比重在15%左右。[①] 2010年3月，九三学社、台盟中央等民主党派都将自己的主要提案主题放在了低碳经济，“低碳经济”成为“两会”的新焦点。

国内许多地区对投资发展低碳产业热情高涨，纷纷推出了打造风电、光伏太阳能等新能源基地的计划，一大批关于新能源和低碳产业的国家级项目陆续上马。其中，山东省积极推进发展风电、太阳能、海洋能等新能源；湖南、广东等省大力发展核能；新疆、内蒙古大力开发风能、太阳能等。

经过不懈努力，我国的低碳产业发展取得初步成效。仅就风电产业而言，2009年上半年风力发电达到126亿千瓦时，风力发电装机容量连续三年实现“翻倍增长”，总装机容量目前已居世界第四位。截至2009年9月25日，中国已成功注册清洁发展项目663个，期望平均年核证减排量1.9亿吨二氧化碳当量，已签发核证减排量1.5亿吨二氧化碳当量，分别占全球总量的35%、59%和46%，均为世界第一。[②]

但欣喜之余，我们也冷静地看到，在我国低碳产业高速发展进程中，由于部分地区、部分企业对于低碳产业、低碳经济缺乏充分的了解，过分追求“绿色”增长，盲目重视所谓“大投资”、“大项目”的轰动效应，中央与地方缺乏统一协调，发展战略不明确，缺乏明确的统筹规划和产业指导，出现了一些投资冲动和重复建设问题，造成了极大的资源浪费，高能耗、高污染的矛盾仍然没有从根本上解决。

四　我国低碳经济的发展方向

从短期看，低碳经济是全球经济走出金融危机阴影的契机；从长期看，低碳经济发展模式具有可持续增长的广阔空间。当前，面对外部压力和内部需求，我国走低碳发展之路已经刻不容缓，这不仅是应对全球气候变暖、体现大国责任的举措，而且是解决能源瓶颈、消除环境污染、提升产业结构的一大契机。

（一）低碳经济“倒逼”传统产业升级

当今，发达国家对发展中国家的经济制裁也越来越隐蔽，一场以新能源革命和低碳经济为主题的绿色浪潮正在席卷全球，低碳经济和新能源战略成为西方发

① 王小康：《发展低碳经济　践行科学发展》，《求是》2009年第22期。

② 王小康：《发展低碳经济　践行科学发展》，《求是》2009年第22期。

达国家占领新的国际市场竞争制高点、主导全球价值链的新王牌。在能源与环境的双重挤压下，“中国制造”将丧失原来的低成本优势，在国际市场上竞争力也将减弱。同时，也要警惕发达国家在新一轮贸易竞争中，利用“碳关税”——对高耗能的产品进口征收特别的二氧化碳排放关税，将中国的低端出口产业打压至谷底，使得在国际金融危机中表现低迷的外贸出口再次陷入困境。

2009 年末，法国率先提出自 2010 年 1 月 1 日开始对那些在环保立法方面不及欧盟严格的国家的进口产品征收高额碳关税。2009 年 6 月，美国众议院通过《美国清洁能源安全法案》，其中“征收特别关税”条款规定，从 2020 年起对包括中国在内的不接受污染物减排标准的国家实行贸易制裁，征收关税。这类措施对作为世界第一大出口国的中国来说，出口产品的成本将会大大增加，外贸出口将会雪上加霜。① 我国传统的出口产品几乎都属于高能耗类的，现在要更关注出口商品的转型，否则中国经济中的结构问题就无法解决，也将会越来越多受到“碳关税”之类的压力。因此，以高技术产业改造传统产业，降低能源消耗、污染排放，是产业结构调整的必然要求。

（二）低碳经济推动新兴产业发展

为了有效遏制资源消耗过度的势头以及控制或减少环境污染，尽量避免走工业化国家的老路，努力实现经济社会与人口、资源、环境的协调发展，必然要求进行经济结构调整，寻找新的、有别于高能耗产业的经济增长点。低碳经济以能源变革为核心，涉及的行业和领域十分广泛。在行业上，低碳经济涉及电力、交通、建筑、冶金、化工、石化等多个行业；在技术上，涉及可再生能源及新能源、煤的清洁高效利用、油气资源和煤层气的勘探开发、二氧化碳捕获与埋存等领域开发中有效控制温室气体排放的新技术。这些技术的创新，将推动新兴产业的发展。而且，低碳经济的发展还将改变产业价值链的分布，当价值链的分布从资源型企业向高技术产业倾斜时，即向掌握低碳经济核心技术的环节和链条倾斜时，将推动以低碳经济为主要特征的新兴产业的发展。因此，低碳经济将推动新兴产业的发展，是推动结构调整的重要力量。

（三）低碳经济重塑经济增长模式

在调整经济结构、转变发展方式的关键时期，在全球应对气候变化的大背景下，发展低碳经济不仅是世界经济社会变革的时代潮流，也是贯彻落实党的十七

---

① 于立新、江皎：《低碳经济压力下的可持续贸易发展战略》，《红旗文稿》2010 年第 2 期。

大提出的建设资源节约型、环境友好型社会的客观要求，同时是我国在可持续发展框架下应对气候变化的根本途径，更是促进我国产业结构调整转型与优化升级的长期战略。可以说，发展以低碳经济为主要特征的产业，既是加快发展的现实要求，又是面对未来的必然选择。

总之，低碳经济将催生新的经济增长点，成为危机后带动新一轮世界经济增长的强大力量。因此，面对发展低碳产业的契机，对于发展过程中出现的种种问题，我们必须充分认识发展低碳产业的重要性和迫切性，强化低碳发展意识，高度重视，综合施策，联合攻关，尽力抢占低碳产业的高地。第一，要提高“高碳”产业准入门槛，避免留下长久不利影响。第二，我们不仅要“中国制造”，更应关注“中国创造”，增加产品的自主知识产权，形成自己的品牌与销售网络，提高产业的核心竞争力。第三，发展高新技术产业，并用高新技术改造钢铁、水泥等传统产业，优化产业结构；在重视传统工业发展的同时，加快包括金融、保险、物流、旅游、教育、文化、科学研究、技术服务等在内的现代服务业的发展，降低 GDP 的碳强度。第四，任何一种经济模式是否能够刺激经济的持续增长，关键在于这种模式及其核心技术能否形成产业集群，能否最终实现产业化，而低碳经济的发展层次和低碳生产力的水平也是植根于该国低碳产业和低碳产业集群的表现。因此，要积极发展具有竞争力的低碳产业集群。第五，以培育市场为核心，开展系统性的产业规划编制，统筹部署，为低碳产业的发展创造良好的政策环境。

参考文献

［1］江小娟：《产业结构优化升级：新阶段和新任务》，《财贸经济》2005 年第 4 期。
［2］金碚：《中国工业化 60 年的经验与启示》，《求是》2009 年第 18 期。
［3］刘伟、李绍荣：《产业结构与经济增长》，《中国工业经济》2002 年第 5 期。
［4］王小康：《发展低碳经济　践行科学发展》，《求是》2009 年第 22 期。
［5］魏杰：《改革开放三十年来中国对外开放战略的变革》，《中国金融》2008 年第 6 期。
［6］温家宝：《关于发展社会事业和改善民生的几个问题》，《求是》2007 年第 7 期。
［7］于立新、江皎：《低碳经济压力下的可持续贸易发展战略》，《红旗文稿》2010 年第 2 期。
［8］张其仔、郭朝先、白枚：《协调保增长与转变经济增长方式关系的产业政策研

究》，《中国工业经济》2009 年第 3 期。
[9] 张翼：《发改委财政部启动新兴产业创投计划》，2009 年 11 月 2 日《光明日报》。
[10] 张蕴岭：《坚定不移地走对外开放与和平发展的道路》，《世界经济与政治》2009 年第 11 期。

Financial Crisis Tests China's Industrial Restructuring

Abstract: The restructuring of industrial structure has been an important part of China's economic policy. The financial crisis highlights the irrational structure of China. , But the crisis provides the elimination of the outdated capacity, the survival of the fittest enterprises and the optimization and upgrading of China's industrial structure, and the post-economic crisis era is a major phase of industrial restructuring. With the policies of the top ten industrial restructuring and revitalization and the seven strategic emerging industries have been introduced successively, our government upgrades the industrial structure to the important position, and actively explores the road leading to the low-carbon economy, which points out the direction of the industrial restructuring in the future.

Key Words: Financial Crisis; Industrial Structure; Industrial Restructuring and Revitalization; Strategic Emerging Industries; Low-Carbon Industries

第九章
金融危机考验我国社会发展模式

杨宜勇　安家琦　池振合*

摘　要：金融危机对我国社会发展模式改革带来很大的冲击，目前我国就业形势严峻，收入分配制度改革需要加强，医疗卫生体系和社会保障体系亟待完善，住房制度改革和户籍制度改革亟待提速。在此背景下，我国政府坚持以人为本的理念，奉行保障民生的思路，制定了一系列的就业促进措施，实行了一些收入分配改革措施，全面展开对医疗卫生体系的改革，不断促进社会保障体系的完善，一定程度上加强了住房制度改革，努力推动户籍制度改革，并且在大部分领域都取得了明显的效果。

关键词：金融危机　就业　收入分配　社会保障

"为政之要首在利民，为治之道重在安民。"在应对金融危机过程中，中国政府"以人为本"的理念不动摇，将保增长与改善民生结合起来。在惠民生中实现增长目标，这不仅是应对全球金融危机的短期举措，更是推动经济结构转型、减少外贸依存度的长期发展战略。惠民生是一个系统工程，本文从就业和收入分配制度、医改和社保新政，以及建设保障性安居工程和户籍制度改革方面，评价危机中惠民生社会改革政策的实施效果，为中国社会发展模式的改革提供宝贵经验。

---

* 杨宜勇，经济学博士、社会学博士后，研究员，享受国务院政府特殊津贴，国家发展和改革委员会社会发展研究所所长。兼任国家发展和改革委员会高级职称评审委员会委员，科技部国家科技发展咨询顾问，中国劳动学会副会长、中国社会学会社会发展和社会保障理事会理事长，中国人民大学博士生导师等。长期致力于人口、就业、收入分配和社会保障等方面的政策研究。安家琦，中国人民大学博士生。池振合，中国劳动关系学院讲师。

第一节　金融危机下的就业制度

一　新中国成立以来的就业制度演变

新中国成立之初，我国失业问题非常严重。当时，城镇失业人员达到470万，农村中处于破产状态的农民达几千万。[①] 面对这种状况，国家采取了两个办法，第一，进行土地改革，让农民稳定在农村地区就业；第二，救助和安置城镇失业人员，具体措施包括对失业人员进行培训，积极促进劳动力流动等。这些政策虽然具有应急性和特殊性，但符合经济运行规律，实践中的效果也不错，很多失业工人重新找到工作岗位，严峻的就业形势迅速得到缓解。此外，"包下来"政策天生具有很强的计划经济的特色，可以视为统包统配就业政策的前期探索。

1952～1978年，我国实行的是统包统配的就业制度。该制度是计划经济体制的重要组成部分，这一政策的主要制度支撑是：统一的劳动力招收和调配制度；统一的工资分配制度；统一的社会保险和社会福利制度；统一的户籍管理制度和人民公社制度。[②] 在计划经济体制大背景下，统包统配就业政策是一种必然选择，现实中也达到了节约发展重工业的交易成本和劳动力使用成本，从原材料供应方面支持重工业发展的目的。这种就业政策的弊端也很明显，一方面，极大地限制了劳动者的工作积极性，从而伤害了效率；另一方面，使得社会成员自由流动和自由择业的权利受到损害，因此有欠公平。"大跃进"时期农村劳动力的先"进"后"退"，"文化大革命"时期城市青年劳动力的先"下"后"上"，都表明计划经济时期就业工作出现了大的问题。[③]

1978年以来，我国开始对计划经济体制进行彻底改革，并在20世纪90年代初期明确提出了建设社会主义市场经济体制的改革目标。在改革过程中，我国面临至少以下三个方面的就业问题：一是经济体制转换带来的失业问题；二是经济结构调整带来的失业问题；三是微观机制问题，特别是国有企业由政府行政职能

---

① 程永宏：《中国就业制度演变与评估（1949～2001年）》，见胡鞍钢、程永宏、杨韵新等著《扩大就业与挑战失业：1949～2001年》，中国劳动和社会保障出版社，2002，第45页。

② 杨宜勇：《中国转轨时期的就业问题》，中国劳动和社会保障出版社，2002，第9～10页。

③ 杨宜勇：《中国转轨时期的就业问题》，中国劳动和社会保障出版社，2002，第8页。

的延伸到经济职能的回归问题。①

为应对这些问题，我国在改革统包统配就业制度的同时，着力建立市场发挥主导作用的就业制度。现在，我国已经初步建立了与市场经济体制相一致的就业制度，原有就业制度的弊端从根本上得到解决，劳动力资源的配置效率大大提高，劳动者择业的自主性和公平性也得到了加强。客观地说，就业制度仍然存在一些不可回避的问题，比如，残疾人群体就业难、失业保险制度不健全。

二　金融危机对中国就业的影响

金融危机对中国的就业形势产生了极为重要的影响。

一方面，国际市场对我国产品的需求因为金融危机的爆发而大幅度减少，2009 年 1 ~ 8 月，中国出口额当月同比都下降了 17 个百分点以上，9 月略有改善，但也下降了 15.2%②；据估计，全年出口额将同比下降 19.5 个百分点。出口减少会直接影响到相关国内企业的经营状况和劳动需求情况，而出口减少所导致的消费不足会导致劳动需求的进一步减少。据估计，因为出口减少而导致的我国的就业岗位减少达到 1500 万个。

另一方面，受金融危机的影响，我国投资增速也出现大幅度减缓，这尤其表现在房地产投资领域，2006 年 3 月至 2008 年 12 月，我国房地产开发投资总额月度增速均保持在 20% 以上，但是该指标值在 2009 年 2 月降低为 1%，这是自 1997 年 10 月以来的最低值；之后，该指标指虽然缓慢回升，但是直到 2009 年 9 月也只有 17.7% 。③ 房地产投资的疲软，不仅直接减少了对建筑工人等的需求，而且使得上游有关产业的生产也出现大幅下滑，劳动上需求因此大量减少。

与此同时，金融危机冲击下的中国劳动市场上，劳动供给继续增加，近 10 年来，我国经济活动人口一直不断增加，2001 年为 74432 万、2002 年为 75360 万、2003 年为 76075 万、2004 年为 76823 万、2005 年为 77877 万、2006 年为 78244 万、2007 年为 78645 万、2008 年为 79243 万。④ 根据 2009 年前三个季度的数据和往年的经验判断，2009 年的经济活动人口会继续增长。

根据中国人力资源市场信息监测中心对全国 115 个城市的公共就业服务机构

① 杨宜勇：《中国转轨时期的就业问题》，中国劳动和社会保障出版社，2002，第 22 ~ 23 页。

② http：//202.112.118.59：82/scorpio/aspx/main.aspx？width = 1270&height = 740.

③ http：//202.112.118.59：82/scorpio/aspx/main.aspx？width = 1270&height = 740.

④ http：//202.112.118.59：82/scorpio/aspx/main.aspx？width = 1270&height = 740.

市场供求信息进行的统计分析，2009 年全年岗位空缺与求职人数的比率为 0.91，比上年有所下降。[①] 其中受金融危机影响较大的第一季度，用人单位需求人数同比下降了 3.3%，求职人数同比增长了 10.9%，岗位空缺与求职者比例为 0.86，同比减少了 0.12。[②]

在劳动力整体上供大于求的情况下，各类技术等级的求职人员均供不应求，其中岗位空缺与求职人数的比率相对较高的是高级工程师（高级职称）、高级技师（职业资格一级）和技师（职业资格二级），其岗位空缺与求职人数的比率分别为 1.9、1.86 和 1.84。[③] 很大程度上反映了我国劳动市场上的结构性矛盾。

三 我国在就业方面应对金融危机的举措及效果

在金融危机的背景下，为促进就业，我国采取了三类措施。第一，稳定劳动需求，稳定就业；第二，改善公共就业服务质量，促进就业；第三，分别针对农民工、高校毕业生、城镇就业困难者制定特殊的就业政策，促进他们的就业。

（一）稳定劳动需求

金融危机爆发后，我国政府果断行动，迅速出台了一系列扩大内需以促进经济增长的计划，其中以总额高达 4 万亿的经济刺激计划影响最大。据估算，4 万亿的经济刺激计划对 GDP 增长的拉动作用可以达到 2～3 个百分点，而根据中国的实际情况，GDP 每增长 1% 所能带动的就业岗位增加数是 100 万个。因此，待 4 万亿的经济刺激计划落实后，能够提供的就业岗位是 200 万～300 万个。

与此同时，国家开始采取放宽信贷要求、提高出口退税比例等政策，扶持经营困难企业，以稳定它们的劳动力需求。2009 年 1 月，国务院办公厅发布《国务院关于加强普通高等学校毕业生就业工作的通知》（国办发〔2009〕3 号文件），提出要通过社会保险补贴、岗位补贴、职业培训补贴等多种方式支持困难企业更多地保留大学生技术骨干。2009 年 2 月，国务院发布《关于做好当前经济形势下就业工作的通知》（国发〔2009〕4 号文件），提出要“通过缓缴社会

---

① 《2009 年度全国部分城市公共就业服务机构市场供求状况分析》，中国劳动力市场网，http：//www. lm. gov. cn/gb/data/2010 －02/02/content_ 347827. htm。

② 《2009 年第一季度部分城市劳动力市场供求状况分析》，中国劳动力市场网，http：//www. lm. gov. cn/gb/data/2009 －05/07/content_ 295197. htm。

③ 《2009 年度全国部分城市公共就业服务机构市场供求状况分析》，中国劳动力市场网，http：//www. lm. gov. cn/gb/data/2010 －02/02/content_ 347827. htm。

保险费，阶段性降低城镇职工基本医疗保险、失业保险、工伤保险、生育保险费率，运用失业保险基金结余引导困难企业不裁员或少裁员等措施，稳定就业岗位。”

中小企业吸纳就业的作用得到更大程度的重视。国发〔2009〕4号文件明确提出，要“大力发展中小企业，保护和提高中小企业吸纳就业的能力。落实鼓励中小企业发展的各项扶持政策，加强融资和担保服务，建立健全中小企业服务体系，为企业发展提供政策、信息、技术咨询等专项服务，着力帮助企业解决生产经营中的突出问题，切实发挥中小企业吸纳就业的主体作用”。

服务业吸纳就业的潜力得到更大程度的挖掘。在金融危机冲击中国就业的形势下，面对服务业发展仍然非常滞后的情况，国家制定了一系列具有针对性的措施，具体包括：大力发展具有增长潜力的社会管理、公共服务、生产服务、生活服务、救助服务等服务业新领域和新门路，重点开发养老服务、医护服务、残疾人居家服务、物业服务、廉租房配套服务等社区服务岗位，引导和支持动漫、创意、租赁、家政和农业技术推广、农用生产资料连锁经营等服务业发展，等等。

国有单位的稳定就业作用得到挖潜。国办发〔2009〕3号文件对国有大中型企业和科研单位在吸纳高校毕业生就业提出了明确的要求：国有大中型企业特别是创新型企业要更多地吸纳有技术专长的毕业生；鼓励科研项目聘用高校毕业生；承担国家和地方重大科研项目的单位要积极聘用优秀毕业生参与研究。国发〔2009〕4号文件中进一步提出，要“进一步深化国有企业改革，推动国有企业做强做大，承担相应的社会责任，通过企业发展提供更多就业机会，尽可能不裁员或少裁员。做好已批准企业的主辅分离、辅业改制实施工作，落实相关扶持政策。鼓励国有企业通过多种稳妥方式分流安置富余人员”。

（二）改善公共就业服务质量

改善公共就业服务质量的努力主要体现在两个方面，一是加强失业调控和失业预警，二是加强劳动力市场监管、信息传递、就业指导机制的建设。

这些努力主要体现在国发〔2009〕4号文件中，关于失业调控和失业预警，该文件指出，“对重点行业、重点企业岗位流失情况实施动态监测，及时制定应对规模失业的工作预案。建立健全企业空岗信息报告制度。加强失业保险金发放工作，对符合条件的失业人员及时足额发放失业保险金，切实保障其基本生活”。关于劳动力市场监管机制建设，该文件指出，要“建立人力资源市场监管体系，加强市场监管，维护市场各类主体合法权益”。关于信息传递机制和就业指导机制建设，该文件也从岗位信息发布、职业介绍、职业指导、信息服务、能力测评、政策咨询服务、就业失业登记等多个方面提出了指导意见。

（三）特殊人群的特殊政策

农民工、高校毕业生、城镇就业困难者是三类就业困难且影响大的群体，针对这三个群体的就业情况，国家一方面采取了加强职业培训、鼓励自主创业两个方面的具有普遍适用性的措施，另一方面也针对特殊群体采取了一些特殊性的措施。

1. 普遍性措施

关于加强职业培训的措施可见于国发〔2009〕4号文件，该文件提出，要组织实施特别职业培训计划，指导生产经营困难企业组织待岗人员开展技能提升或转业转岗培训，为企业生产发展做准备；支持失去工作的农民工参加实用技能培训和创业培训；帮助失业人员参加再就业培训；组织引导退役士兵免费参加相关职业技能培训；组织农村应届初高中毕业生参加劳动预备制培训；加强农村职业教育和农村劳动力就业能力培训。

关于鼓励自主创业的措施可见于国办发〔2008〕111号文件，该文件不仅提出要完善创业扶持政策和改善创业环境，而且从市场准入、税收优惠、资金补贴等方面提供了明确而具体的工作思路。此外，该文件还从健全服务组织、完善服务内容、提供用工服务三个方面提出了旨在强化创业培训、提高创业能力的指导意见。

2. 特殊性措施

针对农民工的具体情况，国家规定农民工除在接受培训和自主创业时可以享受单独的优惠政策。同时，积极引导返乡农民工参与新农村建设，这项政策的效果非常明显，不仅有利于分流就业难的农民工，而且有利于改善农村基础设施状况和公共服务能力。此外，为保护耕地这一农民工的基本保障，国家对涉及农民工土地承包权的问题也作出了明确规定。

针对高校毕业生的具体情况，国家利用公共服务岗位补贴、学费和助学贷款代偿、研究生招录优先、机关事业单位选聘优先等方面的政策鼓励高校毕业生到基层、中西部地区就业；利用优化高校毕业生就业环境、清理高校毕业生就业的户籍障碍、对企业实行补贴等手段，鼓励毕业生在中小企业和非公有制企业中实现就业。此外，国家还实行了研究生扩招、职业学校扩招等其他重要措施。

针对城镇就业困难人员的具体情况，国家一方面把鼓励企业吸纳就业困难人员时所应该享受到的社会保险补贴政策和税收扶持政策落到实处，另一方面积极开发公益性岗位，同时采取养老、医疗保险补贴等形式，积极促进就业困难人员灵活就业。

（四）就业方面应对金融危机的效果

国家应对金融危机的就业促进办法成效显著。根据人力资源与社会保障部提供的数据，2009 年，全国城镇新增就业 1102 万人，为全年目标 900 万人的 122%；下岗失业人员再就业 514 万人，为全年目标 500 万人的 103%；就业困难人员就业 164 万人，为全年目标 100 万人的 164%。[①] 从失业情况来看，2009 年末全国实有城镇登记失业人员 921 万人，城镇登记失业率为 4.3%，[②] 没有较金融危机之前出现明显增长。特殊群体方面，农民工的各项扶持政策得到切实的落实，毕业生就业渠道得到切实拓宽，城镇就业困难群体的就业状况得到切实改善。

第二节　金融危机下的收入分配政策

一　金融危机对收入分配的影响

（一）金融危机对城乡收入差距的影响

金融危机对我国经济形成了巨大的冲击，因为我国的经济增长严重依赖于出口，而美国又是我国最大的贸易国。我国的经济增长率由 2008 年第二季度的 10.4% 急剧下降到 2009 年第三季度的 6.1%。[③] 由此可见，美国金融危机对我国经济增长影响之深远。金融危机对经济增长的影响必然会传递到各种生产要素领域所有者的收入，从而最终影响到我国的收入分配状况。

从三次产业的冲击程度来看，金融危机对第二产业冲击最为猛烈。改革开放以来，我国经济发展速度不断提高，特别是第二产业发展迅速，工业制成品在出口总额中逐渐处于主导地位。从图 9－1 中可以看出，在我国出口商品中，工业

① 人力资源和社会保障部 2009 年第四季度新闻发布会，http：//www. china. com. cn/zhibo/2010－01/22/content_ 19260918. htm。

② 人力资源和社会保障部 2009 年第四季度新闻发布会，http：//www. china. com. cn/zhibo/2010－01/22/content_ 19260918. htm。

③ 国家统计局：《中国经济景气预报》第 119 期。

制成品货物的出口金额占中国出口货物总金额的绝大多数。特别是2001年我国加入WTO以后，工业制成品出口金额占出口货物总金额的比重高达90%。2008年我国工业制成品出口总额为13529.4亿美元，而初级产品出口总额为779.6亿美元。由此可以看出，工业制成品出口货物在我国出口货物中处于主导地位，它的好坏状况直接决定了我国出口状况的好坏。因此，美国金融危机爆发之后，最先受到冲击的就是生产工业制成品的行业，即为我国的第二产业。

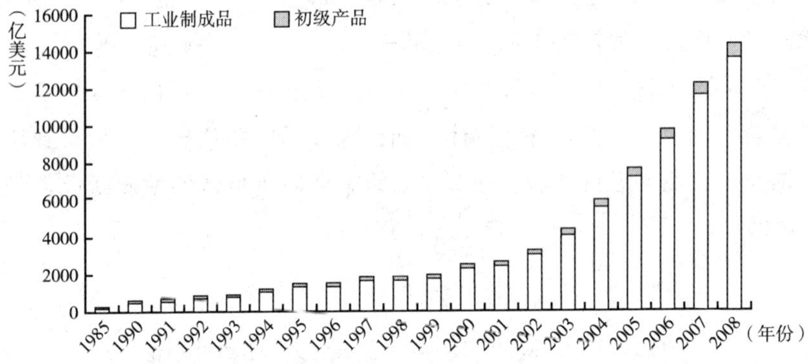

图9-1　1985~2008年中国出口货物金额

资料来源：《2009年中国统计年鉴》。

尽管从三次产业来看，第二产业受到的冲击最早而且最为强烈，但是具体到第二产业内部，不同的部门受到的冲击程度也不同。2007年，中国出口货物金额超过500亿美元的前6位商品分别为第十六、十一、十五、二十、十七和六类商品，它们的出口总额合计达到9852.31亿美元，占全部货物出口总额的76.7%，占工业制成品出口值的80.79%。表9-1中所列的6类产品的出口金额变化情况能够代表中国第二产业出口金额的变化情况。在这6类商品中，第十一类和二十类商品的出口金额的增长率在经过短暂回升之后，又出现了下降趋势；第十一类商品出口金额的月增长率由2008年2月的20%下降到2008年10月的8.6%；第二十类商品则由11.4%下降到2008年10月的8.7%；第十五类和第六类商品的出口金额月增长率在2008年2月份分别为1.5%和7.1%，到2008年10月两类商品出口金额的增长则分别增长到29.2%和23.2%。[①] 由此可以看出，

① 中经网统计数据库，http：//202.112.118.59：82/。

在第二产业中受到冲击的主要是其中的轻工业，即直接生产人们生活用品的工业部门。

表9－1 2007年中国出口货物金额前6类商品

单位：亿美元

类　别	名　称	金　额
第十六类	机器、机械器具、电气设备	5288.15
第十一类	纺织原料及纺织制品	1658.02
第十五类	贱金属及其制品	1155.30
第二十类	杂项制品	690.22
第十七类	车辆、航空器、船舶及有关运输设备	549.77
第 六 类	化学工业及其相关工业	510.85
合　计		9852.31

注：杂项制品主要包括：家具；寝具、褥垫、弹簧床垫、软坐垫及类似的填充制品；未列名灯具及照明装置；发光标志、发光名牌及类似品；活动房屋玩具；游戏品、运动用品及其零件、附件；杂项制品。

数据来源：中国国家统计局数据库，http：//219.235.129.54/cx/index.jsp。

由于我国轻工业中的许多工厂进行的都是低技术含量、低附加值的生产，所以一旦国外订单减少，那么它们就会停止生产，从业于这些行业的劳动者就会失业，从而失去收入来源。比如在我国东南沿海地区大量的贴牌生产企业中；与此同时，这些行业普遍存在着劳动环境恶劣、劳动强度大、工资低等情况，所以就业于这些行业的劳动者主要是农村劳动力。鉴于以上情况，第二产业中的轻工业受到金融危机的冲击之后，它们的生产会迅速下降，进而就业于这些行业中的农民工就会因失业而失去收入。在我国农民人均纯收入中，工资性收入占有重要地位。2008年，我国农民人均纯收入为6700.69元，其中工资性收入为1853.73元，占当年农民人均纯收入的27.67%。[①] 由此可以看出，工资性收入的减少会导致农民人均纯收入的下降。

总之，美国金融危机的爆发直接冲击到我国第二产业中的轻工业，这又导致轻工业开工不足从而对劳动力需求减少。由于轻工业对劳动力需求下降导致广大农民工因失业而失去收入，这又进一步引发农民人均纯收入增速下降。从上面的

① 国家统计局：《2009年中国统计年鉴》。

分析可以看出，金融危机的影响最终会导致农民纯收入增速下降，所以它会引起城乡收入差距扩大。从图 9－2 中可以看出，从 2008 年第 2 季度开始，我国城乡收入差距的变化趋势由不断缩小转为迅速上升。2008 年第 1 季度，我国城乡居民收入比为 270. 39%，到 2008 年第 2 季度下降为 269. 77%。然而，到 2008 年第 3 季度，我国城乡收入比上升到 271. 82%。2008 年第 4 季度，我国城乡收入差距继续扩大，城乡收入比达到 277. 46%。由此可以看出，美国金融危机的爆发直接扩大了我国城乡收入差距。

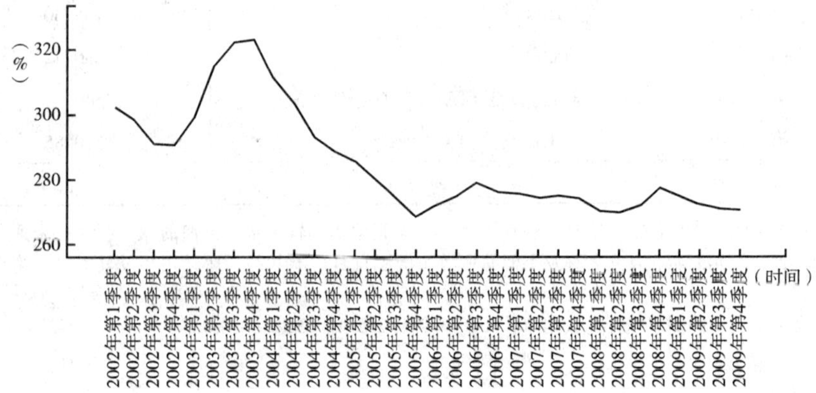

图 9－2　2002～2009 年城镇人均可支配收入与农村人均可支配收入之比

资料来源：由《中国经济景气预报》数据计算整理而得。

（二）金融危机对地区间收入差距的影响

我国大体可以划分为东部地区、中部地区、西部地区和东北地区四个主要的地理区域。金融危机对上述四个地区经济发展和居民收入的冲击程度存在明显不同。中国东部地区主要包括广东、福建、浙江、江西、江苏、上海、安徽、山东、河北、北京和天津 11 个省市。东部地区经济发达，东部地区进出口额占全国进出口额的绝大多数，与国际市场联系紧密。从表 9－2 中可以看出，2007 年东部地区货物进出口总额达到 19337. 7 亿美元，占中国进出口货物总额的 89%。当年该地区出口总额为 10754. 5 亿美元，占当年中国出口货物总额的 88. 3%。由此可以看出，金融危机爆发之后，东部地区的出口导向型经济最早受到金融危机的冲击。通过上面的分析可知，东部地区的经济主要依靠轻工业，所以金融危机直接导致它们生产萎缩，进而对劳动力的需求降低。与此同时，就业于东部企业的农村劳动力的大多数来自中西部地区的民工大省，如湖北、湖南、四川、重庆等。由于工厂开工不足，大量来自中西部地区的农村劳动力就会因为失业而失去收入，最终减少他们的全年收入。

表 9-2　2007 年中国不同地区进出口总额及其占比

单位：亿美元，%

	东部地区		中部地区		西部地区		东北地区	
	绝对数	占　比	绝对数	占　比	绝对数	占　比	绝对数	占　比
进出口总额	19337.7	89.0	743.0	3.4	785.9	3.6	870.7	4.0
出口额	10754.5	88.3	438.5	3.6	470.3	3.9	514.4	4.2
进口额	8583.2	89.8	304.5	3.2	315.5	3.3	356.3	3.7

总之，金融危机首先冲击的就业于东部地区的广大中西部省份农村外出务工人员的工资收入，进而推动我国地区收入差距扩大。从图 9-3 中可以看出，金融危机的爆发改变了我国农村地区间收入差距的变化趋势。在 2008 年第 2 季度之前的一段时期内，农村地区收入基尼系数大体呈现下降趋势，它由 2006 年第 1 季度的 0.1388 下降到 2008 年第 2 季度的 0.1295。然而，金融危机爆发之后，农村地区间收入基尼系数立刻上升。到 2008 年第 3 季度，农村地区收入基尼系数上升到 0.1296，到第 4 季度则上升到 0.13。由此可以看出，金融危机使得我国地区收入差距由下降转为上升。与农村地区收入差距由降转升趋势形成鲜明对比，城镇地区收入差距基本保持不变。

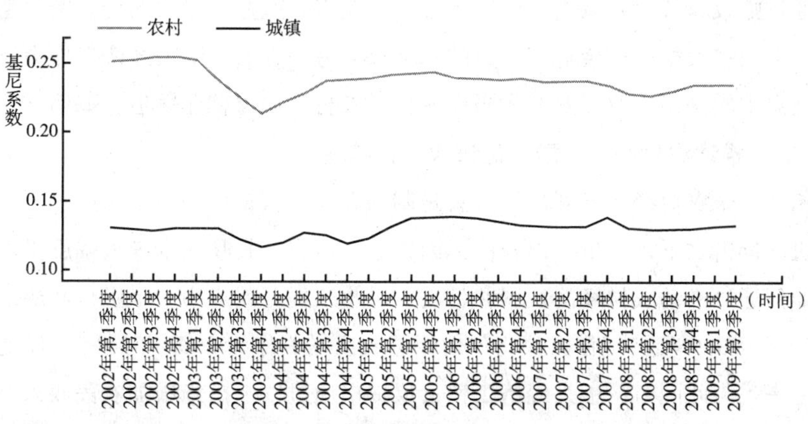

图 9-3　居民收入的地区间差距

资料来源：由《中国经济景气预报》数据计算整理而得。

通过上面的分析可以看出，金融危机对我国经济冲击最大的是集中于东部地区的轻工业。美国金融危机的爆发直接导致出口减少，所以以出口为导向的大量企业开工不足，进而引起广大农村外出务工人员因失业而收入下降。广大外出务工人员收入下降一方面导致城乡收入差距扩大，另一方面导致地区收入差距扩大。由此可以看出，收入受到金融危机冲击最大的是中西部地区广大农村外出务工人员的收入。

二　应对金融危机的收入分配政策

爆发于美国的金融危机通过各种传导机制最终对我国的收入分配格局产生了诸多不利影响，比如扩大了城乡和地区收入差距。鉴于上述情况，我国政府不断出台相关政策，积极应对金融危机对收入分配格局的不利影响。概括而言，我国政府所出台应对金融危机对收入分配不利影响的政策主要包括以下方面。

（一）积极扩大就业，为劳动者分享经济发展成果提供机制

居民收入的最终来源是经济发展，而就业则是居民享受经济发展成果的主要机制之一。只要劳动者参与到社会大生产并为物质财富的创造作出贡献，那么他就能从社会中获得应得的收入。如果劳动者处于失业状态，那么他就被排除在社会大生产之外，因而也就无法获得收入。因此，金融危机对收入分配格局影响机制中最重要的一环是就业。2008 年 12 月召开的中央经济工作会议明确提出，一方面通过财政和货币政策支持内部治理结构完善、就业容量大的劳动密集型企业发展，从而扩大整个社会对劳动力的总需求；另一方面，中央经济工作会议强调要高度重视农民工就业，要最大限度的拓展农村劳动力就业渠道。如前文所述。

（二）推动农村经济发展，促进农民持续增收

长期以来农村经济发展落后一直是制约农民收入提高的一个关键因素。在金融危机的冲击之下，大量外出农民工因失业而返乡，其收入水平大幅度下降。因此，如何通过推动农村经济发展并带动农民收入提高就成为一个亟待解决的新问题。2008 年中央经济工作会议将如何促进农民增收作为 2009 年经济工作的重点任务之一。与此同时，中央经济工作会议提出通过以下措施增加农民收入。

1. 政府增加对农村经济社会发展的投入

比如，经济工作会议提出大幅度增加对农村基础设施建设和社会事业发展的投入；大幅度增加对中西部地区农村工业性建设项目的投入。

2. 长久保持农村现有土地承包关系不变，保障农民的合法权益

即使是依法、自愿、有偿的土地承包经营权流转，也不能改变土地集体所有的性质，不得改变土地的用途，不得损害农民土地承包权益。

3. 推进城乡社会保障体系建设，保障农民基本生活

本部分论述详见社会保障政策部分。

4. 规范和改革工资制度，推动不平等程度缩小

进一步规范国有企业负责人薪酬管理制度。2009 年，人力资源和社会保障部等部委联合下发了《关于进一步规范中央企业负责人薪酬管理的指导意见》，对中央企业负责人薪酬制度作出了明确规定。中央企业负责人的薪酬结构主要包括基本年薪、绩效年薪和中长期激励收益三部分，其中基本年薪与上年度在岗职工平均工资相联系，绩效年薪则根据年度经营业绩考核结果进行确定。同时，重要企业负责人职务消费也作出了原则性的规定。中央企业要严格控制职务消费，按照有关规定建立健全职务消费管理制度。

积极推进机关和事业单位工资制度改革。2009 年人力资源和社会保障部要研究出台级别与工资等待遇适当挂钩、向县乡等主要领导实施工资政策倾斜的具体办法。与此同时，在事业单位工资制度改革中，积极推进义务教育学校实施绩效工资制度并加快制定其他事业单位实行绩效工资制度的实施意见。

推进实施集体合同制度，指导企业建立职工工资随经济效益协商调整的机制；积极落实最低工资制度。

三　新收入分配政策的实施效果

我国政府所实施的一系列与调节收入分配相关的政策在消除金融危机对我国收入分配不利影响方面收到了良好效果。收入受此次金融危机冲击最大的群体是外出务工农民工群体，所以增加农民特别是返乡农民工收入就成为这些政策所要达到的重要目标之一。

2009 年我国农村居民纯收入达到 5153 元，比上年实际增长 8.5%。[①] 由此可以看出，我国采取的增加农民收入的措施取得了明显效果。随着农民收入的稳步增加，城乡收入差距快速回落。从图 9－2 中可以看出，我国城乡收入比从 2008 年第 4 季度的 277.46% 下降到 2009 年第 4 季度的 270.57%。2009 年第 4 季度的

① 国家统计局：《2009 年国民经济和社会发展统计公报》。

城乡收入比已经接近2008年第1季度的城乡收入比，这表明我国2009年第4季度的城乡收入差距又退回到2008年第1季度的城乡收入差距水平。

与此同时，农村地区收入差距上升的趋势得到有效遏制（图9-3）。从图中可以看出，金融危机的爆发推动我国农村地区收入差距不断上升，一系列相关政策的实施则将农村收入差距控制在一个稳定水平。2009年第1、2季度，我国农村地区收入基尼系数均为0.13，与2008年第4季度的农村地区基尼系数基本相等，这表明我国农村地区收入差距扩大的趋势得到了有效遏制。

总之，为应对金融危机对收入分配不利影响所采取的一系列相关措施提高了农民特别是外出农民的工资，促进了城乡收入差距由扩大转为缩小，遏制了金融危机引起的农村地区收入差距扩大的趋势。由此可以看出，上述政策的实施在推动收入分配格局朝着合理化方向发展起到了良好效果。

第三节　金融危机下的医疗卫生体系改革

一　我国医疗卫生体系的基本内容

我国基本医疗卫生体系包括四项基本内容：公共卫生服务体系、医疗服务体系、医疗保障体系和药品供应保障体系。

公共卫生服务体系的服务内容包括疾病预防控制、健康教育、妇幼保健、精神卫生、应急救治、采供血、卫生监督和计划生育等。目的是保证社会成员享有均等化的基本公共卫生服务，有效应对突发公共卫生事件。

医疗服务体系的服务内容主要是为城乡居民提供各种医疗服务，包括公立和私立的医院、疗养院、诊所等各种类型医疗服务机构，其中，公立医院是医疗服务体系的主导力量。

医疗保障体系的主要目的是通过社会化的医疗保险制度，分散社会成员因为疾病风险而遭受的收入损失。当前，我国医疗保障体系主要包括三项内容：城镇职工基本医疗保险制度、城镇居民基本医疗保险制度、农村新型合作医疗制度。此外，在很多地区还存在机关事业单位工作人员的公费医疗制度。

药品供应保障体系的主要目的是保障人民群众以比较低的价格放心安全地用药。药品供应保障体系涉及众多利益主体，从药厂、药商到医药代表，从医院、医生到患者，利益关系非常复杂。

二 我国医疗卫生体系的主要问题

当前，我国医疗卫生体系存在很多问题。1985 年 4 月，为解决我国医疗资源供给极度不充分的问题，国务院批转了卫生部《关于卫生工作改革若干政策问题的报告》，指出要“放宽政策，简政放权，多方集资，开阔发展卫生事业的路子，把卫生工作搞好”。此后，我国医疗卫生朝着市场化的方向发展，医疗资源的供给不断增加。到如今，医疗资源的供需矛盾总体上基本解决，但是又出现了一系列的新问题，这些问题可以归结为五个方面。

第一，看病难。看病难的直接表现是，大医院的排队现象严重，其医疗资源的供给难以满足需求。该状况的内在原因：一是我国医疗资源特别是优质医疗资源的分布极其不均，全国的医疗资源过度集中在大城市，区域的医疗资源过度集中在区域中心；二是缺乏医疗需求人员的疏导机制，基层医疗服务机构因为服务质量相对不高等难以得到老百姓的信任。

第二，看病贵。看病贵的直接表现是，老百姓特别是中低收入的老百姓，看病主要靠自费，面对不断上涨的医疗费用，难以承受，因此存在小病不治、大病拖着的现象。该状况的内在原因：一是我国医疗费用的上涨幅度过快，且政府承担的比重过低，老百姓承担的比重过高；二是医疗保障制度建设滞后，很多社会成员被排斥在医疗保障制度之外，很多制度内的社会成员因为起付线和封顶线的限制而个人承担过高的比重。

第三，“以药养医”机制危害大。自 20 世纪 80 年代中期以来，公立医院出于自身生存与发展的需要，逐步形成了“以药养医”的机制，现在这种机制已经形成了路径依赖，从一种自发行为转化为自觉的行为，难以消除。而这种机制本身又危害极大，其最主要的表现是“大处方、大检查”盛行，医生的道德风险难以遏制。

第四，药品流通体制不健全。当前，我国药品价格已经成为老百姓难以承受之重，而药品价格的 80% 左右都在流通环节中被各种利益群体占有，这些群体包括各级代理商、医药公司、医药代表、医生、医院部分行政管理人员。我国医疗费用的不合理增长，这是主要原因之一。

第五，公立医院管办不分。始于 20 世纪 80 年代中期的市场化改革，希望把医院推向市场并因此发展医疗卫生事业，但是我国的市场是不健全的市场，因此出现了很多问题。重要表现之一就是公立医院的管办不分，卫生管理部门与公立医院的“父子关系”到今天仍然没有得到改变，这使得公立医院的改革困难重重。

三 金融危机下的卫生体系改革及效果

2005年国务院发展研究中心关于“中国医改不成功”的报告掀起了深化中国医疗卫生体系改革的大幕，而开始于2008年的金融危机又进一步提出了改革卫生体制的要求。在此背景之下，酝酿、讨论了4年之久的医改新方案及一些配套措施纷纷出台，明确了我国医疗卫生体系未来的发展方向，其中的一些措施已经收到了积极的效果。

新医改的主要内容包括完善医药卫生四大体系，建立覆盖城乡居民的基本医疗卫生制度；完善体制机制，保障医药卫生体系有效规范运转；积极稳妥推进医药卫生体制改革。①

其中有5项改革，是近期着力抓好的，本文就这5项改革的内容及已经取得的进展分析。

（一）加快推进基本医疗保障制度建设

如前所述，我国很多社会成员被排斥在基本医疗保障制度之外，针对这个问题，发布于2009年3月的《中共中央国务院关于深化医药卫生体制改革的意见》（中发〔2009〕6号，下文简称《意见》）指出，“基本医疗保障制度全面覆盖城乡居民，3年内城镇职工基本医疗保险、城镇居民基本医疗保险和新型农村合作医疗参保（合）率均达到90%以上；城乡医疗救助制度覆盖到全国所有困难家庭”。同时，《意见》还提出要以提高住院和门诊大病保障为重点，逐步提高筹资和保障水平。具体来说，城镇居民基本医疗保险和新型农村合作医疗，“2010年各级财政的补助标准提高到每人每年120元”。此外，关于医疗保险关系转移接续和异地就医结算服务，以及医疗保障管理体制机制，《意见》也有涉及。

2009年7月，国务院办公厅发布《医药卫生体制五项重点改革2009年工作安排》（国办函〔2009〕75号）。关于基本医疗保障制度建设，该文件提出，2009城镇职工医保和城镇居民医保参保人数达要到3.9亿人，比2008年增加7200万人；解决607万地方政策性关闭破产和依法破产国有企业、中央和中央下放地方政策性关闭破产国有企业退休人员的参保问题；新农合参保率稳定在

① 中共中央国务院：《关于深化医药卫生体制改革的意见》。

90%以上。城镇职工医保、城镇居民医保和新农合的统筹基金最高支付限额原则上分别提高到当地职工年平均工资、居民可支配收入和农民人均纯收入的6倍左右。此外，关于提高各种保险的报销比例以及医疗救助制度建设等问题，该文件也有明确的部署。

从当前的情况来看，国家的部署得到了很好的落实。基本医疗保障制度建设成绩让人满意，截至2009年底，全国有2716个县（区、市）开展了新型农村合作医疗，参合人口数达8.33亿人，比上年增加1800万人；参合率为94.0%，比上年增加2.5个百分点。[①] 城镇职工医保和城镇居民医保参保人数大幅度增加，已经取得了阶段性的成果。各项医保制度的统筹基金最高支付限额明显提高。

（二）初步建立国家基本药物制度

为建立科学合理的医药价格形成机制，国家决定建立国家基本药物制度："2009年，公布国家基本药物目录；规范基本药物采购和配送；合理确定基本药物的价格。从2009年起，政府举办的基层医疗卫生机构全部配备和使用基本药物，其他各类医疗机构也都必须按规定使用基本药物，所有零售药店均应配备和销售基本药物；完善基本药物的医保报销政策。保证群众基本用药的可及性、安全性和有效性，减轻群众基本用药费用负担。"[②] 2009年8月18日，卫生部等9个部委制定了《国家基本药物目录管理办法（暂行）》（见卫药政发〔2009〕79号文件）。

截至2010年2月底，全国31个省份均已确定实施国家基本药物制度的地区。其中，27个省份启动并完成了基本药物招标采购工作，确定了基本药物品种、品规。启动招标采购的地区招标价格平均降幅在25%～50%，例如，内蒙古平均降幅为32%、安徽平均降幅为41.32%、江苏平均降幅为47.7%、湖南平均降幅为53.21%。[③]

同时，国家基本药物制度的效果开始初步显现，比如，湖南省武陵源区在全区基层医疗机构启动药品零差率销售后，药品降幅比例近60%。江苏省37个先行实施制度的地区基层医疗卫生机构门急诊量已达到当地总量的45%以上，减

① 卫生部：《2009年我国卫生事业发展统计公报》。

② 中共中央国务院：《关于深化医药卫生体制改革的意见》。

③ 卫生部：《国家基本药物制度实施工作进展顺利》，http://www.moh.gov.cn/publicfiles/business/htmlfiles/mohzcfgs/s9659/index.htm。

轻群众医药费用负担40%以上。①

（三）健全基层医疗卫生服务体系

关于“健全基层医疗卫生服务体系”，《意见》提出的最重要的目标是，“加快农村三级医疗卫生服务网络和城市社区卫生服务机构建设，发挥县级医院的龙头作用，用3年时间建成比较完善的基层医疗卫生服务体系”。同时，关于基层医疗卫生人才队伍建设，基层医疗卫生机构运行机制、服务模式、补偿机制，分级诊疗和双向转诊制度，方案也有明确规定。

从2009年的情况来看，农村三级医疗卫生服务网络和城市社区卫生服务机构建设取得了重大进展。2009年底，全国2003个县（县级市）共设有县级医院9238所、县级妇幼保健机构1987所、县级疾病预防控制中心2243所、县级卫生监督所1821所，上述四类县级卫生机构共有卫生人员174.2万人。每千农业人口乡镇卫生院床位由2008年的0.96张增加到2009年的1.06张、每千农业人口乡镇卫生院人员由2008年的1.22人增加到2009年的1.28人。② 此外，村卫生室数、执业（助理）医师数、乡村医生和卫生员数、每千农业人口乡村医生和卫生员均比2008年有明显增加。

社区卫生服务机构建设也取得了明显的成效。2009年底，全国已设立社区卫生服务中心（站）27308个，其中，社区卫生服务中心5216个、社区卫生服务站22092个。与上年相比，社区卫生服务中心增加1180个，社区卫生服务站增加1868个。社区卫生服务中心人员20.6万人，平均每个中心39人；社区卫生服务站人员8.9万人，平均每站4人。社区卫生服务中心（站）人员比上年增加7.6万人，增长34.8%。③

（四）促进基本公共卫生服务逐步均等化

《意见》提出的促进基本公共卫生服务逐步均等化的举措主要包括：第一，制定基本公共卫生服务项目，并从2009年开始逐步向城乡居民统一提供基本公共卫生服务；第二，在实施国家重大公共卫生服务项目的基础上，“进一步提高突发重大公共卫生事件处置能力”；第三，完善公共卫生服务经费保障机制。

① 卫生部：《国家基本药物制度实施工作进展顺利》，http：//www.moh.gov.cn/publicfiles/business/htmlfiles/mohzcfgs/s9659/index.htm。

② 与上年比较，乡镇卫生院减少605个，原因是部分机构合并或转为社区卫生服务中心。见卫生部：《2009年我国卫生事业发展统计公报》。

③ 卫生部：《2009年我国卫生事业发展统计公报》。

《医药卫生体制五项重点改革2009年工作安排》提出，2009年重点抓好涉及面广、影响全民健康水平的公共卫生项目的实施，具体包括建立居民健康档案，对15岁以下的人群补种乙肝疫苗，启动35～59岁农村妇女常见病检查项目，为20万例贫困白内障患者免费开展复明手术，在燃煤污染型氟中毒病区改炉改灶、炉灶维修，支持建设农村无害化卫生厕所，落实人均基本公共卫生服务经费7个方面的任务。

上述指标的实现情况：为贫困白内障患者免费开展复明手术的任务圆满完成①；关于其他任务，目前还难以找到准确的数据。但是从一些新闻报道的情况看，上述工作进展应该比较顺利。②

（五）推进公立医院改革试点

推进公立医院改革是医疗卫生体系改革的关键。《意见》对近期的公立医院改革，提出了如下几项主要内容：第一，实现政事分开、管办分开，完善医院法人治理结构；第二，推进补偿机制改革，加大政府投入，逐步解决"以药补医"问题；第三，鼓励民营资本举办非营利性医院；第四，提高服务质量和效率。

首批确定的16个国家联系试点城市：东部地区有辽宁省鞍山市、上海市、江苏省镇江市、福建省厦门市、山东省潍坊市、广东省深圳市；中部地区有黑龙江省七台河市、安徽省芜湖市和马鞍山市、河南省洛阳市、湖北省鄂州市、湖南省株洲市；西部地区有贵州省遵义市、云南省昆明市、陕西省宝鸡市、青海省西宁市。

现在，公立医院改革试点工作推进顺利，截止到2010年3月中旬，各地基本建立了公立医院改革试点组织领导和工作机制。其中，镇江、芜湖、鞍山已经正式公布实施方案或实施意见，启动试点工作。镇江、上海、潍坊、深圳、芜湖、鄂州等13个试点城市，在制定试点实施方案或实施意见的同时，已经着手

---

① 《2009年我国21万多贫困白内障患者获免费复明手术》，http://www.gov.cn/jrzg/2010-02/08/content_1531004.htm。

② 《新疆今年人均基本公共卫生服务经费标准不低于15元》，http://www.tianshannet.com.cn/news/content/2009-09/18/content_4468838.htm；《黑龙江建立农村居民健康档案，坚持知情自愿原则》，http://news.sohu.com/20091026/n267741652.shtml；《燃煤污染型氟中毒病区县竹山改炉降氟惠及3万余农民》，http://www.10yan.com/Html/News/xsqx/ZhuShan/2009-10/13/095544592.html；《江苏为39万名学生免费补种乙肝疫苗》，http://news.sina.com.cn/c/2009-10-16/032516444835s.shtml；《妇女常见病免费检查，促健康普宣传》，http://www.fjtv.net/news/folder84/2009/07/2009-07-2130467.html。

研究制定各项配套政策措施。①

但是也应该看到，公立医院改革是整个卫生体制改革的重点和难点，涉及的利益主体多，利益关系复杂，举措稍有不慎就有可能满盘皆输，考虑稍有不周就有可能前功尽弃，因此必须周密部署、仔细安排、协调好各方利益、做好补偿工作。至于最终的结果如何，目前还难有定论。

第四节　金融危机背景下的社会保障政策

一　金融危机对城乡社会保障制度的冲击

经过30年来的改革，我国城乡社会保障体系不断完善，正在形成涵盖城乡的社会保障体系。从图9－4中可以看出，按照地域划分我国的社会保障制度可以分为城镇社会保障制度和农村社会保障制度。从组成来看，我国的社会保障制度由社会保险、社会救济、社会优抚、社会福利四个部分组成，其中社会保险在我国整个社会保障体系中占有重要地位。根据单位性质不同，我国城镇社会保险体系可以划分为城镇企业职工社会保险和国家福利保障型保险两个组成部分。由

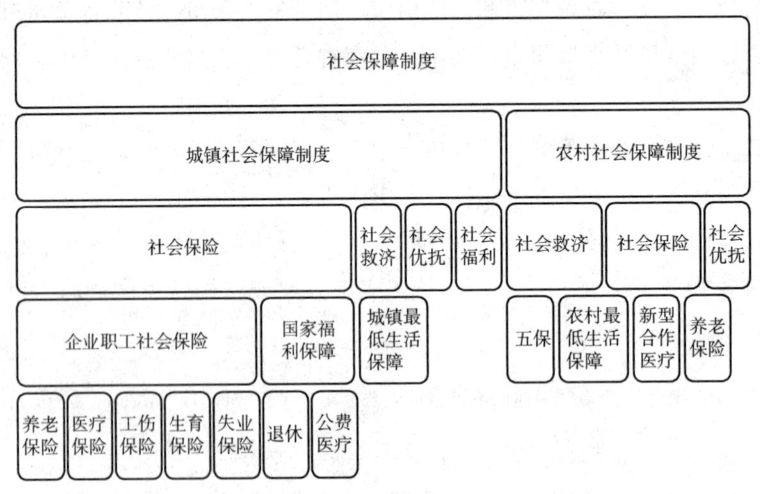

图9－4　我国的社会保障制度

① 卫生部：《公立医院改革试点工作顺利推进》，http：//www. moh. gov. cn/publicfiles/business/htmlfiles/mohzcfgs/s9659/index. htm。

于我国长期存在的城镇与农村二元机构以及政府对农村社会保障制度建设的漠视，导致农村社会保障制度建设大大滞后。

尽管我国的社会保障制度建设取得了很大成就，建立起了涵盖城乡的社会保障体系。然而，我国的社会保障制度还存在许多问题，不利于保障人民基本生活。当美国金融危机爆发之后，直接导致我国经济增长速度大幅度下降。由于经济增长是我国第二、三产业就业增加的主要原因，所以经济增长速度的下滑会导致失业人数增加，特别是广大农村外出务工农民。大量失业人口的出现就需要社会保障制度发挥作用，保障他们的基本生活。因而，金融危机的爆发就使得我国社会保障制度所存在的问题更加突出。

（一）农村社会保障制度建设严重滞后

与城镇社会保障制度相比，农村社会保障制度严重缺失。随着改革开放政策的实行，农村的合作医疗制度崩溃，“五保”制度也名存实亡。尽管党的十六大以来，农村社会保障制度建设取得了巨大的进展，建立了农村新型合作医疗制度和农村最低生活保障制度，加强“五保”制度建设，但是农村社会保障制度依然不健全。农村社会保障制度发展的现状影响了农民的生活水平。比如，由于农村养老保险制度缺失，农民只能依传统的养老方式进行养老。据零点调查的数据显示，农村居民依靠子女养老的占51.6%，依靠个人储蓄养老的为27.7%；而43.2%和32.4%的城镇调查者以退休金/退休工资和社会基本养老保险作为养老金的来源，两者合计75.6%。[①]

（二）大量城镇就业人员被排除在社会保障制度之外

改革开放以后的很长一段时间内，我国城镇职工主要就业于国有企业和集体企业等公有制企业之中。1985年国有企业和集体企业中的城镇就业人员合计占当年城镇就业人员的96.14%。[②] 因而，针对全民所有制企业和集体企业的社会保障政策已将绝大多数的城镇就业人员囊括在内。随着改革开放政策的不断推进，中国逐渐形成了以公有制为主体，多种所有制并存的所有制结构，导致就业结构的多元化。2006年国有企业和集体企业中就业人员占当年城镇就业人员比例已经下降到40.62%；私营和个体企业、港澳台及外商投资企业和其他类型企业中就业人员占当年城镇就业人员的比例分别上升到39.34%、7.94%和12.1%。[③] 尽管城

① http://www.china.com.cn/aboutchina/zhuanti/08zgshxs/2008-04/01/content_14027570.htm.

② 国家统计局数据库，http://219.235.129.54/cx/indicator/indicator_sc3.jsp。

③ 国家统计局数据库，http://219.235.129.54/cx/indicator/indicator_sc3.jsp。

镇就业实现了多元化，但是我国的社会保障政策仅仅针对于国有单位和集体单位的城镇就业人员，这导致绝大多数劳动者被排除在社会保险制度之外，直接后果就是城镇社会保险制度覆盖面过窄。从表9－3中可以看出，2008年参加医疗保险、失业保险、养老保险的在职职工占城镇就业人员的比例分别为49.6%、41.05%、54.91%（见表9－3），仍分别有50.4%、58.95%、45.09%的城镇就业人员没有参加城镇医疗保险、失业保险、养老保险。城镇社会保险制度覆盖面过于狭窄，不利于保护城镇就业人员，不利于其自身的运行。

表9－3　2001～2008年医疗保险、失业保险、养老保险参加人数及占城镇就业人员比例

年份	医疗保险参加人数（万人）	参加医疗保险在岗职工占城镇就业人员比例（%）	失业保险参加人数（万人）	失业保险参保人数占城镇就业人员比例（%）	养老保险参加人数（万人）	参加养老保险在岗职工占城镇人员比例（%）	城镇就业人员（万人）
2001	5470.7	22.85	10354.6	43.25	10801.9	45.12	23940
2002	6925.8	27.95	10181.6	41.09	11128.8	44.91	24780
2003	7974.9	31.1	10372.4	40.46	11646.5	45.42	25639
2004	8044.4	30.38	10583.9	39.98	12250.3	46.27	26476
2005	10020.7	36.66	10647.7	38.96	13120.4	48.01	27331
2006	11580.3	40.91	11186.6	39.51	14130.9	49.91	28310
2007	13420	45.72	11644.6	39.67	15183.2	51.73	29350
2008	14987.7	49.6	12399.8	41.05	16587.5	54.91	30210

数据来源：国家统计局数据库，http://219.235.129.54/cx/index.jsp。2003～2005年医疗保险和失业保险数据源于2009年《中国统计年鉴》。

（三）企业与机关事业单位社会保障制度之间存在巨大差距

城镇社会保障政策在机关、事业单位与企业之间的差异主要表现在养老保障和医疗保障。以养老保障制度为例，20世纪50年代，国家分别建立了机关及事业单位和企业职工的养老保障。机关及事业单位实行退休制度，企业职工则实行劳动保险制度。尽管机关及事业单位与企业实行两种不同的养老保障制度，但是两者在待遇方面差距不大。比如，企业职工的退职金为职工本人标准工资的50%～70%，机关及事业单位工作人员的退休金为本人标准工资的50%～80%。1995年开始的城镇企业职工养老保障改革使得机关及事业单位与企业的养老保障制度产生巨大差别。机关及事业单位与城镇企业养老保障制度的差别，导致机关及事业单位工作人员与企业职工的养老待遇产生巨大差距，加大了居民间的收入差距。1993 年企业、事业单位和机关离、退休人员人均离、退休费分别为 2658 元、3402 元、3450 元。截至 2005 年，机关离、退休人员每年人均离、退休费为 18410 元，企业离、退休人员每年人均离、退休费为 8803 元，前者比后者高 9607 元，折合每月 800.53 元①。

（四）社会保险关系无法自由转移接续

尽管我国已经建立起了城镇职工基本养老保险、城镇基本医疗保险等社会保险制度，但是劳动者的社会保险关系却无法自由转移接续。以养老保险为例，我国的养老保险制度主要包括城镇企业职工养老保险制度、城镇机关事业单位养老保险制度、将要建立的农村养老保险制度。上述养老保险制度是三个独立运行的制度，它们之间缺乏有效的衔接，这就导致劳动者的养老保险关系无法在三个养老保险制度之间进行自由转移。由于养老保险关系无法在不同的养老保险制度之间进行转移，这就成为阻碍劳动力自由流动的因素之一。与此同时，我国的城镇企业职工基本养老保险制度中的社会统筹层次还没有上升到全国统筹的层次，一般情况为省级统筹。由于全国养老保险关系省级统筹之间缺乏衔接机制，这就导致养老保险中的社会统筹部分不能在不同地区之间进行转移，这就是广东等地区会出现大规模农民工退保现象的主要原因。由此可以看出，我国的社会保险制度存在明显的条块分割且它们之间缺乏衔接机制，这就导致劳动者的社会保险关系无法自由转移接续，从而阻碍了劳动者的自由流动。由于劳动者无法自由流动，有可能造成结构性失业。

二　应对金融危机的社会保障政策

鉴于我国社会保障制度所存在的以上问题，2008 年中央经济工作会议提出了一系列进一步完善我国社会保障制度的措施，以此能够使社会保障制度更好地保障广大城乡居民的基本生活。

第一，扩大城镇社会保险项目的覆盖面，保障广大城镇就业者的合法权益。2008 年 12 月召开的中央经济工作会议明确指出，要扩大城镇职工基本养老保险、基本医疗保险和城镇居民基本医疗保险的覆盖面，将符合条件的城镇就业人

① 由《中国劳动统计年鉴 2003》、《中国劳动统计年鉴 2005》、《中国劳动和社会保障统计年鉴 2006》整理获得。

员囊括到上述社会保险制度中来。2009 年人力资源和社会保障部出台的《关于进一步做好国内就业的华侨参加社会保险有关工作的通知》明确要求用人单位为华侨建立社会保险关系。

第二，推出全国统一的社会保险关系转续办法，保障参保者的合法权益。2009 年 12 月国务院办公厅转发了人力资源和社会保障部、财政部《城镇企业职工基本养老保险关系转移接续暂行办法》，并于 2010 年 1 月 1 日起执行。《城镇企业职工基本养老保险关系转移接续暂行办法》规定，参保人员跨省流动就业，其基本养老保险关系应随同转移到新参保地；参保人员达到基本养老保险待遇领取条件的，其在各地的参保缴费年限合并计算，个人账户储存额累计计算；未达到待遇领取年龄前，不得终止基本养老保险关系并办理退保手续。

第三，开展农村养老保险试点，保障广大农民老年的基本生活。2009 年 9 月，国务院发布了《关于开展新型农村社会养老保险试点的指导意见》，提出了在全国进行的农村养老保险试点的具体方案。《意见》提出，2009 年在全国 10% 的县进行试点，2020 年之前基本实现对农村适龄居民的全覆盖。新型农村养老保险制度采取个人缴费、集体补助、政府补助的形式来体现个人、集体、国家对其共同负有责任；新型农村养老保险制度采用社会统筹与个人账户相结合的方式；个人缴费、其他组织或者个人资助、地方政府补助全部进入个人账户；符合条件并年满 60 岁的参保者可以领取养老金，它由基础养老金和个人账户养老金组成。

第四，完善最低生活保障制度，切实保障低收入群体的基本生活。2008 年召开的中央经济工作会议明确提出，要切实保障农村贫困家庭、城镇贫困家庭、离退休职工、在校贫困大学生基本生活水平不下降。民政部、财政部下发的《关于进一步提高城乡低保补助水平　妥善安排当前困难群众基本生活的通知》提出，继续执行中央出台的提高城市低保对象补助水平的政策；进一步提高城乡低保对象补助水平，按每人每月 15 元的标准提高城市低保对象补助水平，按每人每月 10 元的标准提高农村低保对象补助水平。

三　政策的执行效果

上述社会保障政策的实施取得了良好的效果。社会保障覆盖面逐步扩大。城镇参加基本养老保险人数达 2.35 亿人，超过计划 700 万人；城镇职工医保、居民医保参保人数增加8239万人，参保人口超过4亿人①。全国统一的社会保险转移接续办法得以实施，使得劳动者的合法权益得到有效保障。与此同时，社会保险转移接续办法的推出也推动了劳动力在我国不同地区的流动，在一定程度上缓解了结构性失业问题。农村养老保险制度试点工作稳步进行，已经实现覆盖全国10%的县的目标，试点地区农民老年的基本生活得到一定保障。

第五节　金融危机下的住房保障制度和户籍制度改革

住房保障制度和户籍制度都是直接关系到国计民生的社会制度，但是客观地说，我国这两项制度都很不完善，在很大程度上影响着部分社会成员的生活质量。金融危机下，随着国家或地区一些政策的出台，这两项制度都在朝着惠民生的方向发展。

一　金融危机下的住房保障制度

近年来我国房地产市场发展迅速，住宅价格也达到了一个较高水平，并严重影响了我国人民的生活水平。鉴于以上情况，我国政府采取了积极措施来逐步降低房地产价格增长速度。从政策效果来看，住宅价格指数由2008年1月份的112.2%逐步下降到2008年3月份的98.1%。金融危机爆发之后，为了应对金融危机，我国提出了一系列的经济复兴计划。这些政策的实行，直接导致我国住房价格从下降趋势转为上升趋势。我国住宅价格指数从2008年3月份的98.1%开始逐步上升，到2009年12月份，去年同期价格指数已经增长到109.1%。由于我国住宅价格的基数已经较高，再加上不断的增长速度，导致住宅价格不断攀高，这就使得广大的低收入阶层处于无房可住的境地，不利于社会的和谐发展。

鉴于我国居高不下的房价以及低收入阶层住房的需求，我国政府积极出台相关政策，改善他们的居住条件。2008年12月，中央办公厅下发的《关于促进房地产市场健康发展的意见》明确要求加大保障性住房的建设力度。《意见》提出，争取用3年时间基本解决城市低收入住房困难家庭住房及棚户区改造问题。

① 国家发展和改革委员会：《关于2009年国民经济和社会发展计划执行情况与2010年国民经济和社会发展计划草案的报告》，http://news.sohu.com/20100316/n270863938.shtml。

与此同时，《意见》提出，通过增加中央和地方政府投资、商业银行增加信贷支出、地方政府增加土地供应、住房公积金用于住房建设等途径促进保障性住房建设。

上述政策实施之后，我国保障性住房建设取得了重要的阶段性成果。中央财政安排专项建设资金550.56亿元，比政策实施前增长2倍，基本建成各类保障性住房200万套，改造国有林区、垦区、煤矿棚户区和部分城市棚户区住房130万套①，使城市近千万困难群众的居住条件得到改善。但是从整体上看，我国绝大部分中低收入者仍然无法享受到住房保障制度的好处。

二 金融危机下的户籍制度改革

我国的城乡二元户籍制度正式形成于1958年，当时全国人大常委会通过了《中华人民共和国户口登记条例》，该条例从常住、暂住、出生、死亡、迁出、迁入、变更7个方面确立了我国的户籍管理制度。

我国户籍制度最大的问题在于两个方面，一是严重导致城乡福利待遇的不公，户籍制度具有“福利捆绑”性质，城镇户籍的居民在子女上学、生活保障、失业保险、养老保险、医疗保险、老年福利等方面享受到的待遇都高于农村户籍的居民。二是极大地影响着劳动力的流动，不利于城镇化进程的推进，由于不同户籍人口在福利待遇上的差别，以及我国社会保障制度统筹层级比较低的特点，在非户籍地就业的劳动力在很多基本公共服务项目和社会保障项目上都会受到歧视，他们因此无法找到归属感，对就业农民工来说尤其如此。

本次金融危机之前，鉴于我国户籍制度存在的问题，改革的呼声一直不绝于耳。从实际情况来看，中小城市的改革步伐比较快，有很多县级市甚至已经完全打破了城乡二元的户籍制度。但是大城市特别是特大城市改革的动作却难尽人意。

金融危机下，户籍制度改革的迫切性得到一定程度的加剧，比如农民工在失业保险上迫切需要与城镇居民享受同等待遇，比如大学生就业的落户限制急需取消。在此背景下，我国户籍制度改革的步伐有所加快。

在国家层面，国办发［2009］3号文件明确指出：“对企业招用非本地户籍

---

① 国家发展和改革委员会：《关于2009年国民经济和社会发展计划执行情况与2010年国民经济和社会发展计划草案的报告》，http://news.sohu.com/20100316/n270863938.shtml。

的普通高校专科以上毕业生，各地城市应取消落户限制（直辖市按有关规定执行）。”北京市也决定，应届生应聘社区工作者被正式录取后，外地生源将解决留京户口①。

客观地说，国家的这一政策，以及北京市的这一决定，更多的是从促进就业的角度考虑问题，一定程度上是金融危机下的无奈之举。但是从一些其他地方的改革措施来看，却是实质性的。比如同样作为直辖市的上海，2009 年 2 月 12 日，上海市人民政府发布《持有〈上海市居住证〉人员申办本市常住户口试行办法》，为持有上海市居住证的人员申办上海市户口创造了一个通道，但规定的申办条件应该说还是比较严格的，比如持有《上海市居住证》满 7 年；在本市被聘任为中级及以上专业技术职务或者具有技师（国家二级以上职业资格证书）以上职业资格，且专业及工种对应；等等。但是在北京等“钉子户城市”，户籍制度仍然坚不可摧。现在上海能出台此项政策，实属难能可贵。再比如湖南省长沙市，力度更大，农民工只要工作三年就可落户长沙②。

显然，我国户籍制度改革的步伐正在加快，但是户籍制度二元性的完全消除，却绝非易事，对于部分城市来说更是如此。

参考文献

[1] 宋晓梧、张仲俊、郑定铨：《中国社会保障制度建设 20 年》，中国古籍出版社，1998。

[2] 郑功成等：《中国社会保障制度变迁与评估》，中国人民大学出版社，2002。

[3] 何平、华迎放等：《城市贫困群体社会保障政策与措施研究》，中国劳动社会保障出版社，2006。

[4] 宋士云：《中国农村社会保障制度结构与变迁》，人民出版社，2006。

[5] Nicholas Barr, *The Economics of the Welfare State* (Stanford: Stanford University Press, 1987).

[6] 王胜谦：《我国社会保障制度的改革与发展》（上、下），《中国行政管理》2000 年第 5、6 期。

① 《北京将出政策：应届生受聘社区工作者可落户口》，http://sh.eastday.com/qtmt/20090223/u1a540092.html。

② 《长沙市放宽落户政策，六大举措降低门槛》，http://news.sohu.com/20081224/n261402377.shtml。

[7] 王延中：《中国社会保障制度改革的回顾与发展》，《经济学动态》2001年第10期。

[8] 国务院发展研究中心课题组：《对中国医疗卫生体制改革的评价与建议》，《中国发展评论》2005年增刊第1期。

[9] 华迎放：《我国城乡社会保障制度评估》，《经济要参》2007年第64期。

[10] 杨宜勇、顾严：《2008~2009年：中国居民收入分配问题》，载《2009年中国社会形势分析与预测》，社会科学文献出版社，2008。

[11] 杨宜勇、池振合：《2009年中国收入分配状况及其未来发展趋势》，《经济研究参考》2009年第6期。

[12] 杨宜勇、池振合等：《国际金融危机对我国低收入群体的影响研究》，《经济研究参考》2009年第13期。

[13] 苏海南：《我国收入分配领域存在的主要问题及对策》，《理论前沿》2009年第15期。

[14] 马凯：《在应对国际金融危机中加快推进经济结构调整》，《求是》2009年第20期。

[15]《国务院办公厅转发人力资源社会保障部等部门关于促进以创业带动就业工作指导意见的通知》（国办发［2008］111号），2008年9月26日。

[16]《国务院办公厅关于切实做好当前农民工工作的通知》（国办发［2008］130号），2008年12月20日。

[17]《国务院关于加强普通高等学校毕业生就业工作的通知》（国办发［2009］3号），2009年1月19日。

[18]《关于做好当前经济形势下就业工作的通知》（国发［2009］4号），2009年2月3日。

[19]《财政部国家税务总局关于延长下岗失业人员再就业有关税收政策的通知》（财税［2009］23号），2009年3月3日。

[20]《2009年政府工作报告》，2009年3月5日。

[21] 中共中央国务院：《关于深化医药卫生体制改革的意见》（中发〔2009〕6号），2009年3月17日。

[22]《国务院批转发展改革委关于2009年深化经济体制改革工作意见的通知》（国发〔2009〕26号），2009年5月19日。

[23]《关于印发医药卫生体制五项重点改革2009年工作安排的通知》（国办函〔2009〕75号），2009年7月22日。

[24]《国务院关于开展新型农村社会养老保险试点的指导意见》（国发〔2009〕32号），2009年9月1日。

[25]《温家宝主持国务院常务会 确定扩大内需十项措施》，新华网，www.xinhuanet.com，2008年11月9日。

[26]《多部委联合下发意见规范中央企业负责人薪酬管理》，中央政府网站，http://www.gov.cn/gzdt/2009-09/17/content_1419727.html，2009年9月17日。

Financial Crisis Tests China's Social Development Model

Abstract: Under the financial crisis, the reform of China's social development suffered a serious strike. The situation of employment is grim, the income distribution system reform needs to be strengthened, the health care and medical system and social security system need to be improved, the housing reform and the household registration system needs to be reformed urgently. In this context, the Chinese government adheres to people-centered philosophy, pursues to protect the people's livelihood of ideas, developed a series of employment promotion measures, implemented some income distribution reform measures, initiated the reform of medical service and health care system in new belief, continued to make the social security system better, and strengthened the reform of housing system and household registration system. In most areas, we have achieved remarkable results.

Key Words: Financial Crisis; Employment; Income Distribution; Social Security

第十章
金融危机考验农村消费市场发展

韩 俊　金三林　樊雪志　王 宾*

摘　要： 农村消费是内需的重要组成部分，是扩大内需的重点。面对严峻的形势，我国政府积极应对金融危机，多项举措扩大农村消费需求，大幅度增加农业农村投入，提高粮食最低收购价，进一步增加农业补贴，在全国推广"家电下乡"、"农机下乡"、"汽车、摩托车下乡"等工作，大力优化农村消费环境。这些政策取得了较好的阶段性成效，但制约农村消费增长的深层次因素依然存在。今后，应以提高农民收入、加快农民市民化进程、完善消费政策、改善消费预期为重点，进一步挖掘农村消费潜力。

关键词： 金融危机　农村消费　发展潜力　政策取向

改革开放以来，我国农村居民消费总体上保持着较快增长，但增速低于全国平均水平，对经济增长的贡献总体上不断下降。2008 年爆发的金融危机导致国内农产品价格走低，农民工提前返乡，务工收入增长放缓，农业企业经济效益下滑，农民消费水平增长放缓。随着农村人口的减少，农民消费比重还会继续下降，对经济增长的贡献也难有很大的提高。国家在转变经济发展方式、调整经济结构的过程中，应更加注重城镇化和新农村建设协调发展，既要在短期内促进农民收入和农村消费的增长，又要为农业农村现代化发展奠定更好的基础。

---

* 韩俊，博士，现任国务院发展研究中心党组成员、农村经济研究部部长，兼任中国社会科学院研究生院、中国农业大学博士生导师，享受国务院政府特殊津贴。长期研究农业政策和农村发展问题，两次获孙冶方经济科学奖。参加十七届三中全会文件、2004 年以来 6 个中央一号文件的起草工作；金三林、樊雪志、王宾，国务院发展研究中心副研究员。

第一节　改革开放以来农村消费增长的主要特点

促进农村消费增长，提高农村居民的消费水平，是扩大内需的重要内容。改革开放以来，我国农村居民消费总体上保持着较快的势头。农村居民消费总额（按支出法计算）从1978年的1092.4亿元，增长到2007年的23913.7亿元，扣除价格因素，年均增长5.7%左右；剔除农村人口变动的影响，1978～2007年农村人均消费实际增长5.9%左右。

改革开放以来农村消费增长总体上有以下几个特点。

一　农村消费增长具有明显的周期性

1978～2007年，我国农村消费增长大体可划分为五个阶段（见图10－1）：1978～1985年为快速增长阶段，增速从1978年的5.5%逐年提高到1985年的13.3%，平均增速为10.3%；1986～1989年为振荡下行阶段，1989年增速下降到－0.8%，平均增速为3.3%；1990～1996年为波动上升阶段，尤其是1994年、1995年大幅提高粮食收购价，农村消费增速也大幅上升，1996年达到14.1%，平均增速为6.3%；1997～2003年为徘徊下降阶段，受粮食连年丰收、粮食价格下降等因素的影响，农村消费增速在1997年、1998年大幅下降，后几年有所上升并徘徊在3%左右，2003年增速下降到－1.4%，平均增速为2%；2004～2007年，由于国家支农惠农政策力度加大，农村增速再次进入上升阶段，平均增速为5.3%。

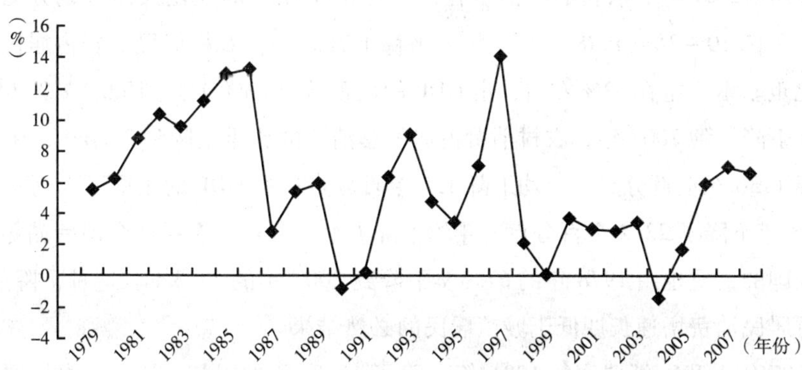

图10－1　1978～2007年我国农村居民消费增长率

二　农村消费增速低于全国平均水平

1978～2007 年，农村消费平均增速（5.7%）比全国居民消费平均增速（8.7%）低 3 个百分点，比城镇居民消费平均增速（11.1%）低 5.4 个百分点；农村人均消费平均增速（5.9%）比全国居民消费平均增速（7.5%）低 1.6 个百分点，比城镇居民消费平均增速（6.3%）低 0.4 个百分点。只有 1981～1983 年、1996 年这 4 年农村居民消费平均增速高于全国和城镇居民。2005 年和 2006 年城乡居民消费增速差有所缩小，但 2007 年又开始扩大（见图 10－2）。

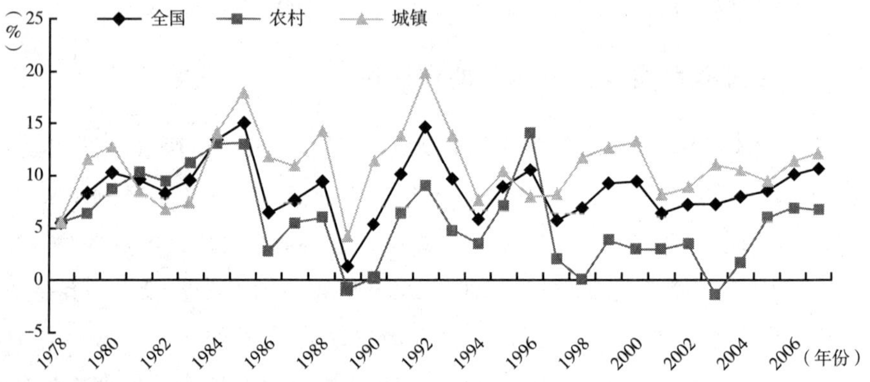

图 10－2　1978～2007 年我国农村居民消费增速与全国、城镇居民对比

三　农村消费在居民总消费及 GDP 中的比重不断下降

1978～2007 年，农村居民消费在国民经济中比重的变化大体可划分为两个时期（见图 10－3）：1978～1983 年为平稳上升时期，农村居民消费占居民总消费的比重基本稳定在 62% 左右，占 GDP 的比重从 30.3% 上升到 32.3%。1984 年后逐年下降，到 2007 年，农村消费占居民总消费的比重下降到 25.6%，比 1983 年下降了 36.6 个百分点，年均下降 1.5 个百分点；占 GDP 的比重下降到 9.1%，比 1983 年下降了 23.2 个百分点，年均下降 1 个百分点。农村社会消费品零售总额占全国的比重也由 1978 年的 67.5% 下降到 2007 年的 32.3%。这种下降趋势，是农村居民消费增速长期低于城镇居民的必然结果。

2007 年，我国消费率比 1981 年下降了 18.3 个百分点。其中，农村居民消费贡献了－22.9 个百分点，贡献率为－125.1%；城镇居民消费贡献了 5.9 个百

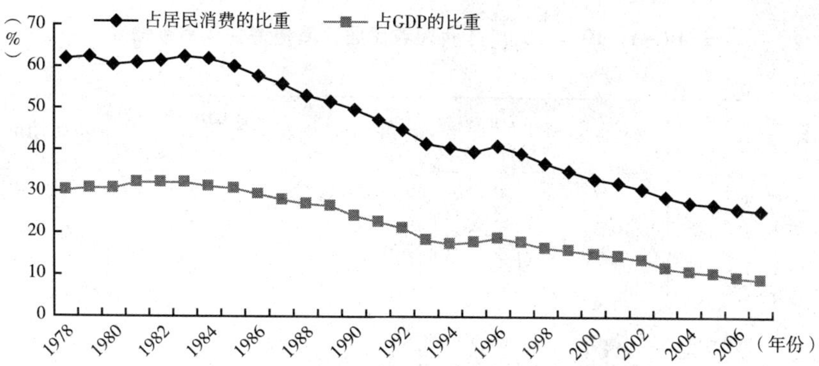

图10－3 1978～2007年我国农村居民消费占居民总消费及GDP的比重

分点，贡献率为32.2%；政府消费贡献了－1.3个百分点，贡献率为－7.1%。农村居民消费占GDP的比重大幅下降，是我国消费率下降的最主要原因（见图10－4）。

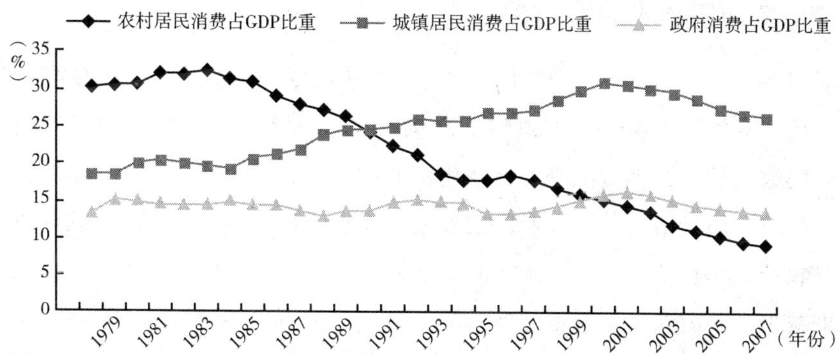

图10－4 1978～2007年我国农村、城镇居民消费及政府消费占GDP的比重

四 农村消费对经济增长的贡献总体上不断下降

1978～2007年，农村居民消费对GDP增长的平均贡献度为13.4%，拉动GDP增长1.4个百分点。贡献度也呈周期性波动，而且与农村消费增速波动基本同步。其中，农村消费拉动GDP增长超过3个百分点的共有3年，全部在1985年以前；超过1个百分点的共有14年，全部集中在1996年以前，1997年以后所有年份均未超过1个百分点。从总体上看，各阶段平均贡献度是逐步下降的（见表10－1）。

表 10－1　1978～2007 年我国农民居民消费增长及贡献情况

单位：%

阶　段	增长速度	占居民总消费的比重	占 GDP 的比重	对 GDP 增长的贡献度	拉动 GDP 增长
1978～2007 年	5.7	45.2	21.6	13.4	1.4
其中:1979～1985 年	10.3	61.4	31.3	33.6	3.2
1986～1989 年	3.3	54.6	27.6	7.9	1.0
1990～1996 年	6.4	43.6	20.1	11.6	1.3
1997～2003 年	2.0	33.7	15.1	3.7	0.3
2004～2007 年	5.3	26.7	9.9	3.7	0.4

第二节　金融危机对农村消费的影响及应对措施

一　金融危机对农村消费产生了较大冲击

2008 年 7 月份以后，美国的次贷危机进一步蔓延，引发了国际金融危机和经济危机。受国际金融危机的影响，我国外贸增速大幅下滑，国内消费疲弱不振，农民收入和农村消费也受到金融危机的冲击，突出表现为以下几个方面。

一是农产品价格走低，农业比较效益下降。受金融危机的影响，国际投机资本撤离农产品期货市场，国际农产品价格回落；同时，出口和内需对国内农产品的需求减少，国内农产品价格涨幅逐季放缓，生产价格指数涨幅由 2008 年一季度的 25.5% 下降到四季度的 1.6%，回落了 23.9 个百分点。特别是 2008 年 9 月份以后，国内多数农产品价格降幅较大，农业比较效益进一步降低。

二是农民工提前返乡，务工收入增长放缓。外需下降给我国企业特别是劳动密集型、外向型中小企业带来严重冲击，用工减少导致农民工返乡回流明显增多。国务院发展研究中心农村经济研究部 2009 年初组织的覆盖全国 19 个省市的百村调查表明，返乡农民工比重超过 50%，受金融危机影响而失去工作的农民工约 2000 万～2200 万人。105 个被调查村的农民工 2008 年下半年平均月工资比上半年下降 14.6%；拖欠工资问题重新抬头，1014 位不能回原就业地工作的返乡农民工中，被拖欠工资的占 14.3%；社会保险参保率环比也出现下降。失业及工资下降给农民工家庭收入和生活带来严重影响。

三是农业企业不景气，经济效益下滑。受金融危机影响，自 2008 年四季度以来，县域中小企业普遍出现了经营困难、效益下滑的情况，特别是一些依托当地农产品资源优势的外向型农业龙头企业受影响最为严重。不少中小乡镇企业和农产品加工企业面临生产经营困难，出现资金短缺，开工不足，效益下滑。东部沿海地区外向型乡镇企业受到的影响更为明显，尤其是面向欧美市场的乡镇企业，订单的金额和出口交货值的增长幅度，均从 2008 年下半年开始出现滑坡。据农业部对各省年末预报数汇总统计，第四季度全国的乡镇企业月平均出口交货值为 2650 亿元，比全年的月平均数低了 8.9%；全年的出口交货值是 34900 亿元，比 2007 年增长 11.4%，增速回落了 7.46 个百分点。乡镇企业增加值同比回落 2.65 个百分点，利润回落 2.97 个百分点，上缴税金回落 3.19 个百分点，出口交货值回落 7.46 个百分点，净增就业人数下降 12%。乡镇企业和农产品加工业不景气，直接影响农产品销售和价格，进而影响农民就业和收入。

四是农民收入水平和消费水平增长放缓。受农业收入和务工收入增长放缓的影响，2008 年农民收入水平增长有明显放缓。全年农村居民人均纯收入 4761 元，扣除价格上涨因素，比 2007 年实际增长 8.0%，增幅比 2007 年回落 1.5 个百分点。2008 年农村居民人均消费水平 3756 元，比 2007 年实际增长 7.3%，增幅下降 0.7 个百分点。

二　积极应对金融危机，多举措扩大农村消费需求

为有效应对国际金融危机冲击，保持经济平稳较快发展，中央决定实行积极的财政政策和适度宽松的货币政策，全面实施并不断完善应对国际金融危机的一揽子计划，并将扩大农村消费需求作为重要内容，2009 年出台的主要措施包括：

一是大幅度增加农业农村投入。2009 年中央财政用于“三农”方面的支出达到 7253 亿元，比 2008 年增长 21.8%；中央下达农村义务教育经费 666 亿元，提前一年实现农村中小学生人均公用经费 500 元和 300 元的目标，全国近 1.5 亿名农村义务教育阶段的学生全部享受免除学杂费和免费教科书政策；新型农村合作医疗参合人数已达到 8.3 亿人，财政补助标准达到人均 80 元；农村五保户供养水平、优抚对象抚恤补助标准、城乡低保对象保障水平都有新的提高；在 320 个县开展新型农村社会养老保险试点。这些措施不仅改善了农民的消费预期，而且降低了消费成本。

二是较大幅度提高粮食最低收购价，保持农产品价格合理水平，提高种粮农民积极性。2009 年小麦、稻谷最低收购价平均每斤分别提高 0.11 元和 0.13 元。适时启动主要农产品临时收储政策，增加粮食、棉花、食用植物油和猪肉储备，加强农产品市场调控，使农产品价格保持在一个合理水平，保护农民收入。

三是进一步增加农业补贴。2009 年中央财政安排补贴资金 1275 亿元，比 2008 年增加 200 多亿元。继续增加粮食直补，加大良种补贴力度，提高补贴标准，实现水稻、小麦、玉米、棉花全覆盖，扩大油菜和大豆良种补贴范围，实施油茶良种补贴。农机具购置补贴覆盖到全国所有农牧业县（场），并根据农资价格上涨幅度和农作物播种面积，及时增加农资综合补贴。补贴力度的加强，增加了农民的转移性收入。

四是在全国推广“家电下乡”、“农机下乡”、“汽车、摩托车下乡”等工作，直接刺激农村消费。2009 年中央财政预算安排了 320 亿元实施家电下乡、汽车和摩托车下乡以及汽车家电“以旧换新”政策，通过政府补贴、以旧换新等措施降低农民消费成本，激发农村消费活力。到 2009 年底，家电下乡产品品种已由试点时的 3 类扩大到 9 类 12 个品种、6700 个规格型号，销售网点近 19 万个，做到了全国县乡基本覆盖。据商务部统计，2009 年通过家电下乡信息系统登记家电下乡产品销售量 3450 万台，销售金额 647 亿元，已补贴金额 75.4 亿元，大概能拉动约 1500 亿元的农村消费。9 个试点省市“以旧换新”共销售五大类新家电 360.2 万台，销售额 140.9 亿元，占全部家电总销售额的 1/5 左右。全年汽车、摩托车下乡共补贴车辆 586 万辆，其中汽车 167 万辆，摩托车 419 万辆；发放补贴资金 87 亿元，其中补贴汽车 63 亿元，补贴摩托车 24 亿元。汽车摩托车下乡政策对拉动农村消费，改善农村汽车消费结构，促进农村交通工具升级换代，提高农村居民的生活水平，加快社会主义新农村建设都起到了积极作用。

五是完善消费政策，优化农村消费环境。2009 年商务部门加快了农村市场体系建设，推进“万村千乡市场工程”、“双百市场工程”和农产品“农超对接”，打造农村消费品现代流通网络。通过建设“放心肉”服务体系、市场监管公共服务体系、开通 12312 举报投诉热线、开展借“家电下乡”制售假冒伪劣产品的专项整治行动等措施，对改善消费环境、提振消费信心起到了积极作用。

三 扩大农村消费的政策取得了较好的阶段性成效

一系列扩大内需举措，有效激活并带动了国内消费市场，特别是农村消费市场。农民收入增长加快，农村社会消费品零售总额增速高于城市，出现了多年来难得一见的好局面。

在国家一系列支农、惠农、强农措施和经济快速复苏的影响下，2009 年农民人均纯收入首次突破了 5000 元，达到 5153 元，比 2008 年增加了 392 元，实际增长幅度达到 8.5%，比 2008 年提高了 0.5 个百分点，实现了连续 6 年高速增长。农民收入逆势走强的原因主要有三个：一是国家较大幅度提高粮食最低收购价，以及宏观经济形势企稳转暖，农产品价格稳步回升。以农产品生产者价格为例，2009 年第三季度总指数分别比第二季度和第一季度高出 3.9 点和 3.2 点。二是保增长、扩内需、调结构措施的出台，加快了经济企稳回升和复苏，特别是基础设施建设力度增加，带动返乡农民工外出务工增多。2009 年全国外出农民工总量为 14533 万人，比 2008 年增加 492 万人，增长 3.5%；外出农民工月平均收入为 1417 元，比 2008 年增加 77 元，增长 5.7%。三是国家分配政策向"三农"进一步倾斜，农民转移性收入增长较快。2009 年中央财政安排的粮食直补、农资综合补贴、良种补贴、农机具购置补贴 4 项补贴约 1230.8 亿元，比 2008 年增长 19.45%。

受居民收入增长加快、消费预期和消费环境改善的影响，农村消费在 2009 年出现了加快增长的势头。2009 年农村社会消费品零售总额突破 4 万亿元，同比增长约 15.5%，比城市社会消费品零售总额增速高 0.3 个百分点。这是自 1987 年以来，农村消费增速首次高于城市。特别是农村耐用消费品开始呈现爆发性增长，电脑、空调、照相机、电冰箱、手机、汽车等消费需求成为 2009 年农村消费热点。农村市场对全国消费市场的拉动作用进一步增强。

第三节　农村消费需求存在较大增长空间

我国城乡居民消费水平差距较大，不同地区、不同群体农民消费差距也较大，这种不平衡性同时也说明我国农村消费需求还存在较大的增长空间。

一　城乡居民消费水平差距较大

统计显示，农村居民与城镇居民的消费水平差距较大，且此差距存在扩大趋势。2000～2007 年，城镇居民人均消费性支出从 4998 元增加到 9997 元，增加了4999元；农村居民人均消费性支出从1670元增加到3224元，仅增加了1554元。在此期间，城镇居民人均消费性支出比农村居民人均消费性支出的倍数则从2000年的2.99倍扩大到2006年的3.07倍，进而扩大到2007年的3.10倍。从各类消费项目来看，城镇居民的人均支出均远高于农村居民：2007年，在食品、衣着、居住、家庭设备用品及服务、医疗保健、交通通信、教育文化娱乐服务、杂项商品与服务等项目上，城镇居民的人均消费支出分别为农村居民的2.61倍、5.39倍、1.71倍、4.04倍、2.13倍、4.44倍、6.32倍和4.82倍。

农村居民与城镇居民相比不仅在人均消费水平上存在差距，而且其消费结构也有待升级。从图10－5可以看出，城镇居民在衣着、家庭设备用品及服务、交通通信、教育文化娱乐服务等与生活质量紧密相关的消费项目上的支出比重均高于农村居民；而农村居民在食品、居住和医疗保健等属于基本生活保障范畴的消费项目上的支出比重明显偏高。下面我们具体通过食品消费和耐用品消费的结构差异来进一步分析城乡间的消费差距。

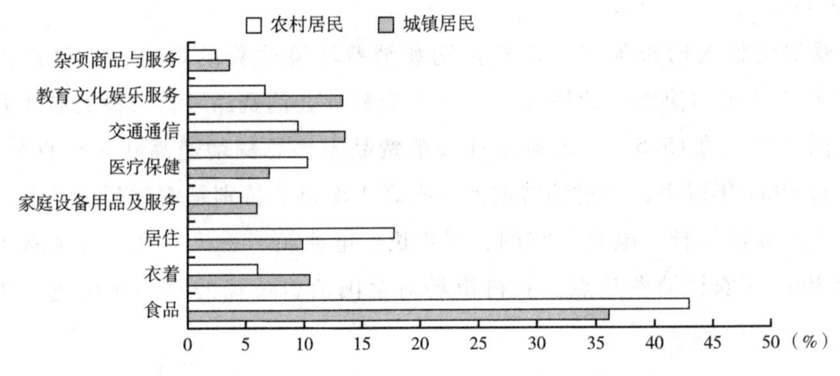

图10－5　2007年城乡人均消费性支出构成

表10－2反映了城乡居民家庭平均每人全年购买主要食品数量的差异，从表中可以看出，农村居民虽然基本解决了吃饭问题，但是饮食的营养结构还不合理，淀粉的摄入量明显偏多，而优质蛋白和维生素的摄入量则明显不足。农村居民除了粮食和酒的人均消费量超过城镇居民外，其他食品消费量均低于城镇居民，尤其是鲜奶和水果，农村居民的全年人均消费量还不足城镇居民的1/3，牛羊肉、家禽、鲜蛋、水产品等具有较高营养价值的食品消费量也不足城镇居民的一半。

表 10－2　2007 年城乡居民家庭平均每人全年购买主要食品数量

项　目	城镇居民购买量(千克)	农村居民购买量(千克)	农村/城镇(%)
粮　食	77.6	199.48	257
鲜　菜	117.8	98.99	84
食用植物油	9.63	5.06	53
猪　肉	18.21	13.37	73
牛羊肉	3.93	1.51	38
家　禽	9.661712	3.86	40
鲜　蛋	10.33	4.72	46
水产品	14.2	5.36	38
鲜　奶	17.75	3.52	20
水　果	59.54	19.43	33
酒	9.141333	11.22	123

资料来源：《中国统计年鉴 2008》，中国统计出版社，2008。

图 10－6 反映了城乡居民家庭平均每百户耐用消费品拥有量的差异。农村居民家庭除了摩托车的每百户平均拥有量超过城镇居民家庭外，其他耐用消费品的拥有量均远远少于城镇居民家庭。比如，95%的城镇家庭都已经拥有空调机，而农村居民家庭中拥有空调机的还不到 1/10；约有一半的城镇居民家庭拥有家用电脑和照相机，而农村居民家庭中拥有这两样消费品的比例还不到1/20。此外，截至 2007 年末，城镇居民家庭平均每百户拥有淋浴热水器已达 80 台，拥有微波炉已达 53 台，1/10 左右的家庭开始拥有家用汽车、健身器材、摄像机等高档消费品，而这些高档消费品在农村居民家庭中的拥有量则微乎其微。城乡居民家庭

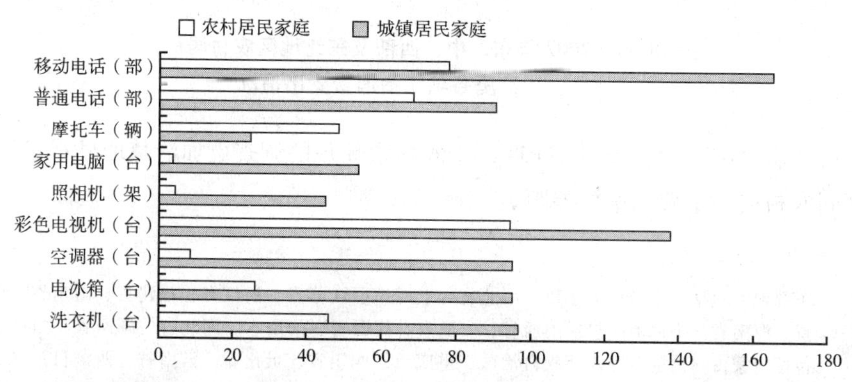

图 10－6　2007 年城乡居民家庭平均每百户耐用消费品拥有量

对耐用品的消费需求差距较大的原因有多种，当然与农民的生产需要和生活习惯有一定关系，但最主要的因素是农民收入偏低，以及农村社区电力、互联网等基础设施不到位，限制了农民消费水平的提高。

二　不同地区农民消费水平差距较大

不仅城乡之间居民的消费水平和生活质量存在较大差距，各地区农村居民的消费水平和生活质量也存在较大差距。2007 年，东部、中部、西部和东北地区[①]农村居民家庭生活消费总支出分别为 4281 元、2938 元、2527 元和 3180 元，东部地区农村居民家庭生活消费支出水平分别达到中部、西部和东北地区的 1.46、1.69 和 1.35 倍，区域差距比较明显。此外从图 10－7 中可以看出，几乎在所有生活消费支出项目上，东部地区农村居民家庭的消费支出水平都要明显高于其他地区。

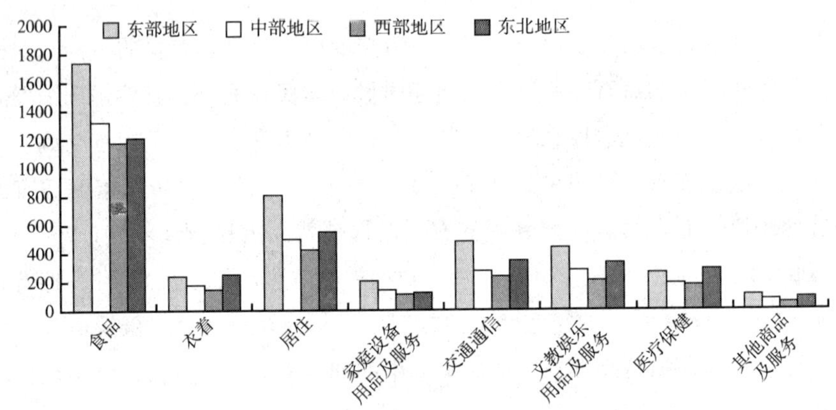

图 10－7　2007 年东、中、西部及东北地区农村居民家庭各项生活消费支出情况

第二次全国农业普查对 22108 万个农村常住户的调查更加清楚地显示了不同地区间农村居民消费水平的差距。

---

① 东部地区包括北京市、天津市、河北省、上海市、江苏省、浙江省、福建省、山东省、广东省、海南省。中部地区包括山西省、安徽省、江西省、河南省、湖北省、湖南省。西部地区包括内蒙古自治区、广西壮族自治区、重庆市、四川省、贵州省、云南省、西藏自治区、陕西省、甘肃省、青海省、宁夏回族自治区、新疆维吾尔自治区。东北地区包括辽宁省、吉林省、黑龙江省。

1. 住宅

2006年末，农村居民平均每户拥有住宅面积127.7平方米（见表10-3）。99.3%的住户拥有自己的住宅：拥有1处住宅的20450万户，占92.5%；拥有2处住宅的1421万户，占6.4%；拥有3处以上住宅的77万户，占0.4%。其中，东部地区农村居民拥有2处住宅的比例已经接近1/10，而东北地区还有2.1%的农户没有住宅。

表10-3　住宅面积与构成

指　　标	全国	东部地区	中部地区	西部地区	东北地区
户均拥有住宅面积(平方米)	127.7	135.9	133.5	122.2	80.0
按拥有住宅数量分的住户构成(%)					
拥有1处住宅	92.5	89.0	93.4	95.2	95.3
拥有2处住宅	6.4	9.6	5.9	4.0	2.5
拥有3处及以上住宅	0.4	0.6	0.3	0.2	0.1
没有住宅	0.7	0.8	0.4	0.6	2.1
按住宅结构分的住户构成(%)					
钢筋混凝土	6.0	7.9	7.5	2.9	2.4
砖混	39.4	43.2	47.9	29.5	23.4
砖木	44.3	45.5	39.7	44.4	58.7
竹草土坯	9.6	3.1	4.4	21.8	15.3
其他	0.7	0.3	0.5	1.4	0.2

资料来源：《中国第二次全国农业普查资料综合提要》，中国统计出版社，2008。

农村住宅结构主体为砖木和砖混结构。住宅为砖木结构的9799万户，占44.3%；砖混结构的8706万户，占39.4%；钢筋混凝土结构的1335万户，占6.0%；竹草土坯结构的2124万户，占9.6%；其他结构的144万户，占0.7%。值得注意的是，在西部地区和东北地区，分别还有21.8%和15.3%的农户住宅为竹草土坯结构，而这一比例在东部和中部地区均在5%以下。

农村住宅估价多在5万元以下（见表10-4）。1万元以下的占25.3%，1万~5万元的占47.4%，5万~10万元的占18.7%，10万~20万元的占5.9%，20万~30万元的占1.5%，30万元及以上的占1.2%。在10万元以上的农户住宅中，东部地区的比例明显高于其他地区，尤其是20万~30万元和30万元及以上的住宅，东部地区的比例更高。

表 10－4　各地区农户拥有住宅估价比例分布

单位：%

地　　区	1 万元以下	1 万～5 万元	5 万～10 万元	10 万～20 万元	20 万～30 万元	30 万元及以上
东部地区	16.5	43.7	22.9	10.7	3.4	2.8
中部地区	25.0	49.6	20.5	4.0	0.6	0.3
西部地区	36.6	47.5	12.7	2.4	0.5	0.3
东北地区	23.7	58.1	14.0	3.1	0.7	0.4
全国总计	25.3	47.4	18.7	5.9	1.5	1.2

注：不含无住宅的户。

资料来源：《中国第二次全国农业普查资料综合提要》，中国统计出版社，2008。

2. 饮用水

在全国调查农户中，反映获取饮用水存在困难的住户占 10.3%（见表 10－5），而在西部地区，这一比例高达 22.2%。东部地区使用入户管道水的住户超过了 70%，西部和东北地区的比例刚过 40%，而中部地区则只有 28.5%；东部地区接近一半的农户已经在饮用经过净化处理的水，饮水安全比较有保障，而其他地区住户的这项比例均在 20% 以下。

表 10－5　饮用水情况

单位：%

指　　标	全国	东部地区	中部地区	西部地区	东北地区
获取饮用水困难住户的比重	10.3	2.8	9.6	22.2	1.3
使用管道水住户的比重	48.6	71.1	28.5	42.9	41.3
按饮用水水源分的住户构成					
净化处理过的饮用水	23.1	44.2	8.8	13.3	15.0
深井水	41.8	37.6	53.4	27.5	75.9
浅井水	27.8	15.3	31.7	43.6	9.0
江河湖水	2.8	1.4	2.0	6.0	0.1
池塘水	1.4	0.4	1.6	2.6	0.0
雨水	1.4	0.1	1.1	3.7	0.0
其他水	1.7	1.0	1.4	3.3	0.0

资料来源：《中国第二次全国农业普查资料综合提要》，中国统计出版社，2008。

3. 炊事能源

总体上，我国农村居民炊事使用的能源主要仍以传统能源为主（见表 10－6）：柴草约占 2/3，煤约占 1/4，煤气、天然气约占 1/10。但是，东部农村主要使用煤气或天然气的住户所占比例已达 27.2%，成为仅次于柴草的第二大炊事能源；其他地区主要使用现代化能源的农户比例还不高。

表 10－6　按主要使用的炊事能源类型分的住户构成

单位：%

指　　标	全国	东部地区	中部地区	西部地区	东北地区
柴草	60.2	53.1	56.9	66.2	88.2
煤	26.1	18.5	38.4	27.1	7.4
煤气、天然气	11.9	27.2	3.8	3.2	4.0
沼气	0.7	0.2	0.7	1.3	0.1
电	0.8	1.0	0.2	1.3	0.3
其他	0.3	0.0	0.0	0.9	0.0

资料来源：《中国第二次全国农业普查资料综合提要》，中国统计出版社，2008。

4. 耐用消费品

2006 年末，全国农村居民平均每百户拥有彩电 87.3 台、固定电话 51.9 部、手机 69.8 部、电脑 2.2 台、摩托车 38.2 辆、生活用汽车 3.4 辆（见表 10－7）。其中，彩电、固定电话和手机在东部地区和东北地区的普及程度明显要高于中部和西部地区；而东部地区电脑、摩托车和生活用汽车的普及程度则明显高于其他地区。

表 10－7　主要耐用消费品拥有量

指　　标	单位	全国	东部地区	中部地区	西部地区	东北地区
彩电	台/百户	87.3	97.5	85.1	74.5	97.1
固定电话	部/百户	51.9	68.2	45.9	35.1	64.4
手机	部/百户	69.8	86.1	68.7	52.3	63.7
电脑	台/百户	2.2	4.8	0.9	0.6	1.0
摩托车	辆/百户	38.2	50.9	36.0	25.6	34.3
生活用汽车	辆/百户	3.4	5.1	2.6	2.2	2.6

资料来源：《中国第二次全国农业普查资料综合提要》，中国统计出版社，2008。

三　不同收入群体农民消费水平差距大

处于不同收入层次的农村居民家庭用于生活消费的日常支出存在很大差距。

2007年，按收入五等份分的农村居民家庭中，低收入户、中低收入户、中等收入户、中高收入户和高收入户的人均生活消费支出分别为1850.59、2357.9、2938.47、3682.73、5994.43元。高收入户的人均生活消费支出分别达到低收入户、中低收入户以及中等收入户人均生活消费支出的3.24、2.54、2.04倍。由表10－8可见，在各项消费项目上，不同收入群体的农村居民家庭人均消费水平存在较大差距。尤其是在居住、家庭设备用品及服务、交通通信以及文教娱乐用品及服务等消费方面，高收入户的人均消费水平已经达到低收入户的人均消费水平的4倍以上。可见，不仅如何缩小城乡之间、区域之间消费水平差距值得重视，如何缩小农村内部不同收入群体之间的消费水平差距也应引起重视。

表10－8　2007年按收入五等份分农村居民家庭平均每人生活消费支出

单位：元

项　目	低收入户	中低收入户	中等收入户	中高收入户	高收入户
生活消费总支出	1850.59	2357.9	2938.47	3682.73	5994.43
食品	932.16	1128.45	1326.59	1572.02	2202.97
衣着	110.99	139.25	176.84	221.57	361.34
居住	285.61	374.11	495.62	645.29	1227.69
家庭设备用品及服务	74.47	99.27	133.84	176.83	299.87
交通通信	143.7	207.53	284.97	385.3	717.92
文教娱乐用品及服务	144.92	197.16	263.34	354.97	654.56
医疗保健	124.76	162.69	192.8	238.84	374.25
其他商品及服务	33.98	49.45	64.48	87.91	155.83

资料来源：《中国统计年鉴2008》，中国统计出版社，2008。

第四节　制约农村消费增长的主要因素

尽管国家采取了一系列启动和扩大农村内需的政策措施并取得了阶段性成效，但由于农村消费历史欠账较多，进一步扩大农村消费需求仍然存在较大困难和较多问题。这一方面是因为扩大农村消费政策效应本身存在递减情况，另一方面是由于一些抑制农村消费增长的深层次因素还存在。

一　农村消费比重的下降主要是因为农民人均消费水平的相对下降

由于农村居民消费率＝（农村人口×农村人均消费）/（全国总人口×全国

人均 GDP)① = 农村人口占全国人口的比重 × 农村人均消费占全国人均 GDP 的比重，因此，农村居民消费占 GDP 比重的变化可以从这两个指标中得到反映。

改革开放以来，我国农村人口占全国人口的比重、农村人均消费占全国人均 GDP 的比重这两个指标都下降。其中，农村人口占全国人口的比重从 1979 年的 81.6% 下降到 2007 年的 55.6%，对农村居民消费率下降的贡献大概为 30%；农村人均消费占全国人均 GDP 的比重从 1979 年的 36.2% 下降到 2007 年的 15.2%，对农村居民消费率下降的贡献大概为 70%。1979 ~ 2007 年农村居民消费率下降了 21.5 个百分点，据此推算，农村人口比重下降贡献了约 6.5 个百分点，农村人均消费比重下降贡献了约 15 个百分点。由此可见，农村居民消费比重的下降主要是因为农村居民人均消费水平的相对下降，其次是农村人口的相对减少。

二　农民消费水平下降主要是由于收入水平和消费倾向下降

从经济学角度考察，决定居民消费的因素有两个：一个是居民收入水平，另一个是居民消费倾向，其他因素都是通过这两个因素来影响居民消费水平的，导致我国农村居民人均消费水平相对下降的主要原因也在这两个方面。

第一，城乡居民收入差距扩大，农民收入相对水平不断下降。从历史数据来看，农村居民收入增长较快的时期也是农村消费增长较快的时期。1978 ~ 1984 年，农村人均纯收入年均增长达到 16.5%；1985 ~ 1988 年农民收入增长速度明显放缓，年均增长 4.9%；1989 ~ 1991 年，年均增长只有 1.9%；1992 ~ 1996 年增长加快，年均增长 5.6%；1997 ~ 2000 年，收入增幅连续四年下降，年均增长 3.7%。进入新世纪以来，受粮食等农产品价格大幅度上涨、各项支农补贴持续增加等因素的共同作用，农民收入增长保持了年均 6% 以上的速度，直接带动了农村消费的较快增长。从城乡对比来看，我国城乡居民收入比从 1978 年的 2.6∶1，曾缩小到 1985 年的 1.86∶1，2000 年扩大到 2.79∶1，2007 年进一步扩大到 3.33∶1。近年来，国家强农惠农政策力度明显加大，但城乡收入差距扩大的趋势仍然没有得到遏制。城乡居民收入差距扩大，农民收入相对水平不断下降是农村消费水平下降的最主要原因。

第二，农民消费倾向的下降。良好的公共服务和消费环境可以降低消费成本，提高居民消费倾向，促进消费增长。但由于农村社会事业发展长期滞后，政

---

① 为与人均 GDP 口径一致，这里采用的是全年平均人口，而不是年末人口。

府监管严重缺失，使得农民的社会性负担增加，农村消费环境日趋恶劣，导致农村居民消费倾向不断下降。农村居民的平均消费倾向（人均生活消费支出/人均纯收入）在改革开放初期为0.87，1989年达到0.89，此后逐步下降，2003年为0.74。此后，随着国家加大对农村社会事业的投入，农民平均消费倾向有所回升，2007年达到0.78。农村居民的边际消费倾向变动类似，1990~2003年平均为0.71，2004~2007年上升到0.87（见图10-8）。

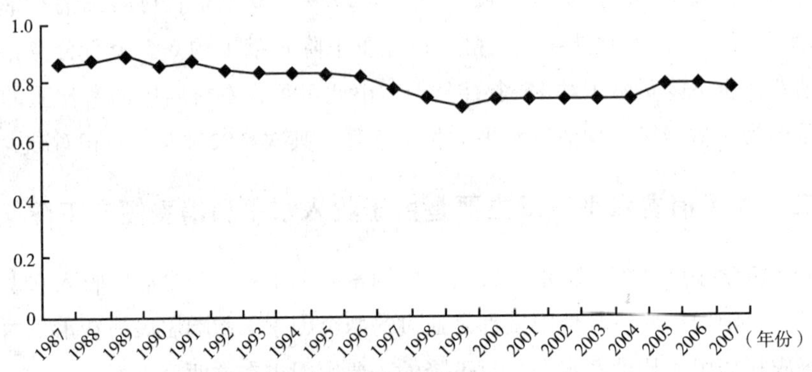

图10-8　1978~2007年我国农村居民平均消费倾向变动情况

三　农民收入差距扩大和社会保障缺失对消费增长有重要影响

农村居民内部收入差距呈扩大之势。近年来，全国农民收入平均水平不断提高，但农村内部收入差距却越来越大。2007年全国农民人均收入平均线是4140.4元，而达到收入平均线的农民只占44.32%，55.68%的农户人均收入在平均线以下。农村这种社会财富向高收入户集中的趋势，在一定程度上制约了消费需求总水平的增长。少数高收入群体由于消费需求相对饱和而消费倾向偏低，而大部分低收入群体由于购买力不足而很难将潜在需求转化为即期消费。如果单纯依靠政策刺激，也只能挖掘小部分消费潜力，从长期来看，解决农村居民的收入问题是启动农村消费市场的关键所在。

近年来，社会保障制度不断健全完善，农村低保政策、新农村医疗合作制度解除了农民的一些后顾之忧。但受城乡二元结构的影响，农村社会保障体制严重落后于城镇，在农村，治病难、养老难已成为普遍现象。农村总体上仍存在社会保障面窄、保障水平低、服务滞后等问题，农民对未来的顾虑仍较多，自我保障意识强，储蓄首先用于防老养病、子女教育，即期消费受限制。同时，受农村传统消费观念影响，多数农民消费仍以“勤俭持家”为主，也影响到消费倾向的提高。

四　农村基础设施和消费环境建设跟不上消费需求

一是农村基础设施建设滞后。电视、空调、冰箱、洗衣机、电脑等家用电器，没有电力等条件，就无法使用；汽车、摩托车等交通工具，没有良好的交通道路条件，也会影响其行驶。虽然这几年国家对农村电网、乡村道路、电视信号接收设施等农村基础设施进行了大力投资，使其得到了很大的改善，但是与城镇相比，还相当落后：自来水还未完全普及；农村电网网架结构薄弱，供电设备老旧，电能质量较差，电价高；“村村通”还未普及，农村交通道路等级低，没有形成网络体系。基础设施不完善阻碍了农村居民对家用电器、交通运输工具的消费需求。

二是农村流通市场总体上尚处于欠发达的水平，成为开拓农村市场、扩大国内需求的“瓶颈”。农村商业网点少，主要是个体店铺和集贸市场业态的商业形式，经营规模小，环境差，商品周转率低，商品流通成本高。目前，农村市场连锁经营的交易额占农村交易总额的比重不足10%，农村超市等新型业态发展滞后。农村物流设施装备差，物流信息化水低，没有形成现代物流服务体系。流通市场不发达，使得农村商业形式商品品种单一、品质低、服务能力差，假冒伪劣商品充斥市场。

三是农村消费安全问题仍较突出，弱化了农民的消费欲望。农村消费市场秩序较为混乱，农村市场监管薄弱，许多农民信息闭塞，缺少必要的商品消费知识；随着城市工商部门执法力度的加大，质量不合格的产品难以在城里立足，一些不法商贩把城里卖不掉的伪劣产品转移到农村市场，坑农、害农事件时有发生，消费安全继续制约着农村商品市场的正常发展。

四是农村商业服务业发展滞后，售后服务无法保证，特别是家电产品的安装、维修等极为不便。

五　农民消费信贷不足也制约了即期消费

我国农民在生产性、生活性消费中均有信贷需求，如建房、购置大中型农机具和家庭耐用消费品等。但由于农村信贷机构服务意识差、贷款条件过于严格等原因，农民得不到或很少得到信贷支持，抑制了一部分消费。目前购房、购车、家电等耐用消费品的信用消费方式已在城市广泛推广，但城乡消费信贷发展极不平衡，广大农村地区的消费信贷市场发展缓慢。总体来看，我国农村消费市场尚未被大规模开发，农村消费信贷从需求和供给两方面都存在不旺的情况，影响了县域农村消费信贷业务的开展。

第五节　进一步扩大农村消费需求的政策取向

农村消费比重低，城乡消费水平差距大，同时也说明农村消费增长具有巨大潜力。但如何发挥这种潜力，必须遵循市场经济和城乡一体化发展的客观规律。从国际经验看，农民向城市流动是现代化的必然趋势。因此，我国扩大农村消费的主要方向有三个：一是努力提高农民收入，尤其是非农收入。二是加快农民的市民化进程，让农民变成市民，让农村消费变成城市消费。三是增加农村公共产品供给，改善消费环境，提高农民的消费倾向。当前，要切实把“三农”作为投入重点，把与“三农”有关的项目作为国家新增投资安排的优先领域，保证财政预算内农业支出有较大幅度的增长，确保新增国债使用向“三农”倾斜。

一　多渠道增加农民收入，提高农民消费能力

收入是消费的决定性因素，要增加消费，就必须千方百计地提高居民的收入。

一是稳定农产品价格。针对当前农产品市场出现的剧烈波动，完善粮食最低收购价政策，搞好农产品购销、调运、储备和进出口调控，想方设法稳住农产品价格，切实解决农产品“卖难”的问题。

二是鼓励农民就业创业，增加非农收入。切实维护农民工权益，保障工资足额按时发放。根据我国产业结构调整和产业升级对劳动力需求的实际情况，全面、系统地推进农村剩余劳动力的培训工作，提高农村剩余劳动力的职业素养，并扶持劳动中介组织发展，加强管理和引导，加快农村剩余劳动力向制造业和现代服务业转移。通过以奖代补、以工代赈等方式，组织农民大规模兴修水利、整治土地、修桥筑路、疏浚渠道、改善人居环境等，直接增加农民的劳务收入。在贷款发放、税费减免、工商登记、创业培训等方面采取扶持政策，吸引大批农民中的“能人”在农村创业。

三是振兴县域经济和小城镇，促进农民就近就业。支持发展有当地特色的产业，重点发展县域镇和乡镇中心镇，加快县域工业化、城镇化进程。加快工业园区的建设，不断发展县域经济，增加农民就业机会。增加对县级财政的一般性转移支付，促进财力分配向县乡倾斜，使县级财力与事权相匹配，增强县域经济活力和实力。

二　加快农民市民化进程

根据第二次全国农业普查的数据，2006 年，农村外出从业劳动力约 1.32 亿人，若假定其中的 20% 变成市民，其消费水平达到城市居民平均消费水平，以 2007 年消费水平计算，当年居民消费总额和 GDP 将增加 2268 亿元，经济增长率能提高近 1 个百分点。

一是加快户籍制度改革。加快农民市民化的核心是改革现有的户籍制度以及附属的城乡二元福利制度，实行以稳定就业和住所为基本条件的户口迁移准入制，从而建立城乡统一的户口登记制度，最终实现城乡居民身份统一、机会均等、权利平等。户籍制度改革要因地制宜，先试点后推开，循序渐进。当前，要全面放开县城和镇的户籍管理制度，适当放宽中等城市入户条件，鼓励农民转移到县城及中等城市就业和居住。同时，加强社会管理配套制度改革，进一步剥离附着在户口上的不公平福利制度，为落户农民提供均等的住房、教育、医疗、就业等公共服务，建立城乡社保的续接制度。

二是切实解决进城农民的居住问题。充分发挥政府的主导作用、企业的社会责任和市场的调节功能，多渠道改善农民工居住条件，加快建立“以低端市场租赁房为重点，以保障性住房和商品房为补充”的农民工住房供应体系，健全“农民工经济租用房、廉租房、经济适用房、限价商品房”四位一体的住房保障体系。逐步完善“住房公积金制度、住房补贴制度、财税支持制度、金融服务制度、土地供应制度、规划保障制度相互补充”的农民工住房政策体系，使进城农民的住房条件尽快改善。

三　完善补贴政策，推动“家电下乡”

从试点情况来看，对农民购买特定品种的家电进行补贴，有效地减轻了农民负担，激发了农民群众的消费热情。定点销售企业以实施“家电下乡”工程为契机，产品销售量大幅提升，促进了企业发展。在流通领域对农民进行补贴，与

粮食直接补贴、农资综合补贴、良种补贴、农机具补贴等国家政策构成了国家对农民的扶持政策体系，让亿万农民真正享受到国家发展的成果。农民群众对国家推行的“家电下乡”政策非常满意，合乎民心民意。但是目前农村电价与其收入水平相比仍然偏高，这是制约农村家电需求的一个重要原因；农民群众对“家电下乡”的有关政策还是了解不够，有些群众甚至片面地认为“家电下乡”产品是库存货、滞销产品；中标家电产品的种类不多，目前中标家电涉及彩电、冰箱、手机、洗衣机四大类，农民关注的小家电等家电产品没有纳入国家补贴范围，农民选择购买的空间还不够大；家电补贴手续比较繁琐，农民在销售网点购买家电后，再到财政所申报备案，有时需要往来好几次，等等。

针对上述问题，在下一步工作中，着力做好以下几个方面的工作：一是要在规范农村电价秩序的同时，进一步降低农村电价，扩大农村电力消费。根据测算，如果农村地区电价下降40%，并提高信号接收质量，彩电每百户拥有量将新增11.5台；如果同时实现村村通自来水，洗衣机每百户拥有量将新增22.6台。二是提高“家电下乡”产品的档次，增加家电种类。当前，家电消费升级加快，农民群众对家电的需求已经不再限于2000元左右的价位，普遍要求提高家电的档次，同时增加微波炉、摩托车、燃气灶等产品，增加种类和型号，加大可供选择的余地。三是进一步做好定点销售网点的审查备案工作。随着补贴品种的增加，要选择更多有实力、信誉好的家电销售企业，纳入定点销售网点范围，提高网点的覆盖面，尤其将农村社区内具备家电销售条件的商店优先纳入定点销售范围，让群众不出社区就能购买家电。同时，积极引导商贸流通企业向农村延伸销售网络，让老百姓能够在本地购买到称心如意的家电产品。四是切实维护好市场秩序。组织商贸、工商、质检等有关部门严厉打击假借“家电下乡”名义的非法销售行为，杜绝不合格家电产品进入市场，规范市场秩序，维护农民群众合法权益。五是建议家电补贴手续由定点销售企业为农民群众办理。从目前的情况来看，农民购买家电后，关心的问题是国家财政补贴能否及时到手，如果不能按时获得补贴，会影响国家惠民政策的成效。为方便农民群众，建议实行“一站式”服务，让定点销售网点统一为购买家电的农民办理补贴手续，这也是售后服务的延伸，可以更好地提高企业的服务意识和信誉度。

四　改善农村物流，推动“超市下乡”

农村流通具有较强的双向性特征，既要供应农民所需的生产生活资料，也要销售农民生产的农副产品。农民既是消费者，又是生产者，只有卖了产品才可能买商品。实现这样的流通，靠单个门店显然不行，必须构筑农村现代流通网络体系。要整合城乡现有的流通资源，实现城乡商贸一体化，即由商贸业相对发达的城市站在城乡商贸业一体化的高度，制定业态选择、布局优化、基础设施建设、物流配送、电子商务等各项发展战略，把城市中存在的商业业态、流通手段和消费方式渐次推广至农村市场。这是由城乡市场的无边界性决定的，在城市市场逐渐饱和的情况下，农村市场自然构成了城市市场的延伸和承接。近年来，一些省区把“超市下乡”作为发展农村现代流通的突破口，政府资金扶持县一级建立配送中心，乡镇和部分有条件的村建立农家店，引导消费品和农资生产企业同有条件的商贸企业在农村建立连锁超市。湖北省 76 个县市、63 家试点企业已建起农村超市近 5000 家，覆盖了试点县市（区）一半以上的乡镇。在许多农村消费者眼中，到超市购物是一种城市的生活方式，超市里的商品是价廉物美、质量有保证的，超市是重信誉、值得信赖的消费场所。连锁超市在农村出现正好满足了农村消费者的这种消费心理，给了农村消费者足够的消费信心。推动“超市下乡”，可以增强农民消费信心，有效扩大农村需求。

“超市下乡”不同于计划经济时期农村商业网点的行政性布局，也不是简单的城市商贸企业扩张市场的行为。它是一项具有部分公益性质的事业，在一定程度上是为社会、为城乡居民（工业品下乡、农产品进城）、为多种经济部类服务的。政府必须加以扶持，具体说来，首先要搭建企地对接平台，促成大型商业企业以“中心店 + 加盟店”的经营模式进入农村市场；其次要落实财税支持政策，简化行政审批手续，可以考虑为大型商业企业设立的每个农家店补贴 3000 ~ 5000 元，对跨区域的连锁超市门店，由总部统一纳税，所属地区的财政利益由财政部门内部调整。连锁龙头企业开设门店，只要持加盖总部印章的总部营业执照复印件，即可办理工商登记手续；再次要大胆尝试农资连锁经营新模式。农资流通企业以加盟方式将农村原有农资店按照标准进行改造，通过对农资商品的连锁配送，防止假冒伪劣农资坑农害农行为发生。在部分经济较发达、购买力较强的地区，由农资流通企业新建部分农资连锁店。将农资龙头企业的优势和原有的区域性农资流通网络进行整合，实现整体加盟与兼并。农资流通企业的原有网络按照标准进行重新改造，做到标识统一化、管理规范化，逐步建成适合农村市场特点的新型流通网络体系，为扩大农村有效需求服务。

五 扩大消费信贷，推动“金融下乡”

为农民个人提供信贷支持可以直接扩大农村市场对生产资料和消费品的需求。目前，农民有强烈的信贷消费需求，应把握这一有利时机，强化为农民提供金融服务的意识，启动农村信用消费，将潜在的、有消费需求的购买力转化为现实的购买力，从而扩大农民最终消费。要加强对消费信贷业务的宣传，引导农民正确消费，拓宽消费领域和层次。更新消费观念是开拓农村市场的先导，要激发农民通过勤劳致富，换取生活的改善，提高生活质量，拓宽消费领域。在更新农民消费观念的基础上，还要发展农村的消费信用，改变传统的积累型支付方式。要让农民了解现有消费信贷政策，尽可能地使有条件的农民能够取得消费贷款的支持，以带动周围农民树立消费信贷的意识。要引导农民强化个人信用，创造贷款条件，增强承贷能力，提升消费层次。同时增加农民收入，使农民有能力、有信心涉足消费信贷，为培育农村消费信贷买方市场创造良好的氛围。

发展农村消费信贷，是一项系统工程，金融机构必须同有关部门加强合作，共同筹划，协调配合，从不同的侧面介绍、宣传消费信贷业务，向群众普及消费信贷知识。针对不同的消费信贷品种和贷款对象的多元化需求，金融机构可在利率、期限、还款方式等方面实行差别化信贷服务，有针对性地设计和推出消费信贷业务品种，在深度和广度上不断开发创新，最大限度满足消费者的需求。政府及有关部门要出台鼓励和保护消费信贷的优惠政策，建立个人征信体系，通过税收减免、建立贷款风险补偿机制等措施鼓励金融机构发展面向农村的贷款，大力发展村镇银行和贷款公司，实施政策性贷款向农村倾斜，为农村消费信贷发展提供良好的政策环境。银行、企业、商家要三方联手，签订合作协议，鼓励企业和商家大力开拓营销思路，树立风险共担意识，积极探索与银行消费信贷合作的新形式，为消费信贷提供质优、价好、信誉佳的商品，从而开拓广大的农村消费市场，促进消费信贷的健康发展。

六 把支持农民建房、改善居住条件作为扩大农村消费的重要着力点

2008 年农民住房消费约为 5000 亿元，占农民消费的比重为 18.5%，仅次于食品。如果农民住房消费增长 20%，则会拉动内需 1000 亿元，效果远远大于家电下乡。2009 年，中央财政已经拿出 40 亿元，在全国 23 个省区，支持 80 万户

农民进行危房改造，总体上看，对农民建房的支持力度还不够大。目前全国仍有9799万户农户住房为建筑质量差、抗震能力低的砖木结构，2124万户为竹草土坯结构。当前，广大农民对改善居住条件有着迫切的需求。大规模的农村住房建设必将加快农村消费增长，并带动装饰装修、家电、家具、纺织等相关产业的发展。如果在全国实施"农村新居建设工程"，配套建设村庄道路、供水、排水、污水和垃圾处理、沼气和供气、供热及科教文卫等设施，将促进农村生产生活环境大大改善，有可能成为拉动内需的一个新引擎。山东、河北、浙江、西藏等在这方面已经先行一步，积累了在信贷、建材、用地、税收等方面支持农民建房的好经验。从2006年开始，西藏全区范围内开始实施农牧民安居工程，至今累计已有20多万户、百万农牧民住上安全适用的新房，这项工作成为西藏发展的一个突出亮点，被誉为"党的德政工程"。当前，全面启动农村住房建设的条件已基本成熟，可以将其作为2010年和"十二五"期间扩大农村内需、改善民生的重要抓手。

七　加快发展农村社会事业，改善农民消费预期

提高农村中低收入群体的消费水平，一个重要条件就是建立健全各项保障措施，消除农村居民对未来的不安全感，增强消费信心。以农村居民的医疗统筹和农村养老保险为重点，增加政府投入，完善农村社会福利、社会救助等制度，进一步健全农村社保体系。扩大新型农村合作医疗制度的覆盖范围，提高农村义务教育制度的补助水平，切实减轻农民非生产性负担，解除农村居民即期消费的后顾之忧，提高消费预期，进一步刺激消费。大力发展满足现代农业发展需要的职业教育，在全国加快推行免费农村职业教育，提高农民素质和就业能力，提高收入预期。

八　改善农村基础设施条件和消费环境

加大力度改造农村水、电、路、汽和小型农田水利，大力推进农村信息化，彻底解决农业和农村基础设施年老失修的问题，弥补历史欠账，改善农村消费的基础设施条件。继续实施"万村千乡"市场工程，加快农村商业网点建设，培育农村商品流通市场；在农产品生产地建设鲜活农产品直接采购基地，搞活农产品流通；推动"农超对接"，引导连锁超市、农产品流通企业与农产品专业合作社衔接；在重点销区和产区新建和改造农产品批发市场和农贸市场，提高农产品的集散辐射能力，解决农产品"卖难"问题，稳定和增加农民收入。进一步扩大农家店覆盖面，新建和改造农村商品配送中心，培育农村电子商务市场，提高

农产品流通信息化水平，有效提高统一配送率。充实农村市场监管队伍，提高装备水平，切实增强农村市场监管水平，保障农民的消费安全。

参考文献

[1] 李伟：《金融危机下保障农产品有效供给、促进农民持续增收的思考》，江西省发展和改革委员会网站 http：//www. jxdpc. gov. cn/rdzt/jysdy/20091117/091227. htm。

[2] 新华社：《盘点 2009 中国农村消费大市场：金融危机下的“亮丽”成绩单》，新华网 http：//news. xinhuanet. com/politics/2009 - 12/22/content_ 12689925. htm。

[3] 商务部：《农村市场体系建设取得新进展　农村消费增幅首超城市》，2009 商务形势系列述评之一，商务部网站 http：//www. moc. gov. cn/zizhan/siju/caiwusi/caijingzixun/jinrongwaihui/200912/t20091231_ 647996. html。

Financial Crisis Tests China's Consumer Market in Rural Area

Abstract: The consumption in rural area, a significant component of domestic demand, is emphasis on expanding domestic demand. Faced with severe situation, the government in China actively deals with financial crisis and takes comprehensive measures to expand consumer demand in rural area, including dramatic increase of investment on agriculture and rural villages, enhancement on the crops' minimum purchase prices, further raise in agricultural subsidies, national spread of "Home appliances going to the countryside", "Agricultural machines going to the countryside", "Vehicles and Motor Bicycles going to the countryside", optimization of consumer circumstances in rural area. These measures have acquired good periodical achievement. However, the deep-rooted elements of restricting the increase of consumption in rural area still exist. In future, the government should attach emphases on increase of the peasants' income, acceleration on the process of transformation from peasants to civil residents, improvement on consumer policies and reformation on consumers' expectations. At the same time, the government is also expected to explore the consumer potentials in rural area.

Key Words: Financial Crisis; Consumer Market in Rural Area; the Potential Development; Policy Orientations

第十一章
金融危机考验我国区域经济协调发展

孙承平*

摘　要： 金融危机对中国经济的影响呈现典型的由东南沿海向北部和中西部地区转移扩散的趋势。外向度较高的沿海地区和以吸引外资为主的经济开发区受到的波及较为明显，中西部和东北地区主要经济指标表现良好，增速开始全面超越东部地区，各项指标占全国的比重开始逐步回升，呈现良好的发展态势。本章结合金融危机以来中国区域经济协调发展模式的应对举措，总结并评价区域经济良性协调发展对中国宏观经济缓解金融危机冲击的作用。

关键词： 金融危机　区域协调发展　基本公共服务

在金融危机中，我国出现中西部“反梯度隆起”现象，实现了对东部沿海地区在经济增长速度上的超越，四大区域之间相对差距已趋于缩小；区域经济发展已经发生了重大转变，开始由不平衡增长逐步转变为相对均衡增长，中国区域经济协调发展进入新的重要转折时期；中国经济增长由依靠东南沿海等少数一两个地区的单极驱动，正转向依靠包括中西部在内的更多地区支撑的多元化驱动。在新形势下，需要重新设计我国区域协调发展的目标和任务。

第一节　金融危机下的区域协调发展政策

一　政策措施及相关规划

为促进区域经济协调发展，在国家“十一五”规划纲要中，明确提出要

* 孙承平，任职于中国社会科学院工业经济研究所工业布局与区域经济研究室。

“坚持实施推进西部大开发，振兴东北地区等老工业基地，促进中部地区崛起，鼓励东部地区率先发展的区域发展总体战略”，“逐步形成主体功能定位清晰，东中西良性互动，公共服务和人民生活水平差距趋向缩小的区域协调发展格局”。特别是金融危机爆发以后，对我国经济的持续和健康发展造成了很大影响，区域经济首当其冲，受到的冲击比较大、比较多，面临的问题也更为复杂，区域经济协调发展的矛盾更加凸显。

在继续实施区域发展总体战略的基础上，为了有效应对国际金融危机的影响和大幅度增强区域经济抵御金融危机的能力，国家近来陆续批准了一系列区域规划和区域性文件，区域规划布局从东部、南部沿海延伸到中部、西部、东北等地，构建新的经济增长点，由过去主要依靠东南沿海的珠三角、长三角等少数一两个地区的单极驱动，转为依靠包括中西部在内的更多地区的多元化驱动，使区域经济振兴和协调发展成为保增长的新动力和抵御金融危机冲击的重要手段之一。金融危机以来，我国出台了一系列的促进区域协调发展的有关法规、政策以及规划。

1. 继续实施西部大开发战略

“十一五”以来，为继续深入推进西部大开发，国务院西部开发办制定了《关于促进西部地区特色优势产业发展的意见》(2006 年 5 月)。近年来，国务院又先后同意或批复了《西部大开发“十一五”规划》(2007 年 2 月)、《兴边富民行动“十一五”规划》(2007 年 6 月) 和《广西北部湾经济区发展规划》(2008 年 2 月)，国家发展和改革委员会还批准重庆市和成都市为全国统筹城乡综合配套改革试验区 (2007 年 6 月)。同时，为加强东西部地区互动合作，推进西部地区主动承接东部地区及境外产业转移，进一步加强东西部地区基础设施、特色优势产业、经贸往来、人才开发等领域的合作，国家发展和改革委员会和国务院西部开发办等 6 部门还联合发布了《关于加强东西互动　深入推进西部大开发的意见》。

在国际金融危机席卷全球之际，国务院总理、国务院西部地区开发领导小组组长温家宝于 2009 年 8 月 20 日主持召开领导小组会议，讨论并原则通过《关于应对国际金融危机　保持西部地区经济平稳较快发展的意见》，以化解与防范国际金融危机对西部地区的影响。截至 2007 年底，国家在西部地区新开工重点工程已达 92 项，投资总规模 13042 亿元；累计完成退耕还林 1. 39 亿亩、荒山荒地造林 2. 26 亿亩。同时，国家财政每年投入西部的建设资金大约 1000 亿元，每年对西部的转移支付达到1000多亿元。

2. 全面振兴东北地区等老工业基地

从2004年4月起，国家全面启动东北振兴战略。"十一五"以来，中央政府相继出台了一系列振兴东北的相关政策与措施。2006年8月31日，继上海洋山、天津东疆保税港区之后，国务院正式批准设立大连大窑湾保税港区。2007年8月，国务院正式批复了《东北地区振兴规划》，提出经过10~15年的努力，将东北地区建设成具有国际竞争力的装备制造业基地、国家新型原材料和能源保障基地、国家重要商品粮和农牧业生产基地、国家重要的技术研发与创新基地和国家生态安全的重要保障区，即"四基地一保障区"，实现东北地区的全面振兴。为振兴东北老工业基地，近年来国家有关部门在项目投资、财税、金融、国有企业改革、社会保障试点、资源型城市转型试点、对外开放和基础设施建设等方面还制定实施了一系列的政策措施。

3. 大力促进中部地区崛起

早在2004年1月，中央经济工作会议首次出现了"促进中部崛起"的提法。同年3月，温家宝总理在政府工作报告中正式提出要"促进中部地区崛起"。2006年2月，温家宝总理主持召开国务院常务会议，专门研究促进中部地区崛起的问题。2006年4月，中共中央、国务院发布了《关于促进中部地区崛起的若干意见》，提出将中部地区建设成全国重要的粮食生产基地、能源原材料基地、现代装备制造及高技术产业基地和综合交通运输枢纽，即"三基地一枢纽"。2006年5月，国务院办公厅又发布了《关于落实中共中央国务院关于促进中部地区崛起若干意见有关政策措施的通知》，提出了56条具体落实意见。2007年1月，国务院办公厅下发了《关于中部六省比照实施振兴东北地区等老工业基地和西部大开发有关政策范围的通知》，明确中部六省中26个城市比照实施振兴东北地区等老工业基地有关政策，243个县（市、区）比照实施西部大开发有关政策。同年12月14日，国家发展和改革委员会又发文批准武汉都市圈和长株潭城市群为全国资源节约型和环境友好型社会建设综合配套改革试验区。目前，有关促进中部崛起的规划和其他相关政策正在研究制定之中。

4. 鼓励东部地区率先发展

为充分发挥东部地区优势，2006年3月，国家"十一五"规划纲要明确提出，推进天津滨海新区开发开放，支持海峡西岸和其他台商投资相对集中地区的经济发展。同年5月，国务院又发布了《推进天津滨海新区开发开放有关问题的意见》，批准天津滨海新区为全国综合配套改革试验区，先行试验一些重大的改革开放措施，同时设立天津东疆保税港区。深圳作为经济特区也享受全国综合配套改革试验区的待遇。

5. 推进形成主体功能区

为把经济社会发展切实转入全面协调可持续发展的轨道，国家“十一五”规划纲要首次提出了对全国以至省、市、县域国土，根据其自然承载力、现有开发强度与发展潜力等因素，划分为优化开发、重点开发、限制开发和禁止开发4类不同主体功能的功能区。针对不同功能区，采用不尽相同的政绩评价体系和相应政策。应该看到，主体功能区划分并非一般性举措，而是从人与自然和谐相处，促进经济发展与人口、资源、环境相协调，实现可持续发展出发，优化空间开发结构、规范空间开发秩序的一项带有根本性的制度建设。就省、市、县域层面如何进行主体功能区规划，以及科学确定各功能区的范围与边界，2006年中央经济工作会议就“分层次推进主体功能区规划工作，为促进区域协调发展提供科学依据”提出了具体的要求。省级主体功能区规划2007年全面开展基础研究工作，对国土空间进行专题研究和综合评价，2008年6月，形成规划初稿，报领导小组办公室，与国家主体功能区规划和相邻省（区、市）主体功能区规划进行衔接。此后，国务院出台了《关于编制全国主体功能区规划的意见》（2007年7月），进一步明确了主体功能区的范围、功能定位、发展方向和区域政策的任务。

6. 积极推进重点地区的区域规划

在“东南沿海率先发展、西部大开发、振兴东北老工业基地、中部崛起”的国家区域经济协调发展的总体战略继续实施的基础上，针对一些重点地区和省，又单独制定了一些国家战略意见和规划。2009年以来，中央政府密集地批复了12个区域规划，分别为：2009年5月14日，国务院正式发布《关于支持福建省加快建设海峡西岸经济区的若干意见》；2009年6月25日，国务院正式发布《关中—天水经济区发展规划》；2009年6月24日，国务院常务会议原则通过《横琴岛总体发展规划》；2009年7月1日，国务院常务会议讨论并原则通过《辽宁沿海经济带发展规划》；2009年7月14日，国务院印发《关于江苏沿海地区发展规划的批复》；2009年8月30日，国务院批复了《中国图们江区域合作开发规划纲要——以长吉图为开发开放先导区》；2009年9月23日，国务院常务会议上原则通过《促进中部地区崛起规划》；2009年12月1日，国务院通过

《黄河三角洲高效生态经济区发展规划》；2009 年 12 月 12 日，国务院正式批复《鄱阳湖生态经济区规划》；2009 年 12 月 24 日，国务院正式批准实施《甘肃省循环经济总体规划》；2009 年 12 月 31 日，国务院公布了《关于推进海南国际旅游岛建设发展的若干意见》；2010 年 1 月 12 日，国务院正式批复《皖江城市带承接产业转移示范区规划》。

这些规划一方面体现了国家促进区域协调发展的战略意图，另一方面充分考虑了地方的比较优势。从而培育出更多的区域经济增长极，保证国民经济的稳定增长。尽管这些措施的出台已经酝酿了很长时间，不是直接应对金融危机的冲击，但由于外部环境变化，加快了规划批复的步伐，客观上对抵御金融危机的冲击、保持经济稳定性起到了积极作用。从长期战略的角度来看，更是为了促进区域协调发展，改变区域发展失衡带来的消极影响，有利于促进社会主义和谐社会建设。

二　对金融危机以来区域协调政策实施效果的简要评价

金融危机以来，我国实施了一系列促进区域经济协调发展、优化调整区域结构的区域政策，并加大了财政转移支付和对发展落后的贫困地区、结构单一的资源型地区、处于衰退中的老工业基地、财政包袱沉重的粮食主产区、各种矛盾交融的边境地区及库区等各种问题区域支持的力度。在这些相关政策的大力支持下，中西部和东北地区主要经济指标表现良好，增速开始全面超越东部地区，各项指标占全国的比重开始逐步回升，呈现良好的发展态势，四大区域之间相对差距已趋于缩小，区域经济发展已经发生了重大转变，开始由不平衡增长逐步转变为相对均衡增长，地区间协调发展取得了一定的成效。然而，由于历史、自然、经济和社会等多方面因素的综合影响，总体上看，目前我国区域经济仍然呈现不平衡发展的态势，地区发展差距仍然很大，地方财政实力、人均可支配财力和公共服务能力等区域间的差距仍然较大，实现地区协调发展的目标任重而道远。

第二节　我国区域协调发展的新特点及其趋势

“十一五”以来，国家的区域发展战略和政策发生了重大转变与调整，明确提出了要实现“东中西各展所长、良性互动，地区间公共服务与人民生活水平差距逐步缩小”的区域经济协调发展新格局的目标，我国的区域发展已进入一个更加注重科学发展的新阶段。受2008年国际金融危机的影响，我国区域协调发展与以往相比，呈现新的特点与态势。

一　我国各地区经济呈现相对均衡增长态势

虽然“十一五”以来，我国国民经济总体保持了持续、快速发展的势头，但受2008年国际金融危机的影响，经济增长有所下滑，四大区域增长速度不同程度出现下降趋势。分地区看，四大区域板块经济总量均有不同程度的扩张（见表11－1）。2008年，东部地区实现国内生产总值177579.56亿元，中部地区63188.03亿元，西部地区58256.58亿元，东北地区28195.63亿元。与2005年相比，分别增长了61.5%、69.7%、73.5%和65.9%；与“十五”时期相比，特别是2008年以来，四大区域呈现中西部地区增长加快，而东部地区增长有所放慢的新格局，曾经依赖东部发达地区辐射和带动而发展的西部地区，正在成为中国经济曲线上最先隆起的部分。

表11－1　2001～2008年我国及四大区域的GDP变动状况

单位：亿元

地区	“十五”时期					“十一五”时期		
	2001年	2002年	2003年	2004年	2005年	2006年	2007年	2008年
东部	56360.09	62830.84	73280.86	88433.10	109934.56	128593.05	151038.79	177579.56
中部	21531.17	23522.42	26348.46	32088.30	37230.30	43217.98	51864.17	63188.03
西部	18248.44	20080.93	22954.66	27585.17	33585.93	39527.14	47454.64	58256.58
东北	10626.56	11586.50	12955.16	15133.86	16992.62	19715.17	23325.01	28195.63
全国	106766.26	118020.69	135539.14	163240.43	197743.41	231053.34	273682.61	327219.80

资料来源：2001～2007年数据来自相关年份《中国统计年鉴》；2008年数据来自《中国统计摘要（2009）》。

2005～2008年，西部地区GDP年均增长20.2%，远高于其他区域，成为四大板块中增长速度最快的区域，在全球金融危机下“反梯度隆起”。而东部地区首次成为四大板块中增长速度最慢的区域，年均增长17.3%，低于中部地区的19.3%和东北地区的18.4%。这种增长态势一定程度上遏止了区域经济差距的扩大趋势，改变了中国经济总量和生产力布局不断向东部地区集中的局面。这说明，受金融危机的影响，我国区域经济的发展格局开始发生转变，东部地区增速明显放慢，而中西部和东北地区的经济增速则出现相对加快的趋势，开始由不平衡增长逐步转变为相对均衡增长。

二　地区间经济发展差距仍然过大，但已出现相对缩小的趋势

“十一五”以来，我国四大区域的经济发展水平得到全面提升。如图 11－1 所示，2006～2008 年，东部地区人均 GDP 从 27415 元提高到 37023 元，中部地区从 12260 元提高到 17066 元，西部地区从 10932 元提高到 15850 元，东北地区从 18226 元提高到 25929 元。在这四大区域中，东部地区人均 GDP 提升水平最高，三年间增长了 9608 元，东北地区和西部地区次之，中部地区增长最少，目前西部地区人均 GDP 水平仍然是最低的。到 2008 年，东部地区人均 GDP 是西部地区的 2.34 倍，是中部地区的 2.17 倍，是东北地区的 1.43 倍，东中西和东北四大区域之间人均 GDP 的比值为 2.34∶1.08∶1∶1.64。比较来看，东部地区与其他三大区域之间的差距仍然较大，中部和西部之间的差距相对较小，这两个区域的人均 GDP 都低于全国平均水平（23891 元）。东北地区人均 GDP 虽然高于全国平均水平，但与东部地区的差距仍然较大。从绝对值来看，我国区域差距主要表现为东部地区与其他三大区域之间的差距。从动态的角度看，如果各地区平均水平为 100，2006 年西部地区人均 GDP 相对水平为 63.5，到 2008 年上升到 66.3，中部地区从 71.2 上升到 71.4，这说明，“十一五”以来，中西部地区与各地区平均水平之间的差距已开始缩小。

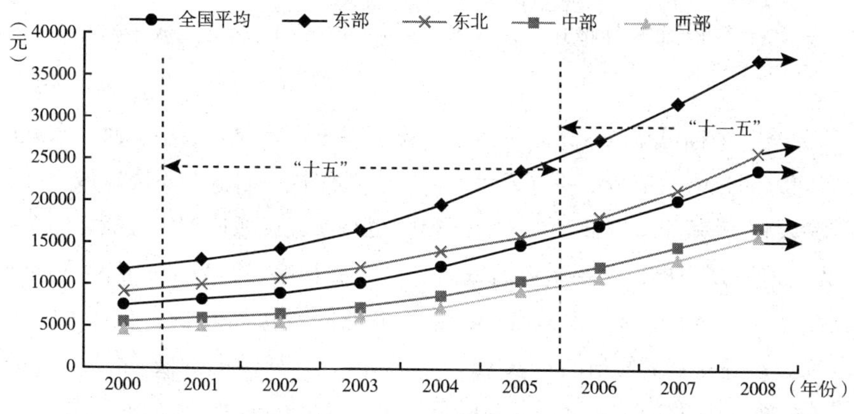

图 11－1　2000～2008 年四大区域的人均 GDP 增长态势

资料来源：2000～2007 年数据来自相关年份《中国统计年鉴》；2008 年数据来自《中国统计摘要（2009）》。

东部地区与其他区域之间的相对差距也已出现相对缩小的趋势。我们采用相对差距系数来判断四大区域在“十一五”以来发展差距的趋势。从图 11－2 中

可以看出，2006～2008年，东部地区与中西部地区以及东北地区间人均GDP的相对差距系数均已呈现缩小的趋势。2006年，东、中之间的相对差距系数为55.3，到2008年已到下降到53.9；东、西之间从60.1下降到57.2；东部与东北之间从33.5下降到30.0，东部地区与三大区域之间的相对差距系数都出现不同程度的下降。

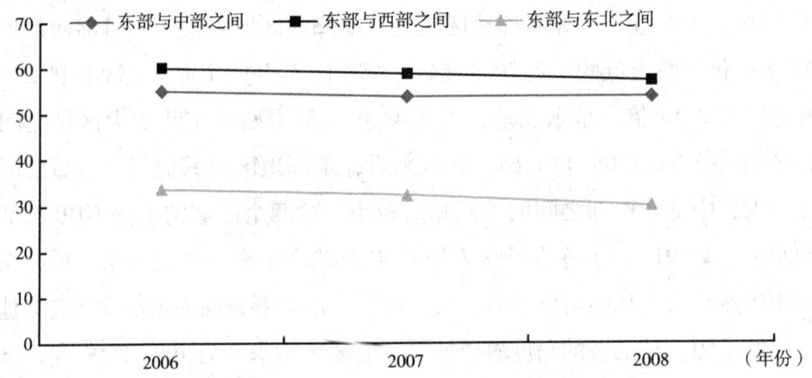

图11－2　2006～2008年东部与其他三大区域之间的相对差距系数

注：东部与中部、西部、东北地区之间的相对差距系数＝（中部地区指标值、西部地区指标值、东北地区指标值）/东部指标值×100。

资料来源：2006～2007年数据来自相关年份《中国统计年鉴》；2008年数据来自《中国统计摘要（2009）》。

我国是一个幅员辽阔、区域发展不平衡的国家。不仅东、中、西、东北四大区域之间，而且同一区域的不同省市区之间，甚至同一省区的不同地域之间，都存在较大的发展差距。因此，缩小省际差距也是实施区域协调发展战略的关键环节，是“十一五”规划纲要制定的重大区域发展战略。2008年，我国人均GDP最高的上海市达到73124元，而人均GDP最低的贵州只有8824元，两者相差64300元，最高值是最低值的8.26倍，与2006年人均GDP的极差值9.96相比，“十一五”以来，我国的省际极差值降低了1.7。参考世界银行的通用分类标准，将我国人均GDP分为高收入、上中等收入、下中等收入和低收入4种类型①。

① 分类标准如下：（1）低收入类型是指人均GDP为全国或区域平均水平75%以下的地区；（2）下中等收入类型是指人均GDP为全国或区域平均水平75%～100%的地区；（3）上中等收入类型是指人均GDP为全国或区域平均水平100%～150%的地区；（4）高收入类型是指人均GDP为全国或区域平均水平150%以上的地区。

2006年，我国高收入的省市为6个（上海、北京、天津、浙江、江苏、广东），上中等收入的省区为4个（山东、辽宁、福建、内蒙古），下中等收入的省区为5个（河北、黑龙江、吉林、新疆、山西），低收入的省区市为16个。到2008年，我国高收入的省市为5个（上海、北京、天津、浙江、江苏），上中等收入的省区为5个（广东、山东、内蒙古、辽宁、福建），下中等收入的省区为7个（吉林、河北、黑龙江、山西、新疆、湖北、河南），低收入的省区市为14个。可以明显看出，低收入水平的省区市个数已减少，这与“十一五”以来国家的经济发展空间结构转化及地区经济政策、扶贫攻坚战略等的实施密切相关，低收入发展水平的省份经济发展上了一个新的台阶。

三 固定资产投资快速增长，中西部和东北地区投资增长加快

“十一五”以来，国家推行积极的财政投资引导政策，特别是为应对2008年金融危机，中央政府启动了4万亿元的投资计划，各地投资均保持较高速的增长态势（见表11-2）。2006~2008年，东北和中部地区全社会固定资产投资平均每年分别增长34.8%和31.3%，西部地区平均每年增长26.6%，均高于全国平均水平（24.6%）和东部地区投资增长速度（19.3%），中西部和东北地区全社会固定资产投资增长速度已明显加快。这种快速增长，除了发展阶段的要求，还主要与扩大内需和4万亿元的投资计划有关，因为中央政府投资的重点是基础设施建设，而基础设施建设的重点又放在中西部地区。因此，西部大部分省份的固定资产投资额都高于全国平均水平的增长，这对于经济欠发达的西部来说，经济刺激作用显然高于东部地区。

表11-2 2001~2008年我国各区域固定资产投资额的变动

单位：亿元

地区	2001年	2002年	2003年	2004年	2005年	2006年	2007年	2008年
东部	19453.0	22577.9	30063.8	37431.9	45626.3	54637.1	64876.0	77395.2
中部	6393.7	7455.8	9485.5	12529.1	16145.6	20896.6	27746.2	36583.7
西部	7158.8	8515.4	10843.5	13754.4	17645.0	21996.9	28250.9	35838.8
东北	3086.5	3486.0	4211.6	5579.5	7678.8	10520.0	13920.1	18816.7
全国	36092.0	42035.1	54604.4	69294.9	87095.7	108050.6	134793.2	168634.4

资料来源：2001~2007年数据来自相关年份《中国统计年鉴》；2008年数据来自《中国统计摘要（2009）》。

受金融危机的影响，东部地区投资总额占全国的比重呈下降态势。由表11－3可见，东部地区的固定资产投资呈下降趋势，而中部、西部、东北地区则呈上升趋势。“十一五”以来，东部地区固定资产投资平均水平低于中部、西部和东北地区。

表11－3　2001～2008年我国各区域固定资投资所占全国的比重

单位：%

地区	2001年	2002年	2003年	2004年	2005年	2006年	2007年	2008年	“十一五”以来年平均增速
东部	53.9	53.7	55.1	54.0	52.4	50.6	48.1	45.9	19.0
中部	17.7	17.7	17.4	18.1	18.5	19.3	20.6	21.7	32.3
西部	19.8	20.3	19.9	19.8	20.3	20.4	21.0	21.3	27.6
东北	8.6	8.3	7.7	8.1	8.8	9.7	10.3	11.2	33.7
全国	100	100	100	100	100	100	100	100	24.9

资料来源：2001～2007年数据来自相关年份《中国统计年鉴》；2008年数据来自《中国统计摘要（2009）》。

虽然这一轮快速增长的固定资产投资会形成下一阶段有效拉动和支撑各地区经济增长的主要动力，但由于各地区固定资产投资的投向主要集中在能源和重化工等一些部门，区域间的投资领域差异不明显，未来这些部门将出现产能过剩的问题，这要求在“十二五”期间，对固定资产投资的区域结构和产业结构进行宏观调控，以逐步化解产能供过于求的风险。

四　东部地区仍是外商投资的重点，但外资已有西移之势

改革开放以来，我国实行的是一种非均衡地域开放战略，实际利用外商投资和出口高度集中在沿海少数地区。这种开放战略虽然有力地促进了我国的经济增长，但也产生了诸多不和谐因素，加剧了地区差距的扩大趋势。当前，这种非均衡开放战略已发生转变，特别是金融危机以来，东部地区的发展受国际经济环境的影响很大，抵御风险的能力较低，经济发展的环境与资源成本越来越高。另一方面，在我国广大的中西部地区，拥有丰富的劳动力、土地资源，外资已有西移之势，但从规模上来看，东部地区仍是外商投资的重点地区（见表11－4）。2006～2008年，我国各地区共利用外商投资60318.59亿美元，其中东部地区吸引47457.87亿美元，占总额的78.7%；中部地区4439.41亿美元，占总额的

7.4%；西部地区3901.26亿美元，占总额的6.5%；东北地区4520.05亿美元，占总额的7.5%。吸引外资最多的为东部地区，东北和中部地区次之，西部地区吸引外资最少。很明显，金融危机并没有改变外商投资的基本面，外商投资的重点地区仍是东部地区，珠三角、长三角、环渤海地区又是东部地区外资投向的主要区域，利用外资的规模较大。中西部和东北地区吸引外资占全国的比重还是较低。但随着东北振兴战略的实施、西部大开发的深入推进和中部的崛起，这三大区域发展潜力逐渐看好，2006～2008年，西部地区外商投资以年均22.45%的速度增长，中部地区达到年均17.11%，东北地区年均为11.86%，东部地区年均为15.28%。中西部吸引外商投资的增长速度已快于东部地区，特别是随着中西部地区对外开放程度的加大和交通基础设施等的完善，外商投资在中西部地区的投资规模也在加大，尤其是大型跨国公司西进趋势渐强，“贸易探路、投资跟进”模式也开始盛行。

表11－4　2005～2008年我国四大区域外商投资额与增速

地区	2005年投资额（亿美元）	2006年投资额（亿美元）	2007年投资额（亿美元）	2008年投资额（亿美元）	“十一五”以来年平均增长(%)
东部	11597.4	13409	16281.65	17767.22	15.28
中部	1039.2	1252	1518.35	1669.06	17.11
西部	869.55	1024	1280.73	1596.53	22.45
东北	1131.9	1390	1545.90	1584.15	11.86

资料来源：2005～2007年数据来自相关年份《中国统计年鉴》；2008年数据来自《中国统计摘要(2009)》。

五　对外贸易增长态势已大幅回落，对外贸易的格局出现波动

随着一系列出口贸易紧缩政策的出台、人民币汇率的升值、《劳动合同法》的实施以及2008年国际金融危机的爆发，我国对外贸易所面临的环境越来越严峻，各区域对外贸易以及外贸依存度的增长态势在金融危机时期已大幅回落，区域间对外贸易的格局也出现一定变动。总体来看，东部地区仍是我国进出口贸易最集中的地区，其他三大区域的进出口总额占全国总额的比重不到15%。2008年，东部地区进出口总额最高，占全国的87.7%，东北和西部地区次之，中部地区最低（见表11－5）。从变动趋势看，2006～2008年，东部地区进出口总额增幅回落最大，占全国总额的比重一直下降，从89.7%下降到87.7%，下降了

两个百分点，而其他三大区域增幅虽有所回落，但占全国的份额一直在扩大。其中，西部地区进出口总额增长最快，其占全国的份额三年间增长了0.9个百分点。

表11-5 2001~2008年我国四大区域进出口总额所占比重的变化

单位：%

地区	"十五"期间					"十一五"以来		
	2001年	2002年	2003年	2004年	2005年	2006年	2007年	2008年
东部	88.3	88.9	89.3	89.6	89.9	89.7	89.0	87.7
中部	3.2	2.9	2.9	3.0	2.9	3.1	3.4	3.9
西部	3.3	3.3	3.3	3.2	3.2	3.3	3.6	4.2
东北	5.2	4.8	4.5	4.2	4.0	3.9	4.0	4.2

资料来源：2001~2007年数据来自相关年份《中国统计年鉴》；2008年数据来自《中国统计摘要(2009)》。

改革开放以来，东部沿海地区一直实施外向型发展战略，外贸对经济增长的拉动作用很大。2003年以来，东部地区对外贸易增速开始回落，但仍高于全国平均增速。进入2006年后，其同比增速开始落后于国内其他地区，占全国的比重也随之下降。2007年东部地区进出口总额为19338.47亿美元（见表11-6），占全国的比重为89.7%；2008年为22469.69亿美元，占全国的比重进一步下降到87.7%，其中出口总额下降幅度大于进口总额下降幅度（见图11-3）。总体来看，金融危机对东部地区出口的影响较大，对中西部地区的影响要小一些。

表11-6 2001~2008年我国及各区域进出口总额的变化

单位：亿美元

地区	2001年	2002年	2003年	2004年	2005年	2006年	2007年	2008年
东部	4503.18	5521.35	7601.00	10350.92	12783.65	15798.07	19338.47	22469.69
中部	162.09	182.20	251.08	349.48	415.07	540.50	743.26	992.36
西部	168.43	206.17	279.36	367.30	451.34	576.68	785.76	1067.51
东北	263.98	297.96	380.63	480.22	571.12	691.62	870.84	1086.76
全国	5097.68	6207.68	8512.07	11547.91	14221.18	17606.86	21738.33	25616.32

资料来源：2001~2007年数据来自相关年份《中国统计年鉴》；2008年数据来自《中国统计摘要(2009)》。

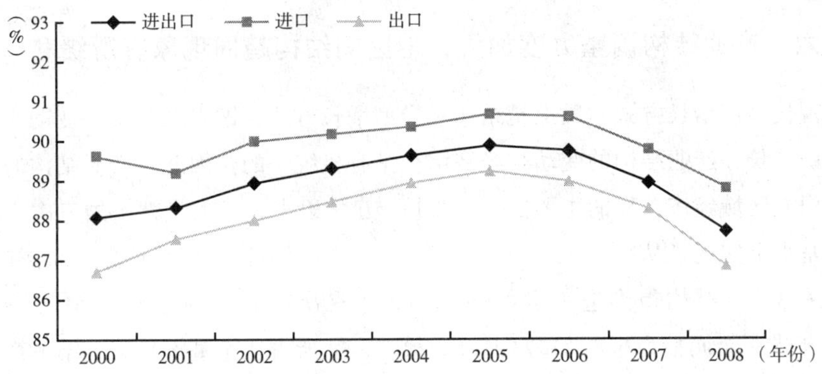

图 11 -3　2000 ~ 2008 年东部地区对外贸易总额占全国的比重变化

资料来源：2000 ~ 2007 年数据来自相关年份《中国统计年鉴》；2008 年数据来自《中国统计摘要（2009）》。

中部地区既不靠海，也不沿边，严重制约着外向型经济的发展。2006 ~ 2008 年，进出口总额年均增速为 33.7%，居四大区域首位。2008 年进出口总额为 992.36 亿美元，占全国比重为 3.9%，比 2007 年提高 0.5 个百分点。

由于受客观条件和历史基础等因素的限制，西部地区对外贸易发展比较缓慢。但金融危机以来，由于西部地区身居我国内陆，经济对外依存度不高，与东部地区相比，进出口总额较低、基数较小，因此在全球金融危机中，受影响较小，再加上国家和地方一系列保增长政策的刺激，西部地区的进出口额也较容易回升，对外贸易规模相对扩大，增速不断加快。2006 ~ 2008 年西部地区进出口总额年均增速为 33.2%，超过全国平均水平 11.5 个百分点。绝对量与东部地区相比，虽然仍存在相当大的差距，但在 2008 年世界经济危机对我国外贸出口形成严峻挑战的情况下，却依然保持平稳增长。2008 年西部地区进出口总额为 1067.51 亿美元，占全国的比重为 4.2%，分别比 2005 年和 2007 年提高 1.0 和 0.6 个百分点。

东北地区与俄罗斯远东地区、朝鲜、韩国、日本相接相望，边境口岸线占全国 2/3，具有开展边境贸易、国际合作的天然优势。然而多年来，东北的对外贸易增长缓慢，对当地经济带动作用有限。总体来看，东北地区外贸发展受国际金融危机影响较小，但依然缓慢。2006 ~ 2008 年，东北地区进出口总额年均增长 23.9%，高于全国平均水平 2.2 个百分点。2008 年东北地区进出口总额 1086.76 亿美元，占全国的比重为 4.2%，比 2007 年提高 0.2 个百分点。

六 产业结构调整力度加大，地区间结构趋同现象有所缓和

现代经济增长方式本质上是结构主导型增长方式，即以产业结构变动为核心的经济增长，产业结构的变动与经济增长是有机统一的。因此，产业结构的差异也是引起区域经济差异的主要因子。“十一五”以来，三大直辖市的三次产业结构已基本上实现了从“二三一”到“三二一”的转变，进入了发达经济阶段；东部地区产业结构得到进一步优化，2005 年三次产业比例为 7.9∶51.6∶40.5，2008 年进一步调整为 6.8∶51.7∶41.5，第二产业所占比重基本稳定，第一产业有所下降，第三产业有所上升，产业结构的变动开始进入优化阶段；2005 年西部地区三次产业结构为 17.7∶42.8∶39.5，2008 年调整为 15.6∶47.3∶37.1，第一产业下降了 2.1 个百分点，第二产业上升了 4.5 个百分点，第三产业下降了 2.4 个百分点，这表明西部地区产业结构调整初见成效，工业化进程正快速推进；中部工业化进程也正明显加快，2008 年第二产业占全国的比重达到 19.3%，比 2007 年提高 0.7 个百分点。但中部、西部一些欠发达省份的产业结构仍然还处于低度化状态，第一产业占有较大的比重，第三产业的比重徘徊不前，基本上处于工业化的初期至中期阶段。因此，努力促进中西部地区产业结构的变动，优化中西部地区的产业结构，将有助于缩小我国区域经济的差异。

七 城乡收入差距仍然较大，呈现从东到西逐步扩大的趋势

“十一五”以来，我国各地区的居民生活水平得到明显提高。其中，东部地区城乡居民收入较高，以绝对优势领先于全国其他地区。2000～2007 年东部地区农村居民人均纯收入水平不断增加，高出全国平均水平 50% 左右，2008 年为全国平均水平的 1.45 倍。2005 年东部地区城镇居民可支配收入为 13262 元，是全国平均水平的 1.27 倍；2008 年达到 19228 元，是全国平均水平的 1.29 倍。中部地区城镇居民人均可支配收入及农村居民人均纯收入仍处于较低水平，两者均相当于全国平均水平的 85% 左右。西部地区城镇居民人均可支配收入及农村居民人均纯水平也处于较低水平，2000～2008 年，西部城镇居民人均可支配收入相当于全国平均水平的 85% 左右，农村居民人均纯收入相当于全国平均水平的 67% 左右。东北地区城镇居民人均可支配收入不断提高，与全国平均水平的差距不断缩小。2007 年东北城镇居民人均可支配收入为 11463 元，相当于全国平均水平的 83.1%；农村居民人均纯收入为 4348 元，是全国平均水平的 1.05 倍。

城乡收入差距过大的现象在各区域间仍然存在，并且呈现从东到西逐步扩大的趋势。2007 年全国城镇居民人均可支配收入与农村居民人均纯收入之比为 3.33∶1，同期西部为 3.73∶1，中部为 3.03∶1，东部为 2.90∶1，东北为 2.64∶1，东部地区城乡居民收入差距明显小于全国其他地区，西部城镇居民人均可支配收入与农村居民人均纯收入之比为 3.73∶1，城乡收入差距居全国四大区域之首。这表明我国城乡收入差距正从东到西逐步扩大，也说明统筹城乡发展的重点区域在中西部地区。

八　各区域间基本公共服务的差距仍然较大

实现基本公共服务的均等化和生活条件的同质化，既是全面贯彻落实科学发展观和实现“十一五”规划纲要中所确立的战略目标的要求，也是促进区域协调发展、缩小地区差距的核心和关键所在。为完成这一战略目标，“十一五”以来，中央财政已加大了对中西部地区和东北地区的一般性转移支付和专项转移支付规模，进一步均衡地方财力，逐步推进地区之间的基本公共服务均等化，但各区域间的地方财政实力、人均可支配财力和公共服务能力的差距仍然较大，特别是金融危机以来，经济增速放慢，企业效益下降，加上政策性减税较多，各地税收均受到严重影响，地方财政预算收入增速大幅度回落，实现基本公共服务均等化的任务更为严峻。

2008 年，我国各地区财政收入共为 28645 亿元，其中东部地区占 58.4%（见表 11－7），西部地区占 18.0%，中部地区占 15.4%，东北地区占 8.2%，财政收入最高的东部地区分别是西部地区的 3.2 倍、中部地区的 3.8 倍、东北地区的 7.1 倍，各地区财政实力相差巨大。相比于东部地区而言，中西部地区和东北地区的公共服务能力明显不足，公共服务水平较低，离中央要求的实现基本公共服务均等化目标仍有很大差距。但从相对差距来看，与 2005 年各地区财政收入所占份额相比，东部地区下降了 1.8 个百分点，中部、西部和东北地区则分别上升了 0.2、1.4 和 0.1 个百分点，地区间财政实力的相对差距已出现缩小趋势。2006～2008 年，西部地区地方财政收入年均增长 27.9%，是四大区域中增长速度最快的。由于国际金融危机的影响，外向型经济较为发达的东部沿海地区最早被波及，经济增速放慢，企业效益下降，税收已受到严重影响，其地方财政收入增速大幅度回落，2006～2008 年的财政收入年均增长 23.2%，相比“十五”期间财政收入的高速增长，东部地区增幅回落最大。

表 11－7 四大区域财政收入占全国总收入的比重变化

单位：%

地区	2000 年	2001 年	2002 年	2003 年	2004 年	2005 年	2006 年	2007 年	2008 年
东部	57.0	59.4	59.4	60.0	59.3	60.2	59.2	59.6	58.4
中部	16.3	14.9	14.8	14.6	15.4	15.2	16.1	15.2	15.4
西部	17.6	16.7	16.8	16.7	17.0	16.6	16.7	17.3	18.0
东北	9.1	9.0	9.0	8.6	8.4	8.1	7.9	7.8	8.2

资料来源：2000～2007 年数据来自相关年份《中国统计年鉴》；2008 年数据来自《中国统计摘要（2009）》。

2006～2008 年，我国各地区平均人均财政支出由 1960 元增加到 3749 元，其中东部地区由 2493 元增加到 4300 元，中部地区由 1399 元增加到 2758 元，西部地区由 1738 元增加到 3768 元，东北地区由 2439 元增加到 4482 元，年均增幅分别为 19.9%、27.2%、29.4% 和 22.5%，中西部地区人均财政支出增长速度已高于东部地区，区域间的人均财政支出相对差距已出现缩小趋势，各区域间基本公共服务均等化已取得一定成效。但在设计基本公共服务的标准时，应该考虑到中西部地区是我国民族地区、边境地区和贫困地区的集聚地，同时还有大量革命老区的实际情况和特殊需要。例如，革命老区的优抚费用要远高于其他地区，民族地区则需要维持两种语言和民族文化传统，其公共文化支出也要远高于一般地区。这样，就需要从中西部地区的实际情况出发，对一些特殊地区基本公共服务的范围和标准进行系统深入的研究，以便在保持全国政策统一性的基础上，照顾到某些地区的特殊性。

第三节 今后我国区域协调发展的目标、任务和建议

一 我国区域协调发展中的突出问题

1. 空间无序开发问题依然比较突出

当前我国经济发展中的一个突出问题，就是空间开发无序现象十分严重。区域经济的持续增长以过度占用土地、矿产、水等资源和环境损害为代价，使得我国空间利用效率十分低下。据统计，我国万元 GDP 能耗是发达国家的 3～11 倍；2007 年 COD（化学需氧量）排放总量达 1382 万吨，接近排放最大允许量的两

倍。如果扣除生态环境成本和其他社会成本，我国空间利用的真实绩效就要大打折扣。各区域都存在着忽视资源环境承载力的盲目开发现象。一方面，一些资源环境条件欠佳或脆弱的地区，在“行政区经济”的大环境下，一味追求GDP增长，不顾自身承载能力盲目过度开发，致使资源更加匮乏，生态环境更加恶化；另一方面，发达地区资源和生态环境的支撑能力日益下降，给进一步发展带来了新的制约。突出表现为：一是片面强调土地的城市化，城市用地规模急剧外延扩张，2001～2007年全国地级以上城市市辖区建成区面积增长了70.1%；二是前些年各地不管有无条件都竞相建设开发区，开发区数量过多、面积过大，大批不具备条件的开发区“征而不开”、“开而不发”，造成大量耕地闲置撂荒；三是空间结构不合理，工业和生产占用的空间偏多，而用于生活、居住和生态的空间偏少；四是已出现“过密”与“过疏”的迹象，珠三角、长三角等一些城市开发强度过高，而其他一些有条件的地区却没有得到应有的开发；五是各地区经济的高速增长大多依靠土地的“平面扩张”，土地和空间利用效率较低，尤其是一些地方大建“花园式工厂”，各种形式的“圈地”现象严重。因此，从科学发展的角度看，当前急需采取有效措施切实加强空间管制，规范空间开发秩序，实现从无序开发向有序开发的转变。过去，我国的城市规划、土地利用规划和区域规划虽然在抑制空间无序开发方面起到了一定作用，但由于规划体制和机制等方面的缺陷，其在空间管制方面的作用存在很大局限。当前，国家正在推进的主体功能区规划和建设，其核心作用就是强化空间管制和区域调控。通过强化空间管制和区域调控，引导各开发主体和政府的空间行为。

2. 东中西产业互动关系有待进一步加强

改革开放以来东部沿海地区得到了较快发展，但在其快速发展的同时，一方面忽视了自身产业升级换代能力的建设，高技术含量、高知识含量的产业体系建设缓慢，现代服务业升级步伐不快；另一方面对我国广阔的中西部市场的重视、开发不够。这种格局的形成既有地区利益、地方保护、国内大市场远未建立的原因，也受区际交通条件和地缘结构等因素制约。这种格局的弊病在国际金融危机下更加凸显，对外部市场严重依赖的东部沿海地区在国际金融危机中经济发展受到较大影响，而中西部地区短期内所受影响没有东部地区大，但在较长时期内，中西部地区受的冲击和负面作用可能会更大，目前必须加紧改变已有的产业发展格局，促进区域间建立紧密的产业联系。

3. 关键问题区域发展仍然面临诸多困难

老少边穷和资源枯竭型城市等地区问题突出。我国尚未解决温饱问题的农村贫困人口，一部分分散在中、东部丘陵低山区、库区以及低洼盐碱易涝等地区，但大多数分布在边远高寒山区和荒漠化等自然条件极端恶劣的地区。这些地区生态环境脆弱，交通不便，基础设施薄弱且投入产出效益比很低，区位条件劣势明显，商品经济不发达，社会发育程度和公共服务水平严重不足。而资源枯竭型城市就业压力大，居民生活比较困难。近年来，我国已有 2/3 的矿山进入中老年期，1/4的资源型城市面临资源枯竭。由于这些城市的经济严重依赖资源开采和加工，接续替代产业发展滞后，伴随着资源型产业萎缩和经济下滑，职工下岗失业问题十分突出。

4. 财税体制尚需完善

税收政策不合理，税源与税收不对等。财政转移支付制度不健全，一般转移支付真正用于缩小区域间发展差距的数额偏小，而为保持原体制地方既得利益（如税收返还）的补助数额偏大，而专项资金存在交叉重复、种类繁多、操作不透明、不规范等问题。政府间事权划分与政府支出范围尚不够明确，使得基层公共服务水平难以得到保障。一些应该由省级政府或中央政府负担的财政支出责任落到了市县级政府上，致使市县财政压力加大，特别是在经济相对落后的市县，财政压力更大。如社会保障和义务教育的支出责任大约有 70% 落在县或县以下财政的肩上。

5. 区域间利益关系调整缺乏科学规范的制度构架

资源开发与利用、生态保护与补偿机制不健全。为了充分发挥各地区的比较优势，一些区域成为资源的提供者，一些地区成为生态保护的区域，但是由于市场机制不完善和区际利益关系协调机制不健全，使得这些区域的发展面临很多困难。对于资源提供区域，由于资源价格偏低，资源产权制度不完善，资源开发给当地带来的更多是资源枯竭、环境污染、地面塌陷等负效应；对于生态保护区，为了保护生态必然要牺牲一些发展权，但基本公共服务不到位，相应的生态补偿机制不健全，使得生态环境难以得到有效保护。由于缺乏必要的政策手段以及相应的矛盾协调机制，现有的区域合作组织难以发挥真正的作用。

6. 区域间经济发展差距仍然过大，区域间低水平竞争严重

由于财政体制、政绩考核制度等原因，我国一些地区不顾资源条件和生态环境承载力，盲目发展加工业，造成地区间产业结构雷同，不合理的低水平重复建

设现象十分突出，加剧了资源环境压力，阻碍了发展方式转型的步伐。不具有优势的地区竞相发展价高利大的加工业特别是重化工业，造成低水平的重复建设和无序竞争。第三次全国工业普查显示，全国主要工业品有80%以上生产能力过剩或者严重过剩。以钢铁工业为例，2007年我国钢铁产量已经达到4.89亿吨，占世界总产量的36%，但布局分散、集中度低、国际竞争力不强。此外，在汽车、石化、有色金属、建材等领域也不同程度地存在着重复建设的问题。由于长期粗放式经济增长方式的影响，使得东部沿海部分地区过度依赖外部市场，忽视产业升级和自主研发能力的提高，单纯依靠廉价的劳动和土地要素维持了一段时间的高增长，但在当前金融危机形势下，其弊端凸显，而中西部地区丰富的劳动力、矿产、土地资源，却由于社会保障制度不健全、资源价格不合理等因素也难以发挥作用。

二　未来我国区域协调发展的目标和任务

我国是一个地区差异极大的发展中大国。在当前新的发展形势下，要按照科学发展观的要求，统筹兼顾，合理布局，妥善处理区域发展中各方面的关系，走各地区协调发展、共同富裕之路。在“十二五”期间和今后较长一段时期内，科学合理地调整我国的区域结构，是推进协调发展的重要内容，是促进国民经济持续快速健康发展和社会全面进步、实现全面建设小康社会目标的重要途径。

1. 我国区域协调发展的目标

在“十二五”期间，要按照新型区域协调发展的内涵，从三个方面促进区域协调发展。一是全面的协调发展。不仅包括地区间经济、社会、文化和生态的协调发展，而且包括区域城乡协调发展、人与自然和谐发展、经济与社会协调发展等内容。二是可持续的协调发展。区域协调发展应该建立在可持续发展的基础上，通过采用资源节约和环境友好技术，制定科学的规章制度和政策措施，促进地区间和区域内资源高效集约利用，推动形成生产、生活、生态协调发展的格局。三是新型的协调机制。推动区域协调发展，必须建立一个以科学发展观为指引，并与社会主义市场经济体制相适应，能够长期管用的新型协调机制。因此，未来区域结构调整的目标和评判标准应该是多元的。具体说来，在“十二五”期间，评判区域协调发展应主要考虑以下几个标准。

一是各地区优势能够得到充分有效发挥，并形成合理分工、各具特色的产业结构。

二是各地区形成人与自然和谐发展的局面。

三是各地区居民人均收入差距逐步缩小，并保持在合理的范围内。在“十二五”期间，东中西和东北四大区域之间人均GDP之比调整为2.1∶1.2∶1∶1.5；全国城镇居民人均可支配收入与农村居民人均纯收入将大体调整为西部地区3.4∶1，中部地区2.9∶1，东部地区2.4∶1，东北地区2.2∶1。

四是各地区居民都能够享受到均等化的基本公共服务和等值化的生活质量。在“十二五”期间，我国各地区财政收入占比将大体调整为东部地区占50%，西部地区占20%，中部地区占18%，东北地区占12%。东中西和东北地区人均财政支出年均增幅大体调整为18%、22%、26%和20%。

五是保持地区间人口、经济、资源、环境的协调发展，即地区人口、经济与资源、环境的协调发展，以及地区人口分布与经济布局相协调。

六是保持国民经济的适度空间均衡，即从大区域的角度看，要防止出现经济“过密”与“过疏”问题，避免某些地区出现衰落和边缘化。

2. 我国区域协调发展的任务

（1）健全完善区域协调发展机制

进一步健全市场机制。首先，积极推进政府职能转变，减少政府对微观经济的过多干预，减少不必要的重复建设和区域间的过度竞争。其次，消除要素市场流动的障碍，推动劳动力、资本、技术在不同区域间的自由流动。再次，完善资源管理体制，健全产权制度，推进资源价格改革。建立有利于促进区域协调发展的财政体制。进一步厘清各级政府的职责范围，明晰各级政府事权和公共支出责任，完善中央和地方财力与事权相匹配的财政体制。

深化合作机制。区域间合作的目标是通过深化专业化分工和拓展协作范围来扩大市场，提高生产和组织效率，推动区域经济合作和区域一体化进程。政府应在政策层面鼓励区域合作。

依据科学化、法制化、规范化的要求，调整和完善各级政府间以分税制为主要内容的收入划分体制。按照加强中央宏观调控和贯彻财力均等化的原则，继续完善我国上下级政府间的财政转移支付制度，提高一般性转移支付比例，整合专项转移支付项目。加大对欠发达地区的支持力度，实现区域基本公共服务的均等化。按照规范的因素法统一核定各地的标准收入、标准支出及补助数额，形成有利于缩小各地财力差距的科学合理的转移支付模式。

（2）培育多极带动的国土空间开发格局

培育若干带动力强的经济轴带。立足于日益完善的基础设施网络，结合人口与产业的空间集疏趋势，大力拓展我国空间开发的轴线系统，推进我国区域开发格局逐步从增长极集聚、主导轴集聚向网络化扩散的方向转变。提升沿海发展轴，强化沿江发展轴，拓展京广开发轴、东北开发轴，培育陇海、西南开发轴。

以城市群为核心培育联系紧密的经济圈。准确把握人口与产业的迁移、集聚趋势，引导各类要素向基础条件好、发展前景明朗的城市群（带）集聚。以重要的交通基础设施为依托，以主要城市群为核心区，以城市群有效吸引范围为腹地形成区划单元，打破行政边界，形成若干跨行政区的经济区或经济圈。积极培育区域性增长极。按照区域平衡原则，围绕促进区域协调发展的主线，扶持一批区域性中心城市，引导、促进这些城市不断完善基础条件，大力发展具有区域资源支撑的特色产业体系，形成若干具有较强带动作用的区域性增长极。

（3）积极开展新型的区域合作与开放战略

加强东中西部地区产业互动。积极构建有效平台，加快东部地区产业向中西部地区转移步伐，鼓励劳动密集、物流成本低、产品时效性弱的产业向中西部地区转移，引导转移产业向中西部地区的工业园区集中。建设中西部产业转移示范区，积极探索中西部地区承接东部地区产业转移和工业园区建设的成功模式。加快中西部地区有条件的大中城市积极承接国际产业转移，大力发展外包服务业，建设服务外包产业基地。推进以大中城市为核心的跨区域合作，加快区域一体化进程。深入实施“走出去”战略，加强与周边国家的次区域合作。强化战略通道建设，重点提高境外基础性战略资源供给地的运输保障能力，确保国家基础产业的产业链安全。加快沿边地区对外开放，大力发展边境贸易，实行以开放促开发战略，建设沿边开放带，推动沿边地区发展，实现兴边富民、保土安民的目标，构筑沿边对外开放的新格局。

（4）创新各具特色的区域发展模式

根据不同地区、不同类型功能区的发展特点，创新各具特色的区域发展模式。对综合实力较强、经济规模较大、城市规模结构健全、内在经济联系紧密、科技创新实力较强，但存在过度开发隐患的优化开发区要在加快转变发展方式、提升产业层次、提高自主创新能力、强化土地集约利用、推行循环经济模式、提高公共服务水平、进一步集聚人口等方面进行创新。对于具有较好经济基础、较强技术创新能力和较大发展潜力的重点开发区，要在优化区域发展环境、培育区域新的核心竞争力、统筹城乡发展、提高区域产业人口承载能力等方面进行创新。对于具有区域性中心城市功能的区域性增长极，要在壮大城市基础、提高城市吸引力、完善城市功能、增强城市聚集能力等方面进行创新。对于资源密集地区，要在资源合理有序开发、提高资源有效利用率、建立健全资源补偿机制等方面进行创新。对限制开发区域要在生态修复、增强提供生态产品能力、因地制宜地发展资源环境可承载的适宜经济、引导超载人口逐步有序转移、建立生态补偿机制等方面进行创新。对禁止开发区，要在严格保护、引导人口逐步有序转移、发挥不同类型禁止开发区功能等方面进行创新。

（5）建立健全区域利益协调和补偿机制

建立区域公共事务多元化管理机制。在现有区域合作组织的基础上，完善区域合作的政策协调、利益协调、争议解决、广泛参与等机制。对于一些重要的跨行政区的区域合作组织，应赋予其一定的行政管理职能，如规划权、监督权、资金分配权等，保证区域合作组织能够发挥真正的协调作用。探索建立区域合作发展基金，由区域合作组织成员联合出资，用于区域重大基础设施建设补助、生态治理、区域信息平台建设等公共服务领域。探索建立生态保护区与生态受益区、资源产区和资源加工区、粮食主产区与粮食主销区之间的利益分享机制。

（6）统筹安排区域发展的总体布局

在当前以及“十二五”期间，国家应以西部、东北、中部、东部四个地区为地域单元，统筹规划和安排区域发展的总体战略布局。要继续实施西部大开发，振兴东北等老工业基地，促进中部地区崛起，鼓励东部地区率先发展，实现相互促进、优势互补、共同发展。西部地区在完善基础设施和生态环境建设的基础上，要充分发挥地区优势，大力推进特色优势产业发展，搞好资源综合开发利用和产业链延伸，培育一批具有竞争力的特色优势产业群，推进工业化和城镇化进程。东北地区要加大改革开放力度，加快国有企业改革和产业转型步伐，积极培育接替产业，重点支持能源、原材料及后续加工、装备制造业、农产品精深加工和高新技术产业发展，大力推进新型产业基地建设。中部地区要立足资源和劳动力优势，进一步完善农业生产基地和能源、原材料基地建设，积极抓好农产品加工转化和资源深度开发，大力发展劳动密集型产业，并依托大中城市发展高新技术产业，促进产业升级和经济快速发展。东部地区要重点发展高新技术产业和资源消耗小、附加价值高的出口产业，大力推进经济结构调整和升级，提升区域综合竞争力和自主创新能力，促进区域可持续发展。

三　推动我国区域经济协调发展的政策建议

针对“十一五”以来区域协调发展中存在的主要问题，“十二五”期间，应该从以下五个方面着力推进我国区域政策的调整和完善。

1. 积极推进主体功能区建设，逐步建立合理的空间开发结构

按照优化开发、重点开发、限制开发和禁止开发的不同要求，推进形成主体功能区，能够进一步突出各地区的特色与需求，增强区域政策的针对性，同时也有利于处理好一些特殊性质功能区开发与保护的关系，是对区域发展总体战略的完善、细化与落实。在实际操作过程中，应重点把握好以下方面：准确认识和把握我国国情和发展阶段，从实际出发进行科学划分，不能盲目仿效发达国家；积极调整完善相关政策特别是财政政策、人口迁移政策、生态保护与资源利用政策、经济补偿及相关政策，尤其要加大对限制开发和禁止开发区域的财政转移支付力度；进一步明确中央和地方各自的职责，充分发挥各方面积极性，做好区域发展四大板块战略与形成主体功能区的政策衔接，保持政策的连续性和稳定性。引导经济布局、人口分布与资源环境承载能力相适应，促进人口、经济、资源环境的空间均衡；从源头上扭转生态环境恶化趋势，适应和减缓气候变化，实现资源节约和环境保护；打破行政区划，制定实施有针对性的政策措施和绩效考评体系，加强和改善区域调控。随着区域发展总体战略的落实，空间布局规制、区域政策和区际互动机制的日趋健全，我国必将形成区域协调发展的新格局。

2. 进一步促进区域协作互动

加强区域合作是缩小地区发展差距的重要手段，中央政府应按照有利于推进区域合作的方向调整现行制度安排。为促进区域合作，国家应着手研究制定鼓励东部发达地区企业进行跨区域投资的优惠政策，并以此取代、规范中西部地区各地方政府出台的地方件政策，以保证相关政策的执行力，为东部地区产业转移及东中西部地区开发的良性互动合作提供体制保障。鼓励东部地区参与中西部地区各层次的建设与合作。发挥区域合作组织在解决公共产品领域、规划领域、区域重点问题领域的组织协调作用，形成政府、企业、社会团体等共同参与、协作互动的推进区域合作的立体网络。

3. 强化规划引导和法律约束，健全保障区域政策有效实施的制度

提高区域政策实施的有效性和规范性，需要加强两项工作。一是区域规划编制。编制和实施区域规划，有利于统筹兼顾、综合协调，调动各方面的积极性，

加快区域协调发展的进程。应按照科学发展、协调发展的要求，编制和实施若干重点开发区域和重点生态功能区域的规划。二是建立健全区域法律法规。应加快立法进程，抓紧制定促进区域协调发展法、区域规划法等专门法律法规，进一步解决规划和政策有效实施的问题。区域政策的调控手段包括行政手段、经济手段和法律手段，我国现阶段以行政手段调控为主。行政手段由行政机关直接做出，政府的自由裁量权过大，随着市场环境的变化以及决策者本身的有限理性，最容易“朝令夕改”。行政手段虽然可以在短时间内让经济呈现高速增长的局面，但是长远来看可能造成资源环境、社会秩序方面的隐患，而且不加规范的行政行为有可能只是行政官员“拍脑袋”的结果，而大量成本却由社会承担。因此，我国国家区域政策手段必须由以经济手段和行政手段为主，尽快过渡到以法律手段和经济手段为主，以保证区域政策的连续性和稳定性。

4. 推进基本公共服务的均等化

在国家政策的有力支持下，近年来中西部地区投资和经济增长逐年加快，东部与中西部地区间 GDP 增长率差距已趋于缩小，东西部发展差距也开始呈逐步缩小的态势，但从总体上看，目前我国地区发展差距仍然很大，缩小地区差距仍将是一项长期的艰巨任务。从政府政策的角度看，缩小地区差距重点是缩小地区间公共支出和公共服务水平的差距，使各地区居民能享受到均等化的基本公共服务和同质化的生活条件。为此，今后中央政府应该更加强调公平目标，进一步加大财政转移支付的力度，切实帮助各种问题区域发展经济，提高其基本公共服务水平，推进地区间基本公共服务的均等化。这种基本公共服务是不同地区的居民应该享有的基本权利和福利。要加快制定有关公共服务投入的政策条例，建立公共服务投入监测指标体系。通过有效整合财力资源，提高资金使用效率，把公共财力更多地向市场机制无法调节或不便调节的公共服务领域倾斜，更多地用于扶持社会发展领域中的薄弱环节，加大对劳动就业、职业培训、生活保障、社会弱势群体救助以及公共卫生、公共安全等与人民群众切身利益直接相关领域的投入力度，让人民群众共享改革发展成果。

5. 实行多中心网络开发战略

实行多中心网络开发战略，由此推动全国经济的一体化进程，促进区域经济社会全面协调可持续发展。大力推进多中心建设与开发，要在抓好珠三角、长三角经济转型升级的基础上，依托大都市圈和城市群的建设，在环渤海、中西部和东北地区培育一批新的增长极和增长区，形成多中心的多元化区域竞争格局。除了珠三角和长三角外，京津冀都市圈、山东半岛城市群、沈大都市圈、海西城市群、中原城市群、武汉都市圈、长株潭城市群、成渝都市圈、关中—天水经济区、北部湾经济区等，都有条件建设成支撑未来中国经济高速增长的新的主导地区和增长极，由此将形成“群雄并起”、多中心的多元化区域竞争格局。实施网络开发，就是要在继续完善沿海轴线的基础上，进一步加强沿长江轴线尤其是长江中上游地区的开发，并依托主要交通干道和综合交通运输网络，以大都市圈和城市群为载体，以主要中心城市为节点，加快推进建设一批新的国家级重点开发轴线，逐步形成“五纵四横”的网络开发总体格局。其中，五条纵向的国家级重点开发轴线是沿海轴线、京广轴线、京深轴线（北京—济南—合肥—南昌—深圳）、齐哈大轴线（齐齐哈尔—哈尔滨—大连）、包南轴线（包头—西安—重庆—贵阳—南宁），四条横向的国家级重点开发轴线是沿长江轴线、陇海—兰新轴线、沪昆轴线（上海—杭州—株洲—贵阳—昆明）、青西轴线（青岛—济南—石家庄—太原—银川—兰州—西宁）。这样，通过实施多中心网络开发战略，逐步在包括东部、中部、西部和东北地区在内的全国范围内，培育一批支撑全国经济高速增长的新增长极、增长区、增长带和增长轴，由此推动形成全国经济一体化和区域协调发展的新格局①。

参考文献

［1］魏后凯：《金融危机对中国区域经济的影响及应对策略》，《经济与管理研究》2009 年第 4 期。

［2］魏后凯：《中国国家区域政策的调整与展望》，《西南民族大学学报》2008 年第 10 期。

［3］国家统计局国民经济综合统计司：《中国区域经济统计年鉴（2008）》，中国统计出版社，2009。

［4］安树伟、郁鹏：《“十一五”以来我国区域经济运行态势及未来政策取向》，《西南民族大学学报》2008 年第 10 期。

［5］朱丽萌：《调节区域政策，统筹城乡、区域发展》，《江西财经大学学报》2007 年第 6 期。

［6］魏后凯：《“十一五”时期中国区域政策的调整方向》，《学习与探索》2006 年第

① 魏后凯：《新时期我国国土开发的新方略》，《绿叶》2009 年第 9 期。

1 期。
[7] 李君甫、王选庆：《中国的区域结构对可持续发展的影响》，《金融与经济》2006 年第 6 期。
[8] 蒋满元：《区域结构演化对区域可持续发展的影响探讨》，《当代经济管理》2007 年第 10 期。
[9] 范恒山：《实施区域发展总体战略取得重要进展》，《经济研究参考》2008 年第 23 期。
[10] 陈栋生：《区域协调发展和区域发展总体战略》，《浙江经济》2007 年第 10 期。

Financial Crisis Tests China's Coordinated Development of Regional Economy

Abstract: The influences of the financial crisis on China present typical tendency of spread from southeast coastal areas to northern and the central and western districts. The fluctuation in coastal areas characterized by high open degree and economic development zones relied on foreign capitals is apparent and obvious. The primary economic indexes beginning to increase perform well in the central and western areas and northeastern regions, whose increased rate outweighs the east areas. This chapter summarizes and assesses the role of coordinated development of regional economy in relieving the impact of financial crisis on macro economy in China with related policies since the beginning of the crisis.

Key Words: Financial Crisis; Coordinated Development of Regional Economy; Basic Public Services

第十二章
后危机时代我国外经贸发展及战略重点

于培伟*

摘　要：后危机时代，中国对外经济发展所依托的内外部环境都异常严峻，中国外经贸发展面临转型和调整。中国在本轮金融危机中受到的冲击相对较小，经济率先复苏，进一步对外开放面临着一系列历史性机遇。面对世界经济格局大调整、世界产业大重组等新形势，我们必须在更好地统筹国际国内两个大局的前提下，进一步强化全球视野和战略思维，将促进世界经济恢复繁荣与自身持续发展结合起来，将参与世界经济、产业大重组与自身结构调整结合起来，将参与世界经济再平衡与转变国内经济发展模式结合起来，抓住后危机时代的机遇。

关键词：后危机时代　对外经济贸易　发展转型　战略重点

经过长达8年的强劲增长之后，由于遭受20世纪30年代大萧条以来最严重的全球性金融危机，世界经济深度衰退。在当前全球WTO多边谈判受阻、发达国家需求不振、全球贸易保护主义盛行的背景下，中国进一步稳定发展对外贸易，推动利用外资和对外投资协调发展，深化多边双边经贸合作，从而拓展对外开放的广度和深度，已成为当务之急。

第一节　金融危机背景下世界与中国经济贸易的发展态势

当前，在各国货币政策和财政政策的刺激下，新增生产需求开始增长，作为

---

* 于培伟，商务部政策研究室副巡视员，中国国际贸易学会常务理事，长期从事对外经济与贸易研究。

世界主要经济体的制造业回升明显，经济指标已显示经济复苏回稳迹象，但是经济复苏的持续性尚不稳固。受到世界经济下行的影响，国际经济贸易合作也大幅萎缩，给中国经济保持快速增长带来了极大的负面影响。恢复外贸增长、促进经济社会发展是当前中国面临的紧迫任务之一。

一 金融危机以来全球经贸发展遭受重创

2008 年以来，由于遭受国际金融危机冲击与拖累，世界经济、国际贸易、外国直接投资（FDI）等均遭受重创。冲击从金融市场蔓延到实体经济的各个领域，从而商品出口放缓，给世界贸易造成阻碍。此外，自 2008 年年初以来国际汇市世界主要货币汇率持续疲软，恶化了国际贸易的结算环境。全球大宗商品价格剧烈下跌、国际油价大起大落也加剧了国际贸易外部环境的恶化。但根据世贸组织、世界银行、联合国贸发会议等组织的预测，到 2010 年国际贸易、国际投资等国际经贸合作可能会再趋活跃。

1. 国际贸易遭遇“二战”以来最大紧缩

自 2008 年年底以来，全球贸易出现了显著下滑。2008 年全球贸易额随着商品价格上涨而快速增长，但因金融危机、油价下跌等因素，下半年增速明显放缓，第四季度出现负增长。全年世界贸易总额 15.775 万亿美元，同比增长 15%。世贸组织公布的数字显示，2009 年全球商品贸易量下降 12.2%，为 70 年来之最。如果以名义价值计算，全球商品贸易跌幅则达 23%，总额跌至 12.15 万亿美元。主要是经济衰退造成家庭和企业财富缩水，进而引起全球需求减少，用于消费尤其是耐用消费品的开支随之减少，贸易保护主义和贸易融资减少也是原因之一。

随着经济复苏，2010 年全球贸易量将增长 9.5%，发达经济体增长 7.5%，发展中经济体和独联体将增长 11%。但全球要达到 2008 年高峰时期的贸易水平，仍需要两年时间，发达国家则恢复更慢，大概需要三年时间。但上述预测是以 2010 年全球经济增长 2.9% 为前提的。不过，由于全球经济复苏形势仍然存在不确定性，任何消极的经济信号都有可能使世贸组织下调贸易增长预测，如原油价格进一步上涨、主要货币汇率波动等。

2009 年全球贸易下降有一个重要特点，即具有同步性，所有国家的进出口都同时下降。

美国贸易逆差回落速度显著。2009 年，美国继续稳居世界第一大贸易国、世界第三大出口国和世界第一大进口国的地位，进出口总额约为3.48亿美元，其中，出口1.55亿美元，进口1.93亿美元。逆差3807亿美元，大大低于2008年6959亿美元，同比减少45%，创8年来最低水平。其中货物进出口总额2.6万亿美元，同比下跌23.2%，出口和进口分别为1.04万亿美元和1.56亿美元，同比分别下降18.1%和26.2%，逆差5169亿美元；服务进出口总额8787亿美元，同比下跌8%，出口5075亿美元，进口3712亿美元，顺差1363亿美元。货物和服务贸易逆差在国内生产总值中所占比例为2.7%，低于2008年的4.8%。

奥巴马政府在减少贸易逆差方面竭尽所能，并把扭转逆差作为一项核心经济政策。白宫首席经济顾问萨默斯在2009年8月曾提出转变美国经济发展模式的4个方向，其中首要一项就是要更多依靠出口。一年来，美国积极推动与韩国、哥伦比亚、巴拿马等国的双边自由贸易协定，同时不时挥舞“保护主义大棒”以限制进口，此外美元贬值也令美国商品更具有国际竞争力。2010年1月27日奥巴马在国会发表的首次国情咨文当中，再度强调出口的重要性，并提出未来5年使美国出口翻倍的具体目标。同年2月4日，商务部长骆家辉提出落实奥巴马总统出口目标的一项重要措施——“全国出口计划”，帮助企业特别是中小企业扩大出口。同时针对欧元、人民币等货币不断施压，力图巩固其金融霸权和贸易霸权。

欧元区贸易赤字转盈余。受国际油价上涨和金融危机拖累，2008年欧元区和欧盟外贸逆差激增。欧元区贸易逆差高达547亿欧元，为1999年欧元区成立以来最高纪录，欧盟贸易逆差为2584亿欧元。随着全球经济逐步复苏，2009年，欧盟27国进出口总额22941亿欧元，其中，出口总额10944亿欧元，同比下降16%；进口总额11997亿欧元，同比下降23%。贸易逆差1053亿欧元，同比下降约59%。欧元区出口总额为12747亿欧元，进口总额为12524亿欧元，同比分别下降18%和22%，贸易盈余223亿欧元，与2008年相比欧元区的贸易形势有明显改善。在欧盟所有成员国中，德国的贸易盈余最多，为1358亿欧元，英国的贸易逆差最大，为926亿欧元。除对中国出口同比增长4%外，欧盟对主要贸易伙伴贸易额均大幅下降。

日本贸易止跌回稳。由于日本经济严重依赖出口，因此在发达经济体几乎全部陷入经济衰退的情况下，日本经济的萎缩程度比其他国家更加严重。2008年，日本贸易出现了28年首度贸易赤字，贸易顺差比2007年大幅减少80.9%。出口在连续7个月下滑后，于2009年2月触底，出口创纪录地下滑了49%。2009年

第二季度开始，随着海外经济改善，日本的出口持续增长，企业生产也在好转，企业收益继续减少但减幅趋缓。2009 年，日本出口额 54.2 万亿日元，同比减少 33.1%；进口额 51.4 万亿日元，同比减少 34.9%。日本的汽车、钢铁和半导体等电子产品的出口均出现减少，但原油、液化天然气等进口也大幅减少，因此贸易顺差实现增长，为 2.8 万亿日元，同比增长 36.1%，这是日本贸易顺差两年来首次出现增长。日本对欧美等主要贸易伙伴的贸易顺差降幅继续扩大。其中，对美国贸易顺差连续三年减少，降幅从 2008 年的 27.8% 扩大到 47.5%，对欧盟的贸易顺差连续两年减少，降幅从 2008 年的 10.2% 扩大到 19.5%。虽然日本银行调高经济评估，但出口和工业生产都面临较大压力。尤其是出口方面，政策实施不当可能使复苏之路变得坎坷，而且日元持续升值和国际贸易摩擦也对出口有负面影响。

新兴经济体商品出口回升。新兴经济体商品出口同比降幅于 2009 年 2～3 月触底，并于 4 月份开始收窄。进入下半年以来，新兴经济体商品出口同比降幅持续改善，环比均有所上升。韩国第二季度出口环比增加 17%，新加坡 8 月份非石油本土出口同比下降 7.1%，好于 7 月份的 8.7% 降幅，为 2008 年 11 月以来最小降幅。泰国商品出口同比降幅明显减缓，8 月份同比下降 18.4%，降幅低于 7 月份的 25.7%。泰国商品出口环比已经连续 4 个月上升，反映了出口表现有企稳迹象。

2. 国际投资大幅下滑

由跨国并购引发的全球外国直接投资（FDI）增长周期持续了 4 年，到 2007 年到达顶峰，当年全球 FDI 流量达 1.9 万亿美元。但国际金融危机对全球 FDI 流动造成了严重的影响：2008 年全球 FDI 同比下降了 14%，为 1.7 万亿美元。联合国贸发会议指出，2009 年全球 FDI 流量更是锐减到 1.04 万亿美元，下降 39%。发达国家吸引外资大幅下挫 41%；流入发展中国家和转型经济体的外资分别下降 35% 和 39%；欧盟、亚洲、拉美和加勒比地区、非洲分别下降了 29%、32%、41% 和 36%。

全球投资不振的原因在于最能反映跨国公司长期投资战略的股权投资的下降十分突出。由于商品需求下降和融资成本上升，许多跨国公司放弃或暂停海外投资计划，从 2008 年中开始，全球范围内爆发了跨国公司总部的撤资潮。但 2009 年末的反弹迹象则说明国际投资的总体环境正在逐步改善。

发达国家成为重灾区。由于本次金融危机的重灾区是发达国家，造成发达国家 FDI 流出大幅减少。经历了 2008 年的急剧下降后，2009 年流入发达国家的投资继续大幅下挫，降幅达 41%，2008、2009 年美国虽然保持了全球最大的 FDI 输入国与输出国的地位，但 2009 年美国吸收的外国直接投资为 1370 亿美元，同比下降 57%。法国、俄罗斯、英国分别下跌 36%、41%、94%。

全球并购数量大幅减少。2008 年发达国家的 FDI 流量下降了 29%，主要原因是跨国并购历经五年繁荣期于 2007 年结束，并购额下降了 39%。欧洲的跨国并购交易骤跌 56%，日本下降了 43%。2009 年全球跨国并购相关资金流量为 2400 亿美元，同比减少 66%。上半年的跨国并购交易比 2008 年下半年减少 40% 以上，10 亿美元以上的跨国并购案只有 40 宗，不到 2008 年同期的 1/3，严重程度远超过 2001 ~ 2003 年跨国并购的下滑。公司利润下降、股价下跌使得并购交易的价值和范围都大幅缩减。

发展中国家引资降幅小于发达国家。近年来，很多发展中国家都成为吸收和输出 FDI 的大国，特别是 2008 年发展中国家与转型经济国家 FDI 流入占全球 FDI 流入量的 43%，FDI 流出量也占了全球 FDI 流出量的 19%。2008 年非洲的 FDI 流入量创下历史新高，南亚、东亚和东南亚增长 17%，西亚的 FDI 流入量连续第 6 年增长，拉丁美洲和加勒比地区的流入量增长了 13%。但在连续 6 年取得增长后，2009 年发展中国家 FDI 流入量仅为 4050 亿美元，下降 35%。拉丁美洲和加勒比地区下降尤为明显，其中巴西、阿根廷分别下降 50%、41%。在亚洲，中国香港地区、马来西亚、泰国分别下降 43%、67%、54%。虽然 2009 年新兴市场的 FDI 流入量也有显著下降，但下降幅度还是小于发达国家。

据联合国贸发会议 2009 年 9 月的《世界投资前景调查》报告，多数跨国公司预计其 FDI 支出将于 2010 年逐步恢复，于 2011 年重现增长势头；一半以上的公司甚至预计 2011 年的 FDI 就会超过 2008 年水平，接近 1.8 万亿美元。报告认为，美国及中国、印度、巴西和俄罗斯将引领 FDI 的复苏。此外，在全球经济复苏之时，随着公共和政府资金从其救助的受困企业中撤出，将会引发新一轮的跨国并购。预计跨国并购将在 2010 年缓慢复苏，跨国公司的 FDI 活动将在 2010 年有所恢复。因此，2010 年全球 FDI 将温和增长，发达国家和新兴市场吸收外资将同步增长，其各自所占份额变化不大。未来 FDI 的流向会有所改变，农业、服务业、采矿业会是投资重点，而制造业恢复速度相对较慢。

全球金融危机以后，各国的经济刺激政策措施也会对 FDI 的流入产生积极的效果，这些措施可能会引起投资保护主义，即有利于国内投资者而不利于国外投

资者，或者通过对投资流出的限制以保证资本留在国内。不过总体而言，全球FDI政策尚未发生大的转变，投资保护主义也并未在世界范围内大量兴起。据调查，2008年世界各国共颁布110条涉及FDI的法律法规，其中85条法律法规与FDI的便利化有关，同2007年相比，不利于FDI的法律法规所占比重保持不变。事实上，大量政策改革都是朝着促进投资，包括促进对外投资的方向发展。

3. 国际贸易机制经受重大考验，区域经济合作“抱团”升温

全球金融危机对未来全球多边贸易体系的构建将产生重大影响。从短期看，国际注意力更多地转移到国际金融领域，将进一步降低对多边贸易谈判的兴趣，多哈回合面临进一步延期的困境。美国和欧盟是多边贸易谈判最重要的推动者和参加方，也是这场金融危机的重灾区，目前他们都全力以赴地投入应对危机的行动中，无暇顾及贸易谈判。多哈回合谈判受阻也助长了各国转而寻求双边或区域性安排，这将导致全球贸易版图割裂成相互交错的小块，从而在客观上加剧全球贸易规则的混乱。

金融危机成为全球区域经济联合加速的推手。经过金融海啸洗礼，全球各地区推动区域内经济联合的愿望愈加强烈。2008年10月~2009年10月，向世贸组织通报的区域贸易协定有25个，23个是双边自由贸易协定，其中东亚成为最活跃的地区，共通报8个区域贸易协定。在欧洲，2009年10月，爱尔兰公投通过欧盟新宪法条约《里斯本条约》，给欧洲经济一体化以有力的推动，危机中受重创的东欧各国，如波兰、捷克等国，也迫切希望能更快获得欧元区的庇护，欧洲一体化的最大障碍已经清除；冰岛、瑞典、丹麦等国，甚至英国都出现了加入欧元区的呼声。日本主动与中国加强联系，提出了建立“东亚共同体”的倡议，为东亚一体化描绘了一幅蓝图，并强调关键在于首先从强化中日韩经济合作开始。俄罗斯明显加快了与中国和东盟“在贸易、投资和经济等领域的互利合作”步伐。作为南美地区最大的经贸一体化组织——南方共同市场主要领导者的巴西，也与阿根廷、乌拉圭等国签订了双边贸易本币结算协议。保证自身经济安全与发展已成为各经济体加速实施区域合作的主要诉求。

二 金融危机背景下中国外经贸工作迎难而上

1. 对外贸易曲折走出低谷

2009年，国际金融危机对中国冲击最严重的就是国际市场萎缩导致的出口下降。在克服国际金融危机不利影响的过程中，中国不仅采取措施稳定出口，而

且积极扩大进口。在宏观经济政策的作用下，对外贸易实现了保市场、保份额的目标。2009 年全年进出口降幅明显收窄，外贸规模逐步扩大，进出口在持续了 12 个月的下降之后，到 11、12 月两个月实现增长。可以预计，2010 年扩大进口的效果将进一步显现，进出口贸易将更趋平衡。

2009 年全年外贸进出口总额 22072.7 亿美元，同比下降 13.9%。其中出口 12016.6 亿美元，同比下降 16%；进口额 10056.1 亿美元，同比下降 11.2%；进出口差额为 1960.5 亿美元，同比下降 34.2%。12 月当月外贸进出口总额 2430.2 亿美元，同比增长 32.7%，其中出口额、进口额同比分别增长 17.7%、55.9%。这是在 2009 年 11 月外贸进出口首次转正之后，月度出口第一次实现增长，月度进口比 11 月 26.7% 的增幅提高了一倍多。中国进口大量增加为世界经济复苏作出了积极贡献，贸易顺差 184.3 亿美元，比 2008 年同期的 390.1 亿美元下降了 52.8%，外贸进出口在向更加平衡的方向发展。

2009 年中国对外贸易主要呈现以下特点：

第一，市场多元化进一步显现。2009 年，中国对欧美市场出口占比为 38.05%，比 2008 年略有下降；欧盟、美国市场的进口额仅分别下降了 3.6% 和 4.8%，远低于中国进口额总体下降 11.2% 的幅度；对欧盟和美国的贸易顺差分别下降了 32.3%、16.1%。同时对东盟、印度等新兴市场的贸易份额有所增加。

第二，劳动密集型产品出口降幅相对较小。服装、鞋类、家具、玩具、箱包等劳动密集型产品出口分别下降 11.0%、5.7%、6.0%、10.0% 和 9.2%，均低于整体出口 16% 的降幅。

第三，主要大宗商品进口价跌、量长。进口额居前 6 位的原油、铁矿砂、初级形态的塑料、铜材、钢材、大豆进口价格分别下跌 39.4%、41.7%、24.0%、27.5%、27.2% 和 24.2%，进口数量分别增长 13.9%、41.6%、34.5%、62.7%、14.3% 和 13.7%。

2010 年 1 月份中国外贸进出口延续了 2009 年 11、12 月两个月的增长趋势，进出口增长了 45% 左右，其中出口增长了 21%，进口增长了 86%，贸易顺差减少了 64%，一般贸易更是出现了 24 亿美元的逆差。总体上看，进口要比出口增长得更迅猛，贸易顺差大幅度减少，一般贸易出现了逆差，外贸形势远远没有达到危机之前的规模和水平。在全球的投资和消费没有明显好转的情况下，外需不会有明显反弹，企业经营仍然比较困难。而中国进口恢复迅猛主要源于大宗商品价格的回升，进口回升中一般贸易增长较快，得益于 4 万亿元投资的拉动。

2. 吸引外资止跌逐步回升

2008 年，中国实际吸收外资超过 1111 亿美元，同比增长 27.65%。但新设企业数同比下跌 27%，为 2000 年来首度下跌；合同金额同比下跌 6%，为 1997 年来出现的最大降幅。2009 年，中国吸收外资从 2008 年全球第六位跃居全球第二，超过法国和英国，成为全球经济凋敝中的一抹亮色。全国新批设立外商投资企业 23435 家，合同外资金额 1935.1 亿美元，实际使用外资 900.3 亿美元，同比分别下降 14.8%、8.4% 和 2.6%。从 2009 年 8 月份开始，实际使用外资连续 5 个月保持正增长。

分领域来看，中国 2009 年吸引外资有如下特点：

第一，制造业仍是吸收外资的主要领域，实际使用外资金额降幅继续收窄。外商投资制造业新设立企业 9767 家，同比下降 15.57%；实际使用外资金额 467.71 亿美元，同比下降 6.26%。自 10 月份以来，制造业实际使用外资金额降幅继续收窄。制造业吸收外资主要集中于通信设备、计算机、电气机械、化学制品、交通运输制造业等行业。

第二，服务业所占比重略有上升。全国服务业新设立外商投资企业 11461 家，同比下降 14.85%；实际使用外资金额 378.66 亿美元，同比下降 0.67%，占比由 2008 年的 41.3% 升至 42.06%。主要集中在分销服务业、运输服务业、计算机应用服务业、电力、煤气及水的生产和供应业、旅游和与旅游相关的服务业等行业。房地产业新设立外商投资企业 569 家，同比增长 25.88%；实际使用外资金额 167.96 亿美元，同比下降 9.65%，高于全国平均降幅 7 个百分点。

第三，农业领域增幅较大。外商投资农、林、牧、渔业新设立外商投资企业 896 家，同比下降 2.29%；实际使用外资金额 14.29 亿美元，同比增长 19.96%，分别占同期全国总量的 3.82% 和 1.59%。其中，农业领域实际使用外资金额 7.51 亿美元，同比增长 35.5%。

2010 年 1～2 月，全国新批设立外商投资企业 3163 家，同比增长 14.56%；实际使用外资金额 140.24 亿美元，同比增长 4.86%。2 月份当月，全国新批设立外商投资企业 1297 家，同比增长 2.53%；实际使用外资金额 58.96 亿美元，同比增长 1.08%。分领域看，农、林、牧、渔业实际使用外资金额同比增长 81.88%，占比由上年同期的 0.95% 升至 1.64%；制造业实际使用外资金额同比下降 13.02%，占比 48.01%，较上年同期下降 9.87 个百分点；服务业实际使用外资金额同比增长 18.94%，占比 44.01%，较上年同期水平上升 5.2 个百分点。

服务业中，房地产领域实际使用外资额同比增长3.64%。

3. “走出去”更趋活跃

2009年全年，中国非金融类对外直接投资平稳发展，累计433亿美元，同比增长6.5%，其中并购类投资累计175亿美元，占同期投资总额的40.4%。获取国外先进技术、营销网络和能源资源成为并购投资新的重点，地方企业对外投资日趋活跃，增速明显。

对外承包工程继续保持快速增长。尽管遇到金融危机，但中国对外承包工程企业在2008年业务快速增长的基础上，2009年各项指标继续保持两位数增长。2009年，中国对外承包工程业务完成营业额777亿美元，同比增长37.3%；其中12月份完成营业额129.3亿美元，同比增长36.1%。新签合同额1262亿美元，同比增长20.7%。其中上亿美元的项目240个，较上年同期增加45个。从完成营业额的地区分布情况看，亚洲398.1亿美元，同比增长37.8%，占51.2%；非洲281亿美元，同比增长44.5%，占36.2%；拉丁美洲36.4亿美元，同比增长21.3%，占4.7%；欧洲占4.1%。累计合同额604.1亿美元，占新签合同总额的47.9%。从新签合同额的行业分布看，对外承包工程新签合同额主要集中在交通运输业、房屋建筑业、电力工业、石油化工业、电子通信业、制造及加工业等，分别占比23.6%、19.7%、18.4%、13.6%、7.3%、7.2%。

对外劳务合作恢复增长。2009年，中国对外劳务合作完成营业额89.1亿美元，同比增长10.6%；新签合同额74.7亿美元，同比下降1.2%。全年派出各类劳务人员39.5万人，同比下降7.5%；12月末在外各类劳务人员77.8万人，较上年同期增加3.8万人。对外劳务合作业务完成营业额分布的主要国家（地区）为日本、新加坡、中国澳门、中国香港、韩国、中国台湾省等。

4. 国际多双边合作不断深化

金融危机以来，中国不断深化多双边合作，着力营造和谐经贸环境。2009年，中国自贸区建设取得新突破。中国分别与巴基斯坦签署自贸区服务贸易协定；与秘鲁签署自贸协定；与东盟签署自贸区投资协议；与孟加拉国等5个《亚太贸易协定》成员国，就关税减让谈判、服务贸易、投资和贸易便利化三个框架协议达成一致；与香港、澳门签署《CEPA补充协议六》。

多双边经贸关系继续深化。2009年，中国成功举行了首轮中美战略与经济对话和第20届中美商贸联委会，在出口管制、市场开放、节能减排技术合作等方面取得一系列新进展。中欧高层互访频繁，贸易投资促进成为对欧经贸工作的新亮点。成功举办第二次中日经济高层对话、中俄总理会晤委员会第 13 次会议，积极参与 G20、金砖四国、G8 +5、APEC、上合组织、东亚系列峰会，提升了中国在多边舞台上的话语权和影响力，营造了互利共赢的合作氛围。

此外，中国还积极推动多哈回合谈判在困境中重启。国际金融危机为重启多哈回合谈判提供了新契机，在高层政治推动下，主要国家均承诺支持 2010 年结束多哈回合。中国及时提出有关谈判原则，维护了国家的核心利益。中国对外援助也取得明显成效。2009 年，中非合作论坛第四届部长级会议成功召开，提出了对非合作新 8 项举措，得到非洲国家的高度赞誉。中国还认真落实在联合国千年发展目标高级别会议上的承诺，制订对发展中国家 6 项援助举措实施方案。

第二节　后危机时代中国外经贸发展面临转型和调整

随着世界经济逐步摆脱金融危机影响重新走向复苏，后危机时代全球经济和贸易将再趋活跃，国际经贸环境和国内经贸环境都将面临一系列新情况、新挑战。从国际看，国际产业转移将在更广范围、更大规模和更深层次上进行，区域经济合作和区域经济一体化将继续深化，新能源等低碳经济、绿色产业将迅速发展；从国内看，中国外贸结构将面临战略性调整，人民币遭受强大的升值压力，劳动力面对素质、结构、成本等问题，如何提升自主创新能力迫在眉睫。

一　后危机时代国际经贸环境孕育新变化

1. 国际贸易面临诸多不确定因素

第一，外需持续萎缩成为中长期问题。美国消费模式面临转型，市场消费短期内难以好转。2009 年末，美国失业率超过 10%，创 26 年来新高。美国储蓄率已升至 6.9%，为 15 年来新高。2009 年 10 月，美国消费信贷按年率计算下降 1.7%。欧元区经济萎缩导致消费需求减弱，进口随之放缓。2009 年，欧盟失业率达到 10 年来最高值，希腊、葡萄牙、爱尔兰、西班牙等国更是财政赤字高企，内部消费低迷，对海外产品需求恢复有限。同时欧盟的经济保护主义也在不断增强。日本经济面临的最大风险是通货紧缩，生产力全面过剩，国内外市场需求严重不足。

第二，重要经济体经贸政策出现战略性改变。如美国 2009 年对经济战略作出重大调整，基于绿色技术和新一代信息技术的出口导向型经济将成为美国新经济模式。美国这一重大转变主要体现在三方面：在货币政策上，美元谨慎贬值提升国内制造业出口竞争力；在产业政策上，通过“绿色新政”和“智慧地球”打造新型制造业，形成新的出口增长点；在贸易政策上，将频出贸易保护措施，使得国际贸易摩擦长期化、复杂化。

第三，新兴国家争夺国际出口市场。新兴国家将成为中国劳动密集型产业发展的主要竞争者。当前，传统制造业向印度、越南等国转移的趋势值得关注。越南2008年经济增长8.4%，成为亚洲经济增速第二的国家，向美国出口的增速超过了中国。以纺织业为例，2009年前10个月越南纺织服装出口达75亿美元，同比仅下降1%，其中对美、日出口快速增长，同比均增长18%以上。一些跨国公司正在着手将中国加工生产的订单转往东南亚等地。此外，中东利用资源优势快速扩张石化产能，预计到2013年，中东乙烯产能将居世界第二位，大宗石化产品的70%以上均出口，约占世界出口量的两成以上。中东石化产品极具竞争力，对石化产业全球格局将产生深远影响。

第四，全球结构性贸易摩擦将会加剧。在经济恢复性增长时期，贸易保护主义在一定程度上将会呈加剧趋势。据世界贸易组织预测，2009年，全球发起反倾销案件437起，是2008年的2.1倍，并超过2001年历史最高水平366起。当前，构成贸易摩擦的长期性因素和金融危机导致的周期性因素相互叠加。尽管近期世界经济出现恢复迹象，但能够引领全球经济增长的亮点还没有出现，全球经济可能经历较长的低迷调整期。发达国家重提“再工业化”主张，出台的经济刺激计划中，不少都利用了多边贸易规则的灰色地带，或多或少都含有保护主义色彩条款。当前危机中各种保护主义将导致世界贸易、生产、金融全球合作进程减缓，尽管全球化总体趋势不会逆转，但可能经历一个各类保护主义升温的特殊时期。不过，全球贸易摩擦虽然有一定的蔓延势头，但仍将会处于可控范围内，发生大规模贸易战的可能性不大，在未来真正走出金融危机后，贸易保护主义的蔓延势头将会受到较大程度的抑制。

第五，贸易融资急剧收缩。据估计，全球约80%～90%的贸易活动需要金融服务支持。金融危机发生后，全球范围内贸易融资急剧下降，WTO曾预计，在导致2009年全球贸易额下降的因素中，10%可归因于贸易融资的枯竭。2008年下半年后，中国贸易融资增速明显萎缩。2009年一季度，工商银行、招商银行、进出口银行等贸易融资量出现20%～30%的降幅，东部沿海地区尤为突出。

总的来看，世界贸易发展将回调至与世界经济相适应的水平。第二次世界大战后至今的绝大多数年份，世界贸易的增长速度要比世界经济的增长速度快3个百分点以内。但1990年以来，世界贸易的增速却高于世界经济一倍左右。金融危机爆发后，2009年世界贸易与世界经济均呈现负增长，前者下降幅度远大于后者。危机后初期，世界贸易的增长速度可能在短时间内比世界经济增长快很多，之后将逐步缩小差距，最终两者之间的差距有可能缩至2个百分点左右。

全球贸易将寻求发展的新动力。国际金融危机对世界贸易发展造成严重打击，原有的世界贸易发展动力渐趋弱化，迫切需要获得新的动力。危机后，新能源、新材料等有可能成为世界贸易发展的新的动力源泉，发达国家的“再工业化”过程将加速全球范围内生产要素的优化配置，以G20为基础的合作平台也会成为促进世界贸易发展的一个良好契机，世界范围内的服务贸易发展方兴未艾，电子商务平台在世界贸易发展过程中的应用空间仍有待进一步挖掘，绿色经济也将是孕育更多贸易成长空间的土壤，而在北美自由贸易区、欧共体与中国—东盟自由贸易区，内部贸易成长空间正处于进一步深度挖掘的过程中，区域经济一体化组织将不断扩展。

2. 国际投资呈现新的发展格局

随着投资环境和经营状况的不断改善，跨国公司将逐步调整投资计划，联合国贸发会议预计，全球FDI将在2010年缓慢回升到1.4万亿美元的水平，2011年将强劲增长。即使世界经济贸易走出衰退，世界投资的复苏依然会呈现出某种程度的滞后性，世界投资发展将呈现出前低后高的趋势。

第一，流入发展中国家的投资比重将逐步提高。从世界投资的流向来看，虽然发达国家仍占世界投资的主要份额，但比重正在逐渐减少。2008年，流入发展中经济体和转型经济体的FDI在全球FDI流量中所占的比例从2007年的31.4%升至42.3%。2009年，新兴市场国家吸收FDI总量首次超过发达国家。危机后这种此消彼长的态势将会进一步发展。

第二，新兴经济体的跨国公司崛起。从世界投资主体来看，西方跨国公司依然主导世界投资的发展。但随着新兴经济体的崛起，来自发展中国家的跨国公司也正在崛起，并有可能成为主导世界投资格局的重要力量。联合国《2009年世界投资报告》表明，按照资产规模排序，在2009年全球最大的100家跨国公司中，新兴经济体占6家，尽管数量很小，但未来有进一步增加的势头。同时，新兴经济体和发展中国家一大批中小型跨国公司也在蓬勃兴起。

第三，跨国投资目的性增强。危机后，发展中国家将会更加侧重于引进优势

互补型外资项目，在利用外资过程中获取更多技术转让。同时，一些发达国家的跨国公司在向发展中国家转移生产能力的过程中，更加侧重于市场寻求型项目，尽可能维持对核心技术的垄断。

第四，投资保护主义将进一步蔓延。投资保护主义是双向的：从东道国的角度来看，虽然东道国政府依旧希望通过吸引更多外来投资振兴本国经济，但对外来投资的干预也有所强化。总的来看，投资保护主义凸显一些国家政府对于经济安全的关注程度上升，同时在很大程度上受到意识形态、价值观以及冷战思维的影响，在客观上则表现为非商业利益对商业利益的挤压。

3. 多边贸易体制与区域经济合作发展形势复杂

后危机时代，经济全球化进程可能出现重大调整，区域化和本地化趋势可能进一步增强，出现区域内贸易与投资显著增长的态势，但也可能出现多哈回合举步维艰而区域贸易协定却蓬勃发展的态势。

第一，短期内多边贸易谈判难以取得实质性进展。金融危机之后，各国经济发展仍将倚重以 WTO 为代表的国际贸易规则和秩序。同时，后危机时代多边规则形成的博弈也会更加复杂，贸易议题分歧可能加大，WTO 更加需要适应全球经贸格局的变化，从而改善多边贸易治理结构。2009 年 9 月初，WTO 小型部长会议一致同意将于 2010 年结束多哈回合的谈判，表达出强烈的政治意愿。由于爆发了国际金融危机，尽早完成多哈回合的意义进一步凸显。在 G20 第三次金融峰会上，与会各国领导人承诺，各方将共同反对贸易保护主义，致力于在 2010 年成功完成多哈回合谈判。如多哈回合能够如期完成，未来世界贸易的发展将得到强有力的推动，取得 WTO 历史上第一个重大回合的突破。但是如果以美欧为首的发达国家不能充分考虑发展中国家关切的国际经济体制，改变国际贸易规则制定的模式与 WTO 的治理结构，新型多边贸易体系的构建仍十分困难。

第二，区域经济合作与一体化进程将进一步加速。以自由贸易区为核心的区域经济合作将得到强有力的推进，自由贸易协定数量将会不断增加。目前，区域内贸易已经接近世界贸易的 50%，其中东亚区域内贸易比重超过 50%。如果没有区域经济一体化的助推，欧美国家在世界贸易中的比重要下降更多，东盟国家出口在世界贸易中的比重也很难维持在 6% 以上水平。从全球范围内看，区域经济一体化推动后危机时代国际经济关系的发展，除了原有的一体化组织需要与时俱进之外，也有一个主角轮换的问题。危机后，随着美国家庭持续减少其消费并增加储蓄，从而减少其引致性进口。对高度依赖出口的东亚地区而言，将在一定

时期内面临外部需求不足的挑战。在这种背景下，东亚各国进一步推动区内经贸合作意义更加重要。

4. 世界大宗商品价格波动风险加大

随着金融危机影响减弱，发达国家经济复苏，特别是新兴市场群体性崛起，对资源性产品的需求将持续增加，世界初级产品市场供应总体将趋紧，石油、金属、铁矿石等大宗商品价格将低位反弹，呈现出长期化的上涨趋势。但由于美元汇率振荡、投机资金风险增大等原因，大宗商品价格波动将加剧。预计未来一段时间，国际“热钱”等投机资金可能大量涌入金融化程度较高的石油、金属等商品市场，加上美元走势总体仍偏软，直接抬升大宗商品价格并刺激其避险需求，全球大宗商品市场价格将会在综合因素的交织下频繁波动。

5. 美元“一超”地位不变

金融危机之后，美元的世界货币地位仍然不会被动摇，其他国际货币短期内还不能替代美元。从近中期看，美元将呈下跌走势，因为美国希望通过美元贬值来增加出口、减少进口以降低经常项目逆差。但弱势美元只是美国在特定时期利用美元霸权来服务美国经济的战略选择，美国不会放任美元暴跌。总的来看，美元的短期反弹与长期贬值带来的波动给全球经济发展带来一定的不确定性。

6. 低碳经济将对全球贸易格局产生重大影响

当前国际产业结构正不断向低碳化方向调整，发达经济体正积极加大低碳能源和技术开发，国际产业链的调整必然给全球国际贸易格局带来巨大的影响。低碳经济使碳要素逐渐成为国际贸易中除劳动力、资本、技术、自然资源等要素外最重要的决定性因素，并导致国际贸易中的商品结构发生变化，低耗能、低污染的产品比重将不断增加。低碳标准将导致高耗能、高污染的产品遭遇越来越多的绿色贸易壁垒，甚至被征收碳关税，不仅发展中国家的对外贸易将面临新的挑战，其工业发展也将面临转型压力。此外，国际碳排放贸易也在蓬勃发展。《京都议定书》提出的国际排放贸易机制，是利用经济手段解决环境问题的一大创新。据测算，美、日、欧等发达经济体减少 1 吨二氧化碳排放的成本分别为 153 美元、198 美元和 234 美元，远高于发展中国家。减排成本的巨大差异促使国际碳排放贸易快速发展。据世界银行 2009 年报告，2008 年全球碳排放市场规模达到 1263 亿美元，较 2005 年的 108 亿美元增加了近 11 倍。2008 年，全球市场的碳交易达到 48 亿吨，较 2005 年的 7 亿吨增加了近 6 倍。

二　后危机时代中国内部环境面临新变局

国际金融危机对中国经济贸易发展造成了较大冲击，但是中国经济总体向好的态势没有改变，中国崛起的战略机遇期依然存在。尽管如此，从国内来看，中国外经贸发展的内部环境仍然面临着新变局和新挑战。

1. 中国经济发展方式亟待转变

中国已经进入了全面建设小康社会的关键时期，国内市场、资源和环境问题日益突出，产业调整和升级压力急剧增大，经济发展方式亟待转变。以往过于追求规模、速度和数量的增长方式，对国际、国内造成了难以承受的压力，是不可持续的。随着中国经济开放度的提高，外部经济与国内经济的联系也愈加紧密，中国经济发展方式的转变必然要求外经贸发展方式做出相应的变革。调整外经贸发展战略，以适应国内经济发展方式的转变，已经迫在眉睫。

在调整的过程中，要坚持统筹兼顾，理顺各方面关系，利用一切积极因素，处理好三种关系。一是处理好内需与外需的关系。内需和外需是市场需求不可或缺的两个方面。作为一个发展中大国，尤其是在目前外需不振的情况下，党中央把扩大内需作为经济增长的立足点，是完全正确的。但同时，绝不能因此忽视和放松外需。在扩大内需的同时，一定要高度重视外需，千方百计稳定出口增长。二是处理好消费与投资的关系。消费是自主需求、最终需求，投资是派生需求，需要消费的配合，否则会出现产能过剩。如何扩大消费是当前一个严峻的课题，需要创新思路，制定出切实有效的政策措施。三是处理好出口与进口的关系。进口和出口都是经济发展的重要方面，国际收支基本平衡是经济长期持续稳定发展的必要条件。稳定出口并不意味着要回到过去“重出口轻进口”的做法。在努力稳定出口增长的同时，也要积极创造条件扩大进口，特别是利用大宗产品国际市场价格下跌的机会，扩大国内短缺能源资源的进口；积极引进国外先进技术，培育先进生产力和新的出口能力。

2. 劳动力问题迫使提高生产率势在必行

据估计，中国“人口红利”还将继续保持10年以上。到2008年底，中国农民工总数已经超过2亿，其中在本乡镇以外就业的农民工超过1.4亿，现阶段农村富裕劳动力估计为1.2亿，中国农村剩余劳动力将在未来10~15年内基本转移完毕。1978年至21世纪初，中国人均GDP增长率中，有27%来自“人口红利”，而“民工荒”的日益频繁出现意味着中国“人口红利”正在逐渐消失，中国低成本竞争优势已经进入一个结构转换的过渡期。但是这并不意味中国经济增长源泉的枯竭。

对中国而言，“人口红利”的消失未尝不是好事，它能促进经济增长方式的转变。只要实现技术进步和产业升级，就能提高劳动生产率和核心竞争力，从而规避“人口红利”消失的巨大风险。因此，劳动力素质成为提升出口竞争力的重要环节，中国急需推进劳动力优势从数量型向质量型的转化。随着现代生产对知识和技术的要求越来越高，对使用复杂生产资料的劳动力的专业技能的要求也越来越高，劳动力素质对未来经济增长的功效和约束都将更加突出。应持续增加正规教育、非正规教育和在职培训的投入，把提高劳动者的基本素质和职业训练、增加人力资本积累和增值作为一项战略性工作来抓，形成高素质人力资源新优势。

3. 中国贸易中的深层次问题

中国出口的高速增长主要表现为制造业出口的高速增长。这首先是中国制造业国际竞争力大幅提高决定的。同时，从深层次结构看，高投资率和低消费率造成中国国内制造业产能过剩，加大了出口压力。据调查，多年来600多种主要消费品中，供过于求的商品约占2/3，供求基本平衡的商品约占1/3。可以认为，中国消费品市场处于全面过剩状态。此外，由于中国产业政策过于强调“填平补齐”提高国产化率，中国进口替代不断升级，特别是钢材、水泥和汽车等重化工业的进口替代客观上加重了其对出口的依赖。而从微观层面看，由于中国国内信用体系、交易成本、支付周转等问题，以及出口效率高、付款更有保障等原因，大量企业愿意出口而不愿意做内贸。

4. 中国引资成本竞争力相对减弱

2008年，“两税合一”政策实行标志着外商投资企业在中国不再享受税收上的“超国民待遇”；《中华人民共和国劳动合同法》的施行使得外商投资企业用工成本增加。加上融资困难和融资成本提高等因素，企业生产成本增加较为明显。此外由于政策约束和市场垄断等因素，中国投资市场的开放度依然有较大空间，一些国家重要领域没有对外开放，如银行、保险、电信、交通运输等行业都存在各种行政壁垒，不但限制了吸收外资额的扩大，也制约了行业的良性发展。

5. 企业自主创新能力亟待提升

核心竞争力才是企业立足市场、应对危机的关键。此次国际金融危机充分证明，缺乏自主创新能力的出口加工型企业在面对危机时十分被动，抵御国际市场风险能力弱，容易受到国际市场波动的影响。当前的外贸发展模式难以为继，并且隐藏着较大的危机。从知识创新的角度看，中国难以持续、长久地以有形的实物资源来交换发达国家无形的知识和技术资源；而且在有形与无形产品的交换过程中，无形产品的利润率远远高于有形产品。如果中国长期处于有形产品的生产阶段，只能在国际分工中获得微薄的利润，也会因资源透支而导致不可持续发展，甚至无法完成产业结构调整。中国现阶段自主创新的着力点，应该优先解决企业自主创新能力不足的问题，有效激发企业的能动性。要以企业为主体，以市场为导向，产学研相结合，加快推进科技成果向现实生产力转化。财政、金融、产业等相关扶持政策也要加快跟上，给企业发展提供有利条件。

6. 产业结构体系面临调整

在后金融危机时代，中国产业结构体系将发生很大变化，发展生产性服务业将成为增强出口竞争力的重要支撑。要进一步提升出口竞争力，最有效的方式是发展生产性服务业，即为生产活动提供中间增值的服务环节，如研发创新设计、物流运输仓储、金融保险投资、信息咨询专业服务等。在过去，生产性服务业环节大多内化于制造企业的产品增值链中，现在则发展成为专业化的生产性服务提供网络。首先能创造出多层次、大容量的新就业机会；其次能带动制造环节向自主研发、自主品牌、自主营销环节延伸，从而集聚人才、提升管理、延伸服务、技术增值；再次能带动各种形式的跨境服务，在服务贸易层次上引入外来竞争压力，促进服务业的国际合作和国际竞争。

在后危机时代，开放竞争将成为提升中国产业国际竞争力的助推器。要打破跨国公司的技术封锁，最好的策略是强化跨国公司之间以及与中国企业之间的竞争。为此，要进一步改善中国的市场竞争环境，搭建公平竞争的政策平台，鼓励中国企业与外资企业在国际合作中培养新的竞争优势。

7. 中小企业发展环境不容乐观

中小企业面对的首要问题是资金问题。目前，中国中小企业的征信体系、信贷体系和合作融资体系发展比较滞后。在后危机时代，更要推动中小企业融投资的体制创新和市场化步伐，从制度上和市场体系上解决中小企业融资难的问题。要建立健全有财政资金参与、与商业银行共担风险的中小企业担保体系，放开小额信贷管制，完善贸易融资和出口信用保险体系。

中小企业还要统筹好扩大内销与稳定外销之间的关系。除了扩大销售规模之外，要进入国际市场，可以借助国际市场的成熟规范来培育、发展和壮大企业，利用国外的创新、融资、分销、物流环境。在本次金融危机中，出口转内销的最大问题之一是国内商业环境、交易成本、诚信文化与国际市场的巨大差异。缩小内销和外销的市场化制度差异是后危机时代中小企业发展的一个重大挑战。

三　经贸格局调整对中国外经贸发展的影响

国际金融危机的直接原因是美元主导的国际金融体系信用链条的断裂，深层背景则是全球化以来世界经济和贸易结构出现严重失衡，以及资源、环境可持续承载能力进一步下降。金融危机对中国的影响，不仅仅是外需萎缩拖累国民经济增长，更根本的是对中国明显失衡的经济结构和外贸增长方式的冲击。中国外经贸发展呈现出新的发展态势。

1. 中国面临发达国家和发展中国家两方面压力

发达国家以“全球经济失衡”为由对中国施加压力。2009 年，七国财长和央行行长声明，将全球经济失衡问题与中国经济和人民币汇率挂钩，其目的在于要向中国转嫁金融危机成本、要求中国承担更多国际责任的意图。2010 年，美国一再要求人民币对美元升值，人民币汇率将超越经济领域，成为一个长期化的政治问题。发达国家倡导“绿色经济”、“低碳经济”削弱中国国际竞争力。发达国家意图抢占未来产业制高点，并计划征收“碳关税”，这将导致发展中国家发展成本上升。“碳标签”和节能标准也将对中国商品构成新的贸易壁垒。在传统制造业领域，来自新兴国家的竞争也日趋激烈。

2. 外贸增速大幅放缓，顺差可能进一步扩大

预计 2010 年中国外贸将实现 5% ~10% 的恢复性增长，之后 3 ~5 年年均增长速度将停留在 10% ~15% 的区间，大大低于 2002 ~2008 年年均增长 26% 的水平。除了中长期因素外，如果人民币事实上盯住美元，将随着美元缓慢贬值而贬值。这可能刺激中国出口快于其他经济体恢复增长，并在一定程度上抑制进口，造成外贸顺差的再次扩大。顺差扩大可能诱发更多贸易摩擦，并给人民币带来更大的升值压力。此外，中国外贸的既有市场空间趋小，待开拓空间依然十分巨大。如果中国外贸停留在原有进出口商品结构、市场结构和增长方式上，那么扩张的空间将日趋狭小。如果转变增长方式，有效承接新的国际转移，加强与新兴发展中国家合作，加快推进区域贸易自由化，开拓新的市场，即使困难很多，潜在的发展空间仍然十分巨大。

3. 高能耗出口遇阻，低碳贸易显现新商机

低碳化成为当今全球贸易不可逆转的大趋势，中国传统外贸模式下的低技术、高耗能、高污染的产业出口难以为继。资源能源的供给与价格、国际减排行动的推进已经成为中国外贸中长期发展和承接国际产业转移的重大制约因素。在全球低碳经济背景下坚持可持续贸易战略，就必须牢牢抓住低碳贸易的新商机，从而获得新的增长动力。实施低碳贸易增长战略的关键在于加大自主创新力度，以绿色技术创新为核心，大力发展低碳化的产业；同时要利用好国际技术转让和技术合作，尤其是在联合国气候变化框架的谈判协议下，通过政府制定相关的激励政策推动低碳技术政府间转让。

4. 对外资吸引力有所减退

金融危机导致全国外国直接投资萎缩，对中国也产生了较大影响，2008 年 10 月～2009 年 7 月，吸收外商直接投资连续 10 个月下降。尽管如此，2009 年中国吸引外资仅次于美国排名第二，中国吸引外资仍会保持一定规模。从长期看，跨国公司依然看好与中国的投资合作。联合国贸发会议《2009～2011 世界投资前景调查》表明，稳定的经济增长、庞大的国内市场规模、市场开放等因素使中国继续成为最具吸引力的投资东道国。但也有研究报告显示，金融危机导致包括中国在内的金砖四国对外资的吸引力下降。虽然中国被视为最有能力克服危机的国家，但中国在投资吸引力方面下降了 14%，被东欧、西欧超过，只有 38% 的受访者将中国作为首选投资地。联合国贸发会议《2009 年全球投资趋势监测报告》分析，中国引资将面临重大挑战，中国自身增长模式的转变、全球消费和资本流动格局的演变、低碳与环保节能时代的来临以及全球贸易保护主义抬头对跨国公司产业布局的影响等四大因素，将会直接影响新的外资和在华外资的运营方向，可能会引起外向型外资的区位调整或转型，以及内需型外资的增长和技术升级。

5. “走出去”环境更趋复杂

金融危机使得企业经营条件、要素禀赋配置模式等原有的经济运行方式发生了变化。由于海外企业普遍出现价值低估、重要资源和能源市场价格回落、外资政策准入门槛降低、政府救市措施带来新增需求、人民币升值增强对外投资能力等一系列新变化，为中国企业对外投资带来不少机会。但金融危机也给国际投资环境带来了前所未有的复杂性和不稳定，后危机时代“走出去”的风险增大。为应对危机，各国政府广泛出台了吸引外资的措施，但同时贸易、投资保护主义

却暗流涌动，国内对此缺乏系统跟踪、研究。而中国企业缺乏指导全局的战略思想、缺乏国际投资经验、资源掌控能力和整合能力较弱等情况没有根本改变，中国对外投资的政策仍需要逐步完善。企业日益高涨的对外投资热情必须与国际化发展战略、完备的信息收集和决策在政府的综合政策支持体系相结合，才可能更好、更高效地“走出去”。

6. 将成为新一轮贸易摩擦的重点对象

金融危机以来，中国已经明显成为全球贸易保护主义的主要打击目标。贸易摩擦频发是中国内在国情要素和外部环境变化综合作用的结果，是发展过程中各种矛盾在经济领域的反映。从数量上看，2008 年以来，中国遭遇的贸易救济数量、金额分别占“入世”以来总数的 24% 和 50%；全球新发起反倾销调查 208 起、反补贴调查 14 起，中国分别遭遇 73 起和 10 起，占比达到 35% 和 71%。从趋势上看，中国遭遇的贸易摩擦日益由狭义商品摩擦转向广义经济摩擦，商品和市场准入摩擦不断，产品质量、环境、劳工、技术标准、投资准入、知识产权、汇率等新领域摩擦增多；对发达国家和发展中国家摩擦同步增加，在世贸组织成员对华发起反倾销案件中，发展中国家占 60% 以上；对外经贸活动和摩擦政治化倾向日趋显著，随着中国参与国际合作水平不断提升，各种政治和意识形态因素矛盾将会越来越多，甚至成为诱发摩擦的主导因素；环境和温室气体减排斗争成为新的摩擦焦点，中国是世界上最大碳排放国，一旦碳关税制度形成，不仅产品成本优势被大大抵消，工业发展也将面临巨大转型压力，未来几年，围绕气候减排和碳关税问题，中国与发达国家摩擦可能性大大增加。

第三节　后危机时代中国对外开放的战略重点

危机往往伴随着世界经济的大调整、大变革和大创新。由于危机冲击和国际竞争加剧，今后一段时期，经济全球化、区域一体化将会重新启动，全球生产要素重组和国际产业转移将掀起新的高潮，新的技术革命、绿色经济和新兴战略产业也将获得新的突破。面对新的机遇，我们要在前瞻性战略的指导下，全面考虑后危机时代中国外经贸发展的战略选择。

一　外部危机不能改变中国对外开放的方向

外部危机形势下，我们更需要以战略思维和全球视野，统筹国际国内两个大局，谋划好危机中和危机后时代的开放战略，开辟现代化建设新局面。

1. 贸易与投资的开放已成为推动中国改革、发展、创新的综合性引擎

改革开放30年的实践充分表明，外贸的开放和发展对中国工业化现代化进程发挥了巨大的推动作用。通过积极参与国际分工与交换，充分发挥了中国的比较优势，优化了资源配置，促进了技术进步，增加了税收和外汇，扩大了就业，缓解了国内资源瓶颈，引入了竞争机制，成为促进中国产业结构升级和经济效率提高的主要动力。据测算，出口增长速度每提高1～2个百分点，经济增长速度就提高0.15～0.3个百分点，第三产业比重约提高0.1～0.5个百分点，转移劳动力约增加20万～40万人。进口也是促进中国生产率提高的极为重要的因素。据国家统计局测算，进口对中国生产率变化的贡献率约为46%。特别是作为一个转型经济体，贸易开放和自由化还有助于打破国内产业过度保护，在加快市场化改革、建立现代企业制度和推动宏微观经济制度创新等多方面发挥重要作用。国际实证研究表明，贸易开放和自由化，可以打破内生的体制和利益壁垒，不仅是体制转型和制度创新的重要动力，而且还可以推动金融改革的深化，提高资源配置效率；同时，贸易开放还可以推动金融开放，减轻金融抑制，从而降低货币金融危机的可能性。

外资是中国现代化具有突破性的重要驱动力，利用外资是促进中国对外贸易发展的成功之举，有力弥补了中国内生能力的不足，大大缓解了一系列要素“瓶颈”。外资不但是中国进出口的主要动力，还对产业升级、技术进步、引进人才、优化管理、理念创新、提升效率、增进福利、拉动内需等方面发挥重要推动作用，也是中国更加深入参与全球范围内要素优化配置的重要渠道，外资极大地、迅速地提高了中国的国际竞争力。

2. 经济全球化与各国对外开放的趋势没有改变

考察世界上大国崛起的历史，人们不难发现：从最早的海上帝国西班牙、葡萄牙，到日不落帝国英国，到第一次世界大战后的美国，再到第二次世界大战后的日本，都通过寻求对外经济的霸权追逐海外贸易的巨大商业利益，通过对外贸易的大发展来突破自身资源和市场的“瓶颈”实现自身的迅速崛起，通过跨国投资打开和控制海外贸易的渠道。战败后的日本更是实施了“贸易立国”战略，通过对外贸易的大发展摆脱了岛国的种种局限，创造了高速增长的经济奇迹。美国和德国在相当长时间内也是依靠海外贸易和外需得以迅速崛起。从20世纪70年代开始亚洲“四小龙”和其他新兴经济体先后走上了对外开放之路，对外经

济贸易无不成为经济起飞的重要引擎。进入 90 年代苏联、东欧国家开始融入全球经济体系，进入 21 世纪以来发展中国家普遍进入快速发展并逐步融入全球分工体系中，对外开放已成为世界各国的普遍选择。

金融危机以来，尽管全球经贸发展遭受了巨大冲击，全球范围内贸易和投资保护主义层出不穷，一定程度上打击了国际贸易和投资的复苏和发展。但从总体来看，无论是发达国家还是发展中国家，都依然坚持对外开放的国家战略，不断谋求与外界在更高层次、更广领域中的经济贸易合作。这场全球性的危机并没有改变经济全球化的大趋势，各国之间经济、文化、技术、信息等领域内的联系反而更加紧密。这主要是因为：第一，市场经济和对外开放已经成为各国的普遍选择，对内实行经济自由化、对外实行开放政策同样成为大趋势，参与经济全球化已经成为各国市场化的内在制度安排；第二，第二次世界大战后以发达国家跨国公司为主导，已经形成了全球范围内优化配置资源的产业链，国际分工日益变成部门内分工、产品内分工，在较长一段时期内，这种分工格局很难彻底改变；第三，第二次世界大战后形成的国际经贸金融体制虽然存在很多不足，但在国际协调上仍发挥了积极作用，特别是多边贸易体制总体上维持了贸易投资自由化便利化的大势，这种势头不会发生根本逆转。可见，世界各国无论是在危机前还是危机中，都已经形成了复杂交织的互利共赢关系，都是全球化的利益攸关者。因此，危机中经济全球化可能会经历一些局部调整和挫折，但长期来看难以发生根本逆转。第二次世界大战后历次世界经济金融危机的历史也充分证明了这一点，一旦危机过去经济全球化进程就将重新启动，世界贸易与投资的一些长期趋势仍将保持下去。封闭和过度保护导致落后和停滞；只有开放宽容兼蓄并包，才能打破“瓶颈”和束缚，实现经济起飞和崛起。

3. 危机中和危机后都必须坚持对外开放基本国策

无论外部环境发生什么变化，中国发展开放型经济的进程都不能也无法中断。改革开放政策开启了中国由封闭、半封闭型经济向开放型经济转变的进程。迄今中国经济的开放程度有了很大提高，这大大激发了中国经济的活力，加快了中国的现代化建设进程。今后能不能正确处理内需与外需、内资与外资、国内市场与国际市场的关系，也关系到中国能否长期坚持对外开放的基本国策。经过一段或长或短的调整后世界经济必将进入新的发展周期，世界贸易和投资作为世界经济引擎的作用不会改变。其中最关键的原因是，世界整体产业链的水平分工格局已经形成，部门内、公司内贸易与投资日益成为拉动世界贸易投资超前增长的动力，即使一段时间内美欧等消费需求处于低迷期，但长期内世界消费同步或略高于世界经济的趋势不会改变；短期内随着去恐慌化和去库存化接近尾声，跨国双向贸易和投资活动就会逐步向基本面回归，在短期急坠基本结束之后，未来将经历一个由降幅大幅收窄、低速增长再到新一轮繁荣的过程，并继续成为拉动世界经济复苏和繁荣的发动机。关于东亚和中国所谓过度依赖出口的经济模式难以持续的观点，已经被1998年亚洲金融危机和此次危机的历史证明是不成立的，实际上中国和东亚发展中经济体不仅在这次危机中受冲击相对较小，而且其需求和进口回升恰恰成为拉动发达国家经济回暖和世界经济进一步复苏的重要动力；现在得出关于未来出口难以恢复二位数或者以前高增长的判断也为时尚早，实际上东亚很多国家领导人都一再肯定了在扩大内需的同时高度重视出口的未来选择。

因此，中国对外开放的基本国策绝不能动摇。如果我们遇到严峻的外部环境和困难，就将经济发展的视野完全退缩到国内，那么我们在经济全球化的浪潮中有可能面临再度被“边缘化”的危险，未来世界经济和科技发展新的机遇就会与我们失之交臂。如果我们能够在防范金融风险、确保经济安全的前提下，坚定不移地坚持对外开放政策，继续积极发展对外经济贸易，以开放促改革促发展促创新，我们就能抓住危机后时代的有利机遇，继续成为经济全球化的受益者，进一步缩短与世界先进水平的差距。

二　后危机时代中国对外开放的路径选择

1. 新形势下外贸发展的政策着力点

过去10年，中国对外贸易的快速发展主要得益于三大动力：主动承接产业转移、放开外贸经营权、加入世贸组织创造可预期法律环境，目前这些动力的边际效应正在减弱。中国必须顺应国际贸易格局变化，努力解决影响外贸发展的中长期结构性问题，实现更协调和可持续的增长。

主要可以考虑从以下三个战略入手。一是新兴市场战略。加强与发展中国家的经济合作，减少对发达国家市场的过度依赖。二是区域合作战略。在金融危机的背景下，不少国家将其贸易政策重点从参与多边贸易谈判转向发展区域合作。中国要抓住时机，加快与中国经贸关系密切、经济互补性强的国家和地区建设自贸区。三是沿边开放战略。中国周边多为资源丰富国家，与中国互补性强、利益共同点多，以边境经贸合作区为抓手，是中国开放型经济的发展创新。

具体政策措施包括：

第一，保持进出口大体平衡增长。由主要关注出口转变为统筹进出口，兼顾内外需，以扩大进口为出口创造更大的扩展空间。国家支持外贸发展的各项政策应当基本稳定，加快建立稳定、合理、科学的出口退税制度；除了一些战略性产业外，不再搞进口替代或全面保护；进一步完善人民币汇率形成机制。人民币汇率必须坚持参考一篮子货币有管理地浮动。人民币小幅渐进调整有利于促进外贸结构优化，缓解失衡压力。

第二，提高进出口质量和附加价值。由以增长速度为中心转变为以增长的质量和效益为中心，把延伸产业链、提高出口商品质量和附加价值作为出口促进工作的重点。改革对商务系统和外贸企业的考核评价标准，把出口产品平均卖价、增值比率、质量和安全投诉率等作为重要指标；出口鼓励的重点应放在中高附加值工业品和农产品、节能环保产品、大型成套设备、服务外包等领域，进口鼓励重点应放在高新技术及设备、资源能源和节能环保技术等领域；对有利于进出口结构优化的投资项目继续给予支持和激励。

第三，促进外贸与资源环境协调发展。更加重视外贸发展与资源、能源及环境承载力的协调，走资源节约型和环境友好型道路。根据国家节能减排和新能源产业发展目标，制定低碳贸易发展的方针、政策和规划，鼓励引进、吸收节能减排技术，大力支持节能减排产品出口；在解决全球气候问题国际政策协调中采取务实合作的立场，加快开放低碳投资和产品市场。

第四，完善开放型经济机制，培育更具活力的经营主体。更加重视建立完善开放型经济机制，培育和增强进出口经营主体的国际竞争力。进一步改革完善外贸行政管理体制、调控体系和促进制度；加强市场秩序维护，创造更有利于企业优胜劣汰的经营环境，大力支持各类国际贸易中心、商品市场和展会等贸易平台建设；打破内外资、内外贸企业界线，鼓励、促进民营进出口企业健康成长。

第五，大力开拓新兴经济体市场。更加重视推进市场多元化战略，尤其是要大力开拓增长较快、潜力巨大的新兴经济体和发展中国家市场。在落实和扩展中国—东盟自贸区成果的基础上，探寻与更多的发展中大国签订自由贸易协定，积极、稳妥地推进区域货币合作；通过扩大优买和优卖信贷规模、支持更多企业对发展中国家投资合作、加强和改进援外工作、建立面向新兴市场的“共同发展基金”等多种形式促进发展中国家购买能力的提高；当前许多发展中国家经济复苏遇到困难，可以通过一揽子合作措施，在帮助这些国家渡过难关的同时，创造新的需求，实现互利共赢、共同发展。

第六，推动建立国际经济新秩序。更加坚定地奉行互利共赢原则，树立负责任、讲诚信贸易大国形象，促进更加公平合理的国际经济新秩序的建立。中美在解决双边和全球经贸问题上开展更务实、更深入的合作；大力推进东亚自由贸易区建设，深化与周边国家经贸合作；身体力行地反对贸易保护主义，主动为贸易伙伴提供更大的贸易与投资发展空间；积极推动多哈回合达成更加平衡的成果，改革并加强多边贸易体制。

2. 提高吸收外资的质量和水平

从今后相当长时期看，国际资本将继续青睐中国，中国依然是最具吸引力的投资东道国。本轮危机后将出现新一轮国际产业转移，重点是中高端制造业、高技术产业和现代服务业，为中国“引进来”催生出了新的历史机遇。转变利用外资的方式，提高吸收外资的质量和水平，把世界上的优质资源和产业更多更快地集聚到中国，推进经济增长方式的改变，已经刻不容缓。具体政策措施包括以下几个方面。

第一，营造更具吸引力的投资环境。一是深化外商投资管理体制改革。全面清理涉及外商投资的审批事项，最大限度缩小审批核准范围；完善外商投资企业联合年检制度，减少重复检查，减轻企业负担；完善外汇管理，简化外商投资企业外汇资本金结汇手续。二是完善政策法规，营造公平竞争的投资环境。加大知识产权保护执法力度；加快某些垄断行业贸易投资自由化改革，国家产业调整和振兴规划中的政策措施同等适用于符合条件的外商投资企业；打破地方割据和保护，加快建立统一开放的国内大市场；完善外资并购的法律法规体系，以《反垄断法》、《反不正当竞争法》为主要依据，规范并购行为。

第二，创新利用外资方式。一是促进利用外资方式多样化。鼓励外资以并购方式参与国内企业改组改造和兼并重组。加快推进利用外资设立中小企业担保公司试点工作。引进国内外风险投资机构，推动海内外投资基金与民间资本融合。引导外商创业投资和私募股权投资基金，充分利用创业板，完善退出机制，推动自主创新和中小企业成长。支持符合条件的国内企业，把握国际资本市场的有利时机，在香港和其他境外股票债券市场发行证券融资。二是创新招商引资模式。克服过去盲目招商、竞相出让优惠政策招商、付出过高资源和环境成本招商的方式。增强全局意识和发展观念，对于那些具有重大带动作用的外资龙头项目，形成合力加以推进；完善科学发展的考核指标体系，更注重对节能减排、环境保护和土地集约利用等质量指标的评估，淡化规模数量指标的比较；充分发挥企业的市场主体作用，从政府为主导的招商逐步发展到以企业和市场为主导的招商；探索推广“苏州工业园区”模式，引进外资进行土地整体开发。

第三，优化外资产业结构。一是引导外资投向高新技术产业、先进制造业和现代服务业。鼓励外商投向清洁能源和节能环保产业，以及能带动农民增收的农业、种植业、养殖业和农产品深加工业；扩大开放领域，推动垄断性服务行业改革，支持外资以多种方式进入港口、铁路、高速公路等基础设施领域，以及市政公用事业领域；进一步鼓励跨国公司在华设立地区总部、研发中心、物流中心、采购中心和培训中心等。二是实现从“引资”向“引产业”转变。发展一批具有比较优势的传统制造业产业集群，培育一批高附加值的新兴产业集群。支持本土企业通过产业关联嵌入跨国公司产业链，以吸引为现代制造业提供生产性服务的外资进入为契机，带动资产评估、投资咨询、技术咨询等专业服务业发展；利用跨国采购中心、分拨中心、配送中心投资，促进现代物流业的发展。

第四，优化外资区域布局。一是提前开放中西部地区的服务业市场。开放中西部的服务业市场，改善中西部投资环境，不仅能带动中西部服务业的发展，也将吸引更多的外资从沿海向中西部进行梯度转移。二是对到中西部地区投资的企业加大政策和资金支持力度。鼓励外商在中西部地区发展符合环保要求的劳动密集型产业，重点扶持一些具有比较优势的产业，加大对中西部地区的石油、钢铁、煤炭、天然气等产业的投资，加大对旅游、生态农业等产业的扶持。三是注重培育完整产业链，降低转移成本。充分利用当地原有产业基础，在吸引主导产业进入的同时，注意吸引上下游配套产业，大力发展民营经济，迅速形成产业配套能力。

第五，将特殊经济园区打造成外资聚集高地。建议支持符合条件的省级开发区升级；支持有条件的沿边地区设立边境经济合作区、跨境经济合作区，制定支持边境经济合作区发展的相关政策；鼓励国家级各类开发区扩区、调整区位，如实行一区多园，采取同城异地、同省异地、跨省异地等办法，在原开发区的基础上，扩大园区吸纳外资的能力；积极研究探索以开发区为主体带动企业“走出去”的可行路径。

3. 加快提升“走出去”核心竞争力

联合国贸发会议预测，2010 年下半年跨国投资将恢复增长，跨国并购将逐步掀起新的高潮。无论是危机中还是危机后，中国都具备宏观经济相对稳定、市场庞大、外汇储备充足、资金充裕、企业实力增强等有利条件，形成了前所未有的综合优势。内外部条件变化使“走出去”面临历史性机遇，我们应该把“走出去”作为新一轮对外开放的重点，实现从“商品输出”为主向“资本输出”、“商品输出”并重转型，获取关键技术、工艺流程和商业模式，全面提升核心竞争力。

海外直接投资的区位选择、产业选择和主体选择是中国对外直接投资的三大基本问题。从区位选择来看，应当加紧统筹规划，在全面评估国别风险的基础上，抓紧制定重点国别、重点领域的投资合作规划。周边国家以海外基地建设为主，依托自贸区、区域和次区域合作，投资基础设施建设、资源能源、制造业和农业，转移国内部分富裕产能和加工能力。中东、非洲、拉美国家以资源合作与市场开拓为主，投资合作的重点是资源能源、制造业、重化工业。发达国家以商业存在为主，主要投资研发、技术、商业网络、品牌经营和各类生产性服务业。

从产业选择来看，一方面要不断提升企业竞争力，促进自身发展；另一方面要体现国家产业政策的要求，反映宏观经济的总体目标。重点投资的产业，一是具有相对优势的劳动密集型和成熟实用技术产业；二是具有后发优势的先进制造业、信息技术、生物工程、新材料技术、航天技术；三是作为产业发展基础的能源、矿石等领域。

从主体培育看，应以培育大型跨国集团为主要目标，实施主体多元化战略，采用集团化“走出去”模式，并明确政府与企业的不同角色和定位。

具体政策措施包括：

第一，完善“走出去”法律体系。加快出台《对外投资管理条例》，放宽审批权限，促进投资便利化。积极商签双边投资保护协定，减少市场准入壁垒。

第二，完善金融、财税等政策配套体系。建立国家“走出去”风险补偿制度，用于核销金融机构融资的非经营性风险（如战争、自然灾害等）损失。设立资金来源多元化的对外投资合作发展基金，解决境外投资并购和开展 BOT 等项目融资“瓶颈”问题。积极推进企业以境外资产、股权、矿权和开采权，以及土地等抵押融资。

第三，强化国别和产业引导服务，加强领事保护。充分发挥驻外商贸机构职能，为企业提供投资信息、项目协调等服务，完善对外直接投资服务体系。充分发挥中国在 71 个国家和地区组织建立的 80 余家中资企业商会的作用，凝聚中资力量，密切双边关系，维护共同利益。统筹中国在政治、经济、外交等各方面的资源，加强领事保护，完善海外利益安全保障机制，提高中国境外企业、资产和人员的安全保障水平。

第四，处理好与所在国共同发展的关系。鼓励有实力的企业参与当地基础设施和民生项目建设。督促企业及其中国员工遵守驻在国法律法规，加大企业的社会责任和对当地社会的回馈力度。加强外派人员的教育培训，提高人员素质。

4. 推动自贸区建设拓展外贸空间

危机发生以来，区域经济一体化的步伐不仅没有停止，反而呈现出许多新的发展趋势。危机后，区域经济一体化必将迎来新一轮浪潮。在全球主要发达经济体外需不振的背景下，要充分发挥中国产业和产品的国际竞争优势，从中国外贸战略的高度，利用自贸区积极开辟新兴市场，拓展外贸空间，包括中亚、西亚、南亚、大洋洲、俄罗斯、东欧、非洲、中美洲、南美洲等。同时，积极利用自贸区，减少国际贸易摩擦。

中国区域经济合作的战略选择。一是把握战略主动。要充分利用中国经济率先复苏和高速增长带来的主动、产品国际竞争力带来的主动、国内巨大市场带来的主动以及在全球政治、经济和外交影响力等方面带来的主动，把握主动权。二是实施主动出击战略和迂回结网战略。从党和国家战略高度出发，重视自贸区建设，不同部门间形成合力，变被动为主动，推进自贸区谈判对象筛选和谈判工作。三是选准战略区域。总体战略布局可包括四个圈层：第一圈层是促成包括内地、港澳和台湾在内的两岸四地自贸区；第二圈层是依托周边国家，拓展东亚和亚洲区域经济一体化，重视通过中韩自贸区，打破东北亚和东亚区域经济合作的僵局；第三圈层是推动亚太区域经济合作进程，密切跟踪关注 APEC、TPP、亚太共同体的发展动向；第四圈层是放眼全球，寻求与有利于拓展中国外贸空间的重要国家和地区建立自贸区。

具体政策建议包括：一是做好战略规划。加强对自贸区战略的系统研究，提出中国参与区域经济一体化进程的总体战略构想和步骤。明确战略目标和方向，有针对性地选择自贸区合作伙伴。动态跟踪研究主要经济体的自贸区战略及对中国经济的影响。二是因地制宜、选择合适的合作模式和推进路径。采取双边、多边、区域、次区域等不同合作发展模式，在各个层面上获取自由贸易带来的好处。构筑多元重心模式框架，在每个地区都培养重点贸易伙伴。三是加强中国自贸区谈判的组织协调工作，创建部门间协调机制。建立国家自贸区战略实施指导和协调体系，使外交、外经管理部门和国内宏观经济管理、产业部门共同参与和统一协调，提高运行效率。注重发挥行业协会和民间机构在自贸区研究中的作用。四是加强研究队伍建设。组建稳定的自贸区谈判队伍，培养新生力量，促进国内不同机构的合作研究，为自贸区谈判提供基础，组织好自贸区前期可行性研究队伍，合理配置科研资源。五是对敏感谈判领域和敏感性行业做好谈判预案。在农业方面，根据谈判对象对产品的关注程度，形成敏感产品清单；灵活设计降税模式，对不同敏感农产品提供相应关税保护；可增设审议机制，将争议较大的农产品留待未来谈判等。在环境和劳工方面，应采取积极谈判态度，通过政策工具帮助谈判双方灵活处理问题。六是加强对企业与社会的宣传。普及自贸区相关知识，寻求社会公众理解和支持，使其了解相关情况和变化，推动企业积极利用自贸区的平台开展贸易和投资活动。七是加快市场化进程，改善投资软环境。通过加快市场化进程，改善投资软环境，为自贸区谈判创造更好条件。八是深化已有自贸区合作领域，鼓励企业“走出去”到自贸伙伴国投资。通过品牌联合、技术开发、营销渠道、网络资源共享、公关和促销合作形式等形式，鼓励企业到自贸伙伴国开展投资合作。

5. 抓住服务业国际转移机遇

短期内，国际金融危机对服务业跨国投资与贸易也带来一定影响，但服务业全球化大趋势没有发生改变。迫于竞争压力，跨国公司开展服务外包的意愿反而进一步强化了，尤其是对中国市场兴趣增强。可以预见，危机之后服务业全球化有可能掀起新的高潮，服务业跨国转移和要素重组将成为新一轮国际产业转移的重点。中国要吸取制造业通过不断扩大开放、积极参与经济全球化实现全面升级的经验，抓住战略机遇，适时推出新一轮以服务业为重点的开放战略，推动服务业跨越式发展。当前尤其要将积极参与服务业全球化、大力承接国际服务转移外包作为新一轮对外开放的战略重点，纳入国家战略。

当前扩大服务业开放的举措是：一是积极有序扩大服务业市场准入，引入竞争，以扩大开放推动服务业体制和管理的创新，全面优化服务业的行政和法律环境；二是不以承接服务业跨国转移和外包为突破口，带动中国有比较优势的一些现代服务业部门的迅速振兴；三是引入外部战略投资者，加快中国服务业的重组，引入国际的先进技术、组织形式和经营管理方式，全面促进服务业技术进步和现代化；四是将一批有条件的沿海中心城市办成国际化生产性服务的聚集区，显著增强其产业组织、供应链管理、市场营销和国际接单能力，提升在全球生产网络和价值链中的位置，对国内经济和产业发展形成更强大的辐射带动效应；五

是在以“引进来”为重点的同时，不失时机地推动有实力的服务企业“走出去”，增强整合利用全球优势要素的能力；六是大力培育一批具有自主知识产权、自主品牌和高增值服务能力的服务供应商成为外包龙头企业，实现服务外包与服务业发展升级的良性互动；七是加快服务贸易发展，增加和改善服务供给；八是加强服务业监管体系建设，确保国家利益和经济安全。

参考文献

[1] 王子先：《关于外部危机下我国经济模式转型问题的理性思考》，《中国贸易》2009 年第 7 期。

[2] 张燕生：《“十二五”时期我国经贸环境分析》，《中国贸易》2009 年第 8 期。

China's Development of Foreign Trade and Economic Co-operation and Strategic Emphases in Post-Crisis Era

Abstract: In post-crisis era, the internal and external environment which China's foreign economic development depends on is extremely severe in face of transition and modification. China experienced minor crisis in this round of financial crisis and revived at first. The further opening-up confronts a series of historical opportunities. Facing with new trends such as the great modification of worldwide economic structure and industries reorganization, we must strengthen our worldwide perspectives and strategic thinking under the premises of planning international and interior markets as a whole. Therefore, we can seize the opportunities of post-economic era via the combinations of stimulation on economic prosperity with self sustainable development, involvement of world economy and industries reorganization with self structure modification, participation in world economy rebalance with transition of patterns in internal economic development.

Key Words: Post-Crisis Era; Foreign Trade and Economic Co-opertation; Development in Transition; Strategic Emphasis

第十三章
金融危机考验我国经济安全和国际地位

左大培*

摘　要：2008年的西方金融危机主要通过影响中国的进出口和对外贸易顺差而影响了中国经济，大大降低了中国的经济增长率，但是并未给中国造成深重的经济灾难，使中国在这一次世界性的经济衰退中国际地位显著上升。尽管如此，没有世界第一流的军事实力，仍然不可能有世界第一流大国的国际地位和真正的国家安全。在宏观经济调节上过分依赖货币政策、过大的对外贸易顺差、过高的对外贸易依存度、过多的外资流入都给中国的经济安全造成了重大的隐患。为保障中国的国家安全，中国经济必须进行重大的战略调整，增加对军事工业的投资。

关键词：国际地位　国家安全　经济安全　军事工业　对外贸易

2008年的西方金融危机对中国经济具有巨大影响，大大降低了中国的经济增长率，但是并未给中国造成深重的经济灾难。中国政府在危机爆发后采取了坚决的反危机措施，实施了一系列扩大总需求特别是扩大国内需求的经济政策，使中国没有陷入明显的经济萧条。中国在这一次世界性的经济衰退中发挥了巨大的影响，凸现出一个经济大国的形象，国际地位显著上升。但是，这次的国际金融危机也深刻地说明，中国的经济安全存在着重大的隐患；为保障中国的国家安全，中国经济还必须进行重大的战略调整。

---

* 左大培，经济学博士，中国社会科学院经济研究所研究员。1990~1991年和1994~1995年两度受德国洪堡基金会资助赴德国从事博士后访问研究。2005年被选为孙冶方经济学奖评议组专家。研究方向为西方经济思想史和当代西方经济学。

第一节　西方金融危机对中国经济的影响

2008年的世界性金融危机主要由美国的金融危机引发，并不断深化和蔓延，最终导致了美国乃至世界性的金融危机。金融危机最直接的后果是西方发达国家陷入了严重的经济衰退，总产出下降，失业剧增。危机的策源地美国的GDP增长率2007年为2.1%，2008年下降到0.4%，2009年则为-2.4%，危机使美国的GDP在2009年实际下降了2.4%。美国官方公布的失业率则从不到5%迅速上升到高于10%。而日本的GDP 2008年也只增长了0.7%，2009年更是下降了5%。

一　西方金融危机对中国经济的直接影响

美国引发的这次西方金融危机，主要是通过中国与发达市场经济国家的各种经济关系而直接影响了中国经济。综合中国与西方发达市场经济国家在各方面的经济关系可以推测，西方的这次金融危机可能通过下述途径直接影响中国经济。

第一，减少中国的出口和对外贸易，由此而减少对中国产品的总需求，使中国的总产出和总收入减少，显著地降低中国经济的增长率。

西方的经济和金融危机主要通过影响中国的进出口和对外贸易顺差而影响了中国经济，因为中国的大批企业依靠出口特别是对美国的出口而生存。出口市场的萎缩可能使这些依靠出口的企业陷入财务上的困境甚至倒闭。它们的倒闭会增大中国内地的失业问题，它们的财务困境会对中国的金融业造成巨大的冲击，甚至可能由此造成中国的银行业出现巨额坏账、证券市场面临崩溃。

2007年中国进出口总额为21738亿美元，外贸顺差为2622亿美元；2008年中国进出口总额为25616亿美元，比上一年增长17.8%，其中进口11331亿美元，出口14285亿美元，顺差2954亿美元；2009年中国对外贸易进出口总额为22072.7亿美元，比2008年下降13.9%，略高于2007年的对外贸易进出口总额。2009年，中国进口10056亿美元，出口12016.7亿美元，外贸顺差为1900多亿美元，比2008年下降约1000亿美元。中国2009年的国内生产总值（GDP）为335353亿元人民币，当年减少1000亿美元的贸易顺差，直接降低中国经济增长率2个百分点左右。

2005~2007年，中国的贸易顺差每年增加约600亿美元到1000亿美元，这本身直接增加了中国的经济增长率约2～3个百分点。西方金融危机爆发后，中国的贸易顺差在2008年增加不大，2009年大幅下降，使对外贸易对中国经济增长的作用从提高增长率3个百分点变为降低增长率2个百分点。综合计算这一增一减的相反作用，可以说，西方金融危机使出口对中国总需求和经济增长的拉动作用降低了大约5个百分点。

第二，在中国内地的许多外资企业是美欧国家企业的子公司或分支，西方的金融危机造成的金融混乱可能使这些美国甚至西方企业的资金链断裂，从而牵连其在中国的子公司和分支经营陷入困境。中国的这些外资企业的经营困境可能暂时加剧中国国内的就业问题。

第三，中国最近几年对外有大量的证券和其他投资，西方金融危机造成的金融业亏损可能波及中国对外所做的这些投资，降低这些对外投资的收益甚至使其亏损，造成中国财富的损失；西方金融危机所造成的恐慌情绪还会造成对外投资亏损的预期，由此吓阻了中国的对外投资。最近中国官方透露，中国68家央企涉足金融衍生产品业务浮亏114亿元，就是这种金融投资亏损的例子。

不过，中国对外流出的资金主要是外汇储备中持有的外国政府债券，对外流出资金中的商业性投资数额并不大，而西方金融危机到目前为止还没有造成中国外汇资产投资的巨额直接损失，因此这次西方金融危机到目前为止还没有给中国的对外投资造成很大的直接损失。

需要注意的是，中国以其外汇储备所购买的许多债券，实际上并不是真正的国债券，而是与政府有关联的债券，如政府隐性担保的公司的债券。这次西方金融危机发展的最终结果，仍然可能导致这样的债券不能及时足额偿还；就是美国等国政府欠中国的债务也有不履行偿还约定的可能。这种债务违约可能给中国政府及全体中国人民造成一定的财富损失。

第四，这次西方金融危机大大降低了国外的资金赢利率，使美国的名义利率降低到接近于零。而中国的利率并不需要降到如此之低。中国的利率高于美国，加上国际投资者普遍预期中国的资金回报率高于国外，已经在2009年导致外国资金大量涌入中国，造成了超大规模的外国投资。这在短期中虽然可能进一步增大中国国内的总需求，提高中国的经济增长率，但是也会同时提高中国的通货膨胀率，拉高中国的房地产价格和股票价格，造成中国更为严重的经济泡沫。这样的经济泡沫一旦形成就迟早会破灭。而当这样的经济泡沫破灭时，中国就会发生1997年东亚金融危机式的经济危机。这是西方金融危机在长期中可能对中国经济造成的最大威胁。

以上所述西方金融危机对中国经济的4种直接影响，第一种影响主要集中在影响中国的对外贸易，后三种影响则基本上是通过跨国的资金流动发生作用。到目前为止，西方金融危机对中国的影响还主要表现在通过中国的对外贸易对中国产生的影响上，通过跨国的资金流动而对中国经济发生的作用尚未清楚地表现出来。尽管如此，我们必须密切关注西方金融危机通过跨国资金流动对中国经济可能产生的影响。特别是在长期中，美国的低利率可能在中国催生新一轮的经济泡沫并最终导致未来的经济崩溃。这种长期影响才可能是西方金融危机对中国最严重的恶劣影响，我们最需要防范的是这样的长期恶劣影响。

二　金融危机打乱了中国经济结构调整的进程

在西方金融危机降低出口对中国经济增长的拉动作用5个百分点的同时，中国的经济增长速度发生了显著的波动：中国的经济增长率2006年为11.1%，2007年为11.9%，2008年第4季度降低到与上年同期相比增长6.8%，2008年全年的经济增长率下跌到9.6%，2009年中国政府为保证经济增长率不低于8%而付出了巨大的努力，但是中国的经济增长率仍然降低到8.7%。

如果一国本年的对外贸易顺差等于上一年的对外贸易顺差，则该国的出口和对外贸易对该国本年的总需求和经济增长的拉动作用就为零，出口既没有提高也没有降低该国本年的经济增长率。据此计算，中国的对外贸易顺差2007年比2006年增加近1000亿美元，2008年只比2007年增加约300亿美元，2008年比2007年对外贸易顺差增加额减少了约700亿美元，这本身就直接降低了中国经济的增长率2个百分点左右。单纯从数字上看，似乎中国2008年的经济增长率低于2007年的经济增长率2个多百分点完全是由于对外贸易顺差的减少。

实际上，2008年中国经济增长率的降低首先不是由于西方金融危机降低中国对外贸易顺差的增加额，而是开始于中国自主实施反通货膨胀的宏观经济紧缩。

中国经济的“潜在生产能力”（潜在产量）每年增长大约为9%，而到2007年为止中国已经连续5年每年经济增长大约为10%甚至明显高于10%。到2007年，中国实际产出已经超过其当年的潜在产量大约2个百分点。实际产出高于潜在产量是由于总需求过旺，总需求过旺同时就造成了通货膨胀：中国的居民消费价格指数（CPI）与上年同期相比，2006年增长1.5%，2007年增长4.8%，

2008 年甚至增长 5.9%。而中国的工业品出厂价格（PPI）与上一年同期相比，2008 年 6 月上涨了 8.8%，7 月上涨了 10%，达到了 1996 年以后 10 年的最高增幅。

只是到 2009 年，由于中国的总需求不旺导致经济增长可能低于 8%，整个经济的实际产出已经不比潜在产量大多少，通货膨胀的局面才消失，而出现了通货紧缩的威胁：2009 年中国的 CPI 与上年同期相比，1 月增长 1%，2 月增长就为 -1.6%，由此开始了连续 9 个月的负增长，到 10 月还为 -0.5%，只是到 11 月才回升到 0.6%，造成全年平均的增长率为负。PPI 与上年同期相比，2009 年 1 月下降 3.3%，5 月下降 7.2%。

这中间的转折实际上从 2007 年底开始。2007 年底中国政府采取了坚决消除金融泡沫和反通货膨胀的政策，开始收紧银行信贷。紧接着这一资金紧缩的是股市暴跌，城市住宅售价的上涨也基本停止。到 2008 年 10 月份，全国 70 个大中城市房屋销售价格同比只上涨 1.6%。

这一紧缩政策对实际宏观经济增长的影响开头并不明显，CPI 和 PPI 的涨幅在 2008 年上半期甚至还很高，这典型地表明了货币政策在当代对宏观经济运行的影响有明显的滞后。2007 年中国全社会固定资产投资 137239 亿元，比上年增长 24.8%；2008 年中国全社会固定资产投资 172291 亿元，比上年增长 25.5%。固定资产投资增长的速度似乎还有增加。

但是，由于 2008 年中国的工业品出厂价格增长极快，以实物计算的固定资产实际投资增长率在 2008 年应当已经低于 2007 年。而且这种投资增长率的下降在下半年应当特别明显。这在房地产投资中可以清楚地看到：中国 2008 年房地产固定资产投资总额为 35215 亿元，比上年增长 23%，房地产（开发和销售）投资完成总额为 30580 亿元，比上年增长 20.9%，但是这个投资完成额 2008 年上半年却比上一年同期增长了 33.5%。虽然没有更进一步的数据来做准确推断，但是可以相信房地产（开发和销售）投资完成总额 2008 年下半年比上一年同期增长不到 17%。到 10 月份，PPI 比上年上升的幅度就降到了 6.6%。

中国就是在这样一种宏观经济紧缩政策开始起作用、2007 年过热的经济已经降温的情况下遭遇了西方金融危机的冲击。2008 年第三季度，美国的金融危机震惊了世界，西方金融危机导致中国出口下降的作用也清楚地表现出来。前边已经指出，单是由于西方金融危机造成的中国对外贸易顺差不再增加，就可以直接降低中国 2008 年的经济增长率 2 个百分点左右。中国 2008 年的经济增长率恰好也低于2007年的经济增长率2个多百分点，这表明中国单纯由于国内需求增加而拉动的经济增长率在2008年与2007年大约相等，都为9%多。而如果中国政府不在2007年底实行紧缩国内需求的宏观经济政策，中国2008年单纯由于国内需求增加而拉动的经济增长率会明显高于9%，2008年中国的经济增长率还将在10%以上，经济过热和通货膨胀的格局不会有根本性的改变。

这些数字表明，西方金融危机打乱了中国宏观经济调整的进程。中国2007年的经济过热本来要求中国政府实行坚决的宏观经济紧缩，但是中国无法影响的西方金融危机本身就造成了更为巨大的总需求紧缩，这使中国本来幅度还太小的宏观经济紧缩突然变得幅度过大。在这种情况下，中国政府为了防止宏观经济紧缩导致整个经济陷入严重衰退，不得不紧随西方国家政府进行了大规模的“救市”，转而于2008年底开始推行一系列的宏观经济扩张政策。

尽管2009年中国的经济增长率只有8.7%，但是，由于2009年中国对外贸易顺差减少1000亿美元直接降低了约2个百分点的中国经济增长率，2009年中国单纯由于国内需求增加而增加的总需求应当占整个GDP的10%以上，单纯由于国内需求增加而拉动的经济增长率会显著地高于10%。一旦中国的对外贸易顺差不再减少，不再因此而直接降低中国的经济增长率，再以这种比率增加国内的总需求就会使中国的实际经济增长率明显高于10%，由此而重新造成经济过热和通货膨胀，因为中国的生产潜力的增长今后不可能高于每年9%。

对中国宏观经济形势与对外贸易顺差的这种复杂互动关系的上述分析表明，西方经济波动造成的中国对外贸易顺差波动有可能加剧中国国内的经济波动，极大地增加了稳定中国经济的难度。

第二节　中国国际地位的提升

此次西方金融危机爆发以来，中国的经济实力未受到根本的伤害，国际地位不降反升。世界普遍寄希望于中国率先走出危机，带领世界复苏。某些西方媒体甚至在谈论，世界今后是否会进入“中美两大强国共治”的时代。这就迫使我们不得不讨论下述问题：如何冷静地认识和看待外国媒体对中国的评价，正确地认识中国的国际地位和中国国际地位的提升，准确定位中国的国际责任，以及如何有效地减少中国对外贸易中的摩擦，等等。

一　中国国际地位提升的原因

目前中国国际地位的提高，来自中国的经济实力的提高以及这种实力在世界金融危机中的显示。中国的经济实力及其在世界金融危机中的显示主要表现在中国的总产出（GDP）、对外贸易总额及其顺差和空前庞大的外汇储备上。中国在这几方面的经济规模已经使全世界的人都把中国视为一个不容忽视的经济大国。

1. 中国的总产出（GDP）有可能成为世界第一

目前通用的比较世界各国总产出的方法，是以当年的名义汇率将不同国家的名义国内生产总值（GDP）折算为按同一种货币（如美元）计算的名义GDP再加以比较。按这种折算方法比较，最近的许多年中都是美国的总产出为世界第一，日本为世界第二，德国为世界第三。而按照这种折算方法，中国的总产出在十多年前只能排在世界第六甚至第七位之后。但是，由于中国的经济增长率非常之高，中国最近十几年中在这种按名义GDP排序的总产出世界排名中名次不断向上提升，这次金融危机爆发后的2009年已经接近了总产出世界第二位的名次。

2009年中国的国内生产总值（GDP）为335353亿元人民币，按当年的名义汇率折算约为4.92万亿美元。美国2008年的名义GDP为14.33万亿美元，2009年GDP实际下降2.4%，物价水平则基本上没有变动。按2009年美元兑换日元的平均汇率计算，日本2009年的名义GDP约为5.08万亿美元。

严格按这些数据比较，中国的名义GDP仍然小于美国和日本，处于总产出世界第三的地位，但是比日本的总产出只小了不到4%。由于中国最近10年的经济增长率一直不低于8%，而日本最近10年的经济增长率几乎从来都不能高于3%，几乎所有的经济学家都相信，中国的名义GDP在最近一两年内就会超过日本。这样，中国在最近几年内必将取代日本而成为总产出世界第二的经济大国。

更为重要的是，中国长期可持续的经济增长率远远高于任何一个经济发达国家，这使中国有可能在最近几十年中发展成为总产出最大的世界第一经济大国。

中国在最近30年中始终保持着高于9%的年平均经济增长率，而美国则在最近十多年中一直没有摆脱年平均增长3%左右的经济增长格局，日本最近20年的年平均经济增长率则更是显著地低于3%。2009年在世界性的金融危机冲击下，美国和日本分别出现了2.4%和5%的负增长，中国却仍能获得高达8.7%的正增长。按照这样的相对增长速度推论，只要人民币对美元的实际汇率不贬值，中国的名义 GDP 将在 20 年左右的时间内赶上和超过美国的 GDP，那时中国的名义 GDP 将变为世界最大。

当然，中国不可能永远维持年平均增长 9% 的高增长率。第二次世界大战后，日本、韩国、中国台湾都曾经出现过 10 年甚至 20 年中 GDP 年平均增长 9% ~ 10% 的高增长时期。这些国家和地区现在的经济增长率都下降到了年平均 5% 甚至更低。中国将来也会像它们一样进入一个经济增长率降低的时代。

不过，这些国家和地区都是在人均收入达到美国的 1/3 以上之后经济增长率才明显降低。由于中国的人口为美国人口的 4 倍多（美国的人口为 3 亿多，中国的人口为 13 亿多），当中国达到人均收入为美国的 1/4 时，中国的名义 GDP 就会超过美国。这样，即使考虑到中国的经济增长率未来会降低这个因素，中国也完全有可能在不久的将来超过美国而成为总产出世界第一的经济大国。这种变为世界第一经济大国的前景，是中国目前国际地位提高的最根本原因。

正因为中国有这样明显高于西方发达国家的经济增长率，英国著名经济史学家和经济统计学家安格斯·麦迪森才预测，中国有可能在 2015 年恢复其 19 世纪以前曾经有过的世界头号经济体的地位；到 2030 年，中国占世界 GDP 的比重可能增加到 23%，那时中国的人均收入水平也会超过世界平均水平的 1/3。

2. 中国具有世界最大规模的出口和外汇储备

2007 年之前的几年中，中国的进出口总额每年都以 30% 左右的速度增长，而且一直有着巨大的贸易顺差。2009 年中国的对外贸易进出口总值为 22072.7 亿美元，比 2008 年下降 13.9%，略高于 2007 年的对外贸易进出口总值。在 2009 年中国的对外贸易总额中，进口为 10056 亿美元，出口为 12016.7 亿美元，出口总额已经超过德国而跃居世界第一。

德国的出口总值在 2003 年超越美国，以后连续 5 年蝉联全球最大出口国头衔。但是在世界金融危机的打击下，2009 年德国进口下降 17.2%，出口总值 1.1213 万亿美元，下降 18.4%。由于 2009 年德国按美元计算的出口总额已经低于中国，失去了“出口冠军”头衔，中国就成了按美元金额计算的世界第一出口大国。

在对外贸易上更为重要的是，自 1994 年以来中国一直有着十分明显的对外贸易顺差，最近几年这种外贸顺差已经上升到了惊人的规模。中国的外贸顺差 2007 年就达到了 2622 亿美元，2008 年更达到了创纪录的 2954 亿美元，2009 年虽然受到国际金融危机冲击，中国的对外贸易顺差比 2008 年下降了约 1000 亿美元，但是仍然达到1900多亿美元。在世界第一的出口下有这样高的对外贸易顺差，被世人普遍视为对外贸易上超强的标志。

首先是由于有这样高的对外贸易顺差，中国迅速地积累起了巨额的外汇储备。中国的外汇储备自2003年起就以每年增加2000亿美元以上的速度递增，2006年2月达到8536亿美元时就成为全球外汇储备第一大国，而到2009年12月，中国的外汇储备已经增加到23991.52亿美元，达到史无前例的巨额数字。

从学术上说，外汇储备是“官方持有的外国资产”，它可以变为中国政府借给任何外国人的资金。这笔巨额的外汇储备在目前的西方金融危机中显得特别珍贵。这是因为，引发这次金融危机的直接原因，就是美国的消费者借入了过多的债务而不能偿还，美国的整个国家都由于其公民的过度借债而在很多年中必须吸引巨额的外国资金流入；美国人不偿还“次级抵押贷款”而引发了这次的国际金融危机，危机中大批美国公司陷入资不抵债的困境，又急需获得资金舒解危局。在这样的国际金融格局下，持有2万亿美元外汇储备资金的中国就显得似乎在经济上格外强大。

3. 中国在金融危机中损失最小

金融危机爆发后中国国际地位的提升，还由于中国在危机发生后的全球性经济衰退中总产出所受的损失最小。金融危机使欧洲、北美和日本等发达国家的总产出（GDP）绝对下降，而中国的总产出在2009年不仅没有下降，反而却仍然获得了年增长8%以上的成就。

当然，中国与美、日等国2009年在经济增长率上的相反表现，有很大一部分来源于中国最近这些年中生产潜力的增长率一直相对很高。最近30年，中国生产潜力的增长率一直在每年9%以上；美国每年生产潜力的增长率不过3%，而日本最近十几年的年平均经济增长率一直没有超过2%。不过，即使考虑到生产潜力增长率上的这种巨大差别，中国2009年的经济增长成就仍然是出奇的好：美国2009年经济负增长2.4%，比3%的正常年增长率低了5个多百分点；日本2009年经济负增长5%，比正常的年增长率低了至少6个百分点；中国2009年经济增长8.7%，比正常的年增长率只低了1个百分点。

中国在这次金融危机中经济增长率下降相对较少，这是多方面的原因综合作用的结果：

第一，中国政府在2008年9月金融危机大爆发之后，提出了保证2009年经济增长率不低于8%的经济政策目标，采取了扩张总需求的一系列强有力的政

策。如果没有这一系列扩张总需求的强有力的政策，中国2009年的经济增长率肯定会明显地低于8%。事实证明，在中国目前的这种经济体制下，政府仍然有足够的能力将总需求扩大到整个经济的潜在生产能力之上。

但是，中国也为2009年大力扩张总需求的政策付出了巨大的代价。中国政府扩大总需求的最主要方式是急剧地增加银行的信贷，使中国的银行系统的贷款余额存量总额一年中增加了30%。这样急剧膨胀的信贷虽然以充沛的资金保证了维持经济增长率于8%以上的总需求，但是它也为房地产等方面的金融泡沫提供了充足的资金，使得本来就没有破灭的房地产泡沫重新膨胀起来，城市住宅售价的暴涨和过多的房地产投资进一步发展，对中国经济今后的健康发展形成了重大的隐患。

第二，中国基本上还没有实行美国最近20年发展起来的那种以金融衍生产品为核心的金融体制，政府实际上对居民的银行存款作了全额担保，这是中国没有出现美国那样的严重经济衰退的主要原因。

美国的次贷危机之所以能够发展成2008年9月那样严重的金融危机，这场金融危机又之所以能使美国的总需求下降那样明显以致造成严重的经济衰退，主要是因为美国的金融体系正在演变为以金融衍生产品的投机买卖为核心。美国的银行和金融机构通过各种各样的金融衍生产品，如MBS（住房按揭抵押债券）、CDO（抵押债务债券）、CDS（信用违约掉期合约）等的买卖，将银行和金融机构发放的贷款转移给整个金融市场上的各种投资组合承担，从而将债务人不履行偿还约定所造成的损失扩散给整个经济中的所有金融机构。

在这样的金融体系下，次贷危机中债务人不履行偿还约定造成了这些金融衍生产品的价值损失，这些金融衍生产品散布于整个社会而由各种金融机构持有，它们的价值损失又使大批金融机构特别是许多大投资银行亏蚀和破产。而这些金融机构的倒闭特别是2008年9月美国雷曼公司的倒闭，又进一步造成了整个经济中的恐慌情绪。由于这种普遍的恐慌情绪，资金的持有者们不肯购买任何金融资产，包括由于害怕银行倒闭造成自己的存款损失而不肯向银行存款反而向银行挤兑，使得整个经济中的资金融通陷于瘫痪，从而造成了投资需求和消费需求的急剧下降，引发了美国经济的急剧衰退。

迄今为止，中国的金融系统尚未大规模引进和买卖美国的那些金融衍生产品，这就有效地防止了部分金融机构的贷款坏账损失扩散到整个金融系统，造成整个金融系统中害怕机构倒闭的恐慌。这是中国迄今为止没有发生美国式金融危机的根本原因。再加上中国在2007年出现的金融泡沫在最近两年中并没有完全破灭，特别是2007年已经相当严重的房地产泡沫2009年还在急剧增大，这就更使中国经济能够在美国经济严重衰退的2009年避免大的下滑。不过，为此而造成的中国2009年的房地产泡沫，为中国经济今后的发展留下了巨大的隐患，中国迟早必须为这个隐患付出代价。

第三，此次金融危机前的国际金融体系是由美国主导的。中国卷入这个国际金融体系不深，经济专业化水平低造成的产业转移灵活性大，使中国得以避免日本式的严重经济衰退。

此次金融危机使日本的GDP在2009年下降5%，这个增长率低于日本正常增长率的程度远远大于中国，日本经济下降的程度甚至远远高于危机的策源地美国。而在这次国际金融危机中，日本的金融系统并未出现严重的问题。日本受此次金融危机的打击之所以如此深重，主要是由于美国的经济衰退导致了日本出口的急剧下降，一个次要的原因则是美国的金融危机使日本人持有的金融财产受到严重损失。

此次金融危机前的国际金融体系是由美国主导的。日本近年来已经深深融入了这个国际金融体系，许多日本的机构和个人都大量持有了美国的金融资产，包括那些以违约的贷款和各种金融衍生产品支持的金融资产。这次的金融危机使日本人持有的这些美国金融资产的市场价值暴跌，这使持有这些资产的日本人的账面财富受到巨大损失。这必定会使日本人的各种支出特别是国内的投资支出和消费支出下降，由此而减少了日本的国内支出特别是国内的消费支出。

与日本相比，中国国内居民持有的美国金融资产数额微乎其微。这标志着中国卷入危机前由美国主导的国际金融体系的程度还不深。由于这个原因，这次金融危机导致的美国金融资产市场价值暴跌对中国居民的财富几乎没有什么明显的影响，因此也几乎不会影响中国国内的消费和投资支出。

国际金融危机通过减少出口而对中国和日本所发生的直接影响几乎是一样的。2009年1～6月，日本的出口比上年同期下降了37.3%，2009年9月日本出口仍比上一年同期下降30.7%。而2009年中国的出口比上一年只下降了不到16%。从表面上看，日本出口下降的比率高，中国出口下降的比率低，似乎日本出口下降对经济的影响应当比中国大。可是实际上，由于危机发生前中国每年出口增长都达到30%以上，而日本每年出口增长的比例只是高于10%，将危机前出口的比例与2009年出口下降的比例相比，中国出口下降的相对速度与日本几乎一样。

更重要的是，2009 年日本 GDP 下降的数额几乎完全是由其出口下降的数额决定的。而中国 2009 年的名义 GDP 却仍然显著大于上一年，而且中国 2009 年的名义 GDP 小于其潜在名义 GDP 的数额，不仅明显小于中国 2009 年出口下降的数额（2000 多亿美元），甚至明显小于中国 2009 年对外贸易顺差下降的数额（1000 多亿美元）。这里所说的中国 2009 年的“潜在名义 GDP”，是我们自己估算的一个数额。我们估算中国 2009 年的总产出几乎恰好等于其“潜在产量”，因而“2009 年中国潜在名义 GDP”与中国当年真正达到的名义 GDP 数额只相差一两千亿元人民币。这样一种估算和比较说明，出口下降对日本经济的打击比对中国经济的打击要大得多。

出口下降对日本经济打击比较严重，原因之一可能在于日本政府没有采取足够有力的政策措施扩大内需来弥补出口下降所减少的总需求。但是，另一个可能的更重要的原因是，由于日本经济比较发达，日本企业与劳工的生产专业化水平都远远高于中国。高专业化的生产通常在产业转移上的灵活性很低，即使国内有了足够的总需求，原来专门生产某种出口产品的企业短期内也很难转向为国内市场生产另一种产品。

中国正因为其经济发展水平还很低，国内产业结构的可塑性很强，许多生产出口产品的企业和劳工几乎没有什么显著的专业性，可以很容易地转向为国内市场生产另一种产品，有很高的产业转移灵活性，因而能够很快地适应国内总需求的扩大而转移生产的方向。

二　仅有巨大的经济总量不能保证真正的国际地位

不过，在讨论中国的国际地位时我们一定不能忘记，名义 GDP、对外贸易和出口、外汇储备这几项指标所显示的巨大经济总量，并不能保证中国具有真正有意义的国际地位。一个国家的国际地位，主要地并不取决于它在经济总量国际名次中的排行，而取决于它在国际上受人尊重的程度和贯彻自己主张、维护自己利益的能力。

仅仅从中国的国际地位的角度看，即使中国达到了经济总量世界第一的水平，中国也不一定会有很高的国际地位。只要中国在名义 GDP 上略微大于美国，中国的名义 GDP 就会世界第一，拥有世界第一的经济总量。但是，由于中国的人口为美国的 4 倍多，中国在名义 GDP 上略微大于美国时，中国的人均 GDP 也只能有美国的1/4。人均GDP是美国的1/4，人均收入不可能明显高于美国的1/4。在那种情况下，中国相对于美国仍将是一个穷国，而一个穷国即使在经济方面也不可能有很高的国际地位。

经济理论和历史事实都说明，在当代世界，一国的人均产出和人均收入几乎与一国生产上的平均技术水平成正比。中国的人均产出和人均收入之所以低，主要的原因就是中国生产行业的人均技术水平低。中国要拥有世界最高的人均产出和人均收入，就必须具有世界最高的人均科学技术水平。大力发展中国的教育和科学研究事业，加快产业升级，将中国经济尽快转向技术密集的生产方式，使中国拥有尽可能高的人均技术水平，这也是中国获得经济上的高级国际地位的根本道路。

更重要的是，在近现代的国际社会中，一个仅仅在经济上具有巨大生产能力的国家，如果没有足够的军事实力和支撑这一实力的强大军事工业，其生产能力再大，也不会有值得一提的国际地位。中国最近200年的历史恰恰就是对这一点的最好证明。

英国著名经济史学家和经济统计学家安格斯·麦迪森根据他对世界各国国内生产总值的估算指出，中国在1890年之前的近2000年时间里一直是世界上最大的经济体；直到19世纪90年代，中国GDP世界第一的这个位置才被美国所取代。根据麦迪森的估算，1700～1820年，清王朝统治下的中国的GDP不但排名世界第一，占世界GDP的比例也从22.3%增长到32.9%。与此同时，中国人口占世界总人口的比例也从22.9%增加到36.6%。

根据麦迪森的估算，在1820年以后的一个半世纪中，中国经济在世界经济中的份额一直在下降，并成为世界六大经济体中唯一出现人均GDP下降的地区；1895年，美国在GDP上超过了中国。但是尽管如此，直到1913年，在遭受了八国联军侵略中国、庚子赔款和日俄在中国东北进行战争的这一系列破坏之后，中国的GDP仍居世界第二位。1950年，在经历了几乎几十年没有间断的战乱破坏之后，中国的GDP仍然仅次于美国、苏联、英国、德国而居世界第五位。这也就是说，在1911年之后的中华民国时期，从GDP这样的经济总量看，中国仍然是世界经济大国；而在那之前的清朝末年，中国更是毫无疑问的经济大国。中国在国际上的相对经济地位之所以在19世纪中急剧下降，主要是因为中国当时没能及早像英国那样进行产业革命，转向大量使用机器的现代化生产。

但是在1840年的鸦片战争之后，这样的经济大国地位并没有带给中国崇高的国际地位。从1840年开始，作为世界最大经济体的中国在资本主义列强侵略东亚各国的战争中连续失败，不断割地赔款，领土日益缩小，100年中丧失了约12%的国土，国际地位日趋沦落。到19世纪末中国失去GDP世界第一的位置之后，尽管中国的GDP仍然居世界第二位，但是晚清中国在任何意义上都不是一个强国，而是失去了一个真正主权国家所应当具有的国际地位，成了一个屡遭侵略、屡屡割地赔款的弱国，一个主权不完整的半殖民地国家。

民国时期，尽管中国仍然是世界经济大国，甚至还一度具有世界第二的GDP，当时的列强包括日本在内，却不仅不把中国看做一个大国，反而把中国视为一个任列强宰割的国家。在第一次世界大战后于1919年举行的巴黎和会上，西方列强不仅根本无视中国作为战胜国的合理要求，反而主张把德国在中国山东夺取的特权全部转让给日本。日本和西方列强对中国的欺凌压迫，使当时中国的外交专业人员都只能哀叹“弱国无外交”。这样的中国已经毫无国际地位可言，如果说那时的中国有什么“国际地位”的话，也只能是一个任人欺凌宰割的奴才式的“国际地位”。

就是在研究世界历史的学术界，晚清和民国时期的中国也只具有低得可怜的“国际地位”。在《大国的兴衰》一书中，中国在整个19世纪和20世纪上半叶都不被看做大国（Great Powers），直到1950年中国进行了抗美援朝战争之后，中国才重新被视为世界上的一个“大国”。

经验事实说明，晚清和民国时期中国在国际上失去大国地位，绝不是由于中国的经济总量小、GDP小，而是因为中国的军事实力弱，在对抗外国侵略的战争中屡屡失败。发人深省的是，发动侵略而打败中国的那些资本主义强国，当时往往在按麦迪森的方法估算的GDP上远远小于中国。

1820年中国的GDP约为英国的7倍，却在1840～1842年的鸦片战争中被英国击败。1870年中国的GDP仍为英国的1.8倍并且大于英国和法国的总和，却在第二次鸦片战争中败于英法联军，甚至没有能阻止英法联军1860年在这次战争中火烧圆明园。在1884～1885年的中法战争中，中国与法国两方面互有胜负，中国没有战败却屈服于法国的侵略要求，此时中国的GDP是法国的2倍多。1890年，中国的GDP约为日本的5倍，但是中国军队却在1894～1895年的中日甲午战争中一败涂地。

抗日战争爆发前的1936年，中国的GDP仍然高于日本，约为日本的1.9倍至2.8倍。但是，当时无论是日本政府、中国政府还是西方的观察家，都认为日本明显强于中国，这是因为中国军队的实力和工业力量都与日本不在一个档次上。后来的事实证明这种看法并非没有道理。中国在抗日战争的初期长期丧师失地，以后是在美国甚至苏联都投入了对日战争之后才取得了抗日战争的胜利。

到 1950 年，中国的 GDP 比 1913 年还少了约 1%，仅仅是美国的 18%。此时，中国的 GDP 仅占世界总量的 4.5%，加上支持中国进行抗美援朝战争的苏联和东欧国家，也仅占世界 GDP 的 17.6%，而在朝鲜与中国作战的美国加上其西欧盟国和日本，GDP 总量高达世界 GDP 的 59.9%。在经济总量上相对如此弱小的中国却能在朝鲜战场上与打着“联合国军”旗号的美国及其盟国打成平局，签署了停战协定。正是这次朝鲜战争使中国赢得了真正大国的国际地位，使当时的中国有了远远高于晚清和民国的国际地位。《大国的兴衰》一书在谈到 19 世纪之后的中国时，也只将 1950 年之后的中国视为“大国”。

历史的事实证明，在近现代的世界上，大国的国际地位是靠战争和军事实力来确立的。就是在今天，没有世界第一流的军事和战争实力，也仍然不可能有世界第一流大国的国际地位。只有在足够的军事实力下，一国才可能有真正的国家安全。而如果没有真正的国家安全和本国的经济安全，任何国家都不可能有长期持续的经济繁荣，更不可能有国际上的真正大国地位。世界第一流的军事实力是世界第一流大国国际地位必不可缺的前提条件。

三　中国崛起有助于终结西方霸权

今后世界历史发展中最根本的历史进程，将是终结西方的霸权。在国际问题上，我们的全部努力都应当服务于终结西方霸权这一最终目标。从长远的历史角度看，中国当前国际地位的提升，是 1950 年之后中国重新成为世界大国这一历史性变化的延续。而中国重新成为世界大国并且逐渐提高其国际地位这一发展进程，又是终结西方霸权这一当代世界最重大的历史进程的一部分。

在 20 世纪与 21 世纪之交，西方国家仍然在世界范围内拥有全面的霸权。西方国家仍然在经济和军事上拥有全面的优势，它们在经济上的优势体现于通过西方 7 国首脑峰会操控世界经济，在军事上的优势则通过北约的行动来体现。西方国家还通过传播美国式的“自由”、“民主”等获取了在意识形态上的话语霸权。西方国家依仗其在经济和军事上的优势，利用其在意识形态上的话语霸权，力图在政治上主宰全世界。20 世纪末，它们利用东欧共产党政权倒台的机会促使苏联和南斯拉夫解体，武装侵占了科索沃；21 世纪初，它们打着“反恐”的旗号侵占了阿富汗和伊拉克；它们还制造美国是“唯一超级大国”、“新帝国”的舆论，公然宣称要让美国统治全世界。

西方国家掌握世界霸权的目的在于由西方国家永远主宰全世界，为此就要消灭任何可能向西方霸权挑战的潜在对手。它们在政治上利用“民主”和“民族自决”分裂可能向西方霸权挑战的潜在对手，将分裂后的那些西方可以直接控制的部分（如东欧各国）纳入西方的范围，同时摧毁西方还不能直接控制的部分（如塞尔维亚）；在经济上垄断全世界的资源（如石油），控制高科技、高附加值的产业，迫使非西方国家永远处于向西方提供资源和低附加值的廉价商品的地位，控制全世界的金融业，让非西方国家永远向西方世界输送资金，并且在经济政策上永远服从西方国家意愿，放弃对本国高科技产业的保护转而向西方出口劳动密集产品，西方的劳动密集产业受冲击太大时又必须放弃出口导向的政策。

西方的霸权必定导致非西方国家无从崛起，一度十分强大的苏联和南斯拉夫的解体就是典型例证。西方目前打击的矛头正在转向中国，其表现如：它们对“台独”和“藏独”的支持；它们将中国引向了“出口导向”的斜路却又极力限制中国的出口；中国向西方输出自己最需要的巨额资金，却又反过来让西方人控制自己国内的产业并让西方由此获得惊人的利润。

但是，西方并非一直拥有对全世界的霸权，这种霸权也并不能一直延续下去。

从人类历史的早期一直到相当于欧洲的中世纪时期，西方（欧洲）都并不先进，也没有任何对全世界的霸权。西方只是从16世纪开始才逐步夺取了对全世界的霸权，到18世纪末才在全世界称霸，19世纪末20世纪初西方统治了全世界。这种统治以西方国家在经济上和军事上的压倒性优势为基础，体现为西方国家通过其殖民体系在政治上统治全世界，并据此来塑造世界的意识形态以及话语。19世纪末美国赶上并超过中国而成为GDP世界第一，标志着西方统治世界有了雄厚的经济基础。目前西方的霸权就是过去西方对世界的统治地位的延续，是这种统治衰落的结果。

20世纪终结了西方对全世界的统治，其根源在于西方列强的扩张和争霸本身导致了结束西方霸权的力量兴起：西欧国家相互争霸导致了两次世界大战。这两次世界大战导致了整个西欧的衰落，无法再统治世界；同时它导致了共产主义的苏联崛起，还导致了本来处于西方边缘上的美国成为在第二次世界大战后的世界霸主；第二次世界大战后，苏联军事和经济实力的增长，美国经济实力的相对下降和在朝鲜战争、越南战争中军事上的失败，亚洲、非洲和拉丁美洲国家的独立运动和民族经济的艰难成长，都使西方失去了对世界的统治地位。东方的日本先是很快成长为新的军事强国，第二次世界大战后又发展为第一流的经济强国，也表明有典型亚洲文化的国家完全有能力向西方的霸权挑战。

当然，到20世纪末，西方仍然保持了对整个世界的霸权地位，苏联的解体使西方的霸权显得更加强大。不过，这只是暂时的曲折。终结西方霸权才是21世纪历史进程的主流：

——俄罗斯已经认清，容忍西方称霸世界只能使其走上南斯拉夫式的亡国之路，因而重新回到了与西方对抗的地位上来。而俄罗斯的军事力量本身就足以结束西方在整个世界上的军事统治。

——中国经济持续高速增长，使中国有可能在30年后成为世界第一经济大国。果真如此，则西方在经济上的世界霸权必将终结。目前中国国际地位的提升正是终结西方霸权这一当代世界最重大的历史进程的一部分。

——印度、巴西、南非等国经济增速加快，非西方国家经济高速增长时代已经来临。更重要的是，中国经济的高速增长只不过是非西方国家经济高速增长的最突出代表。印度已经进入经济高增长期，巴西、南非等国经济也进入高速增长期，这标志着亚洲、非洲和拉丁美洲国家的工业化和高经济增长时代到来，结束西方的经济霸权问题已经提上全世界的议事日程。

第三节　经济与国家安全

没有真正的国家安全和本国的经济安全，任何国家都不可能有长期持续的经济繁荣，更不可能有国际上的真正大国地位。特别是中国这样的大国，更需要靠本国强大的军事实力来保障国家安全，并且以各方面的实际措施来保障国家的经济安全。只有有效地保障了国家安全和国家的经济安全，中国经济才可能持续健康地繁荣，人民才可能有尽可能高的经济福利。

一　必须从军事上增进国家安全

军事上的安全是最根本的国家安全。一个国家在军事上足够强大，不仅能够抵御外敌的任何入侵，而且使任何外敌不敢侵犯，这样的国家才可能有真正的安全。

由于第二次世界大战后长期没有发生世界性的战争，特别是越南战争结束后几乎没有再发生大的战争，中国国内曾经滋长起一种忽视国家军事安全的思潮，认为“和平发展是当代世界的主流”，国家不再需要强大的军事实力，从而借口“集中资源发展经济”，拒绝向军事工业投资，不肯大力发展中国的军事实力，放慢了中国提升军事实力、赶超西方国家军力的步伐。

20 世纪和 21 世纪之交，美国或以美国为首的北约发动了两场赤裸裸的侵略战争，以血淋淋的事实说明，以美国为首的西方国家并未改变其武装侵略的本性，它们仍然会向没有足够抵御能力的国家发动不需要任何借口的战争。一个国家如果没有足够强大的军事力量，仍然可能遭到以美国为首的北约的军事侵略，遭受国家被占领、被分裂、经济生活被严重破坏的惨祸。

在 1999 年的科索沃战争期间，以美国为首的北约借口“维护人权”、“保护塞尔维亚科索沃阿尔巴尼亚族人的民族自决权”，对奋起捍卫国家主权和领土完整的南斯拉夫进行了几十天的狂轰滥炸，给南斯拉夫塞尔维亚造成了巨大的破坏和人员伤亡；随后北约军队进占了塞尔维亚科索沃地区，肢解了独立的主权国家南斯拉夫。后来在占领科索沃地区的北约军队的庇护下，科索沃阿尔巴尼亚族公然宣布独立，分裂了独立的主权国家塞尔维亚。北约的这场侵略战争使南斯拉夫的塞尔维亚一片破败，经济一蹶不振，人民的生活福利大幅度下降。

以美国为首的北约对南斯拉夫进行的这场侵略战争，没有任何在国际法上站得住的理由。整个国际社会都承认南斯拉夫是独立的主权国家，联合国等权威性的国际机构都承认科索沃是南斯拉夫塞尔维亚的领土。以美国为首的北约对南斯拉夫的战争和占领行动，践踏了国际法起码的准则，是对独立的主权国家的公然侵略，是武装侵占主权国家领土的侵略行为。而以美国为首的北约却只用“人权大于主权”、“保护科索沃阿尔巴尼亚族人的民族自决权”这样几个轻飘飘的漂亮辞藻，就完成了对侵略南斯拉夫的理由的“论证”。这就表明，以美国为首的北约根本就没有把尊重独立的主权国家的主权和领土完整当一回事，它们可以用“保护人权”和“保护民族自决权”作理由，武装侵略和分裂任何独立的主权国家。

2003 年，美国悍然发动侵略伊拉克、推翻萨达姆政权的战争，不仅没有任何站得住的理由，没有得到联合国的授权，甚至还受到法国等西方盟国的反对；在全世界各国的大城市中都出现了巨大的群众性示威浪潮，反对美国发动这场公然侵略的战争。在这样遭到全世界反对的情况下，美国仍然发动了侵占伊拉克的战争，推翻了伊拉克的萨达姆政权，以后还以“审判”的丑剧处死了萨达姆。美军侵占伊拉克之后，遭到了反美武装力量的沉重打击，美军在这场战争中已经死亡了4000人以上。但是伊拉克也从此实际上分裂了，由什叶派、库尔德人、逊尼派各自控制一些地区，而且许多地区战火纷飞，流血袭击不断，平民伤亡惨重。

美国在发动侵略伊拉克的战争之前宣称，它侵略伊拉克的理由是伊拉克的萨达姆政权拥有“大规模杀伤性武器”。战争结束后的权威调查表明，这是地地道道的谎言。美国政府及其追随者又改而宣称，美军侵略伊拉克的正义之处在于“推翻萨达姆独裁政权”。恰恰是美国政府及其追随者们的这些言论清楚地表明，在美国政府看来，发动对任何国家的侵略不需要任何国际法上站得住的理由，甚至是全世界人民的反对也都不能阻止它侵略一个国家。它只要把要侵略的国家的政府说成是一个“独裁政权”，它就可以以此为理由侵占这个国家，把这个国家抛入战争的血海。

这些血的事实都表明，在当今世界上，侵略战争特别是以美国为首的北约西方国家发动的侵略战争，仍然是对任何国家的安全的最大威胁。以美国为首的北约本来是以“共同防御”为借口组成的，但是就在最近，北约的领导人竟公然鼓吹北约的“领土防卫要超出边界”。这种言论就是公然要将北大西洋公约组织（北约）定义为一个进行赤裸裸的侵略战争的国家集团。

以美国和北约发动对南斯拉夫和伊拉克的侵略战争的理由衡量，以美国为首的北约西方国家内心肯定认为它们有足够的理由发动对中国的侵略战争。中国新疆、西藏、台湾等地的分裂主义分子一直在以一切可能的手段进行分裂活动，而西方国家也一直在以各种各样公开半公开的方式支持他们的分裂主义活动。西方国家支持“新独”、“藏独”和“台独”的理由就是所谓的“民族自决”和“民主”。西方国家也一直无所不用其极地把中国政府描绘成一个“独裁政府”，而西方国家在中国的走狗们则一直在想以此为借口策动西方国家侵略中国。

最近20年西方国家之所以没有发动针对中国的武装进攻，首先是因为中国在20世纪60年代到70年代发展起了自己的导弹和核武器，并且用它们构成了有足够战斗力的核威慑力量。当中国还没有足够的核威慑力量时，号称拥有世界上最强大军事力量的美国就在中国参与的朝鲜战争和越南战争中遭受了可耻的失败。这一切都使西方的好战分子害怕对中国发动战争会遭受惨重的损失，因而至今为止还在回避与中国发生武装冲突。可以说，西方国家在最近几十年之所以没有向中国发动武装进攻，绝不是因为中国努力与西方修好，而是因为西方包括美国的霸权主义者们欺软怕硬，害怕与能够给他们造成惨重损失的国家开战。

俄罗斯与朝鲜是两个典型的例子，说明西方的霸权主义者们是怎样的欺软怕硬：

俄罗斯平息车臣叛乱的战争，在不人道的程度上远远超过了南斯拉夫平息科索沃叛乱的战争，但是西方国家虽然敢于轰炸南斯拉夫以“维护人权”，对俄罗斯却除了发出过一点软弱无力的指责外，没有采取过任何惩罚措施，更不要说采取任何对俄罗斯的武装干预行动了。西方国家之所以不敢以同样理由对俄罗斯采取任何行动，当然是因为俄罗斯至今为止仍然具有摧毁西方国家的军事实力。

朝鲜一直被西方国家特别是美国描绘成“极端独裁”的“邪恶国家”，而这样一个“与萨达姆一样独裁”的“邪恶国家”最近几年竟大张旗鼓地研制成了核武器。敢于武装侵占伊拉克的美国之所以至今不敢向朝鲜发动进攻，主要原因之一就是朝鲜有能力给美军造成惨重的伤亡。

由此可见，在当今的世界上，任何国家要想具有真正的国家安全，要想不受人侵略和武装蹂躏，真正的保障就是自己具有足够强大的军事实力。

中国目前的军事实力已经相当强大，可以使任何对中国发动侵略战争的国家遭到足够惨重的损失，这对国外的好战分子们形成了足够的扼制，使他们在最近几十年中不敢向中国发动侵略战争。

但是另一方面，相对于美国和俄罗斯甚至某些西方大国，中国的军事力量仍然弱小得多。根据西方媒体的报道可以得知，美国和俄罗斯都有上千枚核弹头，而中国的核弹头在21世纪初也只不过有几十枚；美国空军装备的是“第五代战机”，最近俄罗斯也与印度一起开发出了它们自己的“第五代战机”，而中国空军装备的“至多只是第三代半的战机”；从第二次世界大战时起，美国就靠着强大的航空母舰战斗群来掌握制海权，而中国海军至今还没有自己的航空母舰；甚至连中国陆军的装备也只达到20世纪60年代到70年代的美国水平。

这样虚弱的军事实力，与中国很快就会变为世界第二的经济总量形成了巨大的反差，让我们不由得将中国今天在世界上的地位与鸦片战争前的时候相比。1840年鸦片战争前夕，中国的GDP总量世界第一，但是军事技术落后，特别是在火炮、船舰等现代武器上远远落后于西方。英国等西方国家正是依仗其“船坚炮利”的军事优势，在鸦片战争中击败了中国，使中国此后落在了不断受侵略、受欺压的国际地位上，并且逐渐陷入了经济上也日益凋敝的境地。中国今日虽然变为经济总量世界第二，但是军事实力弱小，实际上仍然没有摆脱鸦片战争爆发前夕在国际上所处的那种尴尬而危险的地位。

即使几十年后中国在GDP上超过了美国，如果在军事实力上、军事工业上明显弱于美国，那也只不过是刚刚恢复到鸦片战争时中国所处的地位，那是一个“因为军事上落后，所以必定要挨打”的地位。

以这样弱小的军事实力，如果国与国之间的利益冲突导致中国可能与那些军事强国发生武装对抗，中国将没有实力与它们对抗而足够地保卫本国的利益，中国的国家安全将时刻可能受到危害。特别是以美国为首的西方国家所组成的北约军事集团，拥有超过世界上任何一个单独国家的军事实力，更是对中国的国家安全构成了严重的威胁。

中国军事实力弱小使中国的国家安全得不到保障，最清楚地表现在围绕台湾问题而产生的军事对抗和保障中国的石油供给这两大问题上。

为了维护中国的统一，防止将台湾从中国分裂出去，中国必须保持对台湾的压倒性的军事威慑力。但是，美国政府一直不肯明确表示不干预台湾海峡可能发生的武装冲突，并且一直坚持向台湾出售武器装备。这在客观上要求中国政府，哪怕是为了防止台湾的所谓“独立”，中国也必须有完全的把握做到：不仅能够战胜以美国的任何武器装备起来的军队，而且能够战胜在台湾周围地区与中国军队作战的美国军队。

第二次世界大战后，以美国为首的西方国家动辄对它们打击的对象国发动“制裁”，其中最有力的一项措施就是动用海空军力量实行禁运和封锁。科索沃战争期间，南斯拉夫就深受这样的“制裁”之苦。朝鲜尽管有足够的军事力量使美军不敢对其国土发动进攻，但是由于朝鲜不可能有足够强大的海军，它实际上仍然受到了美军在某种程度上的变相海上封锁。一个国家要想享有真正的国家安全，就必须有足够的军事实力打破这样的海空封锁。

中国经济的现代化使中国需要大量的资源，许多资源正在逐渐变得依赖进口。在中国正在变得深深地依赖进口的资源中，石油是最重要的一种资源。中国消费的石油产品中，已经至少有1/3依靠进口，今后进口石油占中国石油消费的份额肯定还会提高。而要保障中国的石油进口，首先就要能够保证从世界石油主要出口地之一的中东到中国的石油海上运输线不被切断。保障进口石油的路线不被封锁，这不仅关系到中国的经济安全，也关系到中国的国家安全。在今天的国际环境中，要保证使任何国家、任何军事集团都没有能力封锁中国的石油海上运输线，中国就必须拥有当代世界最强大的海军和空军。有了这样的军事实力，才能确保从中东到中国的石油供给线不会被任何国家、任何力量切断。

中国最近与日本还就东海油气田的归属和开发问题陷入争端。如果中国拥有了世界上最强大的海军和空军，中国在诸如东海油气田争端这样的国际争端中，就有了据理力争、保卫自己利益的最强大的后盾。

仅仅是上述这少数几个事例就足以说明，如果中国不能在发展起世界第一的经济总量的同时建立起世界第一的军事实力，中国就难免会重蹈鸦片战争的覆辙，先是在国际利益争端中败于外国的武力进攻，然后就逐步落入经济上的衰落。为了避免重蹈鸦片战争的覆辙，中国今后应当在逐步达到总产出世界第一的同时，逐步建立起世界第一的军事实力。

中国人都不能忘记“南京大屠杀”，也不能忘记日本飞机轰炸重庆的惨剧。今后，我们在想起这些炮轰和轰炸的惨剧时应当发出这样的誓言：我们一定要防止重庆大轰炸、北约轰炸贝尔格莱德那样的惨剧在中国重演。如果中国再与世界上的任何国家发生武装冲突，再遭到轰炸的应当是那个侵犯中国的“他们”，而不是“我们”！

即使是为了这样从军事上保障国家安全，我们也必须审慎地考虑许多经济问题。例如，现在中国几乎所有的计算机都在使用微软的“视窗”操作系统软件，而许多懂得技术内幕的人都知道，“视窗”操作系统软件在不断升级，而该操作系统软件每升级一次都会留下许多“补丁”，这些“补丁”可能将用户的许多信息泄漏给微软公司。这样，与中国的军事秘密有关的人使用微软的“视窗”操作系统软件就可能导致泄漏中国的军事秘密。仅仅是为了保守中国的军事秘密，我们也必须尽快发展本国自己的操作系统软件，尽快用这样的操作系统软件来替换微软的“视窗”操作系统软件。

二　中国经济安全的各种隐患

前边谈到的是中国最传统意义上的国家安全问题。而在经济活动中，具有同样重要性的是中国所谓的“经济安全”的问题。

按照目前在国内有权威地位的说法，所谓的“国家经济安全”，既是指一国的一种能力，也是指一国的一种状态。在国家经济安全这种能力和状态下，在经济全球化的时代，一国能够保持其经济生存和发展所需战略资源的有效供给，国民经济体系既独立又开放地良好稳定运行和科学持续发展并抵御外来和内部的冲击和蚕食，整体的经济福利为本国人民共享而不受恶意侵害和不可抗力损害，国家经济主权和重要经济政策决定权不受外来威胁和控制，国际经济竞争保持独特优势而不受恶意伤害。

根据这种目前在国内有权威地位的说法，金融安全是国家经济安全的核心，产业安全则是国家经济安全的主要支柱，而商贸安全是国家经济安全的动脉。而在此次金融危机中，中国的外汇储备中美元资产大量贬值，大量热钱涌进中国操纵股市和楼市，人民币汇率升值造成大批中小企业倒闭，国外金融资本和产业资本通过炒作石油、矿产、粮食和食用油造成中国物价持续上涨。中国应对这些问题的经验为加强金融监管、阻止危机输入并构筑中国经济安全防御体系积累了经验。

目前国内流行的对于中国“经济安全”的上述定义，似乎略显宽泛。它将中国的经济稳定甚至人民福利的内容也都包括进了“经济安全”的概念之中。不过，这里由于篇幅所限，我们也只能简略地谈一下中国目前在这样定义的经济安全方面所面临的最重要的问题。中国目前所面临的经济安全问题可以分为两个方面：制度保障方面与对外经济关系方面。

1. 制度保障方面的经济安全问题

在经济安全的制度保障方面，中国目前的最大问题在于，由于多年来在宏观经济调节上过分依赖货币政策，导致在实行扩张性的宏观经济政策从而放松信贷时，出现严重的金融泡沫，很难阻止经济滑向过热；而一旦实行紧缩性的宏观经济政策从而收紧信贷，就会使金融泡沫破灭而可能导致金融危机，并且使整个经济滑向衰退和萧条。

最近20多年，中国一直依靠货币政策来调节宏观总需求，每当需要增进国内总需求时就大幅度增加银行贷款；银行体制也转变为鼓励追求短期利润并为此而追求扩张信贷。在这样的体制下，中国2008年底到2009年底贷款余额存量增加了30%，货币余额M2与名义GDP上升到2∶1的惊人水平。这样过多的流动性创造了极为丰裕的投机买卖资金，使中国出现了严重的房地产价格泡沫。与居民居住需要相适应的房价—房租比应当是房价不超过月租金的300倍，而北京目前的这一比率为500倍，住宅售价高于长期可持续的水平60%。

在长期中，这样的房地产泡沫只能导致三种后果：其一，过多的流动性最终引致显著的通货膨胀并使房租相应上升以与高房价相适应；其二，相对房租而过高的房价长期持续，而借款买房者长期忍受这样造成的高房价剥削，履行偿还约定；其三，相对房租而过高的房价使购买住宅的需求萎缩，或者使大批借款买房者不再履行偿还约定，造成房价暴跌并引发大量的银行坏账等金融灾难。

上述第二种后果要求借款买房者长期处于非理性状态，因而几乎不可能发生。即使出现了这第二种后果，它也会造成社会上的普遍不满和严重的社会冲突，最终危及中国的国家安全。而第一种后果下的严重通货膨胀本身就危及中国的经济安全；而且显著的通货膨胀必将导致政府实行宏观经济紧缩，这种情况下最容易发生大批借款买房者不履行偿还约定、房价暴跌和银行坏账等第三类的后果。而第三种后果对中国经济安全的危害则无须多谈。

当然，中国在经济安全的制度保障方面存在的问题远不止这些，这方面的问题又往往是由于盲目学习美国的经济制度而造成的。例如，由于涉足美国式的衍生金融产品业务，中国的国有企业就受到了惨重的损失。2010 年年初中国官方透露的消息说，68 家中国的中央级国有企业涉足金融衍生产品业务浮亏 114 亿元。这些业务中包括了中航集团和东航集团的航油期权业务、中远集团的远期费用协议合约（FFA)、中国中铁和中国铁建的外汇结构性存款、中信泰富投资的杠杆式外汇产品、深南电原油期权合约等亏损业务。而这些企业涉足衍生金融产品业务的动机则是为了追逐投资性收益、规避风险，甚至短期投机套利。

2. 对外经济关系的经济安全问题

在对外经济关系方面，威胁中国经济安全的隐患主要集中在对外贸易和外资流入造成的外汇储备这两方面。

（1）对外贸易顺差过大和对外贸易依存度过高

在中国的对外贸易方面，可能危及中国的经济安全的隐患主要来源于两个方面：中国对外贸易的顺差过大，中国的对外贸易依存度过高。

中国最近几年形成了创纪录的惊人对外贸易顺差，外贸顺差 2008 年为 2954 亿美元，2009 年仍然有 1900 多亿美元。按照当年的人民币汇率计算，2006 ~ 2008 年的 3 年中，中国的对外贸易顺差与当年名义国内生产总值（GDP）之比都在 6% 左右，2009 年中国的对外贸易顺差仍然占当年名义国内生产总值（335353 亿元人民币）的约 3.8%。外贸顺差即净出口，它构成对中国的最终产品总需求的一部分。每年净出口都占总需求的 4% ~6%，这就使中国的宏观总需求和经济增长都严重地依赖外国市场。这从宏观经济总量上对中国的经济安全造成了巨大的威胁。

净出口占中国总需求的比率过高，其直接的害处是给了外国采取贸易保护主

义措施打击中国出口以动力和口实。更重大的害处是，由于中国的贸易顺差在很大程度上取决于外国的经济状况，净出口的波动在相当大的程度上不受中国政府的经济政策影响，而净出口的波动又一定会引起对中国最终产品总需求的波动，净出口在中国产品总需求中的比例过大本身就增加了一个造成中国经济波动的源泉，使外国的经济波动能够干扰和破坏中国经济的稳定运行。

前边已经指出，2007 年中国的对外贸易顺差增加，本身直接增加了中国的经济增长率约 2～3 个百分点，2009 年中国的贸易顺差大幅下降，本身又直接降低了中国的增长率 2 个百分点，这一增一减使净出口对中国经济增长的拉动作用相差了大约 5 个百分点。净出口对中国宏观经济的作用就是这样极不稳定。不仅如此，净出口的变动还往往是增加而非减小了中国的宏观经济波动。2007 年净出口的急剧上升正是发生于中国经济过热的环境下，这样的净出口上升只是加剧了中国的通货膨胀压力；而 2009 年净出口的下降则出现在中国国内的经济发生衰退之后，净出口的下降又增大了中国经济衰退所造成的困难。净出口过大由此而造成了经济上的不安全。

净出口过大的这种害处要求我们必须严格限制中国净出口的规模。为了保护中国企业的销售市场和获得进口石油等所需要的外汇，中国今后仍然应当有一定数量的对外贸易顺差。但是，即便从维护国家经济安全的角度看，中国也不应当再有过高的外贸顺差。由于未来中国占世界总产出的比例会越来越高，中国的外贸顺差占本国总产出的比例应当比最近几年有大幅度的降低。一个合理的数量界限应当是，今后中国的外贸顺差占本国 GDP 的比例通常都不要超过 2%。

中国对外贸易方面可能危及国家经济安全的另一大隐患是，中国的对外贸易依存度过高。2009 年，中国的对外贸易进出口总值虽然下降了 13.9%，仍然达到 22072.7 亿美元，按当年的汇率换算仍达中国名义 GDP 的约 45%。而美国和日本的对外贸易占名义 GDP 的比例通常都不超过 30%，欧盟国家作为一个整体对非欧盟国家的贸易占其名义 GDP 的比例也不超过 30%。与所有在领土、人口和经济规模上有可比性的经济体相比，中国的对外贸易依存度都明显过高。

对外贸易的差额（顺差或逆差的数额）影响一国宏观总需求的总量，而对外贸易总额的大小本身并不影响一国宏观总需求的总量。但是尽管如此，即便不考虑其对贸易差额的影响，中国对外贸易总额过大也会通过其对经济结构的作用而损害中国的经济安全。过高的对外贸易依存度损害中国经济安全，主要是通过它在出口和进口两方面引起的结构性问题。

由于中国有显著的贸易顺差，中国的对外贸易依存度过高首先表现为出口占中国经济总需求的比例过高。这样过多的出口使中国的产品销售和就业都过多地依赖国外市场，而国外市场上的状况又在很大程度上不受中国政府政策的制约，这就使中国企业的产品销售和工人就业都过度受外国制约而处于极不安全的境地。

如果企业产品销售和工人就业过度依赖出口，则当出口由于国外需求不足而下降时，本国的收入和就业都会受到极大的打击。外国需求下降对本国产业的这种打击，通常并不能通过本国进口自动下降来抵消。外国需求下降即使能导致本国进口下降，它为本国产业所创造的销售和就业机会往往也不会被那些出口下降的企业和工人利用，因为出口企业通常没有技术能力转向生产那些替代进口的产品。这就是进口与出口的特殊结构性问题。

前边已经指出，2009 年日本经济明显下降，原因就是出口下降严重。中国经济中出口所占比例高于日本，出口下降没有造成像日本那样大的经济损失，主要是因为中国的经济发展水平还很低，国内产业结构的可塑性很强，许多生产出口产品的企业和劳工几乎没有什么显著的专业性，可以很容易地转向为国内市场生产另一种产品，有很高的产业转移灵活性，因而能很快地适应国内总需求的扩大而转移生产的方向。但是，中国经济的进一步发展必定会提高中国企业与劳工的生产专业化水平，降低其在产业转移上的灵活性。如果再保持出口在总需求中的那种过高比率，国外需求下降所造成的出口下降就会给中国造成严重得多的损失。

中国的对外贸易依存度过高还造成了中国的进口占其名义 GDP 的比例过高。过高的进口比例意味着中国人使用的物品中由外国生产的比例过高。一旦中国与外国发生争端而受到外国“禁止向中国出口产品”那样的经济制裁，中国人就会由于买不到外国产品而受到过于严重的经济损失，甚至连国家的经济发展和国家安全都会受到重大打击。这当然对中国的经济安全不利。

目前中国经济的一个特殊结构性问题是，中国进口的除了石油和铁矿石这样一些国内缺乏的矿物之外，主要进口的是一些高技术的产品和零部件。这样的进口结构表明了中国仍然在高技术产品上依附于人，它既是中国科学技术水平低的表现，也是中国最近几十年发展科学技术的努力不够的结果。在这样的进口结构下，如果中国不能从欧美发达国家进口产品，中国所受到的打击要比欧美发达国家不能从中国进口产品所受的打击大得多。因为欧美国家从中国进口的产品它们自己几乎都能生产，不从中国进口至多只是使它们的人民福利受些损失；而中国从欧美进口的产品中国往往不能自己生产，不从欧美进口可能使中国的经济甚至民生瘫痪。这就是中国过度依赖进口损害其经济安全的要害之处。

（2）外汇储备过大是中国经济安全的另一大隐患

在对外经济关系方面威胁中国经济安全的另一大隐患集中于外资流入造成的外汇储备上。

中国的外汇储备自 2006 年起就成为全球第一，到 2009 年 12 月已经达到 23991.52 亿美元。这么多的外汇储备来源于两个方面：一方面是多年积累的经常项目顺差，另一方面是多年积累的资本项目顺差，其中最主要的是 30 年来流入中国的外资，特别是外商直接投资。大致说来，至今为止中国的外汇储备一半来自累计的经常项目顺差，一半来自流入的外资特别是外商直接投资。

外汇储备的正式名称是“官方持有的外国资产”，它由中央银行持有，中央银行则以其发行的基础货币来购买这些外国资产。中央银行发行基础货币是整个银行体系货币创造过程的起点，而中央银行本身则是在购买资产（其实质是发放贷款）的同时发行基础货币的。中央银行以其发行的纸币现金和银行准备金存款对普通银行发放再贷款、购买外国资产并购买本国政府的债权，它在这个过程中发行的纸币现金和银行准备金存款就形成了基础货币，这些基础货币再通过普通银行的存放款和支付过程而放大为整个经济中的货币供给。而中央银行以付出基础货币而获得的外国资产包括外国货币就形成了该国的“外汇储备”。

基础货币增加过快会导致货币供给增加过快，引起通货膨胀。基础货币是中央银行的负债，中央银行也遵守负债永远与资产相等的原则，而外汇储备则是中央银行的一种资产。这样的数量关系决定了，一国中央银行的资产过多包括外汇储备过多，可能导致该国出现通货膨胀。

对一国说来，外汇储备的真正作用是在出现贸易逆差时为多于出口的进口提供资金。基于这种考虑，国际上通常认为，一国的外汇储备如果低于该国 3 个月进口的数额，则该国的外汇储备就过少。按照这一标准衡量，即使不考虑最近十几年中国一直有明显的外贸顺差这一事实，目前中国有 3000 亿美元的外汇储备也就足够了。2 万亿美元的外汇储备对于中国来说无论如何也是太多太多了。

目前中国的外汇储备过多，这既降低了中国人民的福利，也损害了国家的经济安全。过多的外汇储备有下列害处：

第一，过多的外汇储备不适当地过度减少了中国政府和人民所能够享用的财

务资源，因此降低了中国人民的福利。

一个国家的中央银行可以用其发行的基础货币购买本国政府的债券，以此向本国政府提供资金，使政府可以从事造福于本国人民的支出而不必增加税收。中央银行这样向政府提供资金，其实就是一国政府从控制其本国货币的发行权中收取“铸币税”。正因为中央银行发行的基础货币有如此功用，美国联邦储备系统才在很长时期中都将其发行基础货币的85%用于购买政府债券。

由于中国的外汇储备过多，中国中央银行目前发行的基础货币绝大部分都用于购买外国的金融资产。在基础货币发行数量限制于不引起通货膨胀的情况下，这样持有过多的外汇储备，必定大大减少了中央银行能够购入的中国政府债券，使中国政府和中国人民能够享用的本国“铸币税”收入大大减少。

第二，过多的外汇储备要求中国政府必须持有过多的外国金融资产，而过多持有的外国金融资产必定使中国承担了过多的遭受金融损失的风险，而且这些风险是中国为外国人承担的。

国外的因素可能使中国的外汇储备受到两类损失：一类是以外汇储备购买的外国金融资产可能在货币额上受到的损失——股票的价格可能暴跌，债券可能违约不履行偿还约定，甚至银行存款也可能由于银行倒闭而受到损失；外汇储备可能受到的另一类损失则来源于外国的通货膨胀——美国物品总水平的上涨会使用同样多的美元购买的物品减少，从而使中国持有的美元外汇储备受到实质性的损失。中国持有的外汇储备越多，可能受到的这两类损失都会越大。

为了防止以外汇储备购买的外国金融资产在货币额上受到损失，中国政府将中国的大部分外汇储备用于购买外国政府债券，特别是美国的国债，因为通常美国等国的政府债券被视为“无风险金融资产”。但是，由于中国的外汇储备过多，再单纯购买像美国这样的少数几个所谓“信誉好”的西方政府的债券，已经不能全部使用过多的外汇储备资金。这就使中国政府也不得不购买了大量与政府有关联的公司的证券。有资料披露，美国住房抵押贷款市场上的支柱公司“房利美”和“房地美”，就是这种与美国政府有关联的公司。2008年中国政府曾经持有这两个公司价值3700多亿美元的债券。在这次金融危机中，这两个公司就差一点倒闭。而如果这两个公司倒闭的话，中国对它们的要求权必定要受到货币价值上的损失，这也就是中国外汇储备在货币额上的损失。

还必须指出，即使是中国用外汇储备购买的美国政府的债券，也并不是真正百分之百没有风险的资产。到目前为止，世界上已经有许多国家的政府发生过违约，不按照契约规定履行其所欠债务的偿还约定。美国政府所欠债务的规模已经很大，而这次金融危机发生后，美国政府所欠债务更是以一年上万亿美元的速度激增。美国政府的债务激增正在激起整个世界金融市场的担心，使美国政府是否可能违约不履行还债合同成为一个现实问题。在这种情况下，中国过多的外汇储备受到货币额上的损失的可能性正在增大。

第三，过多的外汇储备还造成了巨大的通货膨胀压力。由于这种过多的外汇储备主要是由过多的外资流入造成的，过多的外汇储备与过度的外资流动结合在一起，还形成了巨大的经济波动压力，成为加剧中国经济波动的一大祸根，严重地威胁着中国的经济安全。

中国外汇储备过多的一个直接害处是，中国的中央银行已经不能用发行的基础货币购买政府债券、普通银行的债权等其他资产，而必须将中央银行的绝大多数资产变为外汇储备。不仅如此，由于外汇储备仍然过多并且还在急剧增加，如果中央银行完全适应这种增加而发行基础货币，就会使中国的货币和准货币过多，由此而造成严重的通货膨胀。为了在外汇储备过多的情况下降低基础货币的发行额以防止通货膨胀，中国的中央银行不得不强制发行所谓的“中央银行票据”。过多的外汇储备已经成了中国通货膨胀威胁的一个直接来源。

前边已经指出，中国的外汇储备有一半是由于外资流入而积累起来的。这些流入的外资实际上没有在中国得到使用，而是变成了外汇储备又流出到国外。如果没有这些过多流入的外资，中国的外汇储备将维持在1万多亿美元这样一个一点都不算低的合理水平。我国自1994年以来每年都有显著的对外贸易顺差，是资金的净流出国，本来不需要引进国外资金。但是由于一直实行实际上歧视本国企业的畸形吸引外资的政策，造成了过多的外资特别是外商直接投资的涌入，另一方面本国的资金又通过外汇储备等渠道流向国外，形成了资金在国内外之间大规模双向对流的畸形现象。外资的流入是中国外汇储备过多的一个主要原因，已经成为造成中国经济过热和泡沫经济、威胁中国宏观经济稳定的主要因素。

这样的资金在国内外之间畸形地大规模双向对流，使中国经常地处于经济上的两难境地：当外资大量流入时，外汇储备过多造成了过多发行货币和通货膨胀的压力，国内的经济过热，需要通过减少货币总需求降低经济增长率，遏止通货膨胀，而如果不遏止过多的外资流入，就很难抑制货币的过快增长和经济过热；另一方面，一旦成功地反通货膨胀冷却了过热的经济，中国国内的经济通常就会发生“骤变”，不仅过热的经济会变成过冷从而增长率过低、失业率过高，而且企业的高赢利会变成低赢利、高亏损，过去表面上回报状况良好的金融系统会变成坏账和违约极多甚至各种金融交易瘫痪。这样的“骤变”如果任其发展，市场经济中的交易会停顿，整个经济会陷入危机和衰退。这样的“骤变”还可能导致资金从内流变为外流，使一国货币在汇率上贬值，甚至导致一国陷入对外支付上的危机。

这样的资金转向外流起源于对一国投资信心的崩溃，这种投资信心的崩溃通常会造成过度的资金外流，而且资金外流本身也可能进一步加深一国的金融灾难，从而反过来造成进一步的资金外流。资金转向外流会通过某些传导机制造成进一步的金融灾难：在资金转向外流时，企业和金融界的资金—债务链断裂使金融体系解体；资金转向外流造成的本国货币贬值使本国金融财富减少，并因此而减少本国的总支出。这些都会在资金转向外流的国家造成大批企业破产倒闭和失业剧增。即使在今后的中国，这样的动态演化也完全有可能发生，需要我们从保证国家经济安全的角度加以严密的关注。

我们当前在这两方面陷入的两难境地，来源于巨额资金在我国的国内与国外之间的猛烈跨国界流动：当这些资金大量涌入时，我国的外汇储备激增，造成了巨大的通货膨胀压力；而当大量资金急于流出中国时，我国就会面临东亚国家经历过的那种金融危机和经济衰退。我国之所以同时面临这两方面的威胁，其原因都在于放任外资流入和流出，放任外资企业在中国自由发展。

就是在美国这种国家，虽然货币汇率的波动很大，长期有巨额的对外贸易逆差，但是资金的跨国界流动也同样放大了宏观经济的波动：当宏观经济过热时赢利率显得很高，外资的大量流入使本国货币汇率升得过高，通过使进口品廉价而压低了消费品的价格并抑制名义工资的上涨，使企业的赢利显得更高，从而进一步加剧了经济的过热；当宏观经济萧条时赢利率显得很低，资金的大量流出使本国货币的汇率降得过低，通过使进口品昂贵而提高消费品价格，增加名义工资上涨的压力，使企业的赢利显得更低，从而进一步加剧经济的萧条；资金的外流还会使本国金融体系陷入混乱，造成资金融通困难，由此而加剧经济萧条。在最近十几年中，美国经济从极度繁荣变为严重衰退，同时也恰好经历了这样一种急剧的戏剧性转变。

这样，抑制资金的跨国流动实际上是每个国家稳定本国经济、抑制本国经济在过热与萧条之间过度波动所必要的，尤其对目前的中国来说更是如此。目前中国境内外资金的跨国界对流已经大到了完全不必要的程度：我国是资金净流出国，但是2009年仍然有900亿美元的外商直接投资，这样的资金跨国界对流造成的外汇储备过多，正是目前中国通货膨胀压力的来源之一。

在中国经济的微观运行层次上，外资企业也从许多方面危害了中国的经济安全。跨国界经营的外资企业有极强的市场竞争能力，它们在中国的投资抢占了中国有利可图的投资机会，使中国本国的资金在国内找不到足够满意的投资项目，这是中国多年资金净外流的一个主要原因。跨国界经营的企业还惯于高报国外总部提供的进口投入的价格、低报向国外总部提供的出口产品的价格，以此降低在中国的分支的账上利润，将利润转移到国外而减少对中国的纳税。

这样运营的外资企业如果在中国经济中占据了主导地位，势必会给中国造成巨大的损害。要判断目前外资企业在中国究竟占据了什么样的地位，我们还没有准确可靠的数据，一个间接可以加以利用的数据是：2009年中国外贸顺差为1981亿美元，其中外商投资企业实现贸易顺差1270亿美元，占外贸顺差的64.11%。此外，外商投资企业在中国的加工贸易上有明显的优势，而中国以加工贸易方式实现的外贸顺差有2646亿美元，在非加工贸易上中国的对外贸易有逆差。

仅仅这样几个数据就足以说明，中国的外商投资企业已经在中国占据了过度强大的地位，从中国的经济安全角度考虑，已经到了需要坚决减少外资企业在中国经济中的份额的时候了。为了尽量减少危害中国经济安全的资金跨国界对流，为了防止外资干扰控制中国经济，今后我们应当尽一切可能缩小外资流入的总规模，并且尽量减少境内已有外资企业对中国经济的影响，减少在中国境内的外资。

第四节　军工产业乃国家安全之本

根据我们的估算，2009年中国的实际GDP大致相当于中国的“潜在产量”。前边已经指出，2009年中国的净出口占当年中国总产出（GDP）和总需求的约3.8%，即便从维护国家经济安全的角度看，今后中国也不应当再维持这样高的净出口。一个合理的数量界限应当是，今后中国的净出口（外贸顺差）占本国GDP的比例通常都不要超过2%。

由于净出口占中国总需求的比率降低了两个百分点多，要使中国不至于出现严重的总需求不足，中国国内其他方面的需求占生产潜力的比率就必须相应地提高两个百分点多。而适当地对军事工业投资这一项，就足以为中国多提供占生产潜力两个百分点多的需求。

前边列举的事实已经说明，尽管目前中国经济增长强劲，很快就会变为经济总量世界第二，但是军事实力仍然弱小，实际上仍然没有摆脱鸦片战争爆发前夕所处的那种“经济大而军事弱”的被动挨打地位。为了避免鸦片战争及其以后的那段历史重演，中国今后应当在逐步达到总产出世界第一的同时，逐步建立起世界第一的军事实力。

而要拥有世界第一流的军事实力，就必须拥有世界上第一流的军事工业。这是由军事工业的特殊性质决定的。拥有最先进、最强大军事工业的国家，从来都不会向别国提供最先进、最有制胜能力的军事工业产品，因为这样向别国提供最好的武器可能会妨碍本国在未来的武装冲突中取胜。这一事实本身就决定了，像中国这样的世界第一等大国要拥有世界第一流的军事实力，就只能自己生产所有最先进、最有制胜能力的武器，建立起世界上最先进、最强大的军事工业。

在鸦片战争及其以后的100年中，中国之所以不断受到外敌的侵略和欺凌，首要的原因就是当时中国军事工业的落后导致了中国军队装备的落后。鸦片战争前中国的产出大，有大量贸易顺差，但是没有大企业，军工特别落后，优势产业限于劳动密集型产品。这样不仅在国际贸易中逐渐落到了生产低附加值产品的被剥削地位，而且在国际关系中落到了随时有可能因为军事技术落后而挨打的狼狈境地。

在英国的产业革命前，人类大部分的重要技术成就都开始于亚洲。中国更是一个富有技术上的创造力的国家，曾经作出过许多重要的技术发明，在产业革命前的很长时期中都在许多生产领域保有世界上最先进的生产技术。就是在现代的军事技术上，中国也曾经是世界上的领先者。近现代的军事技术以使用火药为基础，而火药不仅是中国人发明的，而且也最先由中国人应用于军事。有资料认为，直到中国明朝初期，中国制造的使用火药的武器仍然是世界上最先进的。

但是，由于中国的明清两朝都曾经在上百年中长期没有面临大的战争和战争威胁，武备逐渐松弛；而当时的欧洲却正好处于各国之间经常发生争霸战争的状态，欧洲列强为了夺取战争的胜利而大力发展火炮和战船的制造，使中国的武器制造逐渐变得落后。到明末中国就开始从西欧大批进口火炮供本国军队使用，表明中国在武器制造方面已经明显落后。而到了清代的鸦片战争之后，连一向高傲自大的清朝官员们也承认西欧国家“船坚炮利”，在军事装备上具有明显的优势。

中国200年前的变弱变贫，开始于中国在军事工业（当时为造炮造船）上的落后。西方国家在现代科学技术上的先进，首先体现在其军事工业的先进和军事装备的优势上。中国军队相对于西方军队的军事装备劣势，导致中国军队在近200年来与先进工业国的军事冲突中总是处于被动迎战甚至挨打的地位。西方的军事工业不仅造成了西方国家的军事优势，而且西方的军事工业生产在技术上有明显的溢出效应，军事工业的技术研究与开发成了带动西方国家技术进步的重要源泉。从帮助瓦特改进和完善蒸汽机到20世纪研制电子计算机、引进互联网，西方的军事工业和军事需要都起过关键的作用。

而中国在清朝覆亡之前，一直没有给予现代军事工业的建设以足够的重视。甲午战争之前的1890年，中国现代制造业仅占GDP的0.1%，加上现代运输业和商业也仅占GDP的0.5%，武器严重依赖进口。1890年中国铁路的营业里程只有10公里，日本却已经达到2349公里。腐败的清朝统治者挪用购置海军战舰的经费去修建颐和园，将有限的人力、物力、财力用于少数上层人物奢侈的生活享受，却不肯投入足够的财力去建设强大的现代军队，更不肯将足够的资金用于发展本国的现代军事工业。在这样腐败落后的经济结构下，中国在甲午中日之战中惨败是不奇怪的。

甲午战争之前几年清朝政府“有钱盖房子，没钱买兵舰”，结果甲午战争惨败后向日本赔款几亿两白银，在经济上也吃了大亏。而今日的中国似乎忘记了这段惨痛的教训，又是将巨额的资金耗费在建造豪华的房屋上，却不肯向军事工业投入足够的资金。这种做法使人不能不担心中国在重蹈甲午战争前的覆辙。我们如果不改变这种“有钱盖房子，没钱造武器”的行为方式，中国早晚还会吃大亏，而且还是在经济上也吃大亏。

以中国目前的经济增长速度推论，中国现在正在成长为世界最大的经济体。随着中国经济增长到世界最大，中国应当拥有世界最强的军队，以彻底改变200年来一直被动挨打的局面。这样的军队应当拥有世界上最好的装备，这种装备只能来自中国自己的研制和生产。我们应当在中国经济发展为世界第一的过程中，以几十年不懈的努力来为中国建成一个世界上最强大的军事装备研制和生产体系。必须恢复毛泽东时代的追求：“外国有的我们要有，外国没有的我们也要有。”

世界历史已经证明，世界最强的军事工业体系不仅为保卫国家不受外国欺凌所必需，而且军事工业生产在技术上的溢出效应最终将有利于中国经济的增长。为此，今后我们最紧要的任务之一，就是重建独立自主的完整的军事工业体系，逐步形成一个先进的、独立自主的、完整的军事工业体系，将中国的军事工业发展为世界最强的军事装备研制和军工产品生产的系统。

当然，要想将中国的军工产业发展到美国那样的水平，首先就得给中国的军工产业提供足够的机器设备等固定资产，使中国的军工产业有像美国军工产业那样多的固定资产。按2009年的名义GDP估算，目前美国的总产出为中国总产出的3倍，而国防开支则占美国GDP的约4%，而且有估算说，在美国那样的经济中，需要用4元的“物质资本”每年才能生产出1元的GDP。据此推算，要使中国的军工产业达到美国军工产业现在的生产水平，中国的军工产业应当拥有的机器设备等固定资产就得相当于中国目前每年GDP的50%。考虑到军工产业的资本—产出比应当高于美国平均的资本—产出比，上述比率还应当有所提高，比如从50%提高到60%左右。

中国即使真要在军事工业上追上美国，也绝非短期内可以达到的。没有几十年时间，中国的军事工业不可能赶上美国。如果我们要在20年后军事工业赶上美国，那时中国的军工产业应当拥有的机器设备等固定资产就得相当于中国目前每年GDP的约1.1倍，这是因为按美国经济通常每年增长3%的增长速度算，美国的军工产业20年后的生产能力应当是现在的1.8倍。如果估计中国今后20年的经济以一个较低的年增长率7%的速度增长，则中国每年大约要将GDP的2.5%投资于军工产业，才能使20年后的中国军工产业具有与当时的美国军工产业一样多的机器设备等固定资产。当然，如果中国今后20年的年平均增长率高于7%，则达到上述目标的军工产业投资占GDP的比重就可以相应降低。

尽人皆知，对于军事工业的制造水平来说，最大的问题不是投资的固定资产的数额，而是掌握的技术的先进程度。而要获得这些先进的技术，我们就必须投入资金进行研究和开发。这样，要使中国的军工产业赶上美国，我们可能需要投入比上边所说更多的资金。但是，这样在军工产业上多投入的占每年中国潜在产出2%以上的资金，却正好可以弥补净出口占潜在产出比重下降两个百分点所造成的总需求不足缺口。

显然，在需要投入这么多的资金的军工产业发展面前，为没有产业可以投资以造成足够的总需求而发愁简直是可笑的。光是使中国的军工产业赶上美国所需要做的投资，就足以抵补中国净出口占潜在产出比重的下降而有余。

在30年前的毛泽东时代，中国曾经建立了一个独立自主的完整的军事工业体系。但是在30年前的大变动中，军事工业的发展几乎被完全放弃。当时放弃发展军事工业的理由是中国缺乏建设资金。而现在的形势却是，我们已经告别了那个整天为缺少“建设资金”而发愁的时代。我们已经知道，“建设资金”就是投资的资金，我们现在面临的问题是可以筹集到足够的投资资金而没有使用这个资金的地方——投资需求。总需求特别是投资需求缺乏的现实已经在逼迫我们不得不将发展军事工业作为创造需求的地方。为了创造足够的总需求，我们应当大规模向军事工业投资。这也是保证中国的国家安全和经济安全的最可靠的途径。

Financial Crisis Tests China's Economic Security and International Status

Abstract: The financial crisis in 2008 primarily influenced on China's economy by import, export and foreign trade surplus, and dramatically decreased the rate of economic growth. Fortunately, it didn't generate severe financial disaster in China and it improved China's international status in the worldwide economic recession. However, without outstanding military power, it is impossible to possess national security and first-class international status. We heavily depend on monetary policies, excessive foreign trade surplus, too high degree of trade dependence, excessive influx of foreign capital in macro-control, which incurs significant hidden dangers for China's economic security. To guarantee China's national security, we must initiate essential strategic modification to China's economy. The threshold policies involve with dramatic increase of investment on military industries.

Key Words: International Status; National Security; Economic Security; Military Industries; Foreign Trade

国际经验借鉴

EXPERIENCE FROM INTERNATIONAL PRACTICES

第十四章 世界金融危机的回顾与反思

何德旭　郑联盛*

摘　要：金融危机演进可以分为孕育、引发、爆发和深化等四个重要阶段。每次金融危机既有共性，也具有特殊性，日本金融危机主要是由于政策失误以及资产泡沫所导致的，而东亚金融危机则是内外经济失衡和制度性缺陷等造成的。通过对美国本轮金融危机的分析，特别是与20世纪30年代大萧条做一个差异性比较，可以看出，两次危机在危机根源、演进路径和影响等方面都具有相似性，也存在历史背景、诱发因素和救援等方面的差异性。从中得到的启示是，金融稳定性对经济发展是极其重要的，金融脆弱性及其潜在的危机是金融安全和经济稳定的重大威胁，需要通过深化金融体制改

* 何德旭，中国社会科学院数量经济与技术经济研究所党委书记、副所长、研究员，中国社会科学院研究生院博士生导师。长期从事金融理论、金融政策和金融市场研究。郑联盛，中国社会科学院研究生院博士生。主要关注金融危机历史、金融监管和金融市场微观结构等问题。

革、强化金融监管等加以防范。

关键词： 金融危机 日本泡沫危机 东亚金融危机 美国金融危机 大萧条

由美国次级抵押贷款问题引发的金融海啸，逐步升级、蔓延、演化成为大萧条以来最严重的全球性金融危机，其负面冲击已经远远超过1987年美国储贷危机、20世纪90年代北欧银行危机、20世纪90年代日本泡沫危机和1997年东亚金融危机。本轮金融危机发生在全球金融体系的核心地带，并向全球发达经济体和发展中经济体广泛扩散，对房地产市场、信贷市场、金融部门乃至实体经济部门都造成严重的冲击。到目前为止，金融危机对国际金融市场和全球经济的影响仍在深化。美国金融危机的爆发，引发了对金融危机演进、影响和启示等的广泛思考和激烈争论。

第一节 金融危机的演进和冲击：一般理论分析

一 金融危机演进过程

金融危机通常被认为是对经济体系中不健全的部分进行的“自残式”的自我矫正，尤其是对市场和制度失灵的“清算”，触发金融危机的因素有内部、外部和内外结合之别。当金融危机发生时，全部或者部分金融指标（比如短期利率、资产价格、企业破产数和金融机构倒闭数等）都会发生急剧的恶化甚至造成整个金融行业的困顿，并对经济基本面产生巨大的冲击。①

不同类型的金融危机，其演化过程是存在很大的区别的，很难将不同的金融危机纳入到一个统一的分析框架中。很多研究都对金融危机的演化过程进行了描述，基于不同的分析框架和金融危机类型，这些描述还是存在不小的差异的。比如，Minsky②、金德尔伯格③等侧重于对一般性金融危机的分析，

① IMF. World Economic Outlook, May 1998.

② Minsky, H. P. “The Financial Instability Hypothesis”, NBER Working Paper No. 74, 1992.

③ 〔美〕金德尔伯格著《疯狂、惊恐和崩溃：金融危机史》（第四版），朱隽等译，中国金融出版社，2007。

Kaminsky 和 Reinhart[①] 则关注银行危机和货币危机的双重危机分析，而 IMF、Krugman[②]、Eichengreen 等[③]主要分析新兴经济体的金融危机，Allen 等[④]侧重于基于金融中介等微观基础的银行系统性危机。尽管如此，但基于 Minsky 和金德尔伯格的一般性框架（主要基于系统性银行危机），同时考虑到其他一些相关的研究，金融危机的演进还是有一定的路径和规律可循的[⑤]。

第一，金融危机孕育阶段。很多研究认为，政府政策过失和制度缺陷是金融危机产生的土壤。在 Minsky 和金德尔伯格看来，这个阶段的典型特征是“错位”(Displacement)，包括政策与制度之间的错位、政府与市场的错位等。Krugman 等分析新兴经济体的货币危机时认为，新兴经济体的制度错配、政府过度扩张的财政和货币政策为金融危机的爆发埋下了种子。Laeven 等[⑥]通过分析 1970 ~ 2007 年共计 42 次系统性银行危机得出结论，金融危机往往是不可持续的宏观经济政策（比如巨额的贸易逆差、债务）、过度的信用扩张和外部冲击等的产物。金融危机的爆发一般都是和经济萧条之后的扩张相联系的，与经济扩张相伴随的信用扩张一般是金融危机产生的重要原因，尤其是银行危机大部分是与信用过度扩张直接相关的。Mendoza 等对 1960 ~ 2006 年间 49 次信用扩张（工业化国家为 27 次，新兴经济体为 22 次）的研究表明，经济扩张过程中信用急剧扩张带来了公司、银行业和整体经济的潜在脆弱性，虽然不是所有的信用危机都以金融危机的方式结束，但是大部分金融危机都和信用扩张紧密相关[⑦]。

在金融危机孕育阶段，经济往往处在一个上升的通道之中。在政府扩张性的政策引导下，加上金融自由化的强大支撑，一个经济体的总需求是不断扩张的。

---

① Kaminsky, G. and C. Reinhart. “The Twin Crises: The Causes of Banking and Balance-of-Payments Problems”. *American Economic Review*, 1999, 89 (3), pp. 473 - 500.

② Krugman, P. “A Model of Balance-of-Payments Crises”. *Journal of Money Credit and Banking*, 1979, 11 (3), pp. 311 - 325; Krugman, P. “Balance Sheets, the Transfer Problem, and Financial Crises”, *Journal of International Tax and Public Finance*, 1999, 6 (4), pp. 469 - 472.

③ Eichengreen, B., A. K. Rose, and C. Wyplosz. “Contagious Currency Crises”. NBER Working Papers 5681, 1998.

④ Allen, F. and D. Gale. “Optimal Financial Crisis”. *The Journal of Finance*, 1998, LIII (4), pp. 1245 - 1284.

⑤ 何德旭、郑联盛：《金融危机演进、冲击和政府政策》，《世界经济》2009 年第 9 期。

⑥ Laeven, L. and F. Valencia. “Systemic Banking Crises: A New Database”, IMF Working Paper08/224, 2008.

⑦ Mendoza, E. G and M. E. Terrones. “An Anatomy of Credit Booms: Evidence From Macro Aggregates and Micro Data”, FED, Discussion Papers No. 936, July 2008.

经济和信用扩张使得微观层面的公司杠杆倍率、公司价值和对外部融资的依赖性都大幅增加。在银行等金融部门，资产质量、利润和信贷出现膨胀（Mendoza 等，2008）。私人部门投资需求不断增长，银行大肆发放非审慎的贷款，特别是在资产证券化的推动下，资金流动速度加快，货币乘数变大，即产生了货币创造的过程①，整个经济的货币供应量扩大，投机需求大量涌现，同时产生了过度交易的情况（Minsky，1992）。此时，市场就进入到上升阶段，由于投机需求已经转化为对商品和金融资产的有效需求，结果是商品和资产价格快速上涨。价格的上涨又带来了更多的赢利机会，并吸引更多的投资者进入市场。在金融中介和金融业务的推动下，尤其是银行信用扩张，使得总需求水平不断偏离真实需求水平，经济出现了非理性的繁荣。以北欧银行危机为例，芬兰银行贷款占 GDP 的比例从 1984 年的 55% 狂升至 1990 年的 90% 多，挪威、瑞典的情况也相似。Minsky 认为，如果政府能够在这个阶段采取果断的措施，尤其是控制货币扩张的途径，那么由此带来的不稳定性可能可以避免。Minsky 的观点得到了希尔的认同，希尔指出，格林斯潘在 1996 年底就意识到非理性繁荣的危害性，但是他并没有采取紧缩性金融政策，反而在网络泡沫之后，格林斯潘期权（Greenspan Put）大肆盛行②。

第二，金融危机引发阶段（这个阶段被 Minsky 称为“财务困难”阶段）。随着投机性繁荣的继续，利率、货币流通速度和资产价格等都大幅上升，整个金融体系已经成为一座高耸入云的摩天大厦，金融系统的脆弱性大大增加。此时市场预期已经发生变化，大幅上升的资产价格使得市场预期未来资产的价格将更高，市场预期和信用扩张进一步推高资产价格，从而产生泡沫，危机的爆发就只是时间的问题了。金融危机爆发的早晚实际上取决于外部冲击（Laeven 等，2008）和“内部人”（Minsky，1992）。此时，体系内的“内部人”开始抛售资产，以锁定利润，或者外部冲击使得投资者作出了卖出的决定，市场开始走向脆弱的均衡。随着“内部人”的进一步行动或外部冲击逐步深化，资产价格开始下跌，对投资者的资产负债表开始产生影响。由于某些金融机构的过度冒险，在资产价格调整过程中首先会成为遭殃者，这些机构将由此面临重大的

① Allen, F. and D. Gale. “Financial Intermediaries and Markets”. *Econometrica*, 2004, 72, pp. 1023－1061.

② 〔美〕罗伯特·希尔著《非理性繁荣》（第二版），李心丹等译，中国人民大学出版社，2008，第 43 页。

财务困难。危机爆发的诱因除了“内部人”因素之外，还有贸易恶化（芬兰等）、利率上升（墨西哥、阿根廷、美国等）、汇率变动（拉美、东亚等）等外部因素。

第三，金融危机爆发阶段。在金融危机爆发初期，如果金融机构是以自有资金进行投资的，那么市场下跌仅仅会影响到各个机构自身。但是，金融中介已经完全超乎“中介”的职能，而成为一个市场投资者，更重要的是，金融中介往往是举债投资而且杠杆率很高，这样金融体系由众多金融机构组成的以流动性为血液的有机体，单一金融机构的过度冒险行为可能导致其他金融机构出现问题，即现代金融体系具有内在传染性①。传染性使得财务困难并不是问题的终结，投资者和金融机构开始急需流动性，整个金融体系的流动性发生逆转，市场开始出现巨量的恐慌性卖出，资产价格急剧下挫，投资者纷纷溃逃，大量金融机构破产，最后演化为金融危机。金融危机的传染，主要是通过信息渠道和信贷渠道传染的，这个过程通常具有四个典型的特征：资产价格大幅快速下挫，产生大量问题资产，金融机构大量破产，流动性状况的逆转和金融市场的资金融通功能受到冲击。其中，流动性状况的逆转和金融市场的资金融通功能受到冲击，使得市场的整体流动性大幅萎缩（即信用骤停），产生流动性危机②，进而产生信用的大幅萎缩，即从信用急剧扩张骤变为信用的极度紧缩（见图 14－1）。因此，这个阶段也被 Minsky 称为“骤变”阶段。

第四，金融危机深化阶段。金融危机爆发之后，资产价格大幅下挫，金融机构大量破产，金融市场资金融通和资源配置功能受到重创，金融危机对实体经济部门开始产生重大影响，即金融危机演化为经济危机。当然，并不是所有的金融危机都会引发经济危机，这主要取决于金融危机的程度和政府政策的有效性。金融危机深化的另一个表现是金融危机的国际传染，由于金融机构的多国经营造成不同市场的溢出效应、蝴蝶效应和羊群效应、贸易和金融渠道等（IMF，1998；Eichengreen 等，1998；Allen and Gale，2000），使得金融危机可能在区域（东亚金融危机）甚至全球范围内（美国次贷危机）传导，进而对区域经济和全球经济产生重大的负面影响和冲击。

---

① Allen, F. and D Gale.. "Financial Contagion". *The Journal of Political Economy*, 2000, 108 (1), pp. 1-33.

② Reinhart, C. M and K. S. Rogoff. "Is the 2007 U. S. Subprime Crisis So Different? An International Historical Comparison". *American Economic Review*, 2008, 98 (2), pp. 339-344.

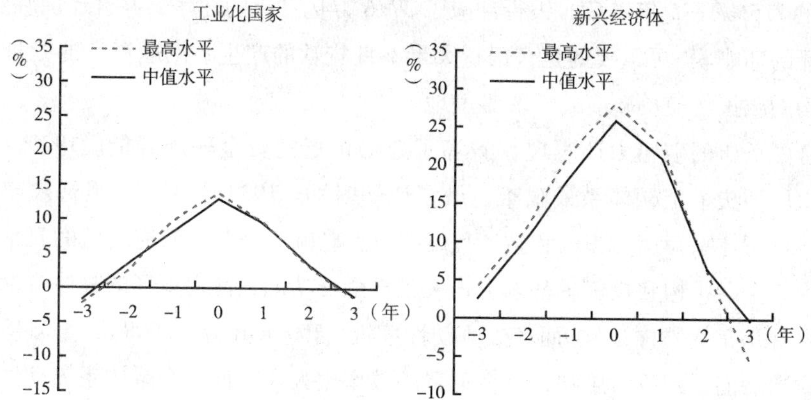

图 14-1 金融危机前后三年信贷的人均水平变化

注：横轴 0 代表金融危机发生的基期，刻度为年，以工业化国家 27 次金融危机、新兴经济体 22 次金融危机为样本，数据经过 H-P 滤波处理。

资料来源：Mendoza, E. G and M. E. Terrones. "An Anatomy of Credit Booms: Evidence From Macro Aggregates and Micro Data", FED, Discussion Papers No. 936, July 2008.

二 金融危机的冲击

政府失败的政策和金融市场的各种"理性"行为可能导致整体的非理性，即出现所谓的"囚徒困境"，实际上是丧失了对现实和理性的感觉，甚至是某种近似于集体的歇斯底里或疯狂（金德尔伯格，2007）。这些崩溃性的金融动荡，不仅导致资产价格下挫、金融机构破产和金融行业危机，而且冲击实体经济稳定增长的基础，甚至破坏全球经济的基本面。另外，每次金融危机都对金融市场和金融制度带来程度不同的或大或小的矫正，这种矫正对未来的金融稳定和经济发展是有利的。当然，这种矫正的代价往往也是非常巨大的。

金融危机巨大的破坏力，首当其冲的是金融机构的大量破产和坏账的大量产生。以大萧条为例，1930～1933 年，每年银行倒闭的比例分别为 5.6%、10.5%、7.8% 和 12.9%，到 1933 年年底，坚持经营的银行仅为 1929 年的一半多一点，美国的银行数量从 25000 家减少到不足 15000 家。① 在日本的银行危机中，1993 年 3 月，日本前 20 家银行的官方坏账规模为 12.8 万亿日元（约占

① Bernanke, B. S. "The Macroeconomics of the Great Depression: A Comparative Approach". *Journal of Money, Credit and Banking*, 1995, 27 (1), pp. 1-28.

GDP 的 2.5%），5 年以后，银行冲减了 37.6 万亿日元的坏账，并且还面临 40 万亿日元的坏账。① 更重要的是，银行大量不良贷款的产生、问题资产的处理和金融机构的救援还使得政府处于两难境地。

金融危机的破坏力还表现在破坏了金融市场的资金融通功能。1930 ~ 1933 年是美国历史上金融体系最艰难、最混沌的时期。1933 年 3 月，银行破产达到高潮，银行体系瘫痪，违约和破产程度严重，影响了除联邦政府之外的几乎所有借款人，金融机构和投资者基本上丧失了再融资功能，使得市场的整体流动性大幅萎缩（即信用骤停），进而产生流动性危机（Reinhart 等，2008），金融体系的资金融通功能受到巨大影响，资金配置的效率也大大降低。金融体系流动性的逆转使得经济的复苏处在非常被动的境地，市场信心在流动性方面是最为关键的因素，一旦市场对政府公信力和行为能力产生质疑，政府就很难恢复市场流动性的信心（Krugman，1998）。

此外，金融危机爆发还会影响金融稳定性。金融机构所从事的证券化和高杠杆操作，使得金融体系的流动性容易被数倍放大或者缩小。一方面，金融机构的行为改变了人们持有货币的动机，引起货币需求结构的变化；另一方面，货币需求的决定因素变得更为复杂和不确定。各因素的影响力及其与货币需求函数关系不确定性的增加，也会降低货币需求的稳定性；再一方面，货币供给的内生性大大增加。从总体上看，金融危机使得货币供应在一定程度上脱离中央银行的控制，而越来越多地受制于经济体系内部因素的支配（比如货币乘数的变化），从而严重削弱了中央银行对货币供应的控制能力和控制程度（Allen 等，2000；Reinhart 等，2008）。在金融危机爆发之后，市场开始出现严重的惜贷和信用紧缩（Credit Crunch），尤其是大型金融机构的纷纷倒闭，给市场带来了巨大的信心问题。这样，金融危机就给信贷流动渠道造成了大量渠道内和渠道外的变动，扰乱了正常的信贷配置的过程，金融市场不确定性大大增加，金融稳定性受到极大的冲击。

更为重要的是，金融危机还可能引发经济衰退。银行危机爆发之后，对挤兑的担忧导致存款人大规模提前提取存款，政府不得不因此提高准备金的比率，银行也必须增加流动性强的资产。当整个金融部门提供服务的效率大幅降低，中介行为的实际成本大幅提高时，借款人就会发现信贷变得昂贵而难以获得，信贷紧

---

① 刘静：《日本解决不良资产的曲折路径》，《经济导刊》2004 年第 11 期。

缩就会演变为总需求的萎缩，最终导致产出的大量下挫，从而演变成为一次经济衰退。衰退持续的时间长短取决于两个要素：一是在信贷混乱之后，建立新的信贷渠道或者重塑旧的信贷渠道的时间；二是债务人恢复正常经营和偿还能力的时间。①

从全球层面来看，金融危机还具有区域和（或）全球传染性。危机的传染性指的是始于一个地区、经济体或行业的危机传导至与其相关的其他地区、经济体或行业。金融危机的传染一般是通过两个渠道，即信息渠道和流动性渠道（BIS②，2008 年）。信息渠道是一个结点上发生金融危机的消息，经过信息渠道迅速扩散并放大，成为一个大的金融动荡，即所谓的“蝴蝶效应”；而流动性渠道则是一个结点发生危机，直接影响相关金融机构的流动性，进而可能导致更多的金融机构倒下，即所谓的“探戈效应”，同时还具有严重的“羊群效应”。③ 尤其是金融机构近来出现的交叉持有对方流动性（Cross-holdings of Liquidity）的操作，这在金融体系稳定阶段有利于缓解金融机构的流动性困境，但是这种机制只是流动性的再分配而不是流动性创造，由此产生了更大的一张流动性交叉网络，使得流动性渠道网络化。在金融危机阶段其金融风险的传染性更强（Allen 等，2000；BIS，2008）。Krugman、Eichengreen 等除了认同信息和信贷渠道之外，他们强调了金融危机对贸易和直接投资的影响，他们认为，金融危机可能使得区域之内和区域之外的贸易关系发生改变，并对外国直接投资的流向产生实质性影响。对于发展中经济体来说，贸易和投资是拉动其经济增长的动力，来自于贸易渠道和 FDI 渠道的影响对于发展中经济体的创伤也就更为严重。

就政府而言，金融危机带来了巨大的政策压力，尤其是危机的救治和危机之后相关方面的改革，这对政府的智慧和能力是一个大的考验。在大萧条中，美联储的失策是危机进一步深化升级的重要诱因。比如，1931 年 10 月美联储迅速提高了贴现率，带来了更多的银行失败以及更大程度的经济衰退，不断加深的通货紧缩在 1931 年秋天就变成了大萧条（Friedman 等④，1963；恩

---

① Bernanke, B. S. “Non-Monetary effects of the Financial Crisis in the Propagation of the Great Depression”. *American Economic Review*, 1983, 73 (3), pp. 257–276.

② BIS. “Financial System: Shock Absorber or Amplifier?”. BIS working paper No. 257, July 2008.

③ Chari, V.; Kehoe V, and J. Patrick. “Financial Crises as Herds: Overturning the Critiques”. NBER Working Paper 9658, 2003.

④ Friedman, M. and A. Schwartz. *A Monetary History of the United States, 1867–1960*, Princeton, NJ: Princeton University Press. 1963.

格尔曼等①，2008）。恩格尔曼等甚至认为，美联储的政策已经使得大萧条不可避免，因为此时全面通货紧缩中的蒙代尔效应已经远远大于凯恩斯效应，通货紧缩终将导致大萧条。在危机救治中，政府在财政收入大幅下滑之时还必须花费大量的财政资金，扩大赤字，这将带来更大的政治压力。

当然，任何危机都是危险和机会并存的，只是危险和机会的大小程度不同。一般情况下，金融危机之后，政府会对金融市场和制度的失败进行纠正，同时加强金融监管，完善金融制度和法律框架，为金融市场和金融体系的进一步发展打下一个更加坚实的基础。比如，北欧三国在金融危机之后对其银行体系的放松政策进行了反思和改革，破除各种压力健全了监管制度和透明度要求，使得北欧国家的银行体系更加健康。而美国大萧条使得美国金融体系走向分业经营和分业监管的模式。在1933年，罗斯福新政批准了“格拉斯—斯蒂尔法案”（即银行法），将投资银行业务和商业银行业务严格地区分开，保证商业银行避免证券业务的风险，确立了分业经营和分业监管的制度框架。以后的60多年时间里，美国金融业坚持银行、证券分业经营的模式，美国政府对金融业基本都朝着减少干预的方向发展，直到1999年“格拉斯—斯蒂尔法案”被全部废止。②

第二节　日本金融危机：演进与启示

20世纪60~70年代，日本经济经历了黄金发展时期，经济高速增长，出口大幅提升，积累了大量的贸易顺差，其中主要是对美国的顺差。80年代之后，日本与美国的双边贸易摩擦不断加剧，贸易战逐渐升级到汇率战，美国认为是日元低估造成日本对美的巨额贸易顺差。在美国的压力下，1985年，五国集团（G5）签订了著名的“广场协议”，日元被迫大幅度升值。其后，由于日本宏观政策的失误，日本遭遇了严重的资产泡沫和金融危机，并于90年代初破灭，此后日本进入长达10年的经济萧条。直至目前，日本仍然处在20世纪90年代泡沫危机的深化影响中，尤其是21世纪初的经济复苏态势在美国金融危机的冲击下又戛然而止，日本经济发展前景仍然令人担忧，可见日本泡沫危机的影响何其深远！

---

① 〔美〕斯坦利·L. 恩格尔曼等著《剑桥美国经济史》（中译本）（第三卷），高德步等译，中国人民大学出版社，2008，第167~169页。

② 饶波、郑联盛、何德旭：《融监管改革与金融稳定：美国金融危机的反思》，《财贸经济》2009年第12期。

一 泡沫时代之前的日本经济

在第二次世界大战之后，随着布雷顿森林体系的建立，美国实际上处在制造业核心和资本核心的位置，而以欧洲和日本为代表的国家则处于外围地带，外围国家和核心国家通过贸易和资本的往来促进了战后全球经济的复苏和繁荣，全球经济进入了康德拉季耶夫周期的复苏和繁荣阶段，从20世纪40年代末到70年代初（1948～1974年）长达25年左右。

此轮全球经济增长长周期的复苏和繁荣阶段正好与熊彼特创新周期的技术升级和应用阶段相叠加，这个时期的创新主要是生产自动化、电气化，即工业的现代化。资本、人力资源和技术等生产要素的重新组合（第二次世界大战之后，在布雷顿森林体系的配置下，全球经济实现了真正意义上的国际分工和生产网络），新的生产要素组合提高了资源配置的效率，特别是以自动化和电气化为代表的技术革新极大地促进了生产效率的提高和生产专业化程度的提升，从而产生了影响巨大的规模经济效应和范围经济效应。

20世纪60年代是全球经济发展的黄金时期，也是日本经济的高速增长时期。1959年，日本从此前约一年多的“锅底萧条”快速反弹，当年经济同比增长11.2%，并且是物价稳定、国际收支平衡和低失业率等内外经济目标同时实现，这称为日本经济历史上的“数量景气”。此后，日本经济进入了长达42个月的“岩户景气”，日本经济高度活跃，带来了“投资引致投资”的空前繁荣。日本的经济增长与长波周期是相趋同的。经过将近两年的内生性调整，从1966年开始日本经济又开始回升，并实现了历史空前的“伊奘诺景气”，增长区间长达57个月。直至1970年7月，日本经济一直保持繁荣向上的局面，日本实现了经济的真正腾飞（见图14－2）。①

但是，20世纪70年代初，全球经济处在长波繁荣和衰退的转折期，而且技术创新也处在相对低潮阶段。随后，日本经济结构发生了重大的变化，日本的增长中枢跟随全球经济下移，进入了工业化国家的“滞胀”时期，日本经济也基本结束高速增长的年代。

---

① 日本通商产业省《通商产业政策史》编纂委员会编《日本通商产业政策史》，中国《日本通商产业政策史》编译委员会译，第10卷，中国青年出版社，1995，第49～51页。〔日〕香西泰著《高速增长的时代》，彭晋璋译，贵州人民出版社，1987，第6～8页。

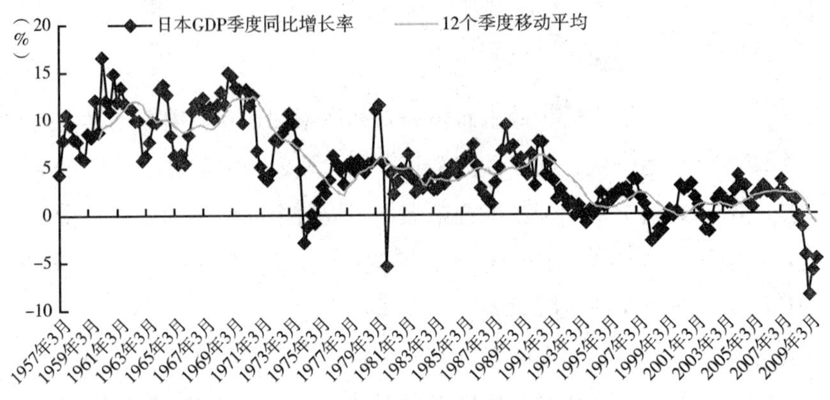

图 14－2　日本 GDP 季度同比增长率

资料来源：CEIC。

20 世纪 60～70 年代，日本经济处在一个重要的转型期，即从工业化的起飞阶段向成熟阶段转型和升级。但是，日本经济结构失衡的问题开始显现，并逐渐成为工业化进程升级的约束。日本经济失衡的主要表现，一是二元结构问题，即国民经济的不同部门之间以及制造业内部不同行业之间的不均衡发展，现代部门和传统部门生产效率和工资水平的差异不断提高，从而导致资源配置水平的总体紊乱，尤其是资本积累的规模和速度在不同产业之间的差异性最为明显。比如钢铁行业，1960～1967 年动工建设的新钢厂的粗钢产能高达 8000 万吨，是 1960 年日本粗钢产量的 3.5 倍。为此，日本在 1964 年秋季出现了严重的衰退，经济增长率下跌至 5%，为国民收入倍增计划实施以来之最低点（《日本通商产业政策史》，1995，第 8 卷，第 49 页）。二是资源能源约束。日本在 20 世纪50～60 年代建立起来的强大的工业体系，都需要有强大的资源能源流入才能维持运作，比如钢铁、船舶、石油化工等重化工业（《日本通商产业政策史》，1995，第 10 卷，第 57～59 页）。但是，日本是一个典型的资源严重依赖外部的经济体，尤其是 20 世纪 70 年代初期的第一次石油危机重创了日本工业体系，日本经济增长在 10 年内首次跌至 5% 以下，在 1974 年甚至出现 2% 的负增长，为战后以来之首次①。

在日本经济面临内部结构失衡压力的同时，日本面临的国际压力也在 20 世

① 〔日〕都留重人：《现代日本经济》，马成三译，北京出版社，1980。

纪60年代后期开始逐步显现。按照传统经济学的逻辑，一个处在高速工业化的国家，一般需要足够多的外部资源流入来支撑工业生产的进行，为此如果需求条件在决定进口和出口方面都起支配作用的话，那么就很容易导致国际收支的逆差。但是，1965年之后，日本“违背”了经济学的逻辑，日本的进口增长速度远低于出口增长速度，日本开始累积大量的贸易顺差。1965年之后，日本工业制成品出口占比大幅提高，从1955年的3.68%提升至1972年的10.37%（《日本通商产业政策史》，1995年，第8卷，第301页），加上日本出口市场主要是美国和亚洲，这就使得这些经济体穷于应对膨胀式的外来供给，国外市场供需的失衡矛盾更加突出。另外，日本经济的封闭性、管制性受到了当时国际社会的极大批判，尤其是美国认为，日本应该开放市场。

虽然日本在20世纪60年代末期就出现了内外经济失衡的问题，但是，其经济结构调整、贸易金融自由化和国际化改革却进程缓慢。80年代之后，日本出于自身需要和国际压力的考虑，经济改革、金融自由化和国际化进程加快，日本政治经济面临三个重大的战略调整。一是政治国际化。日本政府一直希望通过积极参与国际经济政策协调行动，扩大国际影响、提升国际地位，实现其从“经济大国”走向“政治大国”的理想。1983年，日本首相中曾根康弘提出了日本的“大国思维”战略，并把对美关系作为这一战略的基石。二是金融、经济自由化、国际化。20世纪60年代之后，日本放弃了战后一直延续的封闭和管制，在60年代末期至70年代初期，开始逐步实行贸易自由化，逐步放宽了利率限制，修订了外汇与外贸管理法，开放了日本金融市场，并积极拓展日本银行海外业务。1985年，日本政府发表了《关于金融自由化、日元国际化的现状与展望》公告，推进了日本利率市场化、金融业务开放、资本流动自由化和日元国际化等进程。三是经济结构调整（《日本通商产业政策史》，1995年，第14卷，第45～47页）。20世纪80年代初期，国际社会要求日本开放国内市场、改变出口导向型经济增长模式的呼声日高，日本的经济增长模式由“外需主导型”向“内需主导型”转变的压力渐升。日本政府也认为，出口导向型的经济增长模式已经不可持续，日本必须扩大内需，以缓和与国际社会的关系。

简言之，20世纪80年代中期，日本面临着三个重大的战略转变：一是由“管制经济”向“开放经济”的转变；二是由“经济大国”向“政治大国”的转变；三是由“外需主导型经济”向“内需主导型经济”的转变。但是，三个战略转变却带来了内部均衡与外部均衡、国内经济目标与国外经济目标、国内政策协调与国际政策协调等矛盾，这极大地挤压了日本经济政策的空间和独立性，增加了宏观政策选择和调整的难度。

二 广场协议与日本政策的失误

20世纪80年代，美国经济面临着贸易赤字和财政赤字的困境。面对“双赤字”，当时里根政府采取高利率政策，以吸引大规模外资流入，一方面为赤字国债融资，另一方面维系国际收支平衡。但是，高利率的结果是加剧了美元升值趋势，美国制造业及出口面临更加严峻的形势。1982～1984年，美国出口额连续出现负增长，其中，1984年贸易逆差高达1090亿美元，对日本的贸易逆差约占一半。80年代初期，在美国成为世界最大债务国的同时，日本成为世界最大的债权国。日本经济规模的不断扩展、对外贸易的大量顺差、日元资产需求的不断上升，在客观上对日元升值形成强大的内在压力。

1985年初，强硬的詹姆斯·贝克成为里根政府的财长。贝克强调需要用强有力的国际合作和多边汇率协调来解决贸易争端问题，他甚至要求日本、德国等国家必须大幅度扩张财政货币政策，扩大国内需求，以减少出口。但是，德国拒绝了美国的要求，但却认为美国的政策方向是正确的；在中曾根主义和日美关系基石论的影响下，日本对美国妥协了。

在欧洲原则性认同和日本的妥协下，1985年9月，美国、日本、联邦德国、英国和法国的财长和央行行长在美国纽约广场饭店举行会议。五国集团达成了通过密切合作联合干预外汇市场，使美元对主要货币的汇率有秩序地贬值的决议。这就是著名的“广场协议”（Plaza Accord）。五国财长和央行行长一致认为，汇率必须更好地反映经济基本面，以充分发挥汇率调节外部失衡的作用，主要的非美元货币对美元的进一步有秩序的升值是可取的，因为如此行事确实有助于世界经济的稳定增长。广场协议之后，日元进入了快速升值的轨道。广场协议签订之时，日元兑美元汇率为250左右，在协议之后3个月内，日元快速升值20%至200，1986年年底进一步升值至150左右，1987年升至120，至此美元对日元贬值超过50%。

然而，美元对日元大幅度贬值，并没有使美国贸易逆差收窄，反而在“J曲线效应”下，美国贸易逆差继续扩大，尤其是美国对日本的贸易逆差更是持续扩大。美国没有意料到美元贬值会如此之快、如此之大，而弱势美元对美国而言显然是不利的，因为美国难以吸纳到足够的国际资本购买其国债来为财政赤字融资。美国政府意识到制止美元大幅度贬值的重要性和必要性，1987 年 2 月，美国财长又号召七国集团在法国巴黎召开多边协调会议，并达成同意采取联合措施稳定美元汇率的协议。这些措施主要包括利率政策、经济增长和失业保障等一系列政策，这就是著名的“卢浮宫协议”。

从理论上说，一种货币大幅度升值之后，首当其冲的是出口会受到极大的冲击，进而从贸易部门传递到非贸易部门，从而影响经济增长。尤其是货币在短期内大幅度升值将会严重扰乱贸易部门内部以及贸易部门与非贸易部门之间的资源配置，降低经济效率，拉低经济增长水平。

广场协议之后，日本经济的走势与相关理论是极其吻合的。受日元升值打击最大的是与出口相关的企业，特别是制造业出口企业，出口受阻导致了名义出口额和实际出口额幅度有较大的下降。当时日本的外贸出口增速由 1985 年的 2.4% 下降到 1986 年的 -4.8%，实际经济增长率从 1985 年的 5.1% 下降到 1986 年的 3.0%（通产史，第 14 卷，第 23 页）。外需对总需求和经济增长的贡献度为负数，日本经济出现了较为严重的萧条局面，即“日元升值萧条”。

不过，日元升值萧条并没有持续很长时间。由于当时日本经济正处在平稳上升期，市场对经济发展的前景较为乐观。而且，日元升值降低了进口消费品价格、增加了居民实际收入，使民间消费支出明显上升，并带动了投资增加，从而拉动了国内总需求的快速扩张。同时，日元升值后，日本政府加快了结构调整步伐，开始了经济增长模式由“外需主导型”向“内需主导型”的转变。大约经历了一年半左右的时间，日本经济就恢复了增长。1987 年，日本经济出现快速增长，截至 1991 年 10 月，日本经济出现了 51 个月持续增长的局面，这就是“平成景气”。

在不到两年的时间内，日本成功地克服了“日元升值萧条”，经济又走上了较快增长的轨道，长达 51 个月的“平成景气”是两次石油危机之后日本创造的又一个奇迹。可以看出，日本经济对国际压力、国际经济环境变化的适应性逐步增强，经济也表现出巨大的弹性。

20 世纪 80 年代是日本经济改革的关键时期，日元升值后的宏观政策为日本泡沫经济埋下种子。日本经济增长模式正实践着由“外需主导型”向“内需主导型”转变的战略，该战略的落脚点在于扩大日本的内需。当时，日本扩大内需主要是通过增加政府公共投资、扩大企业设备和对外投资以及转变居民消费结构等方式，其基本思路是严格遵循国际经济学的理论，即通过增加国内投资，减

少储蓄，缩小经常项目顺差，改善国际收支失衡。值得注意的是，扩大内需战略需要扩张性财政政策和货币政策的支持。

广场协议是日本经济政策的关键点。广场协议之后对升值负面效应及升值萧条的担忧使得日本进入宏观政策的宽松时代，尤其是宽松的货币政策为泡沫经济的产生埋下了种子。升值后，亮丽的日本经济又给日本政策制定者带来了巨大的自信，从而忽视了其政策所存在的致命弱点。实际上，广场协议之后日本错误的经济政策引发了严重的泡沫经济，最后导致日本陷入十年的衰退。

在日本泡沫经济形成过程中，日本货币政策出现了多次重大的失误，最终造成严重的资产泡沫和金融危机。

其一，日本对日元升值萧条反应过度，连续多次下调贴现率。日本政府担心升值带来紧缩效应，中央银行贴现率从 1985 年的 5% 降低到 1987 年 2 月的 2.5%，该贴现率水平是当时日本的历史最低纪录，也是当时世界主要国家之最低，日本与美国之间的利差高达 300 个基点。

其二，日本对国际经济形势反应过度，长期执行低利率政策（如图 14－3 所示）。1987 年，美国爆发了储贷危机，股市暴跌，但是此次金融危机对美国实体经济的影响并不大，约拉低经济增长 2 个百分点。然而，日本认为全球经济可能陷入困境，日元升值之后的日本经济复苏缺乏坚实的基础，因此需要继续实行宽松的货币政策。日本中央银行直到 1989 年 5 月才提高贴现率，2.5% 的超低利率水平维持了 27 个月，距离美国股市黑色星期一也有 19 个月。长期的超低利率政策，造成货币供应量快速上升，过剩流动性涌入股票和房地产市场，资产价格急

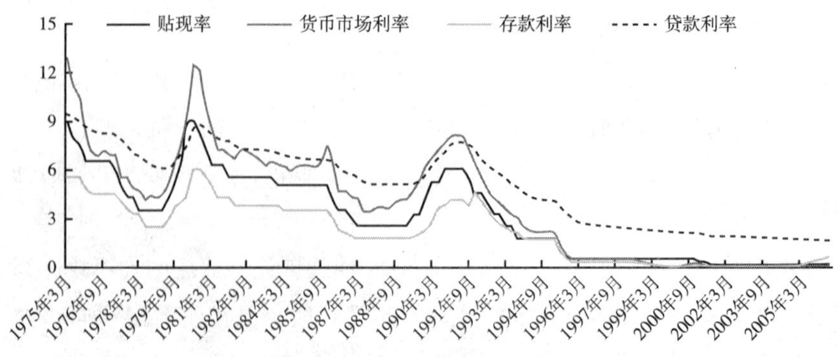

图 14－3　日本利率走势图

资料来源：CEIC。

剧攀升，泡沫经济逐步形成。1987 年 3 月，日本股市市值高达 2.7 万亿美元，超过美国成为全球第一，占全球股市市值的 36%。1985～1989 年间，日本股市年均增长率近 50%，而同期实际 GDP 仅增长 4%。房地产行业成为另外一个大泡沫，1987～1989 年，日本城市土地价格平均上涨 103%①。

其三，日本实行扩张性财政政策，鼓励私人部门进行资产投资。1987 年 4 月，日本国内产业组织联合要求日本政府采取刺激经济发展的政策。5 月，日本政府实行了一项 6 万亿日元的综合财政扩张计划，该财政扩张额度相当于当时日本 GDP 的 1.8%（野口悠纪雄，2005，第 65 页）。另外，日本鼓励私人部门进行资产投资，试图以内需促增长，私人部门广泛进军资产市场，尤其是金融、地产领域呈现出高度繁荣的景象。

其四，日本金融机构在外汇市场上积极购买美元，流动性过剩局面加剧。1987 年 2 月，在美国认为纠正美元汇率过高的目标已经实现后，七国集团（G7）又缔结了旨在稳定七国间美元汇率的“卢浮宫协议”。日本货币当局和银行开始主动进入外汇市场进行干预，积极买进美元，这进一步加剧了日本的流动性过剩。

三　日本泡沫和金融危机

20 世纪 80 年代，日本总体上实行扩张性的财政和货币政策，加上经常项目顺差和日本当局的外汇操作，日本出现了较为严重的流动性过剩，原有产业结构下的日本经济增长已趋于极限，迅速增大的货币供应无法被产业吸收。

在日本实行宽松的货币政策、鼓励私人资本投资资产市场的条件下，过多的流动性便流向了资产市场，大量的资金涌向了股票市场和房地产市场，炒股、买房、投资在日本轰轰烈烈地展开，日本资产泡沫迅速产生。综合各方面的研究，日本泡沫经济具有三个显著的特点。

一是资产价格上涨很快。尤其是 1987 年以后，长期执行 2.5% 的低利率政策使得日本股市和房地产市场价格加速上涨。1985 年日本土地资产总额为 176 兆日元，1988 年迅速升至 529 兆日元，土地资产额三年间上涨了 3 倍。1986 年年中，日本土地资产额就超过了日本的 GDP。到 1989 年，日本的房地产价格已飙升到十分荒唐的程度。当时，国土面积相当于美国加利福尼亚州的日本，其地

① 〔日〕野口悠纪雄：《泡沫经济学》，生活·读书·新知三联书店，2005。

价市值总额竟相当于整个美国地价总额的4倍。到1990年，仅东京都的地价就相当于美国全国的总地价。股市泡沫相对于房地产泡沫一点都不逊色。1985年9月到1990年9月的5年间，城市地价指数上涨了近四倍[①]。在股票市场方面，1985年，日经指数为12000点左右，1986年股指大幅上升，至1989年底，日经指数逼近40000点，4年期间上涨3倍多。股票资产额从1985年169兆日元，急剧上涨至1989年底的527兆日元（见图14－4）。

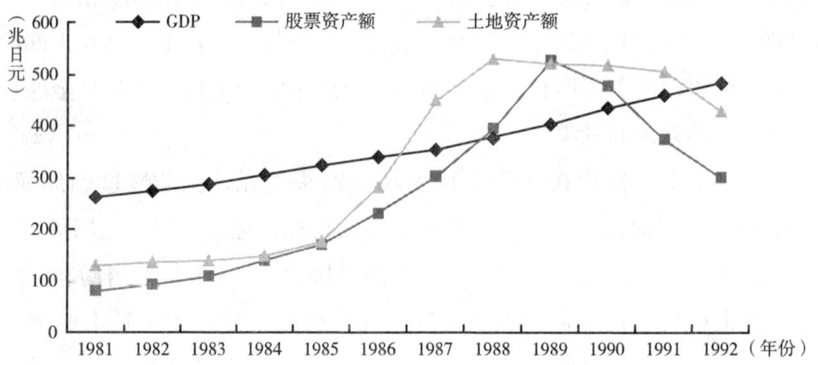

图14－4　日本GDP、股票资产总额和土地资产总额的比较

资料来源：CEIC。

二是资产投资主体范围极其广泛。这个时期的日本出现了全国人民购买资产的热潮，公务员、家庭主妇、学生等纷纷投资股票，形成了全民炒股的景象。

三是宏观经济指标没有反映资产泡沫的状况。这个时期，宏观经济呈现高增长低通胀的良好态势。20世纪80年代，日本经济每年的增长速度约为5.5%，而通货膨胀率只有0.2%，物价完全没有上涨。日本物价指数在80年代末期才开始缓慢上涨，1989年3月同比增长1.1%，1990年4月同比增长2%，同年11月也才达到3%（野口悠纪雄，2005，第23～25页）。

由于日本地价过度上涨，个人无力买房，住宅市场逐渐显现出有价无市的境况，房地产企业陷入现金流的困境；工业建筑用地价格过高，使许多工厂企业难以扩大规模；地价高涨，也极大地制约了中央和地方政府的城市开发及基础设施建设。

---

① 孙景超、张舒英主编《冷战后的日本经济》，社会科学文献出版社，1998。

由于日元在20世纪80年代中期总体处于升值通道中，这抵消了流动性过剩带来的可能的通货膨胀。直到20世纪80年代末期，日本通货膨胀出现抬头的趋势，日本政府才意识到问题的严重性。为了抑制通货膨胀进一步恶化，日本货币当局不得不提高利率。

现在看来，日本银行利率的提高是日本房地产泡沫破灭的首要诱因。1989年初，日本央行表示，金融机构大肆放贷直接导致资产泡沫的产生，日本地价有可能下跌，金融体系也存在巨大的风险，并对房地产贷款增长幅度控制在信贷总量增长率的幅度内。从1989年5月31日至1990年8月30日，日本连续加息五次，从3.25%提高至6%①。市场规律的力量在1990年第一个交易日便显示出来，股指一开盘就一路狂跌，至1990年12月底，日经指数下挫40%多，1991～1992年又继续狂泻。泡沫的破灭紧接着表现在土地市场上，1991年，日本地价开始大幅下挫，1991年7月～1992年7月，东京、大阪住宅用地价格分别下降27.5%和23.8%。相应的，股市资产价值和土地资产价值迅速缩水，1992年底，股票市值仅为260兆日元，为高峰值590兆日元的50%不到。1990年底至1992年底，日本土地市场价值缩水100万亿日元，尤其是六大城市土地价格下降了50%（野口悠纪雄，2005，第276～278页）（见图14－5、14－6）。

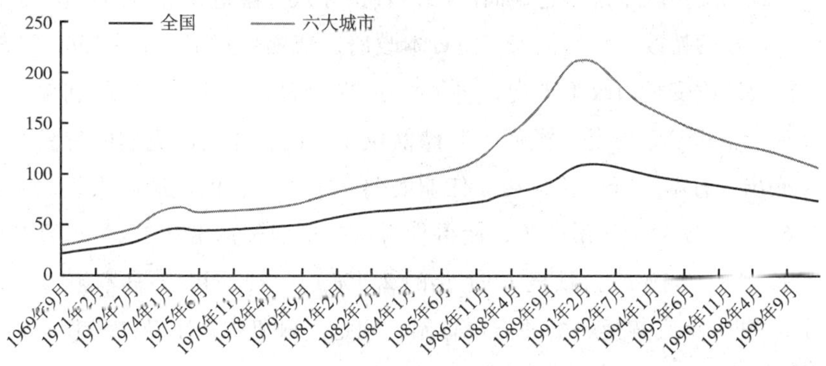

图14－5 日本全国及六大城市土地价格指数

资料来源：CEIC。

① Bernanke, B. and Mark Gertler, Simon Gilchrist (1996): "The Financial Accelerator and the Flight to Quality", NBER Working paper No. 4789, *Review of Economics and Statistics*, 78, February, pp. 1－15.

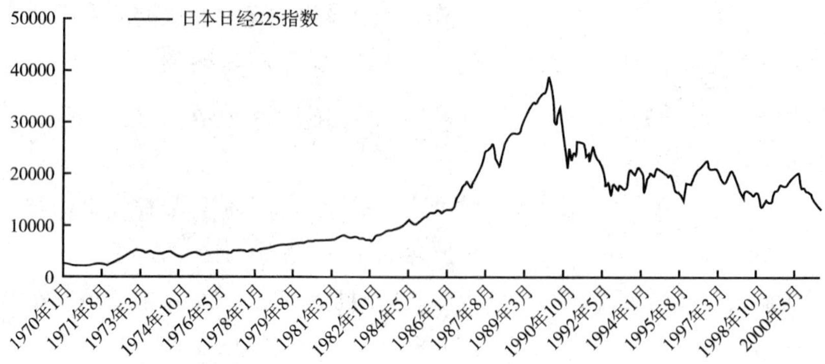

图 14－6　日本日经 225 指数走势图

资料来源：CEIC。

房地产价格的暴跌导致大量不动产企业及关联企业破产。据统计，不动产破产企业的负债总额高达 3 万亿日元。紧接着，作为土地投机主角的非银行金融机构因拥有大量不良债权而陆续破产。银行坏账比例加大，使得银行和其他金融部门又进一步紧缩信贷，一时过剩的流动性消失殆尽，日本股市和房地产市场雪上加霜，这给日本经济留下了严重的后遗症——日本进入了“失去的十年”。

日本紧缩货币政策过于仓促而严厉，直接导致金融危机和日本经济硬着陆。日本资产价格的持续、大幅上涨，使日本政府逐渐感受到了压力。1989 年 5 月，日本银行决定改变货币政策方向，将维持了 27 个月的 2.5% “超低利率” 提高至 3.25%。值得注意的是，类似美联储前主席、通胀斗士沃克尔的三重野康于 1989 年底出任日本央行行长，在其任期的前 9 个月中，他连续四次提高央行贴现率至 6%。急剧紧缩货币政策，使得货币供应量增长速度从 1989 年的 12% 下降到 1990 年的 7.4%，再跌至 1991 年的 2.3%①。与此同时，日本银行从 1990 年 4 月到 1991 年底实行严格的窗口管制，规定金融机构对不动产贷款必须实行总量限制原则，日本政府还修改了国土利用法，以控制土地投机，促进闲置土地的利用并调整了土地税制，设置了地价税，提高了土地转让成本。这样，日本股票市场和房地产市场大幅下挫，日本泡沫经济开始崩溃。泡沫经济破灭之后，日本经济硬着陆，并陷入长期萧条。日本资产价格严重缩水，负债恶性膨胀，大量

① Ito, Takatoshi and Tokuo Iwaisako (1995): Explaining Asset Bubbles in Japan, NBER Working Paper 5358, 1995.

企业倒闭；个人和家庭收支严重恶化，国内消费不振，投资需求减少，经济转型严重受阻；商业银行陷入困境，不良债权急剧增加，大批金融机构破产。受泡沫经济破灭的影响，日本经济陷入了长期严重的衰退之中，其长达10年之久的经济衰退被称为“平成萧条”，是“二战”以来持续时间最长、对日本经济打击最严重的一次经济萧条。

四　日本金融危机的启示

日本资产泡沫破灭和金融危机的爆发，将日本带入了“失去的十年”，日本经济徘徊在通货紧缩和低增长的境地中。日本泡沫危机的根源成为众多学者深入研究的问题。野口悠纪雄（2005）、Ito and Iwaisako、Okina[①] 和 Bernanke 等的研究具有很强的代表性，他们在回顾日本泡沫经济和金融危机的同时，提出了值得深刻反思的几个重要问题。

第一，对日元升值过于担忧及其导致的政策失误是泡沫产生的基础性因素。“广场协议”之后，日元的确出现了大幅升值，日本遭遇了日元升值萧条。但真正对日本经济产生破坏性影响的并不是日元升值本身，而是当时极度扩张的财政政策和货币政策。“广场协议”之后，日本当局允许日元大幅升值，但又担心货币升值带来的通货紧缩问题。这一担忧直接促使日本政策的一边倒。一方面，日本过于担心美国的立场。在广场协议之后，日本担心承受更大的国际压力，使得日元升值幅度和升值速度远远超出了美国等国家的预期。在《卢浮宫协议》之后，日本又担心美元汇率的不稳定，大幅买进美元，同时下调利率。另一方面，日本过于担心日元升值给出口产业带来的冲击，国内政策导向出现“一边倒”的趋势，采取了金融放松、信贷扩张和扩大财政赤字等方式以增加投资，试图以此缓解日元升值的负面影响。实际上，日本当时还存在较多的管制，加上美国消费结构刚性等原因，出口产品生产者和消费者在日元大幅升值下并没有发生大范围的利益转移，汇率对出口产业的影响与日本当局的考虑大相径庭。在1986～1988年实行了过度扩张的财政政策和货币政策，结果导致日本20世纪80年代末的严重资产泡沫。

① Okina, Kunio and Masaaki Shirakawa, Shigenori Shiratsuka (2001). The Asset Price Bubble and Monetary Policy: Japan's Experience in the Late 1980s and the Lessons, Background Paper, Monetary and Economic Studies (Special Edition) /February 2001, Bank of Japan.

第二，流动性过剩是导致日本资产泡沫的根本原因。为了抵消日元大幅升值的影响，日本采取了扩张性货币政策，货币供应急剧增加，信贷规模不断扩大；同时，日本政府还采取扩张性财政政策，鼓励私人投资，这直接导致对股市和房地产的投资热潮；另外，日本货币当局为了承担相应的国际责任，为了稳定美元汇率，便大幅买入美元，使得国内流动性泛滥进一步恶化。

第三，日本银行业大幅增加对房地产的投资贷款种下了资产价格迅速上涨的“第一颗种子”，银行业也是泡沫经济发生问题的“第一个环节”。20 世纪 80 年代期间，日本银行业热衷于投放资产抵押贷款，甚至建议储蓄者进行土地和房地产的再抵押投资，银行发放的土地投资贷款占当时银行放贷总额的 26%。20 世纪 80 年代末期，利率提高和货币当局对房地产信贷的调控使得银行出现巨额坏账，银行业资金链条出现断裂，银行等金融机构首先遭遇流动性短缺问题。

第四，日本企业资本运营方式的改变形成了支撑泡沫的资金循环。在金融自由化和日本政府的“号召”下，日本企业由于可以获得成本较低的资本，所以利用负债融资、权益融资获得的资金进行了大规模的股票、地产等资产投资，资本运营从以借款返还的成本削减型转变为追求高利润的积极运用型，股价和地价相互交织上涨，“收益”不断增加，再融资规模随即扩大，形成了支撑泡沫的资金循环。

第五，日本忽视了在 CPI 稳定表象下的资产泡沫化。当时，日本经济决策过多地依赖于经济模型。在日本资产泡沫形成期间，日本经济增长向好，通胀水平很低，日本学术界和决策界通过经济学模型计算的结果，认为经济基本面良好，资产价格上涨是经济增长的体现，而对于 20 世纪 80 年代末期出现的难以用经济学模型解释的现象却视而不见。实际上，日本当时的利率水平很低，是流动性过剩的一个结果，日本已经进入了货币政策无效的境地；股市上涨和土地价格上涨，并无法在 CPI 中得到体现。

第六，日本政府的舆论导向要为泡沫快速破灭负部分责任。在日本股市大幅下挫的情况下，日本当局的悲观舆论，直接导致房地产市场恐慌。1990 年 9 月，日本国营广播电视台 NHK 连续五个晚上在黄金时段播放了有关土地问题的特别节目，指出地价可以也可能下跌，并提出应让日本的地价下降一半。同时主张进行土地税制的改革，限制房地产融资。这五个晚上的节目，让经受股市下挫的市场人心惶惶，投资者和投机者都产生了恐慌情绪，做空力量急剧膨胀。一般情况下，货币政策必须是渐进和稳健的，应该采取多次微调的方式，过度扩张与突然收缩都有可能对货币供给、货币乘数和国民经济产生破坏性影响。在日本泡沫经济形成的过程中，极度扩张的货币政策是泡沫经济产生的货币基础，而在泡沫经济破灭过程中，急剧收缩的货币政策同样是罪魁祸首。

第三节　东亚金融危机：回顾与反思

1997 年 7 月 2 日，泰国财政部和中央银行宣布实行浮动汇率制度，泰铢汇率由市场决定，泰国放弃了实行 14 年的固定汇率制度。当天，泰铢兑美元汇率贬值 17%。泰铢放弃固定汇率制度及其汇率的大幅贬值引发了周边地区的金融动荡，加上金融投机的冲击，菲律宾、印度尼西亚和马来西亚等东亚国家的货币遭到攻击，先后放弃了固定汇率制度，引发了区域性的货币危机。1997 年 10 月之后，金融危机蔓延至中国台湾、中国香港和韩国等，进而引发了一场东亚地区的金融危机。1997 年泰铢、印尼盾、马来西亚林吉特、韩元对美元的汇率全年分别下跌 43.5%、57.5%、53.8%、48.3%；其股市分别下跌 56.0%、52.4%、37.0%、42.2%（IMF①，1999 年）。1998 年，亚洲金融危机继续蔓延和深化，大量金融机构和企业破产，经济增长大幅下挫，成为大萧条以后截至当时最为严重的区域性金融危机。出于讨论的方便性，本文主要讨论金融危机受冲击最大的几个经济体，亚洲“四小虎”和“四小龙”，即泰国、印度尼西亚、马来西亚、菲律宾和韩国、中国香港、新加坡、中国台湾，简单通称为东亚经济体。

一　东亚金融危机的演进

东亚金融危机从 1997 年 7 月初爆发，到 1999 年初基本进入尾声，此轮金融危机持续时间近两年，对东亚主要经济体的冲击之大是史无前例的，相当于在一个区域范围内发生了一次“大萧条”②。根据 IMF（1999）、Fischer③（1998）、Goldstein④（1998）和 ADB⑤（1999）等的研究，将东亚金融危机分为四个阶段。

---

① IMF, World Economic Outlook, April 1999.

② Wade, Robert. “The Asian Crisis and the Global Economy: Causes, Consequences and Cure”, *Current History*, October 1998, pp. 1 - 15.

③ Fischer, Stanly. “The Asian Crisis and the Changing Role of the IMF”, Finance and Development, June 1998, V35, No. 2. pp. 1 - 6.

④ Goldstein, Morris. “The Asian Financial Crisis: Causes, Cures and Systemic Implications”, Policy Brief No. 55, Institute for International Economics. 1998.

⑤ Asian Development Bank: Asian Development Outlook 1997 and 1998, October 1998.

第一个阶段，危机浮现期。金融危机爆发之前，东亚经济发展的模式，曾被誉为发展中国家的典范。世界银行 1993 年出版了颇具影响力的报告——《东亚奇迹》，赞扬东亚取得的成就以及给世界发展的启示。即使在 1996 年，国际货币基金组织仍对东亚经济前景十分看好。但是，东亚发展模式具有很大的脆弱性，经济体经济基础和估值过高的货币可能存在相脱节的风险，东亚奇迹可能是一个神话（Myth）①。1996 年，东亚经济的问题开始浮现。以泰国为例，1995 年之后，大量流入泰国的资金，并没有投入制造业部门，而是转向房地产市场和股票市场，引起了房地产市场和股票市场的泡沫。大量的资本流入还抬高了非贸易品价格，国内价格相对国外价格迅速上涨，导致真实汇率急剧上升，泰铢被严重高估。泰国政府的财政赤字和外债都不高，但是企业和金融部门却积累了大量的外债。在金融自由化之后，企业纷纷举借外债，因为美元利率比本国利率要低，这就增加了货币错配的风险。泰国的银行为了弥补资本金不足和增加竞争筹码，也大量借入美元债务，这使金融体系的资产负债表处于十分危险的境地。1997 年 5 月初，高盛的研究报告就预测泰铢可能面临贬值压力。随后，国际货币市场开始大肆做空泰铢，泰铢危机已经初露端倪。当时，泰国中央银行已经就未来市场投机和保卫泰铢策略开展政策讨论。但是，大部分决策者认为市场动荡主要是利差交易导致的，以前保护固定汇率资产的失策主要是经济基础薄弱，而“现在亚洲经济基础是强大的”②。决策者大大低估了市场的作用和经济潜在的脆弱性，从而放松了对危机的警惕性。

第二个阶段，危机爆发期。这个阶段是 1997 年 7 月至当年年底，主要表现为货币危机。1997 年 7 月 2 日，泰国宣布放弃固定汇率制，实行浮动汇率制，由此引发连锁反应，菲律宾、印度尼西亚和马来西亚等新兴经济体货币遭到冲击。在泰铢波动的影响下，菲律宾比索、印度尼西亚盾、马来西亚林吉特相继成为国际炒家的攻击对象。7 月份泰国放弃固定汇率制度之后，8 月份马来西亚也实行了浮动汇率制度，印度尼西亚则坚持固定汇率制度到次年年初。与此同时，发达经济体如日本、韩国、新加坡和中国香港的货币也受到一定的冲击，东亚地区的货币动荡日益加剧，最后演化成为一场重大的货币危机（见图14－7）。

① Krugman, Paul. “The Myth of Asia's Miracle”, *Foreign Affairs*, V73, pp. 63－78.

② 〔马来西亚〕沈联涛：《十年轮回》，杨宇光等译，上海远东出版社，2009，第23页。

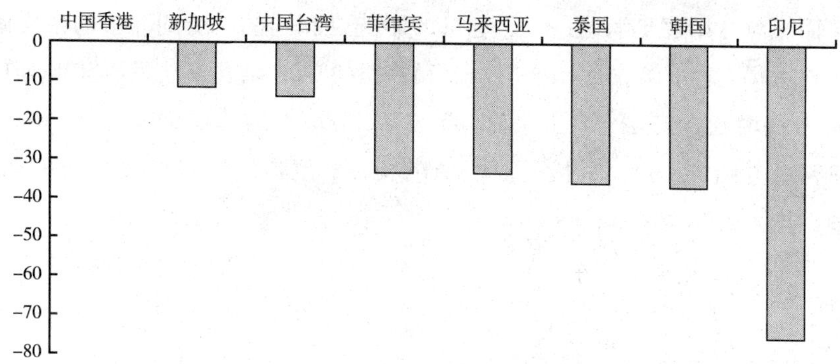

图 14－7　东亚部分经济体货币贬值幅度

资料来源：Goldstein（1998）。

第三阶段，危机升级期。这个阶段是 1998 年初至 1998 年秋季，货币危机演化为金融危机。在这个阶段，东亚经济体对危机的负面冲击的认识仍然不足，大部分政策应对主要集中在货币市场上。但是，东亚经济发展模式的外向型使得金融体系脆弱性更大，危机的严重程度、潜在风险和传染效应都被低估了。东亚货币危机从货币市场向信用市场和实体经济蔓延，金融体系陷入混沌，经济增长遭遇严重衰退。1997 年 7 月至 1998 年年中，大约有 150 家金融机构破产、被吊销营业执照或被国有化、重组等①。东亚货币危机已经逐步演化为金融危机，甚至在印度尼西亚升级为经济政治危机。

第四个阶段，危机深化期。大约是 1998 年秋季至 1999 年初。东亚金融危机之后，国际货币基金组织出面救援，至 1998 年年中，基本达成了救援条件和救援方式，东亚金融危机得以缓解。但是，当全球股市动荡、日元汇率持续下跌之际，国际投机资本对中国香港发动了新一轮进攻，恒生指数下挫至 6600 多点。香港金融管理局当机立断动用外汇基金进入股市和期货市场，吸纳国际投机资本抛售港币和股票，稳定了汇率和股票市场；1998 年 8 ~ 9 月，国际资本开始撤离香港转向俄罗斯。1998 年 8 月中旬，俄罗斯宣布当年内将卢布兑换美元汇率的浮动幅度扩大到 6.0 ~ 9.5∶1，并推迟偿还外债及暂停国债交易。9 月份，卢布大幅贬值 70%，俄罗斯股市、汇市急剧下跌，引发金融经济危机。东亚金融危机进一步深化。1999 年初，随着金融救援的开展和市场信心的恢复，东亚金融危

① 谢世清：《东亚金融危机的根源与启示》，中国金融出版社，2009，第 25 页。

机的负面影响开始逐步消退，但是危机的影响是深远的。受到冲击的主要国家，经济增长大幅下挫，泰国、印度尼西亚和韩国的GDP增长率从危机前年均7%的增长变为负增长，其中，印尼GDP增长从1996年的7.8%暴跌至1998年的-13.2%（见图14-8）。危机还对汇率市场、股票市场和直接投资等带来极大的负面冲击。

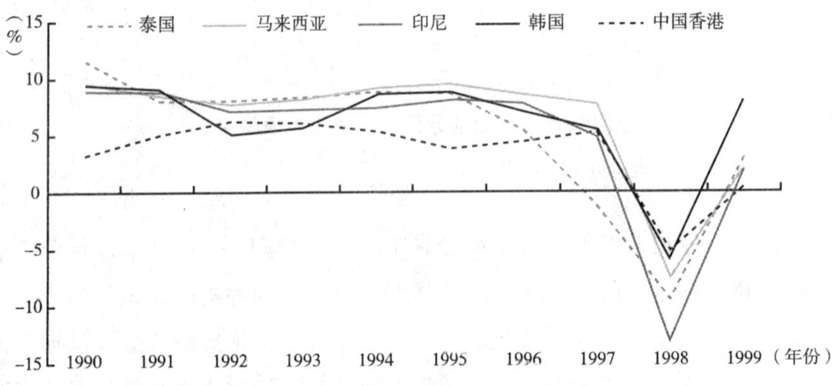

图14-8　东亚部分经济体GDP同比增长率

资料来源：IMF，IFS Database。

二　金融危机之前的东亚模式

东亚经济体的经济发展创造了“奇迹”。在1997年之前的30年左右的时间里，东亚经济体加快了工业化进程，扩大了对外贸易，保持了高速的经济增长，并实现了减少贫困、提高平等水平等社会目标。在这一背景下，经济学界对东亚模式的兴趣也与日俱增，对东亚经济体的工业化、城市化、投资贸易政策等的研究不断深化，其中新古典主义学派的研究最为深入和流行。新古典主义认为，自由贸易、自由投资、放松监管、私有化等是发展中国家实现经济增长的最佳途径，为此还萌生了所谓的“华盛顿共识”，认为东亚模式是其他发展中国家的典范，并向拉美等地区推广。其中，最为经典的研究是美国彼得森国际经济研究所John Williamson提出的10项政策建议、世界银行的《贸易与工业化》以及《东亚奇迹：经济增长与公共政策》等。

Williamson总结的10项政策建议包括财政赤字限制、政府支出的秩序选择、税制改革、金融自由化、竞争性的汇率机制、贸易自由化、投资自由化、私有化、监管放松以及产权保护等[①]。结合“华盛顿共识”，世界银行在总结东亚模式时认为，东亚模式有赖于五个关键性的基本因素：宏观经济稳定、实物资本和人力资本的有效积累、分配的有效性、强有力的政府领导和经济增长成果分享性以及外向型出口战略[②]。

日本经济学家将大多数东亚经济体的发展称为一种“雁形模式”。雁形产业发展形态学说是指通过国外引进—国内生产—产品出口的循环使后起国实现产业结构工业化的理论模型，它是日本经济学家赤松要针对日本纺织行业的发展于1932年提出的，该理论阐释了日本经济通过外贸和替代性生产而不断由低级向高级波浪式发展的进程。而且，这一理论经过发展之后，成为日本向亚洲新兴经济体进行产业转移的重要依据，即“产业扩张论”[③]。东亚新兴经济体的腾飞得益于东亚雁形模式及其内部的产业转移与分工。

无论是世界银行的总结，还是日本经济学家的研究，归纳起来，东亚经济体的发展模式中最为重要的因素可能有两个：一是资本积累（即投资）；二是出口导向[④]。在投资方面，新兴的东亚经济体都有非常高的投资率，这种高投资率是以高储蓄率为基础的，当然，外商直接投资也扮演了极其重要的角色（比如日本的投资）；在出口导向模式上，对外贸易在东亚经济体中占有十分重要的地位，进出口占GDP的比重都很高。由于严重依赖投资和出口，东亚经济体就需要大量引入外商直接投资甚至外币贷款，同时由于产业转移和分工需要大量进口，最后的结果是，虽然东亚经济体的出口增长很快，但经常项目基本是逆差的。在金融危机发生前20~30年，东亚模式得以维系和发展，主要是得益于全球化背景下国际分工的重塑以及经常项目逆差占GDP比重较低，从而得以维系固定汇率制度，尤其是在布雷顿森林体系崩溃之后。为此，东亚模式高投资、高出口等特征是符合国际经济秩序和结构的演进的，东亚模式也是成功的。但是，经常项目逆差占GDP的比重是否能够维持在一个适度的水平上（见图14-9），这是决定东亚模式是否能够维持的一个重要条件。

---

① Williamson, John. “What Washington Means by Policy Reform”, in John Williamson, ed., *Latin American Adjustment: How Much Has Happened?* Chapter 2. Institute for International Economics.

② World Bank: *The East Asian Miracle: Economic Growth and Public Policy*, 1993.

③ Kojima, Kiyoshi, 2000. “The ‘flying geese’ model of Asian economic development: origin, theoretical extensions, and regional policy implications,” *Journal of Asian Economics*, vol. 11 (4), pp. 375-401.

④ 余永定：《亚洲金融危机十周年和中国经济》，《国际金融研究》2007年第8期。

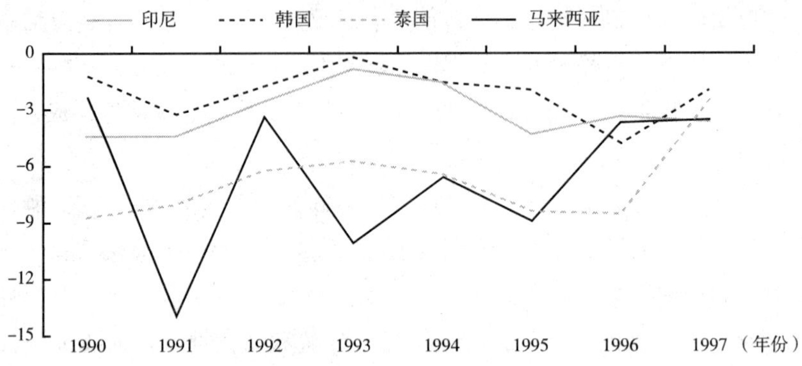

图 14－9　东亚部分经济体经常项目逆差占 GDP 比重

资料来源：IMF IFS Database。

值得注意的是，东亚模式存在一个最致命的弱点，就是难以承受国际资本的突然逆转，不仅包括国际资本，也包括本国的资本。如果资本的流动方向突然发生变化，那么“资本流入—高投资—高出口—高增长”这一链条将断裂，整个模式就变得不可持续。而具有这种模式的国家资本流动方向之所以发生逆转，往往是由一些人们意想不到的外部冲击造成的，比如泰国在 1996 年出口的增长速度就急剧下降，1996 年出口速度由 1995 年的双位数降到了 －1.9％。出口增长速度的骤降成为泰国金融危机的触发点。

三　东亚金融危机的反思

东亚金融危机爆发之后，东亚经济体受到了史无前例的负面冲击，金融市场和实体经济都陷入了极度的困顿和低迷，经济增长从高速增长到负增长，企业破产、工人失业、经济社会问题不断出现，印度尼西亚甚至爆发了政治危机。危机爆发之后，学术界极为震惊，并开始反思东亚模式的脆弱性及其适用性。

根据世界银行、IMF 等的研究，可以将导致东亚金融危机的因素分为两个方面：一是外部性的冲击；二是内部经济结构失衡。我们认为，导致东亚金融危机的外部性冲击因素包括全球化及其带来的资本自由化、监管放松；而内部经济结构失衡则包括经济增长模式、国际收支失衡、汇率政策选择和资产价格泡沫等。

从外部冲击来看，全球化、资本自由化以及相关政策的失误是东亚金融危机爆发的一个重大因素。20 世纪 60～70 年代之后，随着国际贸易的深入发展，国际分工和全球产业链也开始逐步形成，主要体现在以美国为主的货币核心国和以日本、德国为主的制造核心国，也就是基于布雷顿森林体系的国际贸易和资本流动格局。在该体系崩溃之后，全球国际贸易和国际分工更加深入发展，尤其是国际投资和国际资本流动的全球一体化趋势更为明显，全球化掀起了新一轮高潮。实际上，包括“四小虎”和“四小龙”等在内的东亚新兴经济体都是新一轮全球化的受益者，外部技术和资本的流入使得这些经济体迅速实现工业化和高速的经济增长。然而，全球化是一把“双刃剑”，在东亚金融危机爆发之前，一些经济体实际上已经处于国际经济学中“不可能三角”的巨大困境之中，全球化尤其是资本自由化导致了东亚经济体金融体系的脆弱性，加上内外经济政策的错配，最终引致金融危机①。

20 世纪 80 年代之后，随着信息技术的兴起，全球化最为重要的一个趋势就是金融全球化，并直接带来了资本迅速地在全球流动。为了促进金融交易的达成并降低交易成本，金融自由化和放松金融监管成为一个必要的条件。一般而言，金融自由化主要体现在利率市场化、国际收支的资本账户自由化、金融市场进入门槛降低、金融机构私有化以及金融市场对外资开放等方面。金融自由化最为核心的部分，也是对金融体系影响最大的是资本账户自由化，允许外国投资者在本国开设资本投资账户，直接买卖证券。一旦资本账户自由化之后，国际资本就可以自由出入本国金融市场，国内资本市场就成为全球资本市场的一个组成部分，市场中的金融资产就成为国际投资者投资甚至投机的对象。事实上，当时大部分东亚经济体在加速资本账户自由化进程甚至已经完成资本账户自由化进程的同时，并没有深化对国际资本流动的监管和进行相应的风险管控，国际资本的流动性潜在地提高了东亚经济体金融体系的脆弱性，尤其是泰国、印尼、马来西亚和韩国等，其金融市场上存在巨量的外币负债，不管是企业部门还是经济整体都处在一个高负债高风险的运行机制中，而外币负债比例高直接造成了货币错配。很显然，当资本市场的价格和流动性发生逆转时，金融机构、企业部门和经济整体都将遭遇极大的困境。资本自由化及其监管缺乏有效性被认为是东亚金融危机爆发的重大外部因素，东亚经济体为此遭遇的是“全球化的报复”（沈联涛，2009，第 119 页）。

在东亚经济体内部，大量的经常贸易逆差、缺乏灵活的汇率制度、资产泡沫和政策失误等被认为是危机爆发的重大内部因素。由于东亚经济体主要发展模式

---

① 易纲、方星海：《东南亚国家和墨西哥金融危机对中国的启示》，《财贸经济》1999 年第 1 期。

都是高投资率和出口依赖型，虽然国内的储蓄率一般都比较高，但是仍然无法为持续高涨的投资融资，为此需要引入外商直接投资或者外部贷款，而且东亚经济体需要引入技术、设备和原材料等来支撑其强大的出口，因此大部分东亚经济体保持着长期的经常项目逆差。应该说，这是符合发展中经济体的发展规律的，然而东亚经济体在逐步开放其资本账户之后，外国资本的进入并未全部进入实体经济部门。根据相关的研究，在20世纪90年代之后，外国资本的进入主要以短期资本为主。以韩国为例，1990~1996年，韩国短期外债增长了158%达到759亿美元，1997年7月进一步上涨至1774亿美元，其中45%为短期债务。再以泰国为例，泰国的净资本流入从1990年的97亿美元，大幅上涨至1995年的219亿美元，泰国净外债头寸从1990年的30%飙升至1997年的63.6%（IMF，1999）。

由于当时大部分东亚经济体实行的是固定汇率制度，而资本项目是开放的或者处在开放的过程中，这意味着货币政策当局必须丧失全部或者部分的货币独立性。大量外资的流入直接提升经济体内部货币发行量的水平，直接导致国内流动性的膨胀。其最后的结果是，过剩的流动性大量进入了股票市场和房地产市场，资产泡沫不断被吹大。以泰国为例，1990~1994年，股票市场指数几近翻倍，其中房地产板块上涨幅度近300%。马来西亚的股票市场更被视为“大赌场”，1990~1996年，股票市场上涨幅度超过140%；房地产市场更是疯狂，房屋价格指数从1990年的100，飙升至1997年危机爆发前夕的216.8（沈联涛，2009，第167~169页）。

由于经常项目逆差、净外债扩大和资产泡沫的存在，国际投资者对东亚经济体的投资就愈发谨慎。1994年马来西亚外汇储备出现负增长、经常项目逆差占GDP比重从1993年的-4.6%大幅上升至-7.6%；泰国经常项目逆差占GDP比重从1994年的-5.4%上升至1995年的-7.9%；韩国经常项目逆差占GDP比重从1995年的-1.7%上升至1996年的-4.1%（IMF，2009）。1995~1996年，随着泰国、马来西亚等国际收支的继续恶化，净外债水平不断提升，以及资产泡沫日益严重，国际资本流入开始出现逆转。以泰国为例，1996年净资本流入同比下降11%，这是十年来之首次，反映了国际投资者对泰国信心的动摇，1996年9月穆迪下调泰国短期信用评级，1997年5月高盛发布了泰国投资的风险提示（沈联涛，2009，第125~127页）。最后，由于制度性缺陷导致普遍高估的东亚经济体货币开始受到国际投机资本的冲击，东亚金融危机将东亚经济体拖入困顿和衰退的深渊。

第四节　美国金融危机与“大萧条”：比较与启示

2008 年 9 月以来，美国政府宣布接管房利美和房地美，美林被收购、雷曼兄弟宣布申请破产保护，AIG 被国有化，高盛和摩根转型银行控股公司。美国金融市场跌宕起伏，次贷危机全面升级，演绎了全球金融历史上的一次重大“金融海啸”。实际上，次贷危机已经演化为新一轮金融危机，格林斯潘甚至认为美国已经陷入“百年一遇”的金融危机。本轮金融危机发生在全球化的背景之下，是一次流动性危机，也是一场信用危机。大萧条是一次严重的银行危机和偿付危机，更是一次破坏性极大的经济危机。通过对大萧条和当前危机的比较，有助于我们加深对金融危机演进历程的认识，以及如何妥善应对金融危机。

一　两次危机的相似性

大萧条是美国历史上乃至全球经济史上最严重的一次经济危机，虽已过去 70 多年，但对危机的研究仍是经济学界的一个重要课题。对比大萧条和本轮金融危机，其相似性主要体现在以下几个方面。

1. 房地产泡沫是两次危机的引爆点

大萧条爆发初期，房地产市场生产过剩，而且所有住宅中大约有一半被抵押；其后，大规模的违约造成美国房地产市场的崩溃。1934 年 1 月美国《城市住宅金融调查》显示，在被调查的 22 个城市中，自有房屋抵押贷款的违约比例均超过 21%，其中，超过一半的城市，违约比例超过了 38%，克里夫兰甚至高达 62%。当时美国经济除 1920～1926 年的土地泡沫之外，1925 年美国股市泡沫迅速成长，不到四年时间，标普综合指数上涨了 3 倍多（Bernanke，1983）。

本轮金融危机的引爆点，就是众所周知的住房次级抵押贷款和房地产泡沫①。美联储持续降息和贷款标准的放松，迅速地在全国范围内催生了资产泡沫，尤其是房地产泡沫。2001 年美国次贷总额占抵押贷款市场总额的比率仅为 5.6%，到 2006 年该比率上升到 20%；无需或可较少提供财务资料的房贷自 2001 年的 28.5% 上升到 2006 年的 50.8%。

① 何帆、张明：《美国次贷危机是如何酿成的》，《求是》2007 年第 20 期。

2. 两次危机的破坏力极大

1930～1933 年是美国历史上金融体系最艰难、最混沌的时期。1933 年 3 月，美国银行破产达到高潮，银行体系瘫痪，违约和破产程度严重，影响了除联邦政府之外的几乎所有借款人。1930 年 11～12 月，第一次银行危机爆发；1931 年夏天，金融恐慌演化为经济衰退；1933 年 3 月，银行“休假”，整个银行体系陷入瘫痪；罗斯福新政之后，重建金融体系，经济才缓慢复苏。相关数据显示，1930～1933 年，每年银行倒闭的比例分别为 5.6%、10.5%、7.8% 和 12.9%，到 1933 年底，坚持经营的银行仅为 1929 年银行数的一半多，美国的银行数量从 25000 家减少到不足 15000 家（Bernanke，1995）。

另外一方面，大萧条的破坏力体现在对实体经济的冲击上，即严重的经济危机。美国的经济活动从 1929 年中期到 1933 年初持续衰退。工业产出下降了 37%，价格下降了 33%，实际的国民生产总值下降了 30%，而名义的国民生产总值则下降了一半以上。失业率上升到 25% 的最高峰，并在 20 世纪 30 年代其他年份中一直保持在 15% 以上（恩格尔曼等，2008）。

美国次级抵押贷款问题已经演化为大萧条以来最为严重的全球金融危机，直接导致金融体系的混沌和大规模有毒资产的产生。国际货币基金组织在《全球金融稳定报告》中估计，全球金融体系因金融危机导致的资产减计约 4.4 万亿美元，其中银行业资产减计为 2.8 万亿美元左右，美国和欧洲的金融机构资产减计规模相当于其 GDP 总和的 13%。截至 2009 年 11 月底，全球已经核销的银行业有毒资产为 1.7 万亿美元，为银行业资产减计规模的六成，总体的有毒资产核销也处于大致的进程①。因此，全球有毒资产核销预计需要在 2010 年才能基本完成。

3. 危机的爆发和金融部门非审慎行为密不可分

大萧条和美国银行业的资产负债期限错配与非审慎经营是紧密相关的。一方面，由于美国的银行业是由小型的分散的独立银行组成，带来了银行体系的整体脆弱性。银行持有的负债主要是活期存款，而其资产却主要是非流动性资产，这就导致了期限错配，带来了一种不良的预期。对银行破产的市场预期，就可能产生挤兑，最后导致不良预期的自我实现。另一方面，大萧条和 20 世纪 20 年代大规模的债务扩张紧密相连。公开发行的公司债券和票据从 1920 年的 261 亿美元

① IMF：Global Financial Stability Report，October 2009.

增长到1928年的471亿美元，非联邦公开证券从118亿美元增加到336亿美元，城市房地产抵押债券的未清偿价值从1920年的110亿美元增加到1929年的279亿美元，而1929年美国国民收入为868亿美元（Bernanke，1983）。

在次贷危机的爆发和升级过程中，金融行业的非审慎行为也被认为是次贷危机爆发的重要原因之一。非审慎的住房抵押贷款、过度的证券化、会计准则和资产管理等创新带来了美国房地产市场的繁荣，同时也带来了次贷危机，重创了美国房地产市场、金融市场和国际市场①。此轮金融危机的爆发是对美国金融机构和金融行业的冒险行为的一次大规模的清算。斯蒂格利茨认为，两次危机是市场不诚实的后果，美国金融机构通过各种途径规避了金融当局的监管，并拒绝反垄断的任何举措。两次危机都是金融机构的不诚实行为和政策决定者的无能的共同结果②。

4. 近乎相同的危机传导机制

大萧条和新一轮金融危机中的金融合约是非指数化的，这样，货币存量和价格水平的变化，就可能通过债务型通货紧缩和流动性及其稳定性来影响金融机构和实体经济。

债务型通货紧缩（Debt Deflation）就是借款人（一般是企业和家庭）发生财务困难，通过各种传导机制，对经济产生实际影响。在美联储实行紧缩货币政策之后，资产和商品价格下降，对债务人构成还债压力，债务人就不得不贱卖自己的资产，引起资产价格进一步下跌，金融环境更加窘困。比如金融机构由于债务偿还压力加大，再融资成本增加且渠道减少，可能导致自由资金、流动性资产和非流动性资产的不匹配，进而导致现金流不足或资不抵债。如果债务型通缩足够严重，就会危及银行和其他金融中介机构（产生“对手风险”），直接造成银行的实际或潜在的贷款损失，影响金融机构的资本实力，损害金融机构的经济效率，最后导致金融市场资金融通功能的丧失，这就产生了引致性金融危机（Induced Financial Crisis）；如果金融市场资金融通功能丧失逐步累积，储蓄转化为投资的渠道被堵塞，那么最后的宏观表现就是经济衰退③。

---

① 何帆、郑联盛：《美国政府接管“两房”：原因、计划及影响》，《中国金融》2008年第10期。

② Stigliz, Joseph,（2008）: The fruit of hypocrisy, September 16 2008, http: //www. guardian. co. uk/.

③ Eichengreen, Barry and Eichard Grossman（1994）: Debt Deflation and FinancialInstability: Two Historical Explorations, University of California at Berkeley, 1994.

金融危机将给信贷流动造成大量渠道外的变动，进而扰乱信贷配置的过程，市场的流动性变得更加敏感且不稳定。当整个金融部门都缩紧流动性，金融中介行为的实际成本大幅提高，借款人就会发现信贷变得昂贵而难以获得，信贷紧缩就会演变为总需求的萎缩，最终演变成为一次经济衰退。衰退持续的时间长短取决于两个要素：一是在信贷混乱之后，建立新的信贷渠道或者重塑旧的信贷渠道的时间；二是债务人恢复正常经营和偿还能力的时间（Bernanke，1983）。

5. 政府的强力干预

1933 年 3 月，美国银行体系几乎瘫痪，金融体系的自我修正能力已经丧失，至少市场参与者对市场自我调整的信心已经失去。新任总统罗斯福只好宣布“银行休假”（1933 年 3 月 7 日，罗斯福宣布临时关闭全国 17032 家银行，3 月 12 日，12817 家银行获准重新开业）。“罗斯福新政”之后，政府主导金融重建，理顺了债权人和债务人的关系，稳定了经济和金融秩序。1934 年，政府通过复兴金融公司（Reconstruction Finance Corporation）向银行和大量金融机构注资。1933 年之后，政府成立了联邦储蓄与贷款保险公司（FSLIC）和联邦存款保险公司（FDIC），对存款贷款提供一定的保险，政府并授权金融机构发放贷款，比如，1934 年，新增的抵押贷款中，政府支持的房屋产权人贷款公司发放了 71% 的贷款（Bernanke，1983、1995）。同时，罗斯福还和国民进行“炉边谈话”，稳定了国民对市场和政府的信心。

在本轮金融危机中，为了防止危机进一步恶化，避免造成更加严重的后果，尤其是警惕危机造成系统性破坏并演化为经济危机，美国政府和欧洲央行、日本央行、英国央行等货币当局紧密合作，对次贷危机进行了史无前例的救援。货币政策当局主要的救援体现在四个方面：一是使短期利率接近于目标水平；二是向市场提供流动性支持；三是加强国际合作；四是调整货币政策的基调。主要经济体的货币政策表现出趋同的特征。一方面，主要经济体在危机之后均大幅度降低利率。2008 年 12 月以来，美联储宣布将联邦基金利率长期保持在 0 至 0. 25% 之间；英格兰银行五次下调基准利率 350 个基点至 1%，欧洲央行下调 325 个基点至 2009 年 5 月的 1%，三者利率均创历史最低水平。2008 年 10 月 31 日，日本央行决定将银行间无担保隔夜拆借利率由现行的 0. 5% 下调至 0. 3%。主要经济体同步下调利率，不仅进入了史无前例的超低利率时代，而且进入了“零利率”陷阱。另一方面，当利率降无可降之后，主要经济体的央行均采取了“数量宽松”政策，通过购买金融资产，继续向市场注入流动性。

更为重要的是，美国政府还出台了一系列财政金融政策以稳定金融体系，促进经济复苏。继布什政府出台1680亿美元减税方案之后，2009年2月奥巴马政府又通过了总额为7870亿美元的美国复苏与再投资法案（American Recovery and Reinvestment Act）等。扣除通货膨胀因素的影响，美国的经济刺激方案已经超过罗斯福新政、马歇尔计划时期美国政府的支出规模。

二 两次危机的差异性

1. 两次金融危机的历史背景不同

大萧条是和金本位制度相联系的，而本轮金融危机则是和“后布雷顿森林体系”相联系的。美联储主席伯南克认为，全球范围内的国内货币供给崩溃，导致20世纪20年代末和30年代初总需求的急剧收缩和价格下降，其内部因素是20年代后期大多数国家所采用的国际金本位制存在的技术缺陷和管理不善等[①]。“一战”之后，各国努力重建金本位制，以期稳定货币供给和金融体系。英国于1925年恢复金本位制，法国是1928年恢复该制度的，至1929年主要市场经济国家多采取金本位制度。

但是，在金本位制下，一个国家的货币供给受黄金储备存量和中央银行买卖黄金价格的影响，同时受货币乘数、黄金拨备率（gold backing ratio，基础货币除以央行的国际储备加黄金储备之和）、国际储备和黄金储备之比等因素的影响。复兴的金本位制仍将通货紧缩而不是货币贬值作为弥补贸易赤字的措施，而且金本位制使得赤字国家承受的通货紧缩压力大于外汇盈余国家面临的通货膨胀压力（恩格尔曼等，2008，第93页）。由于黄金大量流入美国，使得美国的货币供给大幅度增加（数倍于黄金流入增量），因此带来了严重的市场投机。1928年，美联储为了抑制股票市场的投机，转向了紧缩货币政策，以冲销黄金流入。而另一方面，其他国家的黄金流入美国，货币供应量相应减少，陷入通缩的境地。这样，由于实行金本位制度国家的内部货币存量大幅下降，全球都陷入了货币紧缩的境地。因此，大萧条是货币紧缩的结果，而货币紧缩的祸根在于金本位制度的调整[②]。

---

① Bernanke, Ben and Harold James (1991): The Gold Standard, Deflation, and Financial Crisis in the Great Depression: An International Comparison, 1991.

② 米尔顿·弗里德曼：《货币稳定方案》，宋宁等译，上海人民出版社，1991，第34页。

弗里德曼认为，美联储在应对金本位制度中被误导了，以至于出现根本性的失策。1931 年下半年之后，德国和英国都放弃了金本位制，投资者认为美元接下来也会贬值，他们在美国政府对美元进行贬值前突然抛售美元。但美联储不打算向国际压力让步，它选择维持美元的币值。美联储提高了利率，这加速了货币供应量的下降。结果就是美国的利率在 1931 年最后一个季度里急剧上升，信贷变得更加难以获得。在整个紧缩政策中，美联储的行为是前后一致的，目标就是维持金本位，因此美联储公开市场操作被金本位紧紧地束缚着。胡佛政府中的每个人都毫不怀疑地坚持一个前提：金本位是值得挽救的。

而此轮金融危机的爆发和全面升级与全球经济失衡以及所谓的“后布雷顿森林体系”是紧密相关的。当前全球国际收支失衡主要表现为美国持续的经常账户赤字，以及东亚国家和石油输出国持续的经常账户盈余。根据全球流动性的传导方式，可以将之划分为位于中心的美国，以及位于外围的东亚国家和石油输出国。中心国家产生并释放流动性，而外围国家吸收流动性，同时一部分流动性回流至中心国家。杜雷等[①]将这种全球国际收支失衡视为一种新的稳定的国际货币体系，并将之称为“后布雷顿森林体系”（The Revived Bretton Woods System）。在这种体系下，中心国美国得到的好处是能够以低利率为经常账户赤字和财政赤字融资，保证本国居民的高消费；外围国家（东亚国家、石油出口国）可以通过长期出口来拉动经济增长和解决就业问题。杜雷等认为，当前的国际收支失衡格局符合中心国家和外围国家的长期利益，因此是富有效率而且能够长期维持的。但是，杜雷等认为的这种平衡实际上是一种非常脆弱的平衡，它可以描述全球经济失衡的资本流动机制，但将之定义为一个稳定的、能长期维持的体系就过于勉强。由于当前的体系对中心国家的货币没有任何约束，缺乏一种在成员国之间分担国际收支调整成本的制度化机制，加上国别货币长期充当中心货币的时代已经一去不复返，因此当前的国际收支失衡只能维持两年左右的时间，到 2006 年左右将会发生剧烈调整[②]。

2. 两次危机的性质有所差别

大萧条首先是银行危机，也是清偿危机，更是经济危机，其诱因不仅是货币

① Dooley, Michael P. David Folkerts-Landau, Peter Garber (2003). An Essay on the Revived Bretton Woods System, NBER working paper 9971, September 2003.

② Roubini, Nourieland Setser, Brad (2005). “Will the Bretton Woods 2 Regime Unravel Soon? The Risk of a Hard Landing in 2005 – 2006.” http://ideas.repec.org/a/fip/fedfpr/y2005ifebx13.html.

紧缩，还有实体经济的因素；而本轮金融危机首先是流动性危机，再是信用危机。相同的是，两次危机都是系统性危机。

大萧条主要是两个传导渠道：一是通货紧缩引起的银行危机，二是名义工资相对价格变动的调整不充分，造成实际工资高于市场出清水平。在大萧条中，对经济和金融系统的命运起决定作用的是商业银行的崩溃。1930 年 10 月开始的是第一轮银行危机，各地独立的中小银行和农村地区的银行随着商品价格的波动也发生大范围的倒闭。这个阶段，仍然不是具有强大破坏力的银行危机。但是，美联储最大的政策失败直接导致了 1931 年 3～6 月的第二轮银行危机。尽管在 1931 年初，经济显示了恢复的迹象，但联邦储备体系并没有实施适当的扩张政策。持续不断的通货紧缩的恶性循环使借款者违约，同时，金融机构出售资产以满足资金需求，这都削弱了金融中介的证券组合，迫使资产价格进一步下降。新一轮的银行失败重新掀起了流动性挤兑和货币紧缩。由于英国、德国放弃金本位制而导致美元遭抛售，在 1931 年 10 月美联储提高了贴现率。利率的提高和黄金的外流带来了更多的银行失败以及经济活动更大的衰退，不断发展的通货紧缩在 1931 年秋天被美联储变成了大萧条。弗里德曼甚至认为，美联储的政策已经使得大萧条不可避免，因为此时全面通货紧缩中的蒙代尔效应已经远远大于凯恩斯效应，通货紧缩将导致大萧条。联邦储备银行在解决银行系统危机方面无能为力，使得 1932 年第 4 季度银行系统遭遇了新一轮的失败浪潮，并重新出现了对流动性的紧迫需要，最后直接导致了 1933 年的“银行休假”。此时的美国银行体系已经完全陷入清偿危机之中，过去银行暂停支付现金是为了防止恐慌和挤兑，而这次的“暂停”是三年痛苦之后的一次自决，此次清偿危机的彻底性和严重性是以前任何危机所无法比拟的。大萧条的一个重要根源来自于实体经济，总需求下降以及 20 世纪 20 年代耐用消费品或住房的生产过剩是危机爆发的重要原因。金德尔伯格亦认为，商品的过度供给以及由此引起的商品价格下跌是大萧条的导火索，而商品过剩的重要原因是国际贸易品价格下跌。当然，大萧条对实体经济造成的破坏性影响，也是目前新一轮金融危机所不及的。

而此轮金融危机首先是一个流动性危机，金融机构所从事的证券化和高杠杆操作，使得金融体系的流动性出现易变性，容易被数倍放大或者缩小。一是金融机构的行为改变了人们持有货币的动机，引起货币需求结构的变化。二是货币需求的决定因素变得更为复杂和不确定，各种因素的影响力及其与货币需求函数关系的不确定性加剧，从而降低了货币需求的稳定性。三是货币供给的内生性增加，金融创新和杠杆操作使货币供应在一定程度上脱离了中央银行的控制，而越来越多地受制于经济体系内部因素的支配，比如货币乘数的变化，从而严重削弱了中央银行对货币供应的控制能力和控制程度。更值得注意的是，创新型金融产品和资本运作在过去几年对信用创造的作用非常大，同时对流动性极其依赖，这些产品和运作在金融动荡的条件下容易丧失再融资功能，使得市场的整体流动性大幅萎缩（即信用骤停），从而产生流动性危机（Reinhart 等，2008）。

在流动性危机之后，市场开始出现严重的惜贷和信用紧缩（credit crunch），尤其是大型金融机构的纷纷倒下，给市场带来了巨大的信心问题。相对于大萧条而言，本轮金融危机的特点是大型金融机构的轰然倒塌，尤其是房利美、房地美这两个具有政府隐性担保的机构和美国国际集团等金融机构的倒下，使得市场对信用本位体制忧虑重重。因为，信用本位是以国家信用为支撑的，而像“两房”这样具有美国国家信用的机构竟然几近破产，使得市场对信用本位以及美国国家的信用都产生动摇。由此可见，美国新一轮金融危机对金融体系的稳定以及实体经济层面的后续影响仍不可低估。

3. 美联储的救援态度和救援力度大相径庭

1929 年危机初露端倪的时候，美联储不仅没有放松货币供应，而且还紧缩货币（期间提高了基准利率）。1931 年 5 月，奥地利最大银行破产，8 月份英国放弃金本位，此时如果美联储放宽货币供给，可能会防止市场恐慌，稳定市场情绪，相反美联储却提高贴现率 2 个百分点。1929 ~ 1933 年，美国基础货币存量下降35%，狭义货币 M1 同期下降25%。实际上，在大萧条危机爆发初期，美联储没有将大量流入的黄金储备货币化，反而还将正的黄金储备流入转化为货币存量的负增长，这意味着，美联储的货币政策不仅没有对危机进行适当的应对，反而对金融稳定形成了破坏。在大萧条的前 14 个月（1929 年 8 月至 1930 年 10 月），货币存量略微下降 3%，这个阶段实际上和一般的周期性紧缩的表现极为相似，或者说就是一般的周期性紧缩，因为此时通货对存款的比例是相对稳定或者稳定下降的（弗里德曼，1991，第 51 ~ 53 页）。甚至可以说，是美联储的失策将美国拖入大萧条。周期性紧缩之后，美联储仍然没有承担起最后贷款人的职能。1931 年 3 月 ~ 6 月，美国爆发了第二轮严重的银行危机，1930 年 10 月至 1931 年 7 月，货币存量再大幅减少 6%，但是美联储的外部信用总额并没有增加，总额仅仅是 1928 年年底的一半。更为严重的是，1931 年 9 月，美国放弃金本位，在没有对国内困难（internal drain）做出反应的同时，却迅速有力地对由此引起的国外困难（external drain）做出反应，即快速提高贴现率，从10月8日的1.5%上调至次日的2.5%，一星期之后又上调至3.5%。这个时候大萧条已经是不可避免了，美联储犯下了大萧条过程中最严重的错误（弗里德曼，1991，第51~54页）。

在本轮金融危机中，美联储扮演了与大萧条时期完全不同的角色。在危机爆发初期，美联储就密切关注事态的发展。随着危机的升级，美联储的救援力度已是史无前例。一是大量注入流动性，2007年8月11日，次贷危机爆发，金融市场流动性状况发生逆转，其后48小时，美联储等货币政策当局向市场注入3262亿美元的资金，当日，美联储三次向市场注资380亿美元。随着危机的升级，货币政策当局向市场注入的流动性规模不断扩大，截至2009年底，各央行向市场注入资金规模已经超过4万亿美元。二是放松货币政策，降低贴现率和联邦基金利率。2007年9月到2008年4月期间，美联储累计降息325个基点，从5.25%降至2%，而且贴现率从一般高于基准利率100个基点下降至25个基点，拆借期限从隔夜扩大至30天，甚至90天。随后美联储进一步降息，2008年12月以来，美联储宣布将联邦基金利率长期保持在0至0.25%之间不变。三是不断排除政策束缚，扩展政策空间。大萧条以来首次对投资银行提供流动性，参与接管“两房”和AIG，批准摩根和高盛转型为银行控股公司，摒弃市场主义信条等。如果现在的美联储是20世纪30年代的美联储，那么此轮金融危机的破坏力无疑将会更大。值得指出的是，现任美联储主席伯南克是研究大萧条的专家，其对美联储在大萧条时期的错误有着充分的认识。

4. 两次危机对金融监管和金融改革的作用不同

大萧条使得美国金融体系走向分业经营和分业监管的模式，而本轮金融危机可能会导致金融监管向混业监管转变，监管结构可能从伞形监管向功能监管转变。1933年，罗斯福新政批准了“格拉斯—斯蒂尔法案”（即银行法），将投资银行业务和商业银行业务严格地划分开，保证商业银行避免证券业务的风险，确立了分业经营和分业监管的制度框架。以后的60多年时间里，美国金融业坚持银行、证券分业经营的模式，美国政府对金融业基本都朝着减少干预的方向发展，直到1999年“格拉斯—斯蒂尔法案”被全部废止。

在美国新一轮金融危机中，美国政府已经意识到金融监管的不力，并开始致力于监管体系改革。2009年6月中旬奥巴马政府正式公布金融监管体系改革方案——《金融监管改革：一个全新的基础》，该方案将在金融机构稳健监管、金

融市场全面监管、消费者投资者保护、金融危机应对以及全球金融监管标准及合作等五个方面进行深入的改革，这将深刻影响和改变美国乃至全球的金融监管体系。

三　两次金融危机的启示

1. 制度性缺陷是金融危机爆发的最大根源

不管是大萧条还是新一轮金融危机，都有其特定的经济环境。不管是金本位制还是布雷顿森林体系（以及所谓的后布雷顿森林体系）都为世界经济的快速平稳健康发展做出过积极的贡献，但是随着全球经济的发展，制度本身的缺陷和调整具有一定的必然性，潜在危机的爆发也具有一定的必然性。一个不可持续的经济制度早晚都要对经济活动产生负面冲击，只是程度不同而已。如果对该制度调整得快，调整得早，那么其负面冲击可能要小①。

2. 金融是现代市场经济的核心，而流动性是金融的核心

不管在什么年代，流动性具有易变的本质，流动性过剩向流动性短缺的逆转可能是几天就能完成。在金融繁荣阶段，在货币流通速度加快、信贷非理性扩张等刺激下，流动性通常显示为过剩；但是，在金融动荡时期，出于风险防范和金融机构本身的资金需求，流动性可能发生逆转，即出现流动性不足的状况。一旦流动性过剩突然发生逆转，将会给世界经济和全球金融体系造成破坏性极强的冲击。货币政策当局应该加强对流动性的管理，制定实施流动性的监测、控制、调整和预警等方案。

3. 协调金融创新与金融监管的关系

完善金融创新的监管体系是防范金融风险的核心要求。仅靠金融机构自身的风险管理是远远不够的，监管当局进行有效监管是金融稳定和金融安全的必要保障。首先，金融监管当局要改变监管的理念和监管模式，金融全球化条件下的金融创新和混业经营的再次繁荣，使得原本的监管机制已经无法满足新形势的需要。监管当局需要针对金融市场的安全性、流动性和盈利性以及金融机构的资本充足率、资产质量和表内表外业务等设计一个科学的监管体系，以此来提高防范和化解金融风险的快速反应能力。其次，金融监管应强调针对性，比如银行业需

① 何德旭、郑联盛：《美国金融危机与金融监管框架的反思》，《经济体制比较研究》2009 年第 3 期。

要关注其表外业务的变化，对资产证券化应强调对基础资产和各级证券化产品的风险分级与评估，特别是对离岸金融、税收天堂、私人股权基金、对冲基金等要提出具有很强针对性的监管措施。再次，监管当局的能力建设需要放在更加突出的位置，监管能力应和金融业务、金融创新的发展保持动态的协调。金融监管可能永远落后于金融发展，但是要着力防止出现“监管空心”和“监管死角”。

4. 货币金融当局的有力救援是金融风险扩散的有效防火墙

从此次金融危机的救援来看，货币金融当局的强力救援可以有效防止市场信心的非理性下挫，同时流动性的及时注入，可以缓解流动性紧张，防止金融创新中的风险通过流动性渠道转移扩散。另外，国际金融合作可以有效防止金融风险的国际传播，比如美联储和欧洲央行的联合行动，对防止金融危机的进一步扩散起到了一定的积极作用。这也说明，在应对各种金融动荡和金融危机时，必须具有一个强有力的最后贷款人。

参考文献

[1]〔马来西亚〕沈联涛：《十年轮回》，杨宇光等译，上海远东出版社，2009。

[2]〔美〕斯坦利·L. 恩格尔曼等：《剑桥美国经济史》（中译本）（第三卷），高德步等译，中国人民大学出版社，2008。

[3]〔美〕金德尔伯格：《疯狂、惊恐和崩溃：金融危机史》（第四版），朱隽等译，中国金融出版社，2007。

[4]〔美〕罗伯特·希尔：《非理性繁荣》（第二版），李心丹等译，中国人民大学出版社，2008。

[5]〔日〕都留重人：《现代日本经济》，马成三译，北京出版社，1980。

[6]〔日〕香西泰：《高速增长的时代》，彭晋璋译，贵州人民出版社，1987。

[7]〔日〕野口悠纪雄：《泡沫经济学》，曾寅初译，生活·读书·新知三联书店，2005。

[8] 何德旭、郑联盛：《美国金融危机与金融监管框架的反思》，《经济体制比较研究》2009 年第 3 期。

[9] 何德旭、郑联盛：《金融危机演进、冲击和政府政策》，《世界经济》2009 年第 9 期。

[10] 何帆、张明：《美国次贷危机是如何酿成的》，《求是》2007 年第 20 期。

[11] 何帆、郑联盛：《美国政府接管“两房”：原因、计划及影响》，《中国金融》2008 年第 10 期。

[12] 刘静:《日本解决不良资产的曲折路径》,《经济导刊》2004 年第 11 期。

[13] 米尔顿·弗里德曼:《货币稳定方案》,宋宁等译,上海人民出版社,1991。

[14] 日本通商产业省《通商产业政策史》编纂委员会编《日本通商产业政策史》,中国《日本通商产业政策史》编译委员会译,第 10 卷,中国青年出版社,1995。

[15] 孙景超、张舒英主编《冷战后的日本经济》,社会科学文献出版社,1998。

[16] 谢世清:《东亚金融危机的根源与启示》,中国金融出版社,2009。

[17] 易纲、方星海:《东南亚国家和墨西哥金融危机对中国的启示》,《财贸经济》1999 年第 1 期。

[18] 余永定:《亚洲金融危机十周年和中国经济》,《国际金融研究》2007 年第 8 期。

[19] Allen, F. and D. Gale. "Financial Intermediaries and Markets". *Econometrica*, 2004, 72, pp. 1023 – 1061.

[20] Allen, F. and D. Gale. "Financial Contagion". *The Journal of Political Economy*, 2000, 108 (1), pp. 1 – 33.

[21] Allen, F. and D. Gale. "Optimal Financial Crisis". *The Journal of Finance*, 1998, LIII (4), pp. 1245 – 1284.

[22] Asian Development Bank. *Asian Development Outlook 1997 and 1998*, October 1998.

[23] Bernanke, Ben and Harold James (1991). The Gold Standard, Deflation, and Financial Crisis in the Great Depression: An International Comparison, 1991.

[24] Bernanke, B. S. "The Macroeconomics of the Great Depression: A Comparative Approach". *Journal of Money, Credit and Banking*, 1995, 27 (1), pp. 1 – 28.

[25] Bernanke, B. S. "Non-Monetary effects of the Financial Crisis in the Propagation of the Great Depression". *American Economic Review*, 1983, 73 (3), pp. 257 – 76.

[26] Bernanke, B. and Mark Gertler, Simon Gilchrist (1996). "The Financial Accelerator and the Flight to Quality", NBER Working paper No. 4789.

[27] BIS. "Financial System. Shock Absorber or Amplifier?". BIS working paper No. 257, July 2008.

[28] Chari, V.; Kehoe V, and Patrick J. "Financial Crises as Herds: Overturning the Critiques". NBER Working Paper 9658, 2003.

[29] Dooley, Michael P. David Folkerts-Landau, Peter Garber (2003). An Essay on the Revived Bretton Woods System, NBER working paper 9971, September 2003.

[30] Eichengreen, B.; Rose, A. K. and Wyplosz, C. "Contagious Currency Crises". NBER Working Papers 5681, 1998.

[31] Eichengreen, Barry and Eichard Grossman (1994). *Debt Deflation and Financial Instability: Two Historical Explorations*, University of California at Berkeley, 1994.

[32] Fisher, Stanly. "The Asian Crisis and the Changing Role of the IMF", *Finance and Development*, June1998, V35, No. 2. pp. 1 – 6.

[33] Friedman, M. and Schwartz. *A Monetary History of the United States, 1867 – 1960*,

Princeton, NJ: Princeton University Press. 1963.

[34] Glodstein, Morris. "The Asian Financial Crisis: Causes, Cures and Systemic Implications", Policy Brief No. 55, Institute for International Economics. 1998.

[35] IMF. World Economic Outlook, May 1998.

[36] IMF. Global Financial Stability Report, October 2009.

[37] IMF. World Economic Outlook, April 1999.

[38] Ito, Takatoshi and Tokuo Iwaisako (1995). Explaining Asset Bubbles in Japan, NBER Working Paper 5358, 1995.

[39] Kaminsky, G. and Reinhart, C. "The Twin Crises: The Causes of Banking and Balance-of-Payments Problems". *American Economic Review*, 1999, 89 (3), pp. 473 - 500.

[40] Kojima, Kiyoshi, 2000. "The 'flying geese' model of Asian economic development: origin, theoretical extensions, and regional policy implications," *Journal of Asian Economics*, vol. 11 (4), pp. 375 - 401.

[41] Krugman, P. "A Model of Balance-of-Payments Crises". *Journal of Money Credit and Banking*, 1979, 11 (3), pp. 311 - 325.

[42] Krugman, P. "Balance Sheets, the Transfer Problem, and Financial Crises", *Journal of International Tax and Public Finance*, 1999, 6 (4), pp. 469 - 472.

[43] Krugman, Paul. "The Myth of Asia's Miracle", *Foreign Affairs*, V73, pp. 63 - 78, 1994.

[44] Laeven, L. and Valencia, F. "Systemic Banking Crises: A New Database", IMF Working Paper08/224, 2008.

[45] Mendoza, E. G and Terrones, M. E. "An Anatomy of Credit Booms: Evidence from Macro Aggregates and Micro Data", FED, Discussion Papers No. 936, July 2008.

[46] Minsky, H. P. "The Financial Instability Hypothesis", NBER Working Paper No. 74, 1992.

[47] Okina, Kunio and Masaaki Shirakawa, Shigenori Shiratsuka (2001). The Asset Price Bubble and Monetary Policy: Japan's Experience in the Late 1980s and the Lessons, Background Paper, Monetary and Economic Studies (Special Edition) /February 2001, Bank of Japan.

[48] Reinhart, C. M and Rogoff, K. S. "Is the 2007 U. S. Subprime Crisis So Different? An International Historical Comparison". *American Economic Review*, 2008, 98 (2), pp. 339 - 344.

[49] Roubini, Nourieland Setser, Brad (2005). "Will the Bretton Woods 2 Regime Unravel Soon? The Risk of a Hard Landing in 2005 - 2006." http://ideas.repec.org/a/fip/fedfpr/y2005ifebx13.html.

[50] Stigliz, Joseph (2008). The fruit of hypocrisy, September 16 2008, http://

www. guardian. co. uk/.

[51] Wade, Robert. "The Asian Crisis and the Global Economy: Causes, Consequences and Cure", Current History, October 1998, pp. 1 – 15.

[52] Williamson, John. " What Washington Means by Policy Reform ", in John Williamson, ed, *Latin American Adjustment: How Much Has Happened?* Chapter 2. Institute for International Economics.

[53] World Bank. The East Asian Miracle: Economic Growth and Public Policy, 1993.

Review and Reflections on World's Financial Crisis

Abstract: Generally, financial crisis experience four phases. Through discussing the bubble crisis of Japan in 1980s and Asian financial crisis in 1997 – 98, many general conclusions are touched. Meanwhile, every financial crisis had their special characteristics, for example Japan faced a bubble crisis and failure of polices while the Asian financial crisis was triggered by the imbalances of international payment and some institutional defects. Compared with the Great Depression in 1930s, the global financial crisis started in 2007 in USA has many common features as the Great Depression, including the causes, processes and global impacts. But there are a lot of differences between the two crises, such as historic backgrounds, triggers and rescue mechanisms. Finally the financial crises we have discussed demonstrate that the financial stability is very essential to economic growth and development. Financial fragility and the potential crisis would put great risks at financial stability and economic development. It is very necessary to deepen the reform of financial system, strengthen the financial regulation and supervision to prevent financial crisis happening.

Key Words: Financial Crisis; Bubble Crisis of Japan; East Asian Financial Crisis; US Financial Crisis; Great Depression

第十五章 全球金融危机与国际金融新秩序

邹平座*

摘　要：美国金融危机的发生有其客观必然性，揭示了经济运行中的深层次问题，也给中国的经济发展四点重要启示。金融危机中暴露出当前世界经济金融体系和金融监管理念、体制及国际合作等方面存在的弊端和问题，改革国际货币体系建立公平有效的国际货币新秩序是历史的必然选择，也有利于包括美国在内的全球经济走出金融危机。建立一个空间布局科学的国际金融中心，对于中国金融企业参与国际金融竞争以及实施国家的国际金融竞争战略都具有十分重要的意义。

关键词：金融危机　国际金融新秩序　国际货币体系

一场金融风暴席卷了全球主要经济体。为维护金融市场稳定，美欧日等纷纷联手救市，向金融市场注入巨额资金。美国次贷危机演变为一场全球金融危机。深入分析美国金融危机发生的深层次原因，对中国经济金融的发展有十分重要的借鉴意义。

第一节　美国金融危机发生的根源及其启示

一　美国金融危机发生的根源

冰冻三尺，非一日之寒。美国金融危机的发生表面看是由住房按揭贷款衍生

* 邹平座，经济学博士，中国人民银行研究局研究员，上海财经大学研究生导师。主要研究方向是理论经济学和金融学。

品创新过度引起的。其深层次原因是美国经济秩序混乱，经济基本面存在很多问题。根源在于主导西方发达国家经济理论和实践的效用价值论存在致命的缺陷，在100多年的时间中，这种价值观所具有的主观性和不确定性，渗透到经济的每一个细胞，作用于经济秩序、金融生态、金融秩序和金融市场，积重难返。

1. 金融秩序与金融发展、金融创新失衡，金融法律不完备，金融监管缺位，是美国金融危机发生的直接原因

一个国家在金融业发展的同时要有相应的金融秩序与之均衡。美国在1933年大危机以后，总结教训，出台了《格拉斯—斯蒂格尔法》，实行严格的分业监管和分业经营。在随后的近60年里，金融业得到了前所未有的发展。

金融业的高速发展使美国金融市场中的不确定性增加。金融危机的种子也在悄然成长。到东南亚金融危机发生前后，美国金融体系已经蕴藏了很大的风险。此时的美国应当加强金融监管，形成一个与市场发展相均衡的金融秩序。但恰恰相反，1999年美国国会通过了《金融服务现代化法案》，推行金融自由化，放松金融监管。

1999～2006年的8年间，美国金融监管放松到了令人吃惊的程度。2000年12月，一项解除对许多复杂金融衍生品管制的法案获得了通过，交易商可以利用衍生商品，不用实际买进股票、外汇、大宗商品或抵押债等资产，就可押注这些资产的未来走势。

2. 金融生态环境的恶化助长了金融危机进一步向纵深发展

金融生态是指对金融生态特征和规律的系统性抽象，其本质反映金融内外部各要素之间有机的价值关系。美国金融危机不仅仅是金融监管的问题，金融市场内外部价值关系的混乱和外部经济、社会、自然环境的恶化，也进一步增加了金融危机的深度和广度。

美国次贷危机中所表现出的社会信用恶化、监管失败、市场混乱、机制失调、信息不对称、道德风险等一系列问题，正是金融生态恶化的活生生的表现。

从1999年开始，美国金融监管放松使金融生态环境不断恶化。金融衍生品发生裂变，价值链条愈拉愈长，终于在房地产按揭贷款环节发生断裂，引发了次贷危机。华尔街在对CDO和MBS（住房抵押贷款债券）的追逐中，逐渐形成更高的资产权益比率。各家投行的杠杆率变得越来越大。在2007财年末，美林的资产是其所有者权益的27.8倍，高盛有26.2倍的杠杆率，雷曼兄弟杠杆率达到31.7倍。

3. 经济决定金融，美国金融危机发生的根本原因在于经济秩序的混乱

美国金融危机发生的一个重要原因是宏观管理失当，从而造成经济秩序更加混乱。20 世纪末到 21 世纪初，世界经济格局发生了重大调整，中国、印度、俄罗斯、巴西等国家的兴起，使世界原有的供需曲线断裂，出现了价格的上升。美国采取单边控制总需求的办法，使得原有的供给缺口不断扩大，物价持续上升，就业形势出现逆转，居民收入下降，引发了次贷危机，迫使政府被动地向金融系统大量注入资金“救市”，结果必然产生经济滞胀。

美国经济在过去 60 年中实现了高速发展，经济增长和消费都超出了本国生产力的承受能力。一方面通过实体经济虚拟化、虚拟经济泡沫化的方式，实现不堪重负的增长；另一方面把巨额的历史欠账通过美元的储备货币地位和资本市场的价值传导机制，分摊到全世界。这更增加了美国经济的依赖性，动摇了美国和美元的地位和信心，并使各国经济受到巨大损失。

本轮金融危机之前，美国的对外经济政策和 1933 年大危机时一样犯了同一个错误。1930 年，胡佛总统签发了一个提高农业关税的法案，这一法案成为 1933 年大危机的直接导火线。在 2006 年次贷危机之前，美国出台了一系列限制进出口的法案和政策。在进口方面对发展中国家设置各种贸易壁垒，在出口方面又对技术性产品设限。这些政策直接推动了美国物价的上升，减少了美国的就业，打击了国内经济创新动力，是金融危机爆发的重要原因。

总体来讲，美国经济实力强，拥有资源优势、制度优势和技术优势，它不可能长期衰退下去，一旦经济秩序得到好转，仍然有强劲的增长动力。关键是美国能否正确对待金融危机，实现预期的调整。

4. 美国金融危机表明一个重要事实，西方主流经济学及其价值观存在致命缺陷

此轮美国金融危机无疑向西方主流经济学提出了挑战。面对如此大的金融危机，美国经济学界既没有发挥应有的警示作用，也没有提供可靠的措施，更没有对一系列错误的经济政策进行及时的矫正。其主要原因在于作为经济学基础的效用价值论存在缺陷。

效用价值论的主要观点是认为商品的价值是一种人们对商品的快乐和痛苦的衡量，是一种感觉的秩序，具有很大的不确定性和主观性。正是这种不确定性使人们在定价时失去了方向，出现多次以资产泡沫为特征的金融动荡。价值观的迷失才是真正的迷失，主导经济思想的价值理论在经济实践中十分重要。

美国金融危机将是世界经济模式的一个转折，同时也将推动全球经济学的重建和创新。建立一个以科学发展观为核心的经济理论的时机已经成熟。

二　美国金融危机给中国的四点重要启示

他山之石，可以攻玉。中国正处在改革开放的关键时期，需要站在全球的高度准确把握美国金融危机的本质规律，趋利避害。美国金融危机给我们有四个重要的启示。

1. 建立以科学发展观为核心的经济理论与技术体系势在必行

美国金融危机给我们的一个重要启示是，美国金融危机发生的一个重要原因是宏观决策的失误。这种失误的根本原因在于用于决策分析的经济理论及其价值观的缺陷。

强大的经济一定要有一个强大而科学的经济理论的支持。中国在大国崛起中，需要建立自己的经济学体系，要有自己的经济灵魂，否则，决策就会出现失误，经济发展就很容易受到国际不利因素的牵制，金融业也容易被国际金融危机所伤害。有幸的是，中国共产党高瞻远瞩，提出了科学发展观的发展战略。

建立科学发展的理论、技术与决策体系，既可以解燃眉之急，也可以化解深层次矛盾，实现中国经济的长期可持续发展。中国决不能照搬西方的管理模式，而要坚持不懈地建立自成体系的、包容并兼的、以科学发展为核心的经济理论体系和技术体系，把科学发展理论模型化、技术化、系统化、具体化；决不能简单地认为什么都是科学发展观，把科学发展观庸俗化，而要强调科学发展理论的有效性和准确性；决不能把科学发展观口号化，而要把科学发展理论结合运用到具体的实践和决策当中。

2. 切实转变经济增长方式，建立良好的经济秩序，为金融业发展和安全打下良好的基础

美国金融危机给我们的第二个重要启示是，金融危机发生的根本原因是经济秩序的混乱，重点表现在宏观经济决策失误，经济结构不合理，实体经济过度虚拟化，虚拟经济泡沫化，全球化战略失误，生产力发展滞后于消费和过度需求等方面。

宏观经济决策中的问题，事关国家经济大局。中国要建立一个科学的决策程序。决策发生失误并不可怕，可怕的是没有决策的矫正机制和控制机制。应当在科学发展观的引导下，建立宏观经济决策的事先、事中和事后控制系统，把宏观

经济决策的风险降到最低。

转变经济增长方式重点在于发展生产力，优化经济结构。中国要大力发展实体经济，增强创新能力。在经济发展过程中，不断提高劳动者素质和福利，提升国家整体创新能力，优化自然资源配置和管理。科学处理好消费和积累、实体经济与虚拟经济的比例关系，防止出现消费过度和泡沫经济。

建立全球化经济分析模型和管理机制，在全球最优配置生产要素和经济资源，实现全球化背景下的充分就业和价格均衡。这需要建立一个创新的经济理论和管理体制。

3. 良好的金融秩序是金融业稳定健康发展的重要保障

美国金融危机给我们的第三个重要启示是，金融创新在前监管在后不是一个好的金融秩序，金融法律、金融市场和金融监管是三位一体的金融制度秩序，三者要相辅相成，统一均衡。在金融业加速发展时，金融监管决不能放松，而且要进一步强化，使监管走在创新的前面。

当前，中国要实现金融发展与金融秩序的均衡，就要确立监管在前、创新在后的金融秩序。建立“一横三纵”的监管体系，“一横”为中国人民银行，“三纵”为证监会、银监会和保监会，形成分业监管与统一监管相互协调、相互交叉的网络监管架构。建立金融市场秩序、金融法律和政府科学监管的相互均衡的“铁三角”制度架构。

4. 为金融业的可持续发展营造良好的金融生态环境

美国金融危机给我们的第四个重要启示是，要实现金融业的稳定健康发展，必须有一个良好的金融生态环境。

2004 年初，中国金融界从上到下开展了一场金融生态的大讨论。在后来的几年中，金融生态理论变成各种政策文件和实践行动，运用于中国的金融工作中，对中国的金融业发展和稳定发挥了巨大的作用。从自然秩序中建立起来的金融生态秩序，可以实现金融秩序和金融市场熵增的长期均衡。可以肯定地说，金融生态理论和实践是科学发展观在中国金融工作中的重要运用之一。它已经或正在使中国避免任何次贷危机式的金融危机，今后也必将发挥更加持久、更加广泛的作用，并成为全世界金融管理的典范。

为保持中国经济又好又快发展，中国需要做很多事情。最为重要的是建立一种更好的经济金融秩序，这种秩序能从根本上克服任何外来瘟疫的蔓延。这需要高超的政治和经济智慧，需要从基础价值观、经济理论、经济制度、金融监管制度方面，建立一个科学发展的体系。

通过对美国金融危机的反思，中国应当在货币秩序、外汇储备和国际金融空间布局上制定科学的战略，推进建立国际金融新秩序。

三　外汇储备应服务于国民经济大局

美国财政部网站显示：2009 年 4 月底，中国持有美国国债余额为 7635 亿美元，当月减持 44 亿美元。这是由国际贸易和投资过程中资金流动形成的。受国际金融危机的影响，近一时期中国对外出口持续走弱，外贸顺差减少；2009 年 1 ~4 月份，中国引进外资比上年同期下降 277 亿元，同比下降 20%。这些因素使中国 4 月份持有的美国国债余额略有下降。

国家外汇储备的适度规模是由对外贸易和投资的需求决定的，同时也有维护金融稳定的责任。在美元资产不确定性较大的情况下，外汇储备不能用于投机性金融需求。

2001 年以来，中国对外贸易不断增长，外汇储备不断增加，2009 年 1 季度末，国家外汇储备已经达到 19537 亿美元。外汇储备的增加，有利于中国扩大对外贸易和投资；有利于中国在全球配置经济资源，解决经济发展过程中的瓶颈制约；有利于中国从容应对全球金融危机，防止各种可能出现的支付风险。

但是，我们也要清醒认识到，一个国家的外汇储备并不是越多越好，应当建立以国际收支平衡为目标的储备体系；在纸币本位制度下，过多的外汇储备面临储备货币贬值的风险；外汇储备应该具有系统的风险管理体系，应当遵循风险分散的原则。在后金融危机时代，各国央行注入大量流动性，货币市场不确定性加大，显然增加了外汇资产管理的难度。在过去的 5 个月中，美国国债的市值平均下跌了 5.1 个百分点，这确实应当引起高度关注。

经济决定金融，金融的首要任务是为国民经济服务。国家的外汇储备应当服务于国民经济大局。这个大局有四个重要的原则，即发展原则、结构原则、效率原则和安全原则。

外汇储备要有利于促进国民经济又好又快发展。外汇储备要用于扩大就业，转变经济增长方式；支持创新型国家建设，使全球的高科技资源向中国流动；支持环保、新能源开发和能源储备，在全球优化资源配置，促进实现充分就业前提下的物价稳定和经济增长。

外汇储备要服务于国民经济大局，就必须促进优化经济金融结构。外汇使用要支持中小企业的发展，解决中小企业融资难的问题，推动产业升级，扩大内需，稳定出口，增加有效投资。

外汇储备要服务于国民经济大局，就要不断提高外汇的使用效率。改进完善外汇管理制度中的结售汇等制度，尊重客观的市场经济规律，藏富于民，在纸币本位制下，民富才能国强。

外汇储备要服务于国民经济大局，必须遵循安全原则。要高度关注后金融危机时期全球金融资产价格的重新洗牌，建立反应快速、积极有效的金融资产安全体系，防止出现不必要的损失，为国民经济又好又快发展提供保障。

第二节　推进建立公平有效的国际货币新秩序

随着全球金融危机的不断加深，原有国际货币秩序中的问题暴露无遗。以美元为主要储备货币的货币体系是产生货币泡沫，使金融危机不断加剧的重要因素，这种因素对未来的世界经济金融还会产生更多的不利影响。目前，世界各国对改革国际货币体系，建立公平有效的国际货币新秩序呼声很高。这是历史的必然选择，同时也有利于包括美国在内的全球经济走出金融危机。

一　建立公平有效的国际货币新秩序是历史的必然选择

中国人民银行行长周小川呼吁创建一个新的国际储备货币，在其文章《关于储蓄率问题的思考》中，表达了中国希望实现外汇储备多元化的想法，并表示了对所持美国资产的安全性的担忧。俄罗斯已加入到这场日益升温的辩论之中，该国提出设立一个由政府代表和专家组成的机构，就新的全球货币和金融架构起草全球协议，建议建立新的世界货币体系。诺贝尔奖得主、美国经济学家、联合国顾问委员会主席约瑟夫·斯蒂格利茨表示，全球储备货币体系改革早该进行。IMF 总裁卡恩在巴黎表示，关于新型国际储备货币的讨论其实并不是新事物，而当前的危机再次激起了人们对这一问题的兴趣。欧盟委员会秘书长 David O'Sullivan 认为，欧洲在统一货币方面很有经验，在 G20 之前提出这一主张时间有些仓促，目前我们只能维持现状。美国总统奥巴马表示目前美元非常强劲，并认为创立新型全球性货币取代美元的做法毫无必要。此前美联储主席伯南克和美国财长盖特纳批评了关于创建新国际货币的主张。

第一，建立公平有效的国际货币新秩序，是全球经济健康稳定发展的客观需要，同时也有利于世界经济尽快走出经济危机。在当前金融危机的背景下，以美元为基础的储备货币体系意味着，穷国正以实质上的零利率贷款给富国，而不是利用外汇储备刺激本国经济。金融不稳定迫使发展中国家累积美元储备，防备不时之需。然而，其后果是占用了本可以用来帮助它们应对此次金融危机最严重影响的数万亿美元资金。长期以来，全球储备货币体系一直是有问题的。如果一种货币具有高度波动性，那么它就很难成为强大的储备货币。从1944年建立布雷顿森林体系以来，一盎司黄金从起初的35美元上涨到近950美元。美元贬值27.14倍，不但使世界各国受到重大的经济损失，也使全球经济动荡不安，金融危机如影随形。本轮金融危机主要是由美元大幅贬值，导致全球性通货膨胀，促使货币当局采取紧缩货币政策，引发次贷危机。因此，建立一个公平有效的国际货币新秩序对于全球经济走出金融危机，建立公平有效的国际经济新秩序具有十分重要的意义。

第二，建立公平有效的国际货币新秩序，是美国尽快化解金融危机，实现经济稳定健康发展的需要。表面上美元通过国际储备货币，获得了很多好处，但是这一制度对美国经济的危害也是显而易见的。美元现在是国际货币，能挣美元，也能印美元。但它有很多风险，风险与利益并存。美元作为储备货币，人们就要持有它，这意味着美国得有贸易逆差，反过来就会削弱总需求，削弱本国经济。本轮全球金融危机发生的一个重要原因是美元货币泡沫的破裂。美元作为相对单一的主要储备货币，在铸币税和储备货币垄断收益的作用下，客观上促成了美国的过度消费、严重赤字、过度负债和货币泡沫，并使金融危机具有极强的传染性。美元的储备货币地位，使国民长期得到无偿的好处，形成了国民经济对货币制度的依赖，政府不得不推行过度扩张的经济和政治战略，最终使美国金融资产泡沫不断扩大，实体经济虚拟化，虚拟经济泡沫化。这种货币制度还使美元和美国的信用度不断下降，削弱了美国在全球的经济竞争力。因此，就美国的本身利益而言，建立一个公平有效的国际货币新秩序，有利于美国重整优化经济结构，实现依靠生产力支持的经济复兴。

第三，建立公平有效的国际货币新秩序，是中国等新兴国家实现经济可持续发展的重要选择。2008年，美国财政部、国会和美联储一共投入了8.5万亿美元资金来挽救美国经济。2009年，这一数字无疑将上升到10万亿以上。各国央行纷纷开动印钞机，大量向市场投入基础货币。全球货币贬值对储蓄多的国家势必造成巨大损失，而对于负债多的国家却能带来很大的好处。因此，从市场原则看，美国具有推动全球通胀的利益动机。全球面临新一轮恶性通货膨胀的威胁，中国等净储蓄国家将遭受巨大损失，金融秩序会更加混乱，从而使危机进一步加深。这些因素都不利于发展中国家经济的可持续发展。

二　重建国际货币秩序的设想

目前，国际上的专家和学者对国际货币秩序的重建有四种不同的提法，一是恢复金本位制；二是维持现状，仍然以美元作为主要储备货币；三是建立多元化的货币体系，推动国际货币基金组织的改革，扩大特别提款权的作用，在此基础上，建立超主权的世界货币；四是以各国 GDP 为权重，各国出资组建世界中央银行，负责全球金融监管和调控，发行和经营管理好统一的世界货币。

公平有效的国际货币新秩序，要坚持公平、公开、公正和效率原则，只有这样才有利于世界经济和金融业的稳定健康发展，有利于防范金融危机和化解金融风险。恢复金本位制显然把利益倾向于产金国和黄金储备大国，而不是根据经济发展的客观要求来确定货币数量，有违公平和公正原则。世界货币史也证明，因为黄金数量的确定性和世界经济的不断增长，会使通货紧缩变成一种常态，不利于提高经济效率，会阻碍经济金融的健康发展。全球金融危机证明现有的货币体系必须进行改革，因为这种制度是不公平、不公正和不透明的，是金融危机的重要原因，不利于经济金融的稳定健康发展。当前现实的选择应当是第三个方案。但是学术界认为这一方案仍然存在不容忽视的问题：如启动货币多元化，会影响世界贸易的效率，多国货币交易汇率计算和风险管理的成本与难度都会增加；改革国际货币基金组织，扩大特别提款权的作用，在国际货币基金组织的基础上建立超主权的货币体系，仍然存在着国际货币基金组织的历史问题和美元计价问题，容易陷入以往 IMF 改革失败的怪圈，弄不好还会回到现有的货币制度中来；理想的改革方向是通过国际货币多元化，逐步过渡到建立世界中央银行，以各国的 GDP 为权重出资，建立统一稳定和公平有效的国际货币单位。当然这种改革应当是循序渐进的，需要严格的论证和更为科学、更为详细的 GDP 标准和货币定价标准，需要一个良好的金融市场秩序。

国际货币新秩序的建立是本轮金融危机向全世界提出的重要命题。但是，我们必须清醒认识到，经济决定金融，货币的价值基础是生产力。一个国家货币的强大必须有强大的经济基础作为支撑。中国经济的当务之急仍然是优化经济结构，扩大内需，增加就业，全面提升生产力水平，充分利用国际资源，走出一条科学发展的道路。

第三节　建立一个空间布局科学的国际金融中心

全球金融危机表明，西方世界所主导的国际金融体系并不能有效地维护国际金融体系的安全，在国际金融监管、金融合作、货币体系等方面存在一系列问题。全球金融管理和合作，迫切需要中国作为核心力量之一参与。建立一个空间布局科学的国际金融中心，对于中国金融企业参与国际金融竞争以及实施国家的国际金融竞争战略都具有十分重要的意义。

中国应当建立“铁三角”的国际金融中心模式。把北京建成国际金融文化、管理、货币和合作中心，把上海建成国际金融市场中心，把香港建成国际金融开放和创新中心，这样才有利于提升中国金融业的整体竞争力，也有利于世界金融空间布局的平衡。

一　反思全球金融危机，充分认识国际金融空间布局的局限性和对中国的不利影响

形成本轮金融危机的原因很多，但国际金融空间布局的失衡是重要的原因之一。这种失衡对中国的金融发展和金融安全带来很多不利影响。

1. 国际金融中心和国际金融机构集中于欧美发达国家，使大量资金回流，“马太效应”被不断放大，国际金融不平衡加剧

中国工商银行董事长姜建清在清华大学全球管理论坛上指出，我们辛辛苦苦赚的每一分钱，实际上又通过国际的资金流动原封不动地流到发达国家去。像美国，它的对外收支差距越来越大，但是由于大量全球储蓄的流进，它的金融市场在不断地扩展，增速远远超过它本国的经济增长。在这种情况下，新兴市场国家缺乏高效利用其巨大的储蓄资本的金融中心。

从国际收支角度看，世界资本流向发生逆转是全球经济失衡的另一个重要原因。亚洲金融危机以来，美国等发达国家从资本净流出国变为资本净流入国；亚洲等发展中国家从资本净流入国变成资本净流出国。近年来国际直接投资（FDI）也发展很快，2006 年世界 FDI 总计为 12304 亿美元，同比增长 34%，其中，流入发达国家的 FDI 同比增长 48%。美国是世界上吸引 FDI 最多的国家，

2006 年为 1173 亿美元，比上一年增长 78.2%；欧盟其次，为 5490 亿美元，比上一年增长 30.1%。同时，亚洲国家经常账户出现了大量顺差，尤其是对美贸易顺差。2000 年亚洲国家经常账户顺差为 2057 亿美元，2005 年达到 3557 亿美元。这个双向流动的局面具有极强的“马太效应”，再加上美元的国际储备货币制度，实际上形成了穷国为富国投资和消费双重买单。这种全球经济失衡正是一种人为的制度安排的结果。

2. 由于国际金融中心和国际金融机构集中于欧美发达国家，使国际金融政策向发达国家倾斜，形成了国际金融机构的不公正与不公平

中国国务院副总理王岐山在《泰晤士报》上发表文章称，中国愿意为扩充国际货币基金组织（IMF）资金库做出力所能及的贡献，比如买入 IMF 发行的债券。王岐山表示，IMF 应按照人均国内生产总值（GDP）高低来要求各国对 IMF 的贡献大小，而不应依据外汇储备规模。他指出，仅仅依据外汇储备规模来设定各国对 IMF 的贡献份额，这么做不现实，也不公平。这种不公平和不公正是国际金融中心和金融管理机构为西方主要的经济大国所操纵而形成的。

2009 年 3 月 16 日，诺贝尔经济学奖得主约瑟夫·斯蒂格利茨应“上海论坛 2009”邀请，在复旦大学发表演讲，他在演讲中依然旗帜鲜明地扮演 IMF 批评者的角色。他说，现在向国际货币基金组织（IMF）提供资金，并不是最佳选择。斯蒂格利茨指出，1997 年亚洲金融危机后，对全球金融体系有过很多改革倡议，但一旦经济恢复，改革的议题就束之高阁。多年来，IMF 客观上形成了不公平和不公正的国际货币秩序，这种秩序在一定程度上不但没有帮助穷国，而且使一些穷国更穷，富国更富。

3. 由于国际金融中心和国际金融机构集中于欧美发达国家，客观上形成了货币泡沫，形成了金融机构的高杠杆率，这也是本轮金融危机爆发的重要原因

由于国际金融中心和国际金融机构集中于欧美发达国家，使发达国家的金融业过度发展。金融业的高速发展使美国金融市场中的不确定性增加。金融危机的种子也在悄然成长。到东南亚金融危机发生前后，美国金融体系已经蕴藏了很大的风险。此时的美国应当加强金融监管，形成一个与市场发展相均衡的金融秩序。恰恰相反，1999 年美国国会通过了《金融服务现代化法案》，推行金融自由化，放松金融监管。

1999 ~ 2006 年的 8 年间，美国金融监管放松到了令人吃惊的程度。2000 年 12 月，一项解除对许多复杂金融衍生品管制的法案获得了通过，交易商可以利

用衍生商品；不用实际买进股票、外汇、大宗商品或抵押债等资产，就可押注这些资产的未来走势。

从1999年开始，金融监管放松使金融生态环境不断恶化。金融衍生品发生裂变，价值链条愈拉愈长，终于在房地产按揭贷款环节发生断裂，引发了次贷危机。华尔街在对于CDO和MBS（住房抵押贷款债券）的追逐中，逐渐形成更高的资产权益比率。各家投行的杠杆率变得越来越大。在2007财年末，美林的资产是其所有者权益的27.8倍，高盛有26.2倍的杠杆率，雷曼兄弟杠杆率达到31.7倍。

4. 由于国际金融中心和国际金融机构集中于欧美发达国家，形成了少数西方几个经济大国垄断国际货币的局面，使得发展中国家的金融资产安全具有很大的不确定性

2007年12月8日英国《每日电讯报》指出，美国惯于通过无硝烟的战争掠夺财富，这比有硝烟的战争更直接、更隐蔽：可以通过国际金融中心、储备货币和机构“控钱”，可以利用国际分工通过贸易、投资赚钱，利用知识产权规则直接“拿钱”，还有就是通过金融袭击制造金融危机“盗钱、抢钱”。墨西哥、阿根廷、东南亚国家和俄罗斯都遭遇过美国的金融袭击，而且损失惨重。统计资料显示，美国金融巨头采用“休克疗法”制造的金融危机，使数万亿美元从俄罗斯流出；1997年印尼人均GDP约为1110美元，金融危机后的2000年降到600美元；阿根廷人均GDP在20世纪90年代初为1万美元左右，金融危机后的2004年只有3000多美元。

5. 国际金融中心和机构空间布局的失衡，客观上对中国的金融发展和金融安全也造成不利影响

第一，国际金融中心和机构空间布局的失衡，表现为中国没有一个全球性的金融文化中心。国际金融理论是国际金融竞争的重要力量。由于没有金融系统的理论体系，国际金融活动和制度安排容易被别国所操纵，从而在金融竞争中处于被动，也无法保证国家金融的安全。

第二，中国大量的国际金融资产的安全面临不确定性，不利于国家经济的稳定发展。中国不但有近2万亿的外汇储备，还有大量的国际贸易和国际投资，这些资产需要建立以中国为中心的国际货币制度、金融制度和金融组织保护体系。

第三，中国人民币的改革需要推进国际货币的多元化和提高人民币在国际货币体系中的主导权，但是国际金融中心和机构空间布局的失衡无疑增加了这一战略的难度。

因此，中国要从战略上研究制定科学的国际金融中心架构，从而提升中国的国际金融竞争力。

二 构建“铁三角”国际金融中心，提升中国的国际金融竞争力，促进经济金融可持续发展

香港是远东最早的国际金融中心之一，近期国务院又批准上海为国际金融中心。中国国际金融竞争格局正在不断形成。但是，全球金融危机引起我们对中国的国际金融竞争格局的进一步反思，中国急需在北京建立国际金融的管理、文化、货币与合作中心。这个中心的建立将使中国在国际金融与货币竞争中不断提高主导权，推进货币多元化，提高人民币的国际地位，形成中国国际金融中心的“铁三角”架构（见图 15－1）。在总体上，三个中心相辅相成，各自有明确的目标定位，可以发挥各自的比较优势，强化各自的功能。

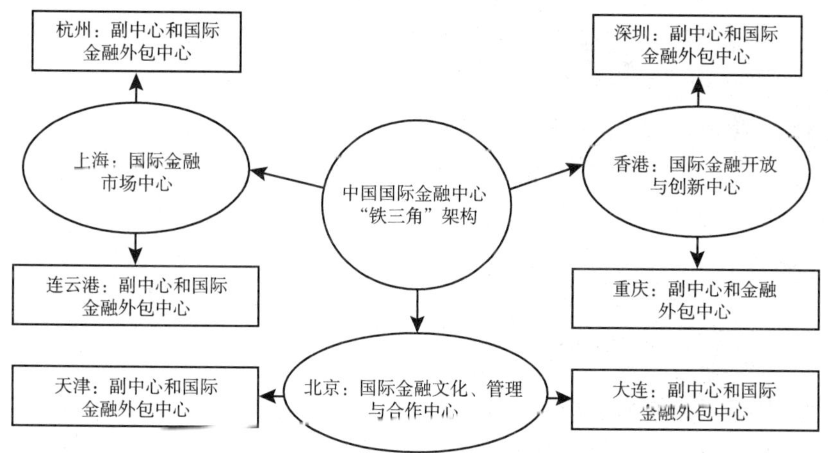

图 15－1 中国国际金融中心“铁三角”架构

第一，在北京建立国际金融文化、管理、货币与合作中心，以天津、大连为副中心和金融服务外包中心，对外形成全球在远东地区的国际金融核心区、独立的国际金融竞争体系和国际货币区，配合中国已经进行的国际货币互换，通过不断发展，提高中国和亚洲在国际货币体系中的主导权。

对内形成与上海、香港相独立的国际金融监管、文化、货币和合作中心，提

高金融管理的独立性和有效性，在监管与市场之间设置必要的防火墙。在区域金融上，通过与天津和大连两个副中心的配合，形成辐射中国华北的金融服务区，完善原来较弱的华北金融体系，为东北地区振兴和环渤海湾经济区提供高水平的金融服务。

第二，上海作为国际金融市场中心，作为连接北京和香港的中心地带，应发挥其在国际金融中的市场核心作用。把杭州、连云港作为副中心和国际金融服务外包中心，有利于带动华东地区和亚欧大陆桥地区的金融发展和经济发展。连云港在中国的经济金融战略中具有十分重要的作用，把连云港作为上海国际金融中心的副中心有利于带动中部崛起和西部开发，实现孙中山先生提出的把连云港建成东方大港的愿景。

第三，随着中国改革开放的不断推进，香港在中国经济和金融发展中的地位也不断加强。香港国际金融中心应定位为中国对外开放和金融创新的国际金融中心。历史证明，中国的开放和创新很多都是通过香港过渡完成的。把深圳和重庆作为香港国际金融中心的副中心和国际金融服务外包中心，有利于推动华南金融中心体的成长，并依托重庆在中国的核心经济战略地位，带动长江上游和中游经济金融的发展。

香港、上海、北京不断深化的国际金融中心体系，实际上形成了中国参与国际金融竞争的主战场，同时也形成了中国金融为经济建设服务的空间战略架构，这对于中国的改革开放和经济可持续发展具有十分重要的意义。

三　建立北京国际金融文化、管理、货币与合作中心，对于实现我国金融业在国际国内的均衡发展具有战略意义

国务院总理温家宝2009年3月25日主持召开国务院常务会议，审议并原则通过关于推进上海加快建设国际金融中心的意见。北京能否成为国际金融中心关键取决于北京的定位是否准确。北京建成国际金融管理中心、文化中心、合作中心和货币中心是可行的，也是必要的，这对于实现中国金融业在国际国内均衡发展具有重要的战略意义（见图15－2）。

1. 把北京建成国际金融文化中心，是提升中国金融软实力和国际影响力的重要举措

提高一个国家的金融竞争能力和在国际金融中的话语权，首先应当有独立而强大的金融文化理论体系。如果中国没有自己独立的金融文化理论体系，在政策

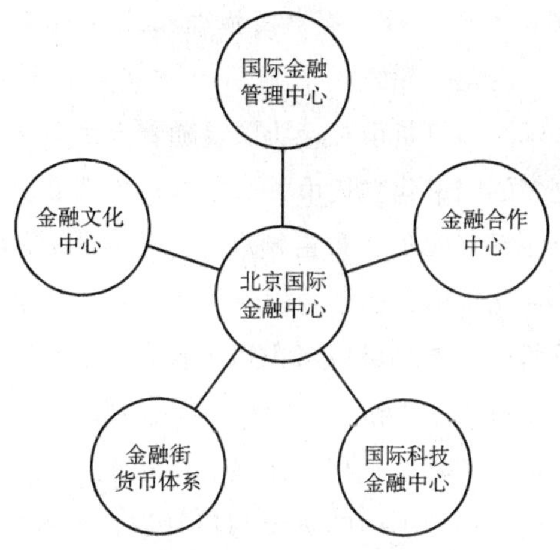

图 15－2　北京建立国际金融中心的构想

和制度上就会受到别国的牵制，理论上的操纵往往会变成政策和制度上的操纵，这对于中国的金融竞争和金融资产的安全是不利的。北京毫无疑问是中国的金融文化中心，建立以金融街国际金融论坛为核心的金融文化体系，研究讨论国际金融管理理论、货币理论和合作理论，建立以科学发展为核心的金融理论体系，对于中国和全球金融业发展具有重要意义。

金融文化产业内容十分丰富，包括国家和国际信用体系建设、金融生态建设、金融理论体系研究、金融战略研究、科技金融研究、金融信息体系建设、金融标准体系建设、金融人才体系建设等。北京在这些方面具有独特的优势，包括大量先进的金融研究机构、金融人才、基础设施。

2. 把北京建成国际金融管理中心，是中国金融全球化战略的重要组成部分

自布雷顿森林体系以来，国际金融管理体系主要集中在美国，这为美国主导世界货币体系，推行美元霸权创造了条件。而正是这种空间布局上的问题，使全球金融体系不平衡，不利于世界经济的均衡发展。国际金融管理中心集中在美国等发达国家也使国际金融资源大量流向这些国家，历史上几次经济危机都与货币回流有关，同时也是本轮金融危机中产生美元货币泡沫和金融资产泡沫的重要原因。

北京一直是中国的金融管理中心，金融全球化，需要进一步提升北京的金融管理中心地位。随着中国金融业的发展，北京的国际金融管理中心地位的确立显得更为重要。中国与亚洲、非洲和南美洲的关系不断加强，世界需要在远东地区建立国际金融管理中心，以实现国际金融管理的协调和均衡。

3. 在北京建立国际货币中心，是中国推进人民币国际化和世界储备货币多元化的重要举措

中国已经与很多国家签订货币互换协议。随着人民币国际化进程的推进，人民币还将与国际上更多的国家建立货币关系，这种关系需要有一个货币制度的支撑。建立金融街货币体系（类似于布雷顿森林体系），以货币互换国为成员，不断扩大和强化，就会在北京形成远东的国际货币中心，从事国家货币交往、货币定价体系建设、货币监管，最终可以考虑以各国的 GDP 为权重，各国出资组建区域性甚至是全球性的世界中央银行。

在北京建立国际货币中心还有利于加强大中华地区和中国国内的货币管理。建立金融街货币体系可以加强国内的货币归口管理，统筹国内货币发行、流通、监控等各方面的工作，使人民币有一个稳健的国内制度基础。

4. 建立北京国际金融合作中心，是中国金融对外开放，在全球优化金融资源配置的重要战略

大量的国内国际金融机构、外国政府机构、企业集团总部聚于北京，为北京建成国际金融合作中心提供了可能。中国与国际金融组织、海外银行、外国政府的金融交往也都在北京进行。随着中国对外开放的不断推进，中国金融业需要进一步加强国际合作。其主要包括金融监管合作、金融理论合作、金融业务合作和金融制度标准的合作。

全球金融危机也证明，国际金融合作应当多元化，发展中国家之间的合作、中国与大多数不发达国家的金融合作，对于化解全球金融危机，提高国际金融体系的风险分散能力，具有十分重要的意义。

提高北京的国际金融合作中心地位，有利于中国在国际上整合金融资源，并以此为平台支持国内的经济建设。建立两头在外的国际金融合作平台，有利于中国金融企业利用国际资源做强做大，有利于中国的产业企业在国际上配置金融资源，获得更多的金融资源的支持，有利于国内银行和企业的相互融合，建立中国的投融资平台。

5. 配合国家中关村自主创新示范区的建设，把北京打造成国际科技金融中心

2009 年 3 月 13 日国务院正式批复同意在中关村科技园区建设国家自主创新示范区，在本世纪前 20 年将中关村建设成为具有全球影响力的科技创新中心。建立科技创新金融体系，深入推进创业投资试点和非上市公司代办股份转让试点，积极利用多层次证券市场，做强做大中关村板块，探索投保贷联动机制，建立科技保险保障机制。提升国际化水平，吸引全球创新要素聚集，支持有能力的企业“走出去”，构建现代化、国际化的高技术市场体系，推进多层次国际交流与合作。

北京为了配合国家自主创新建设，应该打造国际科技金融中心，为中关村自主创新示范区服务，支持在中关村建立服务全国的科技金融体系，在国际上聚集资源的国际科技金融平台。

创业板应当移师北京，配合建立北京中关村国际科技金融中心。如果中关村没有自主创新证券交易所，在中关村成立的中国技术交易所就会缺少必要的金融制度的支持，形成科技金融板块南北分离的状态。同时，深圳作为中小板市场本身已经具备自主创新企业的融资功能，在深圳发展创业板不利于其进一步发挥支持中小企业的比较优势，在金融产业布局上不合理。创业板移师北京，建立中关村国际科技金融中心，有利于国际自主创新战略的实现，有利于资本市场的改革和发展，有利于发挥上海、北京和深圳三个交易所的功能，这将是中国金融改革中的一着妙棋。

Global Financial Crisis and New International Financial Order

Abstract: The occurrence of American financial crisis possesses objective necessity, exposes in-depth problems in the economic operation and provides four profound enlightenments to China's economic development. The financial meltdown exposed the problems and drawbacks existed in present world financial system, the conceptions of financial supervision and regulation, systems and international co-operations and so on. It is inevitable to reform international monetary system and constitute the new fair and effective international financial order, which is beneficial to worldwide economy survive financial crisis including the United States. Therefore, it is important for the Chinese financial corporations' involvement in international financial competition and the national strategy of international financial competition to set up scientific spatial layout of international financial centers.

Key Words: Financial Crisis; New International Financial Order; International Monetary System

第十六章

金融危机中政府积极干预：政策、差异与困境

刘骏民　李宝伟*

摘　要：国际货币金融体系的失衡和美国经济过度虚拟化形成的相互支撑是全球金融危机的根源。由于在国际货币、金融体系和国际产业链条的地位不同，各国所受影响、救助的方式和成效存在很大差异。美国政府突破传统金融监管和法定政府职能框架，进行全面干预，先救助金融机构，而后救助实体经济；由于加入欧盟的财政机制束缚，各国在救助政策上缺乏统一性，欧盟国家的主权债务危机和美国次贷危机的冲击始终没有消除，难以阻止欧盟经济下滑和欧元地位下滑；日本政府干预经济的能力非常有限；俄罗斯、巴西、印度实体经济受到的影响不小。尽管金融救助和经济刺激计划缓和了美欧经济，但由于经济虚拟化和国际货币金融体系失衡问题没有根本解决，政府干预的长期影响还有待观察。

关键词：金融危机　政府干预　国际货币金融体系

雷曼兄弟倒闭是本轮金融危机中政府干预深化的分水岭。美欧政府在意识到一旦危机全面恶化，美欧经济就会陷入灾难性后果后，采取了最直接、最深入的干预行动。美欧国家的干预经历了复杂曲折的过程，众多研究者根据现实情况，按照干预的强度和系统程度，把各国干预政策演化划分为四个阶段。

* 刘骏民，教授，博士生导师，南开大学经济学院虚拟经济与管理研究中心主任。主要研究方向是虚拟经济和西方经济学，孙冶方经济学专著奖获得者；李宝伟，博士，南开大学经济学院副教授，硕士生导师。主要研究方向是宏观经济政策、货币金融学。

第一阶段：以政府是否开始全面对金融机构注资为分界线，各国政府开始对金融市场注资之前被看做第一阶段。2006 年 11 月开始美国房地产价格出现全国范围下跌，到 2007 年 2 月以汇丰银行开始为次级房贷计提拨备，而花旗银行发出风险预警为标志，美国次级抵押贷款风险全面暴露。持有大量次级贷款债券的欧洲房贷机构和对冲基金受到巨大冲击。以 2007 年 3 月 13 日美国抵押贷款公司新世纪金融宣布濒临破产为标志，美国次贷危机全面爆发。到 6 月份时转变为投资银行的全面危机。在 2007 年 6 月以前，美国政府对市场的发展持观望态度，美联储只在 2006 年 8 月停止之前连续加息措施。

第二阶段：以 2007 年 8 月 9 日美联储向金融系统注入资金 240 亿美元为标志，美欧政府针对金融危机的干预进入深化阶段。美联储在当年 8 月 11 日以及 11 月 15 日又分别向银行注资 380 亿美元和 472.5 亿美元。同时，美联储 8 月 17 日将贴现率从 6.25% 降到 5.75%，又分别于 9 月和 10 月两次共降息 75 个基点。2007 年 8 月 9 日，欧洲央行首次向欧元区银行系统注资 948 亿欧元。9 月 18 日，英国央行宣布通过两天期回购协议向市场注资 44 亿英镑以缓解短期流动性。8 月 21 日，日本央行向银行系统注资 8000 亿日元。8 月 21 日，澳大利亚联储向金融系统注入 35.7 亿澳元。

第三阶段：以美欧国家政府启动房屋贷款与大规模的银行救助方案为标志，各国政府陆续展开了大规模的机构救助行动。2007 年 12 月次贷危机已经显现，各国银行业开始进行大规模资产减计，全球金融危机全面爆发。2007 年 12 月 6 日美国政府宣布了一揽子次级房贷解困计划，提供为期五年的抵押利率冻结方案；2008 年 2 月 12 日，美国政府和六大房贷商提出“救生索计划”，以帮助那些因还不起房贷将失去房屋的购房者。到 2007 年 12 月份美欧银行或爆出巨额季度亏损或陷入流动性危机，美国、英国、比利时等国政府陆续展开了大规模的机构救助行动，多国央行多次联手采取多种工具向金融体系注入流动性。

第四阶段：这个阶段的主要标志是危机向全球蔓延、向实体经济侵蚀，各国实施宏观经济刺激计划以稳定实体经济。2008 年 10 月份以后，金融危机向全球蔓延、向实体经济侵蚀，发达国家经济体明显出现衰退。为防止全球金融崩溃和经济大规模衰退，各国政府在同一时期开始大规模实施金融救助和经济刺激政策。

第一节 美国：金融危机中的实用主义干预政策

2008 年全球金融危机是一次不同以往的金融危机，这次金融危机固然有微观层面过度杠杆化和金融监管缺失问题，但更突出的是受到宏观层面国际货币金融体系失衡的深刻影响。2008 年以来，各国都在进行干预，需要注意的是由于在国际货币、金融体系和国际产业链条的地位不同，各国所受影响和救助的方式存在很大差异；另外，美欧政府的积极干预政策埋下了影响全球经济、金融稳定新的风险因素。

一 空前危机与空前救助

在次贷危机中，美国财政部、美联储、证监会、联邦存款保险公司（FDIC）都采取不同的措施，或者通过合作来应对次贷危机。

（一）美联储的货币工具

美联储等机构为防止危机造成金融市场崩溃和经济大幅衰退，在危机的各个阶段采取了力度越来越大的干预手段，从降息、购买“有毒”资产，到最后向金融机构直接注资和实施国有化。直接注资和国有化等手段实质就是用国家信用替代银行信用。

1. 降息

包括降低联邦基金利率和贴现率，也包括降低存款机构在贴现窗口借款的条件。美联储从 2004 年开始连续 17 次加息后，到 2006 年 7 月开始停止加息。一年后次贷危机爆发，2007 年 9 月危机全面恶化，美联储转而开始大幅降息，从 2007 年 9 月到 2008 年 12 月美联储进行了 10 次降息，联邦基金利率也从 5.25% 降到 0.25%，开始走入零利率时代。同时美联储也 12 次降低贴现率，从 2007 年 8 月的 5.75% 降到 2008 年 12 月的 0.5%，同时延长贷款期限，先是最长可达 30 天，2008 年 3 月再延长到 90 天，而且只要营运比较稳健，存款机构还可以续借新款。

2. 注入流动性

美联储向金融市场提供流动性支持，一方面通过公开市场操作向金融系统注资，从 2007 年 8 月到 11 月，美联储向金融市场注资达到 1042.5 亿美元和 410 亿美元的临时资金。另一方面美联储通过一系列货币政策工具创新向金融市场注入流动性，希望通过提供额外的资金来源通道，有序缩小杠杆效应，改善金融市场功能。其中包括 TAF、PDCF、TSLF、AMLF、CPFF、MMIFF 以及 TALF 等，与传统工具相比，这些新工具或延长了贷款期限，或扩大了抵押品范围，或增加了流动性供给的对象，或降低了获得流动性的成本，并通过消费贷款以及中小企业贷款将创新工具激励范围扩大至实体经济。

3. 注资或接管金融机构

为防止金融机构，特别是大型金融机构倒闭引起整个金融体系的崩溃，美联储和财政部直接对金融机构入股，提供流动性承诺或信用担保。与以往应对政策不同的是美联储开始向非存款机构注资，将投资银行纳入美联储监管范围，将注资对象从商业银行扩大到其他金融机构。2008 年 3 月 13 日贝尔斯登流动性严重不足，美联储动用紧急贷款授权通过摩根大通银行向贝尔斯登提供贴现贷款。2009 年 9 月 16 日美联储授权纽约联邦储备银行向 AIG 提供 850 亿美元的贷款支持。9 月 21 日扩大对高盛、摩根和美林在美国和伦敦子公司的信贷支持。9 月 29 日向 Wachovia 提供流动性支持。迅速批准高盛和摩根成为银行持股公司，受联储监管，并可进入联储贴现窗口和相关贷款平台，获得贷款支持。

4. 直接向实体企业提供融资

2008 年 7 月联储决定对房地美和房利美提供信贷支持，“两房”以政府债券和联邦机构债券做担保，联储按照贴现利率向其提供信贷。2009 年 1 月 5 日，联储买入房地美、房利美和珍利美 3 家住房抵押贷款融资机构出售的未清偿抵押贷款支持证券，数额高达 5000 亿美元。2009 年 3 月 18 日，联储决定增持房利美与房地美发行的房屋抵押证券 7500 亿美元，总额至 1. 25 亿美元，并且增持“两房”发行的机构债券 1000 亿美元至 2000 亿美元。

5. 对法定和超额存款准备金支付利息

2008 年 10 月 6 日美联储宣布，将原定于 2011 年 10 月 1 日生效的存款准备金付息政策提前到当日施行，以向金融机构提供流动性。

6. 向中小企业提供融资或贷款担保

受金融机构不稳定和谨慎放贷的影响，美国企业尤其是中小企业融资困难，资金链断裂，进而影响生产，因而向中小企业提供融资或贷款担保的措施是对无力发行债券或票据的实体企业的进一步融资支持。美联储将通过总额 1 万亿美元的 TALF，向家庭消费信贷和中小企业贷款市场直接提供流动性。

7. 直接购买财政部发行的长期国债

美联储公开市场委员会（FOMC）宣布“为改善私人借贷市场的条件”，将在未来六个月内买入总额为 3000 亿美元的美国长期国债。这是美联储第一次直接购买财政部发行的长期国债，也可以看做是变相的增发货币，来注入流动性和支持财政部的政策。

8. 其他政策

为救助实体经济，美国国会批准了奥巴马政府对陷入困境的美国汽车等行业进行的救助，并积极推动社会医疗保险改革，以提高美国国内需求水平。

（二）美国政府的主要政策措施

1. 减税

2008 年 2 月 13 日，布什总统签署了减税 1680 亿美元的经济刺激法案，通过减税政策来刺激消费和增加就业。

2. 帮助陷入困境的住房抵押贷款借款人

为缓解住房抵押贷款借款人的还款压力和降低以住房抵押贷款为资产的债券的违约率，2007 年 12 月 6 日布什政府提出了次级房贷解困计划，其主要内容是：第一，冻结可调整利率抵押贷款（ARM）利率，规定把 2005 年 1 月 ~2007 年 7 月发放的将于 2008 年 1 月 ~2010 年 7 月进行利率重置的 ARM 利率冻结 5 年。第二，协助面临还款困境的房贷者再度申请浮动利率贷款，避免偿还更高额的欠款。2008 年 2 月 12 日，美国政府和六大房贷商提出一项“救生索计划”，以帮助那些因还不起房贷而即将失去房屋的房主，内容是拖欠房贷逾期 90 天或以上的房主可以和房贷商联系，符合一定条件的房主将获得 30 天的缓冲期，其房产可以暂时中止拍卖，并制订房主更易负担的还款方案。2008 年 7 月 23 日，美国国会通过楼市援救立法议案，救助房利美和房地美以及次贷危机中陷入困境的美国房奴，救市总额达 3000 亿美元。

3. 将陷入危机的金融机构国有化

2008 年 9 月 7 日，美国财长保尔森和美国联邦住房金融管理局出面接管房利美和房地美两家公司，财政部还在公开市场收购“两房”发行的房贷抵押证券，据此向“两房”各注资 1000 亿美元。同时通过美联储的纽约分行向“两房”提供特别信贷额度。国有化也包括美联储向 AIG 集团提供 850 亿美元的紧急贷款，作为回报，美联储获得 AIG 79.9% 的股份，并有权撤换 AIG 高级管理层。

4. 大规模的财政刺激计划

2008 年 10 月 3 日，美国众议院通过了金融纾困方案，即保尔森 7000 亿计划，2008 年 10 月 14 日，美国政府动用其中 2500 亿美元购买金融机构的优先股，其中花旗、高盛、富国、摩根大通、美林、摩根士丹利、美国银行、道富银行和纽约梅隆银行等 9 家大银行将获得 1250 亿美元注资，并且向美国三大汽车生产商提供资金支持。2009 年 2 月 17 日美国总统奥巴马签署了总额为 7870 亿美元的经济刺激计划，通过减税和政府投资来促进消费、就业和经济的发展。

5. 对金融机构的债务进行担保

为防止大规模的债务链断裂和居民的挤兑行为，乃至整个信贷市场的崩溃，美国政府直接对居民在金融机构的存款实施全额或部分担保。2008 年 10 月 14 日，美国联邦储蓄保险宣布了两项扩大保险范围的措施，一是将临时性地为银行大多数新发行债券提供保险，二是将联邦存款保险覆盖面扩大至所有无息账户，宣布在未来三年中担保银行间借贷以及为一些银行存款提供无限制的保险。

6. 加强监管，严禁卖空

2008 年 9 月 19 日，美国证监会（SEC）发布了一项紧急命令，暂时禁止对 799 家金融机构的股票做空，SEC 还引入了其他临时性措施，要求机构资金经理人公布某些证券的做空部位，同时还减少了对股票发行商回购其股票的限制。2009 年 6 月 17 日美国总统奥巴马公布了金融监管改革方案，授权美联储负责监管各企业，并将获得银行资本金要求方面的最终决定权，包括要求具有系统重要性的金融机构追加资本金。计划将建立一个由美国财政部领导的金融服务监管委员会，帮助弥补在监管方面的空白，促进政策的协调以及识别新出现的风险。在银行业监管方面，计划将撤销储蓄管理局，并建立一个新的监管机构监督全国性的特许金融机构，取代货币监理署。设立“消费者联邦保护局”（CFPA），制定借贷规则，为银行和非银行金融机构制定规则，监管和检查这些机构是否遵守这些规则，并且对触犯规则的公司进行处罚，以及制定处罚措施，以确保消费者获得清晰全面的信息，并了解各种抵押贷款产品的风险和收益状况。

二　长期改革——艰难的金融与医疗保险改革

（一）酝酿中的美国金融监管改革法案试图扩大美联储的金融监管范围

美国金融监管改革法案实施起来存在很多问题，但其总体趋势是，向统一监管发展、提高效率和扩大美联储监管范围。

首先该法案提出对所有的金融机构实施更为严格的资本充足率和其他审慎性监管标准。其次法案还强调要对具有系统重要性的金融机构实施更严格的监管，不管这些金融机构是否拥有银行，只要其对金融市场功能的发挥有至关重要的作用，就要受到更高标准的审慎监管。

法案强调加强对证券化市场、场外交易市场尤其是场外衍生品市场以及对具有系统重要性的支付、清算和结算体系的全面监管。在证券化市场方面，要求证券化信贷敞口的信贷风险要与信贷发起人的利益相联系，要提高证券化市场的透明度和标准，加强对信用评级机构的监管，监管部门应减少对信用评级的使用。鉴于支付、清算和结算体系正常运行对金融稳定具有重要意义，法案还要求监管部门对具有系统重要性的支付、清算和结算体系以及相关金融机构的活动进行监管并在必要时提供支持。

法案要求建立一个全新的消费者金融保护监管机构（CFPA），以保护信贷、储蓄、支付和其他金融产品的消费者，并对这些产品和服务的提供商进行监管。法案还提议要通过增强金融产品的透明度、简洁性、公平性以及可获得性来提高对消费者的保护。在投资者的保护方面，法案建议赋予美国证券委员会更大的权利来提高投资者披露的透明度，加强对提供投资顾问业务的券商的诚信监管。

针对旧有的分业监管难以适应混业经营的问题，法案希望将监管权收缩到少数几个机构手里，授权美联储对有重要影响的金融公司实行统一监管；授权美联储对重要的支付结算体系进行监管和必要时的救助；经财政部事前批准，美联储可向个人、合伙企业或公司提供信贷。另一项改革就是建立金融服务监督委员会，促进监管信息的共享和监管机构的协调，识别新出现的风险并就判别系统重要性的金融机构向美联储提供建议，为解决监管部门之间的争议进行协调。另外，法案虽没有提及证券交易委员会和商品期货交易委员会的合并，但要求两家机构进行更多协调。

（二）社会医疗保险改革

2010 年 3 月 23 日美国总统奥巴马在白宫签署了医疗保险改革法案，这是一项美国长期试图推进的改革。目前，美国还大约有 4600 万人没有医保，而医改后其中的 3200 万人将获得医疗保险，医保覆盖率从 85% 将上升至 95%。该法案是 2010 年 3 月 21 日由美国国会众议院通过的参议院版本的医改法案。众议院 21 日还通过了旨在修正参议院法案部分内容的“预算协调”法案。参议院版本医改法案是指 2009 年 12 月参议院通过的医改法案。该法案明文规定，几乎所有美国人都应在 2014 年前拥有医疗保险。对于年收入低于 43320 美元的个人和低于 73240 美元的三口之家，联邦政府将给予医保补贴。根据新的医改法案，美国将建立以州为基础的医疗保险交易所，小企业和个人可以在交易所里通过联合议价，享受与大公司员工或联邦政府雇员同样优惠的保险费率。小企业为员工购买医疗保险还将享受政府税收减免。与此同时，政府还将对高收入群体加征个人所得税并对高额保单加征消费税，以此作为医改资金的重要来源。法案还加强了对保险行业的监管，政府可以通过系列奖惩措施敦促企业向雇员提供医保；保险公司不得以投保者的过往病史为由拒保或者收取高额保费，不得在投保人患病后单方面终止保险合同，不得对投保人的终身保险赔付金额设置上限等。对于低收入人群来说，这个法案极大地扩大了医疗救助范围。此外，很多有工作的穷人赖以生存的社区医疗中心也会得到更多的资金支持。

第二节　欧盟：由与邻为壑到积极协调

美国次贷危机爆发后，最早陷入危机的欧盟国家是冰岛，而希腊是目前困扰欧盟的新问题国家。欧盟国家的危机是受到美国金融危机影响而暴露和爆发的主权债务危机。欧盟国家金融机构因为大量投资美国次级贷款证券衍生产品，导致巨大损失，例如法国、英国、冰岛。另一些国家则是危机中暴露出过度负债问题，导致主权债务危机爆发。爱尔兰、希腊之后，葡萄牙、西班牙、意大利的对外债务问题很可能会成为欧盟体系的新危机。所以希腊危机能否很好的解决关系重大。

面对全球金融危机的冲击，欧盟国家相继陷入危机，但由于欧盟各国利益冲突，特别是法国和德国的冲突导致救助缓慢。欧盟国家除了遭受次贷危机的直接损失外，还暴露出欧盟国家经济过度虚拟化和高度负债问题，各国经济水平差异大导致出现政策难以协调的体制问题，这些问题实质上暴露出欧元基础并不牢固。在美国打击下，欧元地位已经大大下降。

一　各国救助与复苏政策

欧盟国家应对的政策可分为货币、金融和实体经济两方面政策。前者包括：对濒临破产的银行实行国有化，并对银行间的借贷提供政府担保。政府以购买优先股的方式向金融机构直接注资；由各国政府为金融机构新发行的中期债务提供担保。实体经济方面的政策包括控制需求下降与投资减少，支持欧盟企业发展，重点扶持汽车等行业等。

（一）德国

次贷危机演变成全球金融危机后，为维护金融稳定，避免实体经济陷入危机，德国政府出台了战后以来最大的金融市场救助方案。

1. 5000 亿欧元的金融救市

2008 年 10 月 17 日，德国立法机构通过了联邦政府总额高达 5000 亿欧元的金融救市方案，欧盟委员会 10 月 27 日批准了该项金融救助计划。其主要内容是：德国政府为德国银行之间的借贷提供担保，总额为 4000 亿欧元；建立一个 800 亿欧元的特别基金，以帮助有需求的银行增加自有资本。这一特别基金的有效期截至 2009 年底；准备了约 200 亿欧元的预防性资金，在紧急情况下，德国政府将出手买入银行坏账，帮助银行克服危机。

2. 对商业银行注资

到 2008 年 11 月 4 日，有五家德国商业银行向联邦政府提出了注资申请，它们是商业银行、西部州银行、汉诺威北方银行、巴伐利亚州银行和德国地产融资抵押银行。

3. 500 亿欧元的“一揽子景气计划”

预计投资 500 亿欧元，根据补贴或救助的对象分为 16 个方面：国家发展银行加大对企业的贷款力度，放贷规模在 2009 年底之前达到 150 亿欧元；减轻企业负担，2008 ~2009 年两年将企业购买机械设备的折旧率提高到 30%；从 2009 ~2011 年增加 30 亿欧元资金用于修缮过时的建筑和住房，使之达到符合二氧化碳排放的节能建筑标准；加强乡镇的基础设施建设，为此增加 30 亿欧元的援助款项；加强交通建设，重点是扩大或增加轨道交通网、水上交通和噪音防护墙，预计每年投资 10 亿欧元；增加“改进地区经济结构”资金，2009 年联邦政府为各州政府一次性补贴 2 亿欧元；改进农业生产结构，加强江河流域和海岸线的保护，为此在原来预算的基础上再增加 1 亿欧元的经费开支；增加对手工业者的补贴，将一年内的免税额度提高到 1200 欧元；促进轿车消费，凡在 2010 年底前购买新车的，免征一年机动车税，购买有害气体排放达到欧盟 5 号和 6 号标准汽车的，免征二年机动车税。此外，还加大对创新项目的贷款力度，将研发的贷款幅度由 2007 年的 72 亿欧元增加到 2009 年的 100 亿欧元；为新办企业特别是高科技创新企业筹措贷款；增加老年职工、低收入者和临时工的特殊补助，从而带动社会消费。

（二）法国

法国政府一直强调金融体系稳健，各大银行的主营业务依然是储蓄，投资及次贷业务开展的并不多，这也使其金融领域受到的冲击较小，法国政府对银行的援助仅限于增资法比合资的德克夏银行，农业信贷银行、兴业银行等大型金融机构则主要依靠自身力量增加资本金。法国还采取了一些间接措施，帮助因信贷紧缩而陷入困境的中小企业和个人。2008 年 10 月，法国政府推出了总额为 3600 亿欧元的救市计划，其中 3200 亿欧元用来作为银行借贷担保，400 亿欧元作为资本金向银行注资之用。法国政府宣布：政府将采取一系列新举措，其中包括成立战略投资基金，加大直接投资力度以及加强对银行贷款的监管和税收减免等，以刺激濒临衰退的法国经济。战略投资基金将通过市场融资获得，主要用于帮助那些有可能成为他人兼并对象的法国重要企业。同时，政府将建立“全国企业贷款协调员”机制，以确保中小企业能够获得所需贷款。法国政府承诺，在未来三年内将投资 1750 亿欧元用以推动经济增长。

（三）意大利

对于以加工出口业为主的经济外向型的意大利来说，金融危机造成的影响更为严重，尤其相对僵硬的劳工制度和高税收一直是制约意大利竞争力的两大关键因素。自金融危机爆发以来，意大利的企业信心指数和消费者预期一直在下降，如何稳定国内市场成为意大利的政策关键。为稳定国内市场，促进居民消费，意大利内阁会议 2008 年 11 月底通过一项总额为 800 亿欧元的一揽子救援计划，措施包括政府向本国信贷体系提供流动资金担保、适当减少企业税负、增加基础设施建设投资、为低收入家庭提供补助等。这些政策显然并不能彻底解决问题，意大利经济需要进行结构性改革。

（四）英国货币金融与财政政策

1. 英格兰银行货币政策

降息：英格兰银行自 2003 年 7 月起至 2007 年 7 月一直保持加息，基本利率从 3.75% 渐升至 5.75%。而此时美国次贷危机已经显露头角，英央行停止加息至 2007 年 12 月，由于美国次贷危机引发信贷紧缩，英国经济出现放缓的迹象，英国央行宣布将基本利率从 5.75% 降至 5.5%，自此开始了大幅降息。自 2007 年 12 月至 2009 年 3 月，英格兰银行进行了 9 次降息，现今，基本利率已降至 0.5%，这是英格兰银行自 1694 年成立以来的利率最低水平。

注入流动性：英格兰银行主要通过向银行机构提供贷款以及通过短期回购协议向金融市场注资以缓解短期流动性短缺。自 2007 年 8 月向商业银行贷款 3.14 亿英镑，9 月短期回购协议注资 44 亿英镑开始，至 2008 年 10 月，注资累计达数千亿英镑。

降低银行体系准备金目标水平：英格兰银行允许金融机构将准备金目标水平

维持在30%上下浮动，其区间可在±20%的水平，以此缓解流动性短缺。

政府债券：英格兰银行动用500亿英镑的政府债券，调换商业银行持有的抵押资产，以帮助银行业复苏。

资产拍卖、资产购买计划：2009年3月英格兰银行宣布750亿英镑的资产购买计划，通过增加货币供应来帮助恢复英国经济。作为资产收购计划的一部分内容，英格兰银行从23日起开始收购公司债，旨在促进贷款市场的复苏。从3月25日起分批收购投资级公司债，将在每周四天的拍卖活动中最多收购5亿英镑的公司债。

创新政策：为解决银行的资产负债表过剩资产，改善金融市场的资金流动状况，英格兰银行于2008年4月推出特别流动性计划（SLS），允许银行交换暂时的高品质的住房抵押贷款和英国国债的其他证券，该计划将持续3年。

2. 英国政府财政政策

经济刺激计划：2008年10月，英国首相戈登·布朗宣布了500亿英镑（约合880亿美元）的经济刺激计划，其内容是对部分大型银行实行国有化，并承诺为2500亿英镑（约合4380亿美元）的银行贷款提供担保，旨在拯救全球金融危机下的英国银行业。11月，财政部长公布了包括减税和增加政府开支在内的经济刺激计划方案，其总额超过150亿英镑（约合220亿美元），约占英国一年GDP总额的1%。该方案的核心内容是减税，其中减少商品销售增值税是重中之重。2009年1月19日，英国财政部宣布第二轮经济刺激计划，该计划包括三个方面：政府为新消费贷款提供担保、订立计划限制银行有毒资产，以及建议为用作拯救RBS及苏格兰哈里法克斯银行（HBOS）的优先股重新融资。英国政府的第二轮救援计划约为1000亿英镑（约合149亿美元）。

国有化：面对被卷入危机的银行机构，英国政府先后接管、收购了北岩银行（诺森罗克银行，Northern Rock）、英国最大房贷银行布拉德福德-宾利银行，以及苏格兰皇家银行。

房市救援计划：2008年5月英国政府宣布了一项总额达3亿英镑的房市援救计划，以救援房地产业。

英国政府还对银行以及非银行机构进行债务担保，以防止大规模的债务链断裂和居民的挤兑行为，乃至整个信贷市场的崩溃，直接对居民在金融机构的存款实施全额或部分担保。

加强监管，严禁卖空：英国金融服务局（FSA）发布卖空禁令，6月20日颁布规定，要求机构如果持有股权增发的上市公司的空头头寸超过这家上市公司0.25%的总股本，就必须披露他们的空头头寸，以防止卖空行为给“那些进行股票增发的上市公司股价带来急剧的波动性”。

在危机的初期，英格兰银行只是通过紧急贷款机制以6.75%的惩罚性利率对外提供资金，而且对是否采取银行国有化的救助举措也一直犹豫不决，直到形势发展到无计可施才被迫采纳。北岩银行是危机中由于流动性问题而遭受挤兑的金融机构之一，英国政府迟疑是否利用纳税人的钱来救助，在市场化救助失败后，才不得不施以国有化。但是英国政府和英格兰银行都严重低估了英国金融机构购买美国次债的规模，也未充分意识到英国银行业融资高度依赖于银行间市场和货币市场，负债结构存在长期失衡的情况，因此英国政府和英格兰银行在危机的初期几乎没有采取任何有效措施。

在美国、欧盟等其他先行者的救市政策出台后，英国政府救市计划的重点是直接向金融机构注资，购买金融机构的股份，将金融机构部分国有化，而不是购买金融机构的不良资产。这样做的优点在于能够保证纳税人的利益，确保救市计划成功的红利不会完全流入金融危机肇事者的口袋；向金融机构注资既能增加金融机构的流动性，抑制抛售资产的浪潮，稳定财务状况，又可增加金融机构的资本金，缓解杠杆比率过高的状况。

二　欧盟政策的特点及原因解析

欧盟政策实施的特点可以简单概括为从“各自为政”走向“金融协作”。

最初阶段：各国政策包括由政府直接出资，购买欧洲重要商业银行股权；为银行中期债券提供担保；提高储户存款保证金额度等。各国首轮行动：如，在2008年9月底，爱尔兰率先决定援助本国六大银行；英国将布拉德福德－宾利银行收归国有；德国政府向地产融资抵押银行注资等。其举措目的是，要以政府信用保证商业信用，防止银行遭受挤兑，促进同业拆借，恢复市场信心，增加流动性，最终恢复金融系统的稳定，防止其冲击到实体经济。在欧盟决定走向协调之前，不少成员国又提出了第二轮担保承诺。在谋求合作的四大国会议（2008年10月4日）上，德国不仅明确拒绝了法国的有关建议，且于次日宣布了本国的巨额自救方案。欧盟各国政府纷纷对本国银行的存款各自提供担保，特征就是以邻为壑。原因是：第一，独立主权国家仍是欧盟的主要构成单位。尽管欧盟一体化已达到经货联盟水平，但从政治上看并无统一的欧洲政府。各国政府仅对本

国负责，最大限度地实现自身利益是各自考虑问题的首要着眼点，这也就决定了财政政策的实施主动权在各国政府手中；第二，金融危机来势迅猛，这要求各国金融机构必须迅速做出反应，动作快捷与否，往往是决定成败的关键因素；第三，各国经济与市场结构和发展程度都不尽相同，采取的举措具有差异性也是可以理解的，毕竟只有本国政府的措施更具针对性。

半个世纪以来，欧盟历经关税同盟、共同市场而发展到高级的经货联盟阶段——一个极为庞大、复杂的共同规则、政策与机制治理体系已经建立。虽然在最初阶段各国鉴于自己的差异性，各行其是，但是随着全球金融与经济形势恶化，欧盟各国间的协调与合作不得不加强，以共渡难关。

危机全面爆发后的阶段：金融协作，统一行动。2008 年 10 月 7 日，欧盟 27 国财长会议的举行，意味着成员国谋求合作的开始。该次会议后欧央行实现了首次降息，开始实施力度较大的货币政策。如图 16 - 1 所示，到 2009 年 1 月，欧央行已经完成了六次基准利率的大幅调整。

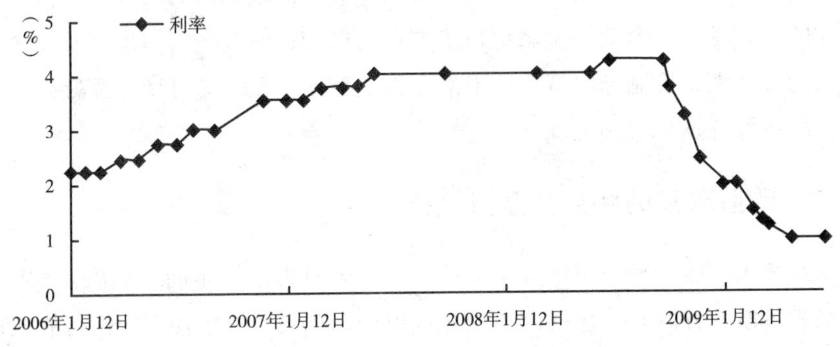

图 16 - 1　欧央行基准利率

资料来源：根据新浪网财经频道数据整理。

10 月 12 日，欧元区 15 国在巴黎举行了首次峰会，发表了著名的《欧洲协调行动计划声明》。声明中对各国可以实施的相关举措做出了明确规定，旨在保证行动的"统一性"；同时声明还呼吁，非欧元区成员应同样"采纳"有关"原则"，以使"欧盟能作为整体统一行事"。[①] 10 月 15 日至 16 日，欧盟举行布鲁塞

① "Summ it of the Euro Area Countries: Declaration on a Concerted European Action Plan of the Euro Area Countries", http: //www. europa. eu. int.

尔首脑会议，决定以“一种协调和全面的方式”显示27国的“团结”，并就未来的行动计划表示了认可。[①] 至此，欧盟成员国通过不懈努力，终于使局面逐步得到扭转，并确立了共同应对金融危机的基本框架。根据以上安排，欧盟及其成员国的协调举措主要包括以下四个方面：

1. 协调各国举措

合作之前，欧洲各国五花八门的救市做法实质上是利用政府宏观调控，暂时以政府信用保证商业信用，如不加以控制，很有可能打破目前欧洲一体化的良好发展态势，经济倒退到贸易壁垒林立，市场无法公平竞争的境地。欧元区15国声明以及27国的认可，被认为是欧盟实现了“联合救市”的标志性步骤。声明“就协调行动的指导方针达成共识”，针对各国措施的目标、手段、机制、条件与期限等方面作出了统一规定，具有重要意义。值得指出的措施有以下两点：

（1）具体列出了六项保障性原则，即：确保受援资格不以国籍为基础，各国计划应有实施期限，扶持规模不得超出实际需要，鼓励私人部门参与，防止受益者滥用国家扶持措施，金融部门（特别是依赖国家干预的私人机构）应有适当后续性举措以推进结构性调整。

（2）各国在制订救助计划时可咨询委员会。后者将指导前者作出必要调整，以便在计划草拟阶段就与规定保持一致。尤为重要的是，根据条约赋予的权限，委员会对各国计划拥有监督、批准权，即成员国在计划最终确定之前，应提交委员会进行审核、批准。为此，在规定发布后，德、法、英等国都迅速递交了本国方案。

2. 加强金融监管

金融监管不力，被普遍认为是危机产生的重要原因之一。仅就欧盟而言，尽管欧元区成员的货币政策已转至欧洲央行，但对各国银行的监管权仍由成员国掌握，因此，无论从举措效率与公平竞争看，还是为防止危机再度爆发，加强金融监管协调，都是题中应有之义。

为此，欧元区成员国首脑在其声明中，明确要求“欧盟和欧元区政府、央行和监管者就一种协调的应对方式达成协议”，并“敦促成员国监管者”根据国际规则精神，“在稳定金融系统的同时实行审慎规则”。显然，这都涉及各国监

① “European Council Conclusions”, Brussels, October16, 2008, http://www.europa.eu.int.

管机构的协调问题。

3. 欧元区成员国与非欧元区成员国的协调

欧元区内一体化程度更高，实行了单一货币与货币政策，财政政策也受到更严格的约束。而在此次危机应对中，欧元区成员国与非欧元区成员国之间的协调，特别是与英国的协调，亦是值得关注的一大特点。其根本原因在于：首先，无论是欧元区国家还是非欧元区国家都深受危机之害，都感到确有必要加以应对；其次，维护市场公平竞争原则，对所有欧盟成员而言均至关重要。因为作为欧洲经济统一的真正基础，单一市场是维系欧元区国家与非欧元区国家经济交织的共同框架。如上所述，鉴于各国救市力度颇大，如两者不能协调，必将扭曲市场竞争，动摇欧盟存在的根基，严重影响到双方的共同利益；再次，应对危机的手段主要涉及金融、财政政策，属成员国权限范围，这又为双方合作提供了基础。正是基于以上原因，先是法、德、意与英国联手召开四国首脑会议，继而欧盟 27 国财长又举行会晤，认为应制订救市共同指导原则，实施统一经济发展战略。此后的欧元区首脑会议决定称，将遵循财长会议决议，共同应对危机；表示除欧元区成员协调外，还“请求”其“欧洲伙伴采纳”相应“原则”，以使“欧盟能作为一个整体联手行事”。2009 年 3 月，欧盟表示，他们将可能把目前供应给各成员国用于刺激经济的紧急资金倍增至 500 亿欧元（680 亿美元）。这些紧急资金的援助对象，只包括在 16 国欧元区以外的其他欧盟成员国。匈牙利和拉脱维亚目前已经接受了共约 100 亿欧元的援助资金，以应付他们的外债危机。下一个寻求援助的成员国将是罗马尼亚。

4. 实体经济危机共同应对计划

欧洲汽车和建筑业遭受重创，经济信心指数降至“历史新低”。因此，采取有力措施，遏止形势恶化成为欧盟各方的共识。正是在这一背景下，谋求协调应对复苏计划终于及时提出，并很快获得欧洲理事会的批准。继金融领域之后，积极协调应对实体经济危机，又很快构成了欧盟活动的中心内容。2008 年 11 月 26 日，欧盟委员会提出了《欧洲经济复苏计划》，这无论对摆脱当前困境，还是从一体化发展的趋向看，都可能产生重要、深远的影响。需要强调指出的是，这一欧洲层面复苏计划的提出，有其内在的必然性和现实的迫切性。

该计划产生的背景与主要内容如下：随着金融危机的发展，欧洲实体经济所受到的冲击也日益显现。欧元区继 2008 年第二季度的经济负增长之后，第三季度经济负增长再度出现。这是自 1999 年启动单一货币以来，经济首次连续两个季度下降（这通常被认为是衰退出现的标志）。① 特别是失业率随之再度上升，引发了欧洲的强烈不安。因为它对其经济发展战略构成了严重挑战：欧盟《里斯本增长与就业战略》的两大核心目标，就是在确立知识型经济的基础上实现经济持续高增长，最终创造更多的就业机会。

从欧盟的基本战略出发，将短期需要与长远目标结合起来，是复苏计划最为突出的特点，其集中表现为两大“战略性目标”的提出。一方面，针对当前经济形势，委员会建议成员国立即做出回应，实行有力的财政扩张政策，尽快刺激需求和信心回升，遏制衰退趋向进而推动复苏；另一方面，为提升欧洲的长远竞争力，欧盟将以此为契机，大力促进创新和知识经济发展，以在未来的全球化激烈竞争中立足，最终实现经济持续增长和就业。

而在这一计划的指导之下，2009 年伊始欧洲各国均纷纷拿出有力措施挽救实体经济，2009 年 1 月，欧洲投资银行声称将提供约 40 亿欧元优惠贷款，用于汽车厂商开发安全和环保技术。成员国则通过降低税费等手段，为推广低排放车辆大开方便之门。2009 年 2 月，欧洲央行批准德国、英国和法国应对金融经济危机的最新举措，帮助中小企业获得风险资本，为融资受阻企业提供政府补贴，享受优惠利率。

在欧洲经济已紧密交织的背景下，为巩固一体化发展的基石，更加有效应对危机，提高自身国际地位，欧盟终于采取了各项协调举措，以切实保证各国的共同利益。值得注意的是，这是欧盟建立以来，乃至整个欧洲一体化发展史上，欧共体成员国首次在金融市场，然后在实体经济领域，实行了如此大规模的政策性协调。尽管协调启动与此次危机的特殊性相关，同时因内部发展不平衡的存在，其深度与广度仍受到制约，且实施效果如何亦有待观察。

第三节　日本：危机中的艰苦复苏

日本在 20 世纪 90 年代初泡沫经济崩溃后，经济陷入长期低迷。2008 年全球金融危机打断了日本经济漫长的恢复进程。日本作为高度依赖出口的国家，由于

① 《经济学家》指出，由于连续两个季度出现负增长是“定义”衰退的标准，故欧元区已在“官方统计上进入了衰退”。“The Euro-area Economy, Laboured”, TheEconomist, November22, 2008, p. 57.

金融危机和美国贸易保护，面临巨大压力。日本是有着长期政府干预传统的国家，在本轮金融危机中，日本政府实施了一系列金融救助和经济刺激政策。

一　日本银行实施的主要政策

1. 继续实行零利率政策，货币政策空间有限

日本银行于2008年10月31日和12月29日分别降息0.2%，将银行间无担保隔夜拆借利率从2007年2月以来一直保持的0.5%下调至0.1%。在货币政策上已经没有调整空间了，但是利率政策对于缺乏信心的市场的影响力是非常有限的。

2. 向市场提供流动性

（1）日本银行从2008年9月16日起通过公开市场操作，连续向短期金融市场提供大规模流动性供给，以缓解流动性不足。（2）2008年9月18日日本银行与美联储签署了600亿美元的货币互换协定，以缓和市场对美元流动性的需求。2008年9月29日双方又将该货币互换规模扩大至1200亿美元。2008年10月14日，日本银行与欧美四国央行联合宣布向短期金融市场提供美元资金。（3）2008年10月日本银行决定实施对商业银行在央行活期存款账户的超额存款准备金临时付息（0.1%）措施，以稳定短期市场利率。（4）扩充资金供给手段，增加公开市场操作的频率和规模，延长公开市场操作的期限，扩大合格担保和交易对手的范围等。（5）2008年12月日本银行决定将长期国债购买额度从每月1.2万亿日元增至每月1.4万亿日元，2009年3月再次提高至每月1.8万亿日元。

3. 央行稳定金融系统

由于日本金融机构持股比率较高，为减轻金融机构所持股票的风险压力，2008年全球金融危机爆发后，日本银行为改善金融机构因股价下跌、资产缩水而惜贷的状况，决定从2008年10月15日起暂时冻结出售从金融机构购买的股票。2009年2月日本银行宣布从2009年2月中旬开始到2010年4月底，将最多斥资1万亿日元重新开始购买金融机构持有的股票。2009年3月日本银行决定为大银行提供总额1万亿日元次级贷款。据此，金融机构的资本筹集手段包括自行从市场上筹集、通过金融功能强化法的实施增加资本以及向日本银行借入次级贷款三种方式。

4. 解决企业融资困境

金融危机导致日本经济恶化，企业破产数量迅速增加，企业的资金筹措和资

金需求动向发生了显著变化。为防止由此产生的实体经济下滑，日本银行决定买入商业票据（CP）和企业债。日本银行对该项政策设定了时间限制，因为买入商业票据和企业债等与企业融资相关的信贷商品实际上使日本银行承担了个别企业的信用风险，日本银行通过设置时限以控制其财务风险和货币政策效力。

（1）日本银行放宽了企业资金担保条件，并从2008年12月开始对金融机构在民间企业债权担保，实施固定低利率（0.1%）无限额特别融资，从资金筹措方面和成本方面支持金融机构的融资活动和企业债、商业票据市场的交易，实施期限为2010年3月末。

（2）商业银行票据市场是企业筹措资金的重要渠道。2009年1月，日本银行决定通过金融机构买入与企业融资相关的金融产品（CP和ABCP），总额为3万亿日元，买入对象仅限于评级在A级以上的企业商业票据。2009年7月，日本银行决定将购买企业商业票据期限从2009年9月30日延长至12月31日。

（3）从金融机构手中购买企业债。2009年1月，日本银行决定从即日开始到9月30日止，买入总额为1万亿日元、剩余期限在1年以内的企业债。日本银行的实际操作方式是从金融机构手中购买短期企业债。2009年7月，日本银行将购买企业债的期限从2009年9月30日延长至12月31日。

二　日本政府财政政策主要内容

2008年下半年全球金融、经济恶化，日本政府先后出台了“实现安心的紧急综合对策”、“生活对策”、“生活防卫紧急对策”、“经济财政的中长期方针”等一系列经济政策，以阻止经济进一步衰退。

2008年8月29日，日本政府出台了“实现安心的紧急综合对策”，其资金规模达11.7万亿日元，目标是“消除居民不安”、“加速迈出社会可持续发展的变革步伐”、“向新价格体系过渡和强化增长力”。具体措施是：为了“消除居民不安”，将对居民生活和就业提供援助；强化医疗、养老金和护理制度，对养育子女提供援助等；下调高速公路通行费；抑制小麦价格的涨幅。为“加速迈出社会可持续发展的变革步伐”，提出了“实现低碳社会”、“强化住宅抗灾能力”、“创造强有力的农林水产业”。为了“向新价格体系过渡和强化增长力”，提出要增强企业活力；建立新的中小企业担保制度，帮助加快中小企业资金周转，提高“储蓄向投资”转变的速度等。

2008年10月30日，日本麻生太郎政府公布了“生活对策”实施办法，其规模涉及26.9万亿日元。办法的主要内容是：向全国所有家庭支付总额上限为2万亿日元的“生活支援定额补贴”；在2009年度把失业保险金征收比率从目前的1.2%最多下调0.4个百分点；住房贷款减税最大扣除额扩至600万日元，并可延长还贷期限。向地方政府提供6000亿日元的临时财政转移资金用于基建等项目；建立失业保障安全网，以及实施稳定金融市场、支援中小企业、增强地方经济活力等项措施。

表16-1 主要的财政政策措施

主要政策	具体内容
稳定就业对策	共1.11万亿日元:住宅与生活对策300亿日元,维持就业对策500亿日元,支持再就业对策2200亿日元,减征失业保险费6400亿日元,增加失业保险支付1700亿日元。
增加地方交付税	1万亿日元,用于振兴地方经济社会,创造新的就业机会。
增设紧急经济对策预备费	1万亿日元,用于增加就业、扶持中小企业和促进社会公共投资。
修改税制	减税1.07万亿日元:国税减征6900亿日元,地方税减征3800亿日元(减征住宅税、土地税、汽车税),以减轻中小企业的税负。对节能设备投资采取及时折旧的投资减税措施。
落实“生活对策”的相关政策措施	包括前述两次补充预算,要确保6万亿日元左右的财政支出。

资料来源：人民网、新浪网与和讯网金融危机专题。

表16-2 主要的金融政策措施

项目	具体内容
1	2008年12月17日修订的《强化金融机能的特别措施法》,把政府向民间企业投入资本的规模由原定的2万亿日元增加到12万亿日元,在紧急需求时,政府可立即对主要金融机构追加10万亿日元的公共资金投入。
2	充分发挥持股金融机构的作用,强化其资金能力,并把政府担保借款的上限提高到20万亿日元。
3	发挥政策性金融的作用,扩大“应对危机的业务”,即当部分大企业或骨干企业陷入经营困境、需要政策投资银行或商工组合中央金库提供贷款时,由日本政策金融公库提供总融资规模为1万亿日元的融资担保;在此基础上,新增日本政策金融公库应对危机的融资担保2万亿日元,以帮助政策投资银行扩充政策性金融业务,收购股票和商业票据等。
4	扩充住宅金融机构支持“市街建设融资制度”的对象事业范围,把扶持住宅建设和房地产开发的融资规模扩大到2000亿日元。

资料来源：人民网、新浪网与和讯网金融危机专题。

日本政府在“实现安心的紧急综合对策”和“生活对策”不见成效的情况下，实施了“生活防卫紧急对策”，扩大了前两项政策的规模，三项政策共动用43万亿日元的公共资金，财政涉及10万亿日元，金融政策规模为33万亿日元。

第四节　“金砖”之三国：危机中的机遇与挑战

巴西（Brazil）、俄罗斯（Russia）、印度（India）和中国（China）四国家的英文名称首字母组合而成为“BRICs”一词，其发音与英文中的“砖块”（bricks）一词非常相似，故被称为“金砖四国”。这四个国家中，巴西被称为“世界原料基地”和“咖啡王国”，俄罗斯被称为“世界加油站”，印度被称为“世界办公室”，中国被称为“世界工厂”。随着四国经济快速增长，其国际影响力与日俱增。

一　俄罗斯

2008年9月以来，在全球金融危机之前俄罗斯经济正遭受全球石油价格大幅下跌的打击，而全球金融危机又使俄罗斯经济面临双重压力。面对机制复杂的全球经济，俄罗斯产业结构单一，缺乏新兴支柱产业，俄罗斯普京政府面临着严峻考验。金融危机演变成全球经济危机后，俄罗斯在2008年下半年开始实行大规模经济救助和刺激计划。

（一）大力救助银行体系，以此稳定金融系统

2008年10月10日，俄政府部长会议决定向本国银行提供为期10年的9500亿卢布（约合365亿美元）贷款，这些资金将主要用于提高银行的资本金，并解决银行清偿能力问题；决定2008年配销1750亿卢布（约合67亿美元）债券，以稳定俄债券市场；拿出500亿美元，用于先前向国外借贷的俄罗斯公司重新募集资金。2008年10月13日，俄罗斯联邦委员会批准了俄罗斯国家杜马此前通过的关于向银行提供补贴贷款的《支持俄罗斯金融体系额外措施》法案。

2008年10月20日，普京宣布俄罗斯应对全球金融危机的补充计划：从2008年联邦预算中划拨2000亿卢布注入国有储蓄保险公司，以确保银行系统稳定运行；将原定于2009年从预算收入中划拨的1750亿卢布提前至2008年划拨，以支持金融体系和实体经济。这一补充计划还涉及修改税收法律法规的内容，其中包括贷款债务可延长至20年分期偿还，有价证券和投资基金股份买卖的收入可免税等。

表 16-3　法案主要内容

项目	具体内容
1	该法案批准俄罗斯外经银行在2009年12月31日前有权向商业机构提供外汇贷款,用于偿还这些机构在2008年9月25日之前取得的外国贷款。
2	俄罗斯外经银行提供的贷款总额不应超过500亿美元。
3	俄罗斯中央银行向俄罗斯外经银行账户提供总额为500亿美元的一年期贷款可以延期,年利率为1%左右。
4	俄罗斯中央银行将向俄罗斯储蓄银行提供5000亿卢布的无抵押补贴贷款,期限至2019年12月31日,年利率为8%。
5	允许从俄罗斯国家福利基金中向俄罗斯外经银行提供最多为4500亿卢布的贷款,期限至2019年12月31日,年利率为7%,贷款发放和使用由政府规定。
6	俄罗斯外经银行在2008年12月31日前向俄罗斯外贸银行和俄罗斯农业银行分别提供最多为2000亿卢布和250亿卢布的无抵押补贴贷款,期限至2020年,年利率为8%。
7	俄罗斯外经银行可以在2009年年底前根据相应的规定,向其他俄罗斯银行提供无抵押补贴贷款,期限至2020年,年利率为8%。
8	俄罗斯中央银行将为贷款机构提供担保,并将俄罗斯公民银行存款的完全保险补偿金调高至70万卢布。俄罗斯中央银行还承诺,无论银行系统发生什么情况,储户都可领取自己的存款。

资料来源：人民网、新浪网与和讯网金融危机专题。

（二）维持股市和卢布稳定

俄罗斯政府计划2008～2009年两年内动用5000亿卢布预算资金及1500亿卢布国家福利基金（约合210亿美元）用于回购上市公司优良资产和被市场低估的企业资产。当外国投资人抛售这些俄国公司股票的时候，俄罗斯通过购买这些公司的股票以支持企业和整个股市稳定发展。同时，央行还抛售了上千亿美元稳定卢布汇率。

为稳定俄罗斯的股票市场，俄罗斯联邦金融市场局、俄罗斯中央银行、交易所和投资者开始制定救市措施。俄罗斯总统梅德韦杰夫宣布，拨款5000亿卢布（约合200亿美元）以稳定市场。总统助理阿尔卡季·德沃尔科维奇甚至表示，这些资金暂时作为一种储备，必要时可以在一天内使用。俄罗斯总理普京协同俄罗斯财政部、俄罗斯中央银行，向金融市场注资超过8000亿卢布（约合330亿美元），使俄罗斯平稳渡过了此次难关。俄联邦金融市场局还对股市涨跌停作出最新规定。一旦股指涨跌幅达到5%，市场将暂停交易一小时；一旦股指涨跌幅达到10%以上，市场将全天停止交易。

二　巴西

面对金融危机的冲击，巴西政府主要在以下几方面进行了政策支持。

（一）压低基准利率，提供农业专项贷款

为降低借贷市场的整体成本，刺激经济增长，2008 年 10～12 月份以来，巴西央行三次降息。进入 2009 年后巴西中央银行政策委员会（COPOM）连续四次大幅调低基准利率。截至 2009 年 6 月 10 日，巴西基准利率已从 2008 年最高点 13.75% 降至 9.25%，为 1999 年 3 月以来最低水平。同时，鉴于农产品出口占总出口额比重接近 20%，为了应对外部市场需求下降，巴西政府通过国有银行增加专项贷款额度支持农业和畜牧业。

（二）稳定汇率市场

由于巴西雷亚尔大幅贬值将加重巴西国内通货膨胀水平和企业外债负担，因此避免雷亚尔快速贬值、保证外贸行业在交易中有充足的美元资金流通是巴西政府在应对金融危机爆发后的重点之一。

巴西中央银行通过卖掉美元外汇储备、提供美元贷款和为出口企业提供贷款等途径控制美元对巴西雷亚尔过快升值。2008 年 9 月至 2009 年 4 月期间，政府主要通过干预外汇市场、签订美元和巴西雷亚尔的互换协议，以及加强进口产品许可证管理三种方式增加外币供应量和限制外汇流出。例如，2008 年 9 月 19 日，巴西中央银行在外汇市场抛售 2 亿美元，受此消息的影响，当日美元汇率下降了 5%。

（三）拉动内需、减税政策

此外，巴西政府还积极拉动内需。巴西政府于 2008 年 12 月 11 日正式出台一项总额达 100 亿雷亚尔（1 美元约合 2.28 雷亚尔）的减税计划。2009 年 1 月又宣布增加 1420 亿雷亚尔资金，用于落实基础设施建设项目，并在两年内向国有的巴西发展银行提供 1000 亿雷亚尔的信贷资金。

在工业方面，巴西财政部自 2009 年 3 月末开始推出了一系列减税措施，如延长汽车业、“白色家电”和建材类行业施行工业产品税（IPI）减免政策；延长摩托车、小麦、面粉、法式面包等产品社会安全费（COFINS）和社会一体化计划费（PIS）减免；下调玛瑙斯开发区及环保企业的企业所得税等。2009 年 6 月 30 日，巴西政府继续减免上述产品的工业产品税，减免总额达 33 亿雷亚尔。

三　印度

为了应对金融危机对印度产生的不利影响，总理府成立专门应对国际金融危机的政策班子，政府筹建强有力的高效委员会，应对全球危机造成的经济和社会问题。

（一）增加银行资金流动性，加强银行金融监管

为解决资金短缺，印度增加银行资金流动性。

表 16－4　主要货币金融政策

政　策	内　容
向银行体系注资	2008 年 9 月央行向银行体系注入约 10 亿美元;10 月决定以 9% 利率向银行体系提供 2000 亿卢比(约合 40 亿美元)。
维护股市信心	政府动员国内各种基金积极入市。
降低基准贷款利率	2008 年 10 月 10 日央行决定将基准贷款利率从 9% 降到 8%。到 2009 年 3 月 4 日该行连续五次将基准贷款利率降至 5%,增加了市场资金流动性。
降低现金储备率	2008 年 10 月 6 日和 10 月 10 日央行连续两次将现金储备率降至 7.5%;11 月 1 日将其降到 5.5%;2009 年 1 月 1 日再将其降低至 5%。
降低法定流动性比例	2008 年 11 月 1 日央行决定将法定流动性比例降到 24%,增加银行流动资金。
开辟特别融资窗口	2008 年 12 月央行允许企业按规定回购未到期可转换外币债券,利用国外信贷市场低成本环境清除高息外债。2009 年 1 月 2 日决定通过特定渠道向非银行金融公司提供 2500 亿卢比信贷;允许各邦通过信贷市场筹资 3000 亿卢比。
实行临时融资措施	2008 年 11 月 1 日允许银行以基准利率向央行借款不超过其存款 1%,为银行体系注资 4000 亿卢比;11 月 16 日将以优惠利率给银行的贸易信贷再融资增加到 2200 亿卢比,并将偿还期延长至 9 个月;对共同基金和非银行金融机构资金支持政策延至 2009 年 3 月。

资料来源：人民网、新浪网与和讯网金融危机专题。

（二）扩大税收减免，增加财政支出

为应对金融危机对印度国内经济的冲击，印度政府先后推出三套刺激经济增长方案，目的在于保持国内经济稳定增长。2008 年 12 月 7 日推出第一套刺激经济方案，政府提出一揽子财政措施，通过直接减税，刺激投资和消费，促进经济增长。2009 年 1 月 2 日政府推出第二套经济刺激方案，除进一步降低利率，放宽境外商业借款限制，增加企业信贷支持外，主要通过调整税收政策，促进对外贸易发展。2009 年 2 月 24 日政府宣布第三套经济刺激方案，作为第二套方案的补充。

表 16－5　主要的财政政策

项目	具体内容
第一套	(1)扩大财政支出。2008 年印度追加 2000 亿卢比财政支出,使剩余 4 个月财政支出总额增为 30000 亿卢比。(2)除石化产品、烟草及特别税率产品外,不分商品种类将中央消费税统一下调 4 个百分点。(3)财政增加近 400 亿卢比拨款,帮助出口研发和市场开发,实行出口退税,支持出口。(4)支持房地产业和纺织业发展,加速基础设施建设等。(5)免除用于发电行业的石油进口关税和细铁矿砂出口税,块状铁矿石出口关税降为 5%。(6)允许政府部门在预算许可范围内更换公车。
第二套	(1)加征进口关税。恢复已取消的部分商品进口关税:对进口水泥开征相当于现行货物税税率的抵消性关税和 4% 的特别关税;取消建筑用钢材免关税待遇,开征 10% 关税;对锌和所有铁合金恢复征收 5% 进口关税。(2)增加对出口的支持。提高出口退税,将棉织布出口退税率提高到 5%,人造棉织物退税率提高到 8.9%,农、林、园艺业工具提高到 10%;成立财政部副部长领导的委员会专门研究解决出口问题;进出口银行继续为出口提供充足的信贷支持等。
第三套	(1)将 2008 年 12 月 7 日宣布降低消费税 4 个百分点的优惠政策延长到 2009 年 3 月 31 日以后。(2)将中央消费税从 10% 降到 8%。(3)中央消费税从价税率仍分别保持 8% 和 4% 不变。(4)将散装水泥中央消费税从 10% 或 290 卢比/公吨(按高者计)降为 8% 或 230 卢比/公吨(按高者计)。(5)减免服务税,将服务税从 12% 降到 10%;免除发电用石脑油进口基本关税,政策延长到 2009 年 3 月 31 日以后;修改出口利润免税政策,确保经济特区内外企业均享受相同出口利润免税政策。

资料来源：人民网、新浪网与和讯网金融危机专题。

第五节　政府干预的本质、成效与困境

一　不同以往的政府干预

（一）美国政府救市的核心就是用国家信用替代市场信用

在全球金融危机中，美欧国家救助金融市场措施的本质就是挽救正在崩溃的银行信用，终止人们对整个金融业的恐慌，重建对美国金融业的信心。由政府斥巨资购买呆坏账、注资银行、实行国有化等，救市措施的本质不过是用政府信用来支持银行信用。

（二）为什么先救金融，后实施实体经济刺激

在次贷危机全面爆发后，美欧政府首先进行的金融救助，原因在于美欧国家经济的金融化、对外高负债和金融机构高杠杆化经营。20 世纪 80 年代的证券化浪潮以来，美国经济运行方式正在悄悄发生着重大变化，50～60 年代美国三大

支柱产业：汽车、钢铁和建筑业早已雄风不再，美国人的生活已经不再依赖于“自己能生产和创造什么”，而更多地依赖于“美元能买到什么”和“怎样创造出更多的货币收入”。炒股票、炒房地产等非制造业的经济活动完全可以不通过任何实体经济的增长而增加人们的货币收入。这一方面造成了美国的制造业的衰落，另一方面也支持了金融业和房地产服务业这些不生产实际产品却可以创造大量货币收入行业的发展。美国制造业占总GDP的比例从1950年的27%下降到2007年的11.7%，美国金融服务业和房地产服务业的GDP占总GDP的比例从50年代的11%增加到2007年的21%。资产炒作多是重复交易，其服务收入只占交易的一个极小比例，那些差价收入虽然巨大却不计入GDP。这就造成了美国新的经济运行方式，通过资本运作而创造货币收入，再依赖美国特有的国际循环方式用美元购买其他国家的产品和资源。

美元资产信用下跌，美国国内金融危机，美国境外美元资产过多，全球化的金融市场上投机资金巨大且疏于监管，现在更严重的问题在于美国对外的经常项目逆差无法停下来，美国向境外输出金融资产的循环也无法停下来，结果，要么初现金融危机使得这一切停下来，要么还继续这种循环。因此，稳定金融和美元地位对美国经济至关重要。

二　成效与困境：政府干预的理论思考

（一）总体评价——市场经济核心价值受到挑战

美国在处理金融危机的时候，不但采取国有化措施，而且也采取了一些类似计划经济的干预措施，这些措施短期内很有效。例如，政府将数十家问题金融机构聚在一起让它们之间对冲自己的大部分债务并考虑哪些呆坏账可以相互对冲解决，其有效的结果是许多问题在合作中解决，政府只管它们无法解决的部分，这样处理呆坏账的资金就大大减少。问题是，这些临时措施是否会常态化。因为美国实体经济与虚拟经济失衡的根本问题没有解决，美国还是要靠金融，靠高端高价的服务业和制造业维持经济运行，美国现有的救助方式的方向不是重建实体经济和对过大的虚拟经济“消肿”，而是要恢复原状。于是这些临时措施不会从根本上解决问题。

在根本问题没有解决的情况下，依靠扩大财政赤字维持经济运行，存在长期隐患。美国救市的资金来自新发行的国债，可以预计，8100多亿美元的债务将导致其财政赤字从2009年的4000多亿美元突然暴涨到2010年的10000亿美元以上，美国2010年的巨额财政赤字会导致其本来已经很高的经常项目逆差进一步加大，这就是说美国对外发行的债券还要进一步加大。刺激美国和世界虚拟经济膨胀的问题不但不会得到缓解，而且还会进一步加剧。美国不允许实行赤字的货币化，即由美国联邦储备直接贷款给财政部（购买政府新发行的债券），美国境内的现金流动性短缺，最理想的筹资方式就是借外债。而美国的外债已达13万亿美元，境外必须不断承担美国救市的资金负担。金融危机本来是让这些虚拟资产减肥、消肿，现在救市措施却在扩大美国财政赤字，扩大经常项目逆差，加剧金融资产的膨胀，特别是境外金融资产的膨胀。

降息与凯恩斯的“流动性陷阱”。美国联储另一重要措施是降息，联邦基金目标利率已经从5.25%持续降到了1.25%。其目的是刺激资产价格上升，恢复人们对美国金融资产的信心。但是，凯恩斯早就说过，在利息率不断降低的过程中，人们持有现金的渴望越来越强烈，直到接近零，向下调整的余地丧失，对现金的持有量无限大，整个经济掉入“流动性偏好陷阱”。

（二）长期影响——政府干预的悖论

1. 去杠杆化与政府救市政策效率

80年代末金融创新的目的已经由规避风险，越来越转变为追求利润，导致杠杆率放大。美欧各国金融自由化发展的主要表现是银行的信贷条件放宽，银行间的竞争加剧，利率实现市场化，资产出现证券化发展趋势加剧了银行和证券公司、投资银行之间的竞争。1999年美国政府颁布了《金融现代化法》，标志着金融自由化发展到了顶点。20世纪80年代以来金融创新发展使去杠杆化的金融系统性风险增大。金融衍生工具是20世纪80年代金融创新的核心，金融衍生工具兼具套期保值的避险功能，又具有赚取高风险高利润的投机功能。金融衍生产品加以创新的表外性和隐蔽性，使金融机构会计报表的真实性、透明度和准确性下降。信息不对称造成检测与预警有效性大大降低，投资者无法从财务报表中获取相关信息，无法甄别潜在财务风险和市场风险。金融衍生工具创新在一定程度上削弱了中央银行货币政策的有效性，增加了监管难度。在全球化背景下，金融创新打开了金融风险跨国传导的渠道，大大增加了防范和管理金融风险的难度。

从事证券化产品和衍生品交易的金融机构为获得更高的利润，就需要吸收更多的资金支持，就会进一步推高杠杆化率，进而不断推动金融机构推出更多、更复杂的金融创新产品，金融自由化就在这个机制下走向极致。整个金融链条被拉长，但是整个金融市场的风险都系于证券化基础资产的稳定，主要是房地产信贷

和消费信贷的安全上，整个金融市场对杠杆的依赖越来越强。2008 年金融危机是一个去杠杆化的过程。纵观美国金融自由化发展和金融创新历程，可以发现在 80 年代以后金融创新的性质发生了变化——由规避风险转变为追求高杠杆化下的高利润，在 2000 年以后高杠杆化金融创新达到极致。而在推行金融自由化政策时，政府对衍生品交易和投资银行金融监管缺失，货币当局长期忽视虚拟经济发展的影响，实施低利率的宽松政策使房地产等基础资产价格持续上升。美国整个金融系统高度依赖高杠杆机制，并得以持续了一个时期，但是一旦房地产价格下跌和基础利率上升使杠杆交易机制断裂，金融市场就陷入去杠杆化的系统性危机，蔓延成全球金融危机。

过去的 30 年，美国经济越来越依赖经济虚拟化机制，经济虚拟化使汇率、资产价格和物价间达到新自由主义理想的“均衡”，传统宏观经济目标状态“良好”。因而，美联储和财政部没有构建起充分考虑经济虚拟化影响的宏观政策机制，而监管体制的滞后和缺失，使美国的金融自由化缺少有效约束。美国经济从 80 年代初开始金融失衡，在全球则表现为货币体系失衡和全球金融失衡。美欧这种经济高度依赖金融市场的经济结构是严重失衡的，一旦金融链条断裂，整个经济就会陷入衰退和危机，除非这种金融经济结构能够恢复，否则经济就会因为继续去杠杆化而陷入低迷。2008 年金融危机的根本原因不是金融监管，而是美欧国家这种不受控制的、过度经济虚拟化的结果，只有通过金融危机才能让它停下来，政府就不得不为维持这种脆弱的金融链条的稳定而进行干预。

在经济虚拟化后，美欧政府似乎解决了经济增长和通胀并存的矛盾，90 年代初期以后美欧经济步入稳定增长和低水平通胀的时期，而同时期资产规模和价格却在持续上升。现代金融的高度复杂性决定了经济虚拟化后，政府如果继续以主流理论指导传统政策方法预测和调节经济增长和通胀，必然出现政策混乱。虽然在 20 世纪 90 年代中后期，理论界一些学者曾多次对资产价格泡沫问题提出警示，但是在泡沫经济没有破裂之前，市场利益主体是不能认同政府挤出泡沫的。另外，受主流宏观经济理论影响的政府宏观经济政策在宏观经济指标都表现“出色”时，不会主动击破泡沫，挤出泡沫的政策会引起相关利益主体的广泛批评，美欧政府无法承受由此带来的政治利益损失。

在金融自由化过程中，系统风险控制实际上是由各种保险机构来承担的。在美国次贷危机中市场力量推动房地产和其他虚拟经济领域大幅发展时，既然有 AIG 这样的大公司作担保，没有什么可担心的。发行次贷的两房机构和其他房屋信贷机构认为违约率超过危险界限的概率微乎其微，所以也没有什么好担心的，那么美国财政部和美联储也没什么动力去破坏经济“大好发展”形势。虚拟经济就在“市场规律”的推动下走向过度膨胀，直至金融链条变得极为脆弱，危机爆发为止。20 世纪 80 年代以后美国债务及美元机制实际上是推动美国经济虚拟化的主要宏观因素，美国虚拟经济逐渐成为美国的主要经济支柱，虚拟经济是吸引全球资金的重要部门，也是维持美国经济的核心机制。况且，美国虚拟经济的发展被各种风险控制“保护”，房地产和证券迅猛发展都被看做“经济繁荣”的表现，格林斯潘等官员就不可能“逆流而动”，而只能“顺势而为”。2008 年美国的金融危机实际上从 2005 年初就已经露出苗头，几乎所有官员和学者都认为那只是局部危机，因为有那么“健全”的风险控制机制，系统性风险发生的概率“很小”。美欧政府只能为政治经济利益束缚、短视和干预机制上的滞后付出更大的代价。

2. 现行政策的长远影响——流动性膨胀

在很长时间里，主流宏观经济理论和政策研究没有重视债务——美元体系下美元滥发造成的全球流动性泛滥问题。1973 年“布雷顿森林体系”崩溃后，美元彻底与黄金脱离，彻底使国际货币发行失去了有效的“共同”约束。而美联储和美国财政部首先把国内经济问题放在首位，美国长期国际收支逆差就是依靠长期对外债务实现的，美国外债和各种金融资产就是对外输出美元的结果，这就是全球流动性问题存在的根源。间接的证据是：在 20 世纪 70 年代以前，全球的外汇储备维持在较低水平，增长缓慢。但在美元与黄金脱钩，“布雷顿森林体系”解体后，全球外汇储备呈现爆炸性增长。特别是在发展中国家和新兴市场经济国家外汇储备急剧增长。1948 年全球外汇储备仅为 478 亿美元，到 1970 年增长到 932 亿美元。这 22 年间，全球外汇储备年均增长速度为 3%。从“布雷顿森林体系”解体，到 2007 年本次全球金融危机爆发前的 37 年间，全球的外汇储备以年均 12% 的水平快速增长，37 年增长了约 70 倍，2007 年底达到 6.41 万亿美元。最近，随着美联储大量投放美元，全球外汇储备已达到 7.1 万亿美元。国际金融市场参与主体的变化也能反映出全球虚拟经济发展的巨大变化：全球金融市场的主体是投资银行、养老金、保险机构、共同基金、对冲基金、主权财富基金等。其中主权财富基金在 80 年代出现，到 2008 年已经有 37 个国家成立了主权财富基金，成为国际金融市场的重要力量，对国际金融市场稳定有着重大影响。

三 发展中大国应对现代金融危机的干预机制探索

保持中国金融稳定和宏观经济持续稳定发展，应该将国际货币金融体系，以及影响中国金融稳定和宏观经济稳定的虚拟经济等各种因素考虑进来。

（一）提高人民币国际地位，保持国际货币体系相对合理

美欧发达国家积极推行了美元本位制、金融自由化和浮动汇率制度。掌握了国际金融决策权的发达国家总是强调金融自由化和浮动汇率的好处，却总是忽略美元本位制不可克服的内在矛盾——一国货币充当世界货币，该国就存在过度发行冲动，这种过度发行掩盖了在市场交易机制和虚拟资产价格膨胀中，发展中国家持有大量该国虚拟资产作为外汇储备和资产，而该国很便宜地使用其他国家的资金，并且常常可以通过汇率调控实施“赖账”。由于全球流动性膨胀风险和经济虚拟化使我们很难确定均衡汇率的合理水平，实践也证明不能通过汇率调控来调节国际收支。所以各国就不能放弃对汇率和资本流动的控制，保持汇率相对稳定对于保持经济稳定极为重要。对于中国而言，由于资本市场没有完全开放，此次金融危机对国内金融市场冲击有限。所以稳定汇率非常重要，中美间金融合作的前提就是不能再把人民币汇率升值问题作为解决中美贸易问题的根本问题。

目前，应该加强主要国家间的合作和协调，以修正当前不稳定的世界货币体系，重建稳定、和谐、公平的国际货币金融新秩序。长期来看，提高人民币的国际地位可以降低美元对人民币的影响。一方面，降低我国汇率风险；另一方面是人民币获得与中国实体经济相衬的国际货币地位，减轻其他国家对美元波动的影响，也可以很大程度上化解美元波动引发的全球金融系统风险。因为如果中国国内经济能够继续保持强力增长，人民币将是有保障的硬通货。中美合作，从而使各国为维持汇率稳定有了更多的选择和保障。中国虚拟经济的规范化和国际化发展将为人民币资产的国际化交易提供平台和通道。最近，中国与韩国等国已经实现货币互换，这种人民币国际化形式的风险更容易控制。今后，要与主要国家积极探讨和合作实现风险可控的人民币国际化方案，适度推进人民币国际化进程。

（二）最后贷款人职能、直接干预

最后贷款人（注资等提供流动性措施）与直接入市干预宗旨都是要保持金融机构和金融市场稳定。但从长期看中央银行最后贷款人职能和政府直接干预能否达到保持金融稳定的目标，还需要加强对存在问题的金融机构和问题人监管、处罚和治理的力度，所以要完善这方面立法和监管。否则，就使问题金融机构和

问题人利用“太大而不能倒闭”借口，从事过度投机和逃避监管，用金融稳定绑架实体经济稳定，使其能够搭政府保持金融稳定政策的便车。

我国已经进入后工业化时代，自主创新和产业结构调整都需要金融支持。房地产也已经成为国民经济重要行业，但是实现适合我国国情的房地产发展模式的选择和市场规范化发展都需要一段时间。房地产市场对金融稳定和宏观经济都具有重要意义。美国次贷危机给我们及时地提出了警告，必须保持房地产、证券和保险等市场的平稳发展。除了金融监管和调控政策，政府应该具备在重大危机情况下进行直接干预的能力。这需要政府在危机的不同阶段，能够适时形成组合干预政策，从而保证干预的及时和高效。

（三）完善金融体制，建立统一、协调金融监管机制

20 世纪 80 年代以后，由于发达国家金融市场的竞争加剧，一些国家出现金融业务多元化发展，推动了金融混业经营的发展。金融机构的资产负债中虚拟资产的比重上升，金融机构风险来源变得更加复杂。一些虚拟资本价格的波动，使金融机构风险状况非常不稳定。因此，也迫使政府对金融市场的监管，由分业监管走向联合监管，并且越来越强调金融监管的专业性和效率。各国将中央银行制定货币政策的职能与监管职能分开，对银行、证券和保险业进行联合监管（英国成立了金融服务局）。当前金融市场监管强调风险管理，突出对信息披露问题，对金融交易行为和金融机构的经营状况进行严格实时监控管理，监管当局通过制定财务会计标准，强制金融企业披露更详细和及时的财务会计信息，保证金融市场的信息透明。不同的虚拟资产都具有投资性、流动性和良好的变现能力，其资产价格由投资者预期决定。但是不同的虚拟资产以各种不同的形式存在，其投资方式、交易方式和交易期限等存在很大差异，所以需要有针对性的行业监管。由于投资者在各种资产之间会进行选择和组合，这些资产之间存在相互替代、相互影响，所以在行业监管基础上要进行统一监管和协调。

2008 年金融危机给中国金融发展提供了重要的经验，在推进金融创新过程中如何保持金融稳定，如何对虚拟经济进行有效管理是一个重大课题。为了充分发挥虚拟经济在经济中的蓄水池功能，保证虚拟经济适度和稳定发展，政府就需要采用一些新的宏观经济政策。目前来看，政府在虚拟经济发展中应该关注四个方面的问题：（1）严格限制，或管制高杠杆、高风险的金融产品市场，鼓励基础性金融创新；（2）虚拟经济具有杠杆交易特征，所以一些特定市场在发展过程中，政府需要进行市场发展规划，在法律、法规和监管机制的构建上有所规划

和设计；（3）在货币政策、财政政策方面需要充分考虑虚拟经济因素，不能忽视虚拟经济对货币政策和财政政策传导机制中的作用；（4）由于存在全球货币、金融体系失衡等问题，宏观经济政策和监管中要充分重视全球流动性泛滥和国际短期资本流动带来的影响。

参考文献

[1] 艾伦·加特：《管制、放松与重新管制》，经济科学出版社，1998。
[2] 奥村洋彦：《日本“泡沫经济”与金融改革》，中国金融出版社，2000。
[3] 奥村洋彦：《日本“泡沫经济”与金融改革》，中国金融出版社，2000。
[4] 巴曙松：《流动性过剩的控制与机遇》，《资本市场》2007 年第 3 期。
[5] 本·S. 伯南克：《大萧条》，东北财经大学出版社，2007。
[6] 范小云：《繁荣的背后——金融系统性风险的本质、测度与管理》，中国金融出版社，2006。
[7] 弗朗索瓦·沙奈：《金融全球化》，中央编译出版社，2001。
[8] 弗朗索瓦·沙奈：《资本全球化》，中央编译出版社，2001。
[9] 宫崎义一：《泡沫经济的经济对策》，中国人民大学出版社，2000。
[10] 李宝伟：《现代金融危机的演进与政府干预深化》，《经济学家》2009 年第 7 期。
[11] 李宝伟：《经济虚拟化与政府对金融市场的干预》，南开大学出版社，2005。
[12] 李翀：《短期资本流动的成因、效应与风险》，人民出版社，2004。
[13] 李晓西、和晋予：《开放经济条件下我国流动性过剩问题》，《财贸经济》2007 年第 6 期。
[14] 理查德·波斯纳：《资本主义的失败》，北京大学出版社，2009。
[15] 刘骏民：《从虚拟资本到虚拟经济》，陕西人民出版社，1998。
[16] 刘骏民：《虚拟经济的经济学》，《开放导报》2008 年第 6 期。
[17] 刘骏民：《虚拟经济的理论框架及其命题》，《南开学报（哲学社会科学版）》2003 年第 3 期。
[18] 刘骏民：《依赖虚拟经济还是实体经济——中国核心经济与核心需求的比较》，《开放导报》2009 年第 1 期。
[19] 卢卡斯·门克霍夫等：《金融市场的变迁——金融部门与实体经济分离了吗》，中国人民大学出版社，2005。
[20] 迈克尔·赫德森：《金融帝国》，中央编译出版社，2008。
[21] 麦金农：《麦金农经济学文集（第六卷）》，中国金融出版社，2006。
[22] 戚文海：《国际金融危机中的俄罗斯——消极影响与积极应对》，《世界经济导报》2009 年第 6 期。

[23] 让·梯诺尔：《金融危机、流动性与国际货币体系》，中国人民大学出版社，2004。
[24] 唐双宁：《关于流动性过剩问题》，《经济研究》2007 年第 9 期。
[25] 王自力、叶贸：《流动性过剩难题及破解》，《中国金融》2006 年第 4 期。
[26] 文富德：《印度应对国际金融危机的对策及其经济前景分析》，《四川大学学报（哲学社会科学版）》2009 年第 4 期。
[27] 夏斌、陈道富，《中国流动性报告》，国务院发展研究中心金融研究所，2007。
[28] 向松祚：《不要玩弄汇率》，北京大学出版社，2006。
[29] 伊藤·诚、考斯达斯·拉帕维查斯：《货币金融政治经济学》，经济科学出版社，2001。
[30] 易纲、王召：《货币政策与金融资产价格》，《经济研究》2002 年第 3 期。
[31] 余永定：《理解流动性过剩》，《国际经济评论》2007 年第 4 期。
[32] 约翰·伊特维尔、艾斯·泰勒：《全球金融风险监管》，经济科学出版社，2001。
[33] 张改燕、嵇飞：《对现行国际汇率制度的再认识》，《世界经济与政治》1998 年第 4 期。
[34] 张忠军：《金融业务融合与监管制度创新》，北京大学出版社，2007。
[35] 中国社会科学院"国际金融危机与经济学理论反思"课题组：《国际金融危机与经济学理论反思》，《经济研究》2009 年第 11 期。
[36] 朱民：《改变未来的金融危机》，中国金融出版社，2009。
[37] Bond Stephen R. and Michael P. Devereux, 1998, "Financial Instability and the Stock Market Crash and Corporate Investment", Fiscal Studies, 9: 2, pp. 72 – 80.
[38] Bryan, Cecchtti and Sullivan, 2002, "Asset Prices in the Measurement of Inflation", NBER, Working Paper No. 8700.
[39] Charles Bean, 2003, "Asset Price, Financial Imbalances and Monetary Policy: Are Inflation Targets Enough?" BIS working paper No. 140.
[40] Ben Benanke and Mark Gertler, "Should Central Banks Respond to Movements in Asset Prices?" American Economic Review, may 2000.
[41] Cecchetti, Stephen G. Crisis and Response· The Federal Reserve and the Financial Crisis of 2007 – 2008 [DB], NBER working paper 14134, June, 2008.
[42] Eichengreen B. 2003, Three Generations of Crises, Three Generations of Crisis Models. Journal of International Money and Finance. 22: pp. 1089 – 1094.
[43] Gary B. Gorton " THE SUBPRIME PANIC" [R] http://www.nber.org/papers/w14398.
[44] Annick Bruggeman, "Can Excess Liquidity Signal an Asset Price Boom", NBB Working Paper no. 117, August, 2007.
[45] Rüffer and Stracca, "What is Global Excess Liquidity, and does it Matter?" ECB Working Paper no. 696, 2006.
[46] Bordo, Michael and Anna Schwartz, 1996, Why Clashes Between Internal and

External Stability Goals End in Currency Crises, 1797 - 1994, Open Economics Review, Vol. 7.

[47] Buiter, William H., and Giancarlo Corsetti and Paolo Pesenti, 1996, Financial Markets and International Monetary Cooperation: the Lessons of the 92 - 93 ERM Crisis, Cambridge: Cambridge University Press.

[48] Caramazza, F. and Aziz J., 1998, Fixed or Flexible? Getting the Exchange Rate Right in the 1990s, IMF Economic Issues No. 13.

[49] Chari, V. V. and Kehoe, P. J., 1996, Hot Money, Federal Reserve Bank of Minneapolis Research Department Staff Report 228.

[50] Eichengreen, B., Rose, A., and Wyplosz, C., 1996a, Contagious Currency Crises, NBER Working Paper No. 5681, July.

[51] Eichengreen, B., Rose, A., and Wyplosz, C., 1996b, Speculative Attacks on Pegged Exchange Rates: An Empirical Exploration with Special Reference to the European Monetary System, Transatlantic Economic Issues, Cambridge University Press, Cambridge, UK.

[52] Flood, R. P., and Nancy P. Marion, 1997, Perspectives on the Recent Currency Crisis Literature, NBER Working Paper 6380, December 1997.

[53] Flood, R. P., and Nancy P. Marion, 1998, Self-fulfilling Risk Predictions: An Application to Speculative Attacks, Working Paper, Dartmouth College.

[54] Frenkel, J., and Rose A., 1996, Currency Crashes in Emerging Markets: An Empirical Treatment, International Finance Discussion Paper No. 534, Washington: Board of Governors of the Federal Reserve, January.

[55] Kaminsky, G., Lizondo, S., and Reinhart, C., 1997, Leading Indicators of Currency crises, unpublished: IMF.

[56] Kenneth, W., 1988, Bubbles, Fads and Stock Price Volatility Tests: A Partial Evaluation, Journal of Finance 43: pp. 639 - 656.

[57] Krugman, P., 2000 Currency Crises The University of Chicago Press, Chicago 60637, The University of Chicago Press, Ltd., London, 2000 by the National Bureau of Economic Research.

[58] Mathieson, D. J. and Rojas-Suarez, L. Liberalization of the Capital Account—Experience and Issues, IMF Working Papers 103.

[59] Obstfeld, M., 1994, The Logic of Currency Crises, Cahiers Economiques et Monetaires 43: pp. 189 - 213.

[60] 経済対策閣僚会議《安心実現のための緊急総合対策》www5. cao. go. jp/keizail/2008/080829taisaku. pdf。

[61] 経済対策閣僚会議《生活対策》www5. cao. go. jp/keizai1/2008/081030taisaku. pdf。

［62］経済対策閣僚会議《生活防衛のための緊急対策》www5. cao. go. jp/keizail/2008/081219taisaku. pdf。

［63］経済対策閣僚会議《生活防衛のための緊急対策》www5. cao. go. jp/keizail/2008/081219taisaku. pdf。

The Active Government Intervention Under Financial Crisis: Polices, Differences and Difficulties

Abstract: This chapter highlights that the mutual support of unbalanced international monetary system and over financialization of US economy is the root of this global financial crisis. Since there are great differences in the status of international financial system and international industrial chain among countries, so the influences on them, their rescuing measures and achievements are diverse from each other. The US government concerns especially on the innovation of traditional financial supervision and legal policy functions by means of comprehensive intervention which rescues financial institutions by priority and then real economy. While the cause of crisis in Europe is the effect of the conduction of international monetary and financial system, it also exposes that some EU entities are over virtualized. Because of the constraint of financial mechanism by EU, Europe countries lack uniformity in rescue policies, which can hardly stop the depression of EU economy and the decline of the European dollars' status. The ability of Japan's government intervention is very limit, and, while the real economy of Russia, Brazil and India suffer a great impact. Although the financial assistance and economic-stimulus programs have eased the economy of US and Europe, the long-term influence of government intervention remains to be seen since the problems of over virtualization and unbalanced international monetary and financial system have not been resolved.

Key Words: Financial Crisis; Government Intervention; International Monetary System

第十七章 越南的危机：新兴经济体的发展模式转型

蒋玉山　古小松*

摘　要： 恶性膨胀及全球金融危机对越南实体经济和虚拟经济产生了严重的影响。为遏制经济衰退，越南政府制定一揽子经济刺激计划，综合运用财政、货币和税收政策，提高工人的最低工资、消费补贴，刺激国内消费，实现了经济形势 V 形反转。由于地区发展不平衡、发展起点低、出口导向型的发展战略等原因，越南经济发展隐藏着巨大风险。“越南模式”是“中国模式”的加速版，更加强调经济的快速增长，却忽视了内部的均衡。在世界经济全球化趋势日益加剧以及全球金融危机影响下，“越南模式”已难以继续往昔的荣耀，后金融危机时期越南经济实现转型已经势在必行。

关键词： 金融危机　发展转型　越南模式

越南一直被视为亚洲“雁阵”中重要成员，被冠以东南亚经济发展领头羊。越南在遭受全球金融风暴袭击之前，体味了恶性通胀的阵痛，虽然“越南危机”未成为引发亚洲金融危机的第一张多米诺骨牌，但在 2008 年金融危机冲击下，越南经济终不能独善其身。金融危机给越南这样的转型经济体带来的影响长期而深刻，长期存在的矛盾在危机中充分暴露。通过分析越南的危机，折射出后危机时代新兴经济体实现持续稳定发展之惑的解决办法，为“中国模式”的完善提供启迪。

---

* 蒋玉山，暨南大学东南亚研究所博士研究生，主要研究方向：国际经济关系、越南问题研究；古小松，博士、研究员，广西社科院副院长，中国东南亚研究会副会长，广西民族大学硕士研究生导师。

第一节　全球震荡：越南难以独善其身

越南全称越南社会主义共和国，位于中南半岛北部，面积32.9万平方公里，人口8578.9573万人①。自1986年越共“五大”正式拉开革新开放的帷幕以来，经过24年的革新开放实践②，越南经济已经具备了良好基础，1991～2000年，GDP年均增幅达到7.5%，GDP总量增加2.07倍。③ 进入21世纪，越南经济更是上了一个新的台阶，2008年越南人均GDP突破1000美元，达到1024美元④。越南摆脱了最贫困最落后的状态，经济步入快车道。

一　全球金融危机前越南经济的阵痛

2007年底，由于经济发展过快，固定资产投资过热，加之美国次贷危机的影响，国际原材料价格上涨而导致输入性通胀及越南政府对经济发展调控不力，产生经济危机，从而使越南在全球金融危机来袭之前经历了国内危机。

1. 恶性通胀、本币贬值

2007年底，越南的通胀率为12.6%，由于政府宏观调控政策不力，美国次货危机引起的全球房地产泡沫链式传导起了助推作用。为解决通货膨胀问题，2008年初，越南政府试图削减政府支出，挤出经济泡沫，但收效甚微。2008年3月下旬，越南央行——国家银行决定扩大每日越盾外汇牌价浮动区间，由0.75%扩大到1%，以抑制通胀，却适得其反，越盾逆向大幅贬值；到5月末，越盾对美元即期汇率从15930∶1贬值为16245∶1，黑市价更是达到18000∶1，本币贬值12.5%。⑤ 当月，越南通胀率已高达25.2%，比2007年12月份翻了一番，恶性通胀的局面已经形成，直到第三季度才逐渐缓解。2008年底，越南CPI指数比2007年上升23%，为1992年以来最高值。

---

① 截至2009年4月1日0点，越南全国总人口8578.9573万人，居世界人口第13位。参见《2009年越南全国人口与住房普查初步结果》，〔越南〕《数据与事件》2009年第8期。

② 越南从1979年已进行过改革的尝试，但正式改革始于1986年越共“六大”召开，中国“改革开放”一词，越南称“革新开放”，其含义同质。

③ 黄文派：《在越南发展社会主义定向的市场经济时运用比较优势理论》，〔越〕《经济与预测》2009年第24期。

④ 古小松主编《越南国情报告（2009）》，社会科学文献出版社，2009。

⑤ 古小松：《在高通胀中发展——越南2008年形势分析与预测》，《东南亚纵横》2009年3期。

2. 股市崩盘、楼市泡沫

受越南宏观经济形势和次贷危机双重影响，越南2008年初，证券股指大幅下挫，2008年6月4日下跌到396点，比2007年10月3日最高的1106点，下跌62.4%。由此导致越南房价的晴雨表——胡志明市房地产价值暴跌，大部价格回落到2007年10月的水平，跌幅约60%，由此而引发了越南楼市泡沫。

3. 贸易状况恶化

截至2008年5月，越南实际贸易逆差已高达144亿美元，是2007年同期的4倍。由于贸易赤字迅速扩大，投资者感觉出现资产泡沫，投资风险相应增加，为规避风险，越南出现资本外逃现象。外界普遍担心越南危机引发的金融动荡可能蔓延至其他东盟国家，甚至成为1997年“亚洲金融危机”悲剧重演的导火索。

二 全球金融危机冲击越南经济

金融危机对越南经济的影响在2008年底开始显现，越南经济指标严重下滑，经济增长乏力，GDP增长6.23%，创1997年亚洲金融危机以来的新低，进口下滑14.2%，工业、出口等方面增长速度均未达到年初的计划指标。直到2009年上半年，越南各项经济指标都不乐观，主要表现在出口市场萎缩，外来投资减少。第一季度的GDP增长只达到3.1%，是越南近十年最低增幅。

（一）全球金融危机对越南实体经济的影响

1. 经济增速放缓，多项指数未达标①

受高通胀和世界金融危机双重打击，GDP增速回落，仅为6.23%，创十年来的新低，大大低于2007年的8.5%，低于年初调整的7%，胡志明市2009年第一季度GDP只有4%，为10年来新低。② 越南工业产值同比只增加14.6%，约为6500亿越盾（3892万美元），③ 低于2007年的17.1%；2008年，全社会总投资下降了11.4%，仅为184.4万亿越盾，少于FDI投资总额，全社会投资占GDP的比重下降到28.9%④；2009年第一季度，农业增长2.86%；工业产值增

① 皮军：《国际金融危机对越南经济政策的影响》，《东南亚研究》2009年第4期。

② 黎清海：《胡志明市同全国一起遏制经济衰退，使经济朝着可持续发展》，〔越〕《共产主义》2010年第3期。

③ 以当时汇率16700越盾兑1美元计。

④ 明光：《2008年经济社会：困难及前景》，〔越〕《经济与预测》2009年第1期。

长缓慢，受影响较大的有：化肥、天然气、客车、液化气、棉布、成衣；2008年越南接待入境游客420万人，增长0.6%，未实现行业提出的480万~500万人年度目标。

2. FDI投资减少

从2009年1月开始，由于全球流动性严重不足，进入越南的外资大幅减少，在50个外资项目中，注册资金只有1.6亿美元，项目总数增加了43%，但资金总额同比下降约90%。截止到2009年6月19日，越南的外资投资总额达到89亿美元，比同期减少了77.4%。2009年FDI投资同比新增项目只有2008年的53.9%，注册资金只有同期的30%，到位资金只有2008年的87%。[①] 2009年底，实际利用外资比2008年减少70%，仅为220亿美元。

3. 贸易环境恶化，出口市场萎缩

从2008年第四季度开始，越南对外贸易已显颓势。2008年前9个月，出口美国增长16.7%，低于2007年同期的26.7%。出口美国占出口总额比重由2007年的20.7%下降到17.7%，受影响最大的是成衣、皮鞋、大米、鲶鱼、咖啡；而出口欧盟市场的份额从2007年的18%下降到16.5%。[②] 2009年，越南出口566亿美元，比2008年减少9.7%，是近年来的首次下降。大宗商品价格比2008年下降，原油减少39%，2009年原油出口收益锐减，为4.24亿美元。一些主要商品同比均有下降，如纺织品、皮革鞋类、木制品、电子零件等产品。2009年贸易赤字达到120亿美元，外汇储备从2008年的230亿美元降低为2009年6月份的176亿美元[③]（见图17-1）。

欧美贸易保护主义抬头，越南贸易环境恶化。据越南国际仲裁委员会统计，到2009年7月，越南被提起反倾销调查共39起，其中有70%败诉，在世界100个被起诉的国家中居第七位。主要有：2月27日，加拿大正式对来自越南皮鞋和雨鞋进行反倾销调查；3月13日，美国两家塑料品公司对越南的PE塑料袋提起反补贴调查；7月25日，土耳其补贴和反倾销调查局公布2009-26号决定，对原产地越南、印尼、菲律宾、巴基斯坦及埃及的空调发起反偷漏税调查；9月8日，美国商务部调整对越南三起案件的反倾销税强征税额；12月22日，

---

① 黎海云：《2009年越南的FDI及2010年展望》，〔越〕《共产主义》2010年第5期。

② 武鸿福：《全球金融危机对越南FDI及经济增长的影响》，〔越〕《共产主义》2008年第24期。

③ 〔越〕《越南共产党》2009年10月27日，

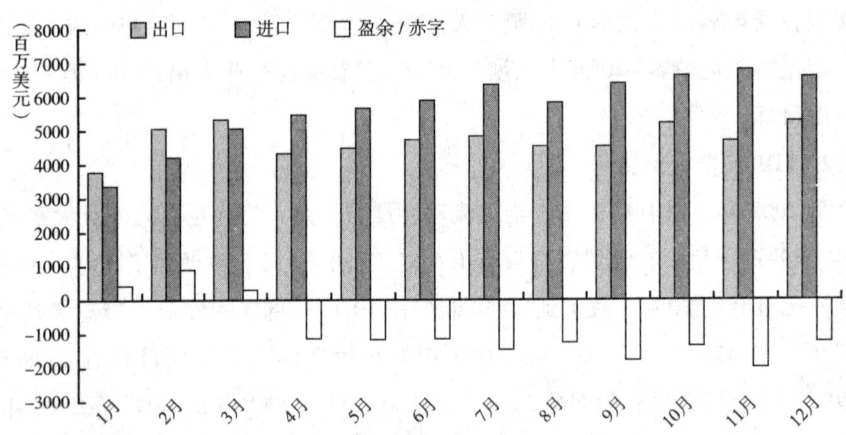

图 17－1　2009 年越南进出口额及当月进出口盈余/赤字表

资料来源：越南国家统计总局，转引自 2009 年 12 月 30 日〔越〕《经济时报》。

欧盟宣布对从越南进口鞋帽处 15 个月强制征税，欧盟对越南鞋类加收 10% 的关税。

4. 企业受影响大，失业人口增加

越南企业由于 95% 是中小企业，① 这些企业抗风险能力弱，因此受金融危机冲击很大，有近 40% 企业破产和停产，有 31% 的企业难以为继，有 17% 的企业减产严重，仅有 13% 的企业受影响较小。截至 2008 年底至 2009 年初，估计 35 万人面临失业，约占全国劳动力的 0.82%，而工业区农民工的失业率约为 15%，因此总的失业人口预计达到 100 万人。② 越南纺织集团现有职工人数 200 多万人，2009 年将裁员 15%③。2008 年末，胡志明市有 177 家企业裁员，15759 名工人失业，6540 人开工不足。劳务输出受阻，2008 年只输出 8.5 万人，2009 年只输出 7.5 万人④，均未完成计划。到 2009 年中，98% 的工厂才恢复招工，80% 的失业

① 越南的中小企业是指企业资本在 100 亿越盾（以 2010 年 3 月 29 日汇率 19000 越南盾 =1 美元计算，约相当于 52.6 万美元）以下，雇员规模在 300 人以下的企业。参见阮氏慧英《越南高通胀和经济放缓的社会影响及政府的回应》，载《增长与改革——金融危机下的亚洲新兴经济体》，中国经济出版社，2009，第 306 页。

② 阮庭恭：《金融危机与越南经济走势》，载《增长与改革——金融危机下的亚洲新兴经济体》，中国经济出版社，2009，第 44～45 页。

③ 越南新闻网 2008 年 12 月 19 日。

④ 蒋玉山：《发展中国家劳务输出的经济学：以越南为例》，《东南亚纵横》2010 年第 4 期。

工人才重新就业。①

5. 国家财政状况恶化

由于受全球金融危机的影响，越南经常项目赤字增速加快，2006 年，越南经常项目赤字只有 1.6 亿美元（只占 GDP 的 0.27%）；2007 年增加到 70 亿美元（占 GDP 的 9.9%）；2008 年 123 亿美元（占 GDP 的 13.9%）。资本账户盈余减少，2007 年为 187.7 亿美元（占 GDP 的 26.44%）；2008 年为 134 亿美元（占 GDP 的 14.82%）。② 2009 年越南国家财政赤字占 GDP 的 6.9%，不包括政府债券和政府返还给企业的再贷款。外债占 GDP 比例达到 29.7%，据世界银行专家评估，虽然仍处在安全水平之内，但考虑到越南盾对美元汇率下降因素，2009 年外债上升数要高于国家财政收入总数，仍然值得警惕。

（二）对虚拟经济的影响

受金融危机的影响，越南胡志明及河内两大股指连续下跌，交易值也大幅下滑。2008 年，越南指数从 2007 年最后一个交易日的 927.02 点跌到 315.62 点，减少了 601.40 点，市值减少了 65.9%。2008 年 12 月 10 日，越南指数跌至新低，为 2000 年 7 月开市以来的新低，仅为 286.85 点。而 HaSTC 指数在经过 2008 年的 248 轮交易之后，在 2008 年 12 月 31 日交易截止日期，减少了 217.22 点，只有 105.12 点，跌幅达 67.39%。越南股市市值从 2007 年底的 300 亿美元，缩水到 2008 年底的 120 亿～130 亿美元，蒸发 70%，市值只占越南 GDP 的 17%。③

第二节　数管齐下：应对金融危机

为遏制经济衰退，从 2008 年 11 月开始，越南开始金融危机救援计划，对宏观经济政策进行调整。2008 年 12 月 11 日，颁布第 30/2008/NQ－CP 决议，出台五项措施以阻止经济衰退、保障民生。为及时有效地贯彻落实五项措施，2009 年 1 月 19 日颁布了第 12/2009/QD－TTg 号决议。2009 年 5 月 20 召开的十二届

① 黎清海：《胡志明市同全国一起遏制经济衰退，使经济朝着可持续发展》，〔越〕《共产主义》2010 年第 3 期。

② 丁文恩：《越南经济的改革和发展：2008 年成果与 2009 年展望》，载迟福林主编《增长与改革——危机下的亚洲新兴经济体》，中国经济出版社，2009，第 37 页。

③ 范德：《2009 年越南证券市场：风暴已过?》，〔越〕《经济和预测》2009 年第 1 期。

国会第五次会议将经济增速从6.5%调整到5.0%，将财政赤字占GDP的比例从4.82%调整到8%以下。[①] 从2009年第一季度，越南经济开始缓慢复苏，到第三季度，所有经济刺激计划均收到了成效。

一　实行经济刺激计划

第一轮经济刺激计划。越南政府积极应对市场流动性不足现状，通过贴息贷款、发行国债、发展刺激贷款和消费补贴等措施向市场注入流动性资金。2008年12月，安排了10亿美元用于对部分涉及国计民生的项目提供贴息贷款，对贫困人口住房、高校宿舍和必要基础设施项目进行投资建设，预计和产生的效益将达到50亿~60亿美元[②]；并计划通过发行政府债券等多种渠道融资60亿美元用于刺激经济增长[③]。到2009年5月12日，越南为落实一揽子计划总投资143万亿越南盾，约合80亿美元[④]。其中，亚行实行刺激贷款计划规模高达35万亿越盾（约合21亿美元）[⑤]。2009年8月20日，越南再次向各部、省、直辖市分配补充发行国债20万亿越盾（约合18亿美元）[⑥]。

在经济刺激政策的带动下，越南经济于2009年第一季度开始缓慢复苏，2009年前三个季度，GDP增长速度达4.59%[⑦]。但在经济增长的同时，刺激政策的负面作用也开始显现出来，规模庞大的财政政策造成了前所未有的财政赤字，海量的流动性也构筑了严重的通货膨胀预期。在经济复苏薄弱的基础上，继续实施这些政策则可能导致更大规模财政赤字，从而引发主权债务危机及通胀，而退出政策太快又可能使得经济复苏功亏一篑，陷入二次探底的深渊。越南继续第二波经济刺激计划。

第二次跟进刺激计划。2009年10月，越南政府举行的例会以多数赞成票通过了在2009年底及2010年内将继续落实刺激政策的计划。为稳定宏观经济，全

① 《越南国家副总理在十二届国会第五次会议开幕式上的讲话》，〔越〕《共产主义》2009年第10期。

② 越通社，2008年12月18日电讯。

③ http://vietnamnews.vnagency.com.vn/showarticle.php? num=01SUN211208，2008年12月21日。

④ 《越南政府一揽子经济刺激计划得到全民和企业界的拥护》，〔越〕《共产主义》2009年第19期。

⑤ 《亚行同越南银行签署贸易资助协定》，〔越〕《共产主义》2009年第10期。

⑥ 《分配二十万亿越盾2009年政府债券》，〔越〕《越南共产党》2009年8月21日。

⑦ 《九月份国内生产总值增速达4.59%》，〔越〕《越南共产党》2009年9月29日。

社会发展投资总额维持占 GDP 的 41%，利用增收和防漏收办法来力争减少赤字，继续完成国家财政拨款 125 万亿越盾，发行 65 万亿越盾政府债券。2009 年 10 月 21 日，亚行（ADB）向越南提供 6 亿美元贷款，资助面向推动经济增长和扶贫的政策改革项目。[①] 从 2010 年初开始，为防止经济过热，越南政府提高资金利用率，控制固定资产投资，调整信贷规模，下降到占 GDP 25%[②]，比 2009 年的 37.7% 减少了 12.7%。

二　实施宽松的货币政策

为保增长、控制通胀，越南政府从 2008 年 9 月 3 日初召开的政府例会上提出：要继续实行从紧的货币政策，灵活运用到实际中去，集中遏制通胀，确保经济快速增长。[③] 全球性金融危机开始蔓延后，越南开始实行适度宽松的货币政策。

调整银行基本利率和法定准备金率。3 个月内，越南国家银行六次降息，从 2008 年 10 月 20 日的 14% 降到 2009 年 1 月 29 日的 7%[④]；将再贷款利率降至 7% 以下；将越南盾长期和十二个月以内期存款准备金比例下调到 3% 以下，十二个月以上下调到 1%；将年最高贷款利率从 21% 降至 10.5%。为控制通胀，越南政府在 2009 年底调整利率政策，自 2009 年 12 月 1 日起越南盾基准利率上调 1%，连续 4 个月保持 8% 的越南盾基准利率不变，2010 年 2 月 25 日央行下发第 353 号文件（353/QD－NHNN），决定从 2010 年 3 月 1 日起，继续维持 8% 的越南盾基准利率。[⑤]

调整汇率政策。2008 年底越南公布越南盾对美元汇率浮动空间为 ±3%，2009 年 3 月，越南盾对美元汇率浮动空间上调 ±5%，最后一次银行间汇率比例调整为 17034 越盾兑换 1 美元。但在黑市上美元继续上扬，2009 年美元比价指数平均上涨比 2008 年高出 9.17%，对越南国家银行的汇率政策形成很大的压力，越南盾对美元形成了真正贬值，2009 年 11 月宣布越盾汇率贬值 5.4%[⑥]，12 月

① 《亚行向越南提供 6 亿美元贷款，助越复苏经济》，〔越〕《越南共产党》2009 年 10 月 21 日。

② 《3 月 CPI 指数有可能决定财政政策调整》，2010 年 2 月 25 日〔越〕《经济时报》。

③ 〔越〕《越南共产党》2008 年 9 月 4 日。

④ 阮庭恭：《金融危机与越南经济走势》，载《增长与改革——金融危机下的亚洲新兴经济体》，中国经济出版社，2009，第 46 页。

⑤ 《继续维持 8% 的银行基准利率》，〔越〕《越南共产党》2010 年 3 月 25 日。

⑥ 海宁：《2009～2010 年越南经济面临许多不确定性和挑战》，〔越〕《工业》2010 年第 1 期。

底通胀率已经达到6.5%。2009年11月26日，越南国家银行下调越南盾对美元汇率浮动空间为±3%，越盾对美元汇率为17961:1。

三　刺激经济复苏的财政政策

越南政府宣布，从2008年12月第四季度开始，实施新的税收政策，调整进出口税，支持企业生产经营。具体措施包括：减、免、缓交企业所得税，允许进口企业缓缴企业所得税、增值税、进口税。根据中小企业减税说明，对劳动密集型企业和受金融危机影响较大的企业，自2008年第四季度和2009年全年减税30%. 企业共有9个月付税期。2009年1月1日后成立的注册资金低于100亿越盾的企业可以享受此项新政。

对生产性物资进行进口减税，减税到零关税的商品目录包括：生产抗生素的原料（2%），八类合成纤维、汽车零部件和电子零件的进口税（5%）、八类药品（8%）降到零关税。[①] 为了保证国内生产原料，限制未经加工过的原料出口，调整部分矿产品的出口税，砂石从12%涨到17%；金刚、宝石、白银、煤炭和木材从0上涨到10%；进口钢坯从2%提高到5%；建设用钢从8%提高到12%。

拉动内需，刺激消费。为缓解出口市场萎缩，大力刺激内地消费，增加民众购买力，越南政府将19种商品的增值税降低50%，并在2009年前5个月延缓交个人所得税；稳定汽油、航空、巴士运输费、生活用水费价格。财政部部长提出增值税法和企业所得税法一些条款的修订补充法案。由于信贷扩张，房地产市场过热，为防止通胀，从2010年起，越南政府开始抑制房价，将地价上调20%～30%，并增加开征土地地税和租用税等。

四　加强金融监管

为维持银行体系安全，确保总体收支平衡，密切跟踪金融货币市场、股市行情。越南央行行长于2008年12月31日签署越南国家银行2008年第六号决定，采取下述七项金融措施：①继续密切跟踪全球经济衰退及金融风暴的演变，并预测其对越南经济、金融市场以及金融业者经营活动的影响；②强化融资，调整资金来源、结构及期限，保证经营安全；③有效扩大信用作业，采取合理贷款利率；④社会政策银行汇票依现行机制积极研究融资方案，保障贫困户及学生取得

① 《在金融危机条件下加强税务监管与调控工作》，〔越〕《共产主义》2009年第19期。

贷款；⑤加强监督及查账工作，严格执行央行有关营业安全存款比例，建立风险预防基金；⑥加速银行信息技术现代化，提高经营管理能力；⑦保证信息正确性，并依越南央行规定提供相关报告。[①]

为应对金融危机对生产带来的影响，给有困难的企业创造条件，采取加强融资、扩大信贷、合理运用贷款利率、调整还款期限、减免贷款利息、调整贷款利率并对过期未偿还贷款不予追究、加强银行内部监管防范风险等措施。从2009年开征股市收益税，防止扰乱外汇市场，禁止抢购外汇和黄金，导致金融秩序混乱。2009年11月，为防止因流动性增加而导致经济过热，越南央行再次出台一系列政策，比如调整基本利率、汇率、允许进口黄金，利用财政政策杠杆，加强对股市的监管。越南黄金价格于2009年11月13日达到峰值，为294万越盾一盎司，比世界金价高出6.2%。[②] 为控制黄金投机和炒汇行为，2009年12月31日，越南央行又决定从2010年3月1日开始，暂停黄金交易。

在贯彻落实2010年股市会议上，越南国家证券管理委员会提出了2010年加强证券管理工作的五个重点：①完善法律框架；②继续修改、补充证券法：关于发行散户14/2007/ND－CP决议，36/2007/ND－CP关于违反证券法的处罚规定，对上市公司的证券交易及融资使用情况进行严格监控检查，提高公司上市标准；③开展新业务；④发展新的市场；⑤上市准入方面实行分级分权。[③]

五　出台新的社会保障政策

为将金融危机对农民生活的影响减少到最低程度，越南政府出台了一系列支农、惠民的措施，加大民生投入。2009年越南计划建设5850亿平方米住宅，使人均面积达12.5平方米。[④] 2008年12月27日，出台30A/2008/NQ－CP决议关于社会保障的一揽子政策，包括：支持生产经营活动、保持经济增长、创造就业和增加收入来源及对失业和低收入、贫困人群进行社会救助，以应对通胀和金融危机对居民生活的影响。2009年1月19日正式通过12/2009/QD－TTg号决议[⑤]，

---

① 皮军：《金融危机对越南经济政策的影响》，《东南亚研究》2009年第4期。

② 阮大来：《金融危机中的越南银行及未来的任务》，〔越〕《经济与预测》2010年第3期。

③ 重德：《2010年越南证券市场充满信心》，〔越〕《经济与预测》2010年第3期。

④ 〔越〕《越南共产党》2009年1月21日，

⑤ 阮氏慧英：《越南高通胀和经济放缓的社会影响及政府的回应》，载迟福林等主编《增长与改革——金融危机下的亚洲新兴经济体》，中国经济出版社，2009。

正式实施上述社保政策。

推出扶贫基金，提供资金援助和扶持61个贫困县的发展，为每县提供250亿越盾援助，2009年计划提供300万~320万个就业岗位，将城市失业率控制在5%以下。劳动部重申出台失业保险金政策。① 为保证国内就业，加强对外国劳工入境控制，限制外国劳工数量。② 增加社会福利开支，扩大消费，在免征个人所得税的同时，还给每个贫困户发放100万越盾春节补助金。此外，还向农民购买农业生产机械设备提供无息贷款。

提高最低工资标准。越南政府颁布97号和98号决定，分别提高内资和外资企业工人最低工资标准，平均提高幅度从8万~18万越盾/月/人，从2010年1月1日起执行；按地区划分，全国分为4个区，内资企业工人最低月工资标准：1区为98万越盾、2区88万越盾、3区81万越盾、4区73万越盾；外资企业工人最低月工资分别依次为134万越盾、119万越盾、104万越盾和100万越盾。③ 从2010年4月13日起，扩大享受社会保障的对象范围，保障幅度与旧规定相比将高出50%。同时，每个月的社会保险补贴的基准额度也增加了50%，从12万越盾上升到18万越盾。由此，每个对象的具体补贴额将增加50%。④

六　出口保护，进口限制，实行贸易保护主义政策

为扩大出口，2008年底至2009年初，越南政府开始实施进口限制，加强对进口产品质量的检查和加大技术贸易壁垒。将进口商品分为：需要进口类、需要监控进口类和限制进口类三类；对日用消费品进口采取自由许可证管理；进一步扩大在通关前需要交纳进口税的商品目录；加强质检，在符合世贸组织规则的前提下，使用技术壁垒以限制进口；从2010年1月起对家电产品实行粘贴节能标志。同时，采取利于出口的灵活汇率，加大使用国货的宣传，⑤ 发动“越南人购买越南货”运动，⑥ 以限制进口来降低贸易赤字。在贸易保护主义政策的保护下，越南进口额大大减少。2009年进口约为688.3亿美元，贸易赤字为120亿美

① 《失业保险有助于民生》，〔越〕《共产》2009年第21期。
② 《越南推出逾28000亿越盾扶贫基金》，〔越〕《共产》2009年第17期。
③ 《越南提高工人最低工资标准》，2009年11月4日〔越〕《越共电报》。
④ 《扩大享受社会保障的覆盖范围》，〔越〕《越南共产党》2010年3月3日。
⑤ 皮军：《金融危机对越南经济政策的影响》，《东南亚研究》2009年第4期。
⑥ 阮氏整：《如何使越南人消费越南货?》，〔越〕《共产主义》2009年第21期。

元，同比减少 14.7%，主要减少的大宗进口商品包括：石油，占 40%；钢铁，约占 13.2%；机械设备、器材，占 6.1%；纺织原料、皮鞋原料，占 3.5%。①

第三节　先抑后扬：越南经济实现 V 形反转

2009 年，越南经济实现了 V 形反转，成绩令人瞩目。根据 IMF 公布的消息，在数管齐下的政策刺激下，从 2009 年第一季度开始，越南成为引领全球经济保持增长的 12 个国家之一，上半年经济形势相对而言是世界新兴经济体中表现较好的国家，全年实现 GDP 增长 5.7%。越南经济的基本面和经济运行情况保持较好的状态，成为应对全球经济危机的成功范例。

一　实体经济增长

2009 年越南经济增长率为 5.32%（四个季度增长率分别为：3.14%、4.46%、5.76%、6.8%）②，GDP 总量为 920 亿美元③。虽然经济增长率为近十年来的最低，但仍高于越南国会此前修订的 5% 增长目标，是世界经济增长率较高的几个国家之一。其中，第一产业（农、林、水产）增长 1.83%；第二产业（工业和建筑行业）增长了 5.52%；贡献率最大的是第三产业，增长 6.63%。④通胀问题也得到很好的控制，2010 年 2 月全国平均通胀指数为 1.96%，为 2004 年第二季度以来的最低指数。胡志明市成为越南经济复苏和发展的引擎（见表 17－1）。

表 17－1　2008～2009 年东南亚各国经济增长率比较

单位：%

国家 年份	新加坡	马来西亚	泰国	菲律宾	印度尼西亚	文莱	越南	柬埔寨	老挝	缅甸
2008	1.1	4.6	2.6	3.6	6.2	0.5	6.23	7.0	7.9	4.0
2009	－2.1	1.23	1.48	0.9	6.0～6.4	－1.9	5.32	－1.5	7.6	4.62

① 《2009 年进出口十大事项》，2009 年 12 月 31 日〔越〕《经济时报》。
② 《2009 年越南经济社会发展的几个基本特点》，〔越〕《数据与事件》2010 年第 1、2 期合刊。
③ 梅方：《总理：越南三大国企有可能股份化》，2010 年 3 月 19 日〔越〕《经济时报》。
④ 《统计总局：全年经济增长超过目标》，2009 年 12 月 31 日〔越〕《经济时报》。

财政收入有所增长。2009 年全年财政总收入约 390 万亿越盾，比 2008 年有所增长。内地财政收入增长 5%，出口对财政收入的贡献同比增长 3.5%；国有企业税收增长 10%，外资企业收入（原油除外）占 90%，非国有工商业及服务业税收同比增长 3%；汽油费税收增加 45%，各种规定税费增加 5%。全年财政支出达到全年计划的 104%，其中发展投资支出增长 8%，仅建设行业投资增长 9%；经济社会、国防及党政机关国家管理费用支出增长 5%，还债和援助增加 3%。

农业丰收。尽管越南 2009 年是一个农业丰收年，农产品产量普遍大幅度增加，但由于受世界金融危机的影响，农产品价格大多下降，所以越南的农业产值并没有随产量的大幅度增产而相应快速增加。2009 年农、林、水产产值比 2008 年增长 4.2%，其中农业增长 3.5%，林业增长 2.8%，水产增长 4.5%。

第二产业实现复苏并开始缓慢增长。越南全年工业产值增长约为 8%，国有工业增长 3.7%，非国有工业增长超过 10%，外资工业增长超过 8%，虽然工业增长不及此前，但是已经显示出逐渐复苏的迹象，34 种工业品中有 18 种出现增长势头，部分省份逆势增长，清化省增长 13%，广宁省增长 13%，巴地头顿增长 10%。

投资增长较快。2009 年越南加大了国内投资力度，全社会投资额达 704.2 万亿越盾，相当于国民生产总值的 42.8%，同比增长 15.3%。2009 年侨汇收入为 62.8 亿美元，比 2008 年的 80 亿美元减少了约 13%；FDI 进入越南势头也大大减缓，全年外国投资项目金额约 220 亿美元，比 2008 年的 640 亿美元大幅度减少了约 70%，其中新项目协议资金 170 亿美元，项目追加资金 50 亿美元，不过，资金到位率大大提升，约 100 亿美元，占注册资金的 47%，2008 年仅为 18%（越南 2009 年吸收外国投资中，美国约占 45%）。与外部投资减少情况不同，2009 年外国政府和经济组织承诺给越南的经济援助不降反增，高达 80 亿美元，比 2008 年的 50 亿美元增加了 30 亿美元。

农产品出口大有起色。在强力出口政策扶持下，贸易赤字得到较好控制，农产品出口大有起色。2009 年出口总额达到 565.84 亿美元，同比减少 9.7%。[①] 出口商品中，原油占 69.7%、皮鞋占 12.6%、橡胶占 6.8%、咖啡占 6.7%、木材及木器占 4.7%、水产占 4.4%。[②] 在农产品出口方面，2009 年越南农林水产出

① 《2009 年的进出口市场及 2010 年预测》，《财政》2010 年第 1、2 期合刊。

② 转引自 2009 年 12 月 30 日越南《经济时报》。

口约为153亿美元，农产占80亿美元、水产占40亿美元、林产品占20亿美元。其中，木薯及制品占农产品出口值52.8%，对遏制出口下滑贡献为3.2%；胡椒占14.3%，贡献值为0.8%；茶叶占21.3%，贡献值为0.5%；水果占6.1%，贡献值为0.4%。外企对越南出口的贡献较大：其中油气2009年为299亿美元，为2008年的86.6%，占越南全国总出口52.7%。原油除外，外资企业出口达到236亿美元，占总出口的41.7%，为2008年的98%，顺差50.3亿美元。[①]

黄金出口对贸易逆差折冲作用大。2009年1月，越南出口黄金约22.87亿美元，越南在当月有了贸易顺差，全年总计出口宝石，贵金属等达到27亿美元，对降低出口逆差的贡献达到32.4%。2009年11月，黄金进口达到3.37亿美元，如果以每盎司黄金在1100~1200美元计，当月越南进口黄金达到9~10吨。年底前国内黄金价格过高时，越南央行决定允许进口部分黄金来平抑黄金价格。

拉动消费取得一定成绩。2009年越南零售服务收入总额按实际价格计算约达1197.5万亿越盾，同比增加18.6%，扣除价格要素同比增加11%。其中，商业增长19.1%，酒店业增长18.8%，服务业增长20.2%，接待外国游客仅377.2395万人次，同比下降了10.9%，[②] 国内游客量却增加了19%，达到2500万人次。进入2010年，越南旅游业快速增长。2010年3月外国游客达到47.3509万人次，比2月增长6.1%，比2009年同期增长56.0%，2010年第一季度预计游客总数在135.1224万人次，比2009年同期增长36.2%[③]。

民生得到改善。2009年越南补助困难地区、困难群体和政策优抚对象的资金达到空前的23000亿越盾，比2008年增长了60%。越南对全国62个贫困县实施了第二阶段扶贫的“135工程”。全年为贫困户和优抚对象发放粮食4.3万吨、现金652亿越盾、医疗保险卡和免费看病卡500万人次，修建价值4000亿越盾住宅。到2009年底，越南的贫困户比例已由2008年的13%，下降为12%。全年提供新的就业岗位150万个，上岗培训工作已经完成计划104.5%，外输劳务7.5万人[④]，城市失业率控制在4.66%[⑤]。据越南建设部房

① 《2009年越南FDI情况及2010年的展望》，〔越〕《共产主义》2010年第5期。

② 《2009年全年外国游客数量》，越南国家旅游总局网站（2009年12月31日），http：//www.vietnamtourism.gov.vn/index.php? cat=202030&itemid=7384。

③ 《2010年3月和前3个月到越南旅游的国际游客》，越南国家旅游总局网站（2010年3月31日），http：//www.vietnamtourism.gov.vn/index.php? cat=202035&itemid=7764。

④ 《劳务输出：继续市场的黄金时期?》，2010年1月8日〔越〕《经济时报》。

⑤ 《2009年失业率4.66%》，2010年1月20日〔越〕《经济时报》。

地产市场和住房管理局统计的数据显示，2009 年新增住房面积近 5000 万平方米，目前越南住房总面积为 10.8 亿平方米，人均住房面积已提升到 12.5 平方米，同比增加 0.5 平方米。越南到 2010 年的目标是使人均住房面积达到 14 平方米。

胡志明市引领全国经济增长。2009 年第二季度，胡志明市经济开始复苏增长，该季度 GDP 增长 5.2%，第三季度增长 8.5%，第四季度增长 10.4%，2009 年全年增长 8%，是越南全国 GDP 增长的 1.53 倍，作为越南经济发展引擎的作用十分明显。2009 年，胡志明市多项经济社会指标取得较好预期，社会总投资增长 23.1%，服务业和零售业销售总额增长 19.2%，财政收入同比增长 9.5%，新创造就业机会 124900 个。① 2010 年第一季度胡志明市 GDP 增长 11%，是 2009 年第一季度（4%）增长近三倍②；河内市 2010 年第一季度 GDP 增长也达到 8.7%，社会总投资、财政收入、零售、信用余额等其他领域也有可观的复苏迹象③。

2010 年各项经济指标。2010 年是越南 2006 ~ 2010 年 5 年计划的最后一年。2009 年底，越南国会通过 2010 年越南发展计划，计划 GDP 增长 6.5%，全社会总投资增加 41%，CPI 指数控制在 7% 以下。④ 对于 6.5% 的 GDP 增长指标，世界银行出版的 2010 年《东亚—太平洋经济形势》中看好越南经济，认为这一目标很容易达到。⑤ 2010 年，越南经济呈现出良好发展态势，越南 ODA 计划达到创纪录 80.63 亿美元。⑥ 2010 年第一季度的 GDP 增长为 5.7% ~5.9%；⑦ 对外贸易方面，据 IMF 预测，全球经济 2010 年将增长 3.1%，全球贸易以约 2.5 倍的速度增长，这有利于越南出口。自 2010 年以来，由于外贸出口订单的大量增加（其中有许多纺织企业订单已经排满了前三个季度），越南工业区和加工出口区

① 黎清海：《胡志明市同全国一起遏制经济衰退保持经济可持续增长》，〔越〕《共产主义》2010 年第 3 期。

② 《胡志明市：一季度增长达到 11%》，越南计划投资部网站，2010 年 3 月 13 日信息。

③ 《河内经济明显复苏》，〔越〕《越南共产党》2010 年 3 月 22 日。

④ 《2010 年我国的目标和主要经济社会指标》，〔越〕《数据与事件》2009 年第 12 期。

⑤ 《世行预测：越南经济 2010 年很容易达到 6.5% 的增长率》，载计划投资部网站 2010 年 4 月 9 日信息。http：//www. mpi. gov. vn/。

⑥ 重德：《2010 年越南证券市场：对前途充满信心》，〔越〕《经济与预测》2010 年第 3 期。

⑦ 《越南国家银行行长：今年第一季度的 GDP 增长为 5.7% ~5.9%》，〔越〕《越南共产党》2010 年 3 月 23 日。

企业招工难，企业工人不足，致使许多企业完不成订单，影响了正常的生产计划。2010 年第一季度，胡志明市工业区企业缺 5 万名工人，隆安省工业区缺 1 万多名工人，其他工业区也遭遇同样的困难；据河内市 90 家企业的调查，上述企业需要 3500 名工人①。

金融危机对越南是一把“双刃剑”，一方面影响了其发展和出口，另一方面由于越南政府采取的有力措施使越南国内的通货膨胀得到一定缓解。2009 年 12 月，越南通货膨胀率仅为 6.5%，全年通胀保持在 7%，比 2008 年的 23% 减少了 16 个百分点，仅为轻微通胀。按照“菲利浦斯曲线”规律，较低的失业率与较低的通胀率是不可兼得的，但越南 2009 年既保持了较低的失业率（低于 5%），又维持了不算太高的通胀，应该说越南政府宏观经济调控能力有了一定的提高（见表 17－2）。

表 17－2　2009 年投资导致的各种指数变化情况

单位：%

种类	CPI	房地产及建材	黄金价格	美元价格	存款利率	越南指数
涨幅	6.52	12.58	64.32	10.7	10	56.76

资料来源：杜文训：《今年向哪里投资?》，〔越〕《经济与预测》2010 年第 4 期。

二　越南股市强劲反弹

自 2009 年 1 月 2 日，越南指数从 313.34 点，跌至 2 月底的最低点 234.66 点。由于越南政府启动的价值达 80 亿美元一揽子经济刺激计划，并开始取得良好的效果，因此提振了投资者信心，加上全球股市回暖，越南指数从 8 月和 9 月开始强劲反弹。2009 年 10 月，越南指数上涨到 618.48 点。从 2008 年 12 月到 2009 年 10 月的 11 个月之内，越南指数涨幅达到 2.63 倍。到 2009 年 12 月 31 日最后一个股市交易日，越南指数以 494.77 点收盘，全年越南指数上涨了 181.43 点，涨幅达到 57.9%，总交易量达到 1.37 亿股。② 2010 年以来，由于全球经济

① 现在越南已批准成立 219 个工业区，分布在 54 个省市。其中，已有 118 个工业区投入运营（主要集中在各大城市及周边地区），还有 101 个正在建设。参见《工业区劳动力短缺》，〔越〕《越南共产党》2010 年 3 月 19 日。

② 重德：《2010 年越南证券市场：对前途充满信心》，〔越〕《经济与预测》2010 年第 3 期。

开始复苏，越南整体宏观经济形势好转。3 月 30 日，越南指数涨到了 500.72 点。① 专家预测，越南指数 2010 年有希望上升到 600～700 点。②

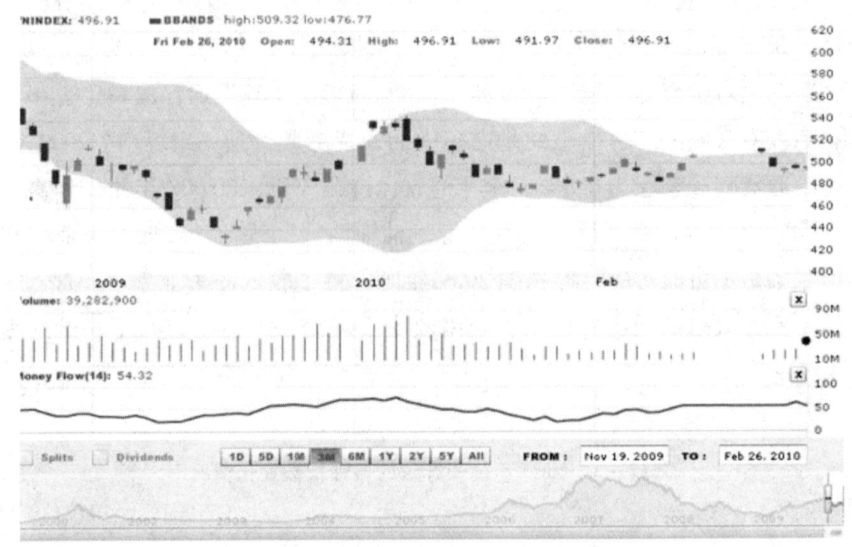

图 17－2　2010 年 3 月 1 日至 3 月 5 日越南指数走势图

资料来源：维强《3 月 1 日至 3 月 5 日证券市场评估》，〔越〕《经济时报》2010 年 2 月 27 日。

第四节　危机求变：越南经济寻求转型

越南作为东亚转型经济体，经济发展面临着双重任务，一是经济体制的转型，即从传统的社会主义计划经济体制向社会主义市场经济体制转变，这一转型目前正在进行当中，而且只完成了 1/4③；二是经济转型，指的是资源配置和经

① 兰玉：《3 月 30 日，股市上涨到 500 点》，〔越〕《经济时报》2010 年 3 月 30 日。

② 《专家预测 2010 年越南经济》，〔越〕《工业》2010 年第 1 期。

③ 越南驻欧盟和比利时商务参赞表示，2 月中旬通过了承认越南市场经济地位的评估报告。该报告包括欧盟各成员国对于欧委会（EC）认为越南经济在向市场经济转轨过程中取得了重要进展的最新讨论，欧洲委员会的报告认为越南完全满足第一个标准并在落实第二个标准的过程中也取得了明显进展。对于另外三个标准，该报告认为越南已有一定的进步，但还有一些内容应进一步完善。参见《越南达到市场经济的首个标准》，〔越〕《越南共产党》2010 年 2 月 27 日。

济发展方式、经济增长方式的转变，包括发展模式、发展要素、发展路径等转变。由于传统二元经济结构[①]，地区发展不平衡，出口导向型的发展战略等原因，越南经济发展不仅仍然面临着艰苦的任务，而且也隐藏着来自外部世界的巨大风险。全球金融危机更加凸显了越南经济增长模式和经济发展模式存在的固有不足，从而使得转变经济发展模式成为后金融危机时期越南经济发展的当务之急。

一 金融危机凸显越南经济增长的困境

当前的越南总体经济形势处于政府信贷扩张、强劲投资增长推动、工业和财政基础脆弱、由投资驱动造成的通胀形势严峻等环境中，当前越南发展的不足表现在：

第一，粗放型经济增长方式制约越南经济进一步发展。外延扩大再生产表现在对资源、资本和劳动力大量投入和滥用，而不是建立在社会劳动生产率普遍提高基础上，因此增长效率低[②]，产业、商品竞争力差。采取这种发展模式符合越南改革初期的实际国情，这种模式对 1991 ~ 2008 年经济的高速增长起到了一定作用。然而，经过二十余年革新开放，越南经济发展中的内在弊端暴露无遗。[③]

第二，经济的结构性矛盾依然突出。农业（农、林、渔业）所占比重较大，工业和服务业所占比重低。2009 年，三次产业占 GDP 的比重分别为 20.66%、40.24%、39.1%[④]。产业结构和产品结构不合理，不利于各地区发挥比较优势。2009 年，贸易赤字虽然同比减少 32.1%，但仍然占商品出口 21.6%，服务贸易赤字占服务业出口金额 18.6%，同比增加 17%。[⑤] FDI 投资结构失衡，投资丰要集中丁房地产领域，既不利于创造就业机会和经济结构转型，又易造成经济过

① 截至 2009 年 4 月 1 日，越城市人口为 2537.4262 万人，城市人口占总人口的 29.6%；农村人口为 6041.5311 万人，占全国人口总数的 70.4%。参见《2009 年越南全国人口与住房普查初步结果》，〔越〕《数据与事件》2009 年第 8 期。

② 2007 年、2008 年、2009 年社会总投资占 GDP 的比例分别是：45.6%、41.3%、42.8%，但 GDP 增长率分别只有 8.5%、6.18%、5.32%。参见〔越〕《数据与事件》2010 年第 1、2 期合刊。

③ 阮大来：《金融危机中的越南银行及未来的任务》，〔越〕《经济与预测》2010 年第 3 期。

④ 《2009 年越南主要经济社会指标》，〔越〕《数据与事件》2010 年第 1、2 期合刊。

⑤ 海宁：《2009 ~ 2010 年越南经济面临许多不确定性和挑战》，〔越〕《工业》2010 年第 1 期。

热，引起通胀危机。

第三，宏观经济不稳定，越南经济竞争力低，经济可持续发展能力差。二十余年来的出口导向战略使越南经济高度依赖外部市场，并随着越南更深入地融入国际经济，从而面临高度的外生风险。全球竞争力指数（GCI 指数）① 降低，在全球参与统计的 134 个国家中，2007 年，越南 GCI 排名 68 位；而 2008 年，排名 70 位，下降了两位；2009 年排名 75 位，再次下滑 5 位②。其中，宏观经济稳定指标变化贡献率，下滑 42 位，从 70 位下降到 112 位③。国家竞争力差，2008 年，越南在竞争力排行榜上下跌 5 位，排行 72 位④。工业化水平不高，2004 年越南工业化水平达到 69%，工业化四个步骤已经完成了两个，但现代化水平只有发达国家的 36%，到 2020 年，越南只能实现 80% ~85% 的工业化⑤。

第四，越南经济发展固有的短板依然存在。主要表现在，越南基础设施薄弱，硬设施和软设施都满足不了快速发展和高水平发展的要求；国家管理体制和管理效果差，政府财经政策制定水平也还需要进一步提高；资源丰富但劳动力素质低，资源禀赋同人力资源不能实现最佳配置；微观经济体的发展空间尚未充分释放出来；教育与科技水平不高；国有企业效率低下，产品竞争力差；越南的研究基础薄弱，发明创造能力差；企业都未参与到全球产业链和全球资源配置网络；企业对外部技术、原材料或市场依赖性很强，等等。

二　经济转型问题的提出

金融危机突出经济重构的迫切性。2009 年 5 月 20 日，在政府例会上，越南总理阮晋勇正式提出越南经济转型，并要求计划投资部制定经济转型纲领。2010

---

① 全球竞争力指数（Global Competitiveness Index），由萨拉·伊·马丁教授为世界经济论坛设计，旨在衡量一国在中长期取得经济持续增长的能力，并于 2004 年首次使用。GCI 由 12 个竞争力支柱项目构成，其为识别处于不同发展阶段的世界各国竞争力状态提供了全面图景。这些支柱是：制度、基础设施、宏观经济稳定性、健康与初等教育、高等教育与培训、商品市场效率、劳动市场效率、金融市场成熟性、技术设备、市场规模、商务成熟性、创新。全球竞争力指数（GCI）由总部设在日内瓦的世界经济论坛每年公布一次。

② 陈伟：《2008 ~2009 年全球竞争力简析》，国家发改委宏观经济研究院网站，http://www.amr.gov.cn/fxbgshow.asp? articleid =154&cataid =19。

③ 海宁：《2009 ~2010 年越南经济面临许多不确定性和挑战》，〔越〕《工业》2010 年第 1 期。

④ 《越南副总理越南经济转型需更多高技能劳动力》，金融界网站，2009 年 9 月 11 日。

⑤ 杜国桑：《怎样才是一个工业化国家?》，〔越〕《共产主义》2009 年第 10 期。

年越南政府首次例会上呈报，并提出讨论和修订意见，确定转型要“按照提高经济的生产效率，提高效果和提高经济竞争力的方向，实行 2011～2020 年越南改革，推进经济结构转型”。这次讲话中，阮晋勇称，在集中一切努力促进投资，发展生产经营的同时“要实施经济结构的重构和经济增长方式的转型。这是在全球化背景下和越来越深入地融入国际经济背景下提高竞争力的决定性条件”。①

2009 年 9 月 11 日，出席中国大连夏季达沃斯年会的越南副总理黄忠海说，越南在危机中采取措施保持了经济增长，今后将把重点放在经济转型上来。② 在 2009 年 10 月举行的越南第十二届国会二次会议上，阮晋勇称：2009 年 GDP 增幅是十年来最低的，增幅仍是横向而非纵深度发展，经济结构调整效果不明显，劳动效率、质量及竞争力还不高。③

2009 年 10 月 8 日，根据越南政府办公厅 699/VPCP－TH 号文件，总理已部署政府相关部门准备《经济衰退后的经济重组提案》有关资料，拟向 10 月 20 日开幕的第十二届国会第六次会议上呈递。该提案集中评价经济危机的影响、预测全球经济的变化，并探讨了政府与市场之间关系的问题，从而为重构越南经济发展模式和经济转型提供指导。提案将提出各项推动工业化、现代化、提高国家经济潜力；确保经济迅速、平衡、有效、节约、可持续发展，并在融入国际经济的背景下具有高竞争力；把发展经济与解决文化、社会、国防安全、环境保护等问题相结合；完善体制以进一步大力解放生产力，建设社会经济基础设施，培训人力资源等政策、机制和措施。④

三　越南经济的转型方向

越南学界认为，后金融危机时期经济转型要从以依靠高投入、低产出的外延扩大再生产向以内涵扩大再生产转型，新型的增长方式主要依靠综合生产要素投入，如科技工艺水平、高素质人力资源和现代管理技能，提高企业的生产率和竞争力，降低 ICOR 指数，相应的提高 GCI 指数。这是越南经济增长和可持续发展

① 范孟强：《初春论经济重构》，〔越〕《经济与预测》2010 年第 3 期。

② 越南副总理黄忠海《越南经济在危机中转型》，新华网，2009 年 9 月 11 日。

③ 第十二届国会第六次会议“基本抑制经济衰减，保持 GDP 增长 5%～5.2%”，〔越〕《越南共产党》2009 年 10 月 20 日。

④ 〔越〕《越南共产党》2009 年 10 月 9 日。

的前提条件，也是2011～2020年实现工业化、现代化任务和实现“民富，国强，社会文明”的前提条件。[①] 具体而言，越南经济转型重点包括以下两个方面：

（一）国家中长期发展战略思维转型

首先，十年发展计划实现转型。从越共七大开始，越南开始实行十年经济社会发展计划，到目前已经实行了两个十年计划，第一个是1991～2000年，主题是“到2000年的经济社会稳定和发展”，即稳定和增长是这一阶段的主要任务。第二个十年计划的主题是“按照社会主义方向推进工业化现代化，为使越南到2020年成为工业化国家而奠定基础”[②]。第二个十年计划将于2010年底结束，第三个十年计划将于2011年正式出台。越南经济学界认为：2011～2020年十年计划的着眼点在于：以工业化为中心，一是要形成一些主力经济部门和有活力的领域；二是要找出阻碍经济转型的原因；三是加强基础设施建设，加快商品升级，发展农业，减少生产开支、市场准入费用，快速为偏远地区减贫创造条件；四是建立强大的具有国际竞争力、经营效果好的企业系统。

其次，经济发展战略要实现从出口导向向内需拉动转型，同时大力发展进口替代工业。越南经济的发展模式是出口导向型，对外依存度很高[③]。因此，越南正在尽力减少出口占GDP的比例，大力培育国内市场以拉动内需，大力发展进口替代工业。2010年，总理阮晋勇指导各部门及各地区，大力发展替代工业，包括钢铁、化肥、炼油、造纸、机械制造等产业，并出台配套政策，鼓励国内企业参加发展进口替代产业。[④]

2010年3月28日，在越共中央十届十二中全会闭幕式上，越共中央总书记农德孟指出，2011～2020年10年战略是，经济发展不仅要保持一定的速度，更主要的是要使可持续发展贯穿整个战略发展计划的始终……建立独立自主的经济体系，实现经济快速且可持续的增长，为2020年基本建成工业化国家奠定基础。[⑤]

① 范孟强：《初春论经济重构》，〔越〕《经济与预测》2010年第3期。

② 吴端咏、裴必胜：《关于改革2011～2020年越南经济社会发展十年战略思维的几个问题》，〔越〕《经济与预测》2009年第1期。

③ 2001～2005年总出口年均增长17.5%；2005年人均每年出口达到390美元，是2000年的两倍；2007年外贸依存度为150%，对外出口依存度为67%；2008年出口占GDP的70%。参见陈英芳《经济结构转移：现状与问题》，〔越〕《共产主义》2009年第1期。

④ 刘光庆：《2009年贸易进出口回顾及2010年展望》，〔越〕《经济与预测》2010年第3期。

⑤ 《越共中央总书记农德孟在越共中央十届十二中全会闭幕式上的讲话》，〔越〕《共产主义》2010年第6期。

同时，农德孟还表示，继续保持宏观经济稳定，加快经济结构调整，提高经济增长的质量和效益，提高资源利用率，继续推进有社会主义特色的市场经济改革；进一步提高教育质量，加强人力资源培训，提高公民的环境保护意识，增强国家抵御自然灾害的能力，降低气候变化的影响。①

（二）经济结构转型

在越南学界，对经济结构转型有两种看法，一是指需要使用“经济结构重组”来表示改进经济结构，二是使用“经济结构调整”。结构转型的目的是为了更好地发挥越南经济的比较优势，使越南经济具有较高竞争力，保障经济发展的可持续性。经济结构转型的指导者是国家，而主体则是从事市场经济活动的企业。②

1. 产业结构转型

经济结构转型基本内容和要求是，迅速增加工业和商业服务业在国民经济中的比重，同时逐渐减少农、林、渔业在GDP中所占的比重。经过20年来的革新开放，越南经济结构转型取得了一定成果（参见表17－3）。2008年开始，越南工业产值在GDP中所占比例进一步上升，突出表现为加工制造业所占比重上升到61.9%。③ 但同中国、泰国相比，制造业在国民经济中所占比重低，农业比重过大（参见表17－4）。越共十大确定，到2010年第二个十年计划执行结束时，越南的三人产业结构比例要达到：15%～16%（农业）、43%～44%（工业）、40%～41%（服务业）④。要达到这一目标，面临着艰巨的任务。

表17－3　1990～2008年越南三次产业占GDP的比例

单位：%

产业＼年份	1990	1995	2000	2005	2008	2009
农　业	38.1	27.2	24.5	20.9	21.99	20.66
工　业	22.7	28.8	36.7	41.0	39.91	40.24
服务业	38.6	44.0	38.7	38.1	38.1	39.10

资料来源：陈文芳《越南经济结构转移：成果与挑战》，〔越〕《共产主义》2009年第1期。

① 《越共十届十二中全会闭幕》，〔越〕《越南共产党》2010年3月30日。
② 《论越南经济的结构调整》，〔越〕《经济与预测》2009年第24期。
③ 古小松主编《越南国情报告（2009）》，社会科学文献出版社，2009，第102页。
④ 《越共十大文件》，〔越〕国家政治出版社，2006，第188页。

表 17-4　2007 年亚洲转型经济体产业结构占 GDP 比例

单位：%

产业＼国家	缅甸	中国	泰国	越南	柬埔寨	孟加拉国
农　业	47	13	10	21	33	19
工　业	13	42	35	21	22	16
服务业	27	40	46	38	38	55

资料来源：ADB（2007）转引自：Sean Trnell. Burma's Economy 2008：Current Situation and Prospects for Reform．p. 4。

今后一段时间，实现经济结构转型是首要任务，基本方向应该是：大力发展具有比较优势产业、大力发展国家重点产业、大力发展服务业（如旅游、运输）；大力发展优质商品农业、林业和水产业；大力发展电力生产、软件业和钢铁、机械制造、通信技术、生物技术；大力发展原材料生产、药品生产等。农业领域要大力发展水稻种植、咖啡、茶叶、胡椒等经济作物，同时发展水产养殖和现代加工制造业；提高工业品的工艺水平，提高工业产值在国民经济中的比例。

2. 优先发展七大产业

据越南《经济时报》2010 年 3 月 2 日报道，近日越南计划投资部向政府呈报了经济转型提案。计划投资部在提案中建议，应优先发展以下七大产业：冶金、炼油和石化、造船和生产其他运输工具制造业、民用电器设备、电子信息、物流业、旅游服务业，争取在未来一段时期内，将上述产业建设成为具有竞争力的支柱产业；同时，逐步取代现在纺织、成衣、制鞋和木器加工等劳动密集型、低附加值行业。对石油产业进行转型，改变以往只卖原油，附加值低，且易受国际市场波动影响，转而开始自主提炼原油，从而提高石油产品的附加值。同时大力发展新能源，如开始启动民用核工程。

3. 扶持农业发展，加速农村就业结构转型

农业在越南经济发展中具有重要地位，目前越南 54% 的劳动力仍然留在农村地区，服务行业就业比例只占总就业的 20%，使农村劳动力向服务业和工业转移，是未来越南农村就业转移的主要方向。今后越南农业的转型主要通过：一是帮助农民运用现代科技提高农产品竞争力；二是鼓励利用科学服务于农民和农田建设；三是为农民提供信息；四是加大投资建设农业基础设施，稳定湄公河地区水稻生产；五是优先刺激农业、农村，加快实现农村商业化。[①] 为推进农业劳动力结构转型，要加大对农业劳动力培训。

2010 年 2 月 3 日，越南通过了 2010 年对农村劳动力进行技术培训的 1956/QD－TTg 号决议，年内计划对 80 万名农村劳动力进行技术培训，到 2020 年越南将完成对 1000 万名农村劳动力和 100 万名乡级干部的技术培训[②]。这是有史以来规模最大的培训计划。2009 年 8 月，越南河内市颁布有关“三农”问题的行动计划，发展手工艺村区域；加大农业区域的劳动者迁移到工业与非农业区域；力争到 2020 年经过培训的劳动力达 70%，农村劳力人均年收入 2500 万越盾。为此，河内市预计将为该计划拨出 35 万亿越盾（约 19.5 亿美元）[③]。

4. 大力发展国内消费市场

在金融危机打击外部市场受阻的情况下，内需对越南经济增长具有强大的拉动力。2009 年前 8 个月的零售收入同比增加 9.3%，全年零售服务收入总额按实际价格计算约达 1197.5 万亿越盾，同比增加 18.6%。越南消费者信心指数高涨，从 85 点上升至 109 点，位居世界第四[④]。2008 年越南人均 GDP 达到了 1024 美元，正式进入消费结构替换和升级阶段。据测算，越南居民年消费潜力达到 510 亿美元，并且随着居民收入不断增加，消费上升空间很大，因此消费作为拉动经济增长的引擎的作用会更加彰显出来，这会更加有利于越南经济从出口导向型向内需拉动型增长方式的转型。

5. 引导 FDI 投资结构优化

后金融危机时期，越南政府将 FDI 投资结构引导投向有利于提高生产率和资本利用率领域，体现“三松五紧”外资引资和优化政策。“三松”是指：①优先吸收排供水、环保、南北高速、中越两廊一圈高速公路网、南北高铁项目投资；②开放文教、医疗、航海、航空、电信投资；③制订鼓励跨国公司投资计划。“五紧”是指：①限制技术落后和非环保项目；②严格审批占用土地资源多的项目；③规定投资与土地使用面积比例；④收紧土地审批权力；⑤对基础设施项目进行严格监管。[⑤] 这些措施效果显著，2009 年投资结构有了较大改善，服务业新

① 《逾九万亿越盾支持农村商业化》，〔越〕《共产主义》2010 年第 1 期。

② 《加大农村劳动力就业培训》，〔越〕《越南共产党》2010 年 2 月 4 日。

③ 《河内拨出 35 万亿越盾促进农业与农村的发展》，〔越〕《越南共产党》2009 年 8 月 6 日。

④ 《越南消费者乐观和信心指数位居世界第四》，〔越〕《越南共产党》2009 年 11 月 2 日。

⑤ 古小松主编《越南国情报告（2009）》，社会科学文献出版社，2009，第 158～159 页。

增 FDI 项目 498 个，总金额 132 亿美元，占新增项目总数的 59.3%，占 FDI 资金总额的 81.2%，而 2009 年工业领域只有 325 个项目，资金总额 30 亿美元，所占比例分别为 38.7% 和 18.3%。①

6. 调整主要出口产品战略

越南出口产品结构单一，以初级产品和低附加值产品为主，主要商品为纺织品、原油、皮鞋、大米、咖啡、腰果及其他农产品等。（1）纺织业是越南出口最大行业，2009 年纺织行业保持出口额逾 91 亿美元，与 2008 年持平，但高附加值纺织品出口比例大大提高，达到 44%②。2010 年为提高纺织行业生产率，实现产业突破，越南纺织集团投资 1.1 万亿越盾，以实现技术更新。③（2）皮鞋行业共有 500 家企业，受金融危机影响，2009 年出口额为 41 亿美元，同比减少 13%。④ 为减少金融危机对皮鞋出口的影响，皮鞋行业正在逐步调整行业结构，更新机械设备，注重提升产品级别，生产中高档产品、时尚款鞋包，力争到 2010 年实现出口值 50 亿美元。（3）越南腰果目前总出口量达 96%，出口量占全球份额的 37%，国内销售量仅为 4%。⑤ 为确保世界头号位置并保证可持续发展，腰果行业正在实行战略调整，加大科技投入，改进腰果加工设备，提高腰果加工、包装质量和竞争力，力争到 2015 年实现腰果加工自动化比例达到 80%，在销售上提高国内市场销售比例。（4）越南现在是仅次于巴西的世界第二大咖啡生产国，在 2010 年头两个月，出口 28 万吨，但因咖啡价格同比下降 15% ~ 25%，出口值仅有 4.11 亿美元，出口量和出口额同比减少 26.78% 和 12.52%。⑥ 为此，越南参照巴西的做法，从 2010 年 3 月开始，由国家出资，建立 20 万吨国家咖啡储备，以应对世界市场价格波动。

7. 深化国企重组与改革

越南计划到 2015 年将基本完成国有企业重组，越南国有企业整合成 400 家，包括安全、国防及核心经济领域的国有企业，鼓励一切所有制企业，包括外国独资企业，在规模上不受限制地发展⑦。2010 年 3 月 16 日，越南国有石油公司已

① 海宁：《2009 ~ 2010 年越南经济仍然面临许多不确定性和挑战》，〔越〕《工业》2010 年第 1 期。
② 〔越〕《越南共产党》2010 年 1 月 19 日。
③ 《投资 11 万亿越盾使纺织成衣行业突破性发展》，〔越〕《越南共产党》2010 年 1 月 19 日。
④ 《皮鞋行业力争 2010 年使出口额达 50 亿美元》，〔越〕《越南共产党》2010 年 1 月 18 日。
⑤ 《越南腰果出口占世界市场的 37%》，〔越〕《越南共产党》2010 年 3 月 26 日。
⑥ 《越南咖啡出口的辛酸历程》，〔越〕《经济时报》2010 年 3 月 8 日。
⑦ 梅方：《总理：越南三大国企有可能股份化》，〔越〕《经济时报》2010 年 3 月 19 日。

经实行混合所有改革，[①] 这也是越南首家实行混合所有改革的国企，该公司重组后名为“Saonam Petro”，由三国石油领域公司联合出资组成：Dsme（韩国）、Agr（挪威）、Longbeach Oil và Otto Energy（澳大利亚）。这次重组的企业包括：越南移动通信公司、越南投资与发展银行、越南油气总公司。越南移动通信公司（VMS，又称 MobiFone，2009 年，瑞士一家信贷银行评估其市值 20 亿美元）原定于 2009 年第二季度上市，但因故延缓；越南投资与发展银行（BIDV）是仅次于越南农业银行（Agribank）的第二大银行，在越南电信银行（Vietcombank）和越南工商银行（Vietinbank）上市之后，其上市一直备受关注；越南油气总公司（Petrolimex）占有越南石油零售业市场的 55% 份额。

第五节　关于“越南模式”及其他

20 世纪 80 年代以来，“转型”成为世界经济发展中令人瞩目的现象。不管“越南模式”还是“中国模式”都取得了丰硕成果，中国已成为世界第三大经济体，越南也成为亚洲最具活力的新兴经济体之一。后金融危机时期，中国与越南经济增长模式和发展方式都为两国经济的可持续发展形成诸多制约，因此在继续体制转型基础上，实现经济增长模式转型成为第一要务。作为同属向社会主义市场经济转型的经济体，越南经济转型对加速中国经济转型不乏借鉴意义。

一　越南模式与中国模式：师法还是趋同

“越南模式”与中国 20 世纪 90 年代末期发展模式类似。当时西方发达国家新经济兴起，经济结构重组，产业链向发展中国家转移，中国、印度、巴西、俄罗斯把握机遇，通过吸引外资，扩大出口，加强国际合作，融入世界经济，带来新世纪初期的高速增长，从而赢得“金砖四国”美誉。

从 2007 年下半年起，中国珠三角等地区的许多企业由于制造成本增加，逐渐向越南转移，使中国制造业出现危机感，这期间的越南经济似乎有“超印赶中”的倾向，“越南模式”之说应运而生。2008 年初越南因输入性通胀引发经济危机，“越南模式”又显现出其固有不足，并因此而饱受诟病。

---

① 辞元：《越南有可能组成首家私人油气公司》，〔越〕《经济时报》2010 年 3 月 17 日。

何谓“越南模式”？关于“越南模式”的解释有多个版本：一种观点认为，越南模式是中国模式的效法。英国《经济学家》杂志就提出“越南模式被认为是中国的效仿，越南在改革方面是中国的好学生”。越南发展道路确实有中国发展模式的烙印，越南对于改革的理论也与中国雷同[①]；关于体制转型的特点有学者认为越南选择的是“快速的渐进式”[②]。有的学者则以为，从体制转型来看，即从计划经济向市场经济过渡过程中，越中两国都采用了渐进式转型模式[③]。有观点认为，简单地将越南视为中国模式的“追随者”的判断有失偏颇，越南革新开放主要经验采取了符合本国实际的转型方式[④]。另一种观点认为“越南模式”是与“中国模式”转型经济体在发展道路的趋同。

实际上，越南的经济转型与中国走的是相同的道路，但有它自己的特点。“越南模式”的特点主要表现在：其一，在体制转型上采取的是渐进式的转型，即越南走的是社会主义方向的市场经济模式；第二，在道路选择上，越南走的是一条比中国更大幅度和更快速度开放的道路，获得了更超常的发展，也暴露了更大的问题[⑤]；第三，在发展战略上，坚持出口导向战略，内需对经济增长的拉动较小，对外依赖性大，波动幅度较大；第四，在增长模式上，走的是传统资源消耗性模式，经济增长重数量轻质量，经济的可持续性能力差。

不可否认的是，“越南模式”对“中国经验”进行了成功借鉴与学习，并在学习中吸收中国改革过程中出现的失误与教训，从而减少了转型学习成本、纠错成本与风险成本，这样使越南的相对经济规模得到一定程度的提高，在没有外部冲击情况下，经济增长相对稳定。另一方面，由于越南没有经历过中国经济转型过程中所经历的各种国内外政治经济与市场约束[⑥]，“越南模式”又是“中国经验”的加速版，更加强调经济的快速增长，却忽视了内部的均衡。在世界经济全球化趋势日益加剧以及全球金融危机影响下，见证了“越南模式”已难以继续往昔的荣耀，因此，越南经济实现转型已经势在必行。

---

① 于蕾：《越南模式能否承载全球化之重?》，《社会观察》2008 年第 8 期。

② 参见：皮军，《中越经济体制改革比较研究》，厦门大学出版社，2000；陈明凡，《越南社会主义定向的市场经济——中越社会主义市场经济理论比较》，《当代亚太》2005 年第 7 期。

③ 保健云：《经济转型时期中国与越南经济增长比较分析》，《学术论坛》2007 年第 7 期。

④ 欧国峰：《赶超者越南》，载《经济》2005 年第 11 期。

⑤ 于蕾：《越南模式能否承载全球化之重?》，《社会观察》2008 年第 8 期。

⑥ 保健云：《经济转型时期中国与越南经济增长比较分析》，《学术论坛》2007 年第 3 期。

二　越南经济转型的思考

中国与越南虽然在综合国力上没有可比性，但两国有着共同的意识形态和相同的政治经济制度，两国的基本国情有许多相似性，面临着共同的任务，即实现工业化和现代化，在后金融危机时期，两国经济都处在经济转型阵痛期，因此如何互相借鉴各自经验与教训，加快经济转型，对推进现代化具有重要意义。

1. 关于宏观经济政策

多年来越南以追求经济增长为第一目标的宏观经济政策，在发展战略上实行的是出口导向政策，拉动经济增长的三驾马车形成“两高一低”的态势，投资和消费长期保持高位，但国内消费处于弱势，对 GDP 的贡献较低；越南还在执行财政政策、货币政策和汇率政策时存在着严重的问题；越南经济转型过程中重速度、轻质量，虽然使其经济总量得到明显提高，然而由于自身基础薄弱，投资过热、进口需求旺盛，多年以来的财政赤字过高和导致贸易赤字，及由此带来的较高的通胀压力，经济抗压性和弹性较差。越南政府一度借鉴中国经验对投资进行一系列政策性激励，试图实现对周边国家的快速“赶超”，但却忽视了投资突增导致的资产泡沫，从而引起恶性膨胀，2008 年通胀率超过 25% 就是明证，2009 年越南的通胀率也达 6.5%。

为抑制进口，越南政府高筑关税和非关税壁垒，实行贸易保护政策，这有悖于贸易自由化政策，同时也违背了越南加入世贸组织的承诺。针对越南过度追求经济增长的政策，越南的几大债主如世界银行、亚洲银行等机构已经呼吁越南政府在后金融危机时代尽力减缓经济增速或稳定经济增长速度，而不是加快经济增长，并集中解决越南经济的积弊，比如基础设施、人力资源素质和行政审批，同时实行经济结构重组以保证越南经济可持续发展。

2. 关于汇率政策

越南的汇率波幅较大，2008 年 5 月，越南政府为了应对恶性通胀，减少进口支付，错误地选择允许本币升值的做法。后果是鼓励进口，抑制出口，并且还刺激了短期投机资本的流入，于是贸易和外汇平衡被双双打破，并且在 2008 年迅速地走向恶化。全球金融危机爆发之后，为扩大对外出口，缩小外贸赤字，保持经济增长，越南政府通过竞争性货币贬值扩大出口，向外转嫁风险。2009 年及 2010 年两年数度扩大越南盾对美元的浮动汇率区间，越南盾对美元汇率已经跌至金融危机以来的最低点，从原来的 16550 越南盾兑 1 美元跌到 2010 年 1 月

18550越南盾兑换1美元，黑市汇率甚至高达20000∶1，实际上已经引发越南盾大幅贬值。本币贬值过快，虽然有利于出口增长，但汇率剧烈波动，势必造成黄金和外汇投机盛行，从而使国内金融局势混乱，造成国内货币信用市场动荡；同时增加了设备进口成本加大，加大了通胀风险。如果越南政府放任本币贬值，国际热钱可以在汇市上有较大获益空间，极易引起金融市场乱象复发，甚至有可能演变成新危机。越南实现的是固定汇率制，探讨越南汇率政策，对中国有较大警示意义，当前人民币汇率正面临来自美国要求升值的越来越大的压力，如何保持人民币汇率稳定对中国经济转型至关重要。

3. 关于越南的通胀

越南的通胀为投资驱动性通胀，发展过热是重要原因，而地产泡沫是一大推动因素①，越南外来投资结构失衡，外资主要投资于房地产业，截止到2010年初，越南共开发房产20.538万套房，其中高级住宅占70%，2012年将有200亿美元投资于房地产，占越南总外资的50%②。越南政府也已经注意到了这个问题，2010年4月6日，越南颁布第18/NQ－CP号决议，出台了稳定宏观经济的六项措施，其中首要的是要控制通胀。③ 虽然造成中国房地产泡沫的始作俑者不是外资，而是成本推动的结果，但泡沫本质以及将要带来的影响与越南十分相似。随着中国政府调控力度加大，房地产市场的过剩流动性极有可能冲击一般商品，推高商品价格，成为通胀因素。因此，国家要对通胀有所警惕，未雨绸缪提早做好应对通胀准备，加大对市场中过剩流动性资金的回笼力度，对资产泡沫和流入境内的热钱保持警惕。

4. 关于制度优势

中越两国既是新型经济体经济发展的典范，也是成功应对金融危机的范例，全球金融危机更加突显社会主义制度的优越性。越共中央宣传部长苏辉诺在2009年12月厦门举办的中越两党第五届理论研讨会上指出：显然，在成功应对全球金融危机中，越南社会主义制度和社会主义市场经济体现了强大的活力。当世界在更多反思加大政府的调控和监督作用时，而这对于我们在推进工业化、现代化、国际化进程中一直是一个具有决定意义的重大问题。这也是中越两党一致的特点。④（见图17－3）

---

① 关于越南通胀的原因，参见广西社科院课题组《越南经济：控制通胀与快速增长的艰难抉择》，《广西日报》2008年6月20日。

② 〔越〕《越南共产党》2010年3月3日。

③ 《六项措施稳定宏观经济》，〔越〕《经济时报》2010年4月7日。

④ 苏辉诺：《全球金融危机与越南面临的问题》，〔越〕《共产主义》2010年第1期。

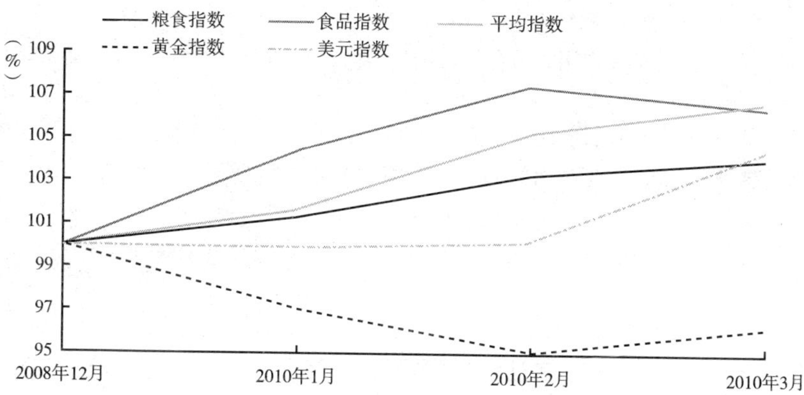

图 17－3 金融危机时期（2008 年 12 月至 2010 年 3 月）越南 CPI 指数曲线图

资料来源：越南国家统计总局：http：//www. gso. gov. vn/Default. aspx？ tabid＝217。

参考文献

［1］《2009 年越南全国人口与住房普查初步结果》，〔越〕《数据与事件》2009 年第 8 期。

［2］保健云：《经济转型时期中国与越南经济增长比较分析》，《学术论坛》2007 年第 3 期。

［3］陈明凡：《越南社会主义定向的市场经济——中越社会主义市场经济理论比较》，《当代亚太》2005 年第 7 期。

［4］陈英芳：《经济结构转移：现状与问题》，〔越〕《共产主义》2009 年第 1 期。

［5］迟福林等主编《增长与改革——金融危机下的亚洲新兴经济体》，中国经济出版社，2009。

［6］杜国桑：《怎样才是一个工业化国家?》，〔越〕《共产主义》2009 年第 10 期。

［7］范德：《2009 年越南证券市场：风暴已过?》，〔越〕《经济与预测》2009 年第 1 期。

［8］范孟强：《初春论经济重构》，〔越〕《经济和预测》2010 年第 3 期。

［9］古小松：《在高通胀中发展——越南 2008 年形势分析与预测》，《东南亚纵横》2009 年 3 期。

［10］古小松主编《越南国情报告（2008）》，社科文献出版社，2008。

［11］古小松主编《越南国情报告（2009）》，社科文献出版社，2009。

［12］海宁：《2009～2010 年越南经济面临许多不确定性和挑战》，〔越〕《工业》2010 年第 1 期。

［13］黄文派：《在越南发展社会主义定向的市场经济时运用比较优势理论》，〔越〕

《经济与预测》2009 年第 24 期。
[14] 蒋玉山:《发展中国家劳务输出的经济学:以越南为例》,《东南亚纵横》2010 年第 4 期。
[15] 兰玉:《3 月 30 日,股市上涨到 500 点》,〔越〕《经济时报》2010 年 3 月 30 日。
[16] 黎海云:《2009 年越南的 FDI 及 2010 年展望》,〔越〕《共产主义》2010 年第 5 期。
[17] 黎清海:《胡志明市同全国一起遏制经济衰退,使经济朝着可持续发展》,〔越〕《共产主义》2010 年第 3 期。
[18] 李景治等主编《当代世界经济与政治(第三版)》,中国人民大学出版社,2007。
[19] 刘光庆:《2009 年贸易进出口回顾及 2010 年展望》,〔越〕《经济和预测》2010 年第 3 期。
[20] 梅方:《总理:越南三大国企有可能股份化》,〔越〕《经济时报》2010 年 3 月 19 日。
[21] 明光:《2008 年经济社会:困难及前景》,〔越〕《经济与预测》2009 年第 1 期。
[22] 欧国峰:《赶超者越南》,《经济》2005 年第 11 期。
[23] 皮军:《国际金融危机对越南经济政策的影响》,《东南亚研究》2009 年第 4 期。
[24] 皮军:《中越经济体制改革比较研究》,厦门大学出版社,2000。
[25] 阮大来:《金融危机中的越南银行及未来的任务》,〔越〕《经济与预测》2010 年第 3 期。
[26] 苏辉诺:《全球金融危机与越南面临的问题》,〔越〕《共产主义》2010 年第 1 期。
[27] 吴端咏、裴必胜:《关于改革 2011 ~ 2020 年越南经济社会发展十年战略思维的几个问题》,〔越〕《经济与预测》2009 年第 1 期。
[28] 武鸿福:《刺激需求稳定宏观经济的几项措施》,〔越〕《共产主义》2009 年第 8 期。
[29] 武鸿福:《全球金融危机对越南 FDI 及经济增长的影响》,〔越〕《共产主义》2008 年第 24 期。
[30] 于蕾:《越南模式能否承载全球化之重?》,《社会观察》2008 年第 8 期。
[31] 重德:《2010 年越南证券市场充满信心》,〔越〕《经济与预测》2010 年第 3 期。

The Crisis of Vietnam: Transformation of the Emerging Economy's Development Model

Abstract: The hyperinflation and global financial crisis have produced serious influence on the real economy and virtual economy in Vietnam. The Vietnamese government set down economic stimulus packages to curb the economic depression, comprehensively applied fiscal, monetary and tax policies, increased the minimum wage and consumer subsidies, stimulated the domestic consumption, realized the V-shaped reversal of economic situation. There are huge hidden risks under the Vietnam's economic development for reasons like unbalanced regional development, a low level of development, export-oriented development strategy and so on. The "Vietnam Model" is a speeded up version of the "China Model", which emphasizes more on the rapid growth of economy, but ignores the internal balance. Under the influence of increasing trend of economic globalization and global financial crisis, the "Vietnam Model" can hardly continue its past glory, and it is inevitable for the Vietnam's economy to transform in post-crisis era.

Key Words: Financial Crisis; Transformation of Development; Vietnam Model

第十八章
冰岛金融危机的来龙去脉

江时学*

摘　要：2008 年 10 月，冰岛爆发了严重的金融危机，国家濒临“破产”的边缘。冰岛危机的实质是金融业无限膨胀导致的金融泡沫在外部条件发生恶化时终于破裂。金融泡沫的产生与银行私有化后金融业盲目地走向国际市场以及政府放松对金融业的监管等因素有关。金融全球化趋势的快速发展对冰岛金融业的膨胀起到了推波助澜的作用。冰岛危机的教训是：银行在拓展其海外业务时没有量力而行；不能放松对金融业的监管；不能依靠信贷扩张来刺激经济；要正确处理发挥比较优势与提升产业结构的关系；有必要为金融机构建立一套预警体系。

关键词：国际金融危机　冰岛危机　银行危机

2008 年 10 月，冰岛爆发了震惊全球的金融危机。面对岌岌可危的金融体系，冰岛总理哈尔德惊呼：冰岛经济已濒临“国家破产”。冰岛危机的根源是多方面的，其教训和启示也是非常深刻的。

第一节　冰岛金融危机的由来

北大西洋岛国冰岛曾被国际媒体视为“最成功”的国家之一。在联合国开发计划署的 2007 ~2008 年人类发展指数排行榜上，冰岛雄踞首位。根据国际货

---

* 江时学，中国社会科学院欧洲研究所副所长、研究员、博士生导师，兼任中国拉丁美洲学会副会长兼秘书长、中国拉美史研究会副理事长、北京大学拉美研究中心副主任、中国社会科学院第三世界研究中心副总干事。

币基金组织的计算，2007 年冰岛的人均国内生产总值高达 64548 美元，在世界上排名第四位。[①] 这个总人口只有 31 万人、国内生产总值仅为一百多亿美元的小国在社会发展领域也取得了长足的进步。例如，每一个冰岛人均可享受免费教育和免费医疗，冰岛的人均购书量和人均手机拥有量在世界上均位居首位，失业补助金与就业人员的工资相差无几，就业妇女占妇女劳动力总数的比重在世界上也是最高的。此外，冰岛的社会问题不多，风土人情淳朴，生态环境得到了较好的保护。无怪乎冰岛人被誉为“世界上最幸福的人”。

但在 2008 年 10 月，如此令人羡慕的一个国家却陷入了难以自拔的困境。10 月 6 日，哈尔德总理在全国电视讲话中指出：最近几周，世界金融体系蒙受了巨大的灾难性冲击。世界上最大的一些投资银行已成为这一灾难的受害者，市场上的资本实际上已不复存在。其结果是，那些国际大银行不再为其他银行提供资金，银行之间的信心丧失殆尽。这使得冰岛银行的状况在过去几天内不断恶化。哈尔德总理还指出，冰岛经济可能会与银行一起陷入（危机的）旋涡，后果可能是国家的破产。[②]

哈尔德总理的讲话发表后，著名的全球网上购物网站“亿贝网”（eBay）设在英国的分网上贴出了网友的恶搞：“99 便士起价拍卖冰岛，欲购从速。”[③] 英国伦敦经济学院的丹尼尔森教授说：在和平时期，没有一个国家会如此迅速而悲惨地崩溃。[④]

毋庸置疑，冰岛是 2008 年国际金融危机的“牺牲品”。2008 年 9 月 15 日雷曼兄弟公司倒闭后，国际上银行之间的同业拆借基本停止，流动性的减少使冰岛银行遭遇了致命的打击。

首先陷入困境的是格利特尼尔银行（Glitnir）。2008 年 9 月 26 日，格利特尼尔银行高层会见央行行长奥德松，希望央行能注资 9 亿美元。奥德松没有意识到一场巨大的灾难即将降临冰岛，因此他不仅没有同意格利特尼尔银行的请求，反而在 2 天后宣布，政府将对其实行国有化。

政府的这一行动使标准普尔和其他一些评级公司立即降低了冰岛的主权信用

---

① http：//en. wikipedia. org/wiki/List_ of_ countries_ by_ GDP_ （nominal）_ per_ capita.

② Address to the Nation by H. E. Geir H. Haarde, Prime Minister of Iceland, October 6, 2008, http：//eng. forsaetisraduneyti. is/news-and-articles/nr/3035.

③ http：//peeancefreeance. files. wordpress. com/2008/10/ebayiceland. pdf.

④ http：//www. usatoday. com/money/world/2008 - 10 - 12 - iceland - meltdown_ N. htm.

等级。① 这使冰岛的第二大银行兰兹银行处于更加不利的地位，因为它在向欧洲中央银行融资时是用冰岛国债作抵押的。鉴于兰兹银行的处境越来越艰难，数日后政府也将其收归国有。

一些政府官员表示，对兰兹银行实行国有化的目的是为了保住冰岛最大的银行考普信银行，因为此前政府已为考普信银行注资6.25亿美元。但是，由于考普信银行的处境越来越危险，政府终于在10月9日不得不将其接管。至此为止，冰岛的三大银行均被国有化。

由于冰岛金融形势陷入了极度混乱，政府被迫在10月9~13日关闭了股市。在此以前，股市已下跌了90%，②克朗也大幅度贬值。

在经济繁荣时期，冰岛人无忧无虑地举借了大量债务。由于这些债务多以外币计值，因此克朗的贬值导致其债务负担变得越来越沉重。此外，由于国民经济陷入危机后通货膨胀率大幅度上升，失业增加，因此许多人的实际生活水平大幅度下降。2008年10月以来，民众的示威游行此起彼伏。这是半个世纪以来冰岛从未出现过的动荡。③ 为驱散抗议的人群，警察不得不使用催泪弹。这也是半个世纪以来冰岛警察首次使用催泪弹。

冰岛金融危机也影响了政局稳定。2009年1月23日，哈尔德宣布提前举行议会选举（时间定在5月9日）。24日，首都雷克雅未克再次发生大规模示威游行。游行者强烈要求政府立即下台。此外，社会民主联盟也向哈尔德施加压力，要求他撤换中央银行行长。25日，商业部部长西于尔兹松辞职。④ 迫于压力，哈尔德总理不得不在26日宣布，由于联合执政的独立党和社会民主联盟在如何应对金融危机等重大问题上存在严重的意见分歧，他领导的内阁被迫集体辞职。冰岛因此成为国际金融危机爆发后世界上第一个政府垮台

---

① 早在2006年4月，惠誉国际信用评级公司（Fitch）就因冰岛的银行存在巨大的风险而降低了冰岛的信用等级；投资者惊慌失措，导致冰岛的货币市场和股票市场在短短的几天内就下跌了25%，参见 http://money.cnn.com/2008/12/01/magazines/fortune/iceland_gumbel.fortune/index2.htm。

② Iceland: The country that became a hedge fund, http://money.cnn.com/2008/12/01/magazines/fortune/iceland_gumbel.fortune/.

③ 上一次冰岛出现的大规模的示威游行是在1949年民众抗议冰岛加入北大西洋公约组织。冰岛是北约的12个签约国之一。

④ 西于尔兹松在宣布其辞职的记者招待会上说，他应该对冰岛目前所陷入的这场严重危机承担责任，金融监管机构同样负有不可推卸的责任，该机构的领导人也应该引咎辞职。

的国家。

2009年2月1日，社会民主联盟和左翼绿色运动宣布成立过渡政府，约翰娜·西于尔扎多蒂出任总理。除了积极要求国际货币经济组织提供援助以外，过渡政府还实施了稳定物价、增加就业、资本管制和稳定经济等一系列反危机措施。西于尔扎多蒂甚至公开表示，冰岛将考虑加入欧盟的可能性，并希望在4年之内加入欧元区。为平息民众的不满情绪，政府向议会递交了要求撤换央行行长的提案。

在4月25日的议会选举中，联合执政的社会民主联盟和绿色运动共得到51.5%的选票。这也是左翼政党在冰岛历史上首次赢得多数席位。而曾连续执政18年之久，在1月下台的独立党得票率则比上次选举减少了约1/3。西于尔扎多蒂在获胜后说，选举结果是选民对新自由主义经济政策的否定，也反映了民众渴望变革的心情。根据冰岛《新闻报》选举前进行的民意调查，超过一半的冰岛民众对过渡政府执政两个多月来的表现表示满意。当地舆论普遍认为，执政联盟于2月1日临危受命，在较短时间内遏制了经济形势的进一步恶化，是其取胜的重要原因。①

冰岛金融危机不仅使冰岛人损失惨重，而且还连累了英国人。冰岛的三大银行在英国和荷兰有大量客户，其中包括数百万个网上银行个人储户以及一些地方政府、慈善机构、医院、非政府组织和大学（甚至包括牛津大学）。②英国和荷兰的公私储户之所以愿意将钱存入冰岛银行，主要是因为这些银行能提供较高的利率。③ 但在冰岛政府接管这些银行后，所有银行业务都停止，存款被冻结，甚至可能会被一笔勾销。在奥德松总理表示冰岛银行无法满足英国存款人的提款要求后，英国首相布朗启用了《反恐怖主义法》，冻结了冰岛银行在英国的资产。冰岛银行突然间成了与基地组织齐名的恐怖主义组织。④

面对岌岌可危的经济形势，冰岛曾希望美联储、英格兰银行和欧洲中央银行

---

① http：//news. xinhuanet. com/fortune/2009 -04/27/content_ 11264881. htm.

② 据CNN报道，英国和荷兰的约150个地方政府在冰岛银行有存款，参见Iceland：The country that became a hedge fund，http：//money. cnn. com/2008/12/01/magazines/fortune/iceland _ gumbel. fortune/。

③ 例如，兰兹银行在英国和荷兰开设的名为“冰岛储蓄”（Icesave）的网上存款业务，利率高达6%以上，从而吸引了大量储户。

④ http：//features. csmonitor. com/economyrebuild/2009/01/21/global-financial-crisis-overwhelms-tiny-iceland/.

能提供援助，但未能如愿。[①] 后来，冰岛不得不求助于俄罗斯。冰岛总理哈尔德说：由于欧洲国家置冰岛的请求于不顾，在此情况下任何人都会开始寻找新朋友。不过冰岛不会讨论扩大与俄罗斯军事合作的问题，我们仍然是北约成员国。[②] 但是，长期以来一直试图与冰岛发展关系的俄罗斯却未能向冰岛提供援助。

冰岛是欧洲经济区的成员，但它从未提出过加入欧盟的申请。反对加入欧盟的人认为，欧洲经济区已为冰岛提供了许多经济利益，因此冰岛没有必要改变当前与欧盟关系的性质。此外，加入欧盟后，冰岛的主权会受到影响，独立性会减弱，对本国资源的控制会丧失。奥德松在担任冰岛总理时甚至将欧元区看做是“香格里拉”。[③]

冰岛爆发危机后，许多人说，如果冰岛是欧盟的成员，欧盟会伸出援助之手，从而使冰岛早日摆脱危机；如果冰岛放弃克朗，采用欧元，这一金融危机是可以避免的，至少不会如此严重。因此，许多人认为，为了今后避免发生类似的危机，冰岛应该尽快加入欧盟或采用欧元。一些工会组织也主张冰岛应尽快加入欧盟。

欧洲银行明确表态，除非冰岛首先加入欧盟，否则它不能采用欧元。针对这一立场，有些学者认为，冰岛可像黑山共和国那样，单方面实现“欧元化”。这些学者认为，冰岛只要动用1亿欧元就可替代流通中的克朗，使欧元成为冰岛的法定货币。有些冰岛人甚至认为，1000年以前，冰岛果断地引进基督教，废黜了其他宗教，今天为什么不能大胆地使用欧元，抛弃克朗?[④]

2008年11月18日，国际货币基金组织宣布，它决定向冰岛提供21亿美元的援助。据报道，冰岛曾向包括中国等国提出过援助的请求，希望能够帮助冰岛克服金融危机。中国外交部发言人秦刚称，我们也密切关注当前这场国际金融危机对有关国家所造成的影响，也注意到了有关国家为此所采取的措施，我们希望

---

① 但冰岛银行的一些官员说，奥德松仅仅是向其他国家的央行行长写一便条，因此未能引起他们的足够重视。欧洲央行的一位高级官员说，如果冰岛确实希望得到援助，那么奥德松应该专程赴法兰克福，与欧洲央行行长特里谢面谈，但奥德松没有这样做。参见 http://money.cnn.com/2008/12/01/magazines/fortune/iceland_gumbel.fortune/index3.htm。

② http://world.huanqiu.com/roll/2008-10/247540.html.

③ 在世界上的多种语言中，“香格里拉”又是“伊甸园”、“理想国”、“世外桃源”或“乌托邦”的代名词。

④ http://www.economist.com/world/europe/displaystory.cfm?story_id=12762027.

这些措施能够尽快取得预期效果。国际货币基金组织以及部分国家计划向冰岛提供援助，我们对此表示欢迎。①

如前所述，冰岛金融危机爆发后，冰岛银行在英国和荷兰的客户蒙受了巨大损失，总额达50亿美元。在2010年3月初举行的公民表决中，90%以上的冰岛人反对偿还这笔巨资。但冰岛政府表示，在条件适当的时候，冰岛将支付这一债务。英国和荷兰表示，如果冰岛拒绝支付，它将永远不得加入欧盟。此外，英、荷两国还要求国际货币资金组织在向冰岛拨款以前停止向冰岛提供更多的援助。

第二节　冰岛金融危机的根源

冰岛金融危机的主要根源在于无限膨胀的金融业。由于美国次贷危机在国际范围内诱发了流动性短缺，金融泡沫在外部条件发生恶化时终于破裂。而冰岛这个小国之所以制造了一个大泡沫，主要是因为：

首先，政府推出的改革措施为金融泡沫的形成创造了条件。冰岛曾经是欧洲最贫穷的国家之一。20世纪80年代，在撒切尔主义和里根经济学的影响下，冰岛政府放开了银行利率，并将一些国有企业私有化。② 1991年，独立党领袖奥德松出任总理。这位34岁就担任首都雷克雅未克市长的政治家极为信奉自由市场经济思想，喜欢阅读弗里德曼、哈耶克和布坎南的著作，甚至在讲话时也经常引用他们的语录。③ 因此，他上台后采取了一系列重要的措施，其中包括：国有企业私有化；改革社会保障体系；增加中央银行独立性；贸易自由化；增加汇率的灵活性；④ 控制政府开支，努力实现财政盈余；建立资本市场；减税（公司税从50%下降到18%）；为控制通货膨胀而要求工会与雇主达成协议，放慢工资上涨的速度；加入欧洲经济区（EEA），以进一步密切与欧洲其他国家的经济联系。

在这些改革措施中，影响最为深远的就是国有银行私有化。20世纪90年代

① http：//www. chinanews. com. cn/cj/gncj/news/2008/11 - 13/1448788. shtml.

② 20世纪80年代，新自由主义学说的“鼻祖”弗里德曼和哈耶克曾访问过冰岛，并在电视台对其采访的节目中大力宣传新自由主义学说。

③ 1974年，26岁的奥德松当选雷克雅未克市政委员（独立党），34岁成为雷克雅未克市长。1982年，奥德松领导的独立党重新成为雷克雅未克市政委员会中的多数党后，立即将市政府拥有的最大的一家渔业公司私有化，参见 http：//en. wikipedia. org/wiki/Dav% C3% AD% C3% B0_ Oddsson。

④ 2001年，奥德松政府放弃了盯住一篮子货币的汇率政策，采用浮动汇率制。

以前，冰岛的银行基本上都是国有化的。国有银行的利率很低，有时甚至是负利率。由于企业对信贷的需求很大，银行常把信贷提供给予政府保持密切关系的企业。

奥德松任总理在任时间长达 13 年（1991～2004 年）。① 他认为，制约冰岛经济发展的障碍是政府对银行业的控制。他在一次讲演中说，政府不应该通过拥有商业银行来干预经济，资本的配置不应该由政治家决定。因此，奥德松政府在短短的几年时间内就完成了银行业的私有化，以消除所谓“金融压抑”现象。

与政府关系密切的人虽无银行从业经验，但在私有化过程中却获得了银行的所有权，并立即从商业银行业务扩展到投资银行业务。此外，无论是大银行还是小银行，都用批发业务来开拓国内抵押市场，使房地产市场取得了快速的发展。

其次，金融业盲目地走向国际市场。冰岛是一个小岛国，市场规模有限，银行业的进一步发展受到了制约。因此，在 2000 年完成银行私有化后，政府就鼓励银行业向国际市场拓展。

冰岛人是维尔京人的后代。在历史上，维尔京人视野开阔，生性好强，勇于开拓。这一特性也在一定程度上决定了冰岛银行走向海外的必然性。仅仅在 5 年的时间内，冰岛银行就实现了国际化。以成立于 1982 年的冰岛最大的银行考普信银行（Kaupthing）为例，它在短短的十多年时间内就将业务扩展到 13 个国家。2006 年，它在世界银行排名榜上的座次已跃居第 177 位。2007 年底，它的资产总额达 7.4 万亿克朗，而当时冰岛的国内生产总值仅为 1.3 万亿克朗。②

2000 年，在冰岛银行业的融资中，2/3 来自国内，1/3 来自海外；而在 2006 年前后，2/3 的融资来自海外，1/3 来自国内。③ 至 2007 年底，冰岛全国金融业的资产占国内生产总值的比重已超过了 1000%。冰岛外债总额占国内生产总值的比重从 2003 年的 140% 上升到 2008 年的 550%。④ 因此，虽然冰岛银行没有大量购买美国次级债券，但它们对外债的严重依赖则极大地损害了整个银行业的稳

---

① 2004 年奥德松卸任总理后，曾担任冰岛外交部长。2005 年，他辞去外交部长后担任央行行长。

② Gylfi Zoega，“A spending spree”，http：//www.voxeu.org/index.php？q = node/1043.

③ http：//www.businessweek.com/the_ thread/economicsunbound/archives/2008/10/iceland_ goes_ ba.html.

④ IMF，Country Report No. 08/367，December 2008.

健度。2008 年 3 月，三大银行的“信用违约互换”（CDS）点差已高达 1000 点。[①] 这使得冰岛货币克朗快速贬值（2007 年 12 月至 2008 年 3 月期间贬值幅度达 30%）。[②] 无怪乎一些分析人士认为，即使没有美国次贷危机，冰岛同样会遇到债务危机。

第三，放松了对金融业的监管。在银行业不断拓展其海内外市场时，冰岛政府却未能加以有效的监管。英国《金融时报》在分析冰岛危机时说：央行仅仅使用利率手段来监管，降低了储备金要求，也没有用道义上的劝告来规范银行的行为。[③] 例如，为了与国家住房融资基金（HFF）竞争，商业银行竞相提供利率低、期限长的住房贷款。有些银行甚至在提供贷款时不要求贷款者出示购房证。其结果是，许多人利用这一漏洞，将住房贷款用于其他目的。[④] 银行的放贷量固然大幅度增长，但这也助长了金融泡沫的膨胀。

银行业的快速发展也助长了国内需求的扩大，进而推动了经济发展。在 2000～2007 年期间，除 2002 年和 2003 年以外的其他年份的国内生产总值、经济增长率均接近或大大超过 4%，其中 2004 年和 2005 年分别高达 7.7% 和 7.5%。[⑤]

滚滚而来的财富使冰岛人进一步加快了对外进行商业扩张的步伐。兰兹银行（Landsbanki）成了英国西汉姆足球俱乐部的大股东，博股投资公司（The Baugur Group）买下了英国著名的福莱莎百货公司，并在美国萨克斯第五大道百货公司拥有股份，另一家投资公司斯托蒂（Stodir）则在美国航空公司中拥有大量股份。

但是，这一前所未有的繁荣也产生了一系列问题，如宏观经济日益失衡，对外资的依赖越来越强，经常项目逆差相当于国内生产总值的比重居高不下（2006 年高达 25%），通货膨胀率突破了政府确定的目标，大量外债的流入使克朗升值的趋势越来越明显，房地产泡沫越来越大，企业和家庭的债务负担也日益加重。

---

① “信用违约互换”（CDS）是债券市场中最常见的一种金融衍生产品。在 CDS 的交易中，CDS 的买方定期向 CDS 的卖方支付一定费用，即信用违约互换点差。点差越大，说明违约的风险越高。CDS 的运用解决了信用风险的流动性问题，使信用风险可以像市场风险一样进行交易，从而转移担保方风险，同时也降低了企业发行债券的难度和成本。

② IMF, Country Report No. 08/367, December 2008.

③ http://www.ft.com/cms/s/0/061070b8-4781-11dd-93ca-000077b07658.html.

④ James K. Jackson, “Iceland's Financial Crisis”, CRS Report for Congress, November 20, 2008, http://digital.library.unt.edu/govdocs/crs/permalink/meta-crs-10825: 1.

⑤ IMF, Country Report No. 08/368, December 2008.

针对上述问题，央行在2008年上半年采取了一系列措施，其中包括：两次提高利率，与丹麦、挪威和瑞典达成了货币互换协议（总额达15亿欧元），控制公共债务的增长幅度，提供更多的流动性。但利率的上升反而吸引了大量套利资金，进一步扩大了国内消费中的“泡沫”。[①] 因此，在一定意义上，央行的货币政策加剧了金融动荡。

第四，金融全球化趋势的快速发展对冰岛金融业的膨胀起到了推波助澜的作用。金融全球化使资金在全球范围内流动的速度不断加快。诚然，冰岛金融业的国际化得益于金融全球化趋势的快速发展。例如，至2007年底，冰岛全国商业银行资产总额的50%分布在海外，50%以上的利润来自海外银行。[②] 但是，银行业的高度国际化也加大了该部门的脆弱性。如果外部条件发生不利的变化，经济规模不大的冰岛就很难应对外部冲击。

第三节　冰岛金融危机的教训和启示

早在2006年，丹麦丹斯克银行（Danske）的一个研究报告就指出，冰岛银行的发展速度之快已超出了冰岛国民经济的承受能力。但一些冰岛人认为，在历史上，冰岛曾经是丹麦的附属国，因此，丹斯克银行的报告是“殖民主义者的代表”，在诋毁冰岛的发展。因此，该报告不可能使冰岛引以为戒。[③] 国际货币基金组织（IMF）和经济合作与发展组织（OECD）等国际机构也曾要求冰岛政府关注货币政策对宏观经济形势的影响，提防对冲基金进行套利活动。但冰岛却依然置之不理。冰岛银行监管当局甚至在2008年8月14日宣布，冰岛三大银行能经受其资产大幅度缩水和克朗币值急剧下跌这样的“考验”。[④] 无怪乎冰岛的民众将冰岛危机归咎于银行家的贪婪。一位名叫亚尔斯泰兹（Sirry Hjaltested）的冰岛教师说：如果我遇到一个银行家，我会踢他的屁股，踢到我的皮鞋卡在他的肉里拔不出来。[⑤]

而银行则怪罪于政府的错误决策。兰兹银行的首席经济学家克里斯蒂松

---

① 利率从2003年的5.3%上升到2007年的15.25%。

② James K. Jackson, “Iceland’s Financial Crisis”, CRS Report for Congress, November 20, 2008, http://digital.library.unt.edu/govdocs/crs/permalink/meta-crs-10825: 1.

③ http://features.csmonitor.com/economyrebuild/2009/01/21/global-financial-crisis-overwhelms-tiny-iceland/.

④ http://money.cnn.com/2008/12/01/magazines/fortune/iceland_gumbel.fortune/index3.htm.

⑤ http://www.economist.com/world/europe/displayStory.cfm?story_id=12762027.

（Yngvi Orn Kristinsson）说，银行也很担心无节制地开展海外业务会招致巨大风险，但在一个充满竞争的环境中，银行不得不冒此风险。他认为，对金融危机负责任的应该是中央银行。① 此外，银行还抱怨政府没有向银行注资，而是简单化地实施国有化，从而使银行陷入绝境。

无论如何，冰岛金融危机的下述教训和启示是十分深刻的。

第一，银行在拓展其海外业务时必须量力而行。在短短的几年时间内，冰岛银行业的国际业务取得如此快的发展，无疑是缺乏可持续性的。有人认为，即使没有国际资本市场上的动荡，冰岛也会遇到危机。② 冰岛前总理哈尔德在接受媒体时曾说过这样一句语重心长的话：我们从过去几年事态得到的教训是，一个小国家企图在国际银行业扮演一个领导角色是不明智的。③

第二，政府不能放松对金融业的监管。为了加快发展金融业，信奉新自由主义思想的奥德松政府对金融业的无限扩张不加引导和监管，致使银行负债累累，在外部条件发生不利变化时无法应对自如。冰岛的不幸再次表明，政府必须加强对金融业的监管。CNN 网站的一篇文章说，冰岛犹如雷曼兄弟公司，而且谁都知道这是一个巨大的泡沫，但是，出于政治上的权宜之计，冰岛政府却听凭这一泡沫不断地扩大，直到它破裂。④

第三，不能依靠信贷扩张来刺激经济。美洲开发银行的经济学家在研究拉美国家遭遇的银行危机后发现，拉美的每一次银行危机都是由信贷的无限扩张导致的，因为信贷的过度扩张会破坏宏观经济的基本面，放大金融体系的脆弱性。因此，他们得出了这一结论：伴随着信贷扩张的"好时光"，同时也意味着"坏时光"即将来临。⑤冰岛的遭遇似乎验证了这一结论。冰岛银行在国际上获得大量资金后，向本国居民提供以外币计值的抵押贷款。其结果是，冰岛的家庭债务相当于可支配收入的比重从 2000 年的 160% 上升到 2006 年的 240% 。⑥

---

① http://features.csmonitor.com/economyrebuild/2009/01/21/global-financial-crisis-overwhelms-tiny-iceland/.

② Gylfi Zoega, "Iceland faces the music", http://www.voxeu.org/index.php?q=node/2621.

③ http://hk.news.yahoo.com/article/081011/4/8nxb.html.

④ Iceland: The country that became a hedge fund, http://money.cnn.com/2008/12/01/magazines/fortune/iceland_gumbel.fortune/.

⑤ Michael Gavin and Ricardo Hausmann, *The Roots of Banking Crises: The Macroeconomic Context*, Inter-American Development Bank Office of the Chief Economist Working Paper No. 318, January 1996.

⑥ Gylfi Zoega, "A spending spree", http://www.voxeu.org/index.php?q=node/1043.

第四，要正确处理发挥比较优势与提升产业结构的关系。任何一个国家在发展经济时必须发挥自身的比较优势。冰岛的比较优势是渔业资源丰富。渔业部门为冰岛经济发展作出了重大贡献，但冰岛曾为争夺渔业资源而与一些邻国摩擦不断。此外，渔业很难使国民经济实现腾飞。因此，冰岛政府一直在为减轻对渔业的依赖而追求产业结构的多样化。

毋庸讳言，在金融危机爆发之前，冰岛在这一方面的努力就已初见成效。例如，它利用丰富的地热资源，建立了氧化铝冶炼业。冰岛的高科技产业也取得了较快的发展。冰岛的生物制药企业阿特维斯（Actavis）在国际上享有很高的声誉。此外，2008 年北京残奥会上南非运动员皮斯托瑞斯之所以能用 11.17 秒的好成绩取得男子 100 米短跑冠军，就是因为他使用了冰岛生产的一种高科技假肢。[①] 而冰岛政府认为，为了取得更快的发展，除了扩大高科技产业以外，还必须大力发展国际金融业。在金融全球化时代，国际金融业似乎是提高经济增长率的捷径。

第五，有必要为金融机构建立一套预警体系。2008 年 11 月，英国女王伊丽莎白二世在访问著名的英国伦敦经济学院时问道：为什么没有人能够预测金融危机到来？

不容否认，金融危机的破坏力是巨大的。冰岛大学经济学教授吉尔法松认为，冰岛危机使冰岛财富的损失额相当于这个国家的国内生产总值的 7 倍。由此可见，预防危机比应对危机更为重要。无论是国际货币经济组织还是世界各地的经济学家，都在探讨能否预测金融危机的可能性。然而，由于各国情况千差万别，很难建立一套放之四海而皆准的预警体系。

20 世纪 80 年代初拉美债务危机爆发后，一些经济学家提出了所谓外债的“警戒线”：（1）偿债率（还本付息相当于当年出口收入的比重）为 20%；（2）负债率（外债总额相当于 GDP 的比重）为 25%；（3）债务率（外债总额相当于当年出口收入的比重）为 100%；（4）短期债务率（短期外债占全部债务的比重）为 20%；（5）外债—外汇储备率（外债总额相当于外汇储备的比重）为 100%。这些指标有助于发展中国家的决策者控制外债规模，也有助于他们规避债务危机的风险。

应该指出的是，上述指标较为适用于发展中国家，或许不适用于冰岛这样一

① http：//online. wsj. com/article/SB123032660060735767. html.

个非常富裕的小国。因此，机械地照搬上述“警戒线”指标是不足取的。

20世纪90年代以来，国际学术界越来越多地使用债务的“可持续性”（debt sustainability）这一概念。“可持续性”实际上是指债务国拥有的还本付息的能力。换言之，如果债务国的债务负担过重，超出了它还本付息的能力，那么这个国家的债务就不再具有“可持续性”。因此，只有保持一定的“可持续性”，债务国才能避免债务危机。

如何衡量一个国家债务的“可持续性”？国际货币经济组织的经济学家C.达斯金提出了两个原则：一是债务总额与经济实力之比；二是当外部冲击来临时，还本付息能力会不会减弱。①令人遗憾的是，达斯金未能对这两个原则进行量化，因此其参考价值是有限的。

冰岛金融危机表明，“盖杜蒂—格林斯潘法则”（Guidotti-Greenspan rule）对预防金融危机具有一定的参考价值。该法则认为，一个国家的外汇储备必须在数量上与其短期债务额相当。② 这一法则或许能构成金融危机预警体系的组成部分之一。

An Analysis of the Financial Crisis in Iceland

Abstract: In October 2008 Iceland suffered a severe financial crisis that made the nation almost bankrupt. The root cause of the crisis is closely related to a large financial bubble which had been created by the speedy process of internationalization of the banking sector after its privatization and the loose financial regulations. The bubble crashed under adverse external conditions. The rapid development of financial internationalization accelerated the financial expansion in Iceland. The following lessons

① Chritina Daseking, “Debt: How Much Is Too Much?” Finance and Development, December 2002, p. 12.

② 盖杜蒂是阿根廷财政部前副部长，格林斯潘是美国联邦储备委员会前主席。盖杜蒂在1999年的一次研讨会上提出，为了应对资本的突发性外流，一个国家的外汇储备不能少于其短期债务额。格林斯潘也在世界银行的有关会议上提出过类似的建议。http://en.wikipedia.org/wiki/Guidotti%E2%80%93Greenspan_rule。

can be drawn from the crisis: the strategy of "going global" for the banking sector should be implemented in a cautious way; lax government regulations over the financial sector should be avoided; credit expansion should not be used as a way of stimulating the economy; the relationship between upgrading the industrial structures and making use of the comparative advantage should be dealt with properly; it is necessary to build up a set of early warning system for financial institutions.

Key Word: International Financial Crisis; Iceland Crisis; Banking Crisis

后　记

欧阳日辉*

蔓延全球的金融危机带来了两个结果：一是世界经济格局发生了变化，西方市场万能论受到颠覆，国际体系开始多元化；二是全球发展模式将发生根本性改变，发达国家和新兴经济体都在寻找经济增长的突破口。

随着中国经济持续快速增长，特别是近两年在金融危机中的惊人表现，很多第三世界国家正在放弃美国模式，转向重视经济的、有别于西方民主的发展模式——“中国模式”。很多政治人物开始意识到，如果中国要对美国构成威胁，那么这种威胁并非来自中国的经济、军事和地缘政治等方面，而是来自于被忽视已久的“中国模式”。如果“中国模式”是可持续的，那么，会在不远的将来对美国模式构成莫大的威胁。显然，这种威胁不是中国力量本身，而是中国的发展经验。①

我们没有必要因“中国模式”的概念模糊和没有定型而否定“中国模式”；也没有必要担心树大招风、故步自封而讳言“中国模式”；更没有必要因埋怨“房价高、教育贵、看病难”而痛恨“中国模式”。其实，每一个中国人都是“中国模式”的“主体/载体”，我们应该以一种平和、客观的心态，积极主动地关注、分析和研究“中国模式”。随着时间的推移，人们正在认识中国模式内在的合理性和经验的可取性。总结中国经济发展已有的经验很重要，既有利于中国自己的未来，也有利于在国际舞台上追求软实力，更为重要的是有利于“中国模式”的可持续性和不断完善。

基于以上考虑，《发展和改革蓝皮书 No. 3》确定以“金融危机考验中国模

---

* 欧阳日辉，国民经济学博士、财政学博士后，中央财经大学中国发展和改革研究院副研究员。曾在人民出版社从事编辑工作7年，担任该社教育出版中心副主任。曾参与国家和省部级课题近十项，目前主持教育部人文社会科学基金课题。主要研究领域：宏观调控、制度经济学、经济史。

① 《“中国模式”得到世界各国广泛认同》，《参考消息》2004年4月23日。

式”为主题。《发展和改革蓝皮书 No. 3——金融危机考验中国模式（2008～2010）》以金融危机为背景，从经济发展和体制改革的视角，围绕保增长、促发展、调结构、惠民生展开描述，回顾我国应对此次金融危机的重大举措，总结经验，借鉴国际教训，展望“中国模式”的未来发展和改革之路。

后金融危机时代，只有让政府的归政府、市场的归市场才能实现“稳增长”。在金融危机中成功“保增长”后，2010 年中国政府审时度势，准确定位，将宏观调控基调由“保增长”调整为“稳增长”。“保增长”是一种政府强力干预的经济发展思路，增长的背后是政府这只强有力的推手给予经济一种非市场的作用力，体现着政府对经济的直接作用；而“稳增长”则是一种自然的经济发展思路，是保持住已然呈现的增长态势，力求“有质量的增长”和“可持续的协调发展”。

政府对经济的干预更为隐性，是一种市场主导、政府维持稳定的正常轨道。这不仅体现出中国政府宏观调控理念从计划思维向市场调控思维转变、从危机思维向正常发展思维转变、从增长思维向协调发展思维转变。同时，也表明中央政府正在致力于改变近十年来 GDP 高速增长的发展模式，解决制衡中国经济可持续发展的痼疾——结构失衡（包括产业结构、城乡结构、区域结构、分配结构和消费结构等）的决心。力求在保持经济平稳较快发展、转变经济发展方式上取得新成效，不断在推动科学发展、促进社会和谐方面取得新进展，为经济持续健康协调发展奠定更加坚实的基础，为民生改善带来更多的机会。

在本书编撰过程中，我们得到了中国社会科学院、国务院发展研究中心、商务部、财政部财政科学研究所、国家税务总局税收科研所、国家发改委社会发展研究所、中国人民银行研究局、南开大学、北京师范大学、中央财经大学、北京邮电大学、暨南大学、广西社会科学院等单位、同志的大力支持。我们要向这些朋友表示衷心感谢！本书的出版得到了社会科学文献出版社的鼎力支持，在此表示感谢。

2010 年 9 月 9 日

图书在版编目（CIP）数据

中国经济发展和体制改革报告.3，金融危机考验中国模式：2008～2010/邹东涛主编. —北京：社会科学文献出版社，2010.11
（发展和改革蓝皮书）
ISBN 978－7－5097－1856－8

Ⅰ.①中… Ⅱ.①邹… Ⅲ.①经济发展－研究报告－中国 ②经济体制改革－研究报告－中国 ③金融危机－影响－经济发展－研究－中国－2008～2010 Ⅳ.①F12

中国版本图书馆 CIP 数据核字（2010）第 199821 号

发展和改革蓝皮书

中国经济发展和体制改革报告 No.3

金融危机考验中国模式（2008～2010）

主　　编／邹东涛
副 主 编／欧阳日辉

出 版 人／谢寿光
总 编 辑／邹东涛
出 版 者／社会科学文献出版社
地　　址／北京市西城区北三环中路甲 29 号院 3 号楼华龙大厦
邮政编码／100029
网　　址／http：//www.ssap.com.cn
网站支持／（010）59367077
责任部门／皮书出版中心（010）59367127
电子信箱／pishubu@ssap.cn
项目经理／周　丽　王莉莉
责任编辑／高　雁　王莉莉　明安书　赵学秀
　　　　　蔡莎莎　张景增　王玉山　周　丽
责任校对／王洪强　王翠荣
责任印制／蔡　静　董　然　米　扬
品牌推广／蔡继辉

总 经 销／社会科学文献出版社发行部
　　　　　（010）59367081　59367089
经　　销／各地书店
读者服务／读者服务中心（010）59367028
排　　版／北京中文天地文化艺术有限公司
印　　刷／北京季蜂印刷有限公司

开　　本／787mm×1092mm　1/16
印　　张／35.25　字数／621 千字
版　　次／2010 年 11 月第 1 版　印次／2010 年 11 月第 1 次印刷

书　　号／ISBN 978－7－5097－1856－8
定　　价／98.00 元

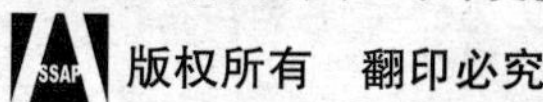

专家数据解析　权威资讯发布

社会科学文献出版社　皮书系列

皮书是非常珍贵实用的资讯，对社会各个阶层、各种职业的人士都能提供有益的帮助，适宜各级党政部门决策人员、科研机构研究人员、企事业单位领导、管理工作者、媒体记者、国外驻华商社和使领事馆工作人员，以及关注中国和世界经济、社会形势的各界人士阅读。

“皮书系列”是社会科学文献出版社十多年来连续推出的大型系列图书，由一系列权威研究报告组成，在每年的岁末年初对每一年度有关中国与世界的经济、社会、文化、法治、国际形势、区域等各个领域以及各个行业的现状和发展态势进行分析和预测，年出版百余种。

该系列图书的作者以中国社会科学院的专家为主，多为国内一流研究机构的一流专家，他们的看法和观点体现和反映了对中国与世界的现实和未来最高水平的解读与分析，具有不容置疑的权威性。

及时　准确　更新

咨询电话：010－59367028

邮　　箱：duzhe@ssap.cn

邮购地址：北京市西城区北三环中路甲29号院3号楼华龙大厦

社会科学文献出版社　学术传播中心

银行户名：社会科学文献出版社发行部

开户银行：工商银行北京东四南支行

账　　号：0200001009066109151

盘点年度资讯，预测时代前程

从“盘阅读”到全程在线，使用更方便
品牌创新又一启程

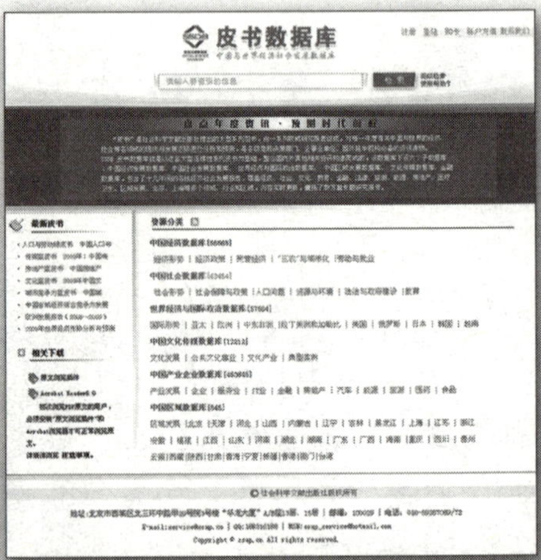

皮书数据库

· 产品更多样

从纸书到电子书，再到全程在线网络阅读，皮书系列产品更加多样化。2010年开始，皮书系列随书附赠产品将从原先的电子光盘改为更具价值的皮书数据库阅读卡。纸书的购买者凭借附赠的阅读卡将获得皮书数据库高价值的免费阅读服务。

· 内容更丰富

皮书数据库以皮书系列为基础，整合国内外其他相关资讯构建而成，下设六个子库，内容包括建社以来的700余种皮书、近20000篇文章，并且每年以120种皮书、4000篇文章的数量增加。可以为读者提供更加广泛的资讯服务；皮书数据库开创便捷的检索系统，可以实现精确查找与模糊匹配，为读者提供更加准确的资讯服务。

· 流程更方便

登录皮书数据库网站www.i-ssdb.cn，注册、登录、充值后，即可实现下载阅读，购买本书赠送您100元充值卡。请按以下方法进行充值。

充值卡使用步骤：

第一步

· 刮开下面密码涂层

· 登录 www.i-ssdb.cn 点击“注册”进行用户注册

第二步

登录后点击“会员中心”进入会员中心。

第三步

· 点击“在线充值”的“充值卡充值”，

· 输入正确的“卡号”和“密码”，即可使用。

SSDB 社科文献资源库 SOCIAL SCIENCE DATABASE

社会科学文献出版社 SOCIAL SCIENCES ACADEMIC PRESS (CHINA) 皮书系列

卡号：44954103570343

密码：

（本卡为图书内容的一部分，不购书刮卡，视为盗书）

如果您还有疑问，可以点击网站的“使用帮助”或电话垂询010-59367071。